Récits de vie Payot

Raymonde Menuge-Wacrenier, *Zabelle. La vie d'une femme de marin-pêcheur.*

Henrik Morel et Béatrice Moulin, *Belle-Isle-en-Mer – ou les ciseaux de la tempête.*

José Reymond, *Tignes, mon village englouti.*

Jean Ropars, *Au pays d'Yvonne. Mémoires d'une paysanne léonarde.*

Jean Ropars, *L'amour de la terre. Au pays d'Yvonne.*

Les chemins creux

Du même auteur

La Vinha dins l'ort, La Vigne dans le jardin, Escòla Jaufre Rudel, 1968. Prix Jaufre Rudel.

La Terre douce, Traces, 1970. Prix Traces.

Saumes pagans, I.E.O., collection « Messatges », 1974. Prix Paul Froment.

Lo Sang de las Peiras, Lo Leberaubre, 1983. Prix Méridien.

Louanges pour la femme, Friches, 1985.

Natanael jos lo figier, Nathanaël sous le figuier, Lo Leberaubre, Lo Chamin de Sent Jaume, 1987.

L'Ort jos la luna, Le Jardin sous la lune, Lo Chamin de Sent Jaume, 1988.

Le Paysan, l'arbre et la vigne, Lemouzi, 1988.

La Trauchada, Le Passage, Lo Chamin de Sent Jaume, 1989.

Lo Cocotin de l'argfuelh, La Petite Baie du houx, Lo Chamin de Sent Jaume, 1991.

Récits de vie Payot

Marcelle Delpastre
Les chemins creux
Une enfance limousine

Carte de la région de Germont

Le Mémé est venu aujourd'hui. Il y a des merles qui mangent tous mes raisins, de belles grappes bleues presque mûres, dont je ne goûterai pas si cela continue. Le Mémé est venu, il a tiré, il m'en a apporté deux, je les ai plumés et nous les avons mangés. Ensuite, nous avons parlé, et le Mémé m'a dit un conte. Un conte que lui disait son arrière-grand-mère, quand il était petit. Le Mémé a quelques années de moins que moi, trois ou quatre, et son arrière-grand-mère mourut, je crois, en 1940. Elle lui disait des contes, et lui, il en voulait toujours plus, et elle, elle racontait. Il ne se souvient sans doute pas de tous, mais celui-ci, vous allez voir!

Il faut savoir que, chez Nianias, c'est là-haut derrière les Qua-rives, au croisement du chemin qui allait du Mont-Gargan au Mont-Ceix, et de Limoges à Clermont en suivant les cimes, et de celui qui va de la Soudaine à la Combade en suivant les vallées, ou si **vous** voulez de la Vézère à la Vienne – de la Loire à la Dordogne. Un pays perdu à l'avers du Chaumont, loin de tout, isolé à ne pas croire. En ce temps-là, pourtant, il y avait une maison. Oh! une petite maison, bien sûr, très basse, à contre-terrain dans la pente. Du chemin, on ne voyait que la cheminée, et le toit de chaume qui touchait terre. Aussi pauvre qu'elle fût, une maison. Nianias y vivait, ou bien il y avait vécu. L'endroit portait son nom. En fait, je ne sais pas le **nom** de celui à qui advint telle aventure.

Cet homme, peut-être s'ennuyait-il à la maison, ou bien avait-il quelque chose à faire dehors, ou bien préférait-il d'autre compagnie à celle de sa femme, je ne sais pas pourquoi, mais souvent, le soir, et presque tous les soirs, sitôt la nuit tombée, il passait la porte et bonsoir! Il s'en allait veiller ailleurs. Sa femme, la pauvre, ne disait rien, elle restait là, seule, elle s'asseyait dans l'âtre au coin du feu. Dans le Chaumont, par chance, ce n'était pas le bois qui manquait. La femme se chauffait en filant sa quenouille.

Mais, un beau soir, bradin-bradan, que ne voit-elle pas descendre par la cheminée? Dieu du ciel! Un homme. Noir de suie ou comme suie, allez savoir! Et voilà que ce gaillard, fort laid et mal gracieux, s'accroupit devant le feu, trie les braises, entreprend de faire griller dessus savez-vous quoi? Des limaces! Des limaces à poignée, des pleines poches de limaces. Et, quand elles sont rôties, crac-crac, il les mange, et il en donne à la femme:

– Tiens! Croque-moi ça!

Que faire? La femme croque les limaces. Elle n'ose rien dire. Elle n'ose rien dire non plus à son mari quand il rentre. Mais le lendemain, même chanson. L'homme noir bradin-bradan, descend, se fait rôtir ses limaces:

– Tiens! Croque-moi ça!

Et la femme croque, malgré sa honte, et elle ne dit rien. Cela dura quelque temps.

– Tiens! Croque-moi ça!

Mais à la fin, la femme:

– Écoute, dit-elle à son mari. Est-ce que cela va durer? Tu t'en vas tous les soirs, je ne sais pas où et je ne veux pas le savoir, je n'irai pas te suivre. Mais dès que tu es parti, un homme descend par la cheminée et il me fait manger des limaces. J'en suis rassasiée, moi, des limaces!

– Pas possible! fit l'homme.

Il réfléchit un moment. Il réfléchit même un bon moment, l'homme. Il finit par dire:

– Ah! c'est ainsi? Eh bien, attends. Tu vas voir.

Le soir, la femme alla se coucher. Le mari sortit, comme si de rien n'était, mais il rentra, sans bruit. Il se vêtit en femme – les habits de sa femme étaient encore tout chauds –, il attisa le feu, prit la quenouille et s'assit dans l'âtre. Il n'eut pas longtemps à attendre. Bradin-bradan, l'autre descendit par la cheminée, s'accroupit entre les landiers, et il faisait cuire ses limaces. Mais tout à coup, comme en sursaut, il remarqua que la femme assise là dans ses jupes ne filait pas comme d'habitude:

10

– Oh, mais! dit-il, les autres soirs tu filais tiri-miri, tiri-miri. Et ce soir tu files seulement tiri-morau...

Le mari ne disait rien. L'autre y revint. Il réfléchissait :

– Les autres soirs tiri-miri, ce soir tiri-morau... Mais, dis-moi, toi, comment t'appelles-tu ?

– Je m'appelle Moi-Même, dit l'homme.

Et il ne s'arrêta pas de faire tourner le fuseau.

– Moi-Même ? Eh bien, Moi-Même, croque-moi ça !

Il lui tendait une limace.

Mais, au lieu de croquer la limace, l'homme saisit les pincettes qu'il avait mises de pointe dans le feu, qui étaient rouges à blanc, les tire au plus vite et pan ! Sur la nuque de l'autre qui était accroupi là devant les braises, où il tomba tout de face.

– Oh ! là ! Oh ! là !

Il ne repartit pas par la cheminée. Il enfile la porte, et là dehors :

– Oh ! là ! Oh ! là ! Qu'il m'a fait mal ! Il m'a brûlé ! Je suis mort !

De toute la force des ses poumons. Il criait, il courait de tous côtés :

– Il m'a blessé ! Je suis mort !

A l'entendre, toutes les Bêtes du Chaumont sortirent du bois, toutes les Bêtes du Chaumont accoururent, toutes s'assemblèrent. Il en venait de partout :

– Qui t'a blessé ? Qui t'a fait du mal ?

– Moi-Même... Moi-Même...

– Pfft ! firent les Bêtes. Si tu t'es fait mal toi-même, guéris-toi toi-même.

Et elles s'en revinrent à leurs occupations.

Il raconte bien d'autres choses, le Mémé.

A la Farge, il y avait eu de tout temps des « bourgeois » dans le château qui est toujours là au bout de l'allée. Il y a peu de temps encore, des métayers tenaient les terres – les uns bien, d'autres mal, les autres comme ils pouvaient. Car si la terre est bonne, il y a de grands risques de gelées. Bien ou mal, à la vérité le « bourgeois » s'en souciait peu ; ce qui lui tenait à cœur, ce n'était pas tant le peu de blé mêlé de chardons où le métayer s'écorchait les doigts bien plus qu'il ne s'engraissait la langue, que l'étendue où faire courir chevaux et chiens après le lièvre ou le sanglier, pour tout le plaisir de la chasse.

Oh! du moins depuis les révolutions, ce n'était pas toujours la même famille – cela changeait de génération en génération, les uns ayant acheté, les autres loué. Les métayers changeaient plus souvent encore. Mais, de toute façon, les bourgeois sont toujours les bourgeois, les métayers toujours les métayers.

Celui-ci – il y en avait un, un métayer – il chassait. Il n'aurait pas dû. Et il n'osait guère, parce que le garde avait des yeux derrière comme devant. Mais il en est de la chasse comme du reste : le tout, c'est de ne pas se faire prendre. Sur le soir, parfois, quand il avait bien vu le garde rentrer chez soi pour le souper, il lui arrivait de prendre le fusil et de se faufiler du côté des Grandes Garennes, ou vers la Plantade, où les lapins ne manquaient pas, ni les lièvres.

Or ce soir-là, justement, à la tombée de la nuit, il était à l'affût à la Plantade depuis peu de temps. Que voit-il? Bien à portée sur la pelouse, un lièvre, deux lièvres, eh quoi? trois lièvres!

Il en compta sept, l'un derrière l'autre – pas très grands, il est vrai, mais le plus grand était derrière, qui suivait les autres.

– Ah! se dit l'homme, mon fusil n'a qu'un coup. Je vais tirer le plus gros.

Et il laissa passer les petits. Pan! Il était là, le gros, il ne pouvait pas le manquer. Il ne le manqua pas. Quand le plomb le toucha, le lièvre s'arrêta, s'assit, secoua la tête, et, avec ses pattes de devant, il se mit à se gratter derrière les oreilles.

– Tiens, dit-il, les mouches plates sont bien méchantes, cette année.

Qu'auriez-vous fait, vous, en entendant parler un lièvre? L'homme s'enfuit, et quand il eut fait claquer sa porte derrière lui, il tremblait encore. A la vérité, la peur le suivait partout.

– Un lièvre! Ce n'était pas un lièvre! J'ai vu le diable, qui promenait ses diablotins...

Par malheur, il conta la chose. Cela se sut, cela se répéta, et les gens le racontèrent. Si bien que cela parvint aux oreilles du « bourgeois » qui ne l'entendit pas ainsi.

– Comment! fit le « bourgeois », cet homme chasse? Il va à l'affût!

A la fin de l'année, le métayer dut rassembler son pauvre mobilier et repartir le diable sait où.

Décidément, le Mémé était en verve.
Il m'a aussi parlé des peurs.

En ce temps, pas si lointain, qui ne reviendra pas, y eût-il cent ans ou peut-être mille – ce temps qui s'arrêta, ou parut s'arrêter dans les années de la Grande Guerre –, en ce temps-là il y avait les peurs. Les peurs se promenaient par la campagne, il faut croire, puisque les gens tout à coup les voyaient, ou les entendaient, sans jamais comprendre, sans savoir ce qu'il en était de leur nature propre. Les peurs étaient là, surtout la nuit.

Il y eut ceux qui revenaient de la veillée, un soir, et qui soudain virent une clarté dans le ciel, une lumière blanche. Et cette lumière descendit, descendit, comme un grand drap blanc. Vraiment c'était un grand drap blanc qui paraissait voler et qui vint se poser sur des arbres, pas loin du chemin. Et quand il fut posé, ils ne le virent plus. Ils ne virent plus rien.

Il y eut celui qui revenait de Bonnat aux Flénours, une nuit, une nuit très noire – il avait traversé le Chaumont par le chemin de chez Nianias qui, je l'ai dit, suit les crêtes –, comme il arrivait derrière chez lui, soudain n'entendit-il pas un coup de hache, pas très loin, en bas, vers le taillis de bouleaux. Pan!

Pan! Le coup ne fut pas donné que l'arbre tomba. Certes l'homme ne voyait rien, mais il n'y avait pas à se tromper : le craquement du tronc, le souffle de la chute, le bruit des branches, du feuillage, des ramilles quand l'arbre toucha terre, non, on ne pouvait pas s'y tromper.

Pan! Un autre coup de hache, et aussitôt l'arbre tomba. Hé, mais! L'homme s'arrêta, écouta, il retenait son souffle. Pan! Et l'arbre à terre. Pas possible! Un coup de hache, un arbre à terre...

Non, ce n'était pas possible. L'homme s'était mis à courir, de toutes ses forces. Un coup de hache, un arbre, un coup, un arbre... Et de courir, par le chemin ou par les champs, au hasard, va savoir! Il ne sentait plus ses vêtements, il ne sentait plus ses pieds, il ne sentait plus son corps. Il lui semblait que cela le suivait. Quand il eut refermé sa porte derrière lui, il toucha sur sa tête pour voir si sa casquette y était encore.

Cette nuit-là, je ne sais pas s'il dormit beaucoup. Il se demandait qui pouvait bien couper ainsi du bois au milieu de la nuit, et pourquoi, et comment. Et qui pouvait abattre un arbre d'un coup de hache – d'un seul coup de hache, sans jamais rater, et comment, et pourquoi. Le soleil se leva sans qu'il eût trouvé la moindre réponse. Du moins lui-même ne tremblait plus. Il se leva, et il voulut aller voir ce qu'il en était ; comme il disait, combien ils en avaient coupé.

Il y alla, imaginant le massacre, toute cette futaie en vrac par terre... Il reconnut parfaitement l'endroit, toute une plantation de hêtres, de bouleaux et de chênes qui respiraient la santé. Pas un qui fût abattu, pas un qui fût marqué du moindre coup de hache. Rien non plus alentour, aussi loin qu'on pût voir.

Dites ? Qu'y a-t-il de plus effrayant ? D'entendre la nuit quelque chose qu'on ne voit pas, ou de reconnaître en plein jour que ce que l'on a entendu n'existait pas ? Mais, s'il était allé y voir, au moment même où il l'entendit ?

Il n'y alla pas, et fit bien. Il ne fallait surtout pas aller voir.

Il ne fallait pas aller voir, j'en sais un qui pourtant, une fois, y alla. Je l'ai bien connu. Il s'appelait Félix, c'était le père du Mémé.

Ce jour-là, on était au beau milieu de la Grande Guerre, les grands-parents de Félix, aux Flénours, avaient été prévenus qu'un autre de leurs petits-enfants était très malade, au point qu'on se demandait ce qu'il en adviendrait. C'est pourquoi le soir, à peine le travail terminé, Félix et son grand-père prirent leur chemin pour aller voir le garçon. Il était nuit close quand ils eurent traversé le Chaumont, et ce n'était pas plus clair quand ils approchèrent du Mazeleigue. C'est à ce moment que, soudain, droit devant eux dans les champs s'éleva une flamme haute et claire qui paraissait danser sur place.

– Regarde !

Le vieux s'était arrêté. Il regardait. Il finit par dire :

– C'est un signe. L'enfant est mort.

– Tu parles ! répliqua Félix. Je vais aller voir, moi.

– N'y va pas ! N'y va pas, je t'en prie !

Mais Félix voulait y aller. Il y alla. La flamme – dans la journée, on avait fait brûler des tas de chiendent par place au milieu du champ, les paysans étaient partis en les croyant totalement consumés. Or il s'en trouva un qui n'était ni tout à fait mort, ni tout à fait brûlé, un coup de vent l'avait rallumé. Ce n'était pas un signe, et le garçon n'était pas mort. On peut se tromper.

Les peurs n'ont pas fini pour autant de courir dans la nuit ni de courir dans les champs. Aujourd'hui, elles portent d'autres noms. Les diablotins sont des martiens, les draps qui volent des ovnis, les coups de hache sonnent, et les lièvres parlent sur l'écran noir du téléviseur en panne...

Les contes, dont le nombre est considérable et les variantes infinies, j'en ai entendu dire chez nous de tout autres que ceux du Mémé, mais aussi de tout à fait comparables. Les Flénours, à tout prendre, c'est bien à un kilomètre de Germont. Ceux que j'ai déjà recueillis, on les racontait à la maison, presque tous, souvent devant la cheminée, parfois dehors dans les cours, par les chemins ou dans les champs, en fanant, en râtelant, en sarclant, en cassant la terre autour des plants... Tout moment était bienvenu, certes, mais plus que tout autre la nuit, le soir, la veillée.

Un gros feu de souches, de branches ou de brindilles – la flamme haute ou bien la braise –, une chaleur vous montait des pieds, des mains; et le sommeil, eût-on dit, le petit sommeil vous emportait par les cuisses, les reins, les épaules, d'un souffle lent, long, tranquille, votre souffle même. Le grand-père, assis à plat sur l'archebanc, et moi sur ses jambes, les femmes à tricoter, ou si l'une, peut-être, filait, chacun se laissait aller, au hasard, dodelinant de la tête. Mais la tête ne dormait pas; les yeux, guère, que la flamme emportait, en haut, en bas, entre lueur et cendre, entre braise et fumée, de la suie aux ombres qui bougent sur les visages, les murs, la nuit qui n'est pas seulement dehors.

La nuit – la nuit était partout. Dehors, elle était froide. On sentait bien qu'elle était froide. On savait si elle était mouillée. Quelqu'un ouvrait la porte. Il entrait, trempé, à pleine porte avec sa jupe de sac, sa cape de sac, sa pèlerine noire, sa casquette ou son chapeau de feutre. Il posait tout cela et venait le pendre à des clous au coin du feu. Quand il n'y avait plus de place au coin du feu, il l'accrochait devant. Lui-même, il s'approchait, et la fumée montait de lui comme de lessive. Ainsi le vent, la pluie et les vapeurs de l'eau entraient ensemble au cœur le plus profond de la maison. Je n'aimais pas cela moi. Les jambes mouillées, et les pieds qui sentaient la terre, voire le fumier, il ne fallait pas s'en approcher de trop.

– Allons! Tu vois bien que tu me caches le feu.

La marmite de la soupe elle-même, on aurait dit qu'elle fumait davantage que de coutume, et des gouttes d'eau, rougeâtres de suie, tombaient sur le couvercle. En tendant la main parfois j'en recevais une sur mes doigts, comme une tache de rousseur. Ces soirs-là, on ne faisait pas grand travail autour du feu, et même on ne parlait guère. Chacun avait assez de se sécher, et dans la torpeur de sa fumée et de sa sueur, de s'endormir profondément, la tête sur la poitrine, ou bien le dos au feu, le menton dans ses mains croisées au dossier de la chaise.

Celui qui restait debout, pour tailler la soupe et de temps en temps jeter quelque brassée de branches au feu, paraissait tenir toute la place, comme gesticulant entre la lampe et le feu – même son ombre semblait mouillée. On aurait cru qu'elle s'accrochait aux poutres. Et, pour tout dire, de poutres il n'y en avait pas, noires qu'elles étaient comme la nuit, et l'ombre, c'était des ombres larges comme des guenilles, et il n'y avait pas de murs pour les tenir ni les recevoir : ici commence la nuit, la nuit mouillée du mois mort, quelle que soit la saison.

Et même celui qui ne s'était pas mouillé, ou très peu, cette humidité le cherchait sous la chemise, si froide qu'on en grelottait.

La neige qui le jour vous entrave tant, qui s'attache aux clous des sabots à chaque pas, qui vous fait des bottes plus hautes que des béquilles, la nuit la neige tombe tranquille, douce, qui boit tous les bruits. Elle tombe et demeure là, longue, plate, fraîche comme une caresse de lumière. La neige, celui qui entre la secoue, en frappant des pieds contre la pierre. Il arrive sec, léger, avec un souffle de froid sur les joues, plus roses que celles d'une pomme Biron. Le rire est sur ses dents, un rire secret qui fond en frissons dès qu'il montre ses mains à la flamme, un rire content comme s'il avait bu, l'homme, un verre de cidre bouché ou de vin clair. Elle est bonne pour la nuit, la neige. Pas meilleure que le froid ou la gelée blanche, mais elle est bonne.

De temps en temps, quelqu'un sort pisser. Pan! Pan! On entend ses sabots contre la pierre. Il fait brrr! avec les lèvres. Il se frotte les mains à poignée, et toujours à poignée, de la droite comme de la gauche alternativement, il attrape la flamme ou la lueur des braises. Il prend une poignée de feu. C'est alors que l'on peut parler. Que l'on peut chanter. Que l'on peut rire. Les aiguilles à tricoter tournent, et le balancier de la pendule, tic et tac, à grands pas tous pareils fait son chemin sur cette nuit, sur cette neige, dont on ne sait pas où elle commence, où elle finit.

– Il y a plus de temps que de vie.

Quelqu'un d'autre sort, s'étend, bâille, arrange la braise et les tisons, sort.

16

– Il fait noir comme fer...

– Il fait noir comme cul de chien...

– Il fait noir comme la nuit que le loup ne voyait pas trouver son cul pour chier...

– J'ai entendu le veilleur.

– On n'entend rien.

– J'ai entendu la chouette.

– Laisse-la où elle est.

– Oh! certes!

– Hélas... Tiens...

– Il neige toujours?

– Si cela continue, demain il y en aura jusqu'à queue d'âne.

– Il ventonge.

– Il va se former des congères.

– Les ardoises craquent.

– Venez! Venez voir le ciel!

Le ciel était noir, d'un bleu si profond qu'on l'aurait cru noir. Des nuées pommelées paraissaient y dormir comme des galets, ou bien elles allaient au grand galop, si bien que la lune, aussi lisse qu'un os ou toute voilée des couleurs de l'arc-en-ciel, semblait courir au hasard d'un bord du ciel à l'autre, suivie d'une seule étoile aussi blanche qu'un cristal de gel. Évidemment, la lune ne bougeait pas, mais on l'aurait cru, selon que les yeux se posaient sur le ciel, ou sur les nuages.

D'autres fois l'étoile verte, celle qui est tour à tour rouge et verte, à mesure que vous la fixez, se balançait à la cime d'un arbre qu'on ne voyait pas. Celle-ci ou quelque autre, levez les yeux et tout le ciel se met en branle.

– Les étoiles scintillent. Il fera froid.

Il faisait froid.

– Où sont passées les étoiles? Je n'en ai vu que quatre.

– Le brouillard monte.

– J'ai vu tomber une étoile.

– Elle est tombée dans le puits.

– Certainement, elle y est tombée.

Mais personne ne se levait pour aller pêcher la lune. Et pourtant la lune était dans la mare, et tout le monde le savait. On pouvait l'y voir, entre les branches du grand noyer, noires comme du verre. Je l'avais bien vue, moi, un soir qu'elle se baignait là sans pudeur. Elle était plus blanche que dans le ciel. Elle me faisait

17

presque peur, d'être si blanche, si froide, si près mais si loin que ma main n'aurait pu la saisir, l'aurais-je voulu. Elle me faisait presque peur – peut-être –, mais je l'ai toujours aimée, moi. Et je me souviens d'elle en cette nuit, si blanche, ou bien de sa lueur, derrière, ou à côté d'un arbre noir : c'est mon seul souvenir d'un conte que me disait la mère Thrésa, notre vieille cousine, en me tenant sur ses genoux devant le feu.

C'est ici, c'est ainsi, que se disaient les contes. Des contes, il y en avait de toute sorte. Mais surtout – dis-moi un conte! – quand j'étais à cheval sur les cuisses de mon grand-père et que je lui tirais ses moustaches, afin qu'il prît bien garde de m'écouter et ne s'endormît pas, surtout les contes d'il était une fois, on savait bien, on était sûr que c'était un conte. le conte de la Porte, le conte des Trois Voleurs, le conte du Loup et du Renard. Rien à dire. Le loup pouvait parler et le diable courir, on saurait à quoi s'en tenir : c'était un conte. Ce n'était pas toujours aussi facile, de savoir.

Nos plus proches voisins étaient fermiers chez Boulaud – les vieux disaient « chez Barre », car les maisons changent de nom en changeant d'habitants. Et chez Barre avaient vécu là bien longtemps avant Boulaud qui y était venu gendre, en secondes noces de la mère Mariou. Chez Barre étaient de braves gens, Boulaud fut un mauvais voisin. Mais Boulaud finit par mourir comme tout un chacun, et la maison fut affermée à qui en voulut. C'est ainsi qu'y fut élevé le petit René, un an ou deux.

Je me souviens très bien de lui. Je le trouvais si laid, avec son grand nez et sa petite robe qui ne lui couvrait même pas les cuisses, ni même ce qu'il n'est pas convenable de montrer. Je me souviens de l'avoir vu; mais aujourd'hui que je le revois dans ma mémoire, il n'était pas si laid, c'était même un joli bébé, bien droit sur ses jambes et potelé sans être gras. Oui, je l'avais vu, mais je ne crois pas que nous ayons jamais joué ensemble. Nous étions trop petits. J'avais peut-être deux ans. Lui, même pas.

Les souvenirs que j'ai, de ces gens! Il y avait une vieille, la mère; pas si vieille, sans doute, mais à cette époque toutes les femmes d'un certain âge étaient vêtues de noir et de gris, avec une espèce de caraco, peut-être de corsage ajusté, et une jupe longue, froncée tout autour ou seulement par-derrière, qui souvent ne laissait voir que les sabots, rarement la cheville, jamais le genou. Cette femme, que je vois assez grande, riait beaucoup et parlait gros; surtout, elle n'économisait pas sa langue. De ce fait, on lui voyait les dents, celles qui lui restaient et qu'elle avait longues, rondes et noires, si bien qu'on l'appelait la mère Crache-

Branchettes. C'est ainsi que disait la Marraine, je ne sais pas si c'était elle qui avait trouvé le nom.

Sa fille, au contraire, était fort coquette. Ainsi que le voulait la mode dans ces années d'après-guerre, elle portait ses cheveux coupés et s'habillait court, si court que ses jambes, blanches de peau mais souvent tachées de terre, faisaient jaser les femmes – quand on a des genoux si moches, mieux vaut ne pas les montrer. Et les hommes riaient.

Une fois, même, le grand-père – mon grand-père –, le père Henri, qui n'était père de personne, et le père Léonetou qui était venu faire une commission à Germont, tous trois virent le plus beau. Ils descendaient du Pissechien par le chemin creux quand, tout à coup, ils aperçurent la Marissou qui sarclait dans son champ en contre-haut. Ainsi courbée sur le sillon, sa robe courte levait par-derrière, et comme elle n'avait pas de pantalon, ni ouvert ni fermé, ils virent Barbagnas. Et ils s'en allaient tous trois, plati-platan, en riant. Ils arrivèrent dans le village, ils riaient encore.

– Nous l'avons vu! dit l'un.

– Mais qu'il est beau! fit l'autre.

Et mon grand-père :

– Il a une de ces paires de moustaches! Il ressemble au père Regaudie.

Le père Regaudie était pharmacien à La Croisille, c'était le père du député René Regaudie. Il ne portait pas que les moustaches, il avait toute sa barbe, une grande barbe bien entretenue qu'il ne coupait jamais.

En vérité, Barbagnas ne devait pas être sans charme, si l'on en croit le cas qu'en faisait le mari. Le malheureux était jaloux à l'extrême. Je ne sais pas si la Marissou était sérieuse ou non. Les robes, courtes ni longues n'ont jamais fait les femmes putes, et les pantalons, fermés ou non, jamais n'ont rien gardé. Mais le mari était jaloux. Cela mettait la guerre dans la maison, et même avec les voisins, ceux qui avaient un garçon en âge de courir le guille-dou. Il faut dire que la Marissou aimait bien parler, et de plus combien de fois ne lui manquait-il pas quelque poêle ou quelque louche pour faire son fricot! Elle courait chez la Génie sa voisine, si voisine qu'elles pouvaient se voir de porte à fenêtre; il n'y avait qu'un pas. Et de même, quand la Génie avait besoin de quelqu'un pour lui porter de l'eau ou pour ouvrir le clos des cochons... Mais la Génie avait un garçon, le Léon, tout jeune et fort éveillé. Le jaloux était sur ses gardes.

Quand la Marissou allait garder les moutons par les puys, souvent il la suivait, d'un peu loin. Un matin, la Marissou gardait tout à la cime du Puy, quand tout à coup son mari l'aperçut là-haut, assise contre le ciel, un homme debout à côté d'elle. Debout, ou bien assis? A côté d'elle, c'était sûr. Fort près. Le pauvre ne voyait pas bien. Il faut dire qu'à ce moment lui-même se trouvait, par hasard, du côté de l'Étang – il devait travailler au Pâturage – et que, de l'étang à la cime du Puy de Germont, il y a du chemin, et de la pente. Quoi qu'il fît, il regarda un moment. Il regarda de nouveau. La Marissou n'avait pas bougé, l'homme non plus. Il regarda encore. La Marissou était toujours là. Mais il lui semblait, maintenant, que l'homme se baissait, se relevait, se baissait de nouveau... Il n'y tint plus. De courir. En montant, il ne voyait plus rien. Le sang lui bouillait dans la tête, et le souffle à tout moment lui manquait... Ce ne fut qu'en passant le dernier talus qu'il vit la Marissou, tout à côté de lui, qui tricotait assise à l'ombre d'un genêt. Et le genêt, de temps à autre, se courbait au vent...

Cela ne le guérit pas de sa jalousie. Une fois, il avait quitté la maison, véritablement malade. Il s'était querellé avec ses voisins. Cela s'entendait de chez nous. Le père du Léon s'en était mêlé :

– Et que veux-tu en faire, de ce cul? Tu n'as qu'à te le pendre au cou pour médaille!

De telles paroles n'arrangeaient rien. Il s'ensuivit une bagarre. Et les gendarmes vinrent. Ils conseillaient le garçon :

– Voyons, il ne vous veut pas de mal, ce brave homme.

L'autre disait que non, qu'il ne lui voulait aucun mal.

– Il dit seulement que s'il vous trouve avec sa femme il vous tuera. Alors!

Je ne sais pas. Je n'ai jamais su, et personne n'a jamais su peut-être si Léon faisait autre chose que rire avec la Marissou, et de lui parler comme à une bonne voisine qu'elle était. Mais une fois, donc, que les gendarmes étaient venus mettre la paix, le pauvre jaloux s'en alla, et il ne revenait pas, et personne ne savait où le chercher. Toutefois le lendemain, ou le surlendemain, mon grand-père qui n'aimait rien tant que de marcher par la campagne, et qui peut-être avait son idée, le découvrit couché contre un talus, qui avait pleuré tout son saoul.

– Que fais-tu là? Rentre chez toi, va. Les tiens s'inquiètent de toi plus qu'on ne saurait dire.

– Je suis malheureux. Je me suis conduit comme un imbécile. Et je fais du tort à ce garçon, en disant des choses qui ne sont peut-être pas.

En compagnie de mon grand-père, il rentra. Et même il fit des excuses. Cela ne le guérit pas.

Notre jardin était alors de l'autre côté du bâtiment de chez Barre, une parcelle qu'on appelait encore la Chenevière, parce que autrefois on y semait le chanvre. Du chanvre, je n'en ai pas vu beaucoup, si ce n'est quelques pieds dans la Petite Pièce derrière chez nous. Ces gens-là, justement, qui tenaient la Petite Pièce, y semaient tous les ans quelques pieds du chanvre, plutôt je pense pour avoir du chènevis et ne pas perdre l'espèce, que pour en tirer du fil – je le pense, mais peut-être en tiraient-ils aussi un peu de fil, parce que de ce fil, il en faut toujours, ne serait-ce que pour rapetasser un sac ou panser quelque crevasse. Bon. Bon, mais peut-être n'aurai-je jamais plus belle occasion pour parler de cette plante, haute comme un arbrisseau, et de ses feuilles ouvertes comme des mains, une des premières plantes, si j'en crois les deux ans que je pouvais avoir, à m'avoir fait rêver de leur beauté ou de leur grâce. Or je ne savais rien certes, du chanvre indien! Je les vois, ces quelques pieds de chanvre, un, du moins, je le vois encore. Et, comme une fumée vague, la Marissou dans le champ...

Mais – j'en reviens à notre jardin – un jour que ma mère eut besoin d'aller y chercher quelque feuille de persil ou une tête d'ail, en traversant la cour devant la grange – ma mère me portait dans ses bras, c'est dire si j'étais grande –, que ne vois-je point passer au vol, si près de moi que j'aurais pu l'attraper de la main? Une bûche. Une bûche qui volait. Une petite bûche de châtaignier, il me semble la voir, un peu tordue, juste coupée pour le feu à l'âtre. C'était notre jaloux qui la lançait contre sa femme. Il la destinait à sa femme, mais pour un peu c'est moi qui la recevais. Fichtre! Ma mère prit le temps de me mettre à l'abri et revint dans la cour, dire à l'étable, aux murs, à la porte close, que les gendarmes, une fois de plus, ne demandaient qu'à accomplir leur tâche. Elle ne vit personne. Elle ne vit rien. Rien que la bûche.

A la Toussaint, ils allèrent se faire voir plus loin. Mais, de leur départ, j'ai un souvenir que je veux conter. Dans ces jours-là, mes parents essayaient de m'apprendre à lire l'heure sur la grande pendule, tic-tac, qui était là debout contre le mur, comme une grande femme droite, qui ne riait jamais, qui ne parlait pas, qui ne s'en allait jamais.

– Il est cinq heures moins sept heures.

Tiens! La petite aiguille était sur le cinq, et l'autre sur le sept, c'était facile de compter... Cette foutue pendule! Je m'en trouvai une autre, moi, tout juste à ma portée; en me haussant sur la pointe des pieds, je touchais le cadran. Ce cadran ne disait pas l'heure, sans doute, mais il brillait comme de l'or, il était rond, travaillé, eût-on dit, sculpté : c'était le clapet de la serrure dans la chambre de la Marraine. De temps en temps j'allais le voir, et, allez savoir! Peut-être qu'il me disait l'heure. Mon heure, à moi, se lisait sur un petit clapet de porte qui refermait le trou de la serrure.

La Marissou monta tenant son garçon par la main, pas tant pour dire au revoir que pour demander si nous pouvions lui prêter quelque bouteille de vin, ou de cidre, je ne sais plus.

– Mais certainement!

Elle n'avait qu'à parler, la Marissou. Ma mère prend la bouteille, et dans la cave. Pour descendre dans la cave, il y avait une trappe entre deux poutres, et une échelle à barreaux ronds, une échelle noire, que je n'aimais pas. On aurait toujours dit qu'elle fléchissait et qu'elle allait casser. Mais l'échelle n'y fut pour rien. C'est la trappe. Cette trappe s'ouvrait juste derrière la porte dans la chambre de la Marraine. Ma mère dans la cave, les autres femmes qui bavardaient, et moi qui voulus aller voir l'heure, d'autant peut-être que ce remue-ménage, dans le froid de l'automne pluvieux qui entrait du dehors, m'agaçait. La porte était ouverte. J'essayai de la tirer à moi pour voir derrière, mais la porte tourna, m'emportant dans le trou de la trappe, et moi roulant sur l'échelle, et ma mère dans l'obscurité qui lève les deux bras et me rattrape au milieu de l'échelle. Puis rien. Mais, dans le lit, on m'a ôté mes vêtements, sauf ma petite chemise de flanelle blanche à rayures violettes, on me frotte le dos, cela sent l'eau de Cologne et l'eau de vie. Et je vois tout ce monde par la porte, ces gens qui n'ont rien à faire ici, et surtout, entre leurs paires de jambes le béret rouge du petit René, large, rond, rouge mais d'un rouge! si bien que sa tête se perd dedans, comme s'il n'avait pas de tête ou que sa tête soit devenue cette lueur rouge, d'un rouge comme il n'y a pas de rouge au monde.

J'y ai pensé souvent depuis. Celui qui s'endort le soir, au matin il se reconnaît. Il sait qu'il est lui-même. Il croit le savoir. Celui qui s'endort ainsi de saisissement, de crainte, de douleur, qui sait où il va, et s'il se retrouve soi-même dans son propre corps? Surtout aux heures que sonnent les clapets de porte... Non. Il n'y a pas de doute. C'était bien avant déjà, avant aussi bien qu'après, que je lisais l'heure sur ce petit clapet. C'était bien moi. C'est toujours moi. Je venais d'avaler mes trois ans – mes deux ans peut-être... Juste deux.

Ainsi donc partirent ces gens-là, le jaloux et sa famille. Ils s'en allèrent, mais cela ne le guérit pas. Beaucoup plus tard, j'ai entendu dire que, quand sa femme rentrait du travail, il se précipitait pour voir si sa robe n'était pas froissée. Une fois, il s'était coupé le cou, de peine, de malheur, de se voir tel qu'il était peut-être! Une fillette le trouva dans son sang, il fut sauvé de cette mort. Cela ne le guérit pas.

Raison ou pas – raisons ou pas – le jaloux, rien qui l'arrache à son idée.

Il n'y a pas que le jaloux.

Pendant deux ans, la maison de chez Boulaud ne fut pas habitée. Je ne sais pas si quelqu'un labourait les champs ni fauchait les prés. Un jour que nous passions derrière la maison, quelqu'un me dit :

– Il va venir ici vivre des gens. Il y aura deux petits.

Ce fut justement le père Léonetou, sa femme, sa fille, son garçon, et les deux enfants de son autre fille, l'aînée, l'Antoinette qui était morte depuis peu, poitrinaire la pauvre comme il y en avait tant alors. Une pleine maison de monde, plus que pleine. Trois lits dans la chambre, un dans la cuisine – la table, la maie, une commode, deux bancs et quelques chaises... J'ai oublié l'arche-banc et la banche.

Cette banche me préoccupait. Je n'ai rien vu de semblable nulle part. C'était comme un grand fauteuil de paille, avec un dossier de paille tordue tressée, large comme deux mains, à la hauteur des épaules. On pouvait s'asseoir à trois dessus dans l'âtre en face de l'archebanc.

Oui, une maison bien pleine. Quand le gendre venait – il était toujours là dans les premiers temps, puis il s'en allait, revenait, il ne revint guère, de moins en moins, il ne revint plus –, quand il était là, ce ne devait pas être facile. Mais bientôt il ne revint plus,

24

et personne ne le regretta vraiment. Même la mère Louise, qui l'avait tant vanté au début et qui lui aurait accordé volontiers sa seconde fille, ne voulait pas en entendre parler. Moi, pourtant, il m'avait fait plaisir cet homme. Un jour, ils cueillaient les poires, ils en portaient un grand panier, et moi je regardais depuis mon coudert. Ce n'est pas que cela me faisait envie. Je n'étais pas envieuse. Et, même si ce n'était pas de la même espèce, des poires nous en avions. Mais, quand il me vit là en haut du talus, cet homme, qu'on appelait surtout « le père des Petits », tout à coup choisit une poire dans le panier, une belle poire, peut-être la plus grosse :

– Allons ! Attrape !

Je tendis les deux mains et hop ! elle fut à moi la belle duchesse qui n'avait qu'à dormir quelques jours à l'ombre pour fondre sur la langue, si fine, si tendre, et d'un parfum ! Et d'une saveur !

Moi qui ne demandais rien, qui n'espérais rien, qui ne désirais rien, cela me fit plaisir, comme on ne saurait pas le dire – le signe du destin –, le signe gratuit de l'amour ! Pour cela non, je n'ai pas changé. Ce qu'on désire de si longtemps, et qu'on travaille pour l'obtenir, et qu'on se crève pour y parvenir – le fil qui vous casse entre les doigts, le beurre de chèvre, la plus belle génisse qui crève à la veille de vêler, la promesse qu'on vous a faite, et qui n'est pas tenue –, et même s'il arrive le jour du bonheur, si le fil tient, si la vache vêle, et que le beurre commence à se grumeler, non ! jamais je n'en aurai autant de plaisir que de cette poire – de cette lettre, de cette pensée, de cette rose rouge au premier jour d'été –, le signe que je n'attendais pas, dont je n'avais pas désir, auquel je n'avais même pas pensé, le signe infime de l'amour sur la route du destin.

Ici tu marques ton pas, péniblement ; l'ornière, pas à pas, tu la creuses. Il y a les ronces, l'épine et le houx. Il n'est pas aisé, le chemin de la vie où tu suis ton destin, où tu t'efforces de suivre cette voie – sans savoir il est vrai, si c'est la tienne, si tu prends bien le sentier, si tu vas du bon côté. Comment savoir ? Comment choisir ? Le choix, qui l'aurait ? Si tu savais, jour après jour, si tu connaissais le matin ce que sera le soir, ce ne serait pas la peine d'aller voir, pas la peine de se lever. Sûrement tu t'endormirais – vienne le som, petit som-som –, tu dormirais si tu pouvais pour oublier ce jour tout plat et la route tracée. Tu glisserais dessus. Car tout ce qui te plaît c'est d'aller au-delà du roncier, en l'écrasant avec les pieds, en l'arrachant fil après fil, les mains mangées d'épines et le cœur de peines, et bonheur! Et bonheur en chemin si quelqu'un t'attend qui t'apporte une rose, une poire, une étoile! La petite lampe de la luciole entre deux feuilles d'herbe, un grain d'amour sur le chemin.

Tu le sais bien, pourtant, que ce n'est pas l'amour.

Quoiqu'il en soit, j'eus deux petits voisins. Nous fûmes trois à Germont, moi qui avais quatre ans, René six ou sept mois de moins, et le tout petit, Raymond qu'on appelait Matou, juste deux ans de moins que moi, au mois près. Je ne dis pas que cela me fit plaisir. Ni déplaisir. J'avais l'habitude de m'amuser seule. Je continuai. Seule? Je n'étais pas seule du tout. Tout ce monde autour de moi ne laissait guère de place à la solitude.

Il y avait ma mère, qui m'avait fait téter longtemps. Et parfois nous y revenions, comme ça pour rire, parce que de lait il n'y en avait plus. La dernière fois – ce fut sans doute la dernière – je m'en souviens. Nous avions battu, je crois, puisqu'il y avait de grosses gerbes battues par terre, devant la grange, sous les poiriers des « ronds ».

Ce poirier, il fallut le couper, beaucoup plus tard, parce qu'il gênait pour le passage des outils modernes. Je l'ai bien regretté, tant il était haut, vert, d'une ombre légère et, quand il était en fleur, le soleil se prenait dedans, on aurait dit qu'il portait sur soi le printemps tout entier de lumière et de joie. Je ne cesserai pas de le regretter.

Mais ce jour-là, à la fin de l'été il me semble, le soleil passant par-dessous les branches, nous étions là, riant assis sur cette paille, et moi, en riant, je voulais téter, et ma mère me tenait sur elle et se laissait aller en arrière, sur la paille claire, dans un rayonnement de paille, de soleil, de chair blanche, de lait, que je n'ai pas oublié. Allez savoir pourquoi! Je ne voulus jamais plus téter.

Il y avait ma grand-mère, à qui je disais mémé. Elle était plus grande que ma mère et nullement aussi grasse. Elle se tenait très droite, sur des jambes moulées comme je n'en ai guère vu aux femmes réputées les plus belles du monde. Elle disait que, fillette, elle pouvait sauter à la corde trois cents fois d'affilée sans faute. Si l'on ajoute que leur corde, c'était un brin d'osier, et ce brin d'osier plus souvent une pousse de saule que d'osier véritable, il ne faut pas demander... Toute jeune, elle apprit à danser avec les autres bergères, sur les chemins et sur la pelouse que les moutons entretenaient aussi courte et verte que le plus lisse des gazons anglais. Elle dansait la bourrée, bien sûr, et justement celle de Saint-Gilles, son pays :

> *Triste année passe pour moi*
> *On marie l'aînée, on me laisse moi...*

Mais aussi la polka, la mazurka, la varsovienne et surtout la valse. Ah! cette valse! A l'endroit, à l'envers... Aussitôt qu'elle s'apercevait dans la grande glace d'une armoire, la voilà qui écartait les bras, que la musique lui montait aux lèvres, que ses jambes trouvaient le rythme, le pas, le tour... J'en parlerais de ma grand-mère! J'en reparlerai. On l'appelait Léonie, le nom qu'elle s'était choisi elle-même quand elle avait quatre ans – que, naturellement, elle s'appelait Anna, Maria, ou Marie-Anne, comme ses sœurs, ses mères et ses cousines pour son nom de baptême, comme tout un chacun.

Il y avait mon grand-père. Il s'appelait Léonard, on lui disait Léonet. Ma grand-mère lui montait un peu plus haut que l'épaule, presque à l'oreille. Il devait mesurer un mètre soixante-dix. Lui aussi se tenait très droit, et il avait des jambes comme on en voit aux statues grecques, et les pieds. Ses mains étaient grandes, fortes, avec de beaux ongles, pas aussi fines qu'on aurait pu le penser, tant il était adroit, surtout à travailler le bois. Un couteau lui suffisait pour polir un bâton, et même une moulure, comme avec un bouvet.

Mon grand-père ne dansait pas. Il ne chantait pas, du moins pas souvent – il m'a appris quelques chansons, il fallait bien qu'il les sût. Mon grand-père parlait. Il racontait. Mais je crois que ce qu'il aimait le plus – mon grand-père à qui je disais pépé, et plus souvent, en limousin, Paitau –, ce qu'il aimait le plus au monde c'était d'aller seul par la campagne, de marcher, de regarder et de voir. A la saison, il prenait le fusil, il rapportait lapins et lièvres, parfois une bécasse. Il tirait bien. A la battue, c'était souvent lui qui tuait le sanglier. Mais il n'aurait pas gardé l'affût longtemps comme faisaient certains au clair de lune pour le plaisir de la chasse. Son plaisir, à lui, c'était de regarder, de voir, le

27

blé qui pousse, la haie qui penche et qu'il faut réparer, le champ mal labouré et la belle récolte, le bétail gras ou maigre, trouver quelqu'un par hasard, bavarder, et l'air du temps par la campagne, la borne du champ et les Monédières, l'arbre autant que la fouine, et l'eau dans les prés, et la fumée au loin d'un village dont il connaissait la moindre maison. De regarder. De voir. Et de raconter.

Il y avait la Marraine, la sœur de mon grand-père, la Louise. C'était vraiment la marraine de ma mère, elle l'avait portée sur les fonts. Mon grand-père, ma grand-mère et mon père l'appelaient Louise quand ils s'adressaient à elle. Mais pour ma mère et pour moi, pour tous quand on parlait d'elle, c'était Marraine et la Marraine. Et, naturellement, son nom civil était Marguerite. J'ai certainement dit quelque part que le nom de baptême était trop saint et trop secret pour ne pas rester secret, pour être employé ainsi tous les jours devant tout le monde, et c'était une bonne raison, mais il y en avait d'autres. En l'occurrence, il y en eut une de très précise. Quand la petite Louise naquit, son père était déjà mort, ce fut un parent qui alla déclarer l'enfant à la mairie. Il arrive à Chamberet – mais, comment l'appelle-t-on, cette petite? Il n'avait pas demandé. Ou bien il avait oublié. Enfin, il crut se souvenir de la marraine, on en avait parlé...
– Tiens, se dit-il, c'est la Margueritou. La petite s'appelle Marguerite.

Et Marguerite s'ensuivit. Mais quand on fit le baptême, ce n'était pas la Margueritou qui portait, c'était sa fille Louise. Et c'est ainsi que la fillette eut deux noms, un à la mairie, l'autre à l'église.

Cela ne l'empêcha pas de grandir. C'était une forte femme, un peu massive de son visage comme de son corps, de ses pieds, de ses mains. Je ne l'ai connue que sans dents, elle les avait toutes perdues lors d'une grave maladie qu'elle eut peu après ma naissance, je crois, ou peut-être un peu avant. Ce qu'elle avait de très beau, c'était ses cheveux, épais et longs, encore à peine gris, ondés plutôt que frisés, qui lui cachaient la moitié du front. Elle les amassait en chignon sur la nuque. Quand elle les coiffait, elle se baissait en avant pour les démêler à l'aise, et ce flot de cheveux couleur de châtaigne, coulait jusqu'à terre.

Tiens! je ne me rappelle plus la couleur de ses yeux. Il me

semble qu'ils n'étaient pas aussi bleus que ceux de son frère. Mais elle les fermait souvent, ils étaient fragiles depuis que toute jeunette, il s'était planté dans l'un, je ne sais plus lequel, un bourgeon de hêtre, pointu et dur comme une aiguille. Elle faillit en mourir. Sans doute avait-on consulté le médecin de Chamberet, qu'on appelait le médecin des poules, par dérision, mais après un mois de traitement son œil semblait perdu et les souffrances ne s'apaisaient pas. Elle ne dormait plus, ne mangeait plus, ne tenait plus debout. Par chance, à cette époque, Cruvelhier, un grand médecin, s'était retiré du côté de Sussac, à la Villa, me semble-t-il. Il soignait volontiers ceux qui venaient le consulter, parfois de loin. On l'y mena avec le charretou et l'âne de quelque voisin. Il lui fit laver son œil avec un liquide et passer une pommade que le pharmacien de La Croisille préparait lui-même, d'après la formule du maître, jusque dans les années soixante. Quelques semaines plus tard, quand elle revint chez le médecin pour le remercier, elle n'eut pas besoin de l'âne pour l'amener. Dans cette belle et vigoureuse jeune fille de dix-neuf ans, Cruvellier eut bien de la peine à reconnaître la chétive patiente du mois précédent.

Pas autant certes que ma grand-mère, mais bien assez à son goût, la Marraine avait dansé, en son temps de jeunesse. Elle chantait mal, mais elle chantait beaucoup. Des vieilles chansons, elle en savait! Toutes les paroles. Elle n'oubliait rien. Quand on amenait la truie au verrat, il n'y avait pas besoin de le marquer, elle savait déjà quel jour elle devrait mettre bas, à un jour près, selon que c'était une vieille ou une jeune, une primipare ou une mère. Elle chantait si mal, et d'une voix si peu gracieuse, qu'on aurait cru qu'elle chantait faux. Ce n'était pas vrai, j'ai toujours pu reconnaître l'air de ce qu'elle chantait. Elle chantait. En cousant, en tricotant, assise, elle chantait en marquant la mesure du pied. Elle aimait rire. Et elle en racontait. Des contes. Des proverbes. Des histoires de jeunesse. Personne, je pense, qui m'ait appris autant qu'elle.

Et il y avait mon père. Mon père, c'était un autre royaume. Un autre temps. Il était né à Paris, ou peu s'en faut. Il devait avoir six ans quand ses parents rentrèrent au pays pour travailler Cros, une propriété fort grande mais mal commode comme elles sont là-haut, comme elles sont ici. Ah! il y en avait de la terre! Pour servir de promenade aux corbeaux. Il n'y a pas à dire : ils travaillèrent, et surtout ma grand-mère, qui perdit son mari toute jeune alors qu'il n'était pas si vieux et qui dut élever ainsi ses quatre garçons et sa fille jusqu'à la guerre. La guerre lui en prit trois, deux pour cinq ans et l'autre pour toujours. Cependant elle put garder sa fille, ma tante, et son aîné, le pauvre, qui à la suite d'une maladie de la petite enfance était resté tordu dans son corps et pas très malin dans sa tête.

Mon père était l'avant-dernier. Il vint alors qu'on ne l'attendait pas, parce qu'on voulait une fille, mais pour la fille, il fallut espérer encore deux ans. Le jour où il naquit, Paris était en transe. On enterrait le président Carnot qui avait été assassiné quelques jours plus tôt, quand le soleil baignait dans son sang tous les soirs à faire si grande peur aux gens. On disait chez nous que le ciel était rouge, si rouge que l'air lui-même était rouge, le sang ruisselait sur la terre, eût-on dit. Et cet homme fut tué, on l'enterrait au moment où mon père naissait. Ma grand-mère était seule quand les douleurs commencèrent depuis le matin. On entendait la musique et le pas des chevaux. Entre les douleurs, ma grand-mère se levait et regardait le défilé par la fenêtre. Cela n'en finissait pas, les chevaux de passer, les douleurs, la musique, l'armée...

Pour un homme, mon père n'était pas de grande taille, à peine plus que sa belle-mère. A force de travail, ses épaules fléchissaient, et l'hiver ses mains pourrissaient de crevasses, toutes noires de la poix dont il les pansait, du tan qu'il manipulait ; la terre, le bois, les topinambours, le gel... tout ce qu'il faut prendre à pleines mains. De son enfance à Paris, de son certificat d'études, des quelques études qu'il fit par la suite, il avait gardé une chose que tout le monde savait et que chacun pouvait entendre : il parlait français. Il ne parlait que français. Quelqu'un en fit reproche à mon grand-père quand il lui donna ma mère en mariage :

— Tu veux lui donner ta fille, à ce garçon qui ne parle que français !

— Certes, dit mon grand-père. Si lui ne parle que français, moi je le parle bien assez mal. Cela s'arrangera l'un l'autre...

Il ne parlait que français, et même il ne parlait pas beaucoup. A table, il lisait le journal, souvent tout seul, et parfois ma mère appuyée sur son épaule, qui lisait en même temps. Mon grand-père ne supportait pas ça. Une femme, et fût-ce la vôtre, ne devrait pas ainsi s'appuyer contre un homme, comme une pute.

Les putes, il est vrai, mon grand-père ne pouvait pas les souffrir, mais par chez nous il n'y en avait que peu, ou bien il ne le savait pas. Quant à mon père, il ne s'en préoccupait pas. Ils n'avaient guère le temps, d'ailleurs, ni l'occasion, pas plus l'un que l'autre.

Mon père chantait. Jeune, il avait joué de l'accordéon diatonique. Quand il vint ici, à part son linge personnel, il n'apporta pas grand-chose, mais il n'oublia ni sa mandoline, ni ses partitions, ni le cahier de chansons qu'il avait copiées, paroles et musique, pendant la guerre. Il avait été zouave. En 14, il avait fait son service du côté d'Arzeux. Sur le front, il ne tarda pas à être fait prisonnier au gaz ypérite, et il termina sa guerre en Allemagne, à Essen, à Hamborn, et dans quelques autres lieux où il y avait du coke à pelleter pour les usines. Ce qui l'obsédait à ce moment, c'était de voir, de bien voir – pas si loin, semblait-il, et toutes blanches dans le ciel –, les montagnes de Suisse. Tant lui firent envie ces montagnes de la liberté – la liberté rêvée, il n'y a rien de tel pour vous remuer les jambes aussi bien que l'âme –, tant lui firent fête qu'il s'évada. Huit jours, une boussole et quelques croûtons de pain dur, à marcher de nuit sous les étoiles, il parvint à un pont. Un pont sur le Rhin, le pont de la frontière. Tout allait se jouer. Tout fut joué. Et mon père, rien à dire, devant le conseil de guerre ; un mois de prison, de cachot même, avec une tranche de pain et un pichet d'eau par jour. Mais, quand il sortit, un grand bol de café au lait, qui n'avait peut-être pas été prévu pour lui : son meilleur souvenir d'Allemagne, avec cette mandoline qu'il avait achetée à un camarade...

Ainsi, il y avait mon père, ma mère, ma grand-mère, mon grand-père, et la Marraine, la Louise. Il était difficile d'être seule, avec tout ce monde autour de moi. Il y avait toujours quelqu'un pour me surveiller. Selon le travail qu'ils faisaient, je suivais l'un ou l'autre. Ces hommes étaient tous deux mon père, et ces femmes chacune ma mère. Est-ce que je les distinguais ? En tant que personne, certainement. En tant que fonction, fort peu. N'importe lequel pouvait me commander, n'importe lequel me donnait à manger, n'importe lequel m'embrassait, me portait, me couchait, m'habillait, me parlait, me gardait... N'importe lequel pouvait prendre une verge de bouleau et me fouetter les jambes, encore fallait-il qu'il pût m'attraper...

Je ne me souviens guère de corrections violentes. Mais les cheveux, les oreilles et les joues de quelque gifle que je n'avais pas volée, cela m'étonnerait qu'elles en fussent vierges, non plus que les fesses de quelque bonne claque.

– Une bonne claque sur ton cul!...

Je l'ai entendu plus souvent que senti.

Mais il en est de même pour le bétail. Il sait bien quand il a mal agi. Alors vous pouvez crier, et même frapper, il prend tout en patience, il ne remue ni pied ni corne. Le moindre coup de bâton quand il n'a rien fait, voyez! Le regard qu'il vous jette, sans compter que s'il peut vous le rendre – tenez-vous à l'écart. Pour moi, je n'en ai pas gardé de ressentiment, pourtant il me semble que les cuisses me cuisent encore de cette poignée d'orties dont me les a frottées ma mère, alors que je n'avais rien fait. Non je n'avais rien fait de mal, moi. J'étais allée jouer avec les Petits, ce n'était pas un crime! J'y allais autant que je voulais, ou bien ils venaient, ce n'était pas défendu. Et si nous étions allés jusqu'à la maison d'en bas, mon père et mon grand-père y étaient bien, eux, puisqu'ils battaient, ce jour-là, tout le village ensemble... Allez voir – je ne compris pas. Je ne compris rien.

Il est vrai que personne ne pouvait m'expliquer. Ils n'avaient pas les mots pour le dire, peut-être. Et ils ne savaient pas bien. Ils n'étaient pas sûrs. De toute manière, moi je n'aurais pas compris, rien de ce qu'ils auraient pu me dire. J'ai mis longtemps à comprendre, trente ans, peut-être. Il est vrai que je n'y avais pas pensé tous les jours.

Oui, une trentaine d'années plus tard, cela me parut évident, clair comme l'eau de roche : c'était pour me garder du loup. Parce que le loup était là. Il hurlait tant et plus par les combes, sans que personne l'entendît, sans que personne fît semblant de l'entendre. Il était là, à remuer la queue comme un chien domestique, caressant à flatter les fillettes, mais les petits garçons ne lui auraient pas fait peur, m'a-t-on laissé entendre... Que si les Petits venaient si souvent jouer avec moi, ce n'était peut-être pas seulement pour le plaisir! Eux aussi, on les gardait du loup.

Je n'avais rien fait, donc, mais, d'un danger l'autre, je me gardai des orties. Et le loup se tint à l'écart. S'il but le sang d'autres petites filles – il en eut de tout temps quelqu'une où se curer les dents – grand bien leur fasse!

Les Petits, ils étaient deux. Je n'avais pas vu beaucoup d'autres enfants – vacances et dimanches, il n'en vint guère d'autres de toute mon enfance – à part l'autre petit René, le fils du jaloux...

René et Matou furent tout de suite mes copains. Qu'ils étaient des garçons, et moi une fille, nous le comprîmes très vite, je m'accroupissais pour pisser, alors qu'ils pissaient debout. J'ai entendu dire que, les premiers temps, ils portaient encore la robe – elle devait être plus longue que celle du petit René –, on ne voyait rien, du moins je ne m'en souviens pas. Matou tétait encore sa fiole. Il la téta longtemps. Soit l'un, soit l'autre, et souvent tous les deux se tenant par la main, ils montaient chez nous, à n'importe quel moment. Et nous nous amusions.

Ce n'était pas toujours sans danger. Une fois que Matou me lançait des pierres – je voulais bâtir une maison, et lui me les passait d'un peu plus bas –, une de ces pierres me frappa sur l'œil. Vous auriez entendu crier ma mère! Mais le garçon ne l'avait pas fait exprès. Il ne l'avait pas fait exprès non plus, le René, quand il me donna un coup de bâton dans l'autre, en tapant sur une vieille boîte pour la faire entrer dans cette boue que l'eau de pluie avait amenée là en ruisselant des collines. Après la pluie, il y avait toujours, par les chemins lavés, si propres qu'on aurait cru voir la terre vierge, dans quelque trou creusé derrière une pierre, de longues langues de sable, parfois grumelé, parfois plus fin que pâte de farine, qui gardaient la forme de la coulée, et sur le bord un peu de bave comme de la crème. C'était beau! Nous y taillions des gâteaux, parfois à pleines mains, mais ce n'était pas facile, et d'autres fois avec une vieille boîte en guise de moule, pour bien garder cette face lisse et luisante qui nous plaisait tant. La boîte, c'est moi qui avais eu l'idée, sans doute pour avoir vu ma mère couper la pâte avec un verre. Et de taper sur le fond avec une bûche quand la boue était un peu dure, c'était aussi mon initiative...

Mais tout est dangereux. Peu ou prou.

Certes, je ne risquais pas grand-chose sous la table, où les barres de la table me servaient de bancs. Mais que la Marraine me demandât de lui peler une gousse d'ail, le couteau me fendillait le bout de mes doigts maladroits, d'une douleur aiguë à grincer des dents, même si le sang ne suintait qu'à peine.

Pas très dangereux non plus, quand les pins fleurissent, à la fin de l'hiver, de cueillir leurs petits cônes rouges, pas plus longs que l'ongle, qui s'en vont en farine dorée quand on secoue la branche. J'en cueillais des poignées, les plus durs, juste sortis de leur bourgeon d'écailles. Je les en tirais au besoin. C'était beau, oui. Des pierres précieuses dont on pouvait faire des bracelets, des colliers... Je ne crois pas en avoir fait beaucoup, de bracelets ni de colliers; surtout, je les imaginais. Les petits cônes étaient bien vite abîmés, flétris, tout ramollis ils tombaient en poussière. Je le savais. Mais comment se garder, à les voir sortir de la branche sèche leur petit nez rose, clair comme un rubis, comment se garder de tendre la main et de les cueillir? Je ne m'en gardais pas.

Et il y avait les autres pignes, les vraies, celles qui se dressaient là-haut, bien haut, rouges à vif comme une lampe. Elles me faisaient plaisir, celles-là, et plus envie que les autres, d'autant plus qu'il était plus difficile de les attraper. Une fois, il y en avait sur les branches basses, oui, pas très haut, presque à ma portée. Il suffisait de tirer la branche. Le bâton que j'avais ne fut pas assez long, alors je pensais à l'aiguillade. L'aiguillade était bien là, devant le bâtiment contre la porte. Mais on l'avait passée dans l'anneau de fer où, parfois, on attachait le cheval, ou une vache. Je n'eus pas l'idée de la faire glisser par le bas. Me dressant sur la pointe des pieds, le bout de mes doigts atteignait juste l'anneau, je réussis à saisir l'aiguillade, mais mon doigt se prit dans l'anneau et je restai là coincée, pendue, à hurler, un temps qui me dura... Par chance, quelqu'un m'entendit, peut-être ma mère, puisque c'est elle qui arriva la première pour me dépendre, le doigt en sang. Que j'ai souffert pour les lanternes, moi!

Il faut savoir, en effet, que ces pignes n'étaient pas des pignes. C'était des lanternes, mes petites lanternes. Et, certes, elles ne pouvaient servir à rien, sinon le jour comme la nuit à m'éclairer les yeux, le cœur et l'âme. On m'en cueillit. Ainsi, entre les doigts, non ce n'était rien d'extraordinaire. Cela sentait bon. C'était un peu vert, et rouge par le bout, mais où était cette lumière? Cette lumière qui là-haut brillait dedans comme de feu, comme de sang? Cela me poissait les mains. Je m'en lassai bien vite. Je m'aperçus, un peu plus tard, que les pignes du mélèze, quand elles fleurissaient, étaient plus belles encore, roses, claires, et faciles à cueillir puisqu'il y en avait sur les plus basses branches, presque jusqu'à terre. J'en cueillis – pour voir que, quand elles ne se balançaient pas en pleine lumière sur l'arbre, celles-ci non plus ne rayonnaient pas davantage qu'un chiffon flasque. Oui, j'ai souffert pour les lanternes, moi. Surtout quand elles luisaient là-haut dans le soleil à la cime des pins.

Une autre fois, j'étais dans le coudert, et les Petits dans la cour chez eux en train de jouer. Je regrettais bien ma part.
– Montez!
– Descends, toi.
Il était plus facile de descendre que de monter, mais, en passant sous le barbelé, entre deux piquets, je m'écorchai trois doigts.
– J'en ai écorché trois!
– Quoi, trois? Trois lapins?
– Trois lapins si tu veux.
« Écorcher des lapins » s'ensuivit, une de nos expressions.
J'en avais écorché bien d'autres. En voulant couper du trèfle avec la faucille, et quelque autre fois en essayant de moissonner, j'avais fait de belles entailles à mon petit doigt, le pauvre myrmidion, qui en garde encore la marque. C'est traître une faucille. C'est là, croirait-on, l'outil le plus innocent du monde. Vous en faites ce que vous voulez, pas le moindre danger. Tout d'un coup, crac! elle vous emporte le morceau, comme les dents d'une sauvagine – vous ne vous y attendiez pas, vous n'aviez rien vu venir. C'est que ce n'est pas rien, cette faucille qui ressemble à la lune jeune. La lune, tout le monde le sait, n'est pas un signe vraiment faste.
Mais ce n'est pas la faucille, une autre fois, c'était le couteau, et même, ce n'est pas le couteau qui me mordit. Je voulais l'aiguiser.

35

Afin que je ne me fasse pas mal, on me donnait toujours des outils qui ne coupaient rien. Ils croyaient bien faire, sans doute, et peut-être évitèrent-ils ainsi quelque grave accident. Mais pour les Petits, sûrement pas. Un outil qui coupe mal, il coupe tout de même. Il ne peut pas faire de bon travail; mais en tordant, en secouant, et d'un effort excessif, on force le geste et l'outil – alors que la lame glisse, ou la pointe, et elle pénètre où elle peut, dans la main ou la cuisse, au plus tendre. Cette fois, le couteau ne coupait rien. J'étais bien trop petite, peut-être, pour avoir un couteau, même de fer. Je voulus donc l'aiguiser, comme j'avais vu faire, sur la meule. Je me dressai sur la pointe des pieds, je posai la lame contre la pierre, et je saisis la poignée pour la faire tourner. Aussitôt que la queue tourna, la meule tourna, qui emporta tout à la fois, le couteau et la main, et la main tomba sur le côté dans l'engrenage qui tournait toujours. Elle est tendre, la chair, elle est douce; fer contre fer, l'engrenage mangeait. Et le sang ruisselait, et moi je criais! De cela aussi je porte les marques. Et ils dirent chez nous que j'avais mis mes doigts exprès dans l'engrenage. Peut-être avaient-ils raison. Et le couteau, peut-être que je l'ai imaginé. Je ne parierais pas beaucoup sur ce souvenir, qui pourtant me semble si vrai, qui pourtant est signé tout en blanc sur ma peau. Hé! même la meule ne s'en souvient pas. Et moi, je n'étais même pas aussi haute qu'elle.

Ce qui nous amusait beaucoup, ce qui nous amusa longtemps, ce fut la bagnole.

Des charrettes, on nous en faisait, bien sûr. La mienne était souvent la plus grande, la plus belle, la plus solide, quand mon grand-père me la faisait lui-même. Oh! sitôt un peu grande, moi je savais bien les faire! Et je sais encore. Mais pour couper une belle fourche de noisetier et courber convenablement les roues de châtaignier, il aurait fallu être plus fort que moi. Mes charrettes, souvent, allaient un peu de travers. Celle que fabriquait le grand-père durait toute une saison.

La charrette, je la tirais. Mais tirer une charrette tout seul, avec trois poignées de foin dedans, une fois que tu l'as montée du pré, il n'y a plus grand plaisir. Au contraire, quand on est deux ou trois, cheval ou vaches, et charretier, il y en a du rire! Ces charrettes se faisaient surtout entre mai et juillet, je n'ai jamais su pourquoi, si ce n'est qu'à ce moment, vaches et bœufs la tiraient, la charrette! En montant de l'Étang! Et nous en faisions tout autant, peut-être pour aider...

Mais ce qui nous plaisait en toute saison, c'était les vraies charrettes, une boîte à savon, deux et parfois quatre roues, et un timon qui tournait, ah! mes enfants! Les roues en étaient de bois, sciées dans un tronc de jeune châtaignier ou de chêne, avec un trou au centre. Une pointe les retenait enfilées dans l'essieu. Dès que je pus, je les sciais moi-même, ces roues, sur la chèvre avec une scie, et je les perçais avec la grosse mèche. Elles n'étaient pas bien droites; ça tournait quand même.

Nous, on traînait ça.

Mais une année, le grand-père trouva mieux. Je ne sais pas comment, il s'était procuré une grande boîte, une véritable caisse basse, très solide. Il fit deux essieux et un avant-train. Le timon tournait dans l'avant-train, et l'avant-train dans la caisse avec l'essieu. Comme roues, il y eut celles du moteur – le moteur était posé sur des barres de bois, bien calé, bien attaché, on ne le déplaçait jamais.

Cette fois, ce ne fut plus une charrette! Ni un tombereau. Ni un charretou d'âne. Voiture à cheval? Pourquoi pas! Et, comme personne n'avait d'auto – une bagnole. La bagnole était un peu lourde, avec ses roues de fer, mais elle roulait si facilement qu'on ne le sentait pas. Nous pouvions monter à deux dedans, et l'autre tirait. On pouvait même très bien imiter le pas du cheval en claquant du pied, talon et semelle. Que, si la bagnole n'avait pas de vrai moteur, nous connaissions très bien, nous le moteur à crottin, le même qui nous servait pour jouer à la batteuse – c'était l'expression du père Léonetou, quand il battait au fléau : « ma batteuse à crottin ». Quand nous étions un peu haut sur la route du Pissechien, nous montions tous les trois, deux dans la caisse assis sur les bords, l'autre devant avec les pieds sur l'avant-train.

Une fois, pourtant, nous étions les deux grands dedans, et Matou tirait. Il ne tirait pas beaucoup, c'était en descendant dans le village. Il tirait, mais nous on criait, parce qu'il n'allait pas assez vite. Nous voulions le faire courir. Il s'emporta :

– Ah! vous allez voir! Je vais vous faire « pouliner »!

Il prit la course, voulut donner une ruade : il tomba sur la route pierreuse, de tout son long, et la bagnole par-dessus, les roues de fer et les deux connards qui étaient dedans, criant de peur parce que la bagnole ne s'arrêtait plus. Par chance, en traînant à terre le timon s'accrocha, fit tourner l'avant-train qui fit tourner l'essieu qui dévia le tout...

Matou nous avait fait « pouliner ». Le mot qu'il voulait employer signifie bien sauter comme un poulain. Pouliner, c'est autre chose, pour une jument, c'est mettre bas. C'est pourquoi « pouliner » s'ensuivit – une autre de nos expressions.

La bagnole nous suivait partout, du moins souvent. Une fois, dans le chemin fort étroit sous les Chenevières, je m'aperçois qu'une vache arrivait; on les lâchait juste pour les mener au Pré. René était à l'autre bout du chemin avec la bagnole. Je lui criai :

– Attention! Écarte-toi! Un bolide!
– Comment? faisait le garçon qui ne comprenait pas.
– Écarte-toi vite! Un bolide!
– Quoi? Un Politre?
– Écarte-toi!

René s'écarta. La vache passa. Pauvre vache, qui jamais ne se sut devenir bolide, non plus que Politre, ce qui en limousin est un diminutif d'Hippolyte.

Mais pour nous, « Politre » s'ensuivit, dans notre vocabulaire familier.

Nous avions bien d'autres jeux.

Les garçons avaient des billes, et même de petits boulets de plomb. Je n'ai jamais su rien faire avec des billes. Je ne comprenais pas, à l'école, que certains, et surtout le petit Lucien, pussent rester là je ne sais combien de temps avec leurs petites boules devant leurs cinq trous, aussi muets qu'un joueur d'échecs. Les Petits ne se passionnaient pas autant, mais ils jouaient. Ils jouaient aussi à la toupie, assez bien, heureux quand ils arrivaient à la faire tourner sur place au-dessus de la ficelle. Je n'y étais pas très adroite, mais quand ils me prêtaient la leur, j'arrivais à la lancer et à la faire tourner un peu. Moi, j'avais des balles, plus ou moins grosses, pleines de mousse ou gonflées d'air, et même une balle de polo. Les Petits n'étaient guère adroits aux jeux de balle. A la vérité, ces jeux-là ne nous intéressaient que médiocrement. Et même le yoyo était plus souvent dans notre poche qu'entre nos mains.

Ils étaient beaux, pourtant, ces yoyos de bois, si bleus, si rouges! Et moi j'en avais un, également, en Celluloïd, un mélange de rose foncé, de rose clair et de blanc à peine teinté, lisse qu'on aurait dit un bijou, ou un berlingot. Mais j'ai dit vrai : quand nous étions ensemble, nous ne jouions que peu avec ces petits accessoires. Et quand j'étais seule je n'y pensais même pas. Ensemble, nous jouions souvent à cache-cache, parce que les endroits ne manquaient pas, où il n'était pas facile de nous retrouver, aussi bien chez nous que chez les Petits, derrière un mur, un talus, un arbre, dans le foin... A la lutz, à Loup-y-es-tu? A tout ce qui est prétexte à crier, courir, s'essouffler, rire, rire divinement. Au palet, comme à l'école et même bien mieux, parce que nous prenions le temps de tracer une belle marelle dans le sable avec le talon, parfaite et juste selon nos talents et la longueur de nos jambes. Et à saute-mouton : celui qui avait sauté les deux autres se baissait, cela n'en finissait pas...

Un matin que nous allions à l'école, en marchant vite, sans doute parce que nous étions déjà en retard, je me trouvais un peu loin derrière quand tout à coup René se baissa pour remonter ses chaussettes. Moi qui le vis ainsi baissé, il ne me vint pas à l'idée ce qu'il pouvait réellement faire, mais qu'il était bien placé pour saute-mouton. J'arrive en courant et nous voilà tous deux par terre; or le garçonnet qui ne s'y attendait pas s'écorcha un peu le genou. Et son frère aussi bien que lui-même lancèrent une chabrette qui ne s'arrêtait plus. On aurait pu croire que je les avais presque tués tous les deux. Hélas! je crois me souvenir que la fiole de cidre s'était cassée, ou débouchée, dans le choc. Il y avait là quelque comédie. Mais il est vrai qu'ils s'aimaient, ces deux.

– Petit frère...

Ils s'appelaient « petit frère » à tout moment. Cela ne les empêchait pas de se passer des raclées, corps à corps, dont les braiements de larmes s'ensuivaient autant que ceux de rire. Et la Maini – leur grand-mère! Les matins, cela n'en finissait pas :

– Adieu, Maini! Adieu, Maini! Adieu pauvre Maini...

Ils s'en allaient à reculons, secouant des mains éplorées, jusqu'à ce qu'ils eussent tourné dans le chemin creux. Matou en rajoutait encore. Quand on ouvrit la route – presque tout se faisait à la main, avec la pioche et la brouette –, les travaux durèrent longtemps. Les hommes, voyant jour après jour ces adieux pathétiques, voulurent les tourner en dérision. Et ils imitaient les enfants :

– Adieu, Maini! Adieu, Maini! Pauvre Maini, nous ne te verrons plus!...

Le Matou, pensez s'il en avait dépit. Et il dit tout bas à la mère Louise :

— Adieu, Maini, je te ferai adieu avec la main par le cul.

Et, au lieu de crier ses adieux comme avant, il secouait la main à côté de sa poche, par-derrière, et s'en allait vite, l'air de rien comme s'il avait dérobé ses adieux, les adieux que les railleurs imbéciles lui avaient dérobés, à lui.

Quand ils vinrent à Germont, les Petits, tous les deux appelaient leur grand-mère Maini, et leur grand-père Pairi (parrain). Je n'ai jamais su s'il était leur parrain, à l'un ou à l'autre. Mais quand ils entendirent que j'appelais mon grand-père Paitau, ils appelèrent le leur Pairitau. Pairitau s'ensuivit, au point que parfois j'appelais ainsi mon propre grand-père.

Le père Léonetou se rasait entièrement, mais mon grand-père portait une crâne moustache d'or et d'argent qui frisait largement de chaque côté. Le Matou l'admirait beaucoup, cette moustache. Il dit à Léon :

— C'est le père Léonet, qui en a, une belle moustache bien fleurie !

— Ce n'est pas difficile, fit l'autre. Ce n'est pas étonnant : chaque matin, il l'engraisse avec de la crotte de poules.

Matou essaya...

Matou était le plus petit. Il ne faut pas croire que les autres n'en avaient pas dit, ou fait, d'aussi bonnes. Mais les siennes venaient plus tard, les dernières, et c'est ainsi qu'elles restèrent mieux dans les mémoires.

J'AVAIS neuf ans. Je me souviens de mes neuf ans, c'était mon jour anniversaire. Ma mère, qui préparait un bon repas, à un moment, me demanda de lui apporter un petit seau d'eau de la grande citerne. Je le fis, tout en réfléchissant que j'avais neuf ans. Je me trouvais vieille, et cela me pesait sur le cœur, avec une envie de pleurer... Mais, en ces jours-là, je construisais une maison, une véritable maison de briques, appuyée au mur, il est vrai, derrière notre maison, j'avais ainsi un mur tout fait... Pour moi aussi, j'apportais de l'eau de la citerne. C'est que nous, en cette fin d'août, début septembre, nous jouions au mariage. Ç'avait été mon idée. Je ne sais pas si c'était la première fois, mais je crois que oui.

Le mariage, cela n'avait pas grand-chose de commun avec la dînette des petites filles du bourg, ni avec ces parodies de mariage où garçons et filles se déguisent avec les costumes des parents. Nous y jouions une ou deux fois par an, pas davantage. Et d'ordinaire, c'était moi qui avais eu l'idée et qui m'en occupais le plus. Parce que j'étais la fille? Cela s'ensuivait, mais pas directement : parce que c'était moi qui avais les poupées. On offre les poupées aux filles.

Je ne savais pas, nous ne savions pas le terme limousin pour dire « poupée », parfois traduit « *popeia* ». Ma grand-mère utilisait bien l'expression « *babòia de bois* » pour désigner quelqu'un de taciturne, mal dégourdi, qui ne sait ni rire, ni chanter, ni parler. Mais savait-elle que cela se traduit par « poupée de buis »?... Et moi, ma poupée, ce n'était certainement pas une « *babòia* ». « *Babòia* » vous-même!

41

Des poupées, j'en ai eu, j'en parlerai, c'était toutes des filles, des femmes, des dames, sauf une, pas plus haute que la main, qui ne pouvait être qu'un homme : un marin de caoutchouc qui sifflait quand on appuyait dessus. Qui sifflait ou plutôt qui couinait, une main dans la poche et l'autre sur le cœur. Quel qu'il fût, il s'appelait Pierrot, et la demoiselle du moment Jacqueline, comme les héros de notre livre de lecture en classe, Line et Pierrot. Un homme et une femme. Il fallait les marier.

Mais d'abord leur faire une maison. Un tas de briques restées contre le mur après des travaux de fenêtres, cela nous aidait bien. J'avais essayé avec des pierres, mais cela n'en finissait pas, le mur se tordait, se rétrécissait par le haut, et tout retombait. Avec les briques, murs, portes, fenêtres, tout allait bien. Il n'y avait que le toit, que nous faisions de paille. Carabas – notre chien s'appelait Carabas – en voyant cette paille s'imaginait que nous lui avions fait son lit. Il montait se coucher sur la maison et dérangeait le chaume. Sale chien!

Monter la maison, et surtout niveler le sol, avec du vrai mortier de sable et d'eau, et une véritable truelle, cela prenait longtemps. René n'était pas très adroit à ce travail. Ce jour de mes neuf ans, j'y avais travaillé longtemps seule, mais les Petits montèrent jouer dans l'après-midi et s'y employèrent fort. Toutefois, je ne suis pas sûre que ce soit ce même jour... René gâchait le beau poli que je m'efforçais de donner au sol, en appuyant la pointe de la truelle à tort et à travers.

– Vois que tu fais des nez de truelle!
– Des nez de truie?

Et les « nez de truie » vinrent enrichir notre lexique personnel.

La maison bâtie, il fallait une route pour y accéder ; un sentier peut-être, à le voir, mais à la taille de la maison, une route, avec sa chaussée et ses fossés. C'est ainsi que je devins Madame le Cantonnier. Pourquoi pas? Nous avons bien Madame le Premier Ministre.

Il fallait amener l'électricité – les poteaux et les fils, même si les poteaux n'étaient pas très droits, et les fils des fils de laine.

Il fallait des meubles, du moins une table, deux bancs ; avez-vous essayé de construire une chaise? Avec un mauvais couteau et des brindilles coupées dans la haie, une chaise haute comme le doigt? Moi, oui ; je ne pus jamais y arriver. Tant pis pour la chaise. Elle aurait pu ressembler à celle du Roi fou. Mais, à l'époque, je ne connaissais pas le Roi fou.

Tout cela prenait plus d'une semaine. Peut-être beaucoup plus, mais nous n'achetions pas le temps à la livre, et, de temps, il y en a toujours plus que de vie. Je l'ai dit, d'ordinaire la maison était bâtie derrière notre maison, si ce n'est une ou deux fois que ce fut devant. J'y travaillais plus que les autres, parce que j'étais sur place. Et ne fût-ce que pour lever les tables et monter les bancs de la noce. Cette noce devait se faire dans le hangar, pour être à l'abri quelque temps qu'il fasse.

Enfin venait le jour du mariage, qui était d'abord celui de sortir les poupées. Les poupées, d'une certaine façon, c'est pour elles que nous avions fait tout cela – mais de tout ce temps, nous ne nous étions guère souciés d'elles. Peut-être parfois les avions-nous posées à proximité, et elles nous regardaient faire. Mais nous ne leur avions demandé ni leur avis ni leur participation. Le jour de leur mariage, nous ne pouvions pas nous passer d'elles. Elles étaient là. Et nous, nous savions tout ce qu'il fallait faire : aller chercher le fiancé, aller chercher la fiancée, aller à la maison commune devant le maire et à l'église pour le curé.

C'est ainsi qu'advinrent les choses. Un jour que René n'était pas venu, nous voulûmes tout de même faire ce mariage, Matou et moi. Tout alla bien jusqu'à l'église. Mais, à ce moment, nous ne fûmes plus du tout d'accord. Cela se passait dans la grange, devant l'ouverture haute. Le trou du foin par chance était fermé, on avait posé dessus un épais madrier. C'était l'église. C'était le chœur. Nous eûmes querelle pour la place des fiancés et celle du curé.

– Je te dis que c'est la place des mariés.
– Je te dis moi que c'est la place du curé.
– Les mariés...
– Le curé...
– Les mariés...
– Mais je te dis moi que c'est la place du curé.

Et Matou s'avance pour mettre le curé, pour se mettre, curé, à la place qu'il assure être la bonne. Il allait vite, il n'a pas vu le trou entre deux planches, vrr! Sa jambe s'y enfile jusqu'en haut de la cuisse, de la pauvre cuisse que nous sortîmes de là toute bleue, toute blanche, à moitié pelée. Ce fut une autre musique! Il s'était « mis à la place du curé » ; la douleur passa, l'expression resta. Et « se mettre à la place du curé » persista comme le reste, jusqu'à ce jour.

43

Quand tout se passait bien, en portant les poupées devant nous comme des marionnettes, nous formions à tous trois le cortège, un cortège qui chantait, huchait, criait, à croire que nous étions plus de dix, derrière Matou musicien qui jouait de l'harmonica. Il jouait!... enfin, il soufflait dedans. Sans rien savoir de la musique il soufflait dedans et même il en tirait des sons d'harmonica, avec un rythme qui aurait fait danser les sabots.

Il jouait aussi pour nous faire danser après le repas de noce, et nous, portant les poupées maintenant comme des partenaires, nous dansions.

Ce repas de noce! Un repas où rien ne manquait. Sur les tables qui étaient des planchettes clouées à des piquets fichés en terre, les assiettes, les verres, les cuillères et les fourchettes – autant de bûchettes, de couvercles, de têtes de glands –, pour vingt personnes peut-être, entre les roses ou les marguerites dans des fioles qui étaient autant de cristaux comme vous pouvez croire, une splendeur! Je ne me souviens plus très bien des délicieuses nourritures, mais il est probable que les haricots verts en gousses de genêt, et nos petits pâtés de boue devaient y tenir la place d'honneur.

Quand on les raconte, ces choses, ce n'est rien du tout. Mais de les vivre! C'est la chaleur de la vie, la moelle des os de la vie.

Non, à part les Petits, je n'eus guère de petits compagnons pour jouer à la maison. Je me souviens qu'une fois mes petites cousines étaient venues avec leurs parents, la Renée, la Odette et la Marie. Nous avions toutes, et moi aussi, de petites pantoufles bleues, d'un bleu très vif, qui allaient si bien pour courir dans la boue... mais il faisait soleil. Ma tante m'avait apporté un joli petit tablier dans lequel on entrait par la tête et qui se refermait de chaque côté par un gros nœud de ceinture.

– Tourne! dit ma tante quand elle eut noué le premier.

Je tournai. C'était beau, mais pas tellement pratique pour jouer. Nous n'eûmes pas le temps, d'ailleurs, de trouver des jeux, si ce n'est de nous attraper l'une l'autre en courant.

La sœur de ma grand-mère, l'Angéline, qui venait parfois passer quelques jours chez nous, avait amené une fois sa petite-fille, la Aîmée, qui avait une paire d'ans de moins que moi. Je crois qu'elle l'avait amenée d'autres fois, mais nous étions trop petites, nous n'avions pas beaucoup joué. Cette fois, certes je m'en souviens! Le soleil brillait. Il entrait déjà à pleine fenêtre dans la chambre de ma grand-mère, où, je ne sais pourquoi, je terminais ma toilette. J'entendis le chien, je mis le nez à la fenêtre, c'étaient elles. Une fête! Elle était jolie, la Aîmée, avec son visage rond, son nez menu, ses longues tresses attachées par le bout avec une boucle. Nous jouâmes beaucoup. Mais il fallait toujours faire ce qu'elle voulait.

Tiens, quand nous jouions à la classe, les Petits et moi, j'étais souvent la Dame, ou René le Monsieur, parce que nous étions les plus grands, et nous posions des questions très faciles, auxquelles nous devions et savions répondre. Ou bien au contraire des questions farfelues, auxquelles il fallait trouver les réponses les plus invraisemblables, et c'est alors que nous nous amusions le mieux. Avec la Aîmée, nous montâmes dans le grenier; il y avait là une classe, et là-bas une autre classe, et le jeu, ce n'était pas de savoir si deux et deux font quatre, ou bien six mille neuf cent quarante, c'était de prendre un grain de blé dans une classe et de l'apporter à la Dame de l'autre classe. Et après, deux grains de blé... Cela ne m'amusait pas du tout. Hé! j'avais onze ans, moi!

Nous n'étions pas toujours dans le grenier. Un autre de ces amusements, c'était d'apporter quelque coussin dehors, un morceau de vieille couverture, de se coucher dessus et, au mieux, d'y coucher les poupées. Heureuses poupées! Qui jamais ne furent à pareille fête. Nous essayâmes même la chatte. Mais la chatte ne fut pas d'accord.

Elles restèrent deux ou trois jours. Un soir, tout le monde était dans le pré, nous avions mis le foin en petites meules. Nous deux, nous avions sans doute couru davantage que manipulé le foin. J'en étais tout de même fatiguée. Il faisait bon. Je me suis couchée sur le dos tout de mon long à même le gazon, les bras écartés. Je ne sais où cette petite garce avait bien pu trouver l'aiguillade, pan! Toute de pointe elle me la plante dans un côté, sous le bras. Elle n'y était pas allée pour rire, non! Je gardai le bleu plus de huit jours. Je pleurai. Ma mère se fâcha, la Aîmée bramait, l'Angéline rouspétait... Elle serait repartie sur le coup avec sa descendance, mais nous étions au fond du Pré, le temps d'arriver à la maison, il était nuit. On coucha la petite, et moi je la regardais dormir, si mignonne qu'on lui aurait donné le bon Dieu. Elles s'en retournèrent le lendemain matin, et l'Angéline ne la ramena jamais plus.

Je n'y comprenais rien. Je regrettais bien un peu cette compagnie. Mais comme je n'avais pas envie de me faire battre comme blé tous les soirs, je me contentai de jouer avec les Petits à nos jeux coutumiers. Si nous nous faisions mal, quelquefois, c'était du moins de notre pure bêtise, innocemment, si l'on peut dire.

Il était venu un autre enfant. Il me semble que j'étais moins âgée, peut-être huit, ou neuf ans. Lui et moi, nous n'avions pas grande différence. Il s'appelait Ivan, ou Yvon, je n'ai jamais su. Son père l'avait amené sur sa motocyclette, une des plus belles qui se faisaient alors. Son père, c'était le Jean, un fils du père Pradeau. Il vivait en ville, peut-être même à Paris. Nous nous sommes bien amusés. Du train que le Père Noël m'avait apporté quelques années plus tôt, il me restait la locomotive, et même quelques wagons. Aurais-je eu le tout que je préférais la faire marcher toute seule à travers la maison que de la voir tourner, tourne que tourneras, sur ces rails qui ne la menaient nulle part. Aussi la fîmes-nous marcher sur le ciment, sur la terre, et pour finir bien remontée au fond d'une lessiveuse presque pleine d'eau. Cela fit un sous-marin de première. Elle tournait là comme si elle n'avait jamais rien fait d'autre.

Mais ce qui nous retint le plus longtemps, c'est ce tombereau que mes parents avaient dételé devant la porte, au beau milieu de la cour. Il était là, bien calé, par-devant je ne sais comment, par-derrière avec une chèvre qu'on avait glissée dessous. En y montant, d'abord sans autre pensée, nous remarquâmes qu'on avait surélevé les bords avec des planches mobiles. On avait dû conduire quelque veau à la foire et en ramener des engrais. Nous, nous l'avons bien balayée, cela faisait une maison. Mais, bien mieux! Il y avait là, pas loin, un tas de piquets, non pas fendus, mais sciés comme de petites planches, qui semblaient n'attendre que nous. Et nous voici tous deux, à traîner ces piquets pour faire un toit, puis un plafond à notre maison qui fut ainsi une véritable maison, avec sa cave et son grenier, et nous pouvions entrer dedans, nous asseoir, nous coucher, et presque y tenir debout. Merveille!

Le soir après souper, Ivan et son père couchèrent à la maison, dans mon lit peut-être, puisque je couchai moi avec la Marraine. Le lendemain matin, vers midi, Jean voulut s'en aller. On eut beau le prier de rester un peu, de passer quelques jours chez nous, il voulut s'en aller. Et moi j'embouchai la musique, parce que je ne voulais pas, moi, qu'ils s'en aillent. L'Ivan, je voulais le garder, ce n'était pas possible, la maison n'était pas terminée, le jeu ne faisait que commencer... Mais Jean voulut s'en aller. Il s'en alla. Nous les accompagnâmes un moment, sur la route du Pisse-chien. Je bramais toujours. Pourtant, on avait bien essayé de me consoler : on m'avait mis mon petit chapeau de paille dorée, qui avait deux cerises sur l'aile. Mais cela n'y fit rien. Il me sortait des yeux tout un ruisseau de larmes. Ivan ne disait rien. Soudain j'aperçois, à travers ce déluge, le visage du garçonnet, qui me regardait avec ce qu'on pourrait appeler un certain sourire. Un sourire qui, d'un coup, tarit la fontaine. (Quel choc! Quelle honte!) Mais que croyait-il celui-là? Il voulait s'en aller, qu'il s'en aille! J'avais bien assez bêlé, moi! Adieu, grand merci! C'est un sourire que je voyais pour la première fois. Ce n'était pas la der-nière. Je commence pourtant, aujourd'hui, à me demander si j'étais si sûre de ce qu'il y avait derrière ce sourire. Quoi qu'il y eût!... Je n'ai pas revu le garçon, jamais.

Pendant quelques jours, les Petits et moi, cette maison fut notre jeu. Nous nous amusions si bien que René et Matou voulurent amener avec nous le petit Paul, un enfant qui passait ses vacances chez la Clarisse, où il gardait les vaches. Il était aimable, le petit Paul, patient et gentil. Parfois il jouait avec les Petits, mais il ne venait guère chez nous, pas plus que je n'allais chez la Clarisse. Ce jour-là, il vint. Et, bien sûr, nous montâmes tous dans cette si belle maison. Tout à coup, bradadan! Le tombereau qui bascule, le timon en l'air et nous par terre les uns sur les autres. Mon père, ou mon grand-père, quelqu'un avait eu besoin de la chèvre et l'avait emportée. Nous ne l'avions pas remarqué. Par chance, per-sonne n'eut grand mal, si ce n'est le petit Paul qui s'en tira avec une grosse bosse sur la tête. Ne crut-il pas que nous l'avions fait exprès? Il partit en courant, et, cette année-là tout au moins, nous ne le revîmes pas chez nous. Pour une fois qu'il était venu!

ALLER à l'école, le matin, on avait le cœur un peu triste de quitter la maison si chaude et si agréable. Et comment se passerait la journée? Si nous saurions faire, si nous saurions nos leçons, si nos devoirs étaient bien faits, si nous n'allions pas être en retard... Moi, du moins, je m'inquiétais. Les autres aussi, je pense. Parfois, nous entendions la clochette alors que nous étions seulement à l'église. Il fallait courir. Nous qui étions des plus éloignés, nous n'avions pas toujours retrouvé ceux des Flénours et encore moins rejoint ceux de Bellegarde. A la rencontre des chemins, une croix fraîche dans le sable nous disait qu'ils étaient passés. Et nous courions. Nous ne parlions pas beaucoup et nous ne riions guère. Pas le temps de jouer. Moi, souvent, je me retardais encore, à cueillir une bruyère, à regarder une araignée, ou une fleur.

Sur le Puy de Bellegarde, il y avait des bruyères blanches, très rares ici. Et d'autres roses, de celles qui ressemblent à un nid de guêpes rose, et qui sentent si bon. Une fois, au bord de la route, je trouvai une fleur jaune, toute seule au bout de sa tige. Je la cueillis, je l'emportai. Et voilà qu'en rien de temps elle fut fanée, mais fanée à ne pas croire – pas comme une rose qui aurait soif –, morte. On voyait qu'elle était morte, que l'eau ne la ressusciterait pas. Beaucoup plus tard, je compris que c'était une belle-de-nuit.

Il y eut même le jour des perdrix. C'était justement sur le Puy de Bellegarde. J'en vis par trois ou quatre fois, des couples ou des groupes, posées sur le chemin ou comme tombées au bord sur les bruyères, qui me laissaient approcher la poitrine battante et l'œil terrifié. Elles ne s'envolaient qu'au dernier moment. Je me suis demandé quelle terreur avait bien pu les jeter là, comme à bout de souffle. Il y en avait des grises, c'est la seule fois que j'en ai vu, mais aussi des rouges, plus communes. Il y en avait! On aurait dit qu'il y en avait partout. Et je ne rêvais pas. Les perdrix, on disait chez nous que cela porte bonheur, de les voir, ou seulement de les entendre, mais surtout de croiser leur passage. Je ne sais pas si cela me porta bonheur, ce jour-là. Je ne m'en souviens pas, mais d'en voir tant, les unes après les autres, cela m'avait fait un choc, et presque peur.

Je ne rêvais pas, mais c'était comme dans un rêve. Tant de perdrix! Alors que, à part quelques couvées de perdreaux dans les blés, on en voyait si peu. Ce jour-là, si. Dans ce chemin à la crête du Puy de Bellegarde d'où l'on voyait si loin, et jusques aux collines là-bas vers Brive, le bas-pays, disait-on, à perte de vue dans les brumes au-delà des Monédières. Et, juste avant d'arriver aux Jalives, parfois en regardant de l'autre côté, la chapelle du mont Gargan qu'on aurait cru si proche, posée là à portée de la main... En nous poursuivant à la course, c'est ici, un matin d'hiver, que je tombai sur une lame de glace, fort bien affilée, qui me coupa au bras comme un morceau de verre. Cela ne saigna pas, ou presque, pourtant l'entaille était profonde; la marque bâille encore, blanche comme de craie.

Ah! Cécile, Odette, Mémé, Marcel, Raymond, René, Matou! Petits compagnons de la grande comme de la petite classe, qui passions ensemble par le chemin des puys! René est mort l'année dernière; et Marcel depuis bien longtemps, d'une bombe antichar qui éclata juste devant sa porte, à la fin de la guerre. Je ne dirai pas comment, je n'en sais rien. Et c'est une autre histoire.

D'autres sont morts depuis. André, qui était tombé du tas de foin. La Marcelle en accouchant. Georges qui fut brûlé dans sa voiture. Pierre qui n'avait pas assez bu. Claude je ne sais pas comment. Pierrot qui n'en faisait qu'à sa tête. Jean sur un pas de porte. L'autre Jean écrasé sous l'arbre qu'il coupait. Lucien qu'on retrouva dans sa maison mort de deux jours au moins. Et Madeleine, la petite Madeleine, poitrinaire, qui n'avait que treize ans. D'autres peut-être que je ne sais pas... ou bien j'ai oublié... On oublie. La vie passe. On ne se voit plus. On se voit encore, La Marilou, la Mimi, l'autre Marcelle. La Dédé. La Hélène. Albert. L'un et l'autre Robert. Armand. L'autre Marcel. Aîmé et la Yvou.

La Huguette. Jean et François et leur frère Léon, qu'on appelle Guy... D'autres encore. André, René, Maurice. Abel. Lucien et la Yvonne. René encore et sa sœur, maintenant ma voisine. L'autre René et la Marcelle... On ne se voit pas. On ne se voit guère. On oublie. On n'oublie pas.

On se souvient. Je me souviens.

En revenant de l'école, c'est là que nous jouions le plus. Nous autres du moins qui allions loin. Par les puys, par les prés, jusqu'à la Joubert au moins nous étions toute une bande, une nuée d'enfants, filles et garçons dont le sac tournait à bout de bras ou battait l'échine comme s'il prenait sa volée.

A la saison, tout cela s'arrêtait à la sortie du bourg, et parfois juste passé l'église, pour ramasser des escargots. Les petits rougeâtres, ou encore ceux qui sont jaunes avec une ligne noire qui s'enroule autour de la coquille, nous les appelions des limaçons. Mais dans ces murs de pierre sèche qui soutenaient en contrehaut les jardins, c'était une autre espèce, les petits gris. Que s'ils étaient gris, pour nous ils n'étaient pas petits, au contraire, c'était les plus gros que nous eussions jamais vus. Nous en ramassions de pleines boîtes, nous les emportions pour essayer de les implanter chez nous, pour peu qu'il s'y trouvât quelque vieille muraille. Personne ne nous grondait. Personne ne disait rien. Ce mur, pourtant, dont la mousse liait les pierres mieux qu'un mortier, nous le démolissions de moitié.

Chez nous, on ne faisait pas cas de notre cueillette.

– Que veux-tu faire de cette saloperie? Ça mange tout dans les jardins.

De toute façon, j'eus beau faire, ici les escargots ne prospéraient pas. Il s'en trouvait tous les ans cinq ou six. Et moi pour les voir je démolissais le petit mur du jardin, pour voir surtout les jeunes, gros comme une tête d'épingle et dont la coquille est fine comme une peau. Parfois, les Petits et moi, nous les faisions courir, sur la plaque de ciment devant la porte qu'on appelait le petit perron.

De même, tous les ans, il y avait un jour qu'en arrivant au Mas-Brun – il y avait un jour où nous apercevions tout à coup, derrière les buis juste au bord de la route, toute une chiée de joubarbe sur le chaume de cette petite maison en contrebas où vivaient deux vieux qu'on ne voyait pas souvent. Je ne sais pas comment ils prenaient la chose, les pauvres gens. Mais il revenait chaque année, ce jour de grand soleil que nous nous arrêtions là tous, filles et garçons, huit ou dix dont chacun voulait en attraper une tête, en s'avançant à travers les buis, par-dessus le fossé, tandis que les plus hardis passaient le talus et, sur le toit, debout ou à genoux, cueillaient à même cette paille pourrie plus qu'à moitié, par poignées, par brassées, les racines et tout, ce qui voulait venir de cette salade verte, d'un goût fade, qui nous poissait les mains de sa sève luisante comme de la bave.

Quand les feuilles viennent aux châtaigniers, les soirs à la nuit tombante, le soleil couché mais assez de lumière encore pour voir sous les arbres, nous secouions les branches dont il tombait des hannetons, par poignées. Nous en remplissions chacun son plumier, ou quelque boîte apportée exprès, parce que la Dame nous disait :
– Ramassez les hannetons.
Elle aurait voulu que nous les lui apportions, et quelques-uns le faisaient. Elle les donnait à ses poules. Autant de pris. Nous, nous en ramassions c'est vrai, et peut-être plus que n'importe qui, et nous les rapportions jusqu'à la maison. Chez nous, le matin, ils se gardaient bien de nous charger de cette misère.
– Si elle n'est pas contente, la Dame, qu'elle vienne me le dire.
La Dame ne disait rien. Mais un matin, en passant devant chez lui, voilà que nous entendons le petit René qui bramait, et sa mère ne savait que dire ni que faire pour le consoler et lui faire prendre le chemin de l'école. René, le nôtre, s'était arrêté et nous à la file. Quand elle nous vit plantés là à considérer la situation, la pauvre femme nous interpella :
– Hé! petit! As-tu ramassé des hannetons?
– Non, répondit René, le nôtre, en français pour la rime, de sa plus grosse voix.
Des hannetons-non, on en parla longtemps.

Parfois la Cécile, qui était la plus vieille, la plus grande et la plus bête, imaginait des jeux, comme on ne l'aurait pas cru d'elle. Comme de jeter notre sac dans le fossé, l'un après l'autre. Au début, les enfants riaient, mais quand il avait fallu descendre chercher le sac deux ou trois fois entre l'herbe et les ronces... Ou bien, quand ils n'étaient que deux ou trois, elle enjoignait aux petits d'aller chier dans le tas de feuilles que le père Léonard avait rassemblé dans sa châtaigneraie. Et si le vieux disait quelque chose, ou qu'il fît mine de les suivre en tapant des pieds, elle leur disait de crier :

– Père la Biroune! Père la Biroune!

Et les petits criaient en courant dans une fuite précipitée. Mais ils avaient bien peur. Père la Biroune? Allez savoir pourquoi! Et quand les autres n'avaient pas envie de chier, elle les faisait rester accroupis là, Dieu sait combien de temps...

Il n'était pas rare, dans ces années-là, de voir passer des baraques de bohémiens. On disait surtout les baracouins, ou les comédiens. L'instituteur nous apprenait des noms français, bohémiens, romanichels. Mais pour nous, c'était :

Baracouins, la gogue, la gogue!
Baracouins, la gogue de chien.

Cela se chantait sur le même air que :

Parisiens, la gogue, la gogue!

Pour nous, les Parisiens et les bohémiens, c'était la même engeance : ils pouvaient passer, traîne-guenilles ou grands lanlaires qui auraient marché sur une merde sans l'écraser! Qu'ils passent : chez nous ils n'avaient rien à voir.

Oui. Ils pouvaient bien passer, les bohémiens. Mais ce n'était pas sans nous troubler. Cet homme droit, noir, qui venait faire signer son carnet de route au Monsieur – le Monsieur était aussi secrétaire de mairie – où allait-il? D'où venait-il? Il jetait un regard sur nous qui restions là les yeux écarquillés bouche bée à le fixer, un regard triste, sans peur ni crainte, un regard dans lequel on ne voyait rien, mais qui vous faisait froid quelque part dans le corps, qui vous faisait froid, et qui vous brûlait, comme si vous y aviez vu – sais-je? Rien. Le néant de l'univers. Les femmes semblaient avoir mille ans, noires aussi de crasse et de couleurs impériales comme la misère. Mais les jeunes, et les enfants, quelquefois portaient ensemble la beauté du ciel, de l'enfer, du printemps et de la mort. Leurs yeux grands ouverts déjà s'ouvraient sur le regard de néant du père quel qu'il fût. Un regard éternel et patient de juge. Un autre monde passait près de nous.

Le soir, deux branches coupées dans la haie figuraient les brancards d'une invisible roulotte que nous traînions nous autres à six chevaux sous les claquements d'un fouet imaginaire. Et les autres autour chantaient la chanson à pleine gorge :

Baracouins, la gogue, la gogue!

Et ils dansaient à cloche-pied quelque chose qui pouvait ressembler à *Saga Africa*.

Mais à cette époque, pour nous, l'Afrique était aussi loin que le pays des bohémiens, pas davantage, pas davantage que la sautière de nos grands-parents, pas davantage que les simagrées des Parisiens. Dans notre tête, tout cela faisait la culbute de l'inconnu, là où se trouvaient aussi le Paradis, l'Enfer et le Purgatoire, les contes de la veillée et la vie dangereuse de ceux que nous voyions tous les jours, le père, la mère, les parents, les voisins, une vie dont nous ne savions rien, ni la fin ni la raison, ni le commencement ni le déroulement. La vie d'un monde où nous vivions à part, même s'il nous fallait souvent prendre notre petite charge du travail, un travail, parfois, qui nous pesait tant.

Certes! C'était ainsi dans notre tête, et les enfants de partout en sont là, parfois des enfants vieux, je peux le dire. Je peux le dire, moi, mieux que personne.

Mais rien ne nous le faisait aussi bien sentir que les nomades. Même le marchand de toile, que nous connaissions bien, avec sa grande voiture à cheval, haute, noire, grande comme un wagon, et monsieur Carpe, qui vendait de tout dans sa camionnette comme un épicier – il est vrai que, le jour de la fête, il tenait le banc des tourniquets, avec ces merveilles dessus entassées comme un rêve – et jusqu'au boulanger dans sa tournée, déjà nous faisaient deviner quelque chose de l'étranger, ils nous apportaient un air tout autre. Mais les bohémiens, dans la moindre roulotte verte, et le cheval devant, rien qui nous emportât ainsi. Fussé-je cheval entre les brancards, que je tinsse le fouet, ou que je suivisse en courant dans la roulotte invisible – invisible mais véritable –, j'étais le maître moi, de la roulotte, du pays, du monde. J'étais le maître, moi, de ma liberté.

Que je n'aurais pas su dire tout cela, moi? Moi non plus qu'aucun autre. Certainement je le sentais. Je le savais, à plein cœur, pleine tête, plein ventre, et mes pieds le savaient, et mon cri. Et le vent qui m'entrait à plein corps, et je le sens encore. Et il en était autant des autres, je pense, chacun. Toutefois, pour couper les branches, si je n'avais pas de couteau, c'est moi, probablement, qui en avais eu l'idée.

Les idées ne me manquaient pas. Certains jours nous pensions, Dieu sait pourquoi, à la cuisine. Nous nous donnions des recettes, et je croyais bien, moi, détenir les meilleures, parce que, comme nous les criions à très haute voix, les miennes faisaient rire davantage ceux qui les entendaient – les gens que nous croisions ou qui travaillaient dans les jardins proches – que toute autre. Je ne me souviens pas, malheureusement, de cette cuisine. Mais il me semble que clous de fer et ventre de crapaud y tenaient bonne place en compagnie des punaises et autres condiments corsés. Cela pouvait durer, soir après soir, plus d'une semaine. Ce n'était jamais la même chose.

Mais le jeu le plus étonnant, et qui m'étonne encore quand j'y pense, nous jouions au curé. C'était dans les années de la confirmation, de la communion, du catéchisme. Un soir, le Monsieur voulut voir si nous savions quelque chose de ces temps compliqués du mode subjonctif. Peu de gens savent aujourd'hui ce que c'est, mais alors! Il est vrai que tout bon Limousin sait fort bien les employer dans sa langue, sans apprendre autrement que d'entendre parler ses parents, et pour le reste, le bon sens le dit. Moi aussi, je savais, aussi bien en français qu'en limousin, mais je n'osai pas le dire, et surtout je voulais voir moi aussi, si les autres savaient. Je me retenais de rire. Si d'autres faisaient de même, je ne sais. Personne ne levait le doigt. Mais la Dédé, à un moment, leva-t-elle le petit doigt? Voulut-elle se gratter l'oreille? Le Monsieur crut qu'elle levait le doigt. Il s'en étonna :
– Ah! la Dédé lève le doigt. La Dédé le sait. La Dédé va nous le dire.
Que faire? Il fallait répondre. La Dédé répondit :
– J'ai z'eu!
Ce rire! Le Monsieur en éclatait :
– Jésus! Je te demande pas ton « quatorzième »!
Il faut dire qu'au catéchisme – on disait « *lo quatregiesme* » –, moi je n'y allais pas souvent, et à la messe, moins encore. Oh! ce n'est pas que chez nous ne m'eussent pas appris, aussitôt que je sus parler, à faire le signe de la croix; ils m'avaient appris plus d'une fois, petite comme j'étais, je n'y pensais plus, j'oubliais. Et ensuite, ce fut la prière, en français. On évitait ainsi les pièges du limousin : *Senta Maria, mair dau bon Dieu...*

– C'est la Maini qui en est la cause, pleurnichait le petit Raymond du Boisme, le cousin germain de ma mère.

– Que veux-tu dire, petit polisson?

– Oui! S'il fait mauvais temps, si le blé a gelé et si le bétail crève, c'est la Maini qui en est la cause.

– Mais pourquoi?

– Hé! Parce qu'elle dit toujours « merde au bon Dieu »...

La pauvre vieille, qui était l'arrière-grand-mère de ma mère, priait Dieu, et surtout lorsque, sous le poids des années, elle ne pouvait faire d'autre travail. Elle disait le chapelet:

– *Senta Maria, mair dau bon Dieu, prejalz per nos, paubres pechadors...*

Mair dau bon Dieu, en faisant sonner le *r* de *mair* comme il se doit.

A cette époque, le bon Dieu, avant la Grande Guerre, peu de gens lui disaient merde. Il y en eut davantage de mon temps. La Marraine racontait qu'une fois, entrant au bal, elle rencontra une de ses amies qui en sortait. Comme elle s'en étonnait, l'autre:

– Je ne m'en vais pas. Je vais me laver les mains. Le Bossu m'a fait danser. Il m'a touchée avec ses mains qui n'ont jamais pris d'eau bénite.

Le Bossu n'était pas bossu, on lui donnait ce surnom de famille, c'était un beau garçon plutôt riche, et la jeune fille n'avait pas osé refuser de danser avec lui par crainte du scandale. Mais il n'était pas baptisé. De l'avoir touché, qu'il l'ait touchée, et si peu que ce fût, elle se sentait sale. Dans notre région, au milieu des années trente, la plupart des enfants étaient baptisés. La Cécile ne l'était pas. Deux femmes, les deux dames qui nous faisaient le catéchisme, déclarèrent que c'était un grand malheur, et même une honte pour la famille. La mère ne disait pas non, le père finit par consentir, l'oncle voulut bien être parrain – le père Henri –, une de ces dames, quelque peu parente, fut marraine, et la Cécile fut baptisée, à douze ans. On en parla.

Au catéchisme, donc, je n'y allais pas souvent. Il aurait fallu revenir à Surdoux le jeudi et le dimanche, et sinon mes jambes, ma gorge et mes poumons avaient bien assez de la classe les autres jours. C'est que j'attrapais tout ce qui passait comme épidémies, rhume, grippe, bronchite; je passais mon temps à cracher et à me moucher les trois quarts de l'année. Le médecin disait que ce n'était rien, en me bourrant de médicaments par la bouche, le nez, le cul et les oreilles, sans parler de toutes ces piqûres dont mon père me transperçait les cuisses chaque fois qu'il pouvait m'attraper. Que des piqûres aussi je faisais un jeu. Au dernier moment, je me sauvais comme si j'avais eu peur, mais pour rire. Une piqûre! Tu parles... De toute façon, pour ce que cela pouvait me faire!

Mais le catéchisme, si je n'y allais pas, je l'apprenais, sur le livre. Mon père me le faisait réciter.

– Qu'est-ce qu'un ange gardien?

– Essuie ta barbe.

Il me le faisait réciter en mangeant sa soupe... A la fin, je devais bien en savoir autant que les autres. De toute manière, si je n'entrais pas aussi souvent qu'eux dans l'église de Surdoux, je devais aller aussi souvent à la messe, c'est-à-dire très rarement, si ce n'est pour les Rameaux. Le vieux curé de La Croisille ne devait pas monter souvent à Surdoux pour la dire. Tout de même, dans ces temps de première communion, nous avions dû y aller les uns et les autres. Et ce que nous avions retenu, c'était à coup sûr, quand le curé se retournait pour le dire :

– *Domino bisco...*

Domino bisco était le temps le plus fort et le plus évident de notre culture liturgique, quasiment le seul. Dans ces conditions, il fallut qu'un jour la petite Suzanne vînt à l'école avec son burnous blanc. Cette sorte de cape, qui avait une tête comme les capuchons noirs des petits garçons, sauf qu'il était tout blanc, très joli, il me fit penser à l'aube du curé. Et moi aussi, avec un capuchon noir en bas qui fut la soutane, et ce burnous en haut qui fut le surplis, moi je fus le curé. Ainsi curé, je fis asseoir les enfants par quatre ou cinq sur les marches du perron de la petite classe, et, avec quelques paroles du catéchisme sans doute, sans oublier quelques *Domino bisco* bien sentis, je leur disais une messe que les archanges, les séraphins ni les vertus des cieux n'en ont jamais entendu de telle. Et cela marchait! Pour marcher, cela marchait, au point que ceux qui étaient restés au début dans la cour à jouer à d'autres jeux s'approchèrent et vinrent s'asseoir sur le perron en poussant les autres. Et moi, en bas, je leur faisais la leçon. Je me souviens que moi je bouillais de rire – mais je ne riais pas, et les autres pas davantage. Pour en finir, je leur donnais même la communion avec des feuilles de prunier – parce que des pruniers repoussaient dans la haie derrière moi – et je pense que quelques-uns avalaient cette feuille comme une hostie.

Oui. Cela marchait. Je n'ai jamais rien fait, je pense, qui ait si bien marché, pas même nos mariages, qui pourtant nous tenaient jusqu'au cœur.

Tout de même, je ne riais pas toujours, je ne jouais pas toujours, même au curé. J'y allais, parfois, au catéchisme. Il fallait bien montrer que je savais quelque chose. Après que nous avions récité, l'un de nous faisait la prière à haute voix. André la disait fort bien, et il était toujours prêt pour cela. Il est vrai que la Mélie, l'une des dames, donnait dix sous à celui qui la faisait. Les autres, parfois, avaient des bonbons – au coquelicot, à la violette... j'en ai gardé le parfum et la saveur. Et la couleur qui était celle de la fleur même.

Au moment de la confirmation, j'étais malade. Mon grand-père m'emmena tout de même à Surdoux pour me confesser. Je me souviens de cette confession, bien plus que de la pénitence qui s'ensuivit, certes! Je n'y comprenais rien, une véritable pénitence que cette confession, sans compter que la tête me bouillait de fièvre. Je ne pus pas aller à La Croisille au jour dit. A Chamberet, c'était un peu plus tard, on me demanda seulement de suivre la retraite, trois jours de suite, juste avant. On m'y conduisit, mon grand-père je pense. Je me souviens surtout d'une fillette, une rouquine qui ne me laissait jamais m'ennuyer toute seule contre le mur et me faisait entrer dans la ronde avec les autres ;

> Sur l'pont de Nantes, sur l'pont de Nantes
> Un bal y est donné...

La confession ne posa pas le moindre problème, la confirmation non plus. On nous avait bien dit tout ce qu'il fallait faire, et la sœur Clémence nous guidait. La robe blanche d'organdi sur le jupon de linon, broderies et petits plis, le voile de tulle brodé, la ceinture de moire, les gants, les souliers, l'aumônière et le chapelet... Et la bague de l'évêque qu'il fallut vénérer... Ah! oui. C'en était, une fête dans cette église pleine de monde comme abeilles à l'essaim, et qui comme un essaim, dans la chaleur et le soleil de cet après-midi, me paraissait bourdonner... La tête, peut-être, qui me sonnait.

Mais le plus grand souvenir que j'en ai gardé, le plus fort, le plus authentique, c'est la parole du prédicateur qui nous parla tout au long de ces deux ou trois jours. J'en ai oublié une partie, certes, à force de temps. Mais il m'est resté l'histoire de cet enfant. Un jour, passant par là, le prince vit l'enfant. Et l'enfant lui plut. Il dit, le prince, qu'il reviendrait, que l'enfant n'avait qu'à se tenir prêt, qu'il l'emmènerait, qu'il ferait de lui un prince, et qu'il ne manquerait jamais de rien. Sa mère apprêta l'enfant, fit sa toilette, le vêtit. Ils attendirent le prince. Ils l'attendirent longtemps. L'enfant s'ennuya, et il se mit à s'amuser, à courir derrière des papillons, et, à force de courir, il alla loin. Quand le prince revint à passer, l'enfant n'était plus là. On l'appela, il n'entendit pas. Le prince repartit, sans emmener l'enfant. Si je compris le sens? Je n'en sais rien. Peut-être. Ce n'était pas difficile.

Ce que je ne compris pas, c'est le plaisir qu'on pouvait bien trouver à courir derrière les papillons. Cela ne m'était pas venu à l'idée. Mais pourquoi pas? Dans le champ de Derrière la Grange, nous avions semé des pommes de terre et, en même temps, comme tout le monde, des petits pois. Ces pois, qui ramaient tout seuls sur les fanes, qui rampaient sur les sillons, ne donnaient pas tellement de grains, mais pour la peine qu'on y prenait, on en tirait toujours quelque bon repas. Ce que j'y trouvais de plus beau, moi, c'était les fleurs, les unes toutes blanches, tirant un peu sur le vert, et d'autres rouges, comme s'il eût goutté du sang sur le bord. Des papillons volaient sur ces fleurs, surtout les citrons, qui sont jaunes ou vert pâle. Je tentais de courir derrière. Je ne pouvais pas les attraper, et je n'essayais même pas, du moment que le jeu, le plaisir – précisément le plaisir défendu – était de courir derrière. Je n'en eus pas grand plaisir. Mais j'en trouvai un que je ne cherchais pas : voir de près ces jolies fleurs de pois, surtout les rouges, et quelquefois – plaisir probablement défendu – en cueillir.

Ce doit être l'année de mes douze ans, ou peut-être celle des onze, que je fis ma première communion. Je ne sais plus très bien, parce que je repris la robe blanche certainement pour la deuxième, qui se faisait l'année d'après, et peut-être pour la troisième, deux ans plus tard. Toujours est-il que je ne distingue pas bien, dans mon souvenir, la première de la deuxième. Je me souviens que, une fois au moins, nous y allâmes toutes trois à pied, ma grand-mère, ma mère et moi, et nous passâmes par les Puys, en courant parce que je devais prendre mes habits chez Pradeau, et il ne fallait pas être en retard. La Marcelle du Content s'y habilla elle aussi. Sa grand-mère l'accompagnait, la Mariette, et ne manqua pas de nous admirer en disant qu'on aurait dit deux Saintes Vierges.

Cela ne me fit pas tellement plaisir, que la Sainte Vierge, c'est comme le bon Dieu, il y en a une. Il n'y en a qu'une. C'est ce que j'avais soutenu à la Irène, une fois que nous regardions la médaille qu'elle portait au cou. Elle nous avait dit que c'était *une* Sainte Vierge. Je voulais lui faire dire, moi, que c'était *la* Sainte Vierge, une image de *la* Sainte Vierge. Et elle, elle ne voulait pas. C'était en revenant de l'école, en passant vers le Grand Genévrier. Des hommes que nous rencontrâmes, et qui entendaient cette dispute de Sainte Vierge, de vierges et de Dieu sait quoi, dirent que j'avais bien raison, et que de vierges, il n'y avait pas surabondance au pays. Je ne sais pas très bien si je compris, mais c'est possible; de toute façon, j'en eus grand dépit. En fait, la Irène n'avait pas tort, mais moi j'avais bien raison : la Sainte Vierge il n'y en a qu'une, et pour les autres, qu'est-ce que j'en sais...

Sans peut-être appeler cela une retraite, je me souviens que nous n'allions que peu ou pas du tout en classe, les derniers jours avant la communion. Je me souviens, au moins une fois, d'avoir préparé l'église avec la Marcelle de l'Age, qui était ma grande copine. Nous nettoyâmes même les marches de l'entrée, nous arrachâmes jusqu'au dernier brin d'herbe. Nous allâmes demander des fleurs aux gens pour garnir les vases. Pour finir, nous fîmes une répétition de la cérémonie – la présentation de la couronne, les agenouillements, la renonciation sur le Livre, en procession vers les fonts baptismaux. A la fin de la messe, je devais lire la prière. Je la lus, ou je la récitai. A part le moment où nous levâmes les petits bouquets que les dames nous avaient préparés avec de la corbeille d'argent, « Prends ma couronne, je te la donne... », et cette fumée de robes blanches, de voiles blancs, comme un nuage autour de la sainte table, je ne me rappelle rien. J'avalai bien l'hostie, sans doute, et une année aussi bien que l'autre. Je ne sais pas si je m'attendais à quelque chose de particulier, ou non... Je ne m'en souviens pas plus que du jour de ma naissance. Allez voir! C'est peut-être la même chose. Allez voir, allez savoir...

Il y avait des saisons pour tout. Je me souviens d'un jeu que j'avais trouvé, un hiver ou à la fin d'un hiver, qui ne pouvait guère s'imaginer à un autre moment. J'avais pensé attraper les oiseaux à coups de pierre. Il y avait chez nous une pierre que j'aimais bien. C'était un galet, lisse et rond comme une pomme de terre, un peu doré, presque blanc, à la fois pesant, et doux dans la main. Oh! nous n'en faisions pas tant de cas. Il n'était pas à la place d'honneur sur une étagère ni sur une commode. Il n'était même pas dans la maison, mais on le retrouvait, par hasard, devant la porte, surtout contre la muraille entre les rosiers. C'est la Marraine qui, l'ayant ramassé, un jour, me le montra, et moi je le portais sur moi, dans ma poche, à la main, jusqu'au moment de le jeter à nouveau, contre le mur entre les rosiers.

En cette fin d'hiver, je ne sais pourquoi il y avait tant d'oiseaux. Des pinsons, des moineaux, des verdiers, des mésanges... surtout des pinsons, qui se posaient n'importe où dans les cours, dans les prés, sans doute à la recherche de quelque vermine. Je venais doucement par-derrière, je jetai la pierre, frrt! L'oiseau en vol, et sur une branche proche, qui me narguait. J'avais entendu parler de cette si bonne méthode pour attraper les oiseaux en leur posant un grain de sel sur la queue. Le grain de sel, je n'y croyais pas. Mais si j'avais pu avec ma pierre!... Je ne pouvais jamais. Aurais-je été moins maladroite, peut-être n'aurais-je pas pu davantage. Mais tous ces oiseaux, autour de moi, qui se posaient là à ma portée, presque à ma portée, à la portée de ma main, à la portée de ma pierre, et moi qui courais après!...

Attraper les oiseaux à coups de pierre, les Petits avaient peut-être la même idée, mais eux, du moins se servaient d'une arme perfectionnée, le lance-pierres. Ils ne devaient pas être beaucoup plus adroits, je n'ai jamais vu qu'ils en aient attrapé aucun. Moi aussi, cela m'aurait bien plu, le lance-pierres, d'autant que je savais bien les faire. Mais je ne m'en servis jamais beaucoup. La Marraine se fâchait, et je compris très tôt que c'était un jeu dangereux. Un voisin n'avait-il pas ainsi blessé à l'œil une petite fille, qui en demeura borgne? Et ma mère, qui avait alors une dizaine d'années, en passant dans le chemin sous les Chenevières, soudain ne reçut-elle pas une pierre en pleine tempe? Au cri qu'elle poussa, la famille accourut pour la trouver presque sans vie. On ne sut d'où venait la pierre. Mais depuis les lance-pierres étaient mal vus chez nous et guère mieux dans le village. Quand nous y jouions quelque peu, nous, derrière les bâtiments, nous faisions bien attention qu'il n'y eût personne alentour – mais cet oiseau, qui était posé là, la queue en l'air, et qui semblait m'attendre...

Oui, avec les Petits, nous étions souvent ensemble. C'était tout à la fin de l'hiver, je crois, peut-être au commencement du printemps au sortir de l'école, un soir il nous vint une idée. Nous arrivions à l'église, tout juste si nous n'avions pas passé le tournant, tout à coup, je ne sais pas si nous en parlions, l'un de nous – je ne sais pas lequel –, l'un de nous dit :
– Nous devrions aller pêcher... Moi je veux aller pêcher.
Sitôt dit, sitôt fait. Au lieu de continuer sur la route de Chamberet, vrt! Nous nous enfilons derrière l'église, et nous voici sur le chemin du Puy Pérol. Je connaissais ce sentier, parfois j'allais là-haut chercher le tonton Pradeau dans son champ pour le repas. Là-haut, nous trouvâmes le chemin des Puys, celui qui, après le Puy de Bellegarde, franchissait celui de la Joubert, puis le Puy Pérol. Le grand-père m'avait fait prendre ce chemin quelquefois, le matin, lorsqu'il allait chez le forgeron et que nous avions fait route ensemble. Cela évitait une descente raide et une forte côte, mais c'était beaucoup plus long. De toute façon, nous ne prîmes pas le chemin des Puys. Nous voici à la Tranchée sur la route de Saint-Gilles, et à partir de là je ne connaissais pas le chemin. Les Petits n'y étaient jamais passés non plus. Mais la Cécile nous en parlait. Elle, elle passait souvent par les Pins, elle disait que c'était un raccourci. Pour elle, peut-être. Pour nous, sûrement pas. Mais

ce qui nous amenait ici, ce n'était pas que le chemin fût long ou court, facile ou non, c'est qu'on pouvait y traverser le ruisseau, et nous, nous voulions pêcher.

Avant d'arriver au Content, nous prîmes le chemin à droite dans le bois. C'est alors qu'il se mit à neiger.

C'est vrai, le temps était couvert, nous avions prévu qu'il pourrait pleuvoir. Mais neiger! Il ne faisait pas froid, pas du tout. La neige tombait doucement, frr... frr... sur les arbres, sur nous, sur le chemin... Elle commença à s'attacher à nos semelles. Que faire? Nous étions trop loin pour revenir sur nos pas... Et puis, ce n'est pas quelques flocons qui nous empêcheraient de pêcher! Nous trouvâmes les pins. Nous avions entendu dire qu'il fallait descendre tout droit vers le fond. Nous nous laissâmes glisser sur la neige et les aiguilles de pin, en nous retenant de temps à autre aux troncs des arbres. En bas, il y eut le chemin. L'eussions-nous pris, il nous menait directement au Pissechien. Mais nous ne le savions pas, et ce n'était pas ce que nous voulions. Ce que nous voulions était là, tout à côté, un pré, avec le ruisseau, et même une barrière pour entrer.

Je ne le savais pas alors, le rocher de Larsinat était là, tout près au-dessus de nous, avec la Taure-Maure et l'Illusion blanc dans ses flancs de roche, et sûrement ce n'était pas loin, dans ce même ruisseau que venue par ce même chemin la voiture invisible s'était fracassée dans l'eau par une nuit sans lune avec un tel bruit de ferraille. Je ne le savais pas. Plus précisément, je ne savais pas où nous étions, je connaissais certainement les légendes; j'étais seulement incapable de les localiser. Et pourtant! Nous étions bien là, avec ce trésor dans notre tête, l'Illusion blanc autour de nous...

Nous entrâmes dans le pré. Nous nous mîmes à suivre le ruisseau, à regarder dedans, à plonger nos mains dans cette eau pure, toute noire du reflet des rives. Elle nous parut étonnamment chaude. On n'y voyait rien. Pas une truite. Pas un goujon. Pas l'ombre de la moindre larve, du plus infime vermisseau. René eut envie, se déculotta et chia dans le ruisseau. Il ne neigeait plus, mais la couche était épaisse, un travers de main, une neige comme de la colle, qu'il fallait secouer de nos pieds à tous les pas. Matou et moi nous attendions René en suivant l'eau. Nous marchâmes au bord un peu de temps encore. La nuit venait. Heureusement, nous reconnûmes le village de la Veyssée, à un

63

moment, droit devant nous, et nous montâmes de ce côté à travers les Ribières.

C'est ainsi, à travers champs, ou plutôt à travers prés, en sautant par-dessus les clôtures, que nous arrivâmes à Pissechien. Il était nuit depuis longtemps, mais la blancheur lumineuse de la neige suffisait à nous guider. Pas un instant nous ne ressentîmes la moindre peur, ni de nous égarer la nuit en ces lieux inconnus, ni de la nuit, ni du loup, ni de rien de ce qui existe ou n'existe pas. Nous, nous voulions pêcher. Tout ce que nous regrettâmes, ce fut de ne pas avoir vu le moindre poisson. Tout ce qui nous pesa, ce fut cette neige sous nos pieds. Mais aussi la neige, c'était un plaisir de plus, un plaisir que nous n'attendions pas.

Une autre fois, la même année ou l'année suivante, je voulus repasser par là, mais en plein jour, en sortant du catéchisme. Les Petits n'en étaient pas. Quelques fillettes de Bellegarde me suivirent. Nous retrouvâmes facilement les pins, le chemin, le ruisseau. Nous ne vîmes pas beaucoup plus de poissons, à part quelques goujons... Il faisait chaud. L'heure s'avançait. Nous avions faim, je ne savais pas encore qu'il ne faut pas attendre deux fois de la même chose le même plaisir. Du Pissechien, j'étais presque chez moi, mais les autres avaient plus de chemin à faire pour rentrer que depuis Surdoux. Elles n'étaient pas contentes, et cela se comprend. Mais quoi! je ne les avais pas emmenées de force, moi, elles avaient bien voulu venir.

Chez nous, on avait déjeuné depuis longtemps. Eux non plus n'étaient pas contents. Ils parlèrent des parents des autres bourriques qui m'avaient suivie... En fait, je crois que, l'une et l'autre fois, ils ne surent pas très bien que dire ni que faire, devant une situation inattendue qui, de toute manière, se terminait bien. Je n'ai jamais refait ce parcours.

Les soirs à la fin de juin quand on fauchait le pré de Surdoux, qui était là-bas tout près de ceux de Bellegarde, à la limite des communes de Chamberet et de Surdoux comme des départements de la Corrèze et de la Haute-Vienne, en passant devant la maison où vivait la petite Suzanne, je voyais que mes parents avaient laissé la voiture dans l'enclos. Je savais alors qu'ils étaient dans le pré avec la jument, et que je pouvais les attendre. Je restais donc là à jouer avec le René, celui qui avait les cheveux rouges et comme frottés de noir par endroits.

– Il a une tête couleur de terrine à lièvre.

La première fois que je l'avais vu, à mon premier jour de classe, c'est ce que j'expliquai en rentrant le soir. Nous avions une terrine de cette couleur.

Le petit René était brave garçon. Il avait une sœur, dont le nom m'échappe, une petite brune toute mignonne que j'aimais bien, et leur mère élevait la petite Suzanne comme la sienne. Ils avaient une chèvre, René savait la traire. Je m'y essayai, je n'en tirai pas deux gouttes. Tous quatre parfois nous jouions au curé, mais ce n'était pas du tout comme à l'école. Plus souvent, nous jouions aux gendarmes et aux voleurs. Cela consistait bien davantage à courir, à nous cacher et à nous rattraper qu'à dérober quoi que ce fût. Les milliers d'années de prison que nous avons écopées les uns et les autres dans ce coudert tout planté d'arbres fruitiers!... Les meilleures cerises que j'aie jamais mangées.

Et pourtant, j'en ai mangé, des cerises! Elles commençaient à peine à rosir que je faisais la tournée des haies de Germont. Au fond du Coudert – le nôtre – il y avait deux cerisiers. Un, greffé, contre la haie; elles étaient bonnes, mais il fallait tirer les branches avec une « bèche », je m'en faisais faire une, ou bien je la coupais moi-même, tant bien que mal. J'en passais, du temps, pendue là à sucer des noyaux! L'autre était sauvage, et ses longues branches, fines, souples, tellement chargées de fruits qu'on n'en aurait pas attaché plus avec une aiguille, passaient par-dessus la haie depuis le coudert des Petits. Dans le mien, en contre-haut, on pouvait les cueillir à l'aise, par poignées, tant et plus. Elles étaient douces, sucrées, tout en eau sous la peau fine, avec un petit noyau qu'on crachait à pleines lèvres, frrt! Si loin que c'en était risible. Il y en avait un de semblable à la Joubert, et parfois nous passions par-là pour en prendre quelques poignées au passage.

Il y en avait d'autres, aussi bien à la pièce du Champ que dans le Coudert, mais je ne pouvais pas y monter, il fallait une échelle. Et je ne me fiais pas tant aux échelles, aurais-je pu les porter. De toute façon, je n'aurais pu égaler les exploits de ma mère, qui, à l'âge de dix-huit mois, avait escaladé toute une longue échelle dressée dans un cerisier que je n'ai vu, moi, que débité en bûches. Ce n'était pas les cerises qui l'avaient attirée là-haut, la saison était passée. Ma grand-mère dut monter chercher sa progéniture, dont les jambes étaient trop courtes pour les barreaux; elle avait grimpé par les montants, mais comment redescendre?

– Ah! ma Lisou, que tu es grande, que tu es belle! que tu es mignonne, attends, je monte avec toi...

Ma grand-mère eut là une des peurs de sa vie. La connaissant, je m'étonne un peu qu'elle se soit retenue de hurler, et qu'elle ait pu monter sur cette échelle. Mais l'amour maternel donne tous les courages comme tous les savoirs.

Une autre fois, ma mère avait une douzaine d'années, elle entendit sa grand-mère dire :

– Mon dîner n'est pas extraordinaire. C'est un peu juste... Si j'avais des cerises, je ferais une omelette aux cerises. Mais cette année, les cerises...

Ma mère entendit. Elle ne dit rien. Des cerises, elle en savait, elle, des cerises. Tout en haut d'un long cerisier, qui n'avait là-haut qu'un fouet de branches, juste au-dessus du chemin creux. Quand elle revint, avec son tablier plein :

– Mais comment as-tu fait?

– Eh bien, j'ai noué mon tablier, et je l'ai jeté...

Pour descendre, oui. Mais pour monter? Elle était toute mince, à cette époque, et leste comme un petit chat.

Pour les cerises, je n'y regardais pas de si près. Il y avait deux cerisiers derrière la maison au bord de la Petite Pièce. Qu'ils fussent des Petits ne me gênait pas. J'attrapais toutes celles que je pouvais, toutefois en écrasant le blé le moins possible. Mais, que ce fût par moi ou par d'autres, sous les cerisiers le pauvre blé était toujours par terre avant que d'être mûr. Il en était ainsi au cerisier des Divisions. Blé en deçà, blé au-delà, ce cerisier avait poussé sur une grosse pierre qu'on disait être la borne. Borne, pourquoi pas? Elle était dans l'alignement des deux autres, et ainsi elle servait de borne. Ce n'était pas un cerisier greffé. On le disait, et cela pouvait se reconnaître, parce que ces cerises, pourtant aussi grosses que d'autres, étaient plus aqueuses, de couleur moins franche, et elles ne se conservaient pas. Mais elles rosissaient les premières, avant la Saint-Jean : dans ce pays où n'existaient pas les espèces hâtives, c'était un bonheur. Et elles étaient bonnes! A les cueillir ainsi sur l'arbre, on n'en connaissait pas la satiété.

La Marraine disait que ce n'était pas surprenant. Elle racontait que c'était Jambes-de-Bois qui l'avait semé. Un jour, Jambes-de-Bois s'était accroupi là pour chier; elle avait vu la merde, une

66

grosse merde pleine de noyaux de cerises, dont il sortit un cerisier, ce cerisier. Et allez donc savoir où Jambes-de-Bois avait volé les cerises! Sûrement, où que ce fût, sur un arbre ou bien à la foire, il avait bien su choisir les plus belles et les meilleures.

Vérité ou non, d'année en année, le cerisier grandissait toujours plus. Moi aussi, tellement bien que je pus y monter. Ce qui gênait pour attraper les grosses branches, au départ, c'était une touffe de petites branches qui poussaient sur le corps, juste au-dessous. On avait beau les couper, elles repoussaient toujours. Beaucoup plus tard, le cerisier mourut dévoré jusqu'à la moelle de grosses larves et de fourmis. Il mourut, mais pas tout entier. Cette touffe de petites branches se mit à pousser, tirant sa sève d'une étroite bande d'écorce vive. Elle poussa tandis que l'arbre mourait, et pendant longtemps ainsi le mort portait le vif, comme s'il l'avait tenu dans ses bras, jusqu'à ce qu'il tombât en poussière. En bas, le corps grandissait, le peu d'écorce vivante se referma, et il y eut un cerisier nouveau qui porta fleur et fruit, un arbre nouveau qui est toujours l'arbre vieux, le même arbre, celui dont, peut-être, un jour, Jambes-de-Bois chia la cerise...

Oui, je me rappelle d'autres cerisiers... Celui de la Pièce du Champ, dont les fruits étaient si rouges, si fermes, mais qui, à cette époque, déjà tremblait de partout lorsque mon père y montait pour couper quelque branche. Au bas de cette parcelle, à la naissance d'un talus haut et raide qui dominait une parcelle d'Étienne, il y en avait un autre, immense, qui était à lui seul toute une forêt. Dans mon enfance, je n'y montais pas, mais quelques branches venaient jusque dans notre champ, et j'en avais goûté les cerises, qui étaient assez grosses, noires, juteuses et très plaisantes. Il en sortait une vraie teinture pourpre qu'on avait toutes les peines du monde à s'enlever des lèvres ou des mains. La floraison de cet arbre était une splendeur incomparable.

Un peu plus haut que le cerisier des Divisions, il y en avait un autre, qui n'était pas sur la borne mais au bord de la route; la route avait dû le respecter parce que son propriétaire était mineur. Il avait donné son nom à l'endroit, et la parcelle au lieu de pièce de l'Arbre – entendez du Chêne – par sa grâce devint la pièce du Cerisier. C'était un arbre assez grand, assez beau, mais qui ne tarda pas à se couvrir de bosses, de chancres, de proliférations foliaires. Mon grand-père l'avait pris en haine, disant qu'il nourrissait toutes les maladies de l'espèce. Il n'avait peut-être pas tort, mais à la saison il se couvrait de fleurs parfumées, et ses petites cerises, pas plus grosses que des noyaux, avaient bon goût.

J'ai souvent entendu parler de ce cerisier magnifique, au pignon de la maison, dont les branches couvertes de gros fruits noirs brillants comme des yeux venaient jusque dans la fenêtre. Je ne l'ai pas vu. Les cerises noires, si appréciées pour les clafoutis et surtout les « pelhaires », il n'est pas toujours si facile de les apprivoiser.

J'étais déjà grandette quand mon père, et surtout mon grand-père, greffèrent tant de cerisiers et qu'ils en plantèrent partout, en bordure des champs et des prés, dans les vieilles carrières, partout où cela ne gênait pas trop le travail, des cerisiers, des poiriers, des pommiers et des pruniers. Au fil des années, les uns ou les autres, nous ne manquions pas de fruits. Je me souviens de pommes rouges, blanches, brunes, dorées... avec des veines roses, vertes, rouges, brunes, qui leur parcouraient l'écorce, à s'y noyer les yeux. De poires qui fondaient sur la langue. Et de prunes! Bleues, dans leur robe d'amour, blanche comme du givre. Jaunes, qui pleuvaient d'or dans la sécheresse d'août, le soleil, les guêpes, les frelons, l'herbe courte, et moi qui n'avais rien à faire, sinon à ramasser la plus belle, la plus rouge, la plus dorée, la plus mûre, une liqueur dans la bouche et jusqu'au fond du corps. Je me souviens! Je me souviens des prunelles bleues – si bleues, hélas! Aussi bleues que les yeux bleus de l'étranger que je rencontrai plus tard et qui avait les yeux bleus, aussi bleus que les prunelles de la haie... Il reste ainsi, qui luisent sous une feuille, des souvenirs...

Il est mort aussi, le petit René aux cheveux rouges. Dans la vie, je l'avais revu deux ou trois fois; comme moi, il se souvenait.

NATURELLEMENT, je jouais à l'école comme tous les autres enfants. Il y avait des jeux de filles, et des jeux de garçons, et d'autres auxquels tout le monde jouait. A la marelle, aux quatre coins, à la *lutz*, tout le monde participait selon son goût et son humeur, et de même à cache-cache. Mais, à saute-mouton, les garçons prenaient des marques. Ils sautaient haut et loin, nous nous contentions de les regarder et d'apprécier. A la balle portée, il valait mieux s'écarter de cette parodie de polo, on ne savait jamais où taperait la balle, sans parler qu'un « cheval » pouvait aussi bien s'emporter, ruer, ou s'effondrer... A ces moments, nous les filles, et les petits, nous restions au bas du perron de la petite classe, à jouer aux pauses, à inventer de petits jeux... ou bien dans la petite cour à jouer à la balle. Mais d'autres fois c'est nous qui occupions la grande cour avec nos rondes :

Ô grand Guillaume
as-tu bien déjeuné ?...

Ou bien :

Oh ! j'ai perdu ma fille,
zin, zin, carillon !...

Et puis :

Nous n'irons plus au bois,
les lauriers sont coupés...

Mais il y avait aussi :

Enfile, enfile, mon aiguille...

d'où se tressait une chaîne aussi solide que précaire.

Et je n'ai pas oublié :

Trois, trois, passera !
La dernière, la dernière...
Trois, trois, passera,
La dernière restera.

La dernière devait choisir entre une pêche et une prune, un biscuit et une pomme... peu importe. Mais son choix l'attachait derrière l'une ou l'autre des joueuses qui, les dernières passées des dernières, se prenaient les mains, et chaque file tirait, tirait en arrière, tirait jusqu'à ce que les mains se déprennent, et parfois qu'emportées par leur élan chaque file tombe à la renverse, le cul par terre et les jambes en l'air.

Il y avait aussi *lo bonhador*. Je n'aimais pas ce jeu. Un enfant contre le mur, de préférence dans un coin, un autre vient s'appuyer contre lui, de dos, en criant : *Au bonhador !* Un autre vient s'appuyer sur celui-là, et les autres dessus. *Au bonhador !* comme un essaim. Les premiers avaient bien de la peine à se dégager, à demi étouffés. Cela ne les empêchait pas de revenir écraser ceux qui étaient dessous. Par chance, au bout d'un moment tout se relâchait et chacun se tournait de côté pour reprendre son souffle.

Ces jeux nous tenaient à longueur de récréation dans la cour. Sitôt tourné le pignon de l'école, en courant dans le passage étroit où la vigne nous proposait ses raisins, si bleus à notre envie, si aigres à notre langue, sitôt pris le chemin du retour, oubliée la ronde, oubliée la balle. Peu à peu nous nous dispersions, les uns et les autres – vers La Croisille ou vers Saint-Gilles, du côté de Verdème, du Cheyron, de Bellegarde. Nous, nous avions le choix. Sans reprendre notre exploit de pêcheurs de neige, nous aurions pu suivre le chemin des Puys. Mais c'est surtout à la Joubert que se décidaient les choses. En effet, nous pouvions descendre sur Bellegarde, ou remonter par le Puy de Bellegarde, ou continuer jusqu'à la grande descente des Pradenaut. Là, il fallait bien quitter la route et plonger dans le talus, le plus souvent à grande course, en évitant vers le bas le double piège d'un énorme chêne et d'une pêcherie dont l'eau plate, luisante comme une vitre sale, apparaissait tout à coup, un appel sournois, une menace muette. Nous aimions bien passer par-là, et personne ne disait rien d'une peur qu'il aurait ressentie ni de la descente brutale, ni de cette eau stagnante malgré la source qui, nous le savions, la traversait de part en part. Pourtant, c'était toujours en silence, et presque sur la pointe des pieds que nous suivions la chaussée, les yeux tournés vers l'eau comme on surveille un ennemi. Et nous y trempions rarement nos mains, même pour les laver, jamais pour y jouer.

De toute façon, soit après les Pradenaut, soit après le Pissechien, nous restions seuls pour rentrer les Petits et moi, pour entrer dans la nuit, déjà profonde en hiver, frisant le soir au milieu du printemps.

Moi, je n'étais guère à plaindre. J'avais bien déjeuné à midi chez le père Pradeau, que j'appelais Tonton. Je ne sais pas comment nous étions parents, mais les anciens avaient été très proches, sinon de lui, de sa femme la Mélanie qui était peut-être la tante, en tout cas la marraine de ma grand-mère. La Mélanie, qui s'en allait toute courbée et me semblait si vieille, mourut juste passé la soixantaine, et sa fille Marie, de ce jour, tint la queue de la poêle. C'était une petite femme au visage joli et triste, handicapée d'une jambe artificielle qui lui donnait cette démarche lente et saccadée, ou plutôt déséquilibrée, qui la rendait plus touchante encore. Elle vous invitait continuellement à manger plus, à boire encore...

Les Petits s'étaient contentés de la soupe chaude chez Pradeau, et de quelque lècherie sur leur pain aux récréations. Leur repas les attendait. Souvent, l'été, le père Léonetou, la Louise et même la Minou étaient aux champs :

– Nous sommes au Cerisier. Votre *marende* est dans la *tirette*.

Un mot les attendait sur la table. Je l'ai dit, les garçons, orphelins en bas âge, n'eurent pas trop à souffrir. Certains, qui avaient père et mère dans de bonnes maisons, on ne leur faisait même pas toujours tremper la soupe chaude, sauf quand il faisait extrêmement froid l'hiver, et je ne suis pas sûre que le *marende* les attendît tous dans la *tirette* le soir. Elles étaient longues, les journées avec trois tranches de pain sec! Chez Léonetou, il y eut toujours la soupe chaude et le *marende* quel qu'il fût pour les Petits, et le cacao des quatre heures quand ils étaient là, et, le matin, le café noir avec cinq sucres pour le Matou. On ne lésinait pas sur la nourriture.

Un jour que nous jouions derrière leur maison – nous n'allions pas encore à l'école –, on les appela pour le repas. Une fois... deux fois... le jeu nous tenait. Je me levai tout de même pour rentrer chez moi en courant. Mais René ne voulait pas.

– Allons, viens manger avec nous.

Et moi je disais non, que non – que j'avais peur de me faire gronder.

– Allons, viens manger et ne fais de manières quoi!

Et, comme il parlait en limousin, il dit exactement :

– *Fasas pas de manieras quoi!*

– Et qu'est-ce que c'est, *de las manieras*-quoi? *De las manieras-coás*?

Des manières-queues!... Il en fut parlé, de ces *manieras-coás*... Le garçon avait dû entendre dire cela, et, sans bien comprendre les mots, sentir que c'était une invitation sérieuse, difficile à refuser. Je ne sais pas. Toujours est-il que *manieras-coás* s'ensuivit, qu'on en parla longtemps, même après que j'eus réalisé, moi, que ça n'avait rien à voir avec les queues de cerises.

Oui. Du moins depuis les Pradenaut, et souvent de bien plus loin, nous étions seuls sur le chemin, les Petits et moi. La nuit venue, Matou qui était le plus jeune était aussi le plus craintif. Aussi, et surtout en passant le bois, René allait devant, parce que, de devant on voit venir. Moi j'étais derrière, parce que j'étais la plus âgée, peut-être même la plus bête. Et Matou au milieu, bien gardé. C'est ainsi qu'en traversant le Bois du Pré, dans ce sentier pas plus large que les deux pieds, alors que nous courions presque, tout d'un coup René s'arrête, et même saute en arrière en criant :

– Le loup!

Il tombe sur Matou, qui tombe sur moi, qui tombe par terre. Ce n'était pas le loup. C'était Carabas notre chien. On lui avait dit de venir nous attendre, pour que nous n'ayons pas peur. Il m'avait entendue, il arrivait à grande course; déconcerté de notre chute, il restait là à nous regarder en reprenant son souffle. Pas étonnant, qu'il m'eût entendue! Je parlais assez fort, moi, que pour passer le temps, pour oublier la nuit et la peur, je disais des contes que les autres, devant, n'avaient qu'à entendre.

Il y avait, je me souviens, le conte de celui qui trouva une montre. Il n'avait jamais vu de montre. Celle-ci marchait, tic-tac, tic-tac...

– Oh! dit-il, qu'est-ce que c'est?

Il s'approcha, regarda – tic-tac, tic-tac. Que c'était beau! Et l'aiguille qui tournait toute seule – tic-tac, tic-tac. Mais! cela parlait! Tic-tac, tic-tac...

– Oh! se répétait-il, qu'est-ce que ça peut bien être?

Il réfléchissait. Il réfléchit encore:

– Oh! mais, dit-il, qu'est-ce que ça peut bien être! Ce ne peut être que le bon Dieu! Il faut que j'aille vite le dire au curé.

Et il s'en allait. Mais, comment le retrouver dans ce sentier perdu? Au milieu de cette forêt, tous les sentiers se ressemblaient. Une idée lui vint. Il ôte son chapeau, il le pose sur le bon Dieu.

Il n'eut pas tourné les talons, quelqu'un d'autre passe, là, sur le chemin tout proche, qui juste à ce moment, ressentit une bonne envie lui tordre le ventre. Il n'eut que le temps de s'écarter dans le sentier. Mais là, que voit-il? ce chapeau. Il le ramasse... la montre dessous! Une belle montre, tic-tac, tic-tac, qui marchait parfaitement. L'homme s'en saisit, la fourre dans sa poche, se déculotte, fait une jolie merde à la place et ramasse ses braies. Puis, avant de repartir, pose très délicatement le chapeau sur la merde.

L'autre, pendant ce temps, avait parlé au curé.

– Certes! venez, monsieur le curé, c'est bien vrai, je vous assure, j'ai trouvé le bon Dieu!

Le bon Dieu? Le curé ne croyait pas trop à cette histoire, mais allez savoir! A défaut du bon Dieu... ces petites diableries ne lui disaient rien de bon. L'étole, le surplis, l'eau bénite, et les voilà partis, l'enfant de chœur avec la clochette et l'encens.

Ils arrivent à l'endroit si facile à reconnaître, grâce au chapeau. Le chapeau était là. Ils approchent prudemment, sans oublier quelque prière. Et l'homme lève le chapeau.

– Merde!

C'en était une, sans aucun doute. Mais, le bon Dieu?

– Il n'est pas loin, monsieur le curé! Il n'est pas loin, ça fume encore...

Ainsi racontait mon grand-père. Et moi je répétais. Il en racontait bien d'autres.

Si le René prit pour le loup ce pauvre Carabas, si gentil et si paresseux qu'il n'aurait pas mordu une mouche, ce devait être que j'en parlais, du loup. Peut-être même que je venais tout juste d'en parler...

TEMPS passé, temps heureux dans la mémoire, ce qu'il en reste, aussi peu qu'il en reste! C'était pour nous, c'était avant tout, le temps de l'*aitau quo siá*. Il aurait mieux valu dire, peut-être, *aitau quo seriá*. Dans notre idée, nous pensions, en français : ainsi, ce serait... Mais nous disions bien : *aitau quo siá*, sans vraiment savoir que cela voulait dire : qu'il en soit ainsi – ainsi soit-il. Amen. Et, ainsi soit-il, tu serais le cheval, je chargerais le foin... nous ferions une maison... nous irions à la foire. Et voilà, j'étais le cheval, il chargeait le foin, nous faisions une maison, nous allions à la foire, à la fête, à la noce ou à l'enterrement. Ainsi en était-il. Amen. C'était aussi sûr que le conte qui commence toujours par il était une fois. C'était tout à fait certain, c'était le rituel, tout s'ensuivait comme la messe d'un signe de croix. *Fiat*. Amen.

Quand j'étais toute seule, pas besoin de prononcer à haute voix la formule magique. Pas davantage il était une fois qu'ainsi soit-il. Jeu ou conte, j'y entrais de plain-pied, sans que la porte que l'on ouvre fît le moindre bruit. Cette porte, à la vérité, ne se fermait pas. Jeu ou conte ou réalité, où était la porte? Où était la borne? Je n'en voyais pas. Je n'ai guère mieux compris, dans la vie. La vie m'a menée à ce jour sans que j'y reconnaisse mur ni borne ni porte, si ce n'est de m'être cassé le nez contre. Toute petite, je me le cassais déjà, plus que quiconque; justement je ne le voyais pas, le mur, je ne savais pas la porte, et la borne, c'était une notion qui ne me convenait pas.

De cette manière, quand je voulais quelque chose, quelque chose qui me faisait bien envie, je ne le demandais pas. Je ne demandais rien. J'attendais qu'on me le donnât. Mais si on ne me le donnait pas, je me mettais en colère, parfois jusqu'aux larmes.

— Mais je t'ai amenée à la foire!

— Tu ne m'as rien acheté.

— Mais tu n'as rien voulu...

Hé! je n'avais rien voulu à ce moment-là. Que vouloir? J'avais tout, cinquante poupées avec leur coiffe rose, grise, ou bleue, les bras raides comme de bois. Et tous ces bonbons, ces fruits, et les gâteaux, et tant de jouets dont je ne savais pas même l'usage ou le nom. Mais que vouloir? Ils n'avaient qu'à choisir. Ils n'avaient qu'à savoir... N'importe quoi pour garder la mémoire. En fait, ce que j'aurais voulu, ce n'était pas une poupée, ni un gâteau, ni un jouet. Ce n'était pas trente poupées, un panier de gâteaux, ni aucun jouet. C'était ce moment-là. Ce moment éternel. Et il ne m'importait pas que quelque chose de ce moment-là m'appartînt, qu'est-ce que j'en avais à foutre!

Mais cela, comment le dire? En réalité, je ne manquais de rien. Je ne manquais pas de bonbons. Sauf à Noël, on ne m'en donnait que peu, et je n'y tenais pas. On m'en donnait peu, on disait que le sucre fait tomber les dents, les creuse et donne le mal de dents. Je préférais mes dents. Quand celles de lait tombèrent, on me les fit cacher derrière la taque du foyer : c'était là que, quand je serais morte, je reviendrais les chercher.

— Ritou, ritou! La petite dent qui branle.

De gâteaux, je n'en manquais pas. Ma mère m'en achetait, elle m'amenait chez le pâtissier. Il y en avait un d'exceptionnel à Chamberet. Ses choux à la crème étaient gros, gonflés, pleins de crème et saupoudrés de sucre glace. Il en montait un parfum! Ses nattes fondaient sur la langue, ses cornues craquaient sous la dent, tout ce qu'il faisait était délicieux.

Ce pâtissier! Il était laid comme on ne saurait dire, avec sa face blanche et sa tête chauve, ses petits yeux et son nez camus. On disait qu'il était punais : je n'ai pas senti, je ne m'approchais pas trop. Mais il me plaisait, à moi, ce petit homme dans son tablier blanc. Pas seulement à cause des gâteaux. Il racontait toujours à ma mère quelque histoire qui faisait rire tout le monde lorsqu'elle la répétait.

— Raga-raga-raga-raganard! faisait-il en regardant du côté de sa femme.

Raganard était le surnom de la famille de sa femme. Raganard ou non, c'était une très belle femme, grande, avenante et toute frisée.

— La dame frisée! lui lançait-il comme une insulte grave. D'un ton!

Elle avait un frisson des épaules et faisait semblant de ne pas entendre. Elle lui trouvait toutes les excuses :

— Il y a tant de travail...

Un de leur fils se maria. Les choses tournèrent mal. Il y eut divorce et même, je crois, mort d'homme. La femme était la fille d'une amie de la pâtissière. Le pâtissier les imitait en dérision :

— Embrassons-nous! Et tioup! Et tioup! Ah! nous qui nous aimons tant! Tu verras, tu verras. Tu verras comme nos enfants s'aimeront! Elles s'aimaient, elles, et elles se maimaient. Mais les enfants ne s'aimèrent pas.

Et il se retournait vers sa femme :

— Raganard!...

La femme secouait la tête, mais elle n'y pouvait rien.

De bons gâteaux, j'en ai mangé ailleurs, ne serait-ce que les massepains de Petitjean à Saint-Léonard. Mais cette odeur fine, d'amandes, de liqueur fraîche... je ne l'ai jamais sentie nulle part.

Une fois, à Treignac, comme je ne me décidais pas à choisir, on me fit goûter le baba au rhum dont le parfum me tentait quelque peu. Ah! mes enfants! Cette grimace!

De toute manière, les gâteaux ne me manquaient pas, ni les oranges, les bananes et le Phoscao. Ma mère préférait m'acheter ce qu'elle tenait pour d'authentiques nourritures plutôt que des sucreries.

C'est le père Étienne qui me vexa! Il était là à me demander si j'aurais voulu avoir un petit frère, ou peut-être une petite sœur. Mais je n'en voulais pas! Tu parles d'une idée! Frère ni sœur, je n'en voulais pas. Et l'autre de rire :

— Tu as raison, il te mangerait tes gâteaux.

Mes gâteaux? Tu parles! J'en avais par-dessus les oreilles, de gâteaux. S'il y en avait pour moi, il y en aurait bien pour l'autre. Il n'aurait qu'à manger les siens. Est-ce que je lui mangerais les siens, moi? Cette idée de gâteaux me resta longtemps sur le cœur. Il aurait bien pu manger tous les gâteaux, les miens avec, et ceux que je n'avais pas! Non, je n'avais rien à faire d'un petit frère qui me suivrait partout, qui parlerait quand je ne voudrais pas, qui m'importunerait avec ses idées, avec ses jeux, qui ferait tant de bruit que je croyais l'entendre dans ma tête, rien que d'y penser. De sœur ni de frère, non je n'en voulais pas, je n'en avais pas besoin. Il s'agissait bien de gâteaux! J'en aurais eu, je l'aurais pris. De toute manière, mes parents ne me demandèrent pas mon avis. Je ne sais pas s'ils se le demandèrent l'un à l'autre. Je n'eus ni frère ni sœur.

Seule, pourtant, il m'arrivait de m'ennuyer.

– *T'enuias? Trapa' na peira, bòra sus tos dets.* Tu t'ennuies? Prends une pierre, tape sur tes doigts.

Je voulus voir ce qu'il en était. Le temps de chercher la pierre et d'essayer, tout doucement, quelque idée me vint, j'oubliai l'ennui... Mais souvent, à ces moments-là, je me rapprochais de la Marraine, je m'asseyais près d'elle ou je la suivais dans son travail :

– Chante-moi une chanson. Allons! Chante-m'en une!

La Marraine chantait beaucoup, seule, en marchant, assise, en pelant les pommes de terre, en faisant la vaisselle, mais surtout quand elle tricotait, cousait ou reprisait. Parfois, assise sur la table, elle passait des heures à coudre une manche, à tricoter un bas :

> *Taralanla, taralanla, taralan,*
> *Taralanla, taralanla, taralan...*

Ni paroles ni musique, une sorte de mélopée. Je l'entendais, je ne l'écoutais pas. Mais tout autour de moi, c'était un son, un son de fête au loin, une chaleur, une présence tranquille, pas même agaçante, comme la lueur du feu, de la lampe.

D'autres jours, elle chantait des chansons. Elle en savait tant et plus, certaines en français, beaucoup en limousin. Elle m'en apprit quelques-unes, plus tard. Ou bien les ai-je oubliées... Il y en avait de très connues, tels *Lo còr de ma mia, Lo Turlututu, La Margui* qui s'en va au moulin, assise sur son âne Martin! Et en français *Rossignolet du bois joli, Derrière chez nous,* ou *Le Roi d'Anglais.* D'autres l'étaient bien moins, comme celle de *Martisson la Rireta,* celle de *L'Amourette de Coduron,* celle encore de la fileuse, lirouli-liroula! *Quand ieu n'era petiòta, minhoneta borgesa.* La Marraine elle-même filait, toute jeune, en gardant les moutons. Mais il y avait surtout, inoubliables et depuis bien longtemps oubliées, celles qu'on avait faites sur place pour célébrer les amours des belles de ce temps.

La Marraine parlait de la Carou, qui vivait au Pescher dans un creux de maison. C'était une jolie fille, de mœurs fort légères. Elle aurait eu quelques enfants, confiés à la charité publique. C'est le tisserand de Combedarrière qui avait fait, ou du moins adapté pour elle une chanson :

Chastanha grilhada, pintada de vin blanc !
L'Anna ne's tant brava, Joanilh l'aima tant.
Li'chapta'na rauba de quatre vint francs,
se mesme la li talha, se mesme la li cos,
Chade ponch d'agulha ; mia embraçam-nos.
Chade ponch d'agulha, un boquet d'amor !
Chanta-li lauveta, respond-li cocut,
Si quauqu'un la li embraça, Joanilh es fotut !

Châtaigne grillée, pinte de vin blanc !
L'Anna est très belle, Joani l'aime tant.
Il lui achète une robe de quatre-vingts francs.
Lui-même la lui taille, lui-même la coud.
Chaque point d'aiguille : mie, embrassons-nous.
Chaque point d'aiguille, un bouquet d'amour !
Chante pour lui, alouette, réponds-lui, coucou.
Si quelqu'un d'autre l'embrasse, Joani est perdu...

A Combedarrière, alors que la maison était depuis longtemps inhabitée, et même tout à fait abandonnée, j'avais retrouvé quelques éléments d'un métier à tisser. S'agissait-il de celui du tisserand-chansonnier dont parlait la Marraine ? Cela se peut. Mais dans cette maison, il avait vécu plus d'un tisserand. Ce joli borderage, qui pouvait tenir deux vaches, changeait assez souvent de fermier, et même de propriétaire. Je n'y ai connu que le père Nanard et sa femme la mère Anna, qui s'étaient mariés sur le tard, veufs tous deux, et qui l'avaient acheté un peu après 1930.

La mère Anna bégayait. Tout d'un coup, alors qu'elle était là qui parlait clairement, et l'on ne pouvait rien soupçonner, tout d'un coup sa tête s'agitait, se dressait comme pour se jeter en arrière, son nez se plissait, sa bouche se pinçait, et elle haletait :

– Ca... Ca... Ca... Ca... Canacabé.

Les ca... ca... ca... étaient plus ou moins nombreux, mais cela finissait toujours par Canacabé. Aussi l'appelait-on la mère Canacabé. Quand c'était passé, sa tête revenait en place, son nez redevenait lisse, sa bouche se relâchait, et elle reprenait son propos comme si de rien n'était. Elle m'avait raconté que, toute petite, elle ne bégayait pas. Mais, une fois, elle avait quelque quatre ans, ses voisins avaient tué le cochon, et ce cochon c'était une grande truie noire. Elle était allée voir, avec tous les autres enfants, tous plus grands qu'elle. On avait pendu la grande truie noire au plafond, et les autres sautaient et s'en coupaient des petits morceaux pour goûter. Et elle, elle aurait tant voulu goûter à la grande truie noire. Elle était là qui regardait, les autres qui la narguaient. Mais personne ne lui en donna, personne ne l'invita du plus petit morceau. Et quand elle rentra chez elle, elle bégayait. Au diable la truie noire! Ce bégaiement portait à rire, surtout à certains moments, comme quand elle me contait qu'elle avait dû tuer son ca... ca... ca... canacabé canard.

C'était une brave femme, et nous n'eûmes guère à nous plaindre de ces voisins. Il n'y eut que le père Léonetou, quand il faisait l'avoine au fond de son champ du Pissechien, les poules de Combedarrière la mangeaient toute. Et quand il voulut se plaindre :

– Eh bien, dit la mère Anna, elles l'ont canacabé goûtée...

Et Léonetou n'était pas content. Il y eut bien aussi quelque cochon dans notre Pré... ce n'était pas très grave.

Quand nous fauchions le Pré d'en bas – le Pré –, il était bien rare qu'on ne les vît pas, l'un ou l'autre et parfois tous deux, arriver avec la fourche ou le râteau pour nous aider à faner, râteler ou retourner le foin. Elle, je ne me souviens pas de l'avoir vue à la maison. Mais lui, oui. C'était un homme pas très grand, mais peut-être surtout parce qu'il allait voûté, la tête en avant, une tête qu'on ne pouvait pas oublier, avec ce grand front, haut et lisse, le sourire et les yeux bleus, petits et bleus, d'un bleu de lumière. Tout son visage était sourire. Il chantait. Je le revois assis derrière la table, qui chantait la chanson de la poule rousse, en s'accompagnant des épaules, des bras, des pieds :

Notre poule rousse a un si joli bec!
Le renard le voulait pour se faire un sifflet.
Cancarineta, fringalisa li bela.
n'entendetz-vos pas lo son d'un avocat?

Et la poule avait aussi un joli jabot que le renard demandait pour mettre son tabac. Et de jolies ailes, pour pouvoir voler. Et de jolies pattes, pour pouvoir gratter. Une jolie queue, pour faire son balai...

Moi, je l'appréciais le père Nanard, vous pouvez m'en croire. Un soir, il nous conta son mariage. Elle, l'Anna, elle n'était pas trop décidée. Mais, une fois, elle lui fit un grand plaisir : elle lui tricota une paire de chaussettes.

– Quand elle m'eut fait les chaussettes, je me dis : c'est comme si je l'avais...

Ils se marièrent et firent noce, et comme voyage de noces, ils allèrent à la Porcherie, oui, à la foire de la Porcherie, comme de nouveaux mariés qu'ils étaient.

Quand je gardais les vaches dans le Pré, elle descendait parfois avec moi, et, plus grande, je montais chez eux. Elle me parlait de sa jeunesse, de sa vie. Elle me racontait des anecdotes, comme ce qui arriva un jour, alors qu'elle travaillait à Meilhards chez des Places. La maison était couverte de lierre, qui montait jusqu'en haut de la cheminée. Or, on faisait cuire la soupe, il y en avait là une grande marmite dans la cheminée, bouillante, prête à être trempée. D'ailleurs à cet effet on venait d'enlever le couvercle, clapatan! Il tombe dedans quelque chose par la cheminée : une grande couleuvre verte, qui était montée là-haut en glissant dans les lierres.

Une fois, ils me donnèrent une magnifique coloquinte, jaune, dorée, ronde, avec des dessins en relief. Je n'en ai jamais vu d'aussi belle. Elle resta bien longtemps sur la planche de la cheminée. Les pauvres gens avaient cru semer des pastèques pour la confiture, ce fut des pommes d'amour.

Quand le petit bien de Combedarrière se vendit, chez nous avaient pensé l'acheter. Je ne sais pourquoi ni comment, c'était notre meunier, celui qui tournait si bien sur le talon, qui s'occupait de la vente. On en parla beaucoup, je m'en souviens. Mais pour finir, l'affaire ne se conclut pas, et le père Nanard put acheter.

En fait, il avait vécu là plus d'un tisserand, mais il n'y en avait qu'un qu'on appelait le Tisserand, et je ne suis même pas sûre qu'il en fît son métier.

C'était lui aussi qui avait fait la chanson de la grande Marie, une voisine, celle qui a une grande grue. La grande Marie n'était pas très belle fille, peut-être, mais fort accueillante aux garçons. Ils lui avaient fait une trentaine d'enfants, si l'on en croyait la rumeur, les fluctuations de sa taille, et les dires de la Marraine. La Marraine l'avait bien connue, et aussi l'un de ses aînés qui s'était élevé près d'ici. Autant que je me souvienne, c'est la mère Mariou qui l'avait pris en charge, tout émue de pitié pour l'avoir vu peu après sa naissance. On l'appelait *lo bastazard*, et ne pensez pas qu'il se serait appelé Balthazar, non : c'était une façon de dire le bâtard, sans le dire vraiment.

Une fois, la grande Marie accoucha dans le pré, non loin de la fontaine. Les autres continuaient leur travail un peu plus loin, sans rien voir, ils pensaient qu'elle était allée boire et se reposer. Elle les appela :

– Venez voir quelque chose de beau !

Ce petit n'avait pas d'yeux. Personne ne sut ce qu'elle en avait fait. Personne ne s'en soucia. Une autre fois, alors qu'elle était placée à Treignac – elle était forte, adroite et courageuse, le travail ne lui manquait pas – elle en jeta un dans les jardins qui descendaient par paliers jusqu'à la Vézère en contrebas de la grande muraille. Mais il tomba dans un roncier ; de son jardin un homme l'entendit vagir, il le ramassa tout ensanglanté d'épines et tout juste né. Pauvre grande Marie ! Tous les ans son tablier levait devant. Que devinrent tous ces petits ? Personne ne le sait, personne ne s'en soucia. Il reste la chanson, qui peut se traduire ainsi :

La grande Marie a deux sabots, on dirait deux petits ton-neaux
On dirait deux petits tonneaux,
ses grands sabots de la grande Marie
On dirait deux petits tonneaux, ses grands sabots.

La grande Marie a de grands bas, qui lui servent de bottes
Qui lui servent de bottes...

La grande Marie a une chemise, qui n'est ni blanche ni noire...

La grande Marie a un foulard vert, qu'elle a gagné toute à l'envers...

La grande Marie a un grand perdreau, qui chante dans notre pâturage...

La grande Marie a un grand lapin, poilu dehors, tout nu dedans...

La grande Marie a une grue, qui mange la viande toute crue...

Elle devait avoir bien d'autres choses, qu'on a oubliées, tout cela sur l'air, un peu modifié, de *Cadet Rousselle*. Et voilà pour le blason des dames.

La Marraine chantait beaucoup, mais ma grand-mère chantait mieux, d'une jolie voix fine, légère, qui portait, qui était toujours juste. Elle racontait que toute jeune, un de ses parents, qu'elle appelait oncle et qui tenait un café à Limoges, avait voulu l'emmener en ville, en disant qu'elle pourrait y gagner sa vie en chantant. Elle ne voulut pas :

— Tiens! en ville! Je ne savais pas assez bien le français, même dans les chansons que je chantais. Je ne voulais pas aller là-bas pour me faire moquer de moi.

Moi, je ne me moquais pas :

— Mémé! Dis-m'en une autre!

La mémé ne se faisait pas prier. L'air, le rythme, le premier couplet, elle savait. Les autres paroles... quelle importance! Parfois, la Marraine connaissait aussi la chanson, et les paroles, elle, c'était son affaire. Si elle ne les savait pas, c'est qu'elle n'avait jamais dû les entendre. De l'une et de l'autre, ainsi j'en ai appris plusieurs. *Rossignolet charmant, Céline ma Céline* sont de celles-ci. Mais elle connaissait *Nicolas* tout entier.

Nicolas, par quelle route dois-je prendre le chemin?
Je m'égarerai sans doute, ah! viens me donner la main.

Passatz deçai, passatz delai...
'Diable te siá quela damoisela.
Si tu ses palharda, ieu zo sui pas :
Laissa me gardar mas vachas.
A! Laissa-me gardar mas vachas [1].

Nicolas, si tu es sage, je te ferai ton bonheur.
Et si tu n'es pas volage, je donnerai mon cœur.

Mas garda-lo, lo te vôle pas!
'Diable te siá... [2]

---

1. Passez par-ici, passez par-là... Au diable soit cette demoiselle. Si tu es paillarde, je ne le suis pas. Laisse-moi garder mes vaches. Ah! laisse-moi garder mes vaches.
2. Mais garde-le, moi je n'en veux pas! Au diable...

Nicolas, je vais me pendre. Couperas-tu le cordon?
Si tu as le cœur si tendre, je t'accorde le pardon.

Que te pendes, que te pendes pas!
'Diable te siá... [1]

Et, pour les enfants, il y avait celle du petit marchand, également dans les deux langues:

Marchand, petit marchand,
vendez-moi votre chien.
Arlo, tirouladéro
Vendez-moi votre chien.

Quand ieu vendrai mon chien,
ieu vendrai tout mon bien,
Arlo, tirou la dero
Ieu vendrai tout mon bien.

Marchand, petit marchand,
que mange votre chien?
Arlo...
Que mange votre chien?

Tant qu'eu n'era petit,
des cailles, des perdrix.
Arlo...
des cailles, des perdrix.

Aura que eu ne's grand,
de bon pan de faisan.
Arlo...

Marchand, petit marchand,
ont couche votre chien?
Arlo...

Tant qu'eu n'era petit
sus dans lençols de brin.
Arlo...
Aura que eu ne's grand,
sus dans lençols de ram... [2]

1. Que tu te pendes, ou ne te pendes pas! Au diable...
2. Marchand, petit marchand, vendez-moi votre chien. – Quand je vendrai mon chien, je vendrai tout mon bien. – Que mange votre chien? Tant qu'il était petit, des cailles, des perdrix. Maintenant qu'il est grand, du bon pain de paysan. – Où couche votre chien? Tant qu'il était petit, sur des draps de lin fin. Maintenant qu'il est grand, sur des draps de branches...

Il y avait aussi la mal mariée :

Lorsque j'étais jeune fille, jeune fille à marier,
Moi j'étais fort galante.
Tous les garçons qui me voyaient
me trouvaient charmante.

Quand je fus mariée, je ne changeai pas de façons,
j'embrassais les garçons
comme j'avais coutume à faire.
Je rendais le vieillard jaloux,
mais ne m'en souciais guère.

Filles, si vous voulez m'en croire,
filles, voulez-vous m'aider ?
Faisons-le brûler dans le four, ce vieux radoteur !
Nous y mettrons le feu.
Cela fera son affaire...

Vengeance imaginaire de filles liées contre leur gré à quelque homme mûr qui leur menait la vie dure. Le cas n'était pas rare. Mais, en ménage, innombrables sont les manières d'être heureux, ou malheureux. Ma grand-mère chantait aussi le merle, qui se traduit ainsi :

Encore je n'ai pas mangé
la patte de mon merle.
Patte de pied, pied de pré.
La pinte fait le tour,
encore j'ai de mon merle.

Et se mange ainsi, tout le merle, genou de patte, patte de pied, pied de pré... jusqu'à la langue : Langue de bec, bec d'yeux, yeux de tête, tête de cou, cou d'ailes, ailes d'échine, échine de queue, queue de cul, cul de cuisse, cuisse de genou, genou de patte, patte de pied, pied de pré – la pinte fait le tour –, maintenant j'ai fini mon merle.

Il y avait aussi la dame de Bordeaux, amoureuse d'un matelot, et la demoiselle de Lorient qui serait mère d'un enfant, une fille ou un garçon. Et toujours la bourrée de Saint-Gilles :

Triste année qui passe pour moi !
On marie l'aînée, on me laisse moi.
Mais l'année prochaine, ce sera mon tour.
Violons et chabrettes joueront pour moi.

C'était en limousin, bien sûr... Mon père, qui ne le parlait pas, m'en apprit une pourtant dans cette langue, une chanson traditionnelle qui remonte à la nuit des temps. On y reconnaît au passage le thème d'une ronde d'enfants :

Au sommet de la colline, il y a une maison, ma petite Minote, il y a une maison. Qui ressemble à un petit château, elle est couverte de paille, ma petite Minote, le derrière de genêts. Le derrière de genêts, il y a là une fausse vieille, qui fait ses petits fromages. Qui fait ses petits fromages, son chat qui la guette, par-derrière le petit banc. Par-derrière le petit banc, si tu y mets la patte, tu auras du bâton. Tu auras du bâton, il n'y mit pas la patte, il y mit le menton. Il y mit le menton, cette fausse vieille, a tué son chaton. A tué son chaton, elle en a eu autant de laine, que de trente moutons. Que de trente moutons, cette fausse vieille, en habille les garçons. En habille les garçons, elle a eu assez de reste, pour se faire un gant.

Et c'est aussi mon père qui chantait celle du raccommodeur auvergnat :

En traversant le pays de l'Auvergne, et de l'Auver, et de l'Auvergnat, j'ai rencontré trois belles demoiselles, m'ont demandé si je savais raccommoder, raccommoder, raccommoder la poêle, et le soufflet, et la lanterne.

Sans oublier le refrain :

Fondeur de boutons, de cuillères, de plombs, gens de charebi, gens de charebia. Pour vous, madame ! Pour vous, lou, trala-lala, lou ! lou... Pour vous.

Il y avait aussi Germaine, qui se promène dans son joli jardin. Il y avait la Rosette, et la Lisette, et la princesse dans la tour, la mère Michèle qui pète en filant, et d'autres dont, peut-être, je parlerai.

Quand je m'ennuyais ferme, et même si je ne m'ennuyais pas, ce n'était pas toujours une chanson que je quêtais auprès de ceux qui savent. Bien plus souvent, je demandais un conte. Ce n'est pas que je ne les connaissais pas, les contes. Mais une chose est de les savoir, une autre de se les dire, et une tout autre de se les faire dire, de les écouter comme si on ne les connaissait pas, comme s'ils étaient nouveaux, le même étonnement et le même plaisir, un plaisir tout autre. Ces contes, pourtant ici je ne les redirai pas. Il est plus urgent que je dise ce que je n'ai pas encore dit, plus urgent pour moi, qui n'aurais sûrement pas le temps de tout dire. On n'a jamais le temps.

J'ai dit que je m'ennuyais? Je ne m'ennuyais pas. Je cherchais un autre plaisir. Mais les plaisirs ne me manquaient pas. En voici un, qui était grand : aller chercher du petit bois dans la haie pour allumer le feu. Le feu, ce n'était pas moi qui l'allumais. Mais voir la flamme monter, dans la fumée blanche, monter et manger les brindilles à belle lampée! C'était agréable, oui certes. Il y a le feu et la chaleur du feu, la fumée, et la braise. Il y avait les tisons petits que j'aurais bien voulu faire tourner, un ruban de couleurs, un ruban de lumière. J'aurais bien voulu, et quelquefois je m'y risquais. Mais il y avait toujours quelqu'un pour me rappeler l'interdit, et moi, je ne voulais pas pisser au lit. Et il ne fallait pas, non plus, faire brûler du bois travaillé, surtout du bois apointé; cela donne des poireaux, ces petites peaux qui se soulèvent au bout des doigts tout autour de l'ongle, jusque dans le vif, et qui font si mal, comme si l'on vous fendait la chair jusqu'à l'âme. Et il y avait encore le sureau vert, qui donne le mal de dents.

Mais mon plus grand bonheur, je parle de ma très petite enfance, n'était pas tant de voir le feu que de gratter dans cette haie d'aubépine qui bordait le chemin vers le village. Y trouver du bois sec, mais aussi la moitié d'un verre, un cul de bouteille, un tesson d'assiette parfois décoré de bleu, de rose, de vert... des fragments, très rares, de l'assiette « au coq » ou « à la fleur », dont la terre est rouge... C'était surtout de sentir sous mes doigts cette terre souple, tiède, fraîche, une poussière tendre entre les petits graviers rudes, les feuilles sèches qui craquaient : tout un monde autre, qui m'emplissait le corps et l'âme, avec l'odeur de cette sorte de menthe, puante et forte, la germandrée dont une touffe poussait, pousse encore, à cet endroit qui a tellement changé.

Non loin de cette haie, il y avait un noisetier. Il portait de très bonnes noisettes qui avaient une peau rouge sous la coquille tendre, facile à casser entre les dents. Mais, de même, ce n'était pas les noisettes qui m'attiraient là, c'était la poussière entre les racines, douce, fine, un plaisir pour les mains. Un plaisir! Pas aussi grand encore que de déplisser ces feuilles, au printemps, un beau jour de soleil, de chaleur, et l'orage que l'on entend au loin, qui ne viendra peut-être pas. On cueille le bourgeon, qui se gonfle, et commence à se dégager. On le déplie du bout des doigts, on le flatte de l'ongle. Avant le temps, juste un peu avant le temps, on ouvre le printemps. Quel parfum! Quelle grâce! Un rosier monte là, qui donnera une fleur, une rose, plus claire que les autres, plus pâle à cause de l'ombre. Au milieu de juillet on la verra par-dessus la haie, quand on amène le foin à grandes char-retées... La feuille du rosier sent meilleur encore, meilleur qu'aucune autre feuille, meilleur que la fleur, un parfum de rose sauvage, frais, fort, meilleur qu'aucune autre feuille; sous les doigts et la dent, meilleur qu'aucun fruit, qu'aucune autre feuille. Une odeur qui s'en va, que tu suis, que jamais tu n'as plus sentie. Je me souviens de cette odeur. Je me souviens de cette rose.

Plus que de rose, je sais une odeur, pourtant, qui m'a suivie longtemps, qui me suit encore. Celle d'un petit fruit, qui ne se mange pas, une petite bourse pleine de graines, et si vous l'écra-sez un parfum d'encens, de fleur, de résine, un parfum épicé en monte comme lumière, et il vous reste sur les doigts, entré jusqu'à l'os pourrait-on croire. La plante qui le porte est des plus humbles. Elle traîne à terre comme une touffe de fils couverts de petites feuilles en langue verte, pour se fleurir enfin d'étoiles d'or; je n'en sais pas le nom, et peut-être que je me trompe. Je me trompe probablement. Je n'en veux rien savoir.

Des roses, il y en avait. Il y en a encore, devant la porte – je veux dire contre le mur sous la fenêtre et entre les deux portes. Les mêmes roses, presque sauvages, dirait-on, d'un rose vif, très fort, de celles qui durent à peine deux jours, et la floraison moins de trois semaines, au mois de juin avant Saint-Jean, si bien qu'il n'en reste qu'à peine pour les bouquets la veille de la fête. Je les aimais tant, ces roses! La première fleurissait toujours contre la porte, et je la respirais! Je l'aurais mangée. Je les aimais tant qu'un jour j'en cueillis un plein seau, rien que la tête. Ce que j'en fis? Ou si l'on me gronda? Je ne m'en souviens pas. D'habitude, je les regardais.

Parfois j'en cueillais une, et, cette année-là, était-ce l'année où je lisais l'heure sur un petit clapet de porte? Dans la chambre de la Marraine j'avais pour jouer un tonnelet, un tout petit tonnelet que je pouvais porter à brassée – et j'y mettais une rose par la bonde...

A ce moment-là, je pense que nous faisions des travaux à la maison, et je devais coucher dans la chambre de la Marraine, peut-être dans mon berceau, peut-être avec la Marraine. Il me plaisait beaucoup de coucher avec la Marraine. Le coussin de tête était très haut, avec le traversin et l'oreiller, et j'y dormais à l'aise, presque debout. Mais je me souviens aussi d'y avoir couché dans mon berceau. Je le revois tel qu'il était, une bercelonnette d'osier blanc, et moi dedans devant la fenêtre, sous le voile léger tenu par des arceaux d'osier. Une ombre se penche sur moi, c'est ma mère. La fenêtre donnait derrière la maison, elle n'éclairait que peu, mais la lumière entrait par la porte de l'autre chambre, en face de la grande fenêtre ouverte au sud. Je me vois là. Je ne devais pas être grande.

Mais je me vois aussi, et sûrement plus tard, couchée au berceau dans l'autre chambre, celle de mes parents. Il était jour. Je devais être malade. On me donna des gâteaux secs. Il y avait des dessins dessus, et je me demandais ce que cela pouvait représenter. J'en vins à voir sur l'un d'eux, l'image d'une fenêtre. Cela devint ma fenêtre, une fenêtre petite, que je pouvais mettre debout, entre mes doigts, ou bien couchée, comme j'étais couchée moi-même. Et je chantais sur l'air de *Chastanha grilhada* :

Fenestra coijada, coijave de nuech.
Fenestra levada, levave de jorn... [1]

Ou l'inverse. Et l'inverse, parce que j'étais couchée de jour. Cela ne voulait rien dire ? Cela ne voulait rien dire. Ça ne disait rien. Et alors ?

Cette chambre je m'y revois aussi dans le lit de mes parents, couchée entre eux une nuit de Noël. Je me réveillai ; ils me réveillèrent. Il faisait noir comme dans un four. Mais, là-bas, vers la cheminée, il y avait une lampe allumée. Nous n'avions pas l'électricité, à cette époque, c'était une lampe à pétrole – peut-être une Pigeon –, peut-être celle, beaucoup plus ancienne, qui venait de mon arrière-grand-mère. Là-bas, toujours, il faisait clair. Mes parents me dirent de me lever et d'aller voir, que le Père Noël était passé, peut-être avait-il mis quelque chose dans mon sabot. Le soir, je pense, ils avaient dû me parler du Père Noël, peut-être même de l'Enfant Jésus, et me faire mettre mon sabot, le gauche, dans la cheminée. A cette heure, de Père Noël, de sabots ni de

1. Fenêtre couchée, je me couchais de nuit. Fenêtre levée, je me levais de jour.

cadeaux, je ne m'en souciais guère! Je me levai tout de même, nue en chemise; j'allai voir. Il y avait des cadeaux! Le Père Noël était passé! Il y avait une boîte blanche, pleine de sucreries, de gâteaux et de bonbons, et un Père Noël en pâte de sucre: il m'avait laissé son portrait... D'émotion, de plaisir, de froid, j'en tremblais de partout.

Depuis ce temps-là, je n'ai jamais rien aimé tant que les cadeaux du Père Noël, ceux qu'on n'attend pas, qui viennent tout seuls, un jour, une nuit, sans qu'on n'ait rien demandé. Ce qu'on demande à la vie, ce qu'on espère longtemps, quand cela arrive, si cela arrive, et cela n'arrive pas souvent, il est toujours trop tard. Ne serait-il pas trop tard, le plaisir en est usé, le parfum éventé. Le bonheur perdu.

OUI, je l'ai dit, à ce moment mes parents faisaient aménager la maison. La maison était là depuis quelque quatre-vingts ans, elle n'était plus assez grande. Mes parents mariés, après ma naissance nous y fûmes six, et six qui n'aimaient pas être à l'étroit.

Il est vrai que le grand-père, avant de se marier lui-même, avait fait agrandir le fournil, de façon que, si sa sœur s'était mariée, un des couples aurait pu y vivre, tout au moins y coucher. Et ainsi chacun aurait été chez soi, mais non séparé. C'est qu'ils s'aimaient tous les deux; mais il faut bien voir la vie comme elle est... Comme la Marraine ne se mariait pas, le fournil ne servait à rien, sinon qu'on y chauffait le four pour cuire le pain. Si bien qu'on finit par ouvrir en porte la fenêtre de la chambre, et l'on y fit des étables à cochons. De chaque côté du couloir, en contrebas de l'ancien fournil, il y eut deux cases qui se faisaient face, avec les battants mobiles pour vider la pâtée dans les bacs.

Je ne sais pas pourquoi elle ne s'est pas mariée, la Marraine. Ce devait être une belle fille, en sa jeunesse, forte pour travailler la terre, et adroite aux travaux des femmes d'alors; pour tricoter, filer, faire de la dentelle et même les chapeaux de paille tressée. Évidemment, cela ne suffit pas pour se marier. N'a-t-elle pas trouvé? N'a-t-elle pas voulu?

Avant d'être agrandi, le fournil avait servi de maison. La Bembi vivait là avec son mari, et ses deux enfants. Il y avait bien juste la place d'un lit, d'une petite table et d'un banc, devant le foyer qui, par grâce, ne fumait pas, du moins pas trop. Où dormaient les enfants?

91

— Mon grand-père était bien pauvre, disait le petit-fils quand il fut devenu riche. Il n'avait que deux vaches.

Deux vaches! Cinq ou six brebis, c'était le bout du monde! Que la Bembi, pas très courageuse, gardait dans les communaux. Et elle aurait mieux aimé aller à la balade, ou à la foire. Elle disait à la Marraine :

— *Me gardariatz ma miseria?* Vous me garderiez ma misère?

Les moutons, passe. Mais il fallait garder aussi les enfants. Elle le faisait quelquefois, la bonne femme. Mais elle aussi, elle était jeune, elle aussi voulait aller danser, à la fête et à la foire! Est-ce la mode, que la bordière aille se divertir et que la patronne reste à la maison?... Sans compter que, les merdes des autres, la Marraine n'en faisait pas tant de cas... Ces enfants n'étaient pas plus désagréables que de raison, mais souvent la faim les menait. A l'heure du repas, ils se présentaient à la porte. Pan! Pan! Ils tapaient dedans à coups de sabot :

— Vos petits pois sont-ils cuits?

Parfois, on leur en donnait une assiettée. La Bembi faisait semblant de se fâcher :

— Que veulent-ils ces petits crapauds? Les repas sont bien tous les mêmes...

— Que non, que non, fit mon arrière-grand-mère. Je vous réponds que celui de chez Talamont est meilleur que le mien. Ne serait-ce qu'avec le panier de volailles que j'ai descendu hier au château...

Ce n'était pas que la Bembi manquât de pois ni d'autres légumes. Son mari, très travailleur, allait à la journée, tous les jours. Et les soirs, il cultivait son jardin. Le nôtre, à côté, faisait piètre figure. Ce qui n'empêchait pas la Bembi de passer ses gamins dans le nôtre, par-dessus la clôture, à la saison des pois. Elle-même, on avait compté que chacune de ses poules pondait deux à trois œufs par jour... Et cela ne l'empêchait pas de ne pas faire de repas, ou de le faire si mal que le mari arrivait à s'en plaindre :

— Un jour, elle me fera manger des crapauds.

Lui ne pouvait pas tout faire. Il travaillait. Il gagnait un peu d'argent qu'il mettait de côté. Quelques sous qui faisaient des pistoles, et les pistoles des louis d'or; ceux qu'on appelait, justement, des yeux de crapauds... A la fin, il put se les acheter, les deux vaches, et il ne fut plus bordier dans notre fournil. Il n'y vint plus jamais habiter personne.

Non, elle n'avait jamais été vaillante la Bembi, au contraire de ses sœurs, tant la Maria de Guillaume que la Marie de Vergnas. Toutes s'étaient élevées, quelque temps, à Combedarrière. Ces gens-là faisaient la toile. Le matin, quand le bruit du métier la réveillait un peu tôt, elle se plaignait et grognait, elle en pleurait :

– Ne faites pas de bruit, ne réveillez pas la Bembi.

Je ne l'ai pas connue, la Bembi. On disait qu'elle était assez grosse, toute petite. On ne savait pas si c'est à cause de cela qu'on l'appelait ainsi, ou si c'est son nom à elle qui, plus tard, aurait servi à nommer quelque chose de très petit, rond, une petite châtaigne, un petit fruit. Moi non plus, je ne sais pas.

Sans être sotte, la Bembi n'était pas non plus très intelligente. Il ne faut pas oublier qu'il y avait alors, dans les campagnes, de ces gens qui se croient malins, beaucoup plus malins que les autres, et dont tout le génie consiste à faire colporter des sottises par des demeurés. Il y en a encore! S'il n'y en a que guère, c'est que les lieux sont déserts. Trois habitants à Germont, où ils étaient plus de vingt. Personne à Combedarrière, où vivait toute une famille, et la maison même n'existe plus. Et c'est la même chose dans les autres villages... Sans compter qu'on n'avait pas la télévision, et qu'il fallait bien s'amuser avec ce qu'on avait à portée. Et ainsi, une fois qu'on parlait du père Mazaudois, le castreur :

– Il en gagne, celui-là, des louis d'or, dit quelqu'un. Oui, il en gagne!

– Certes, fit un autre. Surtout quand il va dans la montagne, castrer les vaches.

La montagne, c'était – et c'est toujours – le Plateau de Mille-vaches. Évidemment, il avait de quoi faire, le castreur! Et la Bembi répétait :

– Il en gagne des louis d'or, le père Mazaudois, surtout quand il va dans la montagne pour castrer les vaches.

Et elle le croyait bien, qu'il y avait là-haut mille vaches, des vaches tant et plus, et qu'on les castrait. Elle le croyait? Elle aussi peut-être, voulait plaisanter...

Il y a ainsi des choses qui, sur le coup, font rire les gens. Racontez-les, elles ne font rire personne. Ainsi en fut-il de ce bon tour que racontait la Marraine, elle en avait ri toute sa vie. Un soir, ils veillaient tous ensemble, les femmes qui filaient, ou bien tricotaient, les hommes à faire quelque éclisse ou quelque paillasson; à un moment la Bembi s'endormit. Ils avaient beaucoup parlé, ils avaient beaucoup ri, personne ne disait plus rien, c'était la veillée. Tout d'un coup, ils entendent la Bembi qui parle en rêve :

– J'y ai passé, j'y ai vomi. François y est passé, il y a vomi. Et vous, n'y passez pas, vous y vomiriez...

On ne sut jamais où se trouvait cet endroit à vomir.

Il est bon, le sommeil près du feu, ainsi, en fin de veillée. Une chaleur vous a pris tout le corps, et la tête, et les mains. De grosses braises rougeoient et blanchissent. Des lignes noires courent dessus, où l'on voit le cœur du charbon. Cela fait comme une écriture, des lettres, des signes. J'ai toujours voulu lire, moi, cette écriture. Et l'on croirait souvent y reconnaître un mot, la moitié d'un mot... Le temps de détourner les yeux, déjà c'est un autre mot, une autre lettre, un autre signe... Une langue étrangère – inconnue – rien...

C'est comme quand il pleut sur les branches et que vous êtes sous l'arbre, et que vous entendez le bruit de cette eau, comme des voix légères qui se parleraient, qui rient, qui se plaignent, retenues dans le bonheur, étouffées dans la douleur – que vous ne comprenez pas, que vous croyez comprendre –, le son d'une langue étrangère, tout autre, mais qui vous dit des peines et des plaisirs, qui sont les vôtres mêmes. D'une haleine qui est votre souffle même.

Le feu parle de même et, de plus, se lit...

Je ne savais pas lire encore. Je ne tarderais guère. Mon parrain, je crois que c'était mon parrain, m'acheta un livre où les lettres étaient grosses et grandes, avec des dessins en couleur, *Bécassine maîtresse d'école*. Je n'avais encore rien vu d'aussi surprenant. J'écarquillais les yeux, la bouche, me semblait-il, jusqu'au ventre. Quand j'y ai pensé, depuis, j'ai toujours ouvert tout grands la bouche et les yeux – je le sens – de l'étonnement que j'avais, et que les mots ne sauraient dire. Ce doit être ainsi que j'appris mes premières lettres. Mais le livre, naturellement, et la pauvre Bécassine avec sa robe qui tenait toute la page, ils ne firent pas de vieux os. Une femme, ça? Une femme, ce morceau de papier aussi dur que du carton? Une Bécassine, peut-être. A la rigueur...

C'est bien plus tard que je retrouvai la Bécassine, dans des aventures plus curieuses et qui m'amusaient. Ma mère ne m'avait pas abonnée à la revue, elle m'avait acheté un recueil de *La Semaine de Suzette*. Il y avait là *Bécassine aux sports d'hiver*. Je ne suis jamais allée aux sports d'hiver, je n'ai jamais eu envie d'y aller. Mais, grâce à la Bécassine, je connaissais tous les plaisirs et tous les déplaisirs qu'on pouvait y prendre, avec les mots pour le dire... J'étais vaguement gênée que, du haut grade de maîtresse d'école, Bécassine fût passée à celui de simple domestique... entre ce que j'avais de mépris pour la première et d'admiration pour la seconde, c'était une compensation, peut-être? Je ne sais pas, je ne crois pas.

Entre-temps, j'avais appris à lire. Quand je voulais, c'était facile. Mes parents avaient sans doute expliqué à la Dame que l'école était loin et que je n'irais que l'année suivante. La Dame leur avait donné les livres nécessaires; de petits livres minces, d'un gris bleuâtre, noirs, crasseux, où il fallait lire les lettres de toute espèce, d'écriture comme d'imprimerie, et l'italique, et les majuscules comme les minuscules. J'appris tout cela, et en plus le point, la virgule et le point-virgule; ce point-virgule qui, plus tard, me servit d'insulte suprême contre les camarades de classe :

– Espèce de point-virgule!

Qui ne se sentirait offensé d'être un point-virgule? Mais le signe qui me plaisait le plus, et même le seul qui me plût vraiment, c'était l'astérisque. D'abord, l'astérisque ne servait de rien – ne servait de rien à moi qui ne savais pas m'en servir – et il était là, tout seul, magnifique, royal, dans un espace où il n'y avait rien. Mais surtout! prononcer le mot, « astérisque », sans bégayer, sans le manger, as-té-risque. Une merveille! Dans le petit livre grisâtre, il n'y avait pas d'astérisque, il y avait des lettres noirâtres et des dessins gris.

Pour voir si je savais, mon père me faisait lire le nom sous les images. Et moi, je savais le lire, mais, parfois, je ne connaissais pas ce que le dessin représentait. Et comment lire : une toupie, sous une image qui, pour moi, était celle d'un soufflet? De toupie, je n'en avais jamais vu! Je n'en avais pas, et les Petits non plus – les Petits, à cette époque, n'étaient peut-être même pas encore nos voisins! Parfois, je regardais le mot et je le lisais, mais d'autres fois je regardais l'image et je m'efforçais de deviner. Qu'est-ce que cela pouvait bien être? Un soufflet, et mon père disait que je ne savais pas lire. Une autre fois, je ne sais ce que cela représentait, mais l'image pour moi ne ressemblait à rien, si ce n'est, peut-être, à un bidon de pétrole. Mon père avait bien dû me dire ce que c'était, mais je ne m'en souvenais pas, je ne connaissais pas. « Un bidon de pétrole. » Et de rire. Et lui aussi. Ce n'était pas ça, bien sûr.

Mais, par la suite, chaque fois qu'il me montrait l'image, une image quelconque, pour me faire lire le mot dessous, ce fut « un bidon de pétrole ». Et le petit livre noir, je ne voulais plus le regarder. C'est alors qu'on m'acheta un beau livre d'images, *Les Aventures de Miquette*. Miquette me plaisait bien, son petit frère, le chien Turc, enfin tous. Et je lisais couramment l'histoire sous les images. Je lisais n'importe quoi.

Pour écrire, ce fut une autre affaire. Je prenais l'ardoise et le crayon, une mine blanche dans un corps métallique, froid et dur. Quatre lettres tenaient toute l'ardoise, ou bien elles s'en allaient, toute une suite, de plus en plus petites jusqu'au bout d'une ligne qui n'existait pas. Plutôt qu'écrire, sur cette ardoise qui avait vu plus de deux inversés que de bons chiffres, car les chiffres étaient encore plus problématiques que les lettres, je dessinais. Parfois, je dessinais des autos, et le plus souvent des autobus. Cela remontait à la petite enfance. C'est que, les autos, on n'en voyait pas beaucoup à Germont, et celles qui passaient sur la route de Limoges étaient cachées par les arbustes ou les arbres. On ne faisait que les entendre. L'autobus, par contre, on apercevait son gros dos jaune dans les tournants de Combedarrière depuis la Buge devant les étables.

Ma mère me disait :
– C'est l'autobus qui passe.
Et même, elle expliquait :
– Il va à Châteauneuf.
Le virage tournait, sur le nez de la colline, tout autour d'un champ et de la combe. Si bien qu'on voyait l'autobus, d'abord en Combedarrière, et qu'on le perdait de vue longtemps derrière les pins dans les autres virages, avant qu'il reparaisse dans la ligne droite. Aussi, Châteauneuf, je croyais que c'était là derrière ces pins, dans le tournant de l'autre combe. Hé! je n'étais jamais allée y voir, là-bas. Et quand j'avais demandé où c'était, Châteauneuf, on m'avait montré cette direction.

Or, un jour, j'y montai, dans l'autobus. Non pas pour aller à Châteauneuf, mais pour descendre à la foire des Cerises, le onze de juin à Chamberet. Nous l'attendîmes au Pissechien, environ les neuf heures, sous le panneau jaune, don de Dunlop, où il était écrit « Les Fayes », en grosses lettres. C'est mon grand-père qui avait choisi le nom. En effet, la station devait desservir les villages alentour, Bellegarde, la Veyssée, les Fleynours, toute la combe des Borderies jusqu'à Bonnat, sans oublier Germont. Quel nom prendre? Ce fut une belle dispute!

– Les Fayes, dit mon grand-père pour mettre la paix. C'est le nom de la forêt, le nom de l'endroit. Il n'y aura pas de jaloux.

Va pour les Fayes. Les gens continuèrent à dire comme devant : à Pissechien. Oui, mais! Comment écrire Pissechien sur un panneau jaune, don de Dunlop? Les Fayes, un nom honnête.

Une chose pourtant me préoccupait : « don de Dunlop ». Qu'est-ce que cela pouvait bien vouloir dire? On aurait dit un nom de noble. Seigneur de Dunlop, un fameux nom. Mais pourquoi le nom de ce monsieur, un riche bourgeois sûrement, était-il écrit là sur ce panneau jaune, et sur tous les autres panneaux jaunes que je vis plus tard, sous le nom d'un endroit comme les Fayes, Jaguet ou les Quatre-Routes? Je sus, bien longtemps après, que Dunlop faisait des pneus. Si ce n'est les trois lettres semblables dans les deux mots, pneu et Dunlop, non, je ne trouvai là aucune explication, et le « don » me resta en travers de la gorge, de la tête et des idées, un temps qu'on n'imagine pas. Même quand j'eus compris que, pour faire sa réclame, Dunlop avait *donné* tous ces panneaux jaunes avec son nom dessus, et le souvenir d'avoir ouvert si généreusement son porte-monnaie, j'oubliais la ridicule vanité de cette publicité louangeuse; j'aimais mieux l'oublier... Don de Dunlop. Les choses, il y a des choses, qui devraient toujours garder leur secret.

Je n'oublie pas l'autobus. J'y montai un onze de juin. On me fit asseoir sur un petit siège, toute seule derrière le chauffeur. Mes parents le connaissaient, il m'embrassa. Et moi j'étais là, comme une reine. Mais d'être reine, moi, je m'en foutais. Tous ces gens! Les uns debout, d'autres assis... Quelques-uns qui passaient la tête par les vitres baissées... Sur mon ardoise, je dessinais l'autobus, son petit nez, ses quatre roues et les gens dedans qui regardaient dehors, à pleines glaces...

Était-ce ce jour-là? Ce même jour? Je n'en jurerais pas. Les souvenirs se superposent, se juxtaposent et d'une année sur l'autre

déposent les alluvions de quelques images aussi précises qu'inda-
tables. Ainsi, je me souviens d'*une* fois que mes parents rn'avaient
menée à la balade. Ça pouvait être la foire des Cerises, le onze de
juin, celui de l'autobus ou un autre. Ça pouvait être une autre fois,
plusieurs autres fois. A cette époque, et depuis longtemps, le
11 juin était une fête importante, où l'on amenait beaucoup les
enfants, le matin comme l'après-midi, souvent toute la journée.

Il y avait la foire, le matin, sur le champ de foire, et aussi le
marché des volailles et des menues denrées, le beurre, les œufs,
le fromage. Une petite foire. Ce n'était pas une bien grande
foire, non plus, pour les forains qui vendaient les étoffes ou la
quincaillerie. Mais ne manquaient pas les bancs de cerises, à
pleines caisses, ni d'autres fruits beaucoup plus tardifs chez
nous. Et surtout, il y avait les baraques, le cirque et les
manèges.

L'homme sauvage qui, à force de l'exciter avec un bâton, passait par un trou une sorte de bras poilu comme une patte. Le
monstre, une pauvre vache qui en portait une autre, à demi for-
mée, sur son dos. On n'aurait pas dit que ça la gênait, elle mangeait pour deux et ruminait tranquille. Une fillette qui présentait
un python, un grand serpent plus gros que ses bras. Elle était
toute mignonne, cette petite. Elle pouvait bien avoir douze ans. Je
me disais, moi, que j'aurais aimé être aussi charmante qu'elle,
avec son collier de serpent. Au cirque, il y avait la musique qui
me cassait les oreilles, sinon, tout me plaisait, ceux qui se balançaient sur le trapèze, en tournant des sauts périlleux tant en
arrière qu'en avant, et celui qui faisait travailler le lion, et le lion,
et cette espèce de chien sournois qui grinçait des dents et qu'on
appelait une hyène. Oui, j'aimai le cirque d'emblée, moi.

Dehors, il y avait aussi des tirs, des loteries, les tourniquets et la
baraque mystérieuse de la diseuse de bonne aventure. Il y avait
les chevaux de bois. Ma mère me monta sur ce manège et m'assit
sur une banquette rouge sous un dais qui avait dû être bleu et
doré, qui l'était peut-être encore. Certainement, elle me voyait là-
haut comme une princesse. Et moi je me demandais ce que je faisais là, à tourner sans aller nulle part. Je n'en avais ni plaisir ni
déplaisir. Quel plaisir se pouvait-il bien prendre sur cette banquette dure comme une pierre? Qu'est-ce que je faisais là? Je descendis quand cela s'arrêta. La tête me tournait un peu.

Ce n'est pas à cette fête, me semble-t-il, mais bien plus tard, que je vis tourner les pousse-pousse, ce manège où la jeunesse s'installait sur des sièges pendus à des chaînes de fer. Quand le manège tournait, de plus en plus vite, les sièges s'écartaient tout autour avec leur chargement. C'était amusant à voir, et peut-être d'y être. Je n'y suis jamais montée, d'abord parce que j'étais top petite, mais même jeune fille, cela me faisait un peu peur. C'est que j'en avais entendu parler, des pousse-pousse! Ne disait-on pas qu'à Treignac, une fois, les chaînes avaient cassé et qu'une jeune fille avait été projetée dans les prés, en bas de la grande muraille qui, de ce côté, soutient la place Lachaud? Moi qui avais le vertige rien que d'y regarder, rien que d'y penser...

Le vertige... Chez nous, on n'avait pas connu Lachaud. Mais on en parlait, à cause de cette dame Lafarge dont on n'a jamais su si elle avait empoisonné son mari, ou non. Lachaud ne fut jamais son avocat, mais elle en eut un qui était quelque peu apparenté à mon arrière-grand-mère. J'ai oublié jusqu'à son nom. La famille de mon arrière-grand-mère, il est vrai que j'aurais pu chercher, moi, ce qu'il en était et ce qu'il n'en était pas. Je dirais bien que je n'ai pas eu le temps, mais c'est surtout que ça ne m'intéresse pas de savoir. Au contraire, ce qu'on en disait chez nous, si j'en ai oublié je regrette bien de l'avoir oublié. C'était comme un conte.
Tiens! On parlait d'une jeune fille, la Charlou, si belle, si blanche, que lorsqu'elle buvait, on voyait le vin descendre dans sa gorge. Elle se maria avec le comte de la tour du Verdier. Cet homme, dans une réunion avec les autres seigneurs du Limousin, paria que, d'eux tous, il avait la plus belle femme et la plus haute tour. On fit venir la Charlou et les autres dames. Il fallut bien reconnaître qu'aucune autre ne la valait. Quant à la tour, mon grand-père disait qu'il ne l'avait vue qu'en ruine. Elle était tombée d'un seul coup de tout son long, la tête aussi loin que d'ici au fond de notre Pré. Je n'ai jamais su, moi, où était cette tour. Je ne veux pas le savoir.
Je ne sais pas – on le savait chez nous – si cette Charlou était la même que celle dont le trousseau de mariée était compté par douzaines de douzaines. Une douzaine de douzaines de draps, une douzaine de douzaines de serviettes, une douzaine de douzaines de chemises, de coiffes, de jupons... Et ainsi pour tout. Pourtant, cela finit mal. Quand elle accoucha, elle eut un garçon, mais l'enfant était mort, et bientôt il fut évident qu'elle ne tarderait pas

à le suivre. On lui présenta un enfant, qui n'était pas le sien. Jamais elle ne le reconnut comme le sien. Il était trop grand, ce bébé, il avait plus d'une semaine, ce n'était ni le visage, ni le cri d'un nouveau-né.

— Ce n'est pas mon petit.

Elle ne voulait pas le faire téter, et elle pleurait. Peu de temps après, elle mourut.

On disait que, si elle était morte, c'était un malheur contre lequel personne ne pouvait rien, mais que si on lui avait présenté un autre enfant, au lieu du sien qui fut déclaré vivant, ce n'était pas tant pour lui faire plaisir, ni pour la consoler dans les quelques jours qui lui restaient à vivre, c'était pour ne pas avoir à rendre la dot et le trousseau. Parce que le fils héritait de sa mère, et le père du fils quand il fut déclaré mort. On en voit d'aussi sordide chez les riches que chez les autres. Il faut savoir tirer parti de tout, même de la mort.

Une autre figure de la famille, je n'ai jamais su si elle était parente avec mon arrière-grand-mère qui l'avait bien connue. Pour ses cousins du Mazaudois, c'était leur tante, la Tanti. Elle s'appelait Catherine et tenait un bordel à Limoges. On ne disait pas bordel, il est vrai, on disait une maison, et cela faisait autant café, voire auberge, que maison de plaisir. Naguère, il existait toujours une auberge-café dans la rue du Maupas, dite « Chez Catherine ». Un jour, le Lucien racontait à sa mère qu'il était allé déjeuner chez Catherine avec des amis. Sa mère leva les bras au ciel :

— Vous êtes allés vous fourrer là-bas!

— Pourquoi pas? On y mange très bien.

Je ne sais pas si la maison de la Catherine était rue du Maupas, ni si celle de la rue du Maupas tenait son nom de la même Catherine, même si la mère de Lucien m'a paru avoir l'air de le croire, ou de le savoir.

Qu'il en soit ainsi ou non, la Catherine était une maîtresse femme, sachant ce qu'elle faisait et ce qu'elle voulait. Celle du Mazaudois lui disait :

— Tanti! Voyez, Tanti... Vous ne devriez pas faire ce métier. Ce n'est pas bien.

— Certes, ma petite. Mais l'argent n'a pas d'odeur.

Et elle s'expliquait :

– Mais à moi, cela ne m'oblige pas à faire quoi que ce soit... Je ne fais rien, moi. Et les filles, je ne les force pas. Ce qu'elles font, c'est bien qu'elles le veulent.

Si son mari essuyait la vaisselle tandis qu'elle servait à table, c'est bien qu'ils s'entendaient ainsi. On en connaissait dans les environs qui... Elle avait un filleul qu'elle aimait beaucoup – je crois qu'ils n'avaient pas eu d'enfants. Un jour, elle reçut une lettre, signée de ce filleul, qui lui racontait je ne sais combien de malheurs qu'il avait eus, et que, si elle pouvait lui apporter quelque argent, ce serait son salut. Pensez! Son filleul! Elle ne manquait pas d'argent, la Catherine, et pour son filleul, elle eut raclé jusqu'aux derniers sous de sa tirelire. La voilà dans le train. A un endroit, il fallait changer. Elle descend. Et que voit-elle? Un garçon de par ici qu'elle connaissait bien, comme lui-même la connaissait bien.

– Ah! mère Catherine! Mais que faites-vous ici? Mais comment cela se fait-il?

Et elle se mit à parler et à lui raconter, pour son filleul. Et l'autre de la flatter :

– Venez, venez, mère Catherine. Je vais vous aider à monter dans le train.

Tout en parlant, ils marchaient tous deux. Tout à coup, la Catherine s'aperçoit qu'il l'entraînait du mauvais côté. Là-bas, il y avait bien un train, ce n'était pas son train. Fût-il parti, ce train, il n'allait pas où elle voulait aller... Hé! ce n'était pas la première fois qu'elle y allait, chez son filleul! Elle ne savait pas très bien lire, non, mais la direction, elle la connaissait! Et la Catherine de crier. Et le garçon de l'entraîner. Et elle de crier plus fort. Et lui de la tirer par un bras. Il pouvait bien tirer! Elle en avait maté d'autres, la Catherine. D'une main, elle lui tord le bras. Et de courir, toujours criant... Le garçon, elle ne le revit pas. Il n'était pas difficile de comprendre que la lettre venait de lui, qu'il l'attendait là, et qu'il avait voulu l'entraîner à l'écart pour lui voler son argent, et que ça ne l'aurait pas gêné de la tuer. Dans le train, elle tremblait quelque peu, mais se disait qu'il n'allait pas l'attaquer dans cette foule. Quand elle arriva chez son filleul :

– Ah! tanti! Quelle bonne surprise! Comment se fait-il?

Tout allait bien chez le filleul, la femme, les enfants, les affaires... Il n'avait pas eu d'ennuis. Il n'avait pas écrit à la Catherine, il n'avait rien à lui demander, et sûrement pas d'argent.

Oui. A la maison, on racontait tout cela. Je ne l'aurais pas entendu raconter depuis, je l'aurais sans doute oublié. Mais je l'ai entendu et réentendu tout au long de ma vie, et toute mon enfance. Au berceau, j'en étais bercée. Et, comment dire? Ces gens que je n'ai pas connus, que je n'ai jamais vus, j'en sais autant de leur vie, et davantage, que de celle de tant d'autres que je vois souvent. Ils me sont plus familiers, et plus chers. De quelque manière, je vis avec eux, et je les connais.

Ne l'ai-je pas connue aussi, cette jeune demoiselle que je rencontrai, un matin en allant à l'école sur la route de Surdoux, juste devant chez Fontaine? Je marchais, en regardant par terre, en pensant peut-être à ce que je voyais, ou à l'école, ou à rien. Je lève les yeux, elle était là, si près que je faillis me heurter à elle. Je la vois encore, vêtue de blanc et qui marchait un peu de biais, sur le bord de la route. Elle avait des cheveux! Bruns, mais dorés et luisants, tout bouclés jusque sur le cou, jusqu'à l'épaule. Était-elle vêtue de blanc? Je ne sais pas. D'une main, elle relevait les cheveux sur sa joue, dévoilant un charmant visage. Elle relevait ses cheveux de la main?... Peut-être. Je ne sais pas.

D'une certaine façon, je la connaissais, du moins, je savais qui elle était, et qu'elle passait quelques jours tout à côté dans sa famille. Mais je ne l'avais jamais vue, jamais vue de près; et je ne suis même pas sûre que c'était elle. Si jeune, si fraîche, et comme sans regard, pourtant. Comme sans regard, de ce pas hésitant qui n'allait nulle part, vêtue de blanc... Non, je ne la connaissais pas, non je ne savais rien d'elle. Il n'y a pas à savoir rien. J'ai vécu en sa compagnie, de ce jour tous les jours de ma vie, fût-elle la jeunesse ou fût-elle la mort. Mais non je ne sais rien d'elle et je ne la connais pas. Ce qu'elle était, sa vie, son univers comme ils disent, même son nom, je n'avais rien à y voir, rien à y faire, ils me sont étrangers, plus étrangers que la vie, le nom, l'univers de la petite bohémienne dans sa vêture de serpent. Pourtant, elles m'auront fait compagnie, l'une et l'autre, mieux que Peau d'Ane ou la Cendrillon, et de plus près, peut-être, et plus profondément que l'Étranger qui avait les yeux si bleus, bleus comme les prunelles de la haie, juste avant la gelée blanche. C'est que, l'Étranger, je le rencontrai un peu plus tard, pas tellement plus tard, au temps que l'âme remue le corps avec quelque chose de chaud, humainement, à quoi il peut se donner un nom – peut-être.

Dessiner me plaisait mieux qu'écrire. J'avais commencé jeune. La première fois, je m'en souviens, c'était dans la cour devant le hangar. On avait amené des troncs d'arbres, du jeune châtaignier. L'écorce en était fraîche, lisse, luisante. Nous étions assises dessus, ma mère et moi. Ma mère, qui avait un couteau à la main, se mit à creuser des lignes dans cette écorce avec la pointe du couteau, et ces lignes, cela fit un visage. Un visage de femme, ou d'homme, je ne m'en souviens pas, et peut-être n'était-ce pas si évident. De femme ou d'homme, un visage. Et c'était ma mère qui avait fait ça. Et donc cela pouvait se faire. Je voulus essayer, moi. Je ne sais pas si elle me prêta le couteau, ce jour-là... Il y avait aussi ma grand-mère, quelquefois, de la pointe du doigt, quand la buée se pose sur les carreaux de la fenêtre, ma grand-mère y dessinait des visages qui faisaient rire... Le carreau, je n'étais pas assez haute pour y porter la main. Le couteau, ce n'était pas plus facile de l'avoir que l'écorce lisse d'un arbre. Mais je trouvai autre chose : de la craie rouge qui avait servi à marquer les moutons. Et, surtout, le charbon.

Le charbon ne manquait pas. Il n'y avait qu'à s'asseoir près du feu dans le coin. Le feu était allumé entre les landiers toute la journée, ou presque, l'été comme l'hiver. Parfois, le matin, j'entendais monter la première flambée comme un grand vent dans la cheminée et, de la chambre à côté, je voyais la lueur, la Marraine qui soufflait, pour faire le café. Une pleine marmite de café qu'on l'entendait moudre également, café en grains, orge torréfié ; une odeur en venait, si forte parfois qu'elle me levait le cœur. J'aimais le café, moi, j'aimais le boire ; je n'en aimais pas l'odeur.

Après le café, la Marraine montait la soupe, dans la grande marmite noire, aux trois quarts pleine d'eau. Les pommes de terre pelées chaque jour, les poireaux, quelques feuilles de bette, parfois de chou, une carotte, un morceau de navet, deux poignées de gros sel dans l'eau bouillante, à belle volée, et, tout doucement, la graisse fine ou le lard, le morceau de salé ou l'andouille. Et, quand il n'y avait rien dans la soupe – rien, cela voulait dire pas de viande –, il fallait bien cuire l'omelette, ou les œufs tout droits dans la poêle, au miroir, entendez sur le plat... La crémaillère ou le trépied, et parfois simplement les pincettes et la rilhe sur les landiers, non le feu ne chômait guère. Même le repas de midi se préparait là, quand il faisait trop chaud pour allumer la cuisinière, ou qu'on n'avait pas le temps, ou qu'on n'avait pas le bois.

Souvent, c'était aussi la Marraine qui préparait ce repas. Elle excellait dans les civets et les pommes de terre rôties au lard. Mais d'autres fois c'était ma mère. Et ma mère faisait des plats meilleurs, plus choisis que ceux de la Marraine. Parfois, elles se disputaient, parce que chacune voulait tenir la queue de la poêle.

Ma grand-mère ne s'en souciait pas. Je ne sais pas si elle aurait su se faire cuire un œuf. Et mon grand-père, n'en parlons pas! Si ce n'est les pommes de terre sous la braise, dont l'envie le prenait une ou deux fois l'an ; et je l'ai vu une fois se préparer des oignons au vinaigre et au sel, un soir – ce bel oignon rouge lui avait fait envie. Bien sûr, mon père non plus ne faisait guère la cuisine. Mais, quand la marraine se trouva trop vieille, c'était lui qui faisait le café du matin, et même la soupe. Il se débrouillait parfaitement, il aurait fait n'importe quoi, même si, comme il disait :

– Ce n'est pas un travail d'homme.

Du travail d'homme, il en avait, le pauvre, plus que sa part, plus que sa charge, plus qu'à satiété.

A peine vidées les assiettes, c'était la vaisselle, qu'on mettait à bouillir, trou-trou-trou, dans le chaudron noir, la pairole, jusqu'à ce que la Marraine prît son temps de l'essuyer. Et tant trottait cette pauvre vaisselle de faïence qu'elle en était toute fendillée et parfois, de l'eau fumante, au lieu d'une assiette il en sortait deux – deux tessons, il faut dire...

Vers les quatre heures, la pâte des crêpes soulevait le couvercle du seau de bois sous la table, et la Marraine apportait un faix de branches sèches et de bois fendu, posait le trépied, dépendait le poêlon, battait le *viradis*, un œuf avec de l'eau dans un verre, cherchait la couenne et le petit frottoir, la palette et le soufflet, elle étendait sur la table une toile blanche et, l'une après l'autre, tournait les crêpes.

J'aimais bien être là quand la Marraine faisait les crêpes. De temps à autre, elle m'en donnait une, toute chaude, parfois avec du beurre qui fondait dedans. C'était délicieux. Et elle chantait :

– Du fromage blanc, de la crêpe avec du miel, ça fait lever la crête!

« Lever la crête », c'était être en bonne santé ; peut-être autre chose, aussi, mais je ne le savais pas encore. En fait, nous n'avions que rarement du miel, et je ne l'aimais pas. On disait pourtant que « pour manger de la crêpe avec du miel, saint Joseph – ou même le bon Dieu – descend du ciel ». J'aimais mieux imaginer saint Joseph descendant du ciel que le bon Dieu. En fait, saint Joseph, c'est le soleil, on le voit tous les soirs descendre du ciel, quand sur le point de mourir, il rentre le troupeau. Tout cela se disait en limousin, le chant et le reste. Aussi, quand je déclarai solennellement qu'à partir d'aujourd'hui je parlerais patois comme le grand-père et les Petits, cela ne posa pas le moindre problème ; la langue qu'on ne me laissait pas parler, je la connaissais parfaitement.

La dernière crêpe étalée, la Marraine me faisait cuire le « mouletou », le blanc battu de l'œuf qui avait servi pour le « viradis ». Le « mouletou » s'écartait par toute la poêle, comme une crêpe. C'était un goût très particulier, j'aimais bien. Mais ce qui m'intéressait le plus, c'est quand le poêlon faisait les soldats. Sur le charbon noir, si fin, qui s'attache au cul du poêlon, éclatent soudain des nuées d'étincelles qui courent ensemble, qui se divisent, qui s'assemblent, qui s'affrontent, qui se battent, se tuent, tandis que d'autres naissent par-derrière. Ce sont des armées l'une contre l'autre. La Marraine disait que quand on voyait ces choses, il y avait la guerre quelque part dans le monde, une grande guerre. Elle ne se trompait probablement pas. Pour mieux voir, je m'approchais.

– Ôte-toi du passage de mon poêlon !

Je quittais le coin du feu, ou je m'y renfonçais, plus étroitement. L'ardeur du feu, souvent, m'en tirait plus que les paroles de la Marraine :

– Sors d'ici ! Tu prendrais du mal.

Après les crêpes, il y avait encore la soupe et, pour finir, la veillée. Et du feu. Le bois sec des crêpes, les grosses branches pour le repas, les branches fines pour la soupe, les bûches de la veillée... et souvent, du bois vert, le tison qui brûle en gémissant, qui pleure par le bout... les fines verges du bouleau, qui tout à coup éclatent en feu d'artifice et qui s'éteignent, d'une flammèche bleu et blanc, qui tremble sans chauffer ; des vesses bleues, disait la Marraine, à cause du sifflement et de la couleur. Mais le bois finit par brûler.

– Allons, sors d'ici ! Tu prendras du mal.

Du mal, j'en prenais souvent, le chaud, le froid, la gorge qui fait mal, la toux... Mais pour me tirer du coin du feu, ce n'était pas quand j'avais trouvé mon charbon qu'il fallait essayer, à moins de me prendre à pleins bras et de m'emporter par force. Parce que j'avais là pour dessiner la plus belle, la plus grande ardoise qu'on puisse imaginer : on venait depuis peu de poser une taque.

La pierre du foyer, avant, je ne sais pas, mais je pense que c'était une pierre, une vraie pierre-mur, peut-être de granit bleu comme celles qui par terre formaient le foyer et l'entouraient largement, ou alors seulement une pierre de Saint-Gilles, cette pierre bleue presque noire – un micaschiste – qui se taille à coups de hache comme du bois. Les montants de la cheminée, latéralement, en sont faits. Soit l'une, soit l'autre pierre, de toute façon elle devait être usée. Mon grand-père en fit faire une de fonte, assez grande, plate, à angles droits sauf la courbe du ciel au-dessus, et vers le milieu ses initiales, G. L., pour toute décoration. Telle quelle, pour moi c'était la plus belle du monde. Les côtés n'en retenaient ni le charbon, ni la suie, à peine parfois une poussière de cendre. Il y avait de la place pour en faire, des figures! Têtes de femmes, têtes d'hommes, et parfois le personnage tout entier, cela ne manquait pas plus que les charbons entre les tisons. Mes parents, parfois, riaient, pensant reconnaître quelqu'un :

– Celui-ci ressemble à Untel... Cet autre, à Unetelle.

Et moi qui ne connaissais pas ces gens, je regardais le portrait que j'en avais fait, naturellement, sans le savoir, sans compter que, pour moi, ils ne s'appelaient pas comme disaient mes parents. Ils avaient un autre nom, et même une autre histoire. Une histoire que j'imaginais, moi, le temps de ce dessin, et puis je passais à une autre. Le plus souvent, d'ailleurs, ils n'avaient pas d'histoire. Il me suffisait de les voir naître, se faire, se former; le nez, les yeux, la bouche et les cheveux, l'oreille si difficile! Quelquefois, par hasard, je leur trouvais un nom, et une raison pour qu'ils portent les cheveux longs, ou un chapeau de paille... pas toujours. Il me suffisait, oui, de les voir naître, tels quels, jeunes ou vieux, laids ou beaux, entre mes doigts qui les tenaient comme s'ils eussent tenu le monde. Mes doigts, sans y penser, sans le savoir, qui portaient le monde...

Tel me fut le dessin, autant que j'en aie fait alors ou plus tard. Le jour où je m'arrêtai pour regarder en arrière, trouver quelque raison ou quelque cause, ce jour je cessai d'en vivre. Jamais je ne pus rattraper le fil. Celui qui marche en dormant, ne le réveillez pas! Que personne ne le réveille. Il est debout sur le toit, il marche comme dans son jardin. Qu'il soit sur le bord, aucun danger. Ne dites rien. Que s'il s'éveille en chemin, il s'écrasera par terre comme un crapaud.

QUAND ils virent, mes parents, que je ne voulais pas écrire, ils me menèrent à l'école. Je me souviens de ce premier jour. C'était la récréation. Nous étions dans la petite classe, mes parents parlaient à la Dame. On m'avait fait belle comme pour la balade, les chaussettes blanches avec une échelle de jours, la robe et même le manteau. Les enfants montaient le perron et montraient le nez à la porte pour voir. Je me rappelle le visage éveillé, tout rond, du petit Aimé des Pradenaut, le plus curieux, peut-être parce que nous étions presque voisins, et que nous ne nous étions jamais vus. Ce qui m'étonnait le plus, moi qui ne connaissais pas le perron, c'était de voir tout à coup les visages apparaître à la porte vitrée, comme s'ils étaient sortis de rien, venus du vide à plein soleil qu'on apercevait dehors. J'en avais le vertige.

Après, j'étais assise sur un banc, à une petite table. Vers les quatre heures, l'autobus passa, celui qui allait à Châteauneuf. Je dis :

— Voilà l'autobus qui passe, en pinçant les lèvres pour parler comme ma mère.

— Tu t'ennuies? fit la Dame. Tu veux t'en aller?

Je ne dis ni oui ni non. Je ne m'ennuyais pas. Je ne voulais pas m'en aller. Mais la Dame me dit de m'en aller, et quelqu'un de chez nous, sans doute mon grand-père, m'attendait déjà avec la voiture.

Cette année-là, je crois que j'allai deux jours en classe. Ensuite je fus malade, et le temps passa. Je ne me souviens pas de ma deuxième rentrée, mais ce fut la bonne. Je me souviens très bien, pourtant, de la petite classe. D'abord, la Dame me donna un cahier et un crayon noir. Je fis des barres tout un jour. Après, il fallut écrire et, une semaine après, écrire avec l'encre et la plume. Cette garce de plume! Elle s'écartait, s'aplatissait, crachait l'encre et ne la retenait pas. Le soir, mon pouce était violet jusqu'au poignet, et les autres doigts n'avaient que guère à lui envier. Entre-temps, on m'avait donné *Line et Pierrot*, un livre pour lire en classe.

– Que les grands fassent lire les petits, avait dit la Dame.

La Marcelle vint me faire lire. Elle posait son doigt sous les syllabes, elle aurait voulu me les faire suivre une à une. Je ne voulais pas. Nous étions pour nous fâcher quand la Dame dit :

– Je crois que l'élève lit mieux que la maîtresse.

Ce fut fini, personne ne vint plus me faire lire. J'allai pourtant quelque temps encore chanter les syllabes sur les tableaux de carton blanc :

– Ron... Ron... Ron... Ronron...

Je m'endormais, comme le chat qui fait ronron. La Dame avait un chat, justement, un gros chat noir avec un collier et un grelot, peut-être même un nœud de ruban rouge; que s'il ne l'avait pas, il lui serait allé comme un gant. Je me levai. J'avais appris à parler poliment :

– Pardon, madame! Comment s'appelle votre chat?

Tous de rire mais la Dame répondit :

– Moumoute. Et toi, tu as un chat?

– Oui. C'est une chatte. Elle s'appelle Mascotte. Elle aura trois ans quand on fera le Pré d'en bas.

Je l'aimais, moi, ma Mascotte. Je l'aimai longtemps; elle devint vieille, aussi aimable, aussi caressante, aussi noire et aussi vaillante dix ans plus tard. Elle s'appelait Mascotte, parce que mon père, parmi tant d'autres airs d'opéra et surtout d'opérette, chantait la légende de la Mascotte :

Ah! ah! heureux celui que le ciel dote
d'une Mascoooote!

Il m'avait expliqué ce que c'était qu'une mascotte, même si je ne comprenais pas comment le vieux aurait pu – ou ne pouvait pas – dérober la fleur d'oranger de la Bettina. Cette fleur d'oranger me préoccupa longtemps, presque autant que le don de Dunlop.

Lorsque j'entrai à l'école, donc, je savais lire, plus ou moins écrire, et même compter. Un, deux, trois... on m'avait appris jeune. Et par chance! Parce que, quand la Dame me dit de faire des bûchettes pour apprendre, je ne compris pas ce que c'était. Chez nous, on ne savait pas non plus. Pour compter les dizaines, j'avais bien mes doigts? Dix et dix, ça fait vingt, pas besoin de bûchettes pour savoir ça. Et pour chanter la table de multiplication, ça ne sert plus à rien. Comment pourrait-on multiplier des bûchettes par des bûchettes? J'essayai tout de même d'en couper, de longues, de courtes, de droites, de tordues... Ce qui m'aurait fait envie, c'était tout de même les jolis petits fagots si bien taillés, si bien liés de quelques camarades, et surtout le beau petit sac serré par un cordon coulissant que certains avaient pour les mettre. Je n'en eus jamais. Mes parents ne comprirent pas, ni pour le sachet, ni pour les bûchettes. Je m'en passai. D'ailleurs, la Dame m'avait mise aux problèmes, et surtout aux dictées. Je me souviens de la première.

Pour commencer, il y avait une phrase écrite au tableau, qu'il fallait bien regarder. La Dame l'effaçait, puis elle la dictait. Il fallait écrire à mesure. Quand elle eut terminé, j'avais bien écrit les trois premiers mots... Je ne tardai pas à me trouver, pourtant, à côté d'une autre Marcelle, celle du Content, à la tête de la deuxième division. Je n'y restai guère. Me voilà au milieu de la grande division, la première de la petite classe. Nous eûmes à faire des phrases d'après un modèle. N'eus-je pas l'idée de parler de cette jolie femme qui posait ses belles mains sur une belle tapisserie? Où avais-je entendu parler de cela? Les femmes, chez nous, toutes celles que je connaissais, elles n'étaient ni laides ni belles; leurs mains de soigneuses de porcs, toutes mangées de gel, sentaient plus souvent à topinambours cuits qu'à l'eau de rose. Et pour la tapisserie, à part quelque pauvre descente de lit, je n'en avais jamais vu... De plus, la phrase était juste, exactement comme le modèle. La Dame s'en étonna tant que, quand le Monsieur vint, un moment plus tard, faire son tour dans la petite classe, elle lui montra le chef-d'œuvre. Le Monsieur lui aussi riait d'étonnement, de plaisir. Il se frottait les mains. Il dit, à haute voix :

– Cette petite, plus tard, elle fera des vers.

J'avais bien compris qu'ils parlaient de moi. Des vers? Je dis, sans que personne me demandât rien, je dis, moi aussi à haute voix :

– Moi, mon papa, il en fait, des vers.

– Ah! dit la Dame, il fait des vers? Il est poète, ton papa?

Poète? Un mot que je ne connaissais pas. Je m'expliquai:

– Poète... je ne sais pas. Quand il veut empoisonner les taupes, il cherche des vers dans la terre... Il fait des vers...

En effet, quand mon père cherchait les vers et les empoisonnait pour les taupes, il disait:

– Je fais des vers.

Il plaisantait. Il savait bien, lui, ce que c'était que des vers, et la poésie. Il en connaissait pas cœur. Parfois, il en récitait. La veille de mourir, quelque soixante ans après, il en disait encore:

– Il appelle la mort. Elle vient sans tarder...

Je ne sais s'il l'appelait, mais elle ne tarda pas. Les vers, il en disait, il n'en faisait pas. Il m'expliqua qu'en français, les vers de terre et les vers de la poésie, c'était le même mot. Et cela devint un grand sujet de rire entre mes parents et les instituteurs, qui dura toute leur vie. Et moi, je n'en jurerais pas, mais peut-être cela me donna-t-il l'idée d'aller voir d'un peu plus près ce qu'il en était, de ces vers de poésie comme de ces vers de terre...

C'est que moi aussi, j'en faisais, des vers, à coups de pelle ou de tranche dans la terre grasse, non pour les empoisonner mais pour les donner aux canetons qui aimaient tant ça. Ils n'attendaient pas que je les leur donne. Ils étaient là qui guettaient ce qui allait sortir, et le plus leste l'attrapait. Il y en eut un qui s'approcha tant que la tranche lui fendit le bec par le bout – coac! – et ça saignait, et moi de courir en pleurant vers la maison, parce que j'avais tué le canard. Je ne l'avais pas tué, il guérit. Mais il porta son bec fendu de travers, toute sa vie, et il me regardait, comme un reproche – toute ma vie, comme un reproche.

Vers de terre ni vers de poésie ne sont pas sans danger, je l'ai su de longtemps. Ils m'ont tourmenté l'âme, pourtant, et plus que le don de Dunlop et la fleur de la Bettina tout ensemble. Mais, outre la controverse des vers, j'avais eu ce jour-là, et pour la même phrase, un différend avec la Dame. C'est que, pour extraordinaire qu'elle fût, cette phrase comportait une atteinte grave à la perfection de la langue française, une horrible répétition. La main était belle, soit. Mais alors la tapisserie ne pouvait pas être belle; il fallait un autre mot. Elle aurait voulu que j'écrive: riche tapisserie. Et moi je ne voulais pas. Une tapisserie, c'est beau. Ce n'est pas riche, ça ne possède pas d'argent.

Je me revois une autre fois dans cette petite classe. C'était à la fin de l'année, le Monsieur et la Dame discutaient pour savoir s'ils allaient me laisser là, ou me faire passer dans la grande classe. Ils me firent faire une dictée et peut-être quelque problème. Je ne fis aucune faute, si ce n'est que j'avais écrit Louis avec une majuscule, comme si ç'avait été le nom d'un homme, au lieu de louis, parce qu'il était question de louis d'or, et non d'une personne. Quelque temps plus tôt, alors que la Dame m'avait fait quelque compliment, le petit Bébert – nous nous battions pour la première place – avait déclaré :

– Oui. Mais moi je suis plus « chavant » qu'elle.

Il avait chuinté, plus que ne l'exigeait son accent de bon Limousin. Et tous de rire. Et la Dame :

– Ah ? mais si tu es tellement « chavant », tu finiras par devenir chouette.

Il était bon élève, ni plus, ni moins. Et je l'avais eue, ma première place. J'en pris possession en me couchant sur le banc. Non que je l'eusse briguée de haute lutte, ni gagnée à grand effort. Je ne trouvais rien de surprenant à être là. C'était peut-être amusant. C'était amusant. A la rentrée, je passai dans la grande classe. Je n'y fis pas de miracles. Mais, le jour où l'on donna les vacances, tout m'étonna. Pourquoi chantions-nous ? Pourquoi dansions-nous ? Pourquoi la Dame nous faisait-elle jeter de vieux cahiers et des livres abîmés en gros tas...

Vivent les vacances !
A bas les pénitences !
Les livres et les cahiers
passeront par l'escalier.

Cela finissait qu'il fallait y mettre le feu et la maîtresse au milieu... Cela ne me faisait pas rire, pas du tout. J'étais bien contente, moi, de ne pas avoir à revenir à l'école le lendemain. Je ne voyais pas en cela la moindre raison pour brûler toutes ces choses, et la Dame moins que toute autre. Je l'aimais bien, la Dame, moi ; je la regrettais même un peu, m'eût-elle tiré les cheveux deux ou trois fois. Si elle en punissait d'autres, ça devait bien être qu'ils le méritaient. Et la fois qu'elle me fit rester pour refaire mes problèmes à la lumière électrique, et qu'il me fallut rentrer toute seule dans la nuit depuis Surdoux, c'est bien que je n'avais pas su, que je n'avais rien compris à cette histoire de marchand et de bénéfices. Qu'est-ce que je pouvais y comprendre? Je n'y ai jamais rien compris. Ce soir-là, j'appris quelque chose. J'appris à faire semblant, j'appris à jouer le jeu de ce jeu terrible qui ne m'amusait pas : gagner de l'argent sur l'argent, la misère du monde.

J'ai déjà parlé de la Cécile. Dans les premiers temps, les premiers jours que j'allais en classe, elle nous tira d'un bel embarras, la Dédé et moi, ou pour mieux dire, d'un joli pas. La Dédé était plus jeune que moi, d'un an peut-être, mais elle allait en classe depuis un peu de temps. Si bien que quand le facteur passait et qu'il me voyait à la maison, il ne manquait pas de dire :
– La Dédé te gagnera.
Cela me faisait dépit, même si je ne connaissais pas la Dédé. Vint le jour où je pus lui dire que, moi, je passais dans la grande classe et que la Dédé restait dans la petite.
– Elle ne m'a pas gagnée.
Mais, ce soir-là, nous étions encore loin du compte. La Dédé sortit avant moi. Et moi, quand je voulus reprendre mes sabots – nous les posions tous en rang derrière la porte – je ne retrouvais qu'un seul de mes sabots... Je me souviens bien de ces sabots, les seuls, me semble-t-il, que j'aie portés à l'école, ensuite j'eus des galoches hautes ou basses, mais jamais de sabots. Ceux-ci étaient encore tout neufs, jaunes, avec une bride de cuir et, sur le dessus, une belle cerise rouge dans ses feuilles vertes. C'étaient des sabots, des plus ordinaires que l'on pût voir à une fillette, lourds et sans grâce. Il n'en restait qu'un. Où était l'autre? Je me mis à pleurer. La Cécile vint me consoler. Elle s'aperçut qu'un autre sabot restait tout seul, un petit sabot découvert, fort joli, tout fin, tout élégant et bien travaillé sur le devant, mais pas tout neuf. Elle le reconnut :
– Oh! dit-elle, c'est la Dédé qui te l'a pris. Elle s'est trompée.
Et elle courut rattraper la Dédé, qui arrivait à la route. Elle la ramena, qui pleurnichait. Elle avait ses sabots. Elle en avait deux. C'étaient les siens!
– Mais non! tu vois bien qu'ils ne sont pas pareils.
Elle posa son sabot, prit le mien. Elle avait alors les deux miens.
– C'est pas comme ça! faisait la Cécile.
Elle posa l'autre, prit le sien. Ça n'allait toujours pas. Elle posa

le premier, reprit le mien. La Cécile, les bras lui en tombaient. Si encore j'avais voulu, moi, prendre les deux qui restaient! Je ne voulais pas. Ils étaient bien beaux, ces sabots, plus beaux que les miens malgré la cerise rouge, mais ce n'était pas les miens. Ils auraient été d'or et d'argent, je ne les voulais pas, ce n'était pas les miens. La Dédé se passait les sabots de l'un à l'autre pied. La Dédé pleurait, et moi aussi. Et la Dédé continuait, un des siens, un des miens, à l'endroit, à l'envers – les choses ne s'arrangeaient pas. Jusqu'au moment où la Cécile eut une idée : elle nous fit poser tous les sabots, les réassortit d'autorité et rendit à chacune son droit. Ce n'était pas difficile, mais il fallait y penser.

Quoi qu'il en soit, l'année passa, l'été arriva, les grandes vacances qui duraient deux mois. Il y avait encore des roses fleuries dans la haie au fond de la Buge, à côté des campanules bleues, quand nous y parvînmes derrière les faucheurs, les femmes portant la soupe, la fourche et le râteau. Je ne travaillais pas. Je me roulais dans le foin. Je suivais. Je regardais. L'odeur de cette soupe, quand on soulevait le couvercle du bidon – l'odeur des pommes de terre sous la toile blanche –, même le pain sentait meilleur, dans le parfum de l'herbe mûre, fraîche coupée. Le soleil et l'ombre, l'air tout entier en était embaumé. Aurait-on dit, le travail-même. Je prenais la fourche, une fourche légère, une pique à deux dents, je m'essayais à la faire tourner... L'herbe humide, souvent, me retombait sur le nez. Je me roulais dans toutes ces odeurs de l'herbe et de l'été.

LA Buge, je ne l'avais pas toujours vue en herbe. Il y avait eu là, bien avant, une grande châtaigneraie qui remontait jusqu'au village. On en avait fait un champ. La dernière année qu'elle fut labourée, dans la parcelle du milieu, on avait semé du blé, du seigle, ou peut-être même du froment. Mais, plus tôt, c'était des pommes de terre, ou des carottes, ou les deux. A la vérité, je ne me rappelle pas ce que mes parents faisaient dans ce champ, mais fin de printemps ou début d'automne, je me souviens qu'il ne faisait pas chaud, avec un vent du nord à ras de terre qui vous laissait tout nu. Aussi mes parents me portèrent-ils à l'abri derrière le talus, dans la grande rigole qui, par temps de pluie, pouvait amener toute l'eau descendue des collines dans cette parcelle. J'étais là, je jouais, je m'ennuyais un peu. Je ne sais pas si je m'amusais plus que je ne m'ennuyais, ou le contraire, quand tout à coup, au fond de la rigole, je remarquai une grande fourmi, vraiment très grande, fort occupée à transporter une belle chenille verte, quelque peu blanchâtre. Poussant, tirant, elle la porta et la déposa juste à côté de moi. Puis elle entreprit de grimper sur le bord de la rigole. Elle tournait un peu, de côté et d'autre, comme qui cherche son chemin. Enfin, à un endroit, elle fit rouler une petite pierre – pour elle, ce devait être une grosse pierre – qui découvrit un trou. Elle entra dans le trou et ne tarda pas à ressortir ; elle redescendit au fond de la tranchée, toujours de cette allure à la fois hésitante et pressée, elle retrouva et reprit la chenille, et de la monter là-haut, tirant-poussant, jusque dans le trou, où elles disparurent. Et je racontai :

– Elle est montée à sa maison, elle a ouvert la porte, elle est entrée, elle a rangé la chenille, elle est ressortie et elle a refermé sa porte.

Tout le monde riait. Mais moi, je l'avais vu! Hé! j'en vis bien une, vingt ans plus tard, une toute semblable, qui, ayant fait son trou, y entra, en ressortit et se mit à s'arracher les ailes à grands coups de patte en se grattant le dos. Les fourmis font de ces choses qu'il vaut mieux croire, quand on n'a pas vu. Et ces nuées de fourmis volantes, il n'y a pas si longtemps, où allaient-elles? Je ne les ai pas suivies, mais je les ai bien vues! Toute petite, j'avais l'habitude de les observer, les fourmis, qui montaient et redescendaient sur le poirier des petites poires jaunes, en longues lignes noires qui coulaient par vagues, comme un ruisseau.

L'année que la Buge devint prairie – on avait dû semer du trèfle dans le blé –, parfois ma mère y gardait les vaches, et j'allais avec elle. Ma mère chantait, des chansons de son temps. Il y avait *La Passagère* :

> *Insouciante et légère, elle passe, passe,*
> *Comme l'oiseau dans l'espace...*

Ou bien *La Femme à la rose*, celle qui :

> *Dernier pétale, dernier soupir,*
> *à son tour n'aura plus qu'à mourir.*

Et encore cette *Manon* :

> *Dans le grand jardin où dorment les roses*
> *La belle Manon songe aux douces choses...*

Que ce fût cela, ou bien :

> *Là-haut sur ces rochers, là-haut sur ces montagnes,*

cela valait bien :

> *Là-haut, là-haut sur la montagne*
> *il y a des moutons blancs,*
> *blancs, blancs, blancs et roses!*
> *Il y a des moutons blancs,*
> *blancs, blancs, blancs et roses, et blancs...*

Autant pour l'air que pour les paroles, c'était là une forme édulcorée, modernisée et finalement galvaudée de *Belle-Rose*.

Mais ma mère chantait aussi *Belle-Rose*, et *L'Eau de Rose*, de *Roche*, du *Rhône* peut-être, allez savoir! et tout aussi bien *La Caille* que *Le Turlutu*, et tout cela m'entrait en vrac dans les oreilles, avec les autres chants du XIXe, les complaintes de la Marraine et *Les Cloches de Corneville*, sans oublier *La Jeanne*. *La Jeanne*, c'est une bourrée :

> *On a marié la Jeanne, on a bien bu.*
> *La Jeanne est mariée, nous ne boirons plus.*

Un jour, je ne sais plus comment, je devais avoir grand soif, je m'étais saoulée. Peut-être en demandant à boire, à l'un, puis à l'autre, qui chacun m'avaient versé quelques gorgées de vin. Ou bien avais-je trouvé quelque verre plein sur la table... je ne sais plus. Vin ou cidre, peu importe. Mais je me rappelle bien que je trébuchais, que je basculais; à un moment, je suis tombée entre les landiers; le feu était éteint ou presque; je me relevai, j'allai dans le Coudert. Je chantais. Je chantais à réveiller tous les échos :

> *On a marié la Jeanne, on a bien bu...*

Il en fut parlé longtemps, de marier la Jeanne! Au moins chaque fois que quelqu'un avait un peu trop bu. Seule maintenant, plus personne à qui le dire, pas même à moi qui ne bois que de l'eau. Je devais avoir trois ans. Peut-être quatre.

Je n'en avais guère plus, je pense, quand j'étais avec ma mère qui gardait les vaches dans la Buge. En surveillant les vaches, ma mère cousait, raccommodait et parfois brodait. Elle brodait ses draps à jours, des jours Venise. Que c'était beau! Mais alors je ne pouvais pas, moi, lui sauter sur les épaules ou me rouler sur ses genoux. Elle me disait de cueillir des fleurs. Il y avait des pâquerettes. Je les trouvais à mon goût, ces fleurettes roses dessus, blanches dedans, plus ou moins blanches, plus ou moins roses, comme une joue qui aurait senti le froid. Mais, parfois, il n'y en avait pas. Un jour, ma mère trouva un trèfle à quatre feuilles, un porte-bonheur! Nous regardâmes mieux; nous en trouvâmes d'autres. Pensez! le bonheur! Moi aussi, je cherchais. J'en trouvai un, quel plaisir! Je le lui montrai. Ensuite, quand je ne savais que faire, quand je l'agaçais, elle me disait d'en chercher. Et je cherchais. Et j'en trouvais, peu ou prou. Le bonheur de trouver des porte-bonheur... Quand je n'en trouvais pas, je fendais une feuille en deux, et comme ça il y en avait quatre. Pour autant, je ne trompais pas ma mère. Ni le bonheur. Je faisais semblant.

J'aimais bien aller avec celui qui gardait les vaches. C'était souvent ma mère. Nous nous asseyions à l'ombre d'une haie, d'un pommier, d'un noisetier. Il faisait soleil, il faisait bon. Dans le Pré, je pouvais suivre les rigoles. Il y avait des plantes étonnantes. Les langues de chat étaient étalées sur l'eau, plates, vertes, luisantes, grasses, aurait-on dit, comme trempées d'huile. Il valait mieux les regarder que les toucher. Dieu sait ce qu'il y avait dessous! L'eau profonde, peut-être, ou des bestioles qu'on ne connaissait pas. Le rubanier n'était pas moins curieux, avec ses feuilles rêches, étroites et longues comme des rubans, et surtout ces boules rondes, hérissées de piquants, deux ou trois sur la tige raide comme des balles à jouer. Ma mère me disait les noms, en français.

La reine-des-prés fleurissait au-delà du marécage, du côté de l'étang sous la haie, blanche à côté de la salicaire rose, qu'on appelait aussi herbe de la diarrhée parce qu'on soignait les veaux malades avec. Parfois, elle ne savait pas le nom français. Il y avait les souchons dans la mousse, qui ont une fleur rose ou plutôt pourpre, et pas de feuilles mais un corps blanc, gras, qui se développe à ras de terre sous les herbes. Il y avait les orchidées, culottes de coucou, tigrées, roses, blanches, pourpres, violettes, et même noires, de tant d'espèces! J'en cueillais, je les lui montrais. Parfois, elle ne savait pas le nom, dans aucune langue. Mais je sus de bonne heure que l'herbe aux panaris, dont on faisait des cataplasmes avec la racine cuite, c'était le sceau de Salomon, un bien joli nom pour une bien belle plante.

Parlerai-je de la menthe? La menthe poivrée, bien plus forte que celle du jardin, qui n'est jamais aussi forte ni parfumée que dans les rigoles sèches. De la pédiculaire? Avec son petit nez rose sur les feuilles frisées. Et d'une renoncule blanche, qui fleurit en septembre à la morte-saison des fleurs, alors que seul le chèvrefeuille laisse pendre quelques-unes de ses cornes blanches, à l'odeur de lis, entre les grains rouges, luisants et gras comme de la colle... Ni des violettes, celles qui n'ont pas d'odeur, sèches et d'un bleu froid, qui fleurissent très tard, tout l'été. Pas davantage des myosotis. Ma mère aimait les myosotis. Elle en cueillait, les déposait dans une coupe plate, les fleurs tout autour, elle posait une pierre sur les tiges, de l'eau, et peu de temps après les tiges se relevaient pour continuer à fleurir.

Mais dans un pré – un seul, la Ribière –, il y avait une plante bien plus étonnante encore, le drosera. Ma grand-mère, sans en savoir le nom, connaissait le drosera pour l'avoir vu au pré du Content, dans les « ribières » que nous avions traversées un jour de neige à la recherche d'invisibles poissons. Elle ne savait pas non plus de nom en limousin. C'est une plante rare. Mais on en voyait, entre les joncs, là où l'eau rouillée luit comme sous une fine membrane de pétrole. La plante semble posée là, telle une fleur bien ouverte, vaguement rose. Tout autour de chaque feuille en forme de petite écuelle, il y a comme des cils, avec une goutte de rosée sur chacun. Quand la plante n'est plus toute jeune, on voit que c'est un attrape-mouches : le moucheron tombe sur la feuille, la feuille se referme sur lui et la rosée le digère ; un moustique souvent, parfois aussi une mouche, une araignée, une petite sauterelle, dont les restes poissés salissent la jolie corolle. Mais cette corolle n'est pas la fleur, même si la grappe de fleurs, blanchâtres, minuscules, se remarque à peine au bout d'une tige droite, raide, longue comme le doigt.

Moins rares certes les joncs et la joncaille. Il y a la fleur de coton, la linaigrette avec son plumet blanc. J'en cueillais, mais si ce n'est un bouquet, on n'en peut rien faire. Il n'en est pas de même de ces grands joncs, très longs, serrés en touffes dures au bord de l'eau. Il faut en choisir qui n'aient pas de fleurs, sinon ils sont durs et cassent. Quand vous en avez trié de longs, fins et souples, vous pouvez les tresser, comme de la paille à chapeaux, et coudre cette tresse avec un fil pour faire une corbeille. Vous pouvez en tirer la mèche blanche, en les pelant sans les casser, et vous en ferez des fleurs, des dessins... Mais le plus simple, c'est le grelot. Vous liez par le pied neuf ou onze brins, et vous les tressez en les couchant d'affilée l'un sur l'autre. Cela fera d'abord un petit panier, avec l'anse que vous tresserez de part et d'autre et nouerez au milieu. Vous pourrez le garnir de mousse, de fleurs, de cette bruyère rose qui fleurit par là dans la mousse blanche. Tout aussi bien, vous pouvez continuer de tresser les joncs l'un sur l'autre jusqu'au bout que vous lierez après avoir introduit quelques petites pierres de ruisseau à l'intérieur : vous avez le grelot. Autrefois, c'était un jouet pour les tout-petits, qui secouaient ce hochet, entendaient le bruit des galets et secouaient de nouveau pour entendre cette musique.

Parfois, ma mère faisait un petit panier, me montrait pour la tresse, à trois, à quatre brins, à dents... Plus d'une fois, elle m'avait fait un bâton, une jolie pousse de noisetier, avec des dessins dessus au couteau dans l'écorce tendre. Elle ne voulait pas, ma mère, que je sois entre les bêtes sans bâton. Le grand-père non plus. Ils nous grondaient, mon père et moi, parce que nous oubliions souvent l'aiguillade.

– Vous vous ferez blesser!

Nous nous faisions blesser, pas beaucoup plus que les autres, et je ne crois pas que le bâton nous aurait beaucoup servi quand cela arrivait. Mais mon grand-père tenait à ce bâton.

Il en faisait de si jolis, écorcés et durcis au feu, lisses, les nœuds bien polis, quelquefois en forme de canne. Pendant la guerre, il en avait sculpté un en forme de parapluie roulé. Il en avait un autre, de néflier, habillé de cuir et ferré. De celui-ci, il se servait la nuit, et parfois quand il allait à la foire. Pour avoir une canne à poignée croisée, il m'avait montré mainte fois, cela ne demande pas tellement de travail, mais le soin de coucher à terre une jeune pousse de houx, de sorbier ou même de châtaignier, qui ait sur le côté une branche droite, déjà un peu forte. L'année suivante, ou dans les deux ans, vous avez une jolie canne, toute naturelle, et solide, vous pouvez croire. Il ne reste qu'à la couper, l'écorcer au feu, la faire sécher... Le chèvrefeuille lui aussi prépare de bien beaux bâtons, avec les spirales qu'il laisse aux arbustes qui l'ont porté. Mais souvent, c'est aux saules qu'il grimpe, et le saule, on n'en fait ni cannes ni bâtons, et encore moins les aiguillades. Que, si le sorbier ou le vergne empêchent les sorciers d'entrer dans les étables, et s'ils entrent, d'y jeter leurs mauvais sorts, il n'en est pas de même du saule. Le saule porte le diable dans l'étable; c'est le dicton. Une fois, c'était ma grand-mère qui gardait les vaches à ce moment-là, on lui dit :

– Nous avons toutes les herbes de Saint-Jean, sauf le tremble. Du tremble, il en vient dans la Font-Frège. Quelques pousses. Cela suffira. Vous n'aurez pas besoin d'en apporter un gros fagot.

– Certainement!

Elle en apporta un gros fagot – un fagot de jeunes saules, dont la feuille était grande, forte, large... mais ne ressemblait pas, pas du tout, à la petite feuille ronde du tremble qui, au bout de sa queue fine et forte, tourne au moindre vent. Ma grand-mère ne connaissait ni les arbres ni les herbes. Pour elle, tous les arbres étaient des fruitiers; et elle avait raison, tous portent fruit, la poire, la châtaigne ou le gland. Quand elle gardait, je ne l'accompagnais guère, parce qu'elle travaillait tout le temps de ses doigts, sans faire attention à moi; mes parents le savaient, ils aimaient mieux me laisser sous l'œil vigilant de la Marraine.

La Marraine, elle ne confondait pas le sureau rouge avec le blanc, ni la grande marguerite avec la matricaire. Elle connaissait la renoncule patte-de-loup, le plantain herbe-à-cinq-côtes, les *blois* que l'on appelle bouillon blanc, et les *blois* qui ne s'ouvrent que la nuit pour retomber secs dès que le soleil luit. Elle aimait tant les yeux-de-la-Sainte-Vierge, la véronique, si bleus qu'ils éclaireraient le soleil même. Elle savait mettre les fleurs de lis dans l'eau-de-vie, pour les coupures, et les racines de petite mauve elle les faisait bouillir pour calmer les douleurs. Quand elle souffrait de rhumatismes, elle cueillait une poignée d'orties, la main entourée d'un mouchoir, et s'en fouettait l'articulation douloureuse. Ma grand-mère aussi faisait cela, et elles n'étaient pas les seules.

Des herbes, chacune avec sa fleur, il y en a bien d'autres. Certaines même qui faisaient peur – l'herbe-de-la-dame, la belladone, avec ses grains violets, et l'herbe-de-la-poule, la ciguë. Par chance, il n'y en avait pas ici, de ces plantes si dangereuses pour les enfants qui portent à la bouche tout ce qu'ils peuvent attraper. Mais il fallait se méfier de toute baie rouge que l'on ne connaissait pas, et même de celles que l'on connaissait. Jusqu'aux grains de sureau. Le petit René en avait trouvé à sa portée. Il y goûta, il les trouva bons, il en mangea. Sa tante la Minou le découvrit sous la haie, qui en avait tout son saoul. Et de crier :

– Hélas! hélas! qu'en adviendra-t-il de ce petit!

La mère Louise en pleurait. Il en avait beaucoup mangé, et ne fût-ce que de les entendre geindre, René eut quelque peine à digérer, mais les grains de sureau passèrent fort bien. Comme on ne savait pas vraiment ce qui était dangereux, on nous interdisait de toucher, et surtout de manger tout ce qui était rouge, aussi bien les fruits du sorbier que les grains de houx. C'était rouge comme les étiquettes rouges du poison chez le pharmacien : c'était clair.

Sur ce point, ma mère n'en savait guère plus que les autres femmes. Ou bien si elle le savait pour l'avoir lu quelque part, elle ne se risquait pas à essayer ce qui se mangeait ou non. Il y avait bien des choses, plus ou moins rouges, qui se mangeaient! Les fraises, les groseilles, les cerises et les airelles, les cassis, les framboises, les mûres...

C'est bon, les mûres!

– Fais attention! Souffle dessus, fais attention de ne pas manger l'*auria*.

– Et qu'est-ce que c'est l'*auria*?

– C'est une toute petite araignée rouge, bien rouge. Que si tu l'avalais, elle te rendrait malade, elle te ferait mourir.

On disait que les brebis, quand elles avalaient l'*auria*, cela les faisait enfler, et qu'elles en crevaient. Je ne sais pas si quelqu'un l'a jamais vue, l'*auria*. Moi je n'en ai pas trouvé, pas avalé. Je ne sais pas à quoi ça ressemble. Mais pour les mûres, je savais. J'en cueillais, les plus belles à poignées. Mes mains en étaient violettes, mes lèvres, ma langue. Si j'avais un mouchoir, une étoffe blanche, j'en écrasais dessus, cela faisait les plus beaux dessins roses. Par malheur, en séchant ces dessins viraient au bleu, d'un bleu triste, grisâtre, noirâtre. Cela s'en allait difficilement quand on le lavait, mais rien ne m'empêchait de recommencer. Les airelles aussi tachaient de bleu, d'un bleu franc. Il n'y en avait pas beaucoup, mais chaque année en mûrissaient quelques-unes dans le Pré d'en bas, juste à la fauchaison, de quoi goûter, quelque chose de très rare et de très précieux, dont la petite fleur rose comme une goutte de soleil me semblait plus précieuse encore.

Une fois, mon grand-père me dit:

– Viens. Je veux te faire manger des framboises.

Et il m'emmena dans la forêt des Fayes, à un virage de la route si profond que le soleil n'y touchait pas au moins six mois d'hiver. Là, en effet, il y avait quelques pieds de framboises, chargés de fruits petits mais parfaitement mûrs et gonflés d'une saveur que je n'ai jamais retrouvée. Une autre fois, alors que nous rentrions le foin des Ribières, il m'emmena jusqu'aux Maisons Brûlées pour me faire manger des fraises des bois. Nous n'en trouvâmes que peu, mais je n'en avais jamais vu encore. La promenade entre les arbres, le soleil descendant, les fruits rouges entre leurs feuilles gracieuses, est-ce un souvenir? Incertitude des images...

Oui, évidemment, les noms de plantes que me disait ma mère en français, elle n'avait pu les apprendre que dans un livre. Comment? Je ne sais pas. Elle me montrait la digitale pourprée – rouge, il fallait s'en méfier –, le tamier, qui monte sur la haie comme du lierre, la scrofulaire avec ses fleurs brunes, la mercuriale, et la bardane, et que sais-je encore! Et il en était de même pour beaucoup d'insectes qui courent dans l'herbe et les rigoles. Bien sûr, les moustiques n'avaient guère d'autre nom, dans leur diversité considérable. A part les cousins qui entrent le soir, à tourner autour de la lampe pour dire que vous aurez de la visite le lendemain. Mon père les appelait des « bricoles », à cause de leurs longues pattes qui s'accrochent partout et qu'ils passent leur temps à dégager d'une goutte de sauce ou du moindre fil d'araignée. Et les « bibinants ». Nous leur avions donné ce nom parce qu'ils entrent dans les chambres, et vous pouvez les entendre aussi noire que soit la nuit, biii! biii! Cela s'arrête tout juste le temps qu'ils se posent sur votre bras, votre main ou votre nez, pour vous sucer le sang. Dans le pré, le soir venant, il s'en levait des nuées qui vous auraient saigné à blanc. Et ma mère, qui les craignait tant, rentrait le troupeau.

Au soleil, dans l'herbe, qui sautaient au premier regard, il y avait les sautereaux, de tout petits grisâtres et de plus gros, qui en volant déployaient une aile verte, bleue ou rouge comme le sang. Il y en avait de verts, tout verts comme une feuille, avec une goutte rougeâtre à l'articulation de leur grande patte maigre et de la cuisse longue. Et surtout la grande sauterelle verte, qui peut voler au loin en bruissant comme une branche. Une, même – une autre – un gros ventre cerclé de blanc et de vert, n'a pas d'ailes, juste des moignons comme si elles allaient pousser l'an prochain... J'en avais presque peur.

Les libellules venaient nous visiter. On en voit qui ont le corps bleu, vert ou rouge dans les fougères, et d'autres de couleur moins vive au bord de l'eau. Ce sont les dames. De plus grosses, grises de corps et des ailes, ce sont les messieurs. Mais la plus belle, la plus étonnante, c'est la demoiselle, si menue, si longue, d'une couleur si éclatante, tellement gracieuse et tellement légère qu'elle donne parfaitement cette impression de jeunesse et de grâce que les demoiselles n'ont pas toujours.

De l'une ou de l'autre espèce, quelqu'une parfois se posait sur notre bras, sur la main, le nez ou le menton. Cela nous amusait bien, nous ne bougions pas, qu'elle reste le plus longtemps possible. Parfois, elle restait. Je ne sais pas si c'est en pensant à elles que se disait la comptine :

Mademoiselle
de Pète-Groseille.
Monsieur
que les poules chient dessus.
Madame
que son cul lui en brame...

Et l'on pouvait continuer : ma tante, que son cul lui chante, ma sœur, que son cul ferme avec un ressort, ma belle-mère, que le sien ne se ferme jamais... Ce qui nous entraînait bien loin des libellules.

On aurait pu croire, en ces temps-là, que le bon Dieu tenait toute une étable. Il y avait les chèvres du bon Dieu, signe de beau soleil et de bonheur, qui se laissaient porter sur l'eau les soirs d'été. Au coin du feu, parfois derrière la pierre du foyer, vivaient les chevaux du bon Dieu – les cricris. Il n'y en avait pas toujours, mais quand on les entendait, et que l'un d'eux, de temps à autre, prenait sa volée par-dessus la table, c'était grand signe de bonheur, pour la maison et tous ceux qui y vivaient. Oui, on aurait bien dit des petits chevaux, quand ils replient leurs antérieurs pour sauter la haie. Mais les bêtes du bon Dieu sont tout aussi fastes à voir, toutes rondes, une goutte rouge avec ses marques noires, une pierre qui marche. La coccinelle. Elle est de bon présage. Elle est un peu prophète :

Coccinelle
vole, vole !
Si je suis du bon Dieu, vole !
Si je suis du diable, reste...

La coccinelle est là, sur votre main, qui marche, qui marche. Ses petites pattes se déroulent si vite qu'on les voit à peine passer. Tout juste si vous sentez un léger grattement. Un doigt, un autre doigt, d'un ongle sur l'autre. Elle monte. Descend. Tente le bras... S'arrête, se dresse. Une aile se soulève, toute cette soie dessous, qui se déplie, qui se défronce, ça y est ! Vous êtes du bon Dieu. La voilà, là-bas, qui disparaît derrière l'arbre. Oui, demain, c'est de là que viendra le vent. Deux savoirs pour le même signe, pourquoi pas ? Tout est signe. Signe de marque, comme disent les railleurs.

Les signes, ma mère me les apprenait aussi bien que le signe de la croix, qu'elle me faisait faire sur moi, en me tenant la main, quand elle me changeait de linge, quand elle me donnait des vêtements lavés ou neufs. Mon père n'avait pas tellement cette habitude. Parfois, il en souriait, sans rien dire. Mais les autres le faisaient tous, et aussi bien en commençant un travail qu'en se levant, et sur la tourte avant de l'entamer. Mon grand-père n'y manquait pas. Ma grand-mère aurait facilement oublié, on disait même que si on avait perdu l'habitude de prendre l'eau bénite chaque matin, c'était sa faute, parce qu'elle n'en prenait pas, et qu'elle ne pensait jamais à en rapporter de l'église, même au temps de Pâques. Elle n'empêchait pas les autres de le faire! Les autres se trouvaient là une bonne excuse, mais ils oubliaient tout autant qu'elle.

Ma grand-mère n'était pas mécréante. Elle n'avait pas toujours le chapelet à la main, on disait même qu'elle en aurait perdu autant qu'un prêtre en aurait pu bénir, et ma mère lui reprochait justement d'avoir perdu le sien, un chapelet d'argent à grains de nacre auquel elle tenait beaucoup. Chapelet ou pas, cela ne l'empêchait pas de prier Dieu, en tricotant, en marchant... et pour compter les dizaines, elle avait bien ses deux mains et ses dix doigts. Quand mon grand-père se signait en prenant son bigot, au commencement du sillon, elle disait qu'il était bien honnête. Honnête, cela peut se traduire par poli; c'est le mot qu'elle employait.

Des araignées passaient, par terre, en courant. Il y en avait de toutes noires. Certaines couraient même sur l'eau. D'autres, dans l'herbe humide, n'étaient qu'un ventre, avec de grandes pattes, pas plus grosses qu'un fil. C'était les mariages. Ma mère me disait que les jeunes filles, pour savoir qui elles épouseraient, désignaient chaque patte du nom d'un garçon, avant de les arracher, et la patte qui remuait le plus longtemps indiquait le bon. Elle ne l'avait pas fait et n'aurait pas voulu que je le fisse. Pas de danger! J'aimais les araignées, moi. En faire souffrir une, cela m'aurait certes fait mal au cœur.

Sans compter que, s'il m'était venu à l'idée de me marier – c'était une plaisanterie avec les enfants :

– Je veux te faire marier.

Et quand le petit faisait la moue, voyant bien qu'on le taquinait, il se trouvait toujours quelqu'un pour dire :

– Réponds-lui que tu es marié.

– Ah! faisait l'autre. Et avec qui?

– *Chaucha-Forna Chia-Molin...*

Appuie-sur-la Fourne Chie-Moulin, c'est le pain, c'est la bonne réponse. Il faut la connaître. Il fallait. Donc, s'il m'était venu la pensée du mariage, la curiosité de ce que me réservait l'amour dans les temps à venir, des temps si lointains que ce n'était seulement pas la peine d'y penser, il y avait des marguerites à foison, tellement qu'on ne pouvait pas en regretter quelques-unes :

– Il m'aime... un peu... beaucoup... passionnément... à la folie... pas du tout...

Beaucoup, à la folie, cela ne faisait ni chaud, ni froid. Mais pas du tout, c'était bien désagréable. Je supportais mal, moi, que quelqu'un ne m'aimât pas du tout. Quelqu'un à qui j'avais fait l'honneur d'interroger la marguerite à son sujet. Même si je n'en faisais pas tant de cas. Et qu'est-ce que je lui avais fait, moi, à cet âne, pour qu'il ne m'aimât pas du tout? Pas du tout! Quand vous aviez pris la peine de cueillir une fleur, une fleur innocente, de lui arracher tous ses pétales, qui étaient là si blancs, si luisants, si lisses, autour du cœur tout travaillé comme un rayon de cire, et qui maintenant se mélangeaient à la poussière et à la boue. Pas du tout! Je t'en donnerai, moi, du pas-du-tout! Il n'y avait qu'à recommencer.

– Part du diable! (Crac! six d'un coup.) Il m'aime... un peu... beaucoup...

Tiens? Beaucoup... Tout à l'heure, j'avais mal compté.

Et si j'avais voulu en savoir un peu plus, je pouvais toujours demander à une fleur de matricaire, comme me l'avait enseigné la mère Thrésa :

– Mourrai-je fille... femme... veuve... religieuse?

Il n'y avait qu'à choisir. Je ne choisissais pas. Je n'avais pas envie d'être religieuse. C'était quoi, être religieuse? Il y avait bien deux sœurs, à Chamberet, avec leur coiffe blanche. Je ne sais pas si je les avais déjà vues. Quand je les remarquai, leur robe noire n'était pas bien différente de celle des vieilles; si ce n'est la coiffe... D'être veuve, je n'y tenais certes pas. Une veuve, je le savais, c'est une femme dont le mari est mort. D'être femme, cela ne m'attirait guère, mais si je n'étais pas femme, c'est que je resterais fille, vieille fille, sans doute, et que personne n'aurait voulu de moi... Il n'était pas facile de choisir, non! Elle pouvait bien dire ce qu'elle voulait, la fleur de la matricaire! Moi je ne voulais pas mourir fille, ni femme, ni veuve, ni religieuse. Peut-être que je ne voulais pas mourir, pas du tout. Mais sans aller si loin – que, si on meurt, c'est bien que l'on vit – je ne voulais pas vivre fille, ni femme, ni veuve, ni religieuse. Et je me demandais, au tréfonds de moi, s'il n'y avait pas quelque autre façon de vivre, pour moi, que d'être l'une ou l'autre. Cela me préoccupait. J'y réfléchis longtemps. J'oubliai. J'y ai pensé souvent, depuis. Je n'ai pas trouvé de réponse. Il m'en reste un mal-être indéfini. Comme si je n'avais jamais été ni l'un ni l'autre. Et je dis bien que ce mal-être me reste, que je le porte d'aussi loin que je me souvienne, qu'il était là, aux côtés de la mère Thrésa, dans les replis de ses jupons et l'odeur de la matricaire.

Nous voilà loin des araignées... Que non. En voici une qui pend, minuscule au bout de son fil, à mon chapeau de paille.

Araignée du soir,
espoir dit ma mère.
Araignée du matin,
chagrin.

Elle le dit de la même façon qu'en voyant l'arc-en-ciel :

Arc-en-ciel du soir,
espoir.
Arc-en-ciel du matin,
fait mouvoir le moulin.

L'espoir et le soleil, ou le ruisseau de larmes, et l'araignée cosmique qu'elle ne connaissait pas, même de nom... Elle aurait pu me dire cela en limousin, mais en ce temps-là, elle ne me parlait que français.

Quand je fus un peu grande et que je l'accompagnais au Pré, quelquefois nous emportions un livre de classe de mon père. Nous y cherchions le nom de cette grande araignée jaune et noir qui restait là sans bouger au milieu de sa toile ronde entre quatre hautes tiges d'herbe sèche. Ou bien de celle qui, aux derniers rayons rasants du soleil, s'en bâtit une entre deux arbres, qui arrêterait un homme. Elle était bien belle à voir, celle-ci! Grosse comme une grosse noisette, d'un brun clair avec des dessins rose, blanc et noir, plus fins qu'aucune dentelle. Nous la regardions, mais nous ne la touchions pas. Ma mère disait que c'en était une semblable qui l'avait mordue, un soir en liant les gerbes à la cime du Puy.

– Regardez dans mes vêtements, quelque chose y marche, et cela m'a mordue.

Elle leva sa chemise, les autres regardèrent et ne virent rien. On reprit le travail. Elle avait toujours mal. Et voilà qu'elle est piquée de nouveau.

– Regardez dans mon dos! Quelque chose me dévore. C'est peut-être un serpent.

Ils regardèrent encore, ne trouvèrent rien. Mais ils virent les morsures, larges comme une pièce d'un sou, rouges avec une tache blanche et un point noir au milieu.

– Je ne sais ce que c'est, mais quelque chose t'a mordue sur les reins.

De bestiole, on n'en voyait pas. Elle se mit nue, l'araignée était là dans ses jupons, grosse comme le doigt, et qui se sauvait. La brûlure devenait insupportable. Tout ce que put faire ma mère, ce fut de descendre courant et criant, mon père, ma grand-mère et les autres à la course derrière elle. On lui passa de l'ammoniaque, et elle put enfin se calmer. Depuis, elle se méfiait de cette espèce, et moi-même je prenais mes distances. Dans le livre, nous ne trouvâmes pas le nom.

Nous en trouvions d'autres. Il y avait l'image de la baleine, qu'il ne fallait pas confondre avec celle de corset, ni avec celle de parapluie. Une grosse bête comme un poisson, disait mon père, mais grosse! Comme un bâtiment. Et, sur quelque autre page, on pouvait voir le cachalot. En le lisant, je n'aurais peut-être pas entendu : cache-à-l'eau. Mais je ne savais pas lire, ou très peu, et des cache-à-l'eau j'en trouvais force, moi, dans la rigole juste à côté de nous. Ma mère disait que c'étaient des têtards, et en limousin des chats-marteaux.

– Grosse tête de chat-marteau...

Je l'entendais dire assez souvent de l'un ou de l'autre. On disait aussi chat-margaud, mais depuis longtemps je le savais, le margaud, c'est un chat mâle, un matou. Les matous, souvent, ont de grosses têtes. Mais les chats-marteaux... Bref, je les voyais bien, moi, têtards ou chats-marteaux. Ils étaient juste de la taille de l'image sur le livre, longs, ronds et gros. Mais oui! Ça ne pouvait être que ça. J'en étais d'autant plus convaincue que, chaque fois que je tendais la main pour en prendre un, ils fuyaient, d'un coup de queue ils étaient cachés au plus sombre de l'eau. Il n'y a pas à dire, c'étaient des cache-à-l'eau.

Il y avait bien d'autres petites bêtes, dans cette rigole, mais ma mère ne voulait pas trop m'y laisser pêcher. Elle avait peur que quelque chose me mordît, ou que je prisse du mal. J'en vis une, pourtant, une fois, dont je me souviens toujours, et aussi du nom que me dit ma mère. C'était un dytique. C'en était un, comme un gros scarabée plat cerclé d'or. Ce qui m'étonnait, c'était ces ailes noires, et qu'au lieu de voler, elles ne lui servaient à rien pour nager dans la vase. Je ne savais pas alors que le dytique, s'il en a besoin, vole.

Non, ma mère ne voulait pas me laisser suivre les rigoles comme un chien enragé. Une fois, elle en avait vu un. Je ne le vis pas moi-même, mais je m'en souviens. Les femmes lavaient à la Grande Pêcherie. Soudain, elles virent ce pauvre chien, roussâtre, tout sale, qui montait en suivant la rigole de la Fontaine. De temps en temps, il trempait son museau dans l'eau. Il passa tout près d'elles comme s'il ne les avait pas vues. Pas besoin de réfléchir! C'était un chien enragé. Et de courir à la maison pour le dire; et tout le village derrière, avec les fusils et même les fourches. je ne sais plus s'ils l'attrapèrent. Mon père revint mort de fatigue, triste comme je ne l'avais jamais vu. Il ne parla que peu. Il était plus que contrarié de cette course derrière un pauvre chien. Il ne croyait pas, lui, que ce fût un chien enragé. Et quand on en parlait, plus tard, il haussait les épaules. Mais les femmes étaient sûres d'avoir vu un chien enragé.

Ma mère ne voulait pas non plus me laisser approcher trop des pêcheries. Elle n'était pas comme ma grand-mère, qui ne pouvait guère passer à côté, et qui, si elle devait le faire, regardait ailleurs. Ma grand-mère disait que l'eau l'appelait et qu'elle serait allée dedans, à la regarder, comme l'oiseau dans la gueule du serpent. Elle avait vu, elle, une fois! Le petit oiseau chantait dans le buisson, à côté d'elle, chantait un chant si monotone, si triste, si désespéré, qu'elle avait voulu voir et elle avait vu, le serpent immobile, et l'oiseau qui descendait vers le serpent. Ma mère ne craignait pas l'eau à ce point, mais, avec les enfants, il vaut mieux faire attention.

Je ne sais pas si c'est elle qui m'avait parlé du fil d'eau, on m'en a reparlé depuis, mais je n'en ai pas vu, et malgré les témoignages je n'affirmerais pas qu'il existe, ni le contraire. Le fil d'eau est une sorte de ver, long et mince comme un fil, parfois on pourrait le prendre pour un écheveau emmêlé – un fil qui n'est pas un fil –, un ver qui n'est pas un ver – un ver qui mord. S'il vous attrape vous ne le ferez pas lâcher, il arrachera plutôt la chair. Ce n'est pas une sangsue. Des sangsues, j'en avais vu, dans la fontaine sous les pierres. Cela marche, tête à queue, comme une chenille noire. J'en ai tenu dans la main, cela ne s'attache pas à la peau sans raison. Oh! ce n'est pas un serpent non plus. Mais c'est tout aussi venimeux qu'un serpent. Si le fil d'eau vous mord, vous en mourrez.

Les serpents, je n'en avais pas tellement vu. Ils ne venaient guère à côté de la maison. Les poules en viennent à bout, à force d'en tuer et de les manger, et les dindons plus encore. On me disait toujours de faire attention, et je m'en méfiais assez. Je ne peux pas dire que j'en avais peur. Je n'étais pas vraiment froussarde. Parfois, l'un ou l'autre de mes parents avait tué un aspic. Ils en trouvèrent même un petit rouge dans l'étable – on dit que ce sont les plus mauvais – sous un vieux bac en bois qui se trouvait là. Ils avaient dû l'amener dans une charretée de feuilles. A ce moment-là, tout le monde ramassait les feuilles, des tas de feuilles de châtaignier pour les litières. On n'avait jamais assez de paille, et quand elle était belle on la triait en la coulant pour la vendre. Pour la litière, on coupait aussi la bruyère et les fougères, et les ajoncs pour garnir les cours. Ces ajoncs, bêtes et gens passaient dessus, le bétail y crottait et bousait, à force d'y passer et d'y repasser, cela faisait un excellent terreau qu'on épandait sur les prés.

Il est vrai que les serpents se plaisaient bien dans la chaleur de la litière et du fumier. Il y avait de grosses couleuvres vertes qui venaient y pondre, de belles grappes d'œufs tout blancs comme une vesse-de-loup, et l'on pouvait apercevoir le petit dedans comme un ver. On appelait ces couleuvres *las lias*. Par forte chaleur d'orage, on disait qu'elles soufflaient comme le vent. J'ai entendu une cousine raconter qu'une fois, sur un sentier vers la Veyssée, elle avait entendu une sorte de ronflement derrière elle. S'étant retournée, elle vit une grande couleuvre qui la suivait en sifflant. Une fois, ma grand-mère eut peur, non sans raison, lorsque se baissant pour cueillir un champignon elle aperçut une vipère enroulée autour du pied. Une autre fois, ma mère en trouva deux en train de faire l'amour, spectacle beaucoup plus rare que l'accouchement auquel avait assisté ma grand-mère, un beau jour de fin d'hiver, alors qu'elle gardait les brebis au Boisme. Il était assez fréquent de tuer une mère sur le point de mettre bas et de voir les petits s'échapper, vivants et peut-être viables. Je l'ai vu.

On parlait beaucoup des serpents. On avait l'impression qu'ils prenaient dans les paroles des conteurs les dimensions extra-ordinaires de la légende. Je crois pour moi que ces dimensions extraordinaires naissaient d'elles-mêmes dans l'esprit des audi-teurs. Moi qui n'ai jamais entendu siffler un serpent, je peux ima-giner sur ce thème toute une symphonie. Par contre, j'ai bien vu, dans ma cour, un petit serpent annelé de noir et de jaune, que, passé l'enfance, je n'ai jamais pu identifier, encore qu'il reste aussi net dans mon souvenir que celui que je poursuivis, peut-être dix ans plus tard, dans les bois près de Journiac, un serpent magnifique, marqueté de noir et de vert, que j'eus tout loisir d'admirer lorsqu'il s'enroula autour d'un jeune bouleau; bien protégé dans les branches fines il me regardait de haut. Il mesu-rait quelque deux mètres, peut-être plus, pour la grosseur d'une couleuvre ordinaire, à peine. On riait pourtant, quand le père Étienne racontait comment, une fois, il s'était enfui de son bois de la Font-Frège, à cause des serpents sur les arbres :

— Mon ami, ainsi donc je vous dis, il y en avait sur tous les arbres, on aurait dit qu'ils me suivaient.

Sans doute ne le suivaient-ils pas, sans doute n'y en avait-il pas sur tous les arbres, mais qu'il y en eût sur les arbres, et plusieurs, cela n'a rien de surprenant.

Quand elle lavait dans la pêcherie de la cime du Pré, justement sous le talus de la Font-Frège, ma mère voyait souvent, surtout par beau soleil l'hiver, quelque vipère descendre le talus et boire juste en face d'elle.

— Comme un chat, disait-elle.

Parfois, il en venait plusieurs. Elle s'en amusait, mais ne s'age-nouillait pas devant la pierre à laver sans avoir secoué herbes et brindilles en disant :

— Va, serpent! Va, serpent!

De toute façon, serpent-vipère ou serpent-couleuvre, mieux valait ne pas y toucher, si ce n'est d'un coup de bâton bien appliqué. La Marraine n'en tuait pas souvent. Elle en avait peur plus qu'on ne saurait dire. Cela lui venait de sa toute petite enfance. Elle était au fond du Pré avec d'autres enfants. Ils faisaient des sifflets avec des tiges creuses de branc-ursine ou de reine-des-prés. Elle était la plus petite, elle n'en trouvait pas. Tout à coup :

– Oh! en voici un beau!

Elle saisit à poignée ce qui lui avait paru une belle tige, cela lui échappa en glissant; c'était un aspic qui pendait là entre les branches de la haie.

Une fois que mon grand-père m'avait emmenée dans les bois pour une promenade, en passant vers le Pré de la Font dans le chemin creux, voilà un petit aspic qui se tordait en haut du talus. Pour une fois, mon grand-père n'avait pas son bâton. Il tendit la jambe, fit tomber le serpent sur le chemin et l'écrasa avec son sabot dans l'ornière. Souvent, on en trouvait dans les javelles en liant les gerbes. Un soir, ma mère en tua un avec son lieur. Elle frotta bien l'outil dans la terre avant de continuer son travail, mais dès le lendemain il lui vint du mal sur une main, des croûtes, des boutons. Cela guérit, je ne sais pas si elle y passa quelque pommade. Par la suite, tous les ans à la même saison, il se faisait là comme des boutons, une sorte d'éruption rougeâtre. Elle disait que cela venait du venin. Est-ce qu'on sait...

Elle me disait, ma mère, on le disait chez nous, qu'il faut toujours tuer le premier serpent que l'on voit de l'année, vipère ou couleuvre, et ne serait-ce qu'un lézard, un rampant. Mais, le lézard, il n'est pas du tout nécessaire de le tuer pour lui prendre la queue, il suffit de l'attraper délicatement et de la retenir, le lézard s'en va et vous la laisse dans la main. Mettez-la dans votre porte-monnaie, vous aurez assez d'argent toute l'année. Que si vous trouvez la peau d'un serpent, quand il vient d'en changer, c'est la même chose : ramassez-la, gardez-la, elle vous portera bonheur. Le serpent que vous avez tué, ne le laissez pas traîner à terre, coupez une baguette que vous appointez et pendez-le par la tête en enfonçant l'autre bout dans la terre. Ainsi, il ne pourra pas s'en aller et revenir à l'eau. Que si un serpent blessé arrive à retourner dans l'eau vive, il guérira. Quant au bâton qui a tué le serpent, il faut le garder, c'est un bâton meurtrier, tout chargé de puissance. Pour faire bonne foire, vous vous en servirez pour y conduire votre bétail.

On disait tout cela, et bien d'autres choses. Ma grand-mère

racontait que leur chienne ayant été mordue par une vipère, le père Pradeau l'avait enterrée, avec juste le bout du nez qui dépassait, et qu'après quelques jours la chienne était ressortie de là, en piètre état mais vivante. Le père Pradeau savait bien des choses en ce qui concernait les animaux, que ce fût pour dompter une jeune bête, ou soigner les cochons avec du fragon piquant. Il avait aussi soigné, et guéri, pas mal de monde lors de l'épidémie de grippe espagnole pendant la Grande Guerre, en les obligeant à boire force grogs très forts et très chauds. A Malasagne, ils étaient tous malades. Il y allait chaque jour et commençait par faire bouillir un grand chaudron plein d'eau. Chez nous, il avait apporté un très apprécié et très précieux flacon de rhum.

C'est que cette grippe espagnole, ce n'était pas rien. On disait qu'elle avait fait autant de victimes que la guerre elle-même. Les visites funèbres ne faisaient qu'accélérer l'épidémie ; à Chamberet, un médecin les avait interdites, choquant tout le monde, sans grand succès. Ma mère n'avait dû son salut, certainement, qu'à un providentiel saignement de nez, qui l'endormit alors que déjà tous les monstres du délire s'agitaient dans sa tête comme des diablotins. Le sang avait coulé jusque dans la cave. Elle avait été des derniers atteints. Il y avait bien plus de six mois qu'elles étaient allées voir une des premières victimes, à la Veyssée, un soldat en permission qui, se sentant malade, s'était pourtant relevé pour se faire beau, se laver, se raser, avant de repartir. Elles disaient que c'était effrayant, qu'il était noir comme de la peste. Par la suite, elles n'avaient plus fait de visites, écoutant le père Pradeau peut-être plus que le médecin, mais on ne pouvait éviter de sortir, cela se comprend...

Pour en finir avec les serpents, un sujet pourtant inépuisable, oui, on en parlait. Et surtout, peut-être, à mon intention, de celui qui est dans la pêcherie. Quand elles allaient laver à la Grande Pêcherie, quelquefois les femmes m'emmenaient avec elles. Je les revois agenouillées sur le bord devant une pierre plate et jouant tout autant de leur langue que du battoir. Et si j'approchais de l'eau :

– N'as-tu pas vu le grand serpent ?

Elles agitaient l'eau avec le battoir, et le serpent montait, à larges vagues ; s'il était sorti et qu'il m'eût attrapée, il m'aurait emportée, et personne ne m'aurait revue.

Je voyais bien, moi, que ce serpent n'était que le reflet du grand peuplier, de l'autre côté de la pêcherie. Je disais :

– Fais-moi le serpent! Fais-moi le serpent!

Mais, tout de même, j'avais un peu peur, de cette longue ombre qui courait vers moi. Je n'approchais pas.

Juste au-dessous de la pêcherie, pas très loin, sortait la fontaine. Une source plate, dont la naissance bouillonnait à fleur d'eau, en agitant un peu de sable fin sur un lit de petits cailloux blancs, parfois rouillés d'un côté, ou profondément niellés de dessins bizarres. Autour, il y avait les joncs, le reflet des joncs et quelques touffes d'une salade verte, tendre, qu'on appelait doucette, ou raiponce, qu'on cueillait pour la manger et qu'il ne fallait pas confondre avec la salade d'âne, aux feuilles plus larges et plus claires, qui fleurit un peu comme les myosotis, une petite fleur bleue. La salade d'âne n'est pas bonne. On s'empoisonnerait, oui!

Personne ne s'empoisonnait, et sûrement pas en buvant l'eau de cette source qui était pure, fraîche en toute saison, et d'une saveur rare, légère, une liqueur d'eau. On n'y voyait aucune bestiole d'eau, si ce n'est les garde-font, qui disent justement combien elle est bonne, l'eau où ils nous font l'honneur de vivre. On en voyait aussi dans l'autre fontaine, la Font, celle du village, cluse dans un large tronc de châtaignier creux, où nous allions chercher l'eau potable, avec deux seaux au balancier sur l'épaule, ou tenus à la main et maintenus par un cercle de châtaignier. La Marraine faisait grand cas des garde-font. Plus tard, parfois en gardant les vaches j'allais boire à la nôtre, celle du Pré, et même j'y trempais mon pain, qui en prenait un goût incomparable. Les garde-font en étaient bien contents, ils mangeaient ce qui tombait jusqu'à la dernière miette.

La Grande Pêcherie était profonde, surtout du côté de la bonde, là où on lavait. Il y avait trois ou quatre sources au fond, deux trop-pleins, un vers le haut, l'autre vers le bas, qui emmenaient l'eau à mesure chacun dans une rigole. La bonde ne s'ouvrait pas souvent, mais il y avait une fausse bonde, un peu plus haut, qui arrosait toute une partie du pré en tournant par la combe. J'aimais bien, moi, quand on lâchait l'eau dans les rigoles et qu'elle ruisselait de barrage en barrage, pour tout arroser. Cela chantait, cela riait de partout sur l'herbe, toute cette eau qui ruisselait en étincelant au soleil. Une joie! Une joie que le chien connaissait lui aussi en courant derrière comme pour l'attraper. Clap! Clap! Dans sa course, l'eau rejaillissait plus haut que les branches d'arbres. Ce qui était joli à voir, également, c'est quand la bonde finissait d'avaler l'eau, avec un tourbillon et un gloussement d'air, comme une bête qui aurait bu...

Il y avait trois pêcheries dans le Pré; la Grande, la Ronde, et celle de la cime du Pré, comme j'ai dit sous le talus de la Font-Frège. En 1916, au plus fort de la guerre, il y eut une averse de grêle qui mangea toute récolte en herbe. Un ruisseau s'était fait dans la combe qui entraînait là toute la terre des champs. La pêcherie en fut comblée, et, tout au fond du Pré, la haie jusqu'à ce jour en est restée tordue. Quand mon père vint à Germont il cura la pêcherie, fit une nouvelle bonde et consolida la chaussée. Il installa deux pierres à laver, l'une en micaschiste bleu et l'autre, toute polie déjà par l'usage, en granite rose. Mais, sauf l'hiver à cause de l'abri et du soleil qu'on recevait à plein dos, les femmes n'aimaient pas y laver, peut-être aussi parce qu'on y avait planté du cresson, qui prospérait ferme jusqu'à ce qu'un mauvais plaisant l'arrachât si bien qu'on en vit sécher la dernière racine sans rien pouvoir récupérer...

Alors mon père creusa une autre pêcherie, sur le nez de la colline. Comme elle était petite et longue, on l'appelait le Pescharou, et c'est vrai que l'endroit était agréable. De là, on voyait tout le Pré, ou presque, et nous nous y asseyions assez souvent pour garder. Je me souviens d'avoir vu mon père se jeter dedans et le traverser plusieurs fois à la nage. Il était content de savoir encore nager, cela lui rappelait sa jeunesse, lorsqu'il s'exerçait sur les bords de l'étang de Cros. Ici, il n'avait guère le temps, le pauvre, de descendre prendre ses ébats, il se nettoyait plus souvent avec une serviette et un peu d'eau dans la cuvette qu'à grand élan dans la pêcherie. Il ne faisait pas comme mon grand-père qui, lui, se frottait le visage avec les mains, chaque matin au-dessus du bac... Il est vrai qu'il ne fallait absolument pas entrer dans les étables sans s'être lavé, au moins les mains...

Quand je pense à ce pré! Tout parcouru de ses rigoles, où pas une racine ne dépassait l'autre, et les mottes rangées dans les pas de vache, à ne manquer de rien, les haies taillées et liées, comme dans les dessins des *Très Riches Heures*... C'était mon grand-père qui avait tracé les rigoles, celles qui n'existaient pas avant lui. Il avait fait à cet usage un niveau de bois, sur trois pieds qui se repliaient. Il avait percé la tige de bout en bout, et deux flacons sans fond à chaque bout donnaient la hauteur de l'eau, il suffisait

135

de viser. Je ne sais pas comment il était parvenu à ce travail, mais je l'ai dit, même avec des outils rudimentaires il était très adroit. N'avait-il pas percé une flûte, qui, disait la Marraine, fonctionnait parfaitement? Je ne l'ai pas vue, un cousin quelque peu musicien en eut très envie et dut ensuite n'en pas faire grand cas... Il la lui donna. Il eût donné n'importe quoi.

– J'en ferai bien d'autres...

Ensuite, il n'avait pas le temps.

En passant par le Pré, l'hiver, pour aller à l'école, je voyais tout cet alignement. Je ne peux pas dire que j'y prenais grand intérêt ni grand plaisir. C'était ainsi, parce que ça devait être ainsi... Une fleur d'eau, un triton dans la rigole, noir avec son ventre rose entre les feuilles noyées, une odeur fraîche de pissenlit, une langue de glace où faire des glissades, à la saison les nids de bourdons à la bonde de la Grande Pêcherie, voilà qui m'intéressait.

Ces nids de bourdons! Nous plongions nos mains dans ces pelotons de mousse verte, au risque de nous faire mordre – et nous nous faisions mordre, il est vrai, cela ne fait pas très mal, les bourdons n'ont que peu de venin –, mais quand nous pouvions ramener deux ou trois petits pots jaunâtres, tout pleins de ce miel que n'égale aucun nectar, ah! le plaisir de sucer cela, de le boire! Le miel de bourdons est le plus fin, le plus doux que l'on puisse imaginer, une liqueur. Combien de fleurs pour ce parfum, qui ne ressemble à aucun autre... Mes parents, et mon père surtout, étaient friands de ce miel, lorsque la faux coupait des nids dans l'herbe, qui embaumaient tout le pré. Mais quand ils apprenaient que j'avais fourré mes mains dans la bonde pour en cueillir, ils me grondaient, vous pouvez croire. Eux qui prenaient soin de moi comme de la prunelle de leurs yeux. Pauvres gens, qui vous faisiez tant de souci pour rien, mais alors, comment l'auriez-vous su?

CERTAINEMENT, ce n'est pas la Marraine qui aurait mis ses mains dans la bonde pour dénicher les bourdons! Une fois, on la vit revenir de la Cime du Pré, où elle lavait, avec une belle frayeur.

– Il y avait une bête morte sur la pêcherie qui me regardait.

– Si elle était morte, comment pouvait-elle te regarder?

– Elle me regardait avec des yeux tout blancs à fleur de l'eau. On alla voir. Il n'y avait rien.

– Ce devait être une loutre. Il fallait venir le dire tout de suite.

Elle avait plaint ses jambes, qui déjà n'étaient pas très solides. Et d'ailleurs, les loutres!... Mon père en avait rencontré une, un jour, justement dans la combe du Pré.

– Mais enfin! disait mon grand-père, vous aviez un bâton à la main, il fallait la tuer. A terre, les loutres ne vont pas vite.

Mon père n'était pas chasseur. Il racontait que, de retour d'Allemagne où il était prisonnier, il avait pris un permis. Une fois, il avait rapporté un geai. Mon grand-père, qui avait été meilleur tireur de sa compagnie, le plaisantait à ce sujet. Mon père haussait les épaules. Lui aussi était bon tireur. Mais, l'année qu'il avait eu son permis, ayant justement pris le fusil un dimanche, en passant dans un champ il se baissa pour sarcler quelque récolte. A ce moment, le lièvre partit à trois pas de lui, et bonsoir!

– Ce jour-là, j'ai compris que je n'étais pas chasseur.

Il reprit encore deux ou trois fois le fusil, sans conviction ni plaisir, et laissa les joies de la chasse à qui en voulait. A la neige, mon grand-père ne s'armait que de son bâton, mais il allait suivre les pistes du lièvre, du renard, du lapin... Lui, il aimait cela. Et, au printemps, il lui arrivait souvent de revenir d'une promenade en disant que les loutres avaient passé de Garonne à Loire par le Pissechien, en suivant la buse sous la chaussée, là où régnait le seigneur don de Dunlop sur son panneau jaune. Et parfois, tard le soir dans la nuit noire, les combes retentissaient de cris extraordinaires, piaillements, grincements, hurlements, miaulements... quelque chose d'insolite qui vous faisait battre le cœur et vous coupait le souffle. Et mon grand-père disait :

— Ce sont les loutres qui font l'amour.

L'amour ? Mais oui, certainement. Des sauvagines, des chats, peut-être des loutres... De loutre, je n'en ai jamais vu.

La Marraine savait bien que les peaux de serpent portent bonheur, et même si elle frémissait à l'idée seule qu'on y touchât, les queues de lézard, au contraire de la salamandre qui porte malheur rien qu'à la rencontrer. Elle est plantée là, la salamandre, dressée en face sur le chemin. Elle vous regarde, elle vous attend venir. Elle n'a rien d'aimable. On dit qu'elle est pleine de lait. Un lait qui brûle. Quand la Marraine avait soif, elle disait :

— La gorge me brûle comme si j'avais mangé une salamandre...

Pour se porter bonheur, ce qu'elle eût préféré, c'était la corne du cerf-volant ou les ailes de la chauve-souris. Elle disait qu'elle en avait eu, toute jeune, pour gagner aux tourniquets quand elle allait à la balade.

Nous avions bien attrapé, je me souviens, quelque chauve-souris dans un trou de mur. C'est curieux de toucher ce pelage de souris en même temps que la peau nue, fine, à la fois si douce et si sèche des ailes pliées comme un parapluie... Je ne crois pas que nous en ayons coupé. Et ce n'était certes pas dans cette intention que j'aurais tant voulu en attraper une, moi, à la tombée de la nuit quand elles volaient alentour des maisons et des granges. Je cherchais, et je trouvais toujours, m'eût-il fallu la couper moi-même, une grande branche de noisetier ou de châtaignier, feuillue mais sèche pour moins de poids, que je tenais levée, prête à la jeter comme un filet quand la chauve-souris passerait en vol. La chauve-souris passait, et parfois s'amusait à tourner autour. Je jetais la branche, jamais la moindre bestiole dessous. Jamais elle ne se prenait dedans. Cela m'étonnait fort. J'y passais des soirs entiers, jusqu'à la nuit noire, ou que la lune me lançât à pleine face un soufflet de lumière froide et brûlante comme un crachat. Je ne l'ai pas attrapée, la chauve-souris, jamais.

Pas davantage que le soleil, quand il descendait, à la fin de l'été, rouge comme un fer chaud sur les brumes de ces collines qui n'ont pas de nom, là-bas, juste au-delà du Puy de Larcy, celui qui finit d'avaler le soleil.

– Le voilà qui s'enfonce, disait la Marraine. Cours! Peut-être l'attraperas-tu.

Je ne courais guère, je levais le bras, je tendais la main. Il était là, le soleil, à portée, rond et tout saignant, rouge comme une grosse braise – un soleil froid –, presque aussi froid que la neige, là-bas – si loin que moi jamais, jamais je ne pourrais y aller. J'aurais eu beau courir. Le soleil? Qu'est-ce que j'en avais à faire? C'était curieux, il est vrai, de le voir si bas, si gros, si petit, si rond, comme un œil arraché qui regardait – qui regardait mais ne voyait rien. Rien du tout. Pourtant, si le soleil tombe, que va-t-il en advenir?

Il n'en advenait rien. Ce tison, à soleil couchant que nous vîmes descendre du ciel, ma mère et moi, de là-haut vers la cime du Puy, il ne venait pas du soleil. Il tomba du ciel je ne sais où, en tournoyant comme si quelqu'un l'avait jeté. Il ne tombait pas très vite, nous eûmes tout le temps de le voir. Mon père dit que c'était une étoile filante plus grosse que les autres. Il nous expliquait que les étoiles étaient très loin, très grandes, plus grandes que la Terre. Qu'il le crût ou non, mon grand-père ne répondait pas. Ma grand-mère ne voulait pas le croire. Des Terres! Et comment tiendraient-elles là-haut toutes seules, des Terres? D'ailleurs, le ciel, les étoiles, la lune et le soleil, c'est le bon Dieu qui les a faits, le bon Dieu et la bonne Sainte Vierge. Et ils sont là haut, et personne qui soit allé y voir, comment ils sont et comment ils ne sont pas. Mon père en riait. Le bon Dieu l'avait fait? Et pourquoi pas? Cela ne l'empêchait pas d'être comme c'était.

Et les soirs où il n'y en a pas, d'étoiles, où sont-elles passées, toutes ces Terres qui se tiennent dans l'air sans que rien les soutienne?... Et ces autres nuits où il y en a tant, que personne n'en saurait dire le compte? Et quand elles tombent, parfois, une à une, comme si le ciel pleuvait?...

Mon père ne disait rien. Il haussait les épaules. Lui non plus n'en savait pas tant, sur les étoiles. Il ne savait pas tout. Mais qui sait tout? Mis à part le bon Dieu, sans doute, lui qui sait tout, disait ma mère, même s'il laisse tout faire et tout dire, même s'il ne punit pas quand il voit, mais quand il doit – pas quand il doit, mais quand il veut. Ainsi en allait-il du savoir, chez nous. Ainsi s'en allait la croyance.

Pourtant ne voilà-t-il pas qu'une nuit elles en descendirent toutes, les étoiles, du ciel. J'ai toujours regretté de ne pas l'avoir vu. J'étais malade dans mon lit, on ne voulut pas me laisser lever. De temps en temps, on venait me dire ce qu'il en était. Ça tombait comme neige, comme mouches. Et toutes se précipitaient, l'une après l'autre du côté de l'Espagne. Il était bien facile de comprendre qu'il allait se passer là-bas des choses terribles. Cela ne manqua pas. Il y eut la révolution, et de fil en aiguille la guerre. La guerre dont personne, jamais personne, n'est à l'abri.

Chez nous durent passer une bonne partie de la nuit dehors, mon père comme les autres. Si ce n'est du présage, ils n'avaient pas peur. La Marraine se souvenait d'avoir vu une autre pluie d'étoiles, alors qu'elle était toute jeune. Il en tomba une, ils étaient sûrs qu'elle était tombée dans le puits. Si cela se trouve, elle y est encore... Ils étaient là tous, rassemblés, tout le village. Et nombreux ceux qui récitaient leurs prières. Et il y avait cette femme – je ne sais plus si c'était la Bembi, ou la mère Mariou, ou quelque autre –, enfin il y en avait une qui les interpellait :

– Mettez-vous en repos... mettez-vous en repos...

Comme une litanie. La Marraine en riait encore. Elle avait dû avoir elle-même, pourtant, sa part de terreur. Je ne sais pas, cette nuit-là, quelle catastrophe pouvait bien annoncer le phénomène.

Le lendemain, il n'en manquait pas une au ciel. Mais allez donc savoir, s'il en manquait ou pas !... Vous les avez comptées, les étoiles du ciel ? Pour savoir si elles y sont, ou s'il en manque...

– Quel dommage ! disait ma mère. Tu ne sais pas tout, et jamais tu ne sauras tout.

Était-ce un reproche ? Il se peut. Mais si j'ai toujours voulu en savoir plus – quand elle me disait cela j'avais bien cinquante ou soixante ans passés –, au commencement elle n'y était pas pour rien. Nous savions bien, elle et moi, que tant plus allait la vieille, tant plus elle apprenait et surtout qu'elle ne voulait pas mourir le matin, parce qu'elle en apprendrait d'autre en passant le jour...

Et c'est ainsi que j'appris très tôt que le printemps vient avec le coucou, si les Bagengeais ne l'ont pas mangé – mais s'il n'a pas chanté entre mars et avril, les Bagengeais l'ont mangé –, que les grenouilles disent qu'il va pleuvoir, et le coq quand il chante de jour. Mais si le coq chante en se couchant, le temps va changer, voulez-vous savoir pour combien de jours? Comptez les cocoricos. D'ailleurs, pour le temps qu'il va faire, tout est signe : la limace qui porte la bûche au cul, l'ânesse du Mont-Gargan, l'arc-en-ciel du matin, les jambes de l'eau, le pinson qui dit : tourne ton cul femelle! La tourterelle qu'on entend, la chevêchette dans les bois la nuit, la salamandre qui se promène, l'hirondelle qui vole bas, le merle et les petits oiseaux, surtout le roitelet et le rouge-gorge qui chantent tard dans la matinée, le chat qui se lave derrière l'oreille, les poules qui grattent leurs poux, le feu qui ne veut pas prendre et le sol de la maison qui mouille, le seau qui rouille, le train quand on l'entend vers Masseret, le soleil rouge à l'aube, le ciel trop bleu, la nuit pleine d'étoiles, et l'air si transparent que l'on verrait un arbre sur les Monédières... il pleuvra. S'il pleut déjà, et que l'on voie des bulles sur les flaques, la terre qui fume, les poules mouillées qui ne vont pas chercher l'abri, et le beau temps du soir qui ne fait plaisir qu'aux innocents... il pleuvra encore, encore longtemps.

L'arc-en-ciel le soir, le ciel rouge au couchant, l'araignée du soir, la flamme qui monte sans fumée, le ciel pâle ou même un peu voilé, le vent d'est, le vent du soleil qui souffle huit jours pour apporter d'eau une pleine louche, il fera beau temps. Beau temps encore si les collines au loin se perdent dans les brumes. Et s'il pleut, aussi violente que soit l'averse, voyez les poules qui courent se mettre à l'abri! Cela ne durera pas. Une petite averse au soleil couchant, c'est aussi du beau temps pour demain. En hiver, ce beau temps sera sec, mais froid, pour peu que le couchant soit très clair et le ciel trop rouge. Et de même la nuit si l'on entend au fond des bois le chat-huant qui huche, le *velhador* qui va veiller. En toute saison, il faut se méfier d'un soleil blanchâtre au couchant, tout noyé de brumes, ou bien qui plonge en boule sous une grosse nuée sombre. Mais plus encore d'un couchant trop lumineux, dont l'or pâle tourne à ce vert turquoise si doux, si tendre, avec des fumées plus ou moins rouges, plus ou moins violettes, qui flottent de place en place : cela peut être signe de grand mauvais temps, et sinon de tempête, d'un temps exécrable qui durera.

La nuit, observez la lune. Lune qui chabrole, la terre est molle, lune qui pend, la terre fend. Ronde ou pendue ou les cornes en l'air, s'il se fait tout autour une auréole claire, c'est bon signe. Mais si le halo se fait large et blanchâtre, le vent pour demain. Le crapaud chante : plus de froid. La huppe chante : plus de gelées. Le coucou chante : l'hiver est fini. Gardez pourtant votre chapeau, jusqu'au jour des Rameaux. Sinon, le soleil vous rendra malade, car le soleil d'hiver, aussi précaire que la santé des vieux, est un soleil sauvage et maléfique, jusqu'à ce qu'au jour des Rameaux le coucou n'aille tremper sa queue dans le bénitier afin d'aller bénir par la campagne tous les fruits, tous les biens de la terre, et le soleil d'abord. Un jour, le pauvre Guillaume fit à ce sujet un lapsus très significatif. Au lieu de dire :

– Le jour des Rameaux, le coucou trempera sa queue dans le bénitier...

Il dit :

– Le curé...

Mais je ne vais pas redire ici tout ce que j'ai dit tant de fois, étudié si longuement, même s'il reste toujours quelque facette ou quelque nuance dans les ombres de la négligence et de l'oubli. Ce n'est pas mon propos.

Tout de même, cela aussi je l'ai appris très tôt, que si la chouette vient dans le jardin, se pose sur le toit ou sur l'arbre au pignon, au milieu de la cour, sur le rebord de la fenêtre, et qu'elle y chante, c'est signe de mort, de grave maladie dont s'ensuivra la mort. La mort de quelqu'un dans la maison, un proche parent, vous-même peut-être, une femme de toute façon. Pour un homme, c'est le chat-huant qui vient ; La Marraine contait que, sa mère étant très malade, un soir – mais la pauvre femme était si malade, depuis si longtemps, ne pouvant se supporter qu'assise dans son lit soutenue derrière par des oreillers –, un soir la chouette vint se percher à côté d'elle sur le pommier, et elle chantait :

– Cou-vi ! Ma-ri ! Mou-rir !

Elle chantait, et la Marraine eut beau taper dans ses mains, elle ne s'en allait pas. Et mon arrière-grand-mère, qui s'appelait Marie, mourut. On appelait la chouette la Co-vi, *convit*, (invitation), on disait qu'elle venait inviter ceux qui allaient mourir. On disait d'elle « devine-malheur », et non pas « porte-malheur », parce qu'elle est le messager de la mort.

Lorsqu'il entre dans la maison, le rouge-gorge est aussi un signe, un devine-malheur, mais c'est de plus un porte-malheur, une bête maléfique, particulièrement s'il croise votre chemin, ou qu'il sautille autour de vous en vous fixant de ses gros yeux ronds, d'un éclat qui vous transperce l'œil. Lui aussi annonce la maladie et la mort, mais on peut croire qu'il les provoque. Même son chant disgracieux passe pour néfaste. Et certes, il n'est pas bon non plus de croiser le chemin du lièvre ni de la belette, et tant d'autres choses ne sont pas de bon augure, les corbeaux qui volent à gauche et qui vous interpellent à jeun, les pies en nombre impair... que sais-je! Tant d'autres disent le bonheur, le roitelet qui passe devant vous, le lièvre qui vous suit... Mais cela c'est la vie, la vie-même.

Toutes ces choses, et tant d'autres, je n'ai pas entendu quelqu'un les réciter d'affilée une bonne fois pour toutes. Et si je les avais entendues seulement lorsque j'étais petite, sans doute ne m'en souviendrais-je pas. Mais je les ai entendues dès le plus jeune âge et tout au long de ma vie depuis le berceau. Je les ai entendu dire, et répéter. Chaque fois que le coucou chantait :

— As-tu mangé? Il ne faut pas l'entendre à jeun, cela porte malheur. As-tu de l'argent? Mets des sous dans ta poche, tu seras riche toute l'année.

A chaque printemps, quand on entend les *ranes* – tritons ou rainettes, était-on bien sûr? Peut-être pas, mais du cri argentin qui monte des combes comme de cent grelots qui sonneraient ensemble, oui – on me disait vite :

— Prends le bâton de lit et tape sous tous les lits en disant : ranasous, ranasous, prenez mes misères.

C'est le plus jeune qui doit faire cela. J'étais la plus jeune de la maison. Mais on regardait aussi la date, que si les *ranes* chantent après le 25 mars, l'hiver est fini; mais « si elles ont devancé la date, elles reculeront d'autant de jours ». De cette musique légère, de l'eau qui débordait par toutes les rigoles en chantant par les prés, merveilleuses soirées de printemps!

Tout est signe, et l'on observait tout, le moustique et le ver, la lune et les étoiles...

— Les moustiques me dévorent. Il va pleuvoir.

— On entend le bourdon, il va faire orage.

Le bourdon, c'est ce bruit aigu, insistant, d'insectes suspendus en l'air, qui frémissent de toutes leurs ailes.

— Les nuages tournent, l'orage vient.

— Le vent-fouillis se forme, l'orage ne tardera pas.

– Ces petits nuages, brun violet, qui marchent ce matin sur le Puy de Saint-Gilles, tu les vois? Avant ce soir il aura plu, ils auront tôt fait d'en amener de gros.

Mon père savait tout cela, en français :

– Il faisait bon labourer ce matin! Mais l'avez-vous vu? Il y avait toujours un tout petit nuage blanc devant le soleil. La pluie ne tardera pas. Peut-être avant ce soir.

D'autres fois le nuage apparaissait un peu au-dessus de l'horizon, comme soutenu d'une traînée sombre :

– Il y a là-bas un nuage blanc qui tourne sur place, qui tourne sur lui-même. Et qui monte rapidement! C'est la grêle.

Cela montait comme un blanc d'œuf au fouet, c'était la grêle.

– Ces nuages roux... ces fumées... Un vrai temps de grêle.

– Entendez les nuages qui soufflent! Il faut fermer les portes. C'est la grêle.

On fermait fenêtres et portes, celles des étables comme celles de la maison. La Marraine y courait plus vite que tous les autres. Elle se souvenait, elle! Pas de 1916 seulement, mais de 1881. En cette année maudite, elle avait quelque sept ans.

Oui, elle se souvenait! Le nuage, déjà très noir, passa en tournoyant. Il passa – et l'orage fut tout bénin. Il passa, mais revint, toujours tournoyant, et soudain ce fut terrible. La grêle hachait tout, et le vent emportait le reste. Les femmes tenaient la fenêtre à pleins bras, les grêlons leur jetaient des éclats de verre. Un souffle leur arracha le châssis des mains et l'emporta par-dessus la table devant la pendule. On ne s'entendait même pas crier. La grêle avait crevé le toit. Tout s'arrêta d'un coup, le vent et la grêle. On n'entendait plus rien, si ce n'est l'eau qui s'égouttait dans le grenier, floc... floc... C'est à cette occasion que mon arrière-grand-mère insulta le curé. La pauvre femme ne put s'empêcher de se plaindre, contrairement à ses habitudes. Il y avait de quoi :

– Voyez, monsieur le curé! Mon beau-père mort, lui qui m'aidait si bien depuis que je suis veuve. Mes enfants, si petits encore... Et le mauvais temps qui ne nous a rien laissé...

– Eh bien... eh bien... faisait le curé. Peut-être que le bon Dieu vous le devait...

– Eh bien! répondit la femme en colère, s'il me le devait, il me l'a bien donné. Nous voilà quittes, monsieur le curé. Nous voilà quittes.

Elle n'avait pas parlé de ses autres misères, ni de son enfant mort, l'aîné, ni de sa belle-mère, ni de la Vieille, ni du père Chatenet qui étaient morts en si peu de temps, ni des chicanes de ses beaux-frères, ni...

Pour autant, elle n'était pas mécréante. Le curé, c'était le curé, pas le bon Dieu. Un petit tyran dans sa campagne. Quand mon grand-père commença d'aller au catéchisme, il lui arrivait d'être en retard, autant qu'il eût couru en chemin ; Chamberet, ce n'est pas derrière le four. Alors le curé le faisait mettre à genoux par terre et tenant une grosse poutre sur les épaules. Quand il rentra, un soir, l'enfant pleurait. La mère alla trouver le curé. On n'a pas su, jamais, ce qu'ils se dirent. Mais le petit n'eut jamais plus à porter sa croix sur la route du catéchisme au Calvaire de Chamberet. Si puissants étaient les curés qu'ils finirent par ne plus détenir aucun pouvoir. Ainsi va l'alternance de la vie. Si vient le temps de la raison et de la justice, ce temps ne dure que peu ; et d'un extrême à l'autre, on n'avance guère.

En cette année 1881, il était venu à Germont des fermiers, bons travailleurs et braves gens, qui voulurent partir aussitôt le terme venu. Ce n'était pas pour le plaisir de déplacer leur pauvre mobilier.

– Vous voulez nous quitter ? dit mon arrière-grand-mère. Nous vous regretterons.

– Oh! nous aussi c'est sûr. Mais nous ne pouvons pas rester à Germont. Pensez! La Nanou est morte, il a grêlé, et il nous est né une fille.

La mort, la grêle, la fille, allez savoir ce qui était le plus terrible ?

Ma grand-mère aussi était née en 1881, l'année de la grêle. Ce ne fut ni grand bonheur, ni déplaisir. Elle avait déjà une sœur et un frère. D'autres enfants étaient nés, qui n'avaient pas vécu. A la naissance, elle avait la tête repliée sur la poitrine. Plutôt que de la perdre, on craignit une infirmité ; il n'en fut rien, à sa mort, presque quatre-vingt-huit ans plus tard, elle était toujours aussi droite qu'un peuplier. Il y eut une autre sœur. Devenus grands, le frère garda le bien, et ma grand-mère se maria chez nous. Mes grands-parents eurent une fille, ils la déclarèrent et la firent baptiser Marie-Louise, et l'appelèrent Lisou. Ceux qui ne savaient pas disaient Élise. Mais pour mon père, ce fut la Lison, un nom à la mode même dans les chansons :

Ce soir ma Lison, dans tes yeux profonds...

Je naquis moi-même, on m'appela Marcelle, parce que la Marraine trouvait ce nom si joli, et Marcelle je fus, pourquoi pas? Jusqu'à ce jour.

– Marcelle! Marche...

De surnom en surnom, j'ai quand même gardé mon prénom.

Fils ou fille, ils étaient contents, chez nous, d'avoir un enfant, quelqu'un, de la famille. D'une fille ils espéraient le gendre. Et si le gendre ne vint pas, on n'alla pas le chercher. Ils se moquaient, je me souviens, de ceux qui disent d'un nouveau-né:

– C'est un gros garçon.

En se gonflant jusqu'aux lèvres, comme si le gros, le garçon, c'était eux-mêmes. Et qui se serrent les épaules, la bouche et tout le corps, pour reconnaître, pleins de vergogne:

– Nous avons eu une chétive petite fille.

On se demande, certains, ce que leur avaient fait les filles, pour donner si peu de joie. Il est vrai qu'on le chantait:

> *Trois châtaignes dans une bogue,*
> *voici la bonne année!*
> *Quatre filles dans la maison,*
> *et la voilà la ruinée.*

On disait aussi que trois filles et la mère, c'est le diable après le père. Bien sûr. Cela arrive. Mais on pensait surtout, les gens, à des choses qu'il faut comprendre. Pour nourrir fils ou fille, cela ne coûte guère plus ni moins de pain. Mais l'âge venu, les garçons vont courir et vivre leur vie de garçon sans grande conséquence. Les filles, au contraire, dès la puberté, dès qu'elles vont au bal, elles risquent de vous rapporter leur sac plein: qu'en ferez-vous de la mère et de l'enfant? Jamais trop de pain, c'est déjà la misère... Et les sœurs, qui restent à marier?... Faire perdre l'enfant, ou le garder – ou chasser la mère –, de quelque côté que vous regardiez, la honte est sur vous, la honte et la misère.

Heureux serez-vous si vous échappez à pareil malheur et que votre fille porte honnêtement la robe de la Sainte Vierge à son lit de noces. Heureux! Mais vous pourrez les secouer, vos poches, quand vous aurez payé la dot, le repas, le curé, le notaire et le trousseau, les grains de poussière ne vous gêneront guère. Et seriez-vous assez riche pour le supporter, quelque chose d'autre vous gêne, c'est que la fille, en se mariant, perd plus encore que sa fleur : elle perd son nom. Son nom qui est votre nom. Pas seulement le vôtre, le nom de votre père, et du père de votre père... son nom de famille. Son nom de maison. Au diable les filles.

– Des filles, il en faut, pour marier les garçons.

– Il en faut, mais il y en a bien assez. Le monde est plein de filles, l'une vaut bien l'autre.

– Ah! tiens!

– Mais oui.

– Eh mais! je ne dis pas...

Les garçons, non les garçons ce n'est pas pareil.

Les garçons ont l'autorité. S'ils sèment leur graine par-ci par-là, cela ne fait pas souvent pleurer les pères ni les voisins. Les filles n'avaient qu'à se garder du loup, et les mères qu'à mieux les garder. Ne parlons pas du cornard :

– Cette femme n'a pas eu de chance... Elle a épousé un cornard...

Ainsi la femme porte tous les torts, le malheur, la malchance et les moqueries. Tout lui vient de ce qui est mauvais comme tout le mal vient d'elle, même quand l'homme a mené la danse comme il la mène au bal, de chabrettes en violons. Quand j'étais petite, moi, il en était comme au temps de ma grand-mère, de mon arrière-grand-mère et d'avant, siècle après siècle. J'ai vu, toute ma vie, la femme s'efforcer de prendre pied, de relever la tête. je l'ai vue gagner, le croire ou faire semblant. Je l'ai vue s'échiner à cette tâche. D'une façon, de l'autre, ce qu'elle gagnait, elle l'avait perdu. Est-elle bien plus avancée aujourd'hui? Pas tellement. Pourtant, je ne me plaindrai pas, moi. Je ne suis pas tant à plaindre. J'ai le temps de me souvenir, le peu de temps qu'il me reste. Je me souviens.

C'est vrai. Le temps, le temps météorologique, le temps qu'il fera, le temps tenait beaucoup de place dans les dictons, les proverbes et les croyances, et les observations que cela suppose. C'est qu'il tenait beaucoup de place, et chaque jour, dans les préoccupations, et plus souvent la pluie que le soleil. Car le soleil ici fait rarement du mal – ce que le soleil laisse vaut mieux que ce que la pluie apporte – et de toute manière, quand la pluie ne s'annonce pas, c'est qu'il fera beau temps.

Et la pluie, il en faut. Celle de février, qui vaut du fumier. Celle d'avril, qui fait pousser les poils; j'en prenais sur la tête une bonne rosée, j'aurais tant désiré avoir de beaux cheveux. Les miens étaient raides, et d'une couleur terne que je n'aimais pas. Il s'en faisait reproche à ma grand-mère, qui n'avait pas de beaux cheveux, en héritage de la mère Nanissou sa grand-mère, qui elle-même n'y était pour rien... Une fois la mère Nanissou voulut vendre ses cheveux, et les vendit. Elle en eut une aune de calicot. Soit du côté de mon père, soit du côté de ma mère, tout le monde avait de beaux cheveux, tout le monde, si ce n'est cette malencontreuse Nanissou, qui les tenait de naissance, qui n'y pouvait rien, pas plus que moi... Mouillés à la pluie d'avril, il se faisait sur la tempe une mèche, une toute petite mèche qui s'enroulait en boucle ronde, merveille! A peine sèche, elle s'embrouillait avec les autres, en un désastre irréparable.

De toute manière, l'eau de janvier ne vaut pas un denier, et celle de mars pas un liard. Mais c'est surtout l'été, quand le foin est fauché, fané, et plus encore en ruelles, qu'on regarde les signes. Les soirs on en faisait des petites meules, on le bargeait, ce qui d'ailleurs le préparait à la perfection : Quand le foin est en barges (meules), il est à moitié dans la barge (le fenil). Il aurait pu pleuvoir huit jours et plus. Oui, mais quand il est rentré, il y est tout à fait, dans la barge.

Il en était de même, et c'était pire, pour le blé, qui pouvait charbonner, pourrir, se coucher... qui pouvait germer, aussi bien sur pied que moissonné, en javelles ou en gerbes. A la fin du jour, on dressait les gerbiers. En gerbière, en croix, en demoiselle, on le laissait là à la grâce du temps. Épuisé de travail, il n'était pas facile de s'endormir, pourtant, quand le tonnerre grognonnait tout autour du ciel...

Oui, c'est alors qu'on prenait garde aux signes, au bourdon de l'air, et surtout au pivert. On entendait cliau-cliau-cliau-cliau! sa voix éclatante; on le voyait plonger parfois, les ailes au corps, à larges festons dans la combe. Ce fainéant! Si paresseux que, quand il a tapé trois coups de bec sur une branche, il passe de l'autre côté, pensant l'avoir trouée. Ce fainéant! Qui ne voulut pas creuser les fontaines avec les autres oiseaux, ce pourquoi il fut condamné à ne pas pouvoir boire l'eau de fontaine, d'étang, de rigole, ni de ruisseau, rien. Si ce n'est la rosée ou la pluie qui tombe du ciel sur les feuilles d'arbre. C'est pour cela qu'il attend l'eau, qu'il chante quand il la sent venir, qu'il chante pour la faire venir.

– Tu voudrais faire pleuvoir?

– Fainéant, tu as soif? Va boire dans les rigoles.

– Tête rouge, pivert! On te chasse à coups d'épieu.

D'épieu, de pal, de bâton... Cela se dit d'un homme tout aussi bien que de l'oiseau.

Malgré tout je dormais bien, moi. Ce n'était pas le tonnerre qui me dérangeait. Ni le vent. J'allais sur mes dix ans la nuit de la grande tempête. Mes parents me réveillèrent. On entendait le vent et, entre les plus fortes rafales, le bruit du sable arraché aux joints du pignon. Je ne voulais pas me lever, le sommeil m'emportait. Je ne sais plus lequel de mes parents me prit dans ses bras, le jour nous trouva tous assis dans la cuisine autour de la cheminée, pas trop près par crainte qu'il n'en tombât des pierres. Par la fenêtre, on voyait fléchir les arbres, à belles vagues, les pins dont la tête semblait toucher terre. A un moment le grand mélèze, devant chez Henri, sans fléchir à peine un peu plus, soudain se déporta légèrement et ne se releva pas. Il y en eut de cassés, des arbres! Les pommiers, ils étaient arrachés. On dit que c'était un cyclone. Le Petit-Louis l'expliquait à l'instituteur de Saint-Gilles, qui devait être aussi secrétaire de mairie :

– C'est la cigogne, monsieur. Ça m'a pris ma tauvère en davalant, ça n'a rien laissé nonmas les rouchis [1].

Cet homme, qui parlait certainement son limousin à la perfection, tant plus il parlait mal français, tant plus il en voulait. Il disait que sa fille avait une écriture « vermeille ». Et, quand il vendit son ânesse, à un marchand qui la voulait l'année d'avant :

– Comment? Antan vous vouliez m'en donner cent francs! Est-ce qu'elle ne vaut pas autant ujan comme alaidonc, ma saume [2]?

Il en était de même pour ses cochons, qui mangeaient un quoi chaud, un quoi froid, un quoi de l'aigue, un quoi rien [3]. Les gens s'en faisaient une comptine, aussi bien ceux qui n'en savaient pas plus que les autres. Il faut dire que, quand ils n'étaient pas sûrs de leur français, la plupart parlaient limousin, ce qui n'était pas plus bête.

Par bonheur, de la tempête il n'en fait pas souvent, pas souvent d'aussi mauvaise. L'hiver, il faut s'attendre à la neige. Une bordure de brume blanche tout autour du ciel l'annonce de loin, souvent même une bonne couche. Alors qu'un ciel couvert, gris et

1. Ça m'a pris la tournière en descendant, ça n'a laissé que les rochers.
2. Est-ce qu'elle ne vaut autant cette année que l'an dernier, mon ânesse?
3. Une fois chaud, une fois froid, une fois de l'eau, une fois rien.

froid, n'en laissera tomber que de rares flocons, gros comme des moustiques, à moins que le vent ne tourne et que la température s'adoucisse. Ah! l'hiver! C'est à ce moment qu'il faudrait avoir un bon lit, un bon feu, une bonne cave, un bon grenier... Mais pour avoir tout cela, il y en a, des torsions de nerfs! Il faut trimer toute l'année. Le feu et le reste, croyez bien que je ne m'en souciais pas. J'avais le lit, la table, et si c'était mieux ailleurs, comment l'aurais-je su? L'aurais-je su que je m'en foutais. Je ne manquais de rien. Qu'aurais-je fait d'un tapis, quand je pouvais m'asseoir sur la barre entre les pieds de la table. Et quand je me roulais sur l'archebanc, pour casser mes noisettes ou mes noix, il y avait ce creux dans la planche, dans un nœud, qui semblait là tout exprès, s'il n'y avait pas été, comment aurais-je fait?

Ce creux, il est vrai, on l'avait peut-être curé exprès, dans ce nœud du bois, peut-être pas, mais, naturel ou non, il avait servi de tout temps à casser les noix. Le frère de mon grand-père, celui qui mourut à six ou sept ans, déjà s'asseyait là pour casser les siennes, et c'est là que le revoyait sa mère, qui l'avait tant regretté. Cet enfant profitait bien, jamais malade. Mais un jour il se plaignit du ventre, se mit à souffrir; il fut mort en rien de temps. Peu de temps auparavant il était venu en visite une femme qui, pour l'amuser, lui prêta son anneau. L'enfant jouait avec. Soudain, il n'eut plus l'anneau. Qu'en avait-il fait? Il ne savait pas. On le chercha partout, longtemps; on ne l'a jamais revu. On pensa qu'il l'avait avalé et que c'était là ce qui l'avait fait mourir.

Je crois bien que c'est en cette circonstance que, dès le printemps suivant, ils mirent des œufs à couver. Quand il y a un deuil dans la maison, il ne faut pas le faire. Mais peut-être qu'on oublia, ou bien qu'on n'y crut pas, ou bien personne ne s'offrit pour leur donner une couvée, est-ce que je sais? Toujours est-il que les poussins ont éclos et profitèrent bien. Mais, par la suite, à quelque moment du jour ou de la nuit, tout à coup on entendait un poussin qui piaulait dans la maison. On regardait, on cherchait, rien. Ni dans l'âtre, ni sous la table, ni sous le lit, il n'y avait rien, on ne voyait rien. Mais le poussin piaulait. On l'entendait...

Les soirs, de temps en temps, quelqu'un sortait pisser. Si ce n'est quand il pleuvait à verse, je trouvais plaisant, moi, d'aller pisser dehors la nuit. Quand on a rien à y faire, on ne sort pas la nuit, et c'est bien dommage. Aller pisser, c'est une occasion. On se lève, on quitte la lumière et la tiédeur du foyer, on entre dans la fraîcheur de l'ombre. Au clair de la lune, on voit l'arbre noir, le toit brillant, et le chemin là-bas qui vous attend, et l'échelle qui monte de lumière blanche entre les branches jusqu'au ciel. Une nuit d'étoiles, c'est plus beau encore, les arbres debout sur la clarté du ciel comme jamais vous ne les aviez vus. Parfois le silence. Mais, souvent, tant de frémissements, de pas, de voix – doucement, un murmure – que la nuit vous semble plus habitée que le jour. Et d'autres fois encore les grillons, les sauterelles, les oiseaux de nuit autant qu'ils sont, le rossignol ou l'alouette, les ranes, les crapauds, les hannetons de la Saint-Jean qui ronflent dans les arbres... à pleines ailes, à pleine gorge.

En ces temps de l'enfance on entendait aussi parfois, venu de l'est, un bruit surprenant. Pas tous les soirs, non. Ni l'été quand les forêts boivent le son de tout leur feuillage. Ni quand soufflait le vent de pluie, ni le vent du soleil, et ni le vent du nord. Ces nuits étaient pures, où ne souffle aucun vent, et, dans le silence, un roulement, un ronflement, au loin là-bas derrière les collines un bruit de grandes eaux, un souffle de tempête, un fleuve débordant. C'était le saut de la Virolle. On a fait un barrage là-bas. On n'entend plus rien.

J'aimais bien sortir la nuit. J'ai toujours aimé. Ma mère m'a conté que, toute petite, je ne voulais pas dormir la nuit. J'aurais toujours pleuré si l'une ou l'autre des femmes, et ma mère plus que toute autre, ne m'avait prise dans ses bras et promenée par les cours. Elles disaient par les cours, mais ce devait être plutôt dans la maison que dehors. Ma grand-mère surtout, hé! La Main Rouge, les serpents, les moustiques, la nuit, la nuit et tout ce qu'elle engendre, ce qu'on voit, et ce qu'on ne voit pas, qui est là, tout proche, qui marche... Sitôt le jour, je m'endormais tranquille. Je n'étais pas malade. On se demandait si j'avais peur du noir, de la nuit. Je me souviens, plus grande, qu'on me laissait une petite lampe sur la table dans la maison, que je pusse la voir de mon lit. La lampe ne me gênait pas, ainsi, de loin, elle était douce et chaude. Mais de la nuit, aussi noire qu'elle fût, non je n'avais pas peur. Quand on me promenait dans cette ombre, j'étais heureuse. J'aimais cela. Je me souviens d'une fois, dehors, dans les bras de ma mère. Une image, une ombre, me traverse les yeux et le cœur. J'avais quel âge...?

La nuit, sitôt le soleil couché, et que déjà la première étoile là-haut vous attire les yeux comme un regard, pourtant il ne faut pas lever la tête et regarder le ciel. Le serein vous tomberait dans les yeux et vous ferait perdre la vue. Je regardais tout de même, peu ou prou. Il est vrai que, quand j'étais restée un moment à regarder en l'air, juste au-dessus de moi, je sentais dans mes yeux un picotement, comme s'il y fût tombé quelque chose de froid, une humeur un peu âcre. C'était peut-être ça, le serein. J'avais tôt fait de remettre ma tête à sa place et de fermer les yeux, où venaient de petites larmes, à faire éternuer. Oui, peut-être bien que c'était le serein.

Mais la Main Rouge, je m'en moquais vous pouvez croire. Ma grand-mère seule en parlait, de cette grande main de feu qui se promenait par la campagne. Que si vous sortiez la nuit, et qu'elle pût vous attraper, plus jamais personne ne pourrait vous voir, jamais. Parfois, j'y pensais avec un frisson entre les épaules, un petit battement de cœur. Je regardais autour de moi, je regardais au loin, je regardais l'ombre, les ombres de l'ombre... ce pays qui n'était pas le pays du jour. Assez de lumière pour imaginer, pas assez pour voir. Cela m'enivrait, en vérité. Comme de rouler sur soi, comme d'avoir bu. Ça me saoulait. Il se peut que ce fût une espèce de peur. Pourtant, je n'en avais jamais assez. On m'appelait ; je sursautais : un coup de couteau, et cette chaleur, un flot de sang qui me bouillait au ventre. Ou bien au contraire, un couteau de glace dans cette chaleur dont je me berçais. Je rentrais. Dans la maison, une chaleur tout autre, et les frissons à fleur de peau du froid humide, que je ne sentais pas dehors.

J'en ai déjà parlé, quand j'étais petite, chez nous firent aménager la maison, petit à petit. Cela prit des années. Je ne sais plus par où l'on commença, si je l'ai jamais su. Je ne me souviens pas du puits, ni du temps qu'on le combla de terre et de pierres. Ce puits était juste devant la porte, très mal protégé, et l'on eut peur que je tombe dedans quand je commencerais à marcher. Si le puits avait été bien riche en eau, il est probable qu'on l'aurait maçonné et fermé autrement. Mais, de l'eau, il en avait eu, autrefois, au temps que la bruyère couvrait les collines où l'on menait paître les moutons. Depuis qu'on les avait défrichées et qu'on les labourait, les collines ne retenaient plus l'eau qui glissait dessus, et les sources, au-dessous, avaient baissé. Notre puits était le plus élevé, il en souffrit le premier. Il ne donnait plus d'eau que la moitié du temps. Ma mère dut le regretter. Elle en avait, des souvenirs autour de ce puits ! Elle en parlait.

APRÈS un temps en vient un autre. On avait eu, chez nous, un très beau jardin, où le père Chatenet, l'oncle, faisait venir toutes sortes de légumes, de la salade, des poireaux, du panais, des concombres, des carottes, des petits pois, des haricots, des fraises et même des tomates. Les tomates, lui, il les mangeait, comme il l'avait vu faire dans ses grands voyages de guerre et les autres. Mais le père Chatenet mourut. Mon arrière-grand-mère tint le jardin comme elle put. Veuve avec ses enfants, la propriété à soutenir, toujours quelque vieux à secourir et à faire enterrer – « j'en ai fait rendre sept à la terre », pouvait-elle dire –, et le père Boulaud pour la faire plaider... c'était beaucoup pour cette femme ; les peines lui avaient mangé les mains et les yeux avant l'heure. Le jardin finit par se perdre, et ce ne fut ni mon grand-père ni ma grand-mère qui s'en préoccupèrent. La Marraine, pas davantage. Ce n'est pas qu'ils ne cultivaient rien pour manger. Les pois, les carottes, les pommes de terre, les choux, les haricots, tout cela venait dans le champ. Ils n'étaient pas les seuls à procéder ainsi, et nous avons d'ailleurs continué.

Mais, ma mère, aussitôt qu'elle fut un peu grande, quelque chose lui manquait. Elle se fit un jardin. Oh ! pas bien grand. Tout autour du puits, elle sema du persil, un peu de salade. Ça venait bien. Elle planta quelques fleurs, des iris, des primevères, je crois, des asters. Elle alla à Bellegarde chez la mère Thrésa, qui y vivait alors, qui lui donna des lilas, et même l'aida à les porter jusqu'en deçà de l'Étang. A part les asters, les fleurs finirent par se perdre, mais le lilas, qu'on a souvent changé de place, il y en a encore. Il est simple, clair, et ses grosses grappes très serrées tournent au bleu en fin de floraison.

Ce lilas! Je le revois en pleine fleur ce jour pluvieux que la mère Louise portait dans ses bras le Matou pendu des deux bras à son cou et la tête presque ballante. Le pauvre gémissait, pleurait, et sur son visage fané affleurait semblait-il la douleur du monde. Il s'était assis dans la pairole pleine d'eau bouillante, qu'on venait de descendre du feu. On lui avait fait lever le feu, je pense, à la mère Génie sans perdre de temps. Et l'eau n'était sans doute pas bouillante, mais la brûlure était profonde, quand même assez profonde, et l'enfant souffrait. On lui donna une belle fleur du lilas pour le consoler, et mon petit seau à confiture, tout décoré. Et moi, je plaignais bien le petit Matou, certes, mais ça ne m'empêchait pas de regretter mon petit seau, qu'on venait tout juste de me donner, à moi. Si encore on m'avait demandé mon avis!

Ma mère en faisait le plus grand cas, de son lilas, cela se comprend.

Quand on eut comblé le puits, et sans doute avant, il faut toujours de l'eau, mon père fit une petite citerne, bâtie de murs et bien cimentée en contre-terrain derrière le hangar. Une gouttière recueillait l'eau du toit quand il pleuvait et la menait dans la citerne. On trouva cela bien commode : il n'y avait qu'à tirer une cheville pour remplir le seau. Alors ils en firent construire une grande, au pignon du bâtiment, pour faire boire le bétail dans un grand bac où les femmes pouvaient laver. Elles y lavèrent quelquefois, mais elles aimaient mieux aller au Pré parce que, à cet endroit, le vent soufflait comme chez lui, soit quand il siffle du nord, soit quand il amène la pluie. De plus, il tombait là une ombre glacée, depuis les pins tout proches, et du noyer juste au-dessus.

Tout le monde sait qu'il ne faut jamais s'asseoir à l'ombre d'un noyer, aussi chaud qu'il fasse, et surtout ne pas s'y endormir. Cette ombre épaisse, dure, pesante comme du plomb, vous donnerait le mal de la mort.

La grande citerne était bien pratique. Plus besoin de mener boire le bétail l'hiver, ni le soir après le travail. On détachait les vaches, deux à deux, elles posaient leur mufle à fleur d'eau, et l'on voyait descendre, à goulées longues, chaque gorgée. Et puis la vache tourne la tête, à grands coups de langue baveuse se lèche l'épaule et retourne à sa place en s'ébrouant, d'un tremblement rapide qui la secoue tout entière. Oui, cette citerne simplifiait la vie.

Toutefois, pour la maison, c'était un peu loin, et surtout pour les cochons. Quelques années plus tard, mon père en construisit lui-même une autre, contre le fournil, qui coulait par un gros robinet juste à côté de la chaudière. L'eau de pluie qui tombait sur la maison, et celle du fournil, il la mena dans la citerne par un conduit de pierre cimenté, et je me souviens très bien de l'avoir vu faire. Mais je ne me souviens pas d'avoir posé la première pierre, comme on me l'avait fait faire pour la grande : on m'avait descendue dans le trou et on me fit taper sur une pierre avec le marteau de maçon, trois coups, me semble-t-il. Je me revois dans cet événement, je me revois mais pas très nettement, comme une ombre, comme si la nuit tombait. Je ne sais pas si c'était le soir, ou très tôt le matin. Il y avait mes parents, peut-être toute la maisonnée, et le maçon, qu'on appelait Eugène. C'est lui, Eugène, qui nous fit tous ces travaux, ceux que mon père ne fit pas lui-même.

Une autre première pierre, sur laquelle je dus taper à coups de marteau, c'est pour le pavage de la salle à manger. Mais d'abord on cimenta la maison. D'abord? Peut-être pas. Je ne me souviens pas. Personne maintenant qui pourrait me dire si l'on aménagea d'abord la maison ou les chambres... Logiquement, ce serait les chambres. Je ne me souviens pas. C'était peut-être la maison. La maison, par chez nous, c'est la plus grande pièce, celle où tout le monde vit, qui sert à la fois de cuisine, de salle à manger, de salon et même de chambre. Mon grand-père en avait vu, des maisons où il n'y avait aucune autre chambre, mais des châlits rangés tout autour. La nôtre n'avait qu'un lit, et pour le reste n'a guère changé. La cheminée par pignon, où on a un peu surélevé le foyer, à cause de la fumée; la taque du grand-père s'est fendue, mais elle est toujours là, et aussi la crémaillère, même si la plus ancienne chaîne en est usée. On a ôté le lit, l'archebanc qui tombait en ruine et la maie. Il a fallu faire place à quelque modernité. Mais le râtelier à pain porte toujours sa charge entre les arceaux, la même table me reçoit sur son dos de merisier massif épais comme un billot. Et la planche de la cheminée, toujours trop haute, me défie comme elle a défié ma mère toute sa vie. Nous n'y pouvions attraper ni les petits pots, ni les boîtes à épices, ni le moulin à café, ni les allumettes, rien de ce qui se place dessus. Elle avait tempêté, ma mère!

– Ceux qui étaient grands l'ont voulue là-haut, la planche! Mais ce n'est pas les grands, maintenant, qui ont à s'en servir.

Je me souviens du sol de la maison, tel qu'il était avant que l'on fît le ciment. C'était une pierre, un trou. Au-delà de la cheminée, il y avait un plancher au-dessus d'une marche, comme une estrade, et le lit dessus contre le mur. Et la pendule. La pendule est toujours là.

Cette pendule, comme toute chose, avait une histoire que j'ai entendu conter.

Quand mon arrière-grand-mère vint bru à Germont, chez elle, aux Ages de Saint-Vitte, il y avait une pendule. Ici, on avait une « rave », une espèce de grosse montre qu'il fallait prendre sur la planche de la cheminée chaque fois qu'on voulait voir l'heure. Et tout le monde n'en avait pas autant. Plus d'un se contentait de regarder midi à sa porte, ou de planter un bâton en terre et d'en mesurer l'ombre.

Il faut dire que mon arrière-grand-mère venait d'une bonne maison. Par malheur, elle n'avait pas connu sa mère, qui mourut quand elle était toute petite. Cette femme avait déjà trois filles, il lui vint des jumeaux, un garçon et une fille. Un garçon! Vous parlez d'un bonheur! Le nom était sauvé pour une nouvelle génération. Une joie! Mais la mère se remettait mal de ses couches, elle ne pouvait venir à bout de cette marmaille et nourrir les jumeaux. Il fallut mettre la petite en nourrice. Elle en avait bien assez de faire téter le garçon. Pourtant, elle ne supportait pas cela. Quand elle l'avait bien nettoyé, bien emmailloté, bien nourri, et qu'elle le couchait :

– Voilà, mon petit, tu es bien beau, tu ne manques de rien. Mais ma petite Marie, qu'en est-il maintenant?

Et elle pleurait. A force de pleurer, à force d'inquiétude, elle tomba malade et mourut. Quand la petite Marie fut sevrée, son père la reprit, et il éleva sa famille du mieux qu'il put. Le garçon fréquenta l'école. Les filles gardaient les dindons, l'été, dans les chaumes. D'école pour les filles, il n'y en avait même pas. Elles gardaient aussi les moutons. Elles faisaient la *Aulá*, d'une colline à l'autre à perte de vue. Elles pêchaient dans le ruisseau qui passait tout contre la maison.

La petite Marie n'aimait pas le poisson. Rien qu'à le sentir, elle était malade. Beaucoup plus tard, à Germont, une fois, il lui fallut aller chercher de la chaux à la gare. Je ne sais plus si c'était à Masseret ou à la Porcherie, mais, de toute manière, ce n'est pas tout près, il y a souvent un tour de roue pour y aller avec la charrette. C'était un Vendredi Saint. Que faire ? La chaux était sur le wagon, il fallait la décharger le jour-même. Elle prit quelqu'un pour l'aider et elle y alla. Mais, à midi, ils ne trouvèrent rien d'autre à manger que des pommes de terre avec de la morue. Elle ne pouvait pas repartir sans manger. Elle mit le poisson de côté et mangea les pommes de terre. Mon Dieu ! elle fut malade, tout le chemin, à en mourir. Elle vomit bien plus qu'elle n'avait mangé. Mais si elle ne mangeait pas de poisson, elle le pêchait très habilement, à la main. Surtout des truites dont ses sœurs, elles, se régalaient.

Quand il fut question de son mariage avec mon arrière-grand-père, les critiques ne manquèrent pas.

– Il aura besoin de se raffiner un peu, Thomas, avec son petit col de chemise blanc.

On disait, il est vrai, que mon arrière-grand-mère était jolie, et coquettement vêtue. Ma mère m'a dit que, toutes dévorées par le travail, ses mains n'en restaient pas moins les plus fines qu'elle eût jamais vues, moulées à la perfection. Nous n'en avons pas hérité, de ces mains, ni ma mère ni moi, ni la Marraine, ni mon grand-père. Si elle ne savait ni lire ni écrire, elle parlait français aussi bien que limousin. Elle montait. C'est à cheval qu'elle allait seule rendre visite à ses cousines du Mazaudois. Et, au hasard de quelque pièce de théâtre, de visites ou de commissions, son père la prenait en croupe pour aller à Limoges, comme ses sœurs chacune à son tour. Aussi, quand elle disait d'une jolie femme un peu prétentieuse : c'est une grande malibran, je ne sais pas si elle avait vu elle-même la Malibran, mais elle savait qui était la comédienne.

Le père prenait bien garde que ses filles ne manquassent de rien. Il les habillait le mieux du monde. Il voulait qu'elles achetassent robes, chapeaux et bottines avant que les rubans ne soient fanés et les chaussures éculées. Pour son mariage, mon arrière-grand-mère eut une très belle robe, avec des manches « à la pagode » dont chacune, plus tard, suffisait à faire une robe pour la Marraine.

J'en ai entendu parler, oui, de mon arrière-grand-mère ! Quand elle fut ici, le travail ne manquait pas. Quelques jours après la noce, elle prit un bigot et s'en alla travailler aux champs comme les autres. Une fille de chez Barre l'aperçut. Elle courut dire chez elle :

— J'ai vu la bru de chez Blaise. Elle travaille dans le champ comme un homme!

Le père lui montra les dents :

— Tu n'y travailleras pas trop toi-même...

Le travail, les difficultés... le regret des siens, ses sœurs et les autres, qu'elle n'avait guère l'occasion de voir, si ce n'est par hasard à la foire de La Croisille ou à la balade de Sainte-Radegonde... à cela s'ajoutait une autre tristesse, que son beau-père eut tôt fait de remarquer. Tout à coup, elle s'arrêtait, quoi qu'elle fît, et elle regardait autour d'elle comme si elle écoutait.

— Tu t'ennuies, lui dit son beau-père. Je vois bien ce qu'il en est. Tu viendras à Treignac avec moi la semaine prochaine.

A cette époque, chez nous, on allait souvent à Treignac. On y amenait toutes sortes de produits à vendre sous la halle. C'était du bois, séché au soleil et parfois au four, finement fendu pour les bourgeois, c'était des fagots pour les fourniers, c'était de la graine blanche ou noire, l'avoine, l'orge, le seigle, le blé noir qui était réputé de Germont comme de Surdoux, et aussi les châtaignes, le beurre, les œufs, le fromage frais ou fermenté, tout ce qui se vend. Au retour, le tombereau vide ramenait son monde, quelque argent, un peu de ce qui s'achète dans les boutiques, et souvent un seau de viande fraîche pendu à un pieu, rarement de la plus chère, mais même les têtes de moutons améliorent bien un repas. Les têtes de moutons, celles qui rient à leur détriment...

A Treignac, en revenant, sitôt passé le vieux pont, là où les belles filles tenaient maison, la route remonte. Pour monter dans les tombereaux, les paysans attendaient d'être à la Vigne, afin de ménager l'attelage. Les Treignacois, au contraire, ces tombereaux vides leur faisaient envie, et ils y montaient pour éviter la côte. C'est là que Patalat, un jour, après avoir laissé monter tout le monde sans rien dire, tout d'un coup ôta la cheville du timon; voilà le tombereau à cul et nos gens par terre les uns sur les autres... Mais il ne s'agit pas de Patalat.

Ce jour-là, donc, mon arrière-grand-mère était allée à Treignac avec son beau-père. Et, au lieu de reprendre le chemin de Germont, ils allèrent tous deux chez l'horloger.

— Choisis.

158

Et elle choisit une belle pendule vernie, qui avait un très joli son, de grands épis dessinés tout autour du coffre et une rose peinte sur le devant. Mais le balancier ne lui plaisait pas : deux amours qui se faisaient face.

– De les voir ainsi se balancer à longueur de temps, j'en aurais eu le vertige.

Elle en voulut un autre, travaillé d'une feuille de cuivre qui luisait comme de l'or. Elle le voulut, elle l'eut. Cette pendule, elle en était contente. Le battement lui tenait compagnie, et pour savoir l'heure elle n'avait qu'à lever les yeux. Même les voisins en profitaient. Ceux d'en bas n'avaient qu'à s'avancer en deçà du puits, ils l'entendaient sonner. Parfois, tant qu'ils vécurent dans le village, chez Carade envoyaient la Maria. La pauvre Maria était petite encore, mais, même si elle ne bavait plus depuis un pèlerinage qu'on avait fait pour elle au Mont-Gargan, on voyait bien qu'elle n'était ni belle ni intelligente. Elle n'aurait pas su répéter l'heure. Si on lui disait :

– Il est trois heures et dix minutes, elle s'en allait en chantonnant :

– Dix bilites... dix bilites... dix bilites...

Mais il était convenu que, si elle venait demander l'heure, sa mère l'avait suivie jusqu'au puits, et mon arrière-grand-mère n'avait qu'à lui crier ce qu'il en était depuis le pas de sa porte.

Je ne l'ai pas connue, moi, mon arrière-grand-mère. Elle mourut l'année où finit la guerre. Elle avait une maladie de cœur. Le médecin disait que son cœur se desséchait. Elle vécut longtemps assise dans son lit de jour comme de nuit. Qu'y avait-il pour la soulager ? De la noix de kola... Je tardai bien six ans à naître. Mais on ne l'oubliait pas, bien que l'on n'eût pas d'elle le moindre portrait, ni rien de ce qu'on appelle des « souvenirs ». En fait, tout était souvenir, tout ce qui était dans la maison, c'est elle qui l'y avait mis, ou bien elle l'avait conservé ; la maison elle-même, et le bien, de toutes ses forces, de toute sa raison, de tout son cœur. Tout venait d'elle, c'était par elle que tout était venu. Non, on ne l'oubliait pas.

On n'oubliait pas, non plus, ceux qui l'avaient précédée ; sa belle-mère, la Tote, une femme petite et grosse, toute ronde ; ma mère, en prenant de l'âge devint ainsi, et moi à leur suite. On n'oubliait pas non plus la Vieille, qui était aussi la mère de l'oncle

159

Chatenet. La Marraine en parlait souvent, elle l'avait connue, alors qu'elle marchait vers ses cent ans. La Vieille devait être née vers 1780, elle se souvenait des années de disette, juste avant la Révolution, quand on mangeait le pain de ravenelles. C'est elle qui gardait si bien les moutons que le loup ne lui en avait jamais volé, sauf une fois dans la cime du Pré, mais elle courut après, le saisit par la queue quand il franchissait la haie avec sa charge, si bien que tout retomba, le loup d'un côté, la brebis de l'autre. C'est elle aussi qui disait la prière :

Je prends le bon Dieu pour mon berger,
la Sainte Vierge pour ma bergère.
Que le bon saint Jean me les ramène toutes du champ,
Que saint Matthieu me garde tout mon troupeau.
La Sainte Vierge, avec sa bonne verge,
Saint Pardoux, avec son bon bâton.
Et que saint Blaise me garde du barbare.

Non plus je ne les oublie pas. Mais peut-être serait-il temps de revenir à ces travaux qui ont marqué toute mon enfance.

Ainsi donc, je ne sais pas comment avait été fait le pavage de cette maison à l'origine. Peut-être était-il couvert de madriers de hêtre comme cela se faisait vers les années 1850. Ou de planches comme celles de « l'estrade ». Peut-être. On n'y voyait aucune trace de terre battue, seulement des pierres irrégulières qui ne ressemblaient pas à un vrai pavage. Si bien que nous n'avons jamais regretté d'avoir fait poser le ciment qui est encore là. En même temps, ou un peu plus tard, on fit agrandir les fenêtres, celle de la maison et celle de la chambre. Pourtant, elles n'étaient pas tellement petites, ces fenêtres à balancier, mais c'était le temps où l'on cherchait la lumière, et, de l'air, on en voulait. Ils exhaussèrent aussi la porte et firent poser une imposte, qui à la vérité laisse entrer quelque clarté, mais sert plus encore à faire crotter les mouches.

Je regretterai toujours un peu la vieille porte, moi. Elle était de planches épaisses, ferrée comme une porte d'étable. D'ailleurs, c'est dans les étables qu'elle a fini son temps, à fermer un réduit pour les veaux. Ce qui m'en plaisait, c'est qu'elle était coupée. On pouvait fermer le bas, avec le verrou, et laisser ouvert le haut, qui seul portait une serrure pour fermer le tout ensemble avec une grosse clé forgée. C'était agréable l'été, le soleil entrait à pleine porte, et la volaille restait dehors, même quand elle demandait à manger. Il n'y avait que les chats qui passaient par-dessus, et le chien quelquefois pour sortir, jamais pour entrer, parce que trois marches de pierre – de granit rose – marquaient le dénivellement ; oui, le perron de maçonnerie et de ciment qui les remplaça était plus facile à monter, il me servit longtemps pour jouer ; et nous pouvions nous asseoir dessus le soir, alors qu'il était encore tout chaud de soleil. Je n'en dirai pas de mal. Mais l'escalier ancien me plaisait davantage, aussi usées que fussent les marches. Il était tellement plus beau.

Cette porte... Et hop ! C'est ainsi que la Mignou passa par-dessus sans remords un jour qu'elle avait volé le pain. Pas un morceau de pain, pas un petit morceau de pain, la moitié d'une tourte. Et moi derrière à la course en criant sur le chemin. On accourut au bruit :

– Qu'est-ce que tu as ?
– C'est la chienne qui emporte notre pauvre pain !
– Laisse faire ! Laisse-le lui...

Quand elle s'aperçut que je la poursuivais si loin, la chienne s'arrêta, se retourna, et elle me regardait, semblait-il, toute honteuse. Je m'étais arrêtée aussi. On se regardait...

Quand on enleva l'ancien pavage, vers l'escalier du grenier, on y trouva un crapaud. Mon père à mesure emportait la terre quelque part devant la porte. Il chantait. Il parlait de son temps de soldat. Je riais :

– Le papa se croit. Il dit : z'ai passé en Argérie.

De l'Algérie, je ne sais plus bien ce qu'il en disait, à part les oranges, le soleil, les étendues d'alpha comme du chiendent, et cette petite neige, au mois de janvier, qui tomba sur Arzeux aussi froide que la neige de n'importe où. Il parlait aussi du bateau qu'il avait pris à Sète, je crois, et des vagues, hautes comme une maison, parce qu'ils eurent gros temps en passant la mer. Et du mal de mer qui lui arrachait le ventre quand le bâtiment retombait, patatras ! sur l'eau comme une merde. Jamais il n'aima la mer. Pas davantage en revenant d'Allemagne, et pourtant il revenait, et pourtant il n'y eut pas de tempête, à peine s'il fut malade.

Ah ! la mer, c'est grand, la mer. Il parlait de son petit camarade de classe qui se demandait :

– Comment c'est grand, la mer?

– C'est grand... répondait l'autre.

Et lui :

– Peut-être quarante fois comme l'étang de Cros?

– Plus de quarante fois, disait mon père.

Beaucoup plus. C'était la mer Méditerranée. Celle du petit navire qui n'avait ja-ja-jamais navigué. Moi aussi je la savais, la chanson. Je ne l'aimais pas. Qu'est-ce que c'est que ce pays où l'on mange les gens?... Celle que j'aimais, moi, c'est celle de *Jean de la Lune*. Je la savais tout entière, alors que je n'avais pas quatre ans. Je la chantais, il fallait voir! L'air comme les paroles.

> *Par une tiède nuit de printemps,*
> *il y a bien de cela cent ans...*

Et la suite. Mais, parfois, je ne voulais pas chanter *Jean de la Lune*, je voulais le voir.

– Je veux le voir! Je veux le voir!

Jean de la Lune était sur le livre, petit homme sous la lune, nouveau-né, homme de cour avec son habit, sa canne et ses volants... Et il y avait aussi le potiron, ce potiron qui m'étonnait tant, cette grosse chose plate et ronde qui ressemblait plus à un melon qu'à un potiron, même si je savais qu'un potiron, en français c'était un champignon. Savoir par cœur n'est pas savoir... Et m'étonnait plus encore cette croix-ci-gît, Jean de la Lune.

– Qu'est-ce que c'est qu'une croix-ci-gît?

Et du diable si l'on pouvait me faire comprendre, ni que cette croix était la croix du signe de la croix, ni qu'il y eût là quelqu'un d'enterré, et surtout pas Jean de la Lune. Que, Jean de la Lune, je le voyais bien, moi, là-haut, tout nu sous la lune, et encore tout vêtu en bourgeois dans son habit de cour, tout vivant, pas mort. Il n'était pas mort, Jean de la Lune, et je n'en voulais pas démordre, et j'avais bien raison. Quand quelqu'un venait, je chantais *Jean de la Lune*. Je le chante toujours, c'est un petit chef-d'œuvre que cette chanson.

Quand nous fîmes castrer le cheval, c'est un homme de Trei-gnac qui vint, on l'appelait le Compagnon. Le Rufin, qui était le poulain de la Roanne notre jument, passa un triste moment cou-ché là sur la paille au milieu de la cour. Mais ma mère fit un bon repas pour le Compagnon et les hommes venus nous aider. Et je leur chantai *Jean de la Lune*. Le Compagnon écoutait. Il écouta jusqu'à la fin. Certainement il me plaisait, cet homme.

Le Rufin avait une belle robe claire, presque rose. Il n'était pas méchant. On lui faisait tirer la piocheuse pour sarcler les carottes et les navets. Mais quand on voulut l'atteler à la voiture, je ne sais comment s'y prirent mon père et mon grand-père, il y en eut un qui se mit à crier, le cheval prit peur, il emporta la voiture et mon grand-père fut coincé contre le mur. Il s'en tira avec quelque côte cassée et resta bien trois semaines du fauteuil au lit. Jamais plus ils ne tentèrent d'atteler le Rufin. On finit par le vendre ou le livrer à la réquisition au moment de la guerre. Que nous autres Français, nous en avions des chevaux! Si nous avions voulu, de quoi arrêter l'armée allemande, rien qu'à faire patiner les chars sur cette viande écrasée.

Au temps dont je parle, tout cela paraissait bien loin, que dis-je! tout cela paraissait impossible. On parlait encore de la Grande Guerre comme si ç'avait été hier, comme si on y était encore. On entendait des perles dans les cafés :

– Mais des avions, nous en avions, des avions!

L'auteur toute sa vie en porta la mémoire. Des-avions-nous-en-avions lui fut un pseudonyme qui fit oublier son vrai nom pour l'éternité.

Chez nous, on faisait arranger la maison.

Il fallut construire un évier, ou plutôt l'agrandir, car ce n'était alors qu'une pierre petite, noire et pas même plate. Pour dire tout, quand elle avait été construite, vers 1850, les devanciers avaient bien commandé une maison, une maison ils eurent. Mais – ne savaient-ils pas faire leurs affaires, manquèrent-ils de témoins, eurent-ils affaire à des maçons malhonnêtes? – cette maison n'eut ni cave ni évier. Si bien que, la cave, ils durent la creuser et la maçonner eux-mêmes. Plus tard, c'est le père Pradeau qui leur fit un évier, de son mieux. Pas très bien. Pas moins bien que ceux de cette époque : un trou dans la pierre, un trou dans le mur, voici la chose. Au-dessus, mon grand-père fit un petit placard qui y est encore. Mais, ne fût-ce que pour poser les seaux d'eau potable sans que le chien pût boire dedans, et la pairole pour la vaisselle, on fit agrandir cet évier, qui devint une espèce de monument de briques et de ciment armé curieux à voir. D'un côté, pour se laver les mains à l'aise, il y eut une fontaine en tôle émaillée bleue qui vous pissait sur les doigts une eau si précieuse d'être si rare. A un pas, le torchon pour les mains pendait derrière la porte.

Il me plaisait, moi, de voir le maçon mélanger le mortier ou le ciment, et le jeter, clap! à pleine truelle, l'aplatir, le lisser, ou l'écraser avec le frisoir. Parfois, il me laissait passer moi-même le petit rouleau qui marquait les dessins. Et moi je l'aimais, cet homme qui me parlait, me faisait danser sur ses genoux, et parfois me gardait. Ainsi ce jour que ma mère, allant à la fontaine, ne voulait pas m'y amener parce que je n'aurais pas pu suivre.

– Eugène! vous surveillerez la petite?

– Oui, bien sûr.

Eugène, qui était sur un échafaudage, me parlait en continuant son travail. Soudain, il s'aperçut que je ne répondais pas. Il se retourna, ne me vit pas. Il m'appela, je ne répondis pas. Le brave homme se dit :

– Où est-elle passée?

Il descendit de l'échafaudage, et d'appeler, et de chercher. Il n'alla pas loin, j'arrivais en remontant du village à grande course, les mains en avant, je lui tombai dans les bras. Je l'avais échappée belle! Que la chèvre courait derrière moi, le chien derrière la chèvre. Moi qui avais si peur de la chèvre! De notre Coudert, quand je le voyais en bas derrière la haie dans le coudert des voisins, la bonne bête me regardait avec des yeux où je voyais, moi – où je ne voyais rien. Cela luisait – c'était noir –, on ne peut pas dire que c'était profond – au contraire, cela n'avait pas de fond. Ça pouvait être le néant. Ça pourrait être l'infini. Ces mots pour moi ne voulaient rien dire, je n'avais peut-être pas trois ans. Mais je le sentais comme si cela m'eût aspirée.

Les yeux des chevaux, c'était pareil, quand je les regardais de près dans leur réduit. Ils y étaient enfermés, non pas attachés. L'un ou l'autre, ils passaient leur tête par-dessus la cloison, et il y avait leurs yeux, et il y avait leurs lèvres de velours, si souples, si douces, avec les dents dessous, qui m'auraient broyé le corps comme une meule... Mais c'était bien assez des yeux. C'était ces yeux, qui m'attiraient et me repoussaient comme une eau, un étang, la mer. Même l'ânesse de la Génie, avec son air de rire, son air de rien, le jour qu'elle monta dans notre cour, si elle s'arrêta près de moi sous le pommier, d'où pendait une vigne chargée de raisins, c'était probablement pour faire ami-ami avec moi. Je ne

164

le pris pas ainsi. Et de crier! On pensa chez nous que j'avais peur que l'ânesse mangeât les raisins. Je m'en moquais pas mal, de ces raisins, si hauts qu'on ne pouvait pas les cueillir sans échelle! Je me rappelle à peine les raisins. Mais les yeux de l'ânesse, son nez, son sourire, il me semble encore que je pourrais les toucher; je ne les toucherai pas, vous pouvez m'en croire, avec mes petits doigts. Je ne lèverai pas mon petit bras.

Beaucoup plus tard, quand je vis des moutons, je trouvai dans leurs yeux quelque chose de comparable. Mais j'étais plus grande. Si je ressentais quelque crainte, je n'en faisais pas état. Peut-être même pas autant de cas, parce que je me fermais, peu à peu, à la force des impressions premières. Mais la curiosité était toujours là, et ces yeux d'eau, telle qu'elle reste dans les flaques sur la pierraille après la pluie, j'y trouvais autre chose que le néant – c'était plutôt le presque-rien, l'infime et, en français, le dérisoire, un mot que je ne connaissais pas encore – aussi effroyable, et plus triste peut-être que le néant.

Les yeux des autres animaux ne me faisaient pas peur, ni ceux des chiens si semblables à ceux des hommes, ni ceux des chats qui pourtant sont pure perdition, ni ceux des poules, des crapauds, des oiseaux, ni les yeux magnifiques des vaches. J'ai pensé depuis que je ne les regardais pas. Ce n'est pas cela. C'est peut-être que je les avais vus de si longtemps, si tôt que je ne me souvenais pas de l'impression première, et que, tout ce que j'en voyais, ce n'était pas l'œil mais le regard, le sourire, le mouvement des cils, la plume, le poil, et la chaleur du chat, et la parole des gens, et la langue du chien, et l'œuf de la poule et le chant si doux des crapauds... Tout cela me réconciliait; si je ne savais pas le dire, ce n'était pas nécessaire de le dire. Mais peut-être n'était-ce pas cela non plus. Dans tous les yeux, pour peu qu'on les regarde, on peut voir l'infini – le néant –, le dérisoire.

Quand on eut fini d'arranger la maison, ou bien avant, peut-être, je ne me rappelle pas lesquels de ces travaux se firent avant les autres, le maçon était chez nous à tout moment et mon père y travaillait aussi, on fit faire les chambres. Je l'ai dit : il n'y avait alors que deux chambres contre la cuisine – la maison – qui en servait aussi, ce n'était pas trop pour nous six. Mais, contre le pignon, il y avait une petite grange, avec ses portails pour rentrer les charrettes, dont l'un me sert encore de plancher pour la voiture sous le hangar. Je ne sais pas où était cette entrée, mais ce petit bâtiment avait bien servi à chez nous quand le leur brûla en 1909.

Ma mère avait sept ans. Elle s'en souvenait très bien. Ils avaient leur grange derrière la maison de chez Barre – de chez Boulaud à cette époque –, un bâtiment dont chacun avait sa moitié, et notre moitié était juste derrière la cheminée dont on voyait souvent monter, l'hiver, des étincelles qui retombaient, vives encore, sur le toit de chaume. A cause de cela, mes grands-parents payaient une assurance depuis longtemps. Personne cependant n'a jamais su ce qui était arrivé cette nuit-là. Tout le monde était allé se coucher sans rien remarquer. Même la Marraine qui faisait tellement attention à tout, et qui souffrait atrocement des dents, finit par s'endormir quand elle eut pris quelque drogue du pharmacien. Autant que je sache, c'était des pilules d'opium. C'est sans doute pour cela qu'elle n'entendit rien d'abord, et que, l'effet du produit passé, la douleur la réveilla un peu plus tard. Trop tard. Elle aperçut une lueur par la fenêtre, elle se leva en sursaut : la grange flambait. On ne put rien sauver, pas une vache. Même la maison de chez Boulaud y passa. Par chance, les gens n'eurent aucun mal. Mais tout ce bétail ! Les vaches pleines avec le veau qui leur sortait du ventre, la pauvre ânesse et son petit qui essayaient de passer leur nez par le fenestron... Il fallut les enterrer dans le talus au fond de la Chenevière et emprunter le bétail des voisins pour les tirer.

Chez nous les femmes n'avaient jamais pu en parler sans pleurer. Par chance encore, il y eut cette assurance. Le bétail fut bien payé, d'autant que certaines vaches avaient obtenu des prix aux concours du comice. Cela ne suffit pas, évidemment, pour construire le bâtiment sur tirants qui existe encore, mais cela aida bien. C'est alors que mon grand-père acheta une batteuse, avec sa locomobile qui sifflait comme un train, et se mit chef d'entreprise pour aller battre l'été, sans oublier le banc de scie pour l'hiver. Il allait jusqu'à Eymoutiers et au-delà. Il connaissait tous les villages de cette région, et les gens qui y vivaient. J'ai une photo fort belle, prise un jour qu'il battait, me semble-t-il, à Villemonteix, une grande propriété certainement, à en juger par la grange. Plus de trente ans après en 1944 – il avait alors soixante-douze ans –, un jour mon grand-père revint pensif du champ en disant :

– Les Allemands font brûler le village de la Forêt.

– Comment le sais-tu?

– Je l'ai vu.

Il avait aperçu de la fumée, il était monté sur un hêtre, à la cime du Puy des Fayes, dans la forêt. Qu'il eût reconnu le village, qui n'est guère qu'à trente kilomètres, ne nous étonna guère. Mais comment pouvait-il savoir que c'étaient les Allemands? Malheureusement, il ne s'était pas trompé.

C'est dire, tout de même, s'il connaissait le pays. L'hiver il établissait son banc de scie parfois près de Meilhards, mais plus souvent à Eymoutiers, juste à l'entrée de la ville. Les gens le faisaient travailler. Surtout, il tirait des planches et des madriers. Ceux de la ville lui achetaient les retombées pour se chauffer, la sciure elle-même allait dans les auberges et à la salle de cinéma. Il ne faisait guère payer la sciure, cela le désencombrait; aussi lui donnait-on des places de cinéma. Il y allait, non pas que l'histoire lui plût – les histoires d'amour, il n'en faisait pas grand cas –, mais il était très curieux de voir comment ça marchait, et ces images qui bougeaient sur le mur, ça l'impressionnait. Une fois ou deux, il fit venir ma grand-mère à Eymoutiers pour le lui montrer. Ma grand-mère riait un peu de ces histoires d'amour qui ressemblaient à celles des chansons qu'elle chantait, toute jeune. Mais on voyait bien que c'était de cela qu'elle se souvenait le mieux.

Un peu plus tard, ma mère alla aussi au cinéma; c'est la mère Marie notre cousine, celle qui ne put arriver à ses cent ans, qui avait invité nos femmes:

– Venez! Il y a le cinéma tous les soirs à l'église. Vous amènerez la Lisou.

Elles y allèrent. Après souper, on monta à l'église, et le curé leur montra l'Évangile, l'âne et le petit Jésus, et le Jésus plus ou moins tout au long de sa vie sur Terre. L'église était pleine de monde.

Mon grand-père me parlait du cinéma, les gens qui bougent comme s'ils bougeaient, on les voit même parler... Il parlait, mais pour moi ça ne représentait rien. Quand le cinéma vint à Surdoux, il m'y mena. C'était dans la salle d'auberge chez Fontaine. On voyait tout, comme il me l'avait dit, mais de plus, cela parlait. Je me souviens surtout d'un spectacle de danse, cette femme qui tournait dans sa grande robe blanche et qu'un homme faisait tournoyer en l'air à bout de bras. Que c'était beau! Je n'ai jamais dansé moi-même, mais depuis j'aime la danse, et celle que l'on dit classique, plus que tout au monde. Je me souviens aussi d'un petit garçon, d'environ mon âge, qui mangeait tous les gâteaux dès que les autres tournaient le dos. Pourquoi il mangeait tous ces gâteaux, qui ne me semblaient même pas bons, je n'en sais rien. Et si je compris quelque chose à l'histoire, je ne m'en souviens pas. Mais les yeux de cet enfant, son air de rien en dérobant les gâteaux, me sont restés sur le cœur comme un problème, peut-être celui qui trouve sa solution en français : pas vu, pas pris, et tout ce qui s'ensuit. J'avais peut-être neuf ans, ou huit. J'allais en classe.

Est-ce que j'en finirai avec ces constructions qui durèrent, il est vrai, des années?...

La petite grange contre la maison, donc, avait bien servi quand le bâtiment eut brûlé. On y mettait le foin, celui qui tenait là, et les deux bœufs qu'il fallut acheter tout de suite, pour faire bâtir. Il fallut aussi un cheval, pour amener du bourg les denrées et le reste, parce qu'il fallut nourrir les ouvriers. Et, plus tard, deux vaches pour remonter le cheptel.

Ces vaches, je ne les ai pas connues, mais toutes celles que j'ai vues chez nous en descendaient et je me suis souvent amusée, moi, à reconnaître lesquelles venaient de l'une ou de l'autre. On ne pouvait guère se tromper. Il y avait les grandes, osseuses, avec des cornes hautes, droites et pointues, qui pour un peu auraient chabrolé; et les petites, rondes, qui baronnaient. Les géniteurs, certes, laissaient quelque trace, plus ou moins; pourtant, avec le même taureau, les unes et les autres continuaient à faire des veaux qui se ressemblaient comme la pie et le coucou.

A Germont, on est loin de tout. Du bourg, de l'eau et de la pierre. Il n'était pas facile d'y faire construire. Les ouvriers n'auraient ni voulu, ni pu y travailler, s'ils avaient dû aller déjeuner à Chamberet tous les jours. Il fallait les nourrir tous, à midi et le soir. Certains même couchaient. Le cheval rapportait les vivres de Chamberet, les pâtes, le riz, la viande, parfois le pain. Le vin, c'est le marchand qui le livrait, Dieu merci! et qui le descendait dans la cave, avec la corde du treuil qui pendait du grenier. Quand on voulait joindre le grand-père aussi, il fallait la voiture. Mon grand-père, quelquefois, on ne savait même pas où il battait; il fallait le suivre de village en village. Lui aussi se servait du cheval, quand il faisait la tournée pour se faire payer; tout le monde ne payait pas rubis sur l'ongle! Bien au contraire. C'eût été malhonnête de le demander, et presque de l'offrir:

— Eh quoi? Ainsi nous ne devons pas nous revoir?

De toute façon, mon grand-père n'oubliait pas, il marquait les noms, le nombre de sacs ou le nombre d'heures, selon le marché...

Il n'oubliait pas non plus le revolver, d'autant qu'il lui fallait souvent rentrer de nuit, et parfois les poches gonflées de pièces d'or à se rompre. Une fois même, il fit une rencontre douteuse. Il avait déjà remarqué deux types, à un battage non loin d'Eymoutiers, qui lui firent tout l'air de préparer un mauvais coup. Quelqu'un lui dit:

— Avec ce que vous portez, prenez garde. Si vous m'en croyiez, vous feriez mieux de coucher ici.

Et d'autres encore se proposèrent pour lui offrir un lit.

— Merci! Je ne peux pas. Chez nous s'inquiéteraient.

— Vous devriez coucher. Les nuits durent, mais elles passent...

— Que croyez-vous? Je ne m'en vais pas seul. J'ai mon compagnon.

Il leur montra discrètement le revolver et le remit dans sa poche intérieure. Les deux vauriens, sans faire semblant, regardaient de côté. Un peu plus tard, ils s'en allèrent et, dès qu'il eut attelé, mon grand-père un moment après. Il était soleil couché, mais il ne faisait pas encore sombre. La petite Belle allait d'un bon pas. Ce n'est pas loin, dans la forêt, que mon grand-père entendit des cris:

— Au secours! Au secours! On me tue.

Un coup de fouet à la jument, et voilà, juste après le tournant, un homme à terre que deux individus finissaient d'assommer.

— Que faites-vous là! Vous seriez mieux dans votre lit.

Les deux coquins n'attendirent pas la leçon de morale. Dans le crépuscule, il crut bien les reconnaître, mais comment en être sûr? Ils ne restèrent pas là pour se faire tirer le portrait. Le pauvre homme se relevait:

— Vous m'avez sauvé la vie.

— Ils vous ont volé?

— Non. Le portefeuille, le voilà, il était bien gardé.

— Vous n'êtes pas blessé?

— Ce n'est rien...

– Rentrez chez vous au plus vite.

Et mon grand-père fit claquer le fouet. Le peur le tenait, il savait un raccourci où les deux auraient pu être arrivés avant lui, et l'attendre. Il arrivait juste quand, du bois en haut du talus, deux ombres tombèrent dans le fossé, devant la jument. La jument fit un écart mais ne s'arrêta pas. Elle volait.

– Tiens, dit l'un d'eux, c'est le batteur.

A la voix, plus encore qu'à l'allure de ces ombres, il reconnut les deux qu'il avait remarqués avant de partir. Des frissons lui brûlaient le dos. Oui, la jument avait des ailes. Un peu plus loin, il rencontra les gendarmes. Eux aussi le reconnurent.

– C'est le batteur. Comme nous, il n'arrivera pas chez lui de bonne heure.

L'homme avait été blessé plus sérieusement qu'il ne le pensait. Les gendarmes firent une enquête. L'homme disait :

– C'est le batteur qui m'a sauvé.

Et les gendarmes :

– Ce n'est pas possible. Nous l'avons rencontré nous-mêmes à tel endroit. Ce n'était pas lui.

Ils vérifiaient et revérifiaient l'heure. L'homme l'avait vue à sa propre montre en s'assurant qu'on ne la lui avait pas prise, il s'en souvenait !

– Ce n'est pas possible, disaient les gendarmes, nous, nous l'avons vu. Il ne pouvait pas avoir fait tant de chemin en si peu de temps.

L'homme disait :

– C'est le batteur.

Et les gendarmes :

– Ce n'est pas possible. Vous vous trompez, ce n'était pas lui.

Et personne ne demanda jamais rien à mon grand-père. Et lui-même, par la suite, apprenant cette querelle d'heures, il ne dit rien. Témoigner ? De quoi ? Il avait vu deux formes, deux hommes au crépuscule, de nuit... Que ce fût, ou ne fût pas ceux qu'il croyait, ils auraient eu les meilleures raisons de se venger. Et mon grand-père aimait trop marcher, de jour comme de nuit par la campagne, pour risquer telle compagnie.

Les gendarmes savaient peut-être que la peur donne des ailes, mais ils ne connaissaient pas la Belle. Et moi non plus je n'ai pas connu la Belle, mais j'en ai entendu parler. La Belle était une petite jument, fine et légère, forte pourtant, qui courait comme le vent, presque un cheval de course. C'est la Marguerite de Surdoux qui l'avait élevée, une fillette un peu plus âgée que ma mère, de quelques années. Quand chez nous l'achetèrent, elle était domptée et même apprivoisée. Ma mère en faisait tout ce qu'elle voulait. Elle était toujours prête pour aller la chercher dans le Pré. Elle l'appelait par son nom, la Belle venait, grignotait le morceau de sucre ou de pain que la petite sortait pour elle de sa poche, s'approchait bien du talus, et voici ma Lisou dessus, qui descendait, juste avant l'entrée du village. Cela dura quelque temps. Mais ne voilà-t-il pas qu'un jour elle rencontra le garçon meunier qui rapportait les sacs en prenant le raccourci d'ici au Pescher. Le garçon vit cela et ne tarda pas à prévenir mon grand-père.

– Tu veux la faire tuer, la petite ? Elle est bien belle, tiens. Dommage qu'elle soit tienne.

Ce fut fini pour la Lisou d'aller chercher la Belle dans le Pré.

– Je lui en ai toujours voulu, disait-elle encore à la fin de ses jours. Je n'ai jamais su son nom, je n'ai jamais voulu le savoir. Je l'ai toujours appelé Tête-Rouge, ou Pioche-Plate.

Oui, elle courait bien la Belle. Mais elle était un peu vive. Quand elle avait peur, elle se baissait, elle se faisait toute petite, le ventre à ras de terre. Une fois, un montreur d'ours avait attaché la bête, au Pissechien, à l'un de ces bouleaux que j'y ai vus si longtemps.

Ces deux bouleaux, on les aurait crus jumeaux, l'un à côté de l'autre, du même âge, ils se ressemblaient comme des frères. Quand l'un se secouait, l'autre se balançait. Il y en avait un qui portait le panneau « don de Dunlop », l'autre ne portait rien, c'était la différence. Mais, un jour d'orage, on entendit un grand coup de tonnerre : la foudre en avait tué un. Nous le fîmes abattre quelques jours plus tard, et il brûla entre les landiers. Il était sec et dur comme de l'os. S'il avait dû le débiter à la hache et au passe-partout comme autrefois, le bûcheron aurait eu du mal. L'autre bouleau ne semblait pas avoir souffert de l'aventure. Mais, peu d'années après, il mourut. J'ai toujours pensé qu'il mourut de chagrin.

Au temps dont je parle, les bouleaux étaient en pleine force et le montreur d'ours y avait attaché l'animal. Hé ! Il fallait bien l'attacher quelque part. Dans les campagnes, l'ours apportait de la joie aux petits, autant quand il faisait la quête que quand il dansait debout, léger et pataud comme un ours. Une fois, ma mère en avait vu un au Boisme où elle était allée voir sa grand-mère. Elle en gardait un souvenir... Bref. Je ne sais si l'ours était encore là quand on eut besoin d'y passer avec la Belle ; elle passa, en détournant la tête. Au tournant, elle frôla le talus, ventre à terre. C'est loin, bien plus loin au bout de la forêt qu'elle ralentit un peu et se laissa contenir. Elle qui ne pouvait seulement pas souffrir qu'un autre cheval, femelle ou mâle, fût devant elle !

Une autre fois, au même endroit, ce fut pareil ; il s'était arrêté là un ramoneur. Quand la Belle sentit l'odeur de la suie, elle prit la course. Depuis, elle n'était jamais passée au Pissechien sans émotion ni transe. Et quand elle voulait faire d'une manière, il était difficile de l'en garder. Dans un pré, aussi bien fermé qu'il fût, il lui suffisait de trouver un petit trou dans la haie ; pourvu qu'elle pût y passer la pointe du nez, il ne lui fallait pas beaucoup de temps pour l'élargir, et si la tête passait, la voilà dehors.

La Belle dut partager la petite grange, les premiers temps, avec la paire de bœufs qui constituait tout le cheptel. Le bâtiment nouveau porte une date, 1911. Ces bœufs étaient des plus forts, pas désagréables, mais il ne fallait ni les contrarier ni les malmener. L'un d'eux au moins avait fait la monte, il se souvenait d'avoir été taureau. Il était rancunier. On avait chez nous, à cette époque, un petit domestique qui aidait les maçons. Le soir, il aurait bien aimé être le premier à la soupe, mais on l'envoyait mener les bœufs à l'abreuvoir qu'on avait creusé juste à l'entrée du Pré, un petit barrage où l'on prenait l'eau. La Marraine remarqua qu'il ne lui fallait guère de temps pour revenir, et dans ces jours-là que les bœufs soufflaient, mangeaient mal et roulaient des yeux qui ne disaient rien de bon. Depuis l'ouverture de la grange – l'ouvrage était déjà bien avancé – elle alla voir ce qu'il en était. N'entendit-elle pas que le garçon, à grands coups de bâton faisait retourner les bœufs depuis la châtaigneraie, et qu'il ne les avait même pas laissés approcher de l'eau ! Elle l'interpella ; on put l'entendre de loin ! La voix porte, dans cette combe.

De ce jour, ce fut elle qui mena boire les bœufs. Mais, une fois qu'il les déliait, quand il crut les attacher, l'un des bœufs trouva l'occasion de coincer le drolle entre ses cornes et le cornadis. S'il n'avait pu se dégager assez tôt par une têtière, il vous l'écrasait là

172

comme un crapaud. Or ce bœuf n'était pas méchant, ma mère l'attachait comme elle voulait, si petite qu'elle n'aurait jamais pu, même en se haussant sur la pointe des pieds, lui passer la chaîne autour du cou s'il n'avait complaisamment baissé la tête. Non, il n'était pas méchant, mais il se souvenait d'avoir eu soif.

Ils étaient bien nécessaires, ces bœufs, pour amener l'eau, les pierres, le tuf et la chaux. Pour l'eau, ce n'était pas loin, mais il en fallait tous les jours, plus de deux barriques. Et depuis l'entrée du Pré, il y a la côte, qu'il faut franchir. Tout à côté, il y avait la carrière, et les pierres pèsent encore plus que l'eau. Le tuf, au moins celui des joints, venait de la pièce du Champ. Il était beau, plus blanc que de la chaux, avec des paillettes de mica. On aurait cru qu'il y en avait sans fin, mais on trouva vite le fond de la poche, avec une pointe de pierre noire, dure, pesante comme du fer, qui semblait naître comme un os, du plus profond de la terre. Peu à peu, le trou se referma. La chaux, je ne sais pas où il fallait aller la chercher. Peut-être à la gare, peut-être seulement à Surdoux. C'était de la chaux vive. On l'amenait fondre dans le Pré, où l'on avait creusé une sorte de mare, à proximité de l'eau : le trou de la chaux. Il resta longtemps ouvert, bien qu'on se soit servi ensuite d'une petite carrière, plus proche mais peu commode, parce qu'il y a toujours quelque chose à faire ou à réparer. Quand j'étais petite, mon père creusa un trou dans la cour ; c'était bien plus pratique, mais dangereux ; la chatte y tomba, juste au bord, elle s'était brûlé les pattes et il se manqua de peu qu'elle n'y disparût à jamais.

Ce que ma mère racontait volontiers, c'était le jour qu'elle était allée avec son père chercher la pierre de Treignac pour faire les coins de la grange et le bord des ouvertures. C'était au-delà de Treignac sur le chemin de Veix. Il avait sûrement fallu plus d'un voyage pour les amener, tous ces coins de granit taillé. Ma mère ne se souvenait d'y être allée toucher les bœufs qu'une seule fois. Elle devait avoir huit ans, peut-être neuf. C'est lourd, la pierre. Mais si pour les bœufs c'était un de leurs plus durs travaux, peut-être n'en était-il pas de même pour les gens, malgré la distance. Marcher, marche que marcheras, même en touchant les bœufs ce n'est pas si difficile, on en voit la fin. Arracher le tuf, charger les pierres, cela pèse autrement sur les reins. Et il fallait aussi faire la cuisine, raccommoder, aller à la fontaine et mener la lessive, cuire le pain, rentrer le foin, semer, moissonner... Le travail des champs, il ne s'en fit guère de tout un an. Mais il s'en fit. On ne pouvait faire sans blé, sans blé noir ni sans pommes de terre, n'aurait-on nourri que quelques cochons et un peu de volaille. Du lard, il en fallait chaque jour, et que les œufs ne manquent pas, le salé ni les légumes pour la soupe. Tout cela pendant que mon grand-père était à l'entreprise, tirait le bois, battait quelque part. Les femmes le faisaient.

Deux femmes qui, par chance, s'entendaient bien, ma grand-mère et la Marraine – mon arrière-grand-mère déjà qui se trouvait vieille mais ne manquait pas de courage –, et ma mère une fillette qui n'avait pas dix ans. Ma grand-mère arrachait la pierre et la Marraine amenait l'eau, cuisait les crêpes et pétrissait le pain. La plus âgée s'occupait surtout des repas et les travaux féminins lui revenaient. Ma mère aidait de son mieux. Elle apportait l'eau de la fontaine, l'eau potable pour la maison avec un petit seau. Heureusement, sitôt journée faite, avant de manger la soupe, un des maçons s'en allait chercher deux grands seaux d'eau et rapportait un bon faix de bois pour le feu. Il ne perdait rien, son verre de vin l'attendait sur la table. On donnait le cidre aux ouvriers. Mais s'ils voulaient du vin, ils le payaient. On ne peut pas faire l'impossible.

Le bâtiment terminé – mais il n'était pas terminé qu'il passa une tempête qui faillit tout emporter, qui avait déstabilisé les fermes –, une fois tout de même le bâtiment fait, il fallut y mettre du bétail, sur cette terre battue dure comme une pierre et lisse comme un tapis. Les deux bœufs et la Belle n'y tenaient pas beaucoup de place, même avec les deux vaches. Les vaches vêlèrent, on garda les femelles. Du profit, mais rien à vendre. On attela la défricheuse, une grande charrue que seuls des bœufs puissants pouvaient tirer dans la terre que la bruyère et les ajoncs aux racines perfides regagnaient rapidement. Et l'entreprise, on ne pouvait pas l'abandonner, tout n'était pas payé encore.

Mais, de cette façon, quand vint la Grande Guerre, trois ans après, et que mon grand-père partit dès les premiers jours, les femmes avaient l'habitude du travail, d'un travail qui n'était pas vraiment du travail de femme.

MON grand-père avait quarante-deux ans. Il aurait pu ne pas partir, mais il n'avait qu'un enfant, ce qui ne l'avantageait pas. Je ne sais pas si c'est à ce moment, ou à la fin de la guerre, qu'on l'envoya garder les voies du côté de Masseret, Uzerche, et vers Brive. De toute façon, il en avait profité pour aller au Gour Negre, où l'on dit que les cloches de Tulle – l'ancienne Tulle qui fut détruite dans la forêt de Blanchefort tant ses habitants étaient minables, méchants et mauvais sujets –, là où l'on dit qu'allèrent tomber les cloches maudites de Tulle, là où elles sonnent par temps d'orage au fond du gouffre. Ne disait-il pas les avoir entendues? Il avait, disait-il, entendu un resson de cloches, l'écho des cloches d'une lointaine église qui répondait sur les rochers. Il disait...

Quoi qu'il en soit, il partit, mon grand-père, et s'il garda quelque temps les voies en bas Limousin, au début ou à la fin, il n'en fut pas moins de toutes les campagnes, la Somme, la Marne, Verdun, le Chemin des Dames qu'il ne connaissait pas par ouï-dire ; il s'était même battu sur la Piave en Italie. Ce que lui regrettaient, ou lui enviaient, tout de même quelques autres, c'était ce mois de sursis qui lui était accordé chaque année en tant qu'entrepreneur de battage, afin de battre le blé dans toute la contrée. Et certes!

Une année, il vint mais ne put rien faire. Rien du tout. Il pleuvait tous les jours comme vache qui pisse, et le matin comme le soir. Que faire? Il chassait. Les soldats en permission avaient le droit de chasser. On leur donnait de la poudre et des plombs. Les autres, non. Et la sauvagine, les lièvres, les perdrix, même les sangliers, tout proliférait. Pendant ce mois de pluie, mon grand-père tua son lièvre chaque jour, sauf un jour où il en tua deux. Il venait justement d'en tirer un, quand il entendit deux désœuvrés au bord d'un champ, deux de ceux que la guerre avait laissés chez eux, plus jeunes que lui, bien tranquilles pour faire leur travail, et pas trop handicapés : un qui boitait légèrement, et l'autre parce que ses couilles (sauf votre respect) lui pendaient entre les jambes. Tu parles d'une infirmité! Il les reconnut à leur voix et même les aperçut, pas très loin, à bonne portée.

— Tiens, disait l'un, entends-les qui prennent du bon temps.

— Oui, répondait l'autre. On dit que la guerre va finir. Elle risque bien de finir, alors que ceux qui la font sont toujours chez eux.

Mon grand-père sentit lui monter une violente colère; lui qui arrivait tout juste de Verdun, où l'on marchait sur les morts que personne n'osait enterrer, il savait bien ce qu'il en était. Il arme le fusil.

— Tiens, disait-il, sans leur faire d'autre mal, je voulais leur en faire siffler une aux oreilles qu'ils en auraient pété dans leurs culottes. Mais j'ai regretté ma cartouche.

Oui, certes! Un mois de sursis, ou de permission, un mois à l'abri des balles. Mais, sitôt au dépôt, il repartait avec les plus jeunes qui étaient là, qu'ils fussent ou non de son régiment, et se retrouvait en première ligne, dans les tranchées, à la cuisine, et même une fois en Italie, garde d'honneur d'un chansonnier français qui plaisait tant aux dames de Torino, un nommé Botrel, que j'eus bien des peines à identifier sous son patronyme occitanisé. On les avait choisis, mon grand-père et quelques autres, à cause de leur prestance et surtout de leur belle moustache gauloise. Ils trouvaient, les Italiens, que cela s'accordait si bien avec *La Paim-polaise*.

Mon grand-père n'avait pas de mauvais souvenirs d'Italie. Il y avait connu de braves gens et vu de si beaux monuments; il me les montrait sur les cartes postales qu'il avait rapportées, mais je dois dire que je n'étais guère sensible à cette architecture en modèle réduit, et ce qui m'offusquait vraiment, c'était le bleu du ciel, un bleu qui m'est resté sur le cœur, un bleu... Il n'avait pas pu s'habituer à la *polenta*, ni à cette nuée de femmes qui suivaient les soldats en mendiant les restes de leurs pauvres repas. Il avait dû se gendarmer pour servir d'abord les enfants. Quelle misère, disait-il, quelle misère! Des tas d'enfants qui couraient par les rues, en vendant n'importe quoi et le reste, n'importe quoi et rien, en bêlant quelque sou. Une fois, il crut comprendre que quantité de petits vendeurs improvisés proposaient aux passants :

– Qui n'a pas sa rate? Qui n'a pas sa rate?

Et les gens leur achetaient une sorte de crabe ou de scarabée qu'il ne put identifier, non plus, il est vrai, que le sens exact de ce qu'ils disaient. Lui-même n'avait pas grand mal à se faire comprendre, surtout en Piémont, mais en parlant limousin. Dans les vallées, c'était plus facile encore. Alors qu'il devait franchir les Alpes en compagnie d'un bon copain, ils profitaient d'être en pays étranger pour raconter quelques bonnes histoires dans leur langue mère, quand ils s'aperçurent qu'une femme ne manquait pas de s'esclaffer aux meilleurs endroits :

– Mais, madame, s'étonna l'un, vous ne comprenez pas notre patois?

– *Fau be, fau be, lo comprengue* – Si bien, si bien, je le comprends...

Eux s'étonnaient. On leur avait déjà tant dit que leur langue n'existait pas.

Là-bas, en Italie, la lire, leur argent ne valait rien. Et mon grand-père qui n'était pas riche, avec le peu qu'il avait, il put acheter les plus belles étoffes, pour faire une robe à ma mère, et une autre pièce pour sa femme et sa sœur. Tout ce qu'il aurait pu acheter pour presque rien, il n'aurait pas pu l'apporter lorsqu'il vint en permission...

Il avait bien d'autres souvenirs de guerre. A table, il les racontait interminablement. Cela lassait tout le monde, sauf moi, qui en demandais toujours plus.

Patience! J'y reviens, à la petite grange. Quand le bâtiment fut terminé, elle ne servait plus guère, sinon de remise. On ne m'y laissait pas aller, de peur de quelque accident. Un jour, je trouvai la porte ouverte, du moins pas fermée à clé. J'entrai. Je m'avançai un peu. Il y avait des barriques couchées l'une sur l'autre, comme dans la cave. Quelque chose de grisâtre, qui flottait vaguement. Un rat? Une toile d'araignée? On me disait toujours :

– N'y va pas, il y a des rats.

C'était quoi, des rats? Est-ce que j'en avais vu? Je n'ai jamais su, non, cette ombre qui passa tremblante entre les barriques, si c'était un rat, ou une toile d'araignée dans un rayon de soleil, que le mouvement de l'air faisait bouger. Je ne restai pas là, il y faisait froid, tout était gris, il y avait peut-être des rats – et, comme je l'avais entendu dire, peut-être quelqu'une de ces barriques aurait-elle pu rouler sur moi, ainsi toute seule, rien que pour rire; j'avais presque peur. J'avais eu peur? Pas tellement peur. Je ne sais pas si c'était peur, ou plaisir, cette émotion de faire ce qui était défendu, le plaisir d'avoir vu ce qu'il ne fallait pas. Il en était un peu comme des yeux de la chèvre, que je voyais par-dessus, en bas du talus, et de ceux des chevaux, que je voyais par-dessous. Et – plus tard sans doute, beaucoup plus tard – des yeux humains. De tous les yeux, pour peu que je les aie regardés...

Toujours est-il que j'y entrai, et que j'en ressortis, que je m'en souviens, et qu'on ne tarda guère à faire là une grande chambre, avec sa fenêtre à la place de la porte, une entrée qu'on appela couloir, où s'ouvraient la porte extérieure, celle de la chambre, celle de la salle à manger et la trappe du grenier où l'on montait par une échelle. La chambre eut un plancher, l'entrée et la salle à manger furent pavées de bout en bout avec des pavés carrés, alternativement rouge et bleu foncé. Je me souviens d'avoir tapé sur le premier pavé, à moins que ce ne fût la première pierre de la cheminée...

Or, pour cette cheminée, il y eut une grande dispute. le maçon voulait faire une cheminée prussienne. Mon grand-père ne voulait pas. Une cheminée prussienne! Autant dire boche! Et lui, des Boches, il en avait son plein cul, il ne voulait plus en entendre parler, ni d'eux, ni de leurs cheminées. Il fallut faire une cheminée limousine, dans le mur, petite peut-être, mais une véritable cheminée. On la fit. Il avait tort, le grand-père, cette cheminée n'a jamais servi de rien. Placée à cet endroit, elle n'arrivait pas à la hauteur du faîtage. Dès que le vent soufflait du nord, il rabattait la fumée à l'intérieur. Et quand a-t-on besoin d'une cheminée, si ce n'est quand le vent souffle du nord? Au reste, elle était mal-commode cette salle à manger : pour y porter les plats depuis la cuisine il fallait passer dehors... Mais, une salle à manger, pensez! Quel luxe!

Le père Léonetou le savait bien. Un jour que je jouais avec les Petits, lui faisait une sorte de hangar contre sa maison, quelque chose comme je n'avais, et n'ai jamais vu nulle part, un abri de piquets, à demi fermé, couvert de glèbes, pas très haut, pour la volaille. Quelqu'un de nous lui demanda ce qu'il faisait.

— Je veux faire une salle à manger, répondit-il, une salle à manger pour les poules.

Dans la tête du père Léonetou, et dans la tête de bien des gens, une salle à manger c'est bon pour les bourgeois. Et nous, nous n'étions pas des bourgeois. Tant s'en fallait.

Bourgeois ou non, nous en avions une. On l'acheta, on la paya, sans rien demander à personne, et elle nous servait bien, en dépit de sa cheminée et de l'incommodité. L'été, elle était fraîche, et devant une assiette bien garnie nos invités n'étaient jamais à plaindre. Ce fut les frères Trassoudaine qui firent le mobilier. A l'avance, mon grand-père m'en parlait :

— Tu verras, une grande armoire, et, sur l'armoire, il y aura un homme à cheval qui chasse le chevreuil.

Il avait bien dû me dire « le buffet », mais un buffet pour moi, on en souffla le feu encore bien longtemps, même après que j'eus vu le nôtre. Il crut que je comprendrais mieux s'il parlait d'armoire. Je compris, mais autrement.

Quand on livra la chambre, je regardai de tous mes yeux sur cette armoire, cherchant l'homme à cheval, me figurant une image, en couleurs, grande comme la main, sur un côté de l'armoire. Je n'y vis rien ; il n'y avait rien, sauf une glace ovale, devant, et de toutes petites lignes claires, pas plus larges que le doigt tout autour des portes. Et pareil pour le grand lit de milieu qui m'intéressa bien plus. Cette chambre, on en parlait chez nous avec une sorte de plaisir et de respect, peut-être d'orgueil. Il me reste dans les oreilles, en français, avec la voix de ma grand-mère :

— De l'acajou, incrusté de citronnier.

Moi je regardais cela, avec les yeux ronds, bouche bée. Dire que je trouvais beau, je ne crois pas, si ce n'est le dessus de marbre rouge de la table de nuit, où se voyaient tant de figures, sur cette pierre lisse, luisante comme de la glace – des figures, mais pas d'homme sur aucun cheval qui chassât le moindre chevreuil. Quant au marbre blanc de la table à toilette, il ne me disait rien ; sur celle de la chambre de ma grand-mère, il y avait le même, c'était comme ça. Mais, quand on commença à me parler de l'école, je voulus savoir comment c'était, l'école. On me dit qu'on y était assis à une petite table. Et comment était-elle, cette table ? Je ne sais pas ce qu'on me répondit, mais je la voyais comme une table à toilette, et je me demandais si elle avait le dessus de

179

marbre blanc. Je ne me le demandais même pas. Les tables de classe avaient sûrement le dessus de marbre blanc.

Ce n'est que longtemps plus tard, un jour que j'étais malade, que je remarquais les corbeilles de fleurs des appliques en bronze sur les portes de l'armoire et les coins du mobilier. Ma mère m'avait bien montré les roses, mais je ne les avais pas vues; des roses, ce machin noirâtre qui luisait à peine au soleil? C'était des roses, je finis par le voir.

J'étais souvent malade, surtout quand j'allai à l'école, que, les chaud et froid, l'occasion n'en manquait pas. Souvent, ma mère m'habillait trop. Le manteau me pesait, en plus du sac, que je le portasse au bras ou sur le dos. J'arrivais, il fallait le poser, et la classe n'était pas chaude. Quand j'avais couru, en jouant ou pour rattraper les autres, je m'arrêtais et le vent me glaçait. D'autres fois, le froid arrivait, et le manteau, je ne l'avais pas. Ou bien la pluie, et j'étais trempée. Je ne le supportais pas, pas davantage que la poussière quand il fallait balayer la salle de classe, si bien que le médecin me fit un certificat, et chez nous le donnèrent à la Dame, assurant qu'il ne fallait pas me faire balayer ni respirer la poussière. De cela aussi, il y avait des jaloux. Voici bien peu de temps, une ancienne camarade me dit :

— Tu étais gâtée. Ton grand-père venait te chercher en voiture.

C'est vrai, souvent il m'amenait à mi-chemin, ou même à la porte de la classe, et parfois venait me chercher, ou m'attendait s'il avait à passer par Surdoux.

— Je n'étais pas gâtée. J'étais malade.

Certes! ils auraient pu, mes parents, me laisser marcher, ou même tomber de fatigue sur le chemin. Pourquoi pas? De ce côté, il n'y avait sans doute pas de vrai risque. Mais que je dusse passer les trois quarts du temps dans mon lit, avec une fièvre à ne savoir que faire de moi, ou recroquevillée devant le feu à tousser qu'il me semblait m'arracher les entrailles, voilà ce qui m'attendait, n'importe quand, et quelques précautions que je prisse.

En fait, je ne prenais pas de précautions. Aucune. J'aimais courir, crier, rire et chanter à pleine gorge. Surtout en compagnie des Petits, René et Matou, qui n'étaient pas en reste. Je rentrais, rouge, en sueur, et presque tout de suite, je toussais. Ma mère disait :

— Tu vas être malade.

J'étais malade. Le lendemain, il fallait rester au lit, j'avais mal partout, la gorge, la tête, et cette toux, à salir mouchoirs, serviettes et torchons, jusqu'au dernier chiffon du dernier fond d'armoire. Le médecin venait, que mon père allait chercher à bicyclette.

– Ma pauvre vieille! C'est une bronchite formidable.

Ma pauvre vieille, ou mon pauvre vieux, et formidable, c'était en quelque sorte les mots clés de ce médecin, sinon de sa médecine. Il m'examinait bien – devant, derrière, dessus, dessous –, il ne me trouvait rien, pas grand-chose, sinon ces bronchites, ces angines, qui m'emportaient la gorge et les poumons comme du feu. De sirops, de gouttes, et même de teinture d'iode, j'en ai bu un plein tonneau. Et les piqûres. Et tous ces vaccins prétendus contre la grippe, alors que l'on tarda bien trente ans à savoir comment venait la grippe, je ne crois pas qu'ils me faisaient grand bien. Je ne le crois pas. Cela ne m'empêchait pas de tousser.

Il faut reconnaître que cela ne me déplaisait pas tant, d'être malade. Les premiers jours, si, quand la fièvre montait et que la toux ne me laissait pas en paix. Mais, au bout d'un certain temps, les crises se faisaient plus rares, je pouvais manger de nouveau, on me préparait de bonnes choses, des bouillons de poule, de la bouillie, de la crème... Et surtout j'étais bien, couchée dans le lit, tout mon corps au repos, n'ayant rien à faire. Ma mère m'apportait à boire de l'eau sucrée, de la tisane de quatre fleurs – les fleurs, il y en avait plus de quatre, je m'amusais à y reconnaître les violettes, le bouillon-blanc, les fleurs de ronces – le bouillon-blanc, luisant comme de l'or, et la violette avec son parfum. Un parfum! je le sentais, ce parfum, malgré le pus infect qui me coulait du nez. Tous les parfums de l'Arabie ne m'étaient rien auprès. J'allais mieux. Je le connaissais à ce que la peau me démangeait de partout, les bras, le dos, les pieds, n'importe où. Je souffrais moins de la soif.

Ah! la soif. Quand elle me prenait le jour, j'avais le temps, parfois, de trouver le temps long. Aussitôt que j'entendais passer quelqu'un dans la cour – les sabots sonnaient sur les pierres –, j'appelais, j'appelais le nom de celui que j'avais cru reconnaître:

– Pépé! mémé!

L'un ou l'autre venait, l'un ou l'autre m'apportait un bol d'eau chaude ou de tisane. La nuit, c'était pire. Vous pouvez croire que je me tordais et me retournais, avant de demander à boire. Mais il fallait bien y arriver, réveiller père et mère, qui allumaient la lampe, et s'en allaient allumer le feu pour faire chauffer ce verre d'eau qui tardait tant à venir et qui ne me calmait ni la soif ni la fièvre. Il y avait bien la lampe à alcool, mais souvent, la première fois, elle était vide. Et l'eau, de toute manière, était dans l'évier, sinon à la fontaine.

Oh! je m'en souviens d'avoir été malade, et dès le plus jeune âge, et les choses ne s'arrêtèrent pas là. Je me souviens de l'une des premières fois. J'avais soif. Je demandais à boire. Il me semblait que j'avais une miette de pain, de pain ou de noix, dans la gorge, et que si je buvais, ou si je mangeais, cela la ferait descendre. Le grand-père me donnait à boire – une goutte de vin –, cela ne passait pas. Je mangeais un croûton de pain – rien à faire. On finit par s'apercevoir que je n'étais pas bien. Je devais avoir trois ans. Ce n'était pas la première fois que j'étais malade : j'avais alors à peine un an. Il y eut une grippe mauvaise, ma mère fut très malade, la Marraine faillit en mourir, et je l'eus aussi. Ma grand-mère était seule pour soigner et surveiller tout ce monde, et, je l'ai dit, la bonne femme ne s'y entendait guère. En faisant chauffer de l'eau sur le feu entre les landiers, elle se renversa une pleine casserole d'eau bouillante sur une main. Ne demandez pas les cris! Par chance, elle pensa à sa voisine, la mère Génie. Elle y courut, en pleine nuit. La Génie se leva, alluma le feu et fit son secret. Ainsi ma grand-mère put se supporter, le secret ne met pas plus de temps à faire son effet que vous n'avez tardé à le recevoir. Et le lendemain, elle ne se ressentait de rien.

Je ne me souviens pas, évidemment, de cette première grippe, il est pourtant probable que beaucoup de mes ennuis de santé sont venus de là, jusqu'à ce jour.

De toute manière, c'était une pénitence, d'être si souvent malade, pour les autres comme pour moi. Mais il venait toujours le moment que j'allais mieux, que je trouvais le lit bon et que je m'y plaisais.

Il y avait les visites, surtout la Marraine, qui ne restait pas longtemps, mais qui venait souvent. Ma grand-mère, qui ne venait pas souvent, mais restait un bon moment, qui dansait devant le miroir, qui chantait si bien. Le grand-père qui me racontait quelque peu le travail, les oiseaux, les feuilles des arbres, et lui-même, à l'occasion, chantait, pour me faire guérir plus vite :

Prends ton varre, cher camberade,
Prends ton varre, car j'ai lo mien!...

ou bien la chanson de la belle que

L'ont enfermée dans la grande tour
Pour lui empêcher d'aller faire l'amour.

La première, je la sais. Une fois, dans un restaurant à Égletons, ne rencontrai-je pas, par très grand hasard, des gens que je ne connaissais pas, et qui la savaient? Nous la chantâmes ensemble. Et je fus sûre, ainsi, que s'il ne chantait pas beaucoup, le grand-père, s'il n'avait pas une très belle voix, du moins il ne chantait pas faux comme j'avais pu le croire. Et il en était de même pour la Marraine, qui n'était pas du tout gênée que sa voix écorchât les oreilles des autres. L'autre chanson, je l'ai oubliée, je pense que c'était :

Le Roy Louis est sur son pont...

Mais je n'en suis pas sûre.

J'aimais ces visites, certes. Ce qui m'agaçait pourtant, c'est que si ma grand-mère venait, ma mère la suivait de près, et qu'elles repartaient ensemble, l'une derrière l'autre. Oui, je sais, vous me direz que le travail commande... Mais point besoin d'être grand savant pour comprendre que, ces deux, c'était comme les doigts de la main. Elles se tenaient pour rien l'une sans l'autre, et moi, entre elles, je ne comptais pour rien aussi bien que je comptais pour tout. J'étais la fille, l'enfant, et tout ce qui se faisait, se faisait pour moi, en pensant à moi. Mais de ce que j'étais, de ce que je pouvais être, moi, on s'en foutait. J'aurais été tout autre, j'aurais été un garçon, qu'est-ce que ça pouvait faire? J'étais l'enfant, l'héritier, il suffisait que je vécusse, la maison ne se perdrait pas.

Ma grand-mère avait plus que tout et semblait avoir plus que tous le souci de la maison. Je lui disais, moi, et pas très grande encore, que les maisons ne sont que de la pierre, qu'elles s'effondrent et qu'on en fait d'autres. Et si elle parlait de famille, que les familles passent et qu'il en vient toujours d'autres. Cela la contrariait profondément. Elle ne répondait pas. Elle, elle l'avait tant soutenue, la maison! Ils la soutenaient tous, mais personne peut-être autant qu'elle. Et moi, je le sentais bien, je l'ai su de bonne heure, pour ces femmes je n'étais rien de plus qu'un gravier, une pierre qui tenait sa place dans le mur. Pour maintenir la maison, j'étais tout. Moi-même, je n'étais rien. Et surtout entre elles je n'avais aucune place. Je répète que je ressentis cela très jeune, mais cela ne se démentit jamais, et pas davantage quand ma grand-mère fut morte, quarante ans plus tard. Cela n'empêchait pas qu'elles m'aimaient, que je les aimais, les pauvres! Certainement pas. Mais c'est ainsi.

Les voisins ne me faisaient guère de visites quand j'étais malade, et ils faisaient bien! Ils n'avaient pas besoin de prendre mon mal. Seul venait le père Henri, qui s'en faisait un devoir. Parfois il m'apportait des raisins de sa vigne, celle qui entourait sa maison. Ils n'étaient pas mauvais, ces raisins, mais surtout tellement beaux! Des grappes rondes, pleines, bleues! Que le plaisir de les voir passait celui de les manger. Et, une fois, il m'apporta un couple de pigeons qui me firent plus de plaisir, eux aussi, à les voir qu'à les manger.

Mon père ne venait que peu dans la journée, tout juste s'il montrait son nez pour demander si j'allais mieux. C'est seulement le soir, quand il venait se coucher, qu'au lieu de s'endormir tout de suite il me parlait, il racontait ce qu'il avait fait, et surtout il chantait. Il en savait, des chansons! Cela n'en finissait pas, et moi j'en voulais toujours plus. Il ne venait pas souvent, mais si je n'écoutais pas, si je me découvrais, il me parlait du Croquemitaine, un cousin français, sans doute, de la Main Rouge.

C'est le Croquemitaine qui passe,
qui chante et bientôt rira,
emportant dans sa besace
tous les petits qui ne dorment pas.

– Oui, ma vieille, le Croquemitaine!
Il disait cela, il le chantait, mais en riant, et moi je n'en avais pas grande crainte. Et quand je restais seule dans mon lit, je ne pensais guère au Croquemitaine, ni à rien d'effrayant.

Parfois, tout autour de moi, il se mettait à pleuvoir des boules de couleur, surtout bleues et rouges, mais parfois vertes de lumière éblouissante, ou de couleur très douce. Elles tombaient par grappes, se perdaient... il en venait d'autres – de là-haut, de partout, de nulle part... Et moi, lasse à mourir peut-être mais contente, je ne bougeais pas, je regardais. D'autres fois, devant mes yeux, pas loin – mais où? –, se formait une étoile, une fleur de feu, dont je n'ai jamais pu compter les branches, peut-être cinq, ou six, ou sept... ou plus ou moins. Si je voulais compter, l'étoile tournait, je n'en pouvais faire le tour, et jamais je n'ai su. Je l'ai vue longtemps, l'étoile-fleur dans ses branches de feu.

Soit la nuit, soit le jour, parfois je dormais. Il était bon ce sommeil, je le tétais à pleine bouche. Mais si je restais éveillée le jour, je ne m'ennuyais pas. Quand le soleil commençait à descendre, il projetait l'ombre du rideau sur le mur contre la porte. Ma mère avait fait des rideaux d'organdi à fleurs et j'avais une robe du même tissu.

C'est avec cette robe qu'elle me fit photographier à Treignac, le jour qu'elle m'y amena pour le vaccin contre la diphtérie. La diphtérie, jusque dans ces années-là, tuait les enfants comme mouches, et l'on avait connu des familles plus qu'aux trois quarts détruites. Je me souviens du Dr Fleyssac, et de la petite flamme bleue sur laquelle il désinfectait ses instruments. Il était également dentiste, et ma mère à cause de cela le connaissait bien. Mais, pour ce jour-là, je me souviens surtout des photos. Nous avions marché par les rues et trouvé la maison. Nous étions entrées, et je dus poser. Assise, debout, appuyée au siège, vaguement imité de l'antique, d'un modèle que je n'avais jamais vu. Je me souviens, quand on me fit quitter le manteau et le chapeau et quand je portais toute la toilette, avec le sac à main... Celle que j'ai toujours préférée, ma mère ne la choisit pas, j'étais assise, tout à fait décontractée. Mais elle aima mieux les poses debout, et l'une sur laquelle je semble officiellement figée pour la postérité. La petite fille du photographe tourniquait autour de nous en jacassant.

Je ne me souviens pas de la piqûre. De la ville, je m'en souviens, et surtout des jardins dans la pente au-dessous des murs, de peupliers déjà grands qu'on voyait par-dessus, à croire qu'on aurait pu toucher la cime. Et je ne sais pas où ma mère m'avait fait friser les cheveux, peut-être à Chamberet chez la Nini. Mais je me souviens de la statue de Lachaud, qui était en bronze et qui me donnait des envies d'escalade, lorsque nous étions là, le soir, attendant l'autobus... Je me rappelle bien aussi comme j'avais soif, si soif! Ma mère m'achetait des oranges. Il y en avait à pleins cageots, devant les boutiques. Aucune n'avait de jus assez pour me mouiller la pointe de la langue. J'en goûtai je ne sais combien, sèches comme une vieille rave.

Au retour, en arrivant à la Montade je n'en pouvais plus. Heureusement, mon grand-père était venu nous attendre à pied. Il me prit sur ses épaules... je devais avoir cinq ans.

D'autres fois, les rideaux étaient en dentelle, et l'ombre jouait sur les murs, se balançait, s'effaçait, ce n'était pas le rideau qui tremblait, c'était le soleil, la vitre sous le soleil, comme une eau qui court. C'était une eau, pour moi, un fleuve, un ruisseau. Mais j'aimais mieux encore regarder les poutres. On avait passé au plafond, sur les poutres et le plancher du grenier, la même couleur bleue que sur les murs, une chose étonnante qui l'était moins quand on savait qu'à Cros il y avait une chambre bleue. Il en avait fait, le maçon, de ces pleins seaux de badigeon bleu. On aurait dit du bleu de lessive. Tout autour, en haut sous le plafond, en bas sur la plinthe, et bordant l'encadrement de la porte et de la fenêtre, il y avait des rangées de points bleus, orange, blancs. Dans la salle à manger et l'entrée le plafond était bleu, les murs blancs, avec les mêmes rangées de taches, et tout un semis de gouttes, orange, blanches, bleues vers le bas, à grands jets de pinceau. Ça devait être des couleurs à la mode, on les retrouvait presque semblables sur les assiettes et les plats dont mes parents, peu de temps après, firent grande emplette. Des couleurs tristes d'être ensemble, à ce qu'il me semblait ; oui, une sorte de distinction terne et que je trouvais affligeante bien plus encore sur la vaisselle que sur le mur.

Sur le mur, je m'amusais à suivre des yeux ces enfilades de coups de pinceau, tous différents, tous semblables, à repérer les anomalies : un plus gros, un plus petit, un plus large ou plus écrasé... Mais surtout ! Mais surtout par grand bonheur cet enduit bleu laissait voir aux poutres, aux planches du plafond, tous les nœuds du bois, et même, semblait-il, les faisait ressortir merveilleusement. Couchée sur le dos ce fut là un beau livre d'images, et nul autre ne l'eût égalé. Car ces nœuds m'étaient des images, plus belles que personne n'aurait su me les dessiner. Des arbres, des chemins et des sentiers. Et tout à coup un animal, le chien ou le renard, l'oiseau – une femme debout et une autre assise. Celui-ci, qui portait sa charge de sac ou de bois, son fagot. Et, là-bas, une femme belle. Mais la femme, en regardant mieux, c'était une chèvre – une forêt –, un pré où l'on fauchait, une fontaine coulait là-bas... Je dis cela pour que l'on comprenne, mais je ne saurais pas dire, maintenant, pas voir, pas imaginer ce que disaient, ce

186

que faisaient, ce qu'il en était de ces gens au plafond de la chambre bleue. Personne d'ailleurs n'a besoin de le savoir. Mais moi! Mais moi, c'était ma vie – ma vie peut-être – allez savoir... Celui qui n'a pas de vie, il se fait sa vie avec la vie des autres.

La salle à manger, cette gloire, si ce n'est quand nous avions du monde, on n'y vivait guère, pas souvent. Je l'ai dit, la cheminée fumait l'hiver, et l'été nous n'avions pas le temps. Je me souviens pourtant de ce jour que mon père avait acheté le phonographe. Ma mère vint me prendre dans la chambre et m'y porta pour me faire entendre cette musique qui montait toute seule d'une boîte de bois. Est-ce de surprise, d'émotion, de peur...? Je tremblais toute. Autant que je me souvienne, c'était surtout de froid, à demi nue dans ma chemise et quelque jupon de ma mère. De toute façon, je n'en eus pas grand plaisir. Je m'attachai au cou de ma mère en jetant de tous côtés des regards qui ne me rassuraient pas... Un peu plus tard, je voulus voir ce qu'il y avait dans la boîte. Je vis. Un ressort tenait la moitié de la place; ce ressort se montait avec une clé, puis en se déroulant faisait tourner le disque, et ce qui le faisait chanter, c'était une petite pointe de saphir en sautillant sur les petits sillons du disque comme une sauterelle. Le pavillon bleu, d'un bleu plus pâle que la chambre bleue, portait le son jusqu'au Coudert. Quand il était là, le Rufin s'arrêtait de paître et laissait tout pour venir entendre la musique. Il a marché, ce phonographe! Quand il n'allait plus, mon père le démontait et le remontait après l'avoir réparé, cela arriva plusieurs fois. Il marcha jusqu'au jour de la déclaration de guerre, le 2 septembre 1939, le jour de mes quatorze ans. J'écoutais *Sambre et Meuse*. Le ressort cassa net au beau milieu.

Non, de la salle à manger, je n'en faisais pas tant de cas, moi. Ni de ce grand buffet, dont il fallait toujours prendre soin, pour l'ouvrir, le fermer, le nettoyer... J'avais bien fini par le voir, l'homme à cheval qui chassait le chevreuil – et même il l'avait attrapé, du bout d'une longue lance de cuivre. Mais que dire de cela? C'était sculpté dans le chêne, avec un château qui se devinait au fond, et un grand rouvre qui tenait tout un côté de l'image. Cette image, que j'attendais en couleurs, elle était toute noire, brune si l'on veut, mais c'est pareil. Au contraire, me plaisait la pendule claire, de marbre blanc incrusté de marbre rouge, avec une rangée de feuillage en bronze tout autour, et ses deux coupes qui ne servaient à rien – qui ne servent de rien –, une de chaque côté, pour faire joli. Je l'aimais, elle avait un joli son, plutôt de cristal que d'argent, un son très doux qui parlait, qui disait quelque chose au corps, quelque chose de profond à l'âme, pas quelque chose de triste, non, d'heureux, de tranquille. Elle était faite, certes, pour le temps du bonheur. Pour sonner les heures du bonheur. Hé! elle les sonnait toutes, comme une autre.

L'hiver, la cheminée faisait chanter le vent, le faisait hurler. Elle l'avalait de toutes ses forces et le vomissait qu'on en tremblait, croyant sentir comment il vous cherchait le sang et les os sous la chemise. J'aimais le vent. J'aimais l'entendre. Mais je ne supportais pas sa langue froide sur ma peau, ni dans mes oreilles son souffle qui me rendait sourde. De loin, de l'entendre, oui je l'aimais, quand il berçait les pins, et dans la cour les premières fleurs du poirier des agousts, un bouquet blanc sur sa feuille verte, toute veloutée de blanc, à demi ouverte. Ah! ces petites poires d'août! C'était de toutes petites poires rondes, vertes, en grappes. Elles mûrissaient avant les jaunes. Quand les jaunes jaunissaient, les agousts commençaient à tomber, et quand ceux-ci mettaient le ventre mou, les jaunes tombaient.

Oui. Le poirier des agousts me disait le printemps quand je voyais jour après jour de mon lit les bourgeons s'ouvrir, le bouton gonflé, la fleur. Et celui des jaunes m'annonçait l'automne, avant le temps, Saint-Michel au milieu de septembre. Les agousts ne duraient guère, à la fin du mois d'août les derniers étaient pourris, fondus sans laisser de traces. Les jaunes, il y avait longtemps qu'ils pendaient là-haut en guirlandes, roses d'un côté, et que je tapais dessus à petits coups d'une longue branche pour les faire tomber. Une fois mûrs – plus que mûrs – ils tombaient tout seuls par terre et sur le toit du fournil où ils s'écorchaient avec une odeur musquée. J'en mangeais, moi! – celui-ci qui était si bon, et l'autre encore plus beau – j'en mangeais sans mesure. Tous les chemins me ramenaient là, et personne ne les ménageait. Ils restaient par terre en tas sur l'herbe. Un essaim d'abeilles, de guêpes, de frelons bourdonnait et vrombissait dessus, et s'y repaissaient aussi les plus beaux papillons, surtout le vulcain, la vannesse petite tortue, le petit paon de jour et le Robert le diable, dont j'appris le nom dans les livres quand j'allai à l'école, mais que j'avais remarqué depuis longtemps. Et il y avait ce chemin de fourmis qui passait par là, ruisseau noir d'on ne sait où venu qui s'en allait ailleurs, qui montait sur l'arbre et redescendait.

Le soir, et parfois quand j'allais lui dire bonsoir dans son lit, mon grand-père me disait le conte de l'Auvergnat qui mangea la petite poire jaune, celle qui avait « quatre *pautilhás e pas* de *coadilhá* », quatre pattes et pas de queue. Et je me demandais, moi, comment quelqu'un, et fût-ce un Auvergnat, pouvait confondre un crapaud avec une petite poire jaune, eût-elle le ventre mou, aussi noire la nuit, aussi profonde qu'elle fût.

Ces petites poires, les dernières de l'arbre, duraient jusqu'au mois de septembre. Dans les premières brumes de saison elles n'avaient plus de couleur, plus de goût, elles sentaient le mildiou et l'hiver. Déjà les premières feuilles allaient suivre le vent, dorées, luisantes, rouges du rouge le plus vif, du vermillon très clair au carmin foncé, piquetées, marquetées, noires comme la suie. Le vent du nord les apportait jusque sous la fenêtre, et moi je les voyais passer comme un signe d'oiseaux pour le temps à venir. Si je pouvais me lever dans ces jours-là, j'en ramassais, des plus belles, et je les gardais aussi longtemps que durait la couleur.

Mais le plus clair, le plus grand et le plus parfumé dans ses fleurs de printemps, c'était le poirier des ronds, là-bas devant la grange, qui semblait tout ensemble tenir le ciel, les nuées, le soleil et la clarté du ciel, de la plus haute à la plus basse dans tout le corps de sa branchaille. Pas très souvent, mais parfois l'été, sur l'herbe fraîche et les racines de l'arbre, ou bien quand on battait sur une gerbe, nous nous asseyions là en famille pour nous reposer, pour parler, pour rire. Il y faisait bon, aussi, quand on battait le blé noir aux beaux jours de l'automne.

A côté du poirier des agousts, il y avait un pommier de capendus, de grosses pommes plates, larges, qui n'avaient pas de queue, ou presque. La Marraine en faisait grand cas. Moi je les trouvais aigres, dures, sans goût ni saveur. Quand on l'arracha pour construire le clapier, je ne le regrettai guère. Par chance le poirier resta.

Mes parents le bâtirent eux-mêmes, ce clapier, trente-six cases avec chacune sa porte, simple ou double, entre les murs que mon père éleva de ses mains, et le toit dont mon grand-père dressa la charpente et posa l'ardoise. Je m'amusai bien, moi, pendant ces travaux. Je descendais dans les fondations, j'éprouvais la solidité des murs, je marchais dessus et je sautais par-dessus; mais surtout plus tard j'entrais dans les cases, c'était ma petite maison; et je me roulais dans le sable, un gros tas de sable au bout de la cour. Mon père avait coulé lui-même les coins de ciment, coffré les étages, monté les portes en treillage, il fallait voir! Les femmes nourrissaient là une centaine de lapins à la fois, et quelques cases basses servaient pour les poussins, les oies, les dindes, et même des canards. Quelques poules couchaient dessus, sous le toit, qui étaient à ma mère.

Mais le poulailler, c'est la Marraine qui s'en occupait, tout un coin du hangar qui avait été clôturé de long palins et de paille. Des pieds de sanglier étaient cloués sur la porte, complètement secs, d'un sanglier que mon grand-père avait tué... Un lierre montait depuis la haie de sureaux toute proche jusqu'à la pointe du pignon.

Le poulailler de la Marraine, c'était le sien. Personne n'y entrait, sauf moi très rarement, et le grand-père quand il tirait le fumier. Ce fut toujours un peu, pour moi, comme la petite grange, un endroit défendu. La Marraine récoltait ses œufs, les œufs de ses poules. Ma mère tenait l'autre volaille, et chacune avait ses lapins. Parfois on m'en donnait un, une mère. Que j'en prisse soin, ou non, elle était bien vite crevée. Rien ne me profitait, et certes pas les lapins. A certains moments, pendant les vacances, ou si quelqu'un était malade –, ce n'est pas toujours moi, quand même, qui étais malade – à certains moments, c'est moi qui les nourrissais tous, les lapins. Ils venaient comme si de rien n'était. Mais que l'on m'en donnât un, il suffisait de dire: celui-là, c'est le tien, il était crevé, tout comme; il ne tardait pas. J'ai élevé bien des bêtes, plus tard, des poulets, des oies, et même des vaches. Ce bétail n'était pas à moi. Sinon, il crevait. Rien que de dire: ma vache, mon veau, il tombait malade, il crevait. Ainsi je m'occupais de tout, pourvu que rien ne fût à moi. Ainsi me fallut-il vivre, ou faire semblant. Et ne m'attacher à rien. A rien de vivant, arbre, bétail ni plante...

Cela aussi je l'ai su très tôt, et tout au long de ma vie ainsi suis-je passée à côté, sur la pointe des pieds autant que possible à l'écart de ce que j'aimais, essayant de ne pas le casser, de ne pas le pourrir, de ne pas le tuer. Parce que cela ne m'appartenait pas. Même les fleurs du jardin. Il suffisait de dire:

– Voyez si cela est beau!

avec le cœur plein d'orgueil et de joie du bon propriétaire et de l'ouvrier savant qui a fait ce qu'il faut, pour que cela soit mort le lendemain matin, cassé, sec... Ainsi en fut-il de tout temps. Cela ne va pas changer maintenant. Mais alors je l'apprenais. Et je ne le croyais pas encore.

Quoi qu'il en soit, nous avions de poulets, de lapins et d'œufs bien plus que nous n'en pouvions manger, sans économiser. Ce qu'il en restait, chacune vendait sa part et achetait avec l'argent ce qu'il fallait pour elle et pour la maison. Ainsi l'épicerie ne manquait pas, ni la toile. Mais pour les assiettes, les verres et les bols, il n'est pas possible qu'on en ait cassé autant dans aucune autre maison. Les poules, les chiens, les chats, les gens, et cette habitude d'empiler la vaisselle de toute sorte sans tenir compte de la dimension, ni que cuillères et fourchettes fussent intercalées, avant de la faire bouillir au grand galop dans la pairole – rien qui manquât pour fabriquer les tessons. J'en ai vu acheter, j'en ai acheté moi-même des assiettes, des verres, par douzaines, tant! Que je ne me souviens même pas comment ils étaient, aussi bien de porcelaine que de faïence la plus ordinaire.

Il est vrai que, quand j'étais petite, ces tessons faisaient mon bonheur. Autant de morceaux, autant d'assiettes, de plats, et quelques-uns portaient un dessin si fin, si joli, que ce n'était pas la peine de leur trouver une autre raison d'être, c'était assez de leur beauté. Parfois, j'en avais assez pour faire la balade. La brouette, voilà tout ce qu'il me fallait. Je la couchais sur le côté, et la roue servait de tourniquets. Je posai sur les rais assiettes et soucoupes, parmi d'autres choses d'égale valeur. Les gens venaient, poussaient la roue, la roue tournait, les uns gagnaient, et d'autres pas. Quels gens venaient? Des femmes et des enfants, des jeunes et des vieux, et les filles que leur galant menait au bal – n'entendez-vous pas? C'est la musique. Je l'entendais, moi, et le murmure de cette foule en joie autour de moi. Ainsi je jouais un temps. Et puis, adieu la brouette, la balade et les jolis tessons.

De brouette, j'en avais eu une, moi, plus jeune encore, juste à ma taille, et que je pouvais mener. Je l'avais tant promenée autour de la maison! Pas davantage que ma petite poêle, il est vrai. Cette petite poêle, ce n'était pas un jouet, c'était une poêle ordinaire, où l'on pouvait faire cuire deux œufs. Ma mère s'était souvenue, probablement, que toute petite elle-même se faisait cuire un œuf, souvent, pour son goûter, dans une vieille louche. Ah! si elle avait eu une poêle! Une poêle juste ainsi, comme celle qu'elle m'acheta. Peut-être pensait-elle que je ferais comme elle... Mais moi j'en avais assez, d'œufs tout cuits, bien trop pour avoir seulement l'idée d'en faire cuire un autre. Je me souviens très bien de cette poêle, mais pas du tout de ce que j'en faisais, ni de ce qu'elle représentait pour moi. Un jour je la perdis – je l'oubliai, je la jetai, est-ce que je sais! Elle fut perdue.

– Peut-être pas pour tout le monde, dit ma mère.

Je ne sais pas. Je ne me souviens pas de l'avoir regrettée. Si je l'emportais partout avec moi, c'était peut-être dans l'intention de la perdre, que je n'en avais rien à faire.

Une autre chose dont je m'amusai longtemps, c'était un petit fauteuil d'osier blanc, fort bien ouvragé, qu'on m'avait acheté pour me faire asseoir à bonne hauteur. Je m'y asseyais peut-être bien, parfois, mais j'aimais mieux le transporter. Je le posais ici, ailleurs, je m'asseyais devant par terre, j'y posais ma poupée, le chat, le soufflet, rien – rien, mais c'est alors justement, qu'il y avait sûrement quelqu'un. Parce que alors ce fauteuil pour moi c'était un trône, un siège royal, un autel, et je ne savais pas ce que c'était qu'un autel, un trône ni un roi, ce que je savais, c'est que celui qui était assis là était, ne pouvait être que quelqu'un d'important. Moi-même, peut-être, quand j'y étais assise. Mais je ne pouvais pas y être et me voir y être, tout à la fois.

Quand, cinquante ans plus tard, j'ai vu, bien vu, en la tenant entre mes doigts, une petite statue de la Déesse Mère assise en son fauteuil d'osier, c'est d'abord à ce fauteuil que j'ai pensé, le mien, mon petit fauteuil. Il s'en manquait de si peu qu'il ne fût tout à fait semblable! Et celui-ci, c'était bien un trône, un siège et un autel, rien n'a changé depuis deux mille ans et plus, pour ce qui est du fauteuil et de la dignité de ceux qui s'assoient dedans.

Je l'ai dit : rien ne me manquait, et surtout pas les fruits. Mais tout de même, les fraises, j'en aurais mangé davantage. Mon père en faisait venir quelques plants dans le jardin, jamais assez. Mais celle-là! Elle était des plus grosses. Elle commençait à rosir d'un côté. Et je l'épiais, jour après jour. Je l'aurais bien croquée telle quelle, mais mes parents ne voulaient pas. Ils disaient qu'elle n'était pas mûre, et qu'elle deviendrait bien plus grosse. Et moi :

– Comment grosse? Comme mon petit fauteuil?

Je ne sais pas si je dis cela en français, ou en limousin. Je le dis. Je m'en souviens. Il ne faut pas s'étonner que je ne sache pas dans quelle langue. A peine ai-je fermé la bouche, encore maintenant, que je ne sais plus.

Et je ne sais pas non plus si, l'année que les fraises pouvaient devenir aussi grosses que des fauteuils, je ne sais pas si j'avais fait, ou non, cette déclaration – que je dirais solennelle – que je n'ai jamais oubliée. Je m'en souviens mieux que de ce que j'ai fait ce matin. En ce temps-là, il n'y avait pas de route qui vînt du Pisse-chien jusqu'au village. Le chemin creux, où pouvaient passer les charrettes et les voitures à cheval mais pas les autos, était au même endroit où presque, seulement plus étroit, bien plus étroit. Mon grand-père nettoyait le talus, juste au-delà du chemin en face de la cour, et moi je jouais à côté de lui, montant et descendant le talus. Je ne sais ni comment, ni pourquoi, si nous parlions ensemble, ni de quoi, tout à coup je me dressai debout et je m'entends encore :

– A partir d'aujourd'hui je parlerai patois comme le grand-père et les Petits.

Cela non plus, je ne me souviens pas de l'avoir dit dans l'une ou l'autre langue. J'avais bien quatre ans, puisque les Petits étaient ici. Eux ne parlaient pas français et ne le comprenaient qu'à peine ; comment nous entendre pour jouer? Quant à moi, même si je ne parlais pas le limousin ou peu, je le comprenais certainement. Il est même probable que je le parlais, du moins avec le grand-père et la Marraine. Mais je décidai ce jour-là que je le parlerais, sans honte, avec tout le monde, et surtout avec ceux et comme ceux, bien sûr, qui le parlaient le mieux, à commencer par mon grand-père. Et je le fis.

LE blé noir, on l'amenait à mesure, charretée après charretée, tout droit du champ où il avait été dressé, javelle contre javelle et grain contre grain pour le faire sécher. La batteuse était tournée de façon à rejeter la paille au râtelier dans la grange, tandis que le grain tombait devant entre les battants du portail et, par le trou d'un madrier du sol qu'on avait enlevé, en bas dans le couloir de pâture. C'est là qu'il serait vanné avec le moulin à vent, tararin-tararan, qu'il fallait tourner à la manivelle. Je n'étais pas bien grande que mon grand-père m'y emmenait, afin de curer le tas derrière la grande grille, sinon elle s'engorgeait. J'aimais bien, à pleines mains remuer ce grain qui était frais, pesant, non pas noir mais d'un bleu d'ardoise, luisant comme de la soie. J'étais là recevant tout le bruit du tarare, un bruit de roues, un bruit de vent – quel vent-qui vient – quel vent-qui vient...

Quand je fus plus grande, j'allais aussi traîner la paille, du râtelier au portaneu, et souvent c'était moi qui la faisais passer par là dans la cour des étables. Les femmes se tenaient au râtelier, la Mémé souvent, qui se faisait un masque avec un mouchoir.

– J'en ai mangé tout mon saoul, disait-elle. Pas étonnant! J'étais au râtelier...

C'est vrai qu'on en mangeait, de la poussière. Que la poussière volait. Souvent même avec des grains dedans, ou de petites pierres. J'en sais quelque chose. Ce jour-là, j'étais petite encore, puisque je n'aidais pas. J'étais là, je jouais, mais surtout je m'ennuyais et je gênais les femmes. A un moment, je m'avançai jusqu'au râtelier pour voir tomber le grain par-derrière. Je ne sais pas si je m'approchai trop, ou si ce grain fut projeté plus loin que

195

les autres, tout à coup il s'enfila dans mon oreille comme un plomb et se planta au fond tel une épine.

– Dans le tympan, dit le médecin.

Il fallut atteler la jument et descendre à Chamberet, moi à moitié sourde et presque couchée sur les genoux de ma mère, malade et la tête endolorie partout. Le médecin lava longtemps avec de l'eau et une petite seringue, mais le grain finit par sortir. Je fus guérie. On ne me laissa plus entrer dans la grange quand on battait et que je n'avais rien à y faire.

Mais quand on avait fait passer la paille et qu'elle était là jusqu'au portaneu contre le mur, mon grand plaisir était de descendre par là jusqu'en bas, en glissant dessus, pour la tasser. Cette paille, à mesure qu'il y en avait deux ou trois charretées, on la tirait au-delà de la cour dans le talus, mon grand-père l'égalisait par couches, et je marchais dessus pour la tasser définitivement. Cela finissait par faire un gros tas dont on se servait pour les litières. Parfois, cela fermentait, et de la fumée s'en échappait quand on en prenait et qu'on la secouait.

A cet endroit, entre les pins qui montaient il y avait un marronnier, un marronnier d'Inde, disait mon père, un arbre curieux pour moi avec ses feuilles tendres, toutes palmées comme des mains. Je ne sais pourquoi, il fallut le couper. Peut-être les pins l'avaient-ils tué comme ils tuèrent le prunier à l'entrée du chemin près du bac, un prunier des reines-claudes, qui portait de si belles prunes, claires, dorées, virant au bleu avec des petits points rouges. Je ne me souviens de l'avoir vu qu'une fois dans ses fruits, le prunier, mais je l'ai toujours regretté.

– Viens voir les pins, disait le grand-père en m'amenant sur le pas de la porte. Regarde! Ils montent plus haut que le bâtiment.

On les voyait par le sommet qui montraient la tête. Il avait planté ces arbres, lui, dès qu'il fut construit pour le protéger, le bâtiment mais aussi le fournil et le hangar, du vent de la pluie d'un côté, du vent du nord par-derrière. De l'autre côté, presque contre la maison, il y avait la haie de houx et, derrière la maison, un talus, avec la haie dessus, et le châtaignier ultime vestige de cette grande châtaigneraie qui descendait jusqu'à l'Étang. Il est toujours là le châtaignier. S'il plaît à Dieu, puisse-t-il y rester! De cette façon, elle était bien abritée du vent, la maison, de même que le village par les bois qu'on avait laissés venir, plus haut sur l'arrête du puy, et en glissant vers la combe.

Mon grand-père aimait les arbres, les arbres de toute espèce. Les fruitiers; il en avait semé, greffé, replanté, et quand il en trouvait de sauvages en se promenant par la campagne, n'importe où, il les greffait de quelque bonne espèce. Les chênes, dont il faisait tomber le lierre. Et les hêtres. Et les pins. Et ces charmes, qu'il avait semés au Pissechien, au bord de la forêt! Il en avait repéré un au pré d'Andou, à l'entrée. Et, un jour qu'il était allé là-bas se promener en compagnie de ma grand-mère, ils rapportèrent quantité de graines qui venaient juste de tomber. Quand eurent poussé les jeunes plants, une année il en fit toute une haie à la cime du Champ, et une autre dans le Coudert, au bord de la route, et jusque derrière la maison. Moi, je les regardais, j'attendais de voir les feuilles. Mais les feuilles ne venaient pas, les arbustes avaient l'air mort. Je tirai sur l'un, pour voir s'il était vif; il s'arracha comme de rien faire.

– Il est mort, pensai-je.

Et j'en arrachai un autre... Pour un peu, j'arrachais tout – non point pour mal faire, mais parce que je les crus secs. On les replanta. Quelques-uns prirent tout de même. Pas tous.

Lorsque j'avais cinq ans, mon grand-père acheta une demi-douzaine de cyprès qui devaient avoir mon âge et à peu près ma taille. Il les planta dans le Coudert devant la maison, de loin en loin, avec une clôture autour de chacun, afin que rien ne les dérangeât, ni les vaches en passant, ni les porcs qui couraient là toute l'année. Je ne grandis pas beaucoup. Les cyprès, que si. Ils étaient bien trop près de la maison. Même encore, sauf un que ma mère fit déplacer alors qu'il tenait déjà tout son jardin. Il y en resta pourtant un, le plus beau, tout argenté. Par chance, en 1976 la tempête le cassa par le travers. De la maison, par la fenêtre, nous le vîmes tomber sans entendre la chute, tel était le fracas du vent. Il tomba, sans faire aucun autre dégât. Il faisait tant d'ombre, et si froide, qu'on ne le regretta pas.

Il était beau, pourtant. Presque autant que ce pin argenté, qui me plaisait tant parmi les autres, à cause de sa couleur rare et de ses petites pommes qu'on aurait crues frisées, si légères. Et presque autant que le mélèze, de l'autre côté, avec ses branches, si longues, si fines, qui se balançaient comme des chapelets de nœuds et qui, à la saison se couvraient de petites lanternes roses, bien douces aux doigts, et qui vous parfumaient de cire jusqu'au fond du cœur. Mais quand ils furent grands, ces pins, et même ces thuyas, devinrent dangereux par temps de tempête. Il fut de moins en moins rare, après quelque nuit d'orage, d'en trouver une ou plusieurs têtes, et parfois l'arbre tout de son long, qui n'avaient évité que de peu la grange. On crut trouver un remède en les faisant étêter. Après quelques années de répit, le risque devint pire. Les arbres s'alourdirent par le haut de plusieurs têtes, encore plus fragiles... Mais tant qu'ils furent là, c'est vrai, ils contenaient le vent, et sur les grands tas de fumier, l'été ils maintenaient l'ombre. Et dedans, par le souffle des milliers d'aiguilles, on entendait la mer.

En même temps que les cyprès, mon grand-père apporta trois lauriers et, ceux-ci, il les planta en rang tout juste de l'autre côté de la cour. Eux aussi profitèrent. On ne les taillait pas, ils poussaient comme des châtaigniers, et ça en faisait, de l'ombre. Et des fleurs! Quand la grappe blanche s'ouvre, par bouquets, des essaims d'abeilles y chantent. Et ce parfum! Le parfum des amandes amères et du laurier-cerise... Un peu avant, ce sont les houx qui sont en fleur, d'un parfum comparable mais plus léger, plus subtil, plus doux. Ces houx, mon grand-père les taillait, à grands coups de cisaille qu'on entendait claquer fer contre fer. Mais les plus grands, plus hauts que la cheminée, il fallait les étêter, parce que, quand soufflaient les vents d'est, la fumée contrariée rentrait dans la maison.

Non – eh non! ce n'était pas rien pour moi, ces houx qui, de ce côté, ne laissaient passer ni le regard ni la lumière – et quand par hasard les traversait quelque rayon de soleil ou de lune, quel éblouissement! Un sentier suivait le pignon, en tournant à l'étroit derrière la maison contre le talus. Et j'y marchais en plein désert, au milieu de profondes forêts – un lieu où l'on pouvait se perdre...

C'est par là que les chats montaient au grenier. On leur avait mis une échelle, une longue barre de bois appuyée au mur jusqu'au donne-jour qui leur servait d'entrée. Cette échelle, maintenue au mur par des chevilles espacées, j'avais vu mon père la poser, je savais bien qu'elle était là. Pourtant, le chat qui sortait des houx, qui grimpait là comme sur un arbre, aussi vite que s'il avait eu le diable aux trousses, les oreilles couchées et les griffes à l'air, qu'est-ce que c'était que ce chat? D'où venait-il à travers la haie? Où allait-il? Le temps de le voir, et le bruit qu'il faisait je l'ai dans les oreilles, il me jetait à plein cœur plus de questions que je ne saurais en résoudre.

Derrière la maison, passé quelque danger que je n'aurais su dire, à l'abri du talus le soleil qui tombait par-dessus la maison, une clairière, le paradis. Nous nous asseyions là, parfois toutes les trois, ma mère, la mémé et moi, à rire, à nous bousculer l'une l'autre en jouant. J'avais cueilli des jeunes pousses de ronce, longues comme la main, toutes tendres, qui sortaient tout juste de terre, et elles m'apprenaient à enlever la peau pour en sucer le jus, qui était doux, amer, d'une odeur entêtante. Elles disaient que c'était bon contre le mal de gorge et parlaient de cette tisane qu'on en fait, toujours contre le rhume et les maux de gorge, en faisant bouillir dans l'eau sept, ou peut-être neuf, têtes de ronce. Neuf? Ou sept? Je ne sais plus. Bien que, sûrement, le nombre sept – ou neuf – soit aussi important que les têtes de ronce... Elles se regardaient les mains, elles lisaient les lignes du destin avec les lignes du travail qui les leur avait creusées de noir, à petites barres comme en font les enfants en classe.
– Faites des barres!

Souvent, ma grand-mère parlait de son premier instituteur, à Saint-Gilles, qui de deux ou trois hivers, ne lui avait appris à faire que des barres. A la fin, disait-elle, elles étaient si droites! Le maître leur disait:
– Faites des barres.
Et il s'endormait. Au bout d'un moment, il ronflait – rui! ruiiiii! Elle le racontait, et je riais. Heureusement, il en vint un autre qui lui apprit à lire, à écrire et à marcher au pas en chantant des airs militaires:

Rantanplan! Les p'tits soldats
sont déjà de bons militaires.
Rantanplan! Ils march't au pas.
Rantanplan! Les p'tits soldats...

Elle parlait d'un de ses camarades, qui n'avait jamais pu, ou su, ou voulu, dire « de bons militaires », il disait: « Sont déjà des pommes de terre ». Eh! des pommes de terre, il savait bien, lui, ce que c'était. Des bons militaires... Elle se souvenait d'un autre air:

C'est l'instant où la trompette
C'est l'instant où le tambour,
le clairon et la trompette
annoncent la fin du jour.
Le clairon sonne à la « sente » du jour.

Elle ne se demandait pas ce que c'était que la « sente » du jour, mais elle s'étonnait quand même de ce terme, inusité, et si ce n'avait pas été de l'instituteur qu'elle le tenait...

Ma grand-mère était allée à l'école tous les hivers de son enfance, quand il ne faisait pas trop mauvais temps, mais pas assez beau pour le travail. Elle était née en 1881, l'année de l'enseignement gratuit, laïque et obligatoire. De cette loi, il s'ensuivit que les sœurs, celles qui avaient appris à sa mère à lire son livre de messe et à travailler de ses doigts, s'en allèrent. Et il vint des maîtres d'école à la place, pour lui apprendre à faire des barres. A Saint-Gilles, il fallut quelque temps pour que les choses allassent mieux. Mon cousin, celui qui est à peine un peu plus jeune que moi, me disait qu'il avait eu quatorze maîtres ou maîtresses, en quelque sept ans d'école. A Saint-Gilles aujourd'hui il n'y a plus d'école. Le progrès.

Ma grand-mère parlait bien volontiers de sa jeunesse que je croyais lointaine, si lointaine... Et dites-moi, en quel siècle pourrait se situer la triste histoire du Bufant?

Cet homme vivait là-bas, derrière le puy de Saint-Gilles, dans une petite maison qu'on voyait, pas très loin, en passant aux Jalives. On l'appelait le Bufant, parce qu'il faisait du bruit en respirant, c'était héréditaire dans sa famille. Il se maria. Il épousa une fille jeune, belle, fort éveillée. Ma grand-mère la connaissait, et quelquefois même elles fanaient ensemble, parce que le Bufant allait les aider quand ils fauchaient le pré du Content. Cette femme chantait, et ma grand-mère avait appris d'elle une chanson :

Je me souviens du temps de ma jeunesse.
Ah! mes amis! J'y penserai toujours.
J'avais choisi pour être ma maîtresse
une beauté plus belle que le jour...

Quand elle était avec son Jean, elle lui prodiguait les amitiés, elle le caressait, l'embrassait.

– Ah! mon Jean!...

Et lui, en soufflant, avalait sa salive. A peine avait-il tourné les talons, elle faisait la moue :

– Oui bien! Si nous n'avions pas été quatre filles au Moulin de Barlet, je n'en aurais pas voulu pour décrotter mes sabots.

De tels propos faisaient honte et colère à ma grand-mère. Mais, de s'ennuyer chez le Bufant derrière les puys de Saint-Gilles, il n'y a pas de honte :

– Ah! mon Jean, viens, tu verras, nous irons à Paris...

Tant elle le flatta, tant l'embrassa, le caressa, qu'il y alla avec elle, à Paris, le Bufant. Il y alla, mais revint.

– Elle me laissa là tout seul sur une grande place, assis sur un banc. Attends-moi, dit-elle, je reviens tout de suite. Et moi je l'attendais. Je l'attendis je ne sais combien de temps. Les heures sonnaient à une grande horloge. Mais elle ne revenait pas. Et moi, j'ai repris le chemin de Saint-Gilles.

Il revint. Avec ses sabots. Qui n'avaient plus de clous depuis longtemps. Mais il revint :

– Oui! Et il se faisait grand temps. Faute de rien, mes roues y auraient gelé, à Paris.

La femme, il semble que ni lui ni personne n'en ait jamais plus entendu parler. Mais lui, il revint. Cachée dans l'if, ce doit être lui-même que j'ai aperçu, un jour qu'il remontait du village. J'étais encore petite. Et c'est bien lui sans doute qui mourut pendant la guerre, on n'a jamais su comment. Quand on le trouva, il ne restait que des os et quelques lambeaux de chair et de vêtements. La truie du Content l'avait mangé. Oui, c'était bien lui-même. Mais je me figurais, moi, que de telles choses n'avaient pu arriver que cent, et cent ans plus tôt... Pourtant, ma grand-mère avait connu cet homme et cette femme.

Et ce jour-là, je m'en souviens bien, je ne sais pas si c'était son anniversaire, mais c'est fort probable, ma grand-mère dit qu'elle avait cinquante ans. Et elles en parlaient entre elles, les femmes, d'avoir cinquante ans, et cela me semblait quelque chose qui compte dans la vie. Même si le compte, un, deux, trois, sur les doigts... ne signifiait rien pour ce qui est des années. Les pousses de ronce disaient le printemps ; j'avais six ans, moi, ou je n'allais pas tarder à les avoir.

Et le jour de mes six ans, je m'en souviens très nettement. Dans ma chambre il entra la Marraine, un large rayon de soleil la portait, et elle portait la cafetière, une grande cafetière émaillée qui avait une fleur d'un côté, et ce n'était pas pour le café. Dedans il n'y avait que de l'eau, mais dans cette eau trempait un gros bouquet, un bouquet de mauves comme je n'en avais jamais vu. Des mauves, c'est tout ce qu'elle avait trouvé comme fleurs, mais elle en avait trouvé. Et elle criait :

– Bonne fête! Six ans. Tu as six ans aujourd'hui. Six ans!

Et toute la journée, elle me parla de ces six ans. Comme si j'avais eu six ans pour toute la vie. Je ne risquais pas d'oublier. Je ne me souviens pas autant des autres anniversaires que l'on fêtait pourtant, que chez nous me fêtèrent toute leur vie. On oubliait parfois celui des autres, surtout celui de la Marraine qui, elle, n'oubliait personne, et surtout pas le mien. Ils n'oubliaient pas tellement, d'ailleurs. Ils se disaient « bonne fête », ils s'embrassaient, ma mère préparait quelque lécherie... Mais moi j'avais droit à un bouquet, de mauves ou de fleurs du jardin, c'était tout un, c'était le bouquet. Ma mère n'y manquait guère. Plus tard, c'est moi qui le fis pour les autres, le bouquet.

Ma mère m'en faisait de merveilleux. Elle savait faire les bouquets. Personne ne lui avait appris. Autrefois, chez les paysans, qui faisait un bouquet? Il n'y a pas cent ans, personne par ici n'aurait cultivé des fleurs, cette saloperie qui tenait de la place et ne se mangeait pas, exception faite d'un rosier, tout de même, d'une espèce ancienne qui gardait la porte. A la Toussaint, quand elle les voyait passer qui allaient à la messe des morts les bras ballants, la femme de Patois qui avait quelques pieds de chrysanthèmes dans son jardin en donnait un bouquet à ma mère ou à la Marraine. Je ne sais pourquoi, ma mère qui aimait tant les fleurs tarda longtemps à cultiver des chrysanthèmes. Je pense qu'elle n'osa jamais en demander, comme elle avait fait à Surdoux pour les asters. Il est vrai qu'elle ne les avait pas demandés.

– Oh! dit-elle, que c'est beau, cela!

– Certes, ma petite. Tu en veux?

Si elle en voulait! On lui en donna. Plus tard, elle sema d'autres fleurs, dans le jardin, à côté de la salade et des ails. Et enfin elle voulut son jardin à elle, pour les fleurs. On le clôtura, avec une belle palissade de palins, dont les derniers viennent juste de tomber, mangés de lierre. Je me souviens, quand on la faisait cette palissade de beaux palins pelés, tout blancs. Et même je tenais la tête de la hache, par-derrière, quand on les clouait. Et je demandais des contes.

– Paitau! dis-moi un conte.

Mais lui, il n'avait pas le temps.

Mon père défricha le jardin. Ma mère y planta, elle y sema de tout, de toutes les fleurs dont la graine s'achète dans des petits paquets fleuris chez l'épicier. Ce jardin était le sien, mais il était aussi le mien, en fait. Les iris qu'elle avait plantés autour du puits, l'espèce en était perdue, mangée par le lilas. Les primevères avaient disparu. Une compagne me donna des iris. Et les primevères, sur le chemin de l'école j'en volai trois griffes au Mas-Brun dans le jardin, m'étant glissée par un trou de sa haie. Sans parler que, à une branche du grand tilleul qu'il fallut tailler, autrement il aurait couvert tout le jardin, dès le printemps mon grand-père pendait une solide balançoire, j'en passais là, du temps, à regarder naître et fleurir, à sarcler et à semer. Les Petits venaient y jouer aussi. Sur le côté, contre le clapier, je ne sais pas s'il y avait encore des lapins dans un ancien coffre et je ne sais quelle autre construction de bois... De toute manière, ce coffre nous servait de tout : de maison, d'autobus, que sais-je?... Les quatre brins d'herbe sous le pommier et les autres arbres, si l'ombre les avait laissés pousser, nos pieds en venaient à bout facilement : c'est là que nous faisions bal avec l'harmonica de Matou. Mais personne n'abîmait les zinnias, les reines-marguerites, les œillets, les clarkias, et tout ce qui voulait bien venir le long des allées. Nous n'y touchions pas.

Ma mère elle-même coupait rarement les fleurs de son jardin, mais pour faire un bouquet, ce n'est pas la quantité qui compte. Je la vois encore prendre ses fleurs une à une, sans les regarder eût-on dit, et les placer dans l'eau du vase, sans raison eût-on cru. La fleur tombait là, toute seule, elle se tournait comme elle voulait, elle était où il faut, elle était chez elle, elle ne devait être nulle part ailleurs. Quand la dernière fleur était posée, le bouquet était fait. Ma mère le regardait, à bout de bras, elle le posait là où elle voulait et cessait de siffler entre ses dents cet air que personne n'a jamais connu.

– Comment fais-tu?

– Je ne fais rien. Ça se fait tout seul.

– Mais comment?

– Chaque fleur va où il faut qu'elle soit.

Évidemment. J'ai essayé. Il suffit de siffler. Et, encore, je ne peux pas me plaindre! Ils ne sont pas si moches les bouquets que je fais, surtout en comparaison de ce que je vois ailleurs. Mais ils n'ont pas le charme de ceux de ma mère, la grâce naturelle, et parfaite. La grâce. Cela ne s'achète pas, ne se commande pas. Ne s'apprend pas. C'est comme ça.

L'endroit qu'on appelait « Derrière la Maison », ce n'était pas tant derrière notre maison à nous que derrière celle des Petits, où le père Léonetou était fermier. Cette cour, il est vrai, était à nous, une grosse pierre d'un côté contre la maison et une plus petite de l'autre côté, c'étaient les bornes. Mais l'endroit n'avait jamais été clos, et, à force de temps, depuis qu'y passaient chez Barre et les autres, c'était devenu une servitude. Au reste, les cours des étables, et même le Charrierou, la petite cour qui descendait jusqu'au chemin public en pente raide, tout était indivis. Les voisins faisaient comme si tout leur eût appartenu, et pour tout dire, ce n'était à nous que pour payer la taille.

Chez Léonetou restèrent là quelque trente ans, trente et un, même, du moins leur fille la Minou, l'Anna comme de juste, et les siens. Il y avait longtemps qu'on ne parlait plus de chez Barre, ni de chez Boulaud, qui d'ailleurs ne portaient pas ces noms, et pas davantage du pauvre jaloux, ni des autres qui avaient vécu quelques années dans cette ferme et que je n'ai pas connus. Quand on les évoquait chez nous, cela me paraissait loin... loin... Il est vrai que c'est loin, le temps passé, et de si peu que ce soit. Hier, nous ne le reverrons pas. Au-delà de notre mémoire, de notre mémoire personnelle, celle qui commence à notre naissance mais qui n'est guère consciente avant quelques années – je parle du peu qu'il en reste –, c'est comme si le temps n'existait pas. Je veux dire, comme s'il s'était aplati, tel qu'on peut le dérouler en largeur comme un livre ou une carte, mais jamais en profondeur. Cent ans, un jour, mille ans... cela peut se comprendre avec la tête, cela ne peut pas se sentir avec le cœur.

Aussi, quand on parlait chez nous du père Boulaud, il me semblait qu'on en était toujours au XIXe siècle, quand il faisait tant trouver de mal à mon arrière-grand-mère. Que tous les quatre matins il lui fallait prendre le courrier, aller à Tulle et passer devant le tribunal. Une fois, il s'était imaginé, en gagnant un sillon à chaque labour, d'avoir notre champ du Pissechien. Quand le jugement l'arrêta – et il fallut un transport de justice pour en venir à bout –, il arrivait jusqu'à la combe. Une autre fois, il avait arraché un arbre qui, dans l'alignement, l'empêchait d'en faire autant aux Varachoux. Le juge lui dit, pour savoir, ou pour trouver une conciliation :

– Allons, vous l'avez arraché, ce châtaignier qui tenait la borne. Pourtant, il avait peut-être cent ans.

– Cent ans! répliqua Boulaud en grinçant des dents. Il avait plus de trois cents ans.

Arracher une borne de cent ans, avec l'arbre qui la tenait, c'est punissable, sans doute. De trois cents ans et plus, pensez! Une fois de plus il perdit son procès et fut condamné aux dépens, et à replanter la borne. La borne, certes. Mais, sitôt revenu de Tulle, il courut aux Varachoux et replanta... la souche tricentenaire du châtaignier. Cette souche reprit. Elle y est encore. Depuis on appelle cet endroit : le Déraciné. Boulaud, pour coquin qu'il fût, n'était peut-être pas des plus intelligents. Savait-il seulement que celui qui déplace une borne de son vivant, il lui faut la porter tout au long de son éternité. De temps en temps il s'arrête :

– Où je la pose?

Personne ne répond. Il reprend sa marche, la borne sur son dos. Si quelquefois, la nuit, par la campagne, vous rencontrez une pauvre âme, et si vous l'entendez crier :

– Où je la pose?

Il vous faudra répondre :

– Où tu l'as prise.

Alors, sachant que faire, le malheureux pourra poser la borne, et sera délivré.

Ce Boulaud! Il lui en avait fait jeûner de la colère à mon arrière-grand-mère. Et il lui en avait fait manger, de la miche. Chez nous, la colère, on la jeûnait. Et l'on disait manger de la miche pour aller plaider, parce que pour plaider il fallait aller à Tulle, ou dans une autre ville, et ne fût-ce qu'à Treignac on ne pouvait rentrer sans manger, on allait à l'auberge, et là on ne vous donnait pas de pain, mais de la miche – pas de pain de seigle, du pain de blé. Sans compter qu'avec ce que coûte un procès, et le gagneriez-vous à bon droit, on pourrait en acheter, de la miche. Boulaud, non, il n'aimait pas mon arrière-grand-mère.

Quand ils allaient tous deux à Tulle, elle prenait le courrier, une voiture à cheval, et lui allait à Treignac prendre le train. Une fois, il le manqua et il dut faire le chemin à pied. Le courrier le rattrapa vers Seilhac. Il n'en pouvait plus. Ses deux galoches rasaient la terre, il ne soulevait plus ses pieds. Il fit signe. Le courrier s'arrêta.

— Mon pauvre monsieur, vous ne pouvez pas monter! J'emmène des dames.

— Je n'en peux plus.

— Eh bien, montez sur l'impériale.

Et ils s'en allaient ainsi, mon arrière-grand-mère dans la voiture, et Boulaud sur l'impériale. A Tulle, il descendit rapidement et chercha à se dissimuler entre les voitures pour que la bonne femme ne le vît pas. Le cocher s'en aperçut.

— Eh! vous là-bas! Vous ne m'avez pas payé!

Et Boulaud lui faisait signe de se taire, mais l'autre ne faisait que crier plus fort :

— Vous croyez vous en tirer comme ça! Et si j'appelle les gendarmes?

Mais ce qui lui était le plus désagréable, ce n'était pas d'avoir raté son train, ni d'avoir voyagé sur l'impériale entre les sacs et les bagages, ni d'avoir été pris pour un voleur, non, ce qui le mettait vraiment en colère, c'est ce qu'il disait à sa femme en rentrant :

— Hé! je risquais bien, de gagner! Tous ces bourgeois, c'est la même clique. Quand elle est entrée, la Noble, ils se sont tous levés pour la recevoir, et ils l'ont raccompagnée jusqu'à la porte en la saluant. Et moi, ils ne m'ont pas regardé, pas plus que si j'étais un crapaud.

— Eh bien, ma foi! faisait la Mariou.

Mais la Mariou, la sainte femme, elle n'avait rien à dire, et elle ne disait rien.

Quand il se comparait à un crapaud, le père Boulaud, cela faisait rire, parce qu'il avait le tour des yeux rouge comme du sang, ses yeux en paraissaient rouges – aussi rouges que les yeux d'un crapaud, c'est une expression toute faite. Il appelait mon arrière-grand-mère la Noble. Si elle était noble, je ne sais pas. On disait que oui, mais autrefois les cadets de la noblesse n'étaient pas grand-chose, après la Révolution, ce fut moins encore, et les femmes, autant que rien, qui perdaient jusqu'à leur nom. Tout ce qu'on savait, c'est qu'elle sortait de chez le Chevalier, et que c'était une bonne maison. Mais Boulaud disait la Noble, et de la Noble il en allait.

– On t'en sortira, la Noble, de ton parterre!

Quand Boulaud s'en alla, son fermier reprit les mêmes habitudes d'insulter la pauvre femme. Je l'ai dit, il me semblait, quand chez nous répétaient ces choses, que tout cela était si loin... Pourtant, mon arrière-grand-mère mourut seulement quelques années avant le mariage de mes parents, et le « parterre », c'était les quelques fleurs de ma mère tout autour du puits devant la porte. Quand je naquis, il n'y avait pas six ans qu'elle était morte. Boulaud, je ne sais pas très bien quand il mourut, mais il n'était plus à Germont, il était allé chez sa fille la Miette, vers Châteauneuf. Il avait toujours dit :

– Je ne veux pas aller crever à Châteauneuf comme la Pieds-Nus.

La Pieds-Nus, ce devait être quelque pauvresse qui avait fini ses jours à l'hospice de Châteauneuf; je ne sais pas, il devait y avoir là-dessous quelque affaire pénible. Lui n'alla pas à l'hospice, mais il mourut à Châteauneuf, après avoir tant dit qu'il n'irait pas. Il y alla tout droit. Tiens! Elle était de bonne composition, sa fille, la Miette. C'est qu'il lui en avait fait, à elle, et à la mère Mariou, autant qu'aux autres.

La Miette s'était mariée chez de braves gens, des gens comme sont les gens, comme ils devraient être. Quand elle fut pour s'accoucher, par malheur dans cette maison tout allait mal, un qui était malade, un autre qui souffrait, et les femmes à force qui ne tenaient plus sur leurs jambes. Que faire? Ils se dirent que pour faire ses couches la Miette ne serait jamais aussi bien nulle part que chez sa mère. Ils attelèrent l'âne, la Miette dans le charretou, son beau-père et son mari pour l'accompagner, parce que le terme s'annonçait proche. Arrivés à Germont, jamais le père Boulaud ne voulut les laisser entrer dans la maison. La Miette ne put seulement pas descendre du charretou. La mère Mariou lui apporta un peu de bouillon dans la cour. Les hommes parlaient, se fâchaient, mais le père Boulaud criait plus fort qu'eux. Il était chez lui, et il n'ouvrirait pas la porte. Ils pouvaient bien dire ce qu'ils voulaient et la Mariou aussi. Ils firent faire demi-tour à l'âne, et les voilà sur le chemin de Châteauneuf, avec cette femme dans les douleurs, et l'enfant pouvant naître d'un moment à l'autre, et je crois bien qu'il naquit en chemin. Pourtant ces gens-là ne lui fermèrent pas leur porte quand il fut vieux. Tout le monde connaissait Boulaud.

La première fois que ma grand-mère le vit, vers le Charriérou en allant à la fontaine, elle lui dit poliment :

— Bonjour.

— Merde, merde, merde... merde, merde, merde, répondit Boulaud en lui tournant le dos.

Elle qui n'était mariée que de quelques jours, raconta la chose en posant ses seaux dans l'évier.

— J'ai rencontré un homme...

— Vous l'avez vu? C'est Boulaud.

Pour aller à la fontaine, quand on avait passé les cours et le Charriérou, il y avait un chemin creux, la Via, qui descendait tout droit dans la combe entre le mur de la petite prairie au-dessus et les rochers qui portaient le jardin de Boulaud, de l'autre côté. Quand les femmes passaient, elles faisaient le moins de bruit possible, mais parfois Boulaud entendait cliqueter les seaux, quand il était dans son jardin. Et pourvu qu'il pût jeter dans le seau une poignée de terre, une motte d'herbe, une pierre... Parfois le rocher se brisait, il en tombait de gros morceaux dans la Via. Un jour que ma grand-mère en débarrassait le chemin, avec la masse, la pelle et la pioche comme un terrassier, Boulaud passa qui lui fit compliment :

— Tu es belle, sais-tu! Tu donnerais bien plus envie de vomir que de bander (en limousin : *de badar que de bendar*)...

Ainsi allait Boulaud. Avant de quitter Germont, il maria son plus jeune fils, âgé d'une trentaine d'années, avec sa petite voisine Clarisse, qui en avait tout juste la moitié. Il lui avait toujours dit :

— Toi, tu épouseras la Clarisse.

Il faisait grand cas de la Clarisse. Il faut dire que la Clémence, la mère de la Clarisse, grande, très droite, et un peu fière, c'était une belle femme, et de plus une excellente femme. Mais son père, de plus d'une façon et surtout pour plaider, il valait le père Boulaud. Le père Étienne, l'autre voisin, l'appelait Mistigris. Or, je ne sais pas s'il le savait, le père Étienne, parce que cela ne se disait pas chez nous, Mistigris, c'est un des noms du diable. Et je ne sais pas non plus ce qu'il en était, mais le fils Boulaud, celui qui épousa la Clarisse, il l'appelait le Bayard. Et, de même, chez nous ne le savaient pas, et je n'ai entendu personne en parler par ici. Mais Bayard, le cheval Bayard, c'est un autre nom du diable, ce cheval qui, aussi nombreux que soient les veilleurs qui le rencontrent, peut tous les charger sur son dos, quatre ou vingt, le dos s'allonge à mesure. Et quand ils sont là il les porte droit au ruisseau et les fait tous noyer. Baiart, ou Bayard... Seul un signe de croix peut vous en garder.

Ainsi, entre le père Boulaud qui valait les deux autres, Mistigris et le Baiart, que pouvaient la Clarisse et sa mère? La mère Clémence trouva même de bonnes raisons :

– De cette façon, les deux maisons dans le même village, on se soutiendra en famille!

Oui. Tu parles d'une famille!

– Je me suis mariée? Chez nous m'ont mariée... disait la Clarisse, bien plus tard.

Quand ils firent noce, elle avait juste ses quinze ans. Grande elle aussi, très droite comme sa mère, ce devait être une jolie fille. Le père Boulaud aurait dû être content, depuis le temps qu'il attendait ça. Je ne sais pas s'il l'était. Le matin du mariage, il alla couper la litière, du côté du Bois-Pelé, sur le chemin de la Montade. Quand la noce passa, avec la musique qui jouait en tête, vrou! Il glissa la faux sous un rang et suivit les autres, vêtu tel qu'il était, avec ses sabots, son pantalon percé et son gilet de laine crasseux. Il n'avait pas tant besoin de courir, pourtant, son fils avait bien l'âge. Ce n'est pas comme quand il avait marié une de ses filles, dont j'ai oublié le nom. Il n'avait pas voulu y aller, mais la fille se trouva mineure, et il fallut venir le chercher, avec une voiture à cheval, de fort loin, afin qu'il donnât son consentement. Il le donna, mais n'alla pas à la noce.

Le père Boulaud n'avait qu'un garçon, mais cinq filles, avec la mère Mariou qui avait déjà trois enfants de son premier mariage. La Catherinette, une gentille jeune fille déjà grande, laissa rapidement la place à Boulaud. Mais il y avait aussi Guillaume, le pauvre Guillaume, pas très malin, qui devint son souffre-douleur, comme je l'ai déjà conté, et le petit Louis, qui devint Jambes-de-Bois. Oui, je l'ai déjà conté. J'ai dit tout ce que j'en savais, je n'en parlerai pas davantage. Les filles de Boulaud étaient parties depuis longtemps, toutes mariées. Je n'en ai connu aucune, mais j'en ai entendu parler. De la Miette, comme j'ai dit, et le la Toinou.

– Ma sœur Toinette, disait encore Jambes-de-Bois dans les années quarante, elle ne manque pas de toupet...

Elle n'en manquait pas. Jeune fille, dans les bals, elle provoquait les garçons et parfois les rossait. Mais, une fois, à Meilhards, les garçons la rossèrent. Elle revint penaude, déchirée, et son arme favorite, son parapluie, montrait de lamentables baleines. Telle quelle, et ne manquant pas de verbe, elle manqua maint mariage ; mais elle avait appris à en profiter, exigeant rapidement l'achat de robes et de vêtements qui, lorsque le garçon annonçait la rupture, lui revenaient de droit. Si les garçons, comme c'était la coutume, s'approchaient en tant que « bergers » pour aider à garder, il lui arrivait de les insulter, et même une fois, avec ses sœurs, elle en avait attrapé un, un tout jeune homme qui était domestique chez nous. Elles le déculottaient, la Toinou avait sorti son couteau, et elles parlaient de le castrer. Et le garçon criait. Quelqu'un passa... Une autre fois, elle insultait le pauvre Cadet du Cheyron, qui était un peu demeuré :

– Couilles bourrues !... Couilles bourrues !...

– Ah ! fille ! répondit l'autre, tu ne sais pas comment deviendront les tiennes.

Et je n'ai pas davantage connu le garçon, qui fut tué à la guerre, un an peut-être après son mariage, sans avoir vu son fils qui n'était pas encore né. La Clarisse resta veuve quelque dix ans, puis se remaria avec le père Henri, qui était veuf lui aussi, brave homme s'il en est, dans le même temps que mes parents. Là encore, ce fut sa mère qui la maria, du moins qui s'occupa des présentations. Et la Clarisse, en le racontant, ne pouvait s'empêcher de sourire. Le père Henri n'avait pas d'enfants et n'en eut pas davantage avec la Clarisse. Il fut pourtant toujours le père Henri, avec sa pipe, son chapeau noir et son air de grand seigneur ; le respect de la tradition, pour ne pas dire de la routine, lui était sa première loi morale, avec une indéfectible politesse. Et ainsi, tout le monde lui portait honneur et respect. Il le méritait bien. Mais la Clarisse disait quand même :

– Les premières soupes trempées sont bien les meilleures...

Elle eut tout le temps d'éprouver les effets pervers de la tradition, mais, pour la première soupe, elle n'avait eu qu'à peine celui d'y goûter. Ah ! nostalgie de la jeunesse.

Je ne me souviens pas d'avoir vu le père Boulaud. Parfois, il revenait à Germont passer quelques jours chez la Clarisse; je ne sais pas si je l'avais vu, je ne l'avais pas remarqué. La dernière fois que mon père le vit, ce fut sans doute la dernière fois qu'il vint. Mon père labourait à Pissechien. Il le vit descendre entre les champs et s'arrêter au bouleau sous le panneau « don de Dunlop », qui attendait. Mais l'autobus n'arrivait pas. L'homme s'assit entre les bouleaux et finit par s'y coucher. Il dut même s'endormir. Toujours est-il que, quand l'autobus passa, il passa. On ne sut pas si le chauffeur avait seulement vu cet homme couché. L'aurait-il vu qu'il aurait pu le prendre pour un vagabond, non pour un voyageur qui attend l'autobus. Il ne s'arrêta pas. C'est seulement alors que le père Boulaud se leva, fit des signes, agitant les bras. Il était trop tard, l'autobus était loin. Et le père Boulaud reprit le chemin de Germont, jusqu'au lendemain, tout en colère, sa canne, à bout de bras, insultant l'univers.

A ce moment-là, je devais avoir trois ou quatre ans. Le père Boulaud ne dut guère tarder à mourir. Il me semble que ce fut un peu de temps avant la mère Clémence et Mistigris. Quand cette femme mourut, on en parla, à mots couverts, parce que c'était peut-être sa faute, au mari, si elle n'avait pas été soignée convenablement. Facile à dire! On meurt de n'importe quoi, et elle, je me souviens que sa tête branlait sur ses épaules comme si le vent allait l'emporter, et ses mains non plus ne tenaient pas en place. On parlait de son cœur. Si ces troubles venaient du cœur, on ne devait guère pouvoir le soutenir mieux que celui de mon arrière-grand-mère quelques années plus tôt. Et quant au parkinson, qui, aujourd'hui me semble évident, que faisait-on alors? Il est vrai qu'un grand malade peut tout aussi bien mourir d'un mal bénin qu'on aurait pu guérir. Je ne sais. Toujours est-il que, tout de suite après l'enterrement, le mari alla voir le médecin, qui lui aurait fait des reproches. Et quand il fut revenu, lui aussi mourut. Le bruit courut, un murmure, qu'il s'était empoisonné à la Taupicine. Peut-être du chagrin d'avoir perdu sa femme, peut-être des paroles du médecin, le père Roux, qui disait tout ce qu'il pensait et au-delà. Peut-être parce qu'il n'aurait plus personne pour lui préparer ses repas.

Quand la Clarisse se remaria, ses parents se tournèrent de côté, tout seuls dans le fournil. Oh! ils n'étaient pas à plaindre pour cela. Ils n'allaient pas loin. Le fournil était une construction attenante à la maison, cela faisait une grande pièce, avec une belle fenêtre et une porte extérieure. Le seul problème était le four, où l'on cuisait le pain deux fois par mois. Soyez sûr qu'à ce moment-là, tout le monde n'avait pas une maison aussi grande pour deux personnes, et ainsi, à côté de leur fille, ils étaient chez eux et en famille tout à la fois. Mais voilà! Mistigris n'avait pas volé son surnom.

Une fois, la Marraine qui arrivait chez la Clarisse pour faire une commission, rencontra la mère Clémence qui emportait une pleine poêle de nourriture vers le fournil.

– Où allez-vous comme ça?

La Marraine aimait bien la mère Clémence, et c'était réciproque. Quand le mari s'en allait, à la foire ou à la promenade, et qu'elle savait qu'il rentrerait tard :

– Louise, vous viendrez veiller avec moi ce soir?

Et la Marraine y allait. Elle savait que le vieux ne supportait pas de trouver sa femme couchée au retour. Il exigeait qu'elle l'attendît au coin du feu, et la Clémence attendait, tricotant et cousant. Mais quelquefois le temps lui semblait long. A deux, les heures passaient plus vite. Moi aussi, j'aimais bien cette femme. Une fois qu'on triait les châtaignes ensemble, je choisissais toutes les plus grosses pour les lui donner. Une autre fois, je la poussais sur le chemin, de toutes mes forces. Mais les femmes m'en empêchèrent, disant que j'aurais pu la faire tomber. Ce n'était pas ce que je voulais, non. Ma mère aussi l'aimait bien, la « Pance », comme elle l'appelait toute petite.

Tout ceci pour expliquer que la Marraine se permit de lui demander, avant même les portements :

– Et où allez-vous comme ça?

– C'est notre vieux, tenez! Il a juré qu'il ne s'assierait pas à la même table que son gendre. Et c'est ainsi que je viens ici chaque jour préparer les repas, la soupe et le dîner, pour tous. Et puis j'emporte la nourriture pour nous deux. Et il ne connaît pas. Il ne faut pas qu'il connaisse. C'est pourquoi j'allume le feu, je pose la poêle dessus, et il croit que j'ai fait cuire notre repas à part... Ah! Louise, chacun a ses peines, tenez...

Plus le temps passait, plus il perdait la raison. Une année, le jour des Rameaux, il prit une petite branche de buis d'une main, une grosse Bible de l'autre, et il suivit les rues de Chamberet en bénissant, ou en maudissant, les maisons :

– Celui-ci fleurira... Celui-là crèvera... Celui-là séchera... Celui-là...

On n'entendit pas tout.

Il s'était mis à chercher le trésor. N'importe où par la campagne, soudain en marchant vous entendez le terrain qui résonne, et en tapant, l'écho. Dessous, il y a probablement un trou. Cet homme avait dû le remarquer à plus d'un endroit. Et ne disait-on pas qu'une fois, dans le Petit Champ, son propre champ, les bœufs tout à coup s'étaient enfoncés dans une cave? Je ne sais pas si c'était une « cave », c'était un trou. On ne trouva rien dedans. Mais il n'y avait pas si longtemps que Roux de Romanieras, qui était aussi propriétaire de Germont à cette époque, avait trouvé le fameux jeu de quilles en or alors qu'il labourait un champ. A Germont, l'idée courait d'un trésor caché sous un houx. Et le vieux cherchait partout.

En allant à notre pièce du Champ, un jour mon père le trouva qui creusait un trou sous leur jardin. Il avait travaillé. Son trou s'avançait de deux, peut-être trois mètres sous les racines de quelque mauvais houx, qui retenaient la terre du jardin, en contre-haut du chemin. Il transpirait à grosses gouttes. Il montra son travail à mon père et il lui expliqua que, quand il allumait une bougie, au fond la flamme s'éteignait parce qu'il n'y avait plus d'air. Mon père en riait, parce qu'il n'était pas possible que l'air manquât à deux ou trois mètres du chemin. Mais si la lampe s'éteignait réellement, il devait bien y avoir quelque raison, une raison à laquelle ils ne pensèrent ni l'un ni l'autre? Personne ne crut que la flamme s'éteignait. Personne n'alla voir. C'était un pauvre malheureux, mieux valait ne pas le déranger chez lui. Quand ce n'était pas nécessaire, on ne passait pas par là.

Pour tout arranger, il avait planté des genêts en fleur autour de l'entrée. Et moi, j'aurais bien voulu voir, à cause des genêts en fleur. Ça devait être beau! Moi aussi j'en plantais, dans la neige, l'hiver, des genêts. Mais ils n'étaient pas en fleur. C'est que je voulais faire une étable pour les oies. Et je les conduisais là :

— Au nid, madame, au nid!

Les oies ne m'écoutaient pas, elles ne voulaient pas entrer dans mon étable de genêts.

— Allons! la dame! au nid.

La dame-au-nid ne voulait rien entendre... De la dame-au-nid, on en parla longtemps tout de même, et plus que jamais quand j'allai à l'école, et que j'eus pour Maîtresse une Dame, la Dame-au-nid. Mais si j'avais eu des genêts en fleur!... Oui, j'aurais bien voulu voir le trou du trésor, moi, et la flamme qui s'éteignait, et les genêts en fleur autour de l'entrée. Quand je passai par là, beaucoup plus tard, et qu'on me montra l'endroit, je n'osai pas m'avancer vers le trou, qui s'effondrait. Il n'y avait pas de genêts en fleur. Rien. Des ronces et des orties.

Quand il mourut, ou quand sa femme mourut – et peut-être pour l'un et pour l'autre, mais je me souviens d'une seule fois, je ne sais laquelle –, on m'emmena donner l'eau bénite. Je ne remarquai rien, si ce n'est un petit lit noir, au milieu de la chambre, que je pris pour un berceau. Je parlai de ce petit lit, plus tard, à mes parents, mais je compris tout d'un coup que je me trompais, et qu'eux ne voulaient pas me parler du cercueil. Ce fut comme si j'avais reçu un soufflet. Je crus me vider de mon sang, et tout de suite après mes joues se mirent à brûler et ma tête à bouillir. Je n'oubliai pas pour autant, bien au contraire.

Je ne sais si c'était pour lui, ou pour elle, quand la voiture passa pour aller chercher le corps, je jouais dans la cour. Il faisait soleil. Je crois qu'il avait plu. Ainsi je rencontrai la mort, sans rien voir, pour la première fois.

D E toutes ces premières années de ma vie, j'ai de vrais souvenirs, qu'évidemment je remets à leur place, qu'évidemment j'ai entendu dire et redire tout ce qui peut leur donner un temps, un sens, une raison. Mais j'en ai, moi, un souvenir personnel, une image, une voix, une parole, un souvenir aussi court soit-il, ou plus long encore que je ne pourrais dire. Ce jour, tenez, où je m'amusais, sur le chemin au Trech, non loin du Pissechien, à pousser la mère Clémence par-derrière. Mes mains arrivaient tout juste au pli de ses jambes, et cela faisait balancer sa robe, une large robe noirâtre, et tout se balançait, comme une pendule. Et je riais, j'entends mon rire. Et les femmes me grondèrent, disant que j'aurais pu la faire tomber, cette femme, qu'il ne fallait pas la tourmenter ainsi. Et j'en eus grand dépit, je ne voulais pas la faire tomber, non! Comment aurais-je pu, d'ailleurs; faire tomber une si grande femme, si forte et si droite, en lui secouant sa robe à hauteur des genoux! Je ne voulais pas lui faire de mal, non! Je ravalai mon rire, rien d'aussi douloureux. De cela certes je me souviens. Personne n'était dans ma gorge, pour le savoir comme moi.

Tant de choses ainsi. Une fois, on amenait du bois, des branches de taillis pour le feu à l'âtre, cela brûle bien une fois sec pour faire les crêpes ou cuire les repas. Ces branches n'étaient pas bien sèches, justement. C'était du chêne. Une des premières fois que j'ai remarqué la forme des bourgeons, trois par trois comme une patte d'animal, celui du milieu plus fort, si durs, si luisants, et d'une odeur! Sauvage, mais douce, toute la sève des forêts dans une brassée de branches.

215

Une autre fois, c'était des racines, des souches fendues, qu'on avait amenées. Mon grand-père en avait apporté dans la maison, et pour les faire sécher, il les dressa contre le mur du haut. La lueur des flammes les éclairait de temps en temps. On en voyait courir l'ombre par-derrière, on aurait dit qu'elles dansaient, et lui-même mon grand-père m'aidait à reconnaître ces bêtes avec leurs pattes, leurs cornes, leur mufle; un sanglier, le loup, la chèvre sauvage... Et pourtant ce n'était rien, rien que des morceaux de bois fendu, tout blanc d'un côté et de l'autre grisâtre, couleur de terre, d'écorce et de racines. C'était dans le temps qu'on avait démoli le sol de la maison, et le ciment n'était pas fait encore. Par terre, c'était plat, sec, un sol de terre. J'aurais aimé, moi, que cela restât ainsi. Je ne sais pourquoi : le feu, les landiers, la lumière, le sol, tout me semblait proche, à ma portée, et même les souches contre le mur. J'étais chez moi.

Et je me revois aussi au fond de la Buge, dans le chemin creux, près de l'entrée de la Vieille Buge qui était toute bordée de pruniers le long du chemin. Ces pruniers étaient sauvages, je m'en souviens! Mais les prunes étaient belles. Il y en avait de blanches et de bleues. Les blanches, une prune ronde, dorée, toute piquetée de rouge, étaient plus jolies à voir que bonnes à manger. On les appelait « savon », et elles n'avaient pas volé le nom, elles avaient réellement un goût de savon, ce n'est pas un vain mot, si ce n'est quand elles étaient très mûres, parce que le sucre, alors, effaçait ce goût dans l'amertume du noyau. Les bleues ne manquaient de rien, ni de parfum ni de saveur. J'en ai passé là, du temps, sous ces pruniers! Même après l'enfance. A les secouer, à ramasser, à manger, assise sans penser à rien, le soleil frémissant de l'ombre légère des arbres sur la tête, le ventre plein mais la bouche avide, les mains où le jus rosâtre séchait comme une peau...

Mais ce jour-là, bien plus lointain, bien plus lointain certes, c'était l'hiver. On avait coupé des cerisiers dans le talus, on avait dressé le bois de feu, fendu tout blanc, l'un contre l'autre. Et mon grand-père, avec l'écorce, m'apprenait à faire des tabatières. Ce n'était pas difficile! Cette écorce fine s'enroulait sur elle-même toute seule. On en aurait fait tant et plus, des tabatières... Des tabatières qui n'avaient pas de fond, je le voyais bien.

Cela ressemblait, pourtant, à des tabatières. Celle de ma grand-mère était ainsi. Pas celle de la Marraine. Ma grand-mère emportait la sienne dans sa poche. La Marraine gardait la sienne dans sa commode. Elle me l'avait montrée souvent, elle était belle! C'était celle de mon arrière-grand-père, qui faisait un peu le commerce du bétail, et cela l'aidait parfois pour finir un marché, d'offrir une prise de tabac. C'était une boîte de corne, jaune, incrustée de nacre et de petits clous de cuivre qui luisaient comme de l'or. Le couvercle était doublé de bois de santal, qui sent la rose. Cela donnait une bonne odeur au tabac, c'est du moins ce que disait la Marraine. Elle me l'avait fait sentir, je n'y avais trouvé, moi, que cette odeur âcre et forte du tabac, qui ne me plaisait guère. Elles, elles en fourraient dans leur nez, de cette poudre noire! Surtout ma grand-mère qui n'avait qu'à ouvrir sa boîte, et frui! frui! à pleines narines, à longueur de journée. La Marraine, il lui fallait aller dans sa chambre, ouvrir sa commode, et souvent elle prenait encore le temps de mesurer la prise, dans le trou qui se fait sur la main en repliant le pouce. Elle n'en prenait que peu à la fois. Mais, sa commode, elle y allait voir souvent.

Les mouchoirs, après cela, et l'odeur qui les suivait partout – ne demandez pas! Ma tante Angéline, c'était pis encore. Les ailes de son nez en étaient toutes rouges – elle qui était si coquette – et elle parlait comme si elle avait eu le nez bouché. *Nas-plen d'Italia* [1], disait la Marraine qui aimait jouer avec les mots. Je la revois, l'Angéline, tenant sa prise à trois doigts et, d'un large geste qui ressemblait à une révérence, se la jetant dans le nez d'un double reniflement, strouf! strouf! – Atchoum!

– Ah! vraiment, que ça m'a fait du bien!

Et elle riait, frou-frou-frou... frou-frou-frou... tout doucement, comme si elle eût envoyé tous ses ennuis au-delà de la mer Rouge dans cet éternuement.

Ma mère ne prisait pas. Mon père ne fumait pas. Mon grand-père non plus. Mais ma grand-mère souffrait des dents, surtout quand elle était jeune. Cyprien, le pharmacien, qui était un ami de mon grand-père – comme fils de veuves, ils avaient fait ensemble un an seulement de service militaire, mais loin, à Belfort –, Cyprien leur donnait bien des pilules, mais si cela permettait de supporter la douleur, cela ne guérissait pas le mal. Et une fois que ma grand-mère en avait pris un peu plus que la dose avant d'aller garder les vaches aux Ribières, cela l'avait si bien endormie qu'elle crut y rester. Oh! elle ne se sentait pas malade, et elle

---

1. *Nas-plen*, terme occitan : nez plein. Se prononce « Na ple » (Naples d'Italie).

ne sentait pas la dent –, elle ne sentait rien. Elle était là, couchée de côté, elle voyait tout. Mais elle ne pouvait pas bouger. Je pense qu'elle eut peur.

C'est alors qu'elle essaya de fumer. Quand elle souffrait des dents, elle fumait la pipe. Cela calmait un peu la douleur. Mais un jour qu'elle travaillait à la pièce du Champ – elle n'avait plus mal aux dents –, à un moment elle se dit :

– Tiens! si j'avais une bonne pipe, je la fumerais volontiers.

La pipe était dans sa poche, mais pas de tabac. Elle en ressentit une déception profonde. Eh oui! Il lui manquait quelque chose.

– Ah! se dit-elle, ma garce, tu y as pris goût!

Elle se saisit de la pipe et la jeta là-bas dans le talus au fond de la pièce du Champ, aussi loin qu'elle put. Elle en avait bien assez de priser.

Et je me souviens aussi, de bien plus loin encore, de ce jour que ma mère, en me changeant de chemise devant le feu, me tenait droite, toute nue sur ses genoux. Le maçon était là, qui devait commencer les travaux. En passant, et me menaçant du doigt comme s'il avait voulu me chatouiller, il me disait :

– Rabouni... Rabouni...

Je pense qu'il voulait me faire rire. Je ne riais pas, moi. Oh! je n'avais pas peur. Mais cela ne me plaisait pas d'être nue devant les gens. C'est peut-être la première fois que, comme l'Ève dans le Paradis, je sus que j'étais nue.

Quand ma mère me changeait de linge, mais aussi le matin en m'habillant, il y avait un moment que je ne supportais pas – juste le temps de passer la tête dans le vêtement et de sortir les bras. Cela me tenait, cela me serrait, cela m'étouffait, cela m'étranglait – juste le temps de passer, juste le temps de mourir. Je m'en souviens de très jeune âge, ma mère disait qu'il en avait toujours été ainsi, que je ne pouvais pas m'en souvenir, nouvelle-née. Et je ne me souviens pas, sans doute, du jour où ma grand-mère de Cros, la mère de mon père, était venue me voir. Elles lui dirent, ma mère et la mémé, qu'elles-mêmes ne savaient pas très bien m'emmailloter, ma mère parce que c'était son premier enfant, et l'autre parce qu'elle n'en avait eu qu'un seul. C'était pour lui témoigner quelque déférence. La mère Miette ne se fit pas prier :

– Eh là, bien sûr! j'en ai emmailloté cinq!

Elle me prit, me posa sur la table, et de me serrer dans les langes, en tournant, que seule dépassât la tête. Je ne disais rien. Mais j'ouvrais de ces yeux! Elles attendirent, les deux autres, que la brave femme eût tourné les talons et me desserrèrent aussi vite que possible. Il était temps! J'étais aussi rouge que si j'étouffais. C'était vrai, pourtant, qu'elle en avait langé cinq, et elle ne les avait pas étranglés. Ils ne devaient pas aimer autant que moi leurs aises. Oh! il n'est pas possible que je m'en souvienne. Et je me vois pourtant, sur cette table, ou plus exactement sur la maie, je me vois enroulée comme un sac et les bras prisonniers, bouche ouverte et les yeux affolés. Je me vois! Et même il me semble que je m'en souviens. Que ma gorge, mes bras, mes poumons s'en souviennent.

On l'a tellement raconté. Je ne m'en souviens pas davantage, sans doute, que de ma naissance. Les jours précédents, chez nous moissonnaient le blé noir, une très belle récolte de blé noir dans un défrichement qu'avait fait mon père. Il était fort, un peu clair, et le vent l'avait légèrement couché, si bien qu'il fallut le couper à la faucille, la machine l'aurait par trop abîmé. Ma mère y travaillait comme les autres, elle gardait le bétail et vaquait à ses occupations habituelles. D'ailleurs, elle ne croyait pas le terme proche. Or, ce soir-là, elle glissa, les pieds lui manquèrent d'un coup et elle tomba sur le cul assise. Elle ne sentit pas de s'être fait mal. Mais, le lendemain matin, les premières douleurs commencèrent. Mon père enfourcha la bécane et descendit à Chamberet demander la sage-femme. Elle n'était pas chez elle. Elle était chez une autre parturiente. Que faire? Il reprit la bicyclette, et en route pour La Croisille.

Il avait acheté cette bicyclette, mon père, lorsqu'il était à Tulle en garnison. C'est qu'après quatre ans de guerre et de camp, on garda encore les soldats toute une année sous les drapeaux, considérant qu'ils n'avaient pas accompli leur service militaire. Mon père ne s'en plaignait pas, jamais il n'avait été ni ne fut aussi tranquille. On l'avait affecté au mess. Son plus grand travail consistait à servir quelque liqueur aux officiers et à leur présenter les journaux – parfois un livre, mais ces messieurs ne lisaient guère. Et le reste du temps, il se reposait, lisait des livres et de la musique. La seule difficulté était de venir en permission. Je ne crois pas qu'il fît le chemin de Tulle à bicyclette, ou rarement. Je pense qu'il allait à Treignac prendre le train des caillades – tac-o-tac... tac-o-tac... celui-là même que j'ai vu plus tard fumer de si beaux nuages blancs, depuis le puy des Fayes, quand il montait les côtes d'Affieux... Je ne sais pas. Tulle, c'est loin, mais Treignac, ce n'est pas non plus derrière le four. De toute manière, la bicyclette aidait bien.

Quand mon père traversa Surdoux, c'était la foire. Il ne parla à personne et ne s'arrêta même pas. Mais tout le monde imagina où il allait et pourquoi, et on ne se trompait pas. La sage-femme vint. Il n'y avait que peu de travail de fait, et surtout, les douleurs cessèrent, tout l'après-midi. Elle faisait lever ma mère, lui disait de marcher, sans résultat. Vers les quatre heures, elle dit :

– Maintenant, je ne peux plus rester seule. Je sais ce qu'il faudrait faire, mais je n'en ai pas le droit. Il faut un médecin.

Mon père repartit et demanda le médecin. Quand le père Roux arriva, sur le coup des sept heures, tout était terminé, sans autres difficultés que ce qui est naturel. J'avais déjà vu ce qu'il en est du monde et j'avais refermé les yeux. Que, ce qui étonna les assistants, c'est que, à peine sortie quand ils me prirent dans leurs mains, au lieu de faire la grimace et de pleurer, j'ouvris tout grands mes yeux et je regardais tout autour de moi – le lit, la fenêtre, la chambre et ceux qui étaient là... Tout de suite après, bien sûr, je criai – je n'étais pas malade, je n'étais pas infirme, et j'avais la ferme intention de bien chanter plus tard. Certes, les nouveau-nés, il ne faut pas les laisser crier à s'éclater le nombril, mais pour qu'ils puissent chanter et avoir du souffle une fois grands, il faut les laisser pleurer, et même crier raisonnablement. Un nouveau-né qui ne gueule pas, qui ne vagit pas, qui ne bâille pas, qui ne pleure pas, il ne veut pas vivre. Il ne vivra pas. Moi je voulais. Quand j'en avais tété un, ma mère me présentait l'autre sein. Moi je tapais dedans à coups de poing, le lait ruisselait, je le regardais couler et je riais à grands éclats. Quand le cordon tomba, en laissant une petite marque creuse comme une queue de melon, ma mère le recueillit, et quand j'eus mes trois ans elle me le donna à délier, ce que je fis facilement : c'était la coutume. Tout ce qui entoure ma naissance, on me l'a dit, je ne m'en souviens pas.

Et je ne me souviens pas mieux de cette femme de Journiac qui passa un jour et m'ayant vue sur les genoux de ma mère voulut à toute force me faire un brevet contre les vers. Et elle me le fit. Je ne me souviens pas d'avoir porté cette sorte de scapulaire. Mais

220

peut-être est-ce à cause de cela qu'on parlait chez moi d'un autre objet magique que l'on mettait dans le berceau des nourrissons retardés pour la marche, le pied d'élan, que l'on se repassait dans les familles. Le nôtre était perdu, quelqu'un l'avait gardé. Heureusement, je n'en avais pas eu besoin, bien que je n'eusse pas été précoce. Je n'avais guère marché avant seize ou dix-sept mois – presque l'âge où ma mère grimpait aux échelles –, mais ce n'était pas catastrophique, et de toute façon je parlais tellement bien depuis longtemps qu'il n'y avait pas à s'inquiéter.

A défaut du pied d'élan, on avait chez nous le bouton pour les yeux, cette pierre percée comme une grosse perle ronde et lisse. Quand on a mal aux yeux, il faut la tremper dans le vinaigre, se la pendre au cou et la passer délicatement sur l'endroit douloureux. On avait aussi une pierre pour les dents, dont on frottait les gencives des enfants pour les aider à percer leurs dents. On disait qu'elle avait été trouvée dans un champ, plus de deux cents ans auparavant. Ce n'était pas une pierre. C'était comme une grosse pièce percée, avec neuf dents taillées au pourtour de chaque face. C'est à cela qu'on l'avait identifiée comme une pierre pour les dents. Longtemps après, je crus y reconnaître une fusaïole – un peson de fuseau – qui pouvait bien avoir quatorze ou quinze cents ans d'âge. C'est la Marraine qui gardait précieusement l'un et l'autre. Quelquefois elle me montrait la pierre. Le bouton, elle l'avait souvent dans sa poche, ou autour de son cou, elle le passait sur ses yeux et elle disait qu'elle s'en trouvait bien.

Une chose dont je me souviens parfaitement, c'est ma chaise haute. Mon père me l'avait achetée à Paris quand il était allé accompagner sa mère à Vauquois lors de cérémonies à la mémoire des soldats tués au combat dans cette région. C'est là que mon oncle Amédée avait disparu sans laisser de traces, ou si peu qu'on n'avait pu le rapatrier. Enfin, j'eus ma chaise, et je m'en souviens. Pas seulement parce que j'avais joué longtemps avec. Pas seulement parce qu'on m'assit dessus, à table, pendant des années. Oui, à table, c'était bien. Du haut bout, j'étais à la hauteur des autres, presque au-dessus, et je les voyais tous, assis sur les bancs. J'étais assez grande, à ce moment, pour m'en souvenir. Je m'y vois. On me donnait un peu de vin, dans un verre à liqueur, un verre à pied, avec des ciselures autour. Et hop ! c'était bon. J'avais tôt fait de le vider, le verre. Et j'en demandais d'autre, encore d'autre. Pourquoi ne m'en donnait-on pas davantage ?...

Mais je me souviens aussi d'y avoir été assise, dans cette chaise, la tablette devant moi, et la rangée de boules, une rose, une rouge, une verte, une bleue, juste à ma portée. Et je les faisais tourner, glisser, encore tourner, ces boules, à longueur de temps. On pensait que je m'amusais, j'étais bien tranquille, je ne disais rien – la paix pour tout le monde... Et moi qui m'ennuyais, qui m'ennuyais tant, que je les aurais arrachées, les boules, si j'avais pu, et qui les faisais courir, ainsi, comme un pauvre cheval à l'attache, de colère... C'est le souvenir, du moins qu'il m'en reste. Il est peut-être trompeur. Peut-être que, d'habitude, cela m'amusait. Et qu'un jour, le jour dont je me souviens, je m'ennuyais.

Comme pour tout, il y eut bien un jour que cela finit, de m'asseoir enfermée entre la chaise et la tablette – même si, pendant longtemps je continuai à m'en amuser, comme je faisais de mon berceau, quand ces choses-là au lieu de mobilier devinrent pour moi des jouets. Et il vint un autre jour, où tout cela ne m'amusa plus du tout. Ce ne furent plus des jouets, ce fut une chaise, un berceau, quelque chose qui ne servait à rien, dont personne n'avait plus besoin. A quoi cela avait-il bien pu servir? On le monta au grenier, ou sur quelque galetas, où cela finit sous la dent des vers, sans que personne s'en souciât.

Il vint certainement, ce jour! Et je ne m'en souviens pas. Il vient, toujours, le temps d'oublier. Et de ce jour, on ne s'en souvient pas. Même si on se resouvient, par hasard, du plaisir qu'on prenait avant, à ce jeu, à cette compagnie, à cet amour – non il ne laisse pas de souvenir, le jour où c'est fini, le moment où l'on oublie. Quelque chose, quelque part, casse sans bruit, sans rien dire. Rien n'en reste. Vous ne le sentez même pas. Comment pourriez-vous vous en souvenir? C'est ainsi que j'ai oublié, plus tard, le visage des gens – le nom – le visage – la moindre trace...

Et encore! je n'ai pas tout oublié. Je n'ai pas oublié cet homme qui venait quelquefois chez nous, qui me prenait sur ses genoux – ou plutôt je grimpais, moi, sur ses genoux. Je vois son sourire, son visage, que peut-être la maladie, ou l'alcool, marquait de bleu autour des yeux, au nez, aux joues. Je pourrais vous dire son nom. Il ne devait pas être âgé – il ne portait pas d'âge. Il parlait doucement, avec des gestes délicats, qui ne posaient sur rien. Il s'asseyait au coin du feu, il souriait. Un jour, on dit qu'il était mort.

Et je me souviens aussi de la Manie. Elle était toute jeune, alors, la Manie. Elle s'était élevée à Germont, peut-être y était-elle née, une dizaine d'années avant moi, ou plus. C'était une jolie fille, noire de cheveux et de peau. Le soleil brillait. Accroupie, elle me faisait sauter en me tenant les mains. Ma mère lui parlait amicalement. Ç'avait été une joie pour toute la maison, la visite de la Manie, un jour béni. Elle n'est peut-être jamais revenue. Je ne sais pas si elle était fleurie à ce moment, la touffe de thé que nous avions là où est maintenant le jardin des fleurs. Je me souviens de cette plante, si fine de branches, de feuilles, de ses petites fleurs blanches en têtes larges comme la paume d'une main, sans pouvoir la séparer du souvenir de la Manie, ni de celui d'Odette quand son arrière-grand-mère l'avait amenée chez nous pour la première fois. Je la revois en fleur, toute blanche à flocons de neige.

Longtemps avant le clapier que mon père avait maçonné de ses mains, comme je l'ai dit, on en avait fait de petits, en bois, sous le poirier des agousts. C'était comme une petite maison de planches, les lapins en bas et dessus un abri ouvert devant, avec des murs et le toit de paille. C'était un abri pour les poules, mais les poules n'y montaient guère – quand il pleuvait elles s'enfilaient tout droit dans le hangar sans jeter un regard de ce côté. Moi, au contraire, je le guettais : c'était une petite maison, c'était la mienne. Aussitôt que je pus y monter, ce fut la mienne. Ma mère m'aidait à la décorer avec des branches vertes, des plumes, des fleurs, des images de ses journaux de mode. C'était solide, ces constructions! Quand le clapier fut construit, on les plaça sous le tilleul et contre le pignon. On y hébergeait encore à l'occasion quelque femelle. A la fin ils devinrent niches à chiens. Et je dus les démolir moi-même à coups de hache. Les puces s'y étaient installées dans les débris de paille, rien à faire pour les déloger. Et quand je fis brûler tout cela – on les voyait en théories comme de fourmis qui se dirigeaient vers la maison...

Je me souviens aussi de l'Anna du Larcy. Nous étions bien parents, c'était la cousine germaine de mon père. Aussi bien tant qu'elle vivait au Larcy que plus tard quand elle fut brouillée avec ses sœurs – et surtout avec ses beaux-frères, pour des questions d'héritage auxquelles je ne comprenais rien, parfois elle venait chez nous. On la voyait débarquer un matin, toute pleine d'attentions pour tous. Je voulais l'accompagner partout. Ce jour-là, ma mère et la mémé étaient allées laver, mon père construisait la fosse à purin qu'il destinait à recueillir l'urine des porcs. C'était bien imaginé : à côté, il creusa une mare qui recueillait l'eau descendue des collines quand il pleuvait, on lâchait cette eau à pleine bonde, et le purin petit à petit, le mélange se faisait dans les rigoles qui allaient arroser toute la Buge. Par exemple, cela sentait fort! Je me souviens de cette odeur, tout le village en était parfumé. Pourtant, personne ne s'en plaignait. Avec leurs tas de fumier dans les cours devant la porte, ils en sentaient bien d'autre, les voisins. Oui, il y avait l'odeur. Mais dans cette prairie sèche et pierreuse, il fallait voir l'herbe.

J'en reviens à ce jour, que l'Anna du Larcy était venue. Les femmes m'avaient laissée avec la Marraine qui ne me perdait pas des yeux. A un moment, l'Anna dit :

— Je vais avec Paul – Paul c'était mon père – la petite veut venir avec moi.

— Bon! surveillez-la bien.

— Oh! ce n'est pas loin. Je ne la perdrai pas.

Nous allâmes avec mon père, et, d'un bon moment je le regardai travailler. Mais lui et l'Anna parlaient ensemble, et moi je m'ennuyai à regarder, l'un qui jetait la terre à pelletées, l'autre qui ne faisait rien, penchée sur le trou. J'entendis le bruit des battoirs. Je pensai :

— C'est la maman.

Je ne me vois pas marcher, ni prendre le sentier. Mais quand j'arrivai au Pescharou, les deux femmes qui lavaient à la Grande Pêcherie m'aperçurent en même temps. Et de lever les bras au ciel :

— Tu es venue! Oh! que tu es mignonne! N'aie pas peur...

Et de me parler doucement, de peur que j'aie peur, et que je tombe à l'eau. C'est cela, qui me fit peur, et c'est pourquoi je me revois à côté du Pescharou, que je m'en souviens. Pour y arriver, j'avais bien dû passer à côté des autres pêcheries, je n'y étais pas tombée, je n'avais pas eu peur...

C'est la Marraine, quand l'Anna s'ennuya elle aussi avec mon père, et qu'elle revint à la maison :

— Et la petite?

L'Anna ne s'était même pas aperçue que je n'étais plus avec elle. Elle m'avait oubliée. Et la Marraine de courir et d'insulter mon père, le pauvre homme qui avait bien autre chose à faire que de me garder et de crier aux femmes. Par chance, je venais d'arriver.

– Elle est avec nous!

Tu parles d'une aventure! Il en fut parlé, justement. Jamais la Marraine ne pardonna à l'Anna, je pense, de m'avoir oubliée, après avoir si bien promis de me garder. Et il y eut toujours ce reproche contre cette femme. On la recevait bien, quand elle venait; mais quand on parlait de sa pauvre vie aventureuse – ici, là-bas, à Lourdes, à Paris... – ce n'était jamais sans une sorte de mépris pour elle. Pensez! M'oublier, moi, le sang de leur sang et la prunelle de leurs yeux. Il fallait bien être la dernière des dernières. Même mon père avait sa part du reproche, et il en retombait peu ou prou sur tous les Tounissoux, les Larcy et les Delpastre, qui n'y étaient pour rien... D'ailleurs, la plus grande contrariété que je pusse faire à ma mère, et qu'elle me retournait sur-le-champ : quand je riais, que je riais bien, du fond du cœur, mon nez se plissait, en haut, entre les yeux, de trois petites rides. Elle ne pouvait pas le souffrir, ma mère :

– Ne plisse pas ton nez comme l'Anna du Larcy.

Et moi, ça me coupait le rire, du coup. Elle n'avait qu'à dire :

– Anna du Larcy.

Maintenant encore, rien qu'à m'en souvenir, j'ai le cœur serré. Pourtant je l'aimais bien, moi, l'Anna du Larcy, qui, plus tard, se faisait appeler Thérèse. Au Nouvel An, elle nous envoyait toujours une jolie carte fleurie et il y avait toujours quelque médaille de Lourdes ou d'ailleurs pour nous quand elle venait. Moi, je lui faisais fête. Pas sans raison. Quelque part, je lui ressemblais, à l'Anna. Si je m'étais gardée, je me serais bien facilement oubliée. Et certes je ne lui en ai pas voulu, de m'avoir oubliée, ce fameux jour, bien au contraire. D'être si bien gardée, moi, j'en avais mes pleines peaux. Et la vie qu'elle menait, elle, pour ce que j'en connaissais, le vide probable m'en aurait fait peur, pas le remue-ménage. Oh, je le sais, l'un ne va pas sans l'autre, et de toute façon, on ne peut pas tout avoir. Sa vie à elle ne m'aurait pas convenu telle quelle – mais dans la mienne, il y avait toujours place pour quelque chose de comparable, qu'on ne voyait pas, que personne n'avait à connaître, que je savais moi. Que ma mère apercevait, la pauvre, de loin, du dehors – un endroit où elle ne pouvait pas entrer, mais seulement grincer des dents, de dépit, à la porte –, trois petites rides sur mon nez.

– Anna du Larcy!

C'était une petite pointe de haine qu'elle me plantait à plein cœur et qui par l'autre bout se plantait dans son propre cœur, une petite goutte de poison entre nous. Il n'est pas dit que la graine, la toute première petite graine n'en ait pas été semée ce jour de soleil que les femmes battaient le linge à la Pêcherie.

Pauvre Anna. Mal aimée, mal aimante, jetée dehors mais pas sans crier, qui ne faisait rien sinon ce qui ne compte pas, qui ne valait rien sinon ce qui ne se paie pas, qui donnait tout ce qu'elle n'avait pas, qui demandait tout ce que personne ne peut donner, et qui se contentait de rien, ou presque. Pauvre Anna, morte aujourd'hui, on ne sait où, on ne sait quand, au vent des pages je te dresse cette stèle, ce bloc de roc mort au labour de mes souvenirs, que j'ai retrouvé dans ma mémoire juste à l'endroit où, toi, tu m'avais perdue...

De l'Anna, à la vérité je ne sais pas grand-chose. Elle me conduit pourtant à l'affaire Barataud, dont il fut parlé chez nous, vous pouvez m'en croire. Nous étions dans le jardin, je m'en souviens, tout au bout de la rangée de cassis, et ça discutait ferme! On parlait de Gaston Charlet, cet avocat tout jeune dont, depuis, je n'ai pas oublié le nom. Et si nous prenions tellement parti chez nous, c'est que tout ce monde – la jeunesse dorée, comme on disait – de Limoges fréquentait notre région très peu de temps avant le drame. Les uns ou les autres avaient leur entrée à la Farge, au château – et même un jeune homme de Surdoux faisait plus ou moins partie de la bande; et aussi l'Anna du Larcy, la pauvre innocente, dont le nom ne fut pas prononcé, par chance... Le jeune homme de Surdoux, lui, disparut, en quelque sorte, et nul n'entendit plus parler de lui, si ce n'est lorsqu'il mourut, voici quelques années. Et encore, peu de gens furent-ils informés – et même ceux-là ne se souvenaient guère de lui.

Chez nous suivaient cette affaire dans le journal. A ce moment, mon père devait être abonné à *La Dépêche*, comme c'était l'habitude à Cros. Je ne sais pas si ç'avait été le journal de mon grand-père. Mon grand-père de Cros mourut jeune encore, en 1906 je crois, d'une fluxion de poitrine peut-être, d'avoir goûté l'absinthe et d'aimer le rhum, certainement. Ce n'est pas qu'il buvait tellement! Pas assez pour rouler sous la table – disait mon père :

– Il était juste gai. Il chantait. On ne s'amusait jamais aussi bien à la maison que quand il avait bu.

Oui! Mais cela le tuait. Cela lui avait mangé le foie et les intestins, c'est pourquoi il revint à Cros, au début du siècle, afin de maintenir le peu qui lui restait de santé et travailler le bien. Il s'intéressait assez à la politique. C'est mon parrain, le frère de mon père, qui me dit un jour :

– On l'appelait le père La Patrie, un peu à cause de son nom qu'on déformait, mais surtout à cause des discours qu'il tenait au cabaret : la Patrie!... la Patrie!...

Il devait être radical, le parti avancé. Il fut même conseiller municipal à Chamberet. Et on le disait franc-maçon. Je n'en suis pas sûre.

– Il l'était, je crois, dit mon père. Mais quand il est tombé malade, et que le médecin a dit que c'était la fin, la mère Miette a fait venir le curé.

Ainsi, les gens purent bien murmurer n'importe quoi, mais personne n'était sûr de rien. Et le bon Dieu, probablement, fit comme si de rien n'était. Il en a vu d'autres, le bon Dieu. Et il sait bien, certes, que les journaux changent de politique, et les hommes d'opinion.

Nous, on recevait *La Dépêche*, donc. Le facteur arrivait, à pied, parfois vers les quatre heures de l'après-midi – et l'hiver la nuit rasait le sol, sous une langue rouge du dernier soleil. Il levait le bras et criait de loin :

– *La Dépêche*! *La Dépêche* de la presse!

Nous disons, nous, et c'était mon idée personnelle, qu'il ne se dépêchait guère et ne se pressait pas. Mais il fallait penser au chemin qu'il faisait chaque jour, cet homme, avec ses jambes! Maison après maison, quand il arrivait ici, ce n'était pas fini. Je ne crois pas, pourtant, qu'il passait à Cros en même temps, ça devait être une autre tournée, ce n'était déjà plus comme pendant la guerre, quand il n'y avait qu'un seul facteur pour toute la commune. Il est vrai que celui de Chamberet avait trouvé la solution : il restait chez lui devant son métier à tisser – il était tisserand, il faisait la toile. Il fallait que les gens allassent chez lui chercher les lettres tant attendues – et encore ne le trouvait-on pas toujours de bonne humeur – ou bien il les confiait aux enfants de l'école, qui souvent

227

jouaient avec, heureux s'ils ne les perdaient pas... Rentrant de permission un jour mon grand-père en trouva tout un paquet dans le chemin à la Montade, dont sa feuille d'impôts... Au temps de mon enfance, ils devaient bien être deux, peut-être trois. Le nôtre, quand il faisait la tournée de Cros, du plus loin qu'il la voyait criait à ma grand-mère :

– Je n'en peux plus! Miette, fais-moi cuire deux œufs.

Mais, plutôt tard que de bonne heure, le journal était là, et mes parents le lisaient. C'est ainsi qu'ils purent suivre l'affaire Staviski, c'est ainsi qu'ils apprirent que mon père avait perdu les quatre sous de sa dot, tout son argent ou presque. Et, à cette époque, ce n'était pas rien. Par chance, c'était lui qui avait payé une partie du mobilier – mais le reste, il l'avait placé. Et c'est ainsi qu'il le mangea sans y goûter. Il ne fut pas le seul, mais cela n'a jamais arrangé personne de savoir que les autres ont des difficultés. Au reste, cela ne nous empêcha pas de manger à notre faim, mais pendant un certain temps il ne fut guère question de dépenses inutiles, d'autant plus que le bétail se vendait mal.

Pendant ce temps, je grandissais. Je n'ai jamais su comment ni pourquoi mes parents avaient laissé *La Dépêche* pour s'abonner au *Petit Limousin* qui, peut-être, donnait davantage de nouvelles locales. *Le Petit Limousin* ne paraissait que le mercredi et le samedi. Je commençais à lire les feuilletons. Mais c'est à Surdoux chez le père Pradeau, qu'en attendant le déjeuner, les journaux ne me manquaient pas. N'ai-je pas dit déjà que le père Pradeau tenait auberge, café, bureau de tabac, et recevait les journaux? Sur le comptoir, tandis que mes camarades mangeaient leur soupe avec plus ou moins d'application, les uns dans de grands bols et les autres dans de toutes petites écuelles, tandis que les hommes avalaient debout toutes sortes d'apéritifs dont les odeurs fortes se mêlaient aux senteurs spécifiques de leurs vêtements, qui étaient surtout celles de leur travail, j'avais accès aux journaux. *Le Populaire, Le Courrier du Centre*, mais aussi *Le Petit Journal*. J'avais le choix. Je ne choisissais pas : celui qui restait ouvert sur le comptoir où l'on pesait le tabac, c'était le bon. Je me souviens ainsi du professeur Nimbus, avec l'unique point d'interrogation de son unique cheveu, du roman *Les Loups entre eux* et du grand incendie de Shanghai... Je ne lisais pas tout, mais, jour après jour, j'en savais assez des événements et de la politique pour ne pas m'ennuyer à table et même comprendre ce que disaient les hommes, le Cantonnier, Jean et surtout Denis, mes cousins, qui étaient tous les deux forgerons, et tout un éventail de gens qui s'arrêtaient pour manger à l'auberge, des habitués de passage qui s'asseyaient avec nous. Il n'y avait que les « croix de feu » qui me causaient quelque inquiétude. Je n'arrivai jamais à comprendre qui étaient ces gens ni ce qu'ils voulaient. Le Cantonnier, lui, ne les supportait pas. Quand il avait dit le mot, il avait tout dit. Je crus deviner que c'était les bourgeois qu'il appelait ainsi. Cela ne m'ouvrit pas grand horizon. Les bourgeois, j'en connaissais, moi – ils ne faisaient de mal à personne. Les bourgeois ? Quels bourgeois aurais-je bien pu connaître ? Et lui, le Cantonnier...?

Je ne lisais pas toujours. J'aimais jouer avec le père Pradeau, à cheval sur son genou – ou bien avec ceux qui mangeaient la soupe – et encore sauter de marche en marche en montant et redescendant l'escalier. Cela ne m'empêchait pas d'écouter d'une oreille ce que disaient les hommes. Je ne sais plus de qui ils parlaient, ce jour-là, je m'interposai, catégorique :

– Untel ? Untel est un con.

Et les hommes de rire. Il y en eut un qui voulut faire le malin, pour rire un peu plus :

– De quoi parles-tu ? Tu ne sais même pas ce que c'est qu'un con.

Je vis bien, à l'expression des autres, qui me regardaient avec un sourire narquois, qu'il y avait là quelque chose qui m'échappait. Je m'étais arrêtée de sauter dans l'escalier, par chance, ce qui me mettait juste à leur hauteur, ils ne pouvaient pas me regarder de haut, tout au contraire. Mais – oui – je sentais bien qu'il y avait là quelque chose... Toutefois, il ne me fallut pas longtemps pour parer l'imparable :

– Oui, je sais. Un con, c'est un imbécile comme vous.

Et je descendis, très droite, et je passai entre eux, sûre d'avoir échappé à un danger qui, quand je finis par le comprendre, me fit bien rire. Les hommes aussi rirent un peu – pas tant – et même guère. Il y en eut un qui dit à celui qui avait parlé :

– Ah ! tu vois... Elle t'a bien eu...

Et l'autre baissait le nez. Oh ! j'étais grande, alors. J'avais bien neuf, ou peut-être dix ans. L'année suivante, la Irène aussi déjeunait chez Pradeau. Cela me détournait beaucoup des journaux et de la politique, elle n'était bonne qu'à s'amuser. Nous faisions tant de misères au père Pradeau que je me demande comment il ne nous envoyait pas toutes deux courir sur la route avec une bonne claque sur le cul. Cette Irène, c'est elle plus tard qui m'apprit la déclaration de guerre. Et depuis, je l'ai bien revue deux ou trois fois. Fillettes, nous nous entendions bien, malgré son accent parisien, qu'elle rapportait de longs séjours auprès de sa mère. Mais la plupart du temps, c'était sa grand-mère qui l'élevait à Bellegarde – oui, nous nous entendions comme larrons en foire, sauf lorsque nous nous battions. Elle était méchante comme un tigre, elle voulait tout – toutes les précieuses petites pierres de couleur que nous trouvions ensemble dans les banquettes de gravier au bord de la route –, et moi, il fallait bien que je défendisse ma part. Les cheveux en volaient, les larmes en pleuvaient, et chacune tournait de son côté – jusqu'à la prochaine fois.

Rarement, mais tout de même parfois l'été, en sortant de l'école, je retournais chez Pradeau – pour faire une commission, pour voir si mes parents étaient passés, ou non, au retour d'une foire... Parfois, la Marie m'offrait une limonade, ou une grenadine. Je n'aimais pas beaucoup la grenadine, moi. Mais voir le sirop s'effilocher dans l'eau en volutes plumeuses, du rouge garance au rose pâle, quelle merveille! C'était si beau que j'étais d'autant plus déçue de cette boisson insipide dont j'avais attendu tant de saveur, tant de parfum, tout ce que me promettait la couleur éclatante.

En fin d'après-midi, à cette heure chaude, apaisante et molle, il y avait souvent du monde à l'auberge – des voyageurs assoiffés, qui faisaient une halte, des épiciers en tournée, des paysans qui avaient apporté un outil au forgeron, qui étaient revenus le chercher, qui l'attendaient, des oisifs dans l'espoir de trouver compagnie pour une partie de cartes ou de billard, pour apprendre les nouvelles, pour colporter des rumeurs, pour boire un petit coup de Suze ou de Pernod, pour passer le temps, pour se reposer – pour rien... A ce moment, je ne restais pas là longtemps, sinon je n'aurais pu rattraper les autres et il m'aurait fallu rentrer seule. Mais il m'arriva de m'attarder, et surtout quand Bouladou y était.

Ce Bouladou, c'était un petit homme, pas plus haut que moi, menu, avec une petite figure ronde, de petits pieds, de petites mains, et qui parlait avec aisance. Il était maçon. Mais ce qu'il avait de plus curieux encore pour moi que son étonnante personne, c'était l'agneau. L'agneau, ce n'était pas lui qui l'avait élevé, c'était son voisin, le petit Marcel de Bellegarde, son cousin. Il le lui avait donné tout petit, vilain, presque crevé, et le garçon le faisait téter. Mais quand l'agneau fut grand, beau et bien apprivoisé, Bouladou le voulut : c'était le sien. Et il le promenait. C'était devenu un joli mouton, blanc comme neige, qui le suivait partout comme un chien. A l'auberge, il posait ses pieds de devant sur le banc et buvait son Pernod à table, tout aussi bien que le maître. C'était l'amusement du pays. Mais, une fois qu'il avait trouvé de l'ouvrage au loin, Bouladou voulut l'emmener à toute force. Il l'emmena. En passant par Meilhards il alla boire un coup, et quand il eut bien bu il vendit l'agneau au boucher qui lui coupa le cou sans hésiter comme à n'importe quel autre. Triste fin pour une star.

Quand elle allait en classe à Surdoux – elle n'alla guère à Chamberet, c'était trop loin, tout de même, pour faire ce chemin tous les jours – ma mère déjà mangeait chez Pradeau à midi. Et même elle y prit pension un certain temps, parce que les conseillers avaient découvert tout à coup, et allez savoir pourquoi surtout notre cousin du Courboulet qui n'y avait jamais pensé avant, que les enfants des autres communes tenaient toute la place à Surdoux, et qu'il ne fallait plus les recevoir à l'école. En y couchant, ma mère prenait la nationalité de Surdoux, elle acquérait ses droits à l'école. Le père Pradeau tenait alors « le Rendez-vous des compagnons », tout près des classes. C'était pratique pour sa fille l'Anna, et ma mère qui avait quelque deux ans de plus.

Cette Anna n'aurait jamais dû s'appeler ainsi. Ses parents avaient choisi Ida. Mais la femme qui alla déclarer la naissance, entre le Boisme et Saint-Gilles, elle avait mangé le nom. Cette femme ce devait être la grand-mère de ma grand-mère, et l'Anna une de ses arrière-petites-filles. En ce temps, le père Pradeau, qui avait fait cent métiers, tenait le moulin du Boisme, et les maisons étaient voisines.

Ainsi donc la bonne femme se disait bien, en montant vers Chameyrat, ou vers les Raineries :

– Ida... Ida... Ida...

Mais quand le secrétaire lui demanda :

– Et comment l'appellerez-vous, cette petite?

Elle réfléchit un bon moment :

– Est-ce que je sais? da... da... C'est quelque chose comme... espèce de candidat... Mettez Anna-Maria.

Et de l'Anna, sinon de la Maria, ainsi allèrent les choses – jusqu'à son mariage peut-être, puisque son mari l'a toujours appelée Simone.

Cela faisait une camarade pour ma mère, qui n'en eut guère. La Clarisse était trop grande, même si elle la faisait jouer à glisser sur l'herbe. Et puis la Clarisse fut malade, et puis elle se maria. La Manie était trop jeune, et puis elle s'en alla. Même la Léontine et Léon étaient plus jeunes. Ils jouaient quelquefois ensemble, mais je ne sais pas s'ils s'entendaient bien. Ses cousines du Boisme étaient encore plus petites, beaucoup trop, surtout la Yvonne sans compter qu'au Boisme, il fallait y aller... La seule camarade, de son âge, dont je l'aie entendue parler avec quelque chaleur dans la voix, c'est la fille de ses instituteurs de Surdoux – comment elles s'entendaient bien, comment elles allaient jouer ensemble, toutes deux dans le jardin. Mais les instituteurs furent déplacés, ils allèrent à Saint-Vitte et elle ne les revit tous qu'une fois, elle y avait accompagné son père, je ne sais plus pourquoi. Elle n'eut pas davantage d'amies, devenue grande.

Il faut dire que quand la guerre éclata elle avait douze ans, et il lui fallut travailler comme une femme, quand elle ne gardait pas le bétail sur les puys. La guerre finie, le pli était pris, elle ne dansait pas, elle n'allait pas aux bals ni aux fêtes ; à la messe pour les grandes occasions et en famille chaque fois qu'elle ne trouvait pas quelque bonne raison pour rester à la maison. Il est probable que cela lui plaisait ainsi. Elle ne donnait pas facilement son amitié. Elle recevait bien, elle parlait bien, à tout le monde. Elle aimait beaucoup parler, elle aimait bien rire. Elle ne faisait de tort à personne. Mais l'amitié, pour elle, cela n'existait pas. En dehors de la famille, des parents proches ou quelque peu éloignés, elle n'avait besoin de personne, et elle n'aimait pas plus l'un que l'autre, juste ce qu'il fallait. Il en était de même des voisins. Il suffisait de bien s'entendre, de s'aider au besoin, se donner la main, se porter secours. Pas davantage. Je pense que chez nous, pour ce qui était d'elle, personne ne trouvait la porte fermée – personne ne trouvait le cœur ouvert. Il fallait se garder. Oh ! peut-être que je me trompe ! Je n'y étais pas, moi, dans son cœur. Et le paraître, bien souvent, cache ce qu'il en est.

Peut-être que je me trompe. Mais, à côté, il fallait entendre ma grand-mère parler, elle, de ses camarades ! Quand elles sautaient

234

à la corde, quand elles dansaient sur les chemins, quand elles se baignaient dans le ruisseau, toutes nues, en se soulevant sur les coudes – et l'eau les emportait. Et pourtant elles ne savaient pas nager, il n'y avait pas assez d'eau pour apprendre. Il y avait celle qui lui avait appris à tricoter, en la tenant sur ses genoux, en lui tenant les mains sur les aiguilles. Et celle qui ramassait sur les ajoncs le moindre brin de laine arraché aux toisons. Et ceux de Chameyrat qui faisaient leur pain sans sel, et elle qui aimait tant ce pain non salé faisait l'échange. Et la Maria, qui aurait tant voulu être belle, qui s'achetait de la poudre de riz, du rouge et du parfum, mais qui manquait toujours de quelque chose :

– Je manque, tiens, si tu savais! Je manque tant...

Et l'autre, la Marie, celle plus tard qui vécut à Vergnas et qui lui chantait tant de chansons, sans comprendre, souvent, ce que cela voulait dire... Quelquefois, ma grand-mère, peu ou prou, rétablissait le texte, et plus d'une fois je m'y exerçais moi-même. Mais comment déchiffrer des rébus comme :

Jour mi matant, car an dimant?...

La suite était claire :

Tout prisonnier qu'a le fer aux pieds
n'a pas son cœur en liberté.

Mais « jourmimatant »? Ce « *francés de las truias d'en Mont-Ceis* » – ce français des truies du Mont-Ceix, parfois donnait des chefs-d'œuvre énigmatiques, certes, mais traduisibles. Un garçon qu'elles connaissaient chantait les filles de Saint-Gilles (Saint-Gilles-les-Forêts, haute et basse) :

Les filles de la Forêt-Basse en capture
n'ont pas besoin de biberon
pour nourrir les projets de la nature
car elles ont du lait à foison.
Pour moi j'en connais les flottes
qu'elles ne sachent l'utiliser :
elles font des fromages à la crème
et des bondons pour l'étranger...

Je suppose que « en capture » remplace « je vous jure », les « projets de la nature » sont une éventuelle « progéniture », quant aux mystérieux « bondons », ils remplacent sans doute : « et les vendent à l'étranger »... Mais pour les « flottes »!? Peut-être : « je n'ai pas de doute »? Allez savoir!

Elle parlait aussi, la grand-mère, des garçons qui allaient les voir, les bergers, les galants, les prétendus et les prétendants, ceux qui les faisaient danser et les autres. Celui qui venait prendre son frère, et lui chantait en passant sous les buis :

Es-tu de goût, Jean, es-tu de goût ?

Et Jean répondait :

Oui, je suis de goût...

Et ils s'en allaient en chantant :

Nous allumerons une torche de paille,
nous irons chercher la queue de la chèvre,
Si nous pouvons la trouver,
jamais plus n'aurons tant dansé !

Une fois, les garçons leur écrivirent une lettre. Elles ne leur avaient pas fait plaisir, sans doute à quelque bal où elles avaient dansé avec des étrangers, et ils décidèrent de les « surprendre ». Surprendre, c'était le mot. Cette lettre les traitait de noms tous plus affreux les uns que les autres. Que faire? Elles consultèrent leurs mères, qui ne surent qu'en dire... Pourtant la v'Anna, la mère de ma grand-mère, au bout d'un moment déclara :

– Il faut leur répondre.

– Mais comment?

Elles ne voulaient pas les insulter, ni leur dire des paroles malsonnantes qu'on aurait pu leur reprocher. Elles ne voulaient pas se laisser « surprendre ». La v'Anna réfléchit un assez long temps.

– Léonie, c'est toi qui vas répondre.

– Mais comment?

– Je vais te dire.

Et ma grand-mère écrivit, elle tint la plume, je veux dire, sa mère lui dicta chaque mot :

« En réponse aux trois acolytes, au sujet de ce que vous nous dites... »

Et cela continuait, un couplet pour chacune. Il y avait :

« Cul-Bourru... mais vous ne me l'avez pas vu... »

Il y avait Cul-Tort :

« Et moi, Cul-Tort! Eh bien, pour me le redresser, venez y mettre votre nez... »

Il y avait la Grande Débridée, dont la réponse me manque entièrement.

Il y avait la Princesse.

« Oui, je suis la Princesse, moi. Et vous, princes de vos culottes! Comme vous avez l'habitude d'y chier, tout le monde le sait... Mais c'est être trop sale, pour des enfants de votre âge! »

Pour en finir, il y avait le Petit Singe. Le Petit Singe, c'était justement ma grand-mère, et, au bas de la page, le Petit Singe, « qui fait si bien les contrefaçons », leur faisait la grimace.

Quand elle racontait cela, ma grand-mère, il y a quelque soixante ans aujourd'hui, il y en avait plus de trente que cela s'était passé, probablement vers 1895... Il ne faut pas s'étonner qu'elle en ait oublié quelque peu, et moi beaucoup. Oui – cela va faire cent ans. Quand les garçons reçurent cette lettre, au lieu de l'ouvrir eux-mêmes, ils la firent lire au facteur, afin de les faire « surprendre », pour avoir un témoin. Le facteur, à défaut des gendarmes et par la grâce du képi, représentait l'autorité. Le facteur rit bien. Il disait qu'il n'avait jamais tant ri. Et les garçons s'en allèrent tout honteux.

Celle qu'ils avaient appelée la Princesse, c'est vrai qu'elle était un peu fière. Elle était très belle. Je ne me rappelle pas si c'était la Marie, ou la Marissou, et si l'une, ou l'autre, était la sœur aînée, ou la tante, de ma grand-mère. Que, quand la v'Anna, comme disait sa mère se maria avec son Juliou – il s'appelait Juille, en français, de son patronyme, mais sa femme l'appela toujours Juliou – ils eurent tôt fait de commander leur aîné. Mais, ce qui était contrariant, c'est que sa mère aussi passa commande. Et pour plus grande contrariété encore, naquirent deux filles, deux berceaux qui se balançaient à la fois dans la maison, l'un bienvenu à peine, et l'autre pas du tout. Les pauvres femmes blasphémaient contre ce coup du sort tout ce qu'elles savaient. Elles eurent, plus tard, tant à le regretter.

Ces deux fillettes, l'une et l'autre, grandirent. L'une et l'autre étaient belles, comme personne dans la famille – ni ma grand-mère, une belle femme pourtant, ni sa sœur l'Angéline, coquette comme il n'est pas permis. Elles étaient belles, honnêtes, pieuses, aimables... Elles approchaient de leurs vingt ans, et l'une était promise, elle allait se marier. La veille de la balade, elle voulut se faire belle, elle alla se laver nue dans le ruisseau. L'eau était froide, elle venait juste d'avoir ses règles – elle se mit au lit en toussant, et le jour qui aurait dû être celui de ses noces, on l'enterra.

L'autre, le printemps venu, gardait les vaches dans le bois de la Veyssée. Entre les taillis et les bouquets d'arbres, il y avait alors de belles places d'herbe verte, très précoce à la fin de l'hiver. Or ils avaient une vache particulièrement capricieuse, désagréable pour se cacher dans le bois, se faire perdre, aller toujours plus loin alors que les autres ne la suivaient pas. Si bien que la jeune fille passait son temps à courir d'une clairière à l'autre, et quand elle était en sueur, bouillant de chaleur, elle s'asseyait dans l'herbe fraîche auprès d'une fontaine pour se reposer. Elle prit du mal. Elle aussi se coucha en toussant et ne tarda pas à mourir. C'était elle, je crois bien qui était la Marissou, la sœur de ma grand-mère.

Et la Marie, c'était l'autre, sa tante. La Marissou était la plus aimable, la plus douce, la plus croyante. Et la Marie la plus belle, la plus élégante, la mieux vêtue, la mieux coiffée aussi, parce qu'elle avait été placée chez des bourgeois à Limoges. Et, aussi simples qu'ils fussent, par les chemins de Saint-Gilles ses vêtements faisaient d'elle une dame – une princesse, pourquoi pas! La grosse natte de cheveux que mes cousins retrouvèrent dans le cimetière, quand ils firent faire leur caveau, ce pouvait être les siens. L'une et l'autre, ma grand-mère n'en parlait pas en gardant les yeux secs. Non, ce n'était pas possible.

Cette vache, qui avait tant fait courir la Marissou, ils la gardaient tout de même, c'était une bonne laitière. Mais, quand la jeune fille fut morte, vous pouvez comprendre qu'ils ne l'aimaient pas. Un jour, elle s'écarta à son habitude, alla dans un champ de trèfle, en mangea tout son saoul, enfla et creva. Ils l'enterrèrent sans aucun regret. Elle n'avait pas fini de les importuner. Un de leurs bœufs, dès qu'on l'avait dételé et délié, prenait la course et allait se rouler sur le trou où on l'avait mise, meuglant, grattant avec ses cornes comme s'il eût voulu l'arracher de terre. Il fallut couvrir davantage, avec de la paille, des branches, du fumier. Et parfois, il y courait encore. Cela leur faisait à tous grande peine et grande colère. Ils y voyaient un signe, et ce reproche toujours, d'avoir blasphémé contre les petites lorsqu'elles étaient nées. Et personne n'oubliait.

Tant que j'en suis à parler de ma grand-mère, j'en parlerai davantage. C'était ma marraine, mais je ne l'avais jamais appelée ainsi, à cause de la Marraine, que tout le monde appelait Marraine. Elle dit un jour qu'elle avait eu un autre filleul, un garçon qui était mort tout jeune. Cela ne fit pas plaisir à ma mère, pas du tout.

– Tiens! Tu n'avais jamais dit ça!

Et elle la regardait avec colère, parce que, celui dont le premier filleul meurt, qui n'est pas de bon augure pour les filleuls, il ne devrait jamais en porter un autre. Et surtout pas la prunelle de ses yeux, cette unique petite-fille plus précieuse que l'or et l'argent, la seule au monde. Ce n'était pas étonnant, si j'étais toujours malade! Et il était bien facile de voir que je n'aurais jamais de chance dans la vie! Et si je ne mourais pas avant le temps, ce serait bien joli encore!

Ainsi bénie, la mal-baptisée que j'étais écoutait cela, et elle en entendait bien d'autre. La mémé ne disait rien, elle secouait la tête en fermant les yeux, serrant les lèvres qu'elle avait très fines et qui semblaient se perdre tant elle les serrait – on avait l'impression alors qu'elle se fermait tout entière, à triple tour. Et quand elle parla, ce fut pour affirmer qu'elle ne savait rien de tout cela, qu'elle n'y croyait pas, qu'elle n'y avait même pas pensé. Pensé ou pas, le mal était fait. J'écoutais, moi. Et je ne dis pas que cela me fit extrêmement plaisir. Au contraire, je n'avais pas besoin pourtant de l'entendre pour le croire, que la chance, la chance personnelle, la réussite du hasard, certainement ne me suivait pas. Je n'avais pas la raison, ou l'âge de comprendre ce qu'il en est du hasard – de la chance – et que personne ne peut tout avoir. Personne n'a ce qui lui manque. Et ce qui lui manque... manque. D'ordinaire, il est vrai, je ne pensais pas à cela. Ce qui venait je le prenais. Et pour le reste, j'attendais. Qu'est-ce que pour l'attente, une vie ou deux? Qu'est-ce que c'est pour l'espoir! Et pour l'espérance...

Ma mère, je pense, avait mis son espoir en moi, et son attente. Cet espoir, cette attente je l'ai usée, jour après jour, je lui ai mangé sans y goûter l'espoir dont elle m'attendait. Je n'ai rien fait pour cela, sinon d'être moi-même, d'essayer de l'être. De ce qu'étaient les autres, aussi ma mère de ce qu'elle attendait, je m'en foutais. Je ne m'en foutais même pas. Je n'y pensais pas, je ne me serais pas imaginée que qui que ce soit attendît quelque chose de moi. Que s'ils me traçaient un chemin après eux, je le suivais sans le voir – ou je passais ailleurs – qu'est-ce que j'en avais à foutre? Ce n'était pas mon chemin, pour autant que j'y aie marché. Mon chemin était ailleurs, et de loin, je le cherchais. Et ils voyaient cela, je crois, alors que je ne le savais pas encore, que je ne le sentais pas. Ils me tiraient dans le bon sentier qu'ils avaient creusé pour moi, depuis cent et cent ans, les pas des devanciers. Et moi derrière eux j'y marchais. Je faisais semblant. A faire semblant, j'y pris du goût, à force. Je dirai même, les derniers temps, on n'y connaissait rien. Et moi, qui me voyais, je me faisais grand plaisir, je jouais à être moi – je veux dire : à être ce que j'aurais dû être. Plus d'un s'y trompait. Peut-être même moi. Ma mère, je ne crois pas. La pauvre, cependant, ne pouvait pas me faire grand reproche, mais c'est peut-être surtout cela qu'elle ne pouvait pas supporter. J'en ai fait, pourtant, dans cette vie! Je n'ai rien fait de ce qu'on pouvait attendre de moi. J'en ai obtenu! – rien de ce que j'aurais pu espérer.

Je ne sais pas si père ou mère en sont cause, parrain ni marraine. M'aurait portée mon autre grand-mère, ce n'eût guère été mieux, elle n'avait pas la main heureuse en filleuls, la mère Miette! Son autre filleule, tout justement, c'était l'Anna du Larcy, qui ne valait pas plus que moi... De toute façon, ma marraine, la mienne, c'était la mémé. Et moi je n'ai porté filleule ni filleul, personne ne me trouva digne d'un tel honneur, et on avait bien raison, sans aucun doute. Ainsi, je suis corne-cul. Celui qui n'a pas de filleul est corne-cul. Mon père aussi était corne-cul. Il ne s'en portait pas plus mal. Mais à cela, on voit bien qu'on est tenu à l'écart de la famille, que si de loin tout le monde vous supporte, de près personne ne vous choisit – personne ne veut de vous. Il n'en était pas ainsi des autres, chez nous, ils avaient tous un, ou plusieurs filleuls. Même la mémé.

Je n'ai jamais su comment ils s'étaient connus, elle et mon grand-père. Lui ne dansait pas, alors qu'elle aurait usé tous les planchers du pays. Un peu plus tôt, elle avait eu un amoureux qui lui plaisait beaucoup, ils avaient pensé se marier. Les parents ne voulaient pas.

– Mes pauvres enfants, que ferez-vous? Deux pierres froides, sans bien ni maison, et sans argent!

C'était assez raisonnable. Mais quand il venait sous les buis, et qu'il criait :

– Léonie!... Léonie!...

pour la mener au bal, ce n'était pas si facile, de faire celle qui n'entend pas. A la vérité, ce qui la détourna réellement de ce mariage, ce fut la réputation de ces gens qui passaient pour sorciers. Ne disait-on pas qu'ils avaient fait danser les gendarmes? Qu'un de leurs enfants était si fort qu'un géant ne pouvait le soulever du sol par des moyens naturels? Et tant d'autres choses – de ces choses qui font peur. On disait aussi, il est vrai, que son père à elle arrêtait les nuages – et plus tard qu'il avait passé son secret à sa petite-fille Irène. Et ne m'a-t-on pas assuré que le père de mon grand-père avait toutes sortes de secrets pour soigner par les plantes? Mais il ne faut pas confondre les bons secrets qui ne font que du bien, et les mauvais qui ne font que du mal à ceux-là mêmes qui les pratiquent, et ne les pratiqueraient-ils pas, qui les connaissent. Ce qui fait qu'elle resta fille, juste assez longtemps pour se marier à vingt ans avec le Léonet qui en avait vingt-neuf.

Une noce dont elle se souvenait, la Marraine! On leur donna au premier repas une salade de pissenlits, et elle trouva un gros ver de terre qui se tordait dans son assiette. Elle qui se craignait de tout! S'il y en avait d'autres, personne ne dit rien...

L'année d'après, ma mère naquit. Il faisait froid. C'était le mardi gras. Le lendemain, la Marraine l'enveloppa dans une cape et la porta baptiser. Le parrain fut son grand-père du Boisme. Après le baptême, les hommes allèrent arroser l'événement à l'auberge, et la Marraine reprit le chemin de Germont, aussi vite que ses jambes pouvaient la porter. Elle n'était pas grosse, la petite, elle faisait ses cinq livres tout juste. Et longtemps elle resta fluette, noiraude, et elle ne ressemblait à personne. Elle ne devint jamais bien grande. Mais elle prit du corps, et même de la graisse, à force de temps. Quand elle se maria, c'était une jolie fille, avec un tout petit nez piqueté de taches brunes, des oreilles parfaites, comme on n'en voit pas, et des yeux! Disait l'autre : des yeux à perdre un homme. Ils étaient, ces yeux, cernés naturellement de brun, et ils luisaient, tout bruns qu'ils étaient couleur de châtaigne, ils luisaient comme s'ils avaient été noirs. Et ce sourire à petites dents...

Les galants ne lui manquèrent pas. A cette époque, beaucoup de gens s'occupaient à proposer des mariages. D'ailleurs, celui qui en faisait faire un ne perdait pas tout, il était de coutume que le marié lui offrît un petit gilet. « Gagner un petit gilet », c'était faire

faire un mariage. De temps à autre, quelqu'un lui présentait un prétendant – riche – pas très riche – travailleur – beau garçon – moins beau... Elle avait aussi quelque « berger », qui allait lui tenir compagnie quand elle gardait les vaches. L'un d'eux, l'Henri, de Chamberet, passait avec son fusil, car il était chasseur ; souvent même, il venait à la maison, se basant sur le privilège qu'il avait de participer aux battues avec mon grand-père. Elle l'aimait bien, je crois pour sa gentillesse. Mais elle n'aurait pas souhaité l'épouser, pas davantage que l'autre, l'Adrien, presque un proche voisin, pour qui toute occasion était bonne de passer par le pré, de s'arrêter un moment, de faire la causette.

L'Henri et l'Adrien, eux, ne s'aimaient pas. Un jour, celui de Chamberet dit de l'autre :

– Il est trop fainéant, tout de même ! Voilà trois mois qu'il a apporté sa tranche dans son champ de navets pour les sarcler, il l'a plantée là et il n'y est pas revenu. Le manche de la tranche a pourri sur place.

Et un autre jour :

– Il était bien pourri, le manche. Je l'ai cassé sur mon genou.

Mais lui-même passait davantage de temps à courir qu'à travailler. Un jour, il arriva tout content. Il avait tué un martin-pêcheur sur l'étang de Palud, vers les Prats-Loubeix, le matin même. De Chamberet à l'étang de Palud, et de Chamberet à Germont l'après-midi, en suivant le chemin des chasseurs à travers champs... c'était plus de cinquante kilomètres dans sa journée, pour un dimanche...

Je ne sais pas. Ma mère aurait peut-être fini par épouser l'un ou l'autre de ses « bergers ». Mais un voisin de l'Adrien, que nous ne connaissions pas très bien mais qui ne voyait pas d'un bon œil les possibles chances de ce jeune homme, eut une idée.

– J'y pensai une nuit que je ne dormais pas.

Oui, il pensa à mon père. Il en parla. Sans dire oui, personne ne dit non. On les présenta. Ils ne se déplurent pas. Ils s'épousèrent. Et moi j'en résultai, qui suis ici encore. Quand je les ai connus, ils s'aimaient beaucoup, ils s'accordaient bien, ils ne se disputaient pas plus que de raison. Mais mon père, je crois, se serait entendu avec le diable, amour ou pas. Et il en était de même pour ma grand-mère. Aussi bien ma mère que mon grand-père, ils pouvaient bien crier, personne ne les craignait guère.

Parce que, il ne faut pas se faire d'illusions. Tous ces gens vivaient ensemble, et ils s'aimaient, épouse et mari, père et fille, sœur et marraine... Mais personne n'était en droit ni de commander, ni d'obéir, ni de ménager l'autre. Chacun disait ce qu'il avait sur le cœur, de parole en parole. Parfois, tout cela était en ébullition. Et j'y tenais hautement ma place. Je criais autant que les autres – autant que tous les autres ensemble. Tous les jurons y passaient, les pires injures, et des merde! comme s'il en pleuvait. Non, ce n'était pas silencieux ni tranquille, de vivre chez nous. Que si mon père parlait moins, s'il criait moins inconsidérément que les autres, il savait se faire entendre au besoin. Si ma grand-mère passait tout à coup dans sa chambre un moment, ce n'était que pour méditer quelque bonne réplique. Et si la Marraine regagnait la sienne en soufflant – une bonne prise lui ferait tout oublier, ce n'était pas sans avoir d'abord donné son opinion.

D'ailleurs, c'était ainsi. Quand on avait bien crié, que les joues en ruisselaient de sueur, que les lèvres tremblaient encore, tout à coup chacun tournait de son côté – ou quelqu'un en regardant les autres éclatait de rire – ou l'un ou l'autre se mettait à chanter. Ou le repas était prêt. Ou bien il fallait se coucher. Ou bien il était temps d'aller au travail. Et chacun prenait son assiette, enfilait son lit, ou se saisissait de son outil. Mais – pourquoi se disputaient-ils? Le savait-on vraiment? Même quand le litige persistait – pour une autre fois, pour un autre jour. Cela montait vite, la colère, cela montait haut. Cela sonnait fort. Cela retombait d'un coup. Le pourquoi, le comment... plutôt le prétexte, qui s'en souvenait? C'est pourquoi je ne conterai pas même le premier mot du commencement d'un : je ne m'en souviens pas. A part cette chaleur éruptive, violente, incontrôlable, qui montait par crises, je ne me souviens pas.

Et je pense qu'il n'y avait rien à se rappeler, parce que de véritable raison, de raison raisonnable, il n'y en avait pas. Ou s'il y avait des raisons profondes, aussi déraisonnables qu'elles fussent, personne ne les évoquait. Personne ne les connaissait. Personne n'aurait su les dire, et moi moins que toute autre. Mais je crois qu'il n'y en avait pas. Ou bien c'était de celles que l'on peut trouver dans le conte des merles. Vous savez? L'homme qui avait tué deux merles pour faire carnaval. Sa femme les pluma et elle les fit cuire. Quand ils furent cuits :

– Ça sent bon, fit l'homme. Tiens! Nous allons bien souper, avec ces deux merles.

– Des merles? fit la femme. Ce sont des merlettes.

– Des merles...

– Des merlettes.

– Des merles. C'est moi qui les ai tués. Je reconnais un merle, tout de même!

– Des merlettes. C'est moi qui les ai plumées. Je reconnais une merlette, tout de même!

– Un merle.

– Une merlette.

Un merle, une merlette... un merle, une merlette... Ils allèrent se coucher sans s'être mis d'accord ni faire carnaval. Il y avait longtemps, merle ou merlette, que le chat avait mangé le souper.

L'année d'après, en se mettant à table :

– Tiens, dit l'homme, tu t'en souviens, l'année dernière, que nous n'avons pas fait carnaval pour un merle.

– Une merlette.

– Un merle.

– Une merlette...

Et tout recommença, parce que le souper, pendant la dispute, s'était complètement carbonisé...

Chez nous, c'était ainsi, si ce n'est que personne n'en perdait un coup de dents, ni à carnaval, ni les autres jours. Et si d'aventure quelqu'un semblait faire la tête, il y en avait toujours un autre pour lui rappeler que les boudeurs ne sont heureux qu'au temps des cerises. Mais personne ne boudait longtemps. Seule ma mère s'y laissait aller, peu ou prou, très rarement. Elle avait plutôt coutume de raconter les événements à sa façon, ce qui les faussait considérablement. On avait le tort, quelquefois, de lui faire remarquer que ce n'était pas ainsi – que ce n'était pas tout à fait vrai. Alors, elle réfléchissait un peu, et soudain vous donnait des détails, des précisions – telles que, de pas tout à fait vraie, la chose devenait parfaitement invraisemblable. Mon père riait sous cape, avec un haussement d'épaules. Lui, il ne s'intéressait pas aux merles ; mais ma mère en eût tenu pour les merlettes, je vous en réponds. Heureusement, la bonne odeur du déjeuner rassemblait tout le monde. Je parle du déjeuner ; ni le petit déjeuner, ni la soupe, ni les quatre-heures, ni même la soupe du soir ne réunissaient forcément toute la famille à la fois. La Marraine s'en plaignait, mais chacun avait son travail – celui-ci dans le champ, cet autre dans le bois, le pré, les étables... Souvent l'un ou l'autre manquait, ou bien il fallait réserver leur part au chaud, ou bien il leur faudrait se servir seuls, avant, ou après les autres.

Parce que, chez nous, si, quelqu'un commandait : le travail. Et du travail, il y en avait toujours, toujours assez, toujours trop, pour tous et pour chacun. On en aurait été mangé. Et tout l'art de la vie, justement, c'était de ne pas se laisser manger. Vous me direz, sans doute, qu'un peu d'organisation aurait tout arrangé. Telle heure, tel travail – telle autre heure... Ne m'en parlez pas! C'est cela, qui mange la vie. Justement, c'est cela. Partagée en tranches, la vie est mangée. Mangée d'avance. Chez nous, ce n'était pas ainsi. Mon père s'en allait labourer, et s'il faisait bon labourer, il y restait jusqu'à la nuit. Et la lune, parfois, lui venait en aide. Nous rentrions le foin? A soleil couché, nous repartions en chercher une charretée. « Entre la nuit et le jour, il n'y a pas de muraille. » Ainsi venaient les proverbes, au hasard du travail, et comme le travail à la grâce du temps. C'est qu'il est plus agréable de labourer la nuit quand la lune brille que le jour quand il pleut à verse.

Quand il pleuvait, nous nous tenions à l'abri auprès du feu. Celui qui sortait pour le travail, garnir la chaudière ou pâturer les bêtes, les autres le plaignaient. Mais chacun avait son tour, quoi qu'il fît, entre les vaches et les lapins, les rigoles et le jardin, les poules ou le brancher... Un vieux chapeau de feutre, un tablier de jute et un autre sac sur les épaules... Le soir, tout était trempé. On le mettait à sécher autour du feu. Cela fumait comme lessive. Le feu en éternuait, pétait, pleurait par le bout des tisons, pleurnichait et pissotait... Mais, au bout d'un moment, la flamme montait et la braise étincelait. Une bonne chaleur vous gagnait de partout, le sommeil venait. Une chance qu'alors pas une cloche n'ait sonné, pour dire qu'il est l'heure d'aller au travail, et faire ceci ou cela! Les heures sonnaient dans l'air tiède, des heures de paix et de bien-être; dans le souffle silencieux de ceux qui se reposaient, on entendait l'haleine profonde et basse de l'horloge qui ne se pressait pas.

Ainsi prenions-nous le travail quel qu'il fût, en nous y tenant constamment, jusqu'à la fin, avec la peine, le temps et la passion qu'il faudrait, et sans jamais le tronçonner en passant artificiellement d'une chose à l'autre. Et, si nous ne pouvions pas en venir à bout, eh bien tant pis – il restait inachevé. Nous l'entreprenions toujours comme s'il avait dû être le seul, le plus important, le meilleur. Nous faisions ce que nous pouvions ; nous prenions ce qui venait. Et nous ne passions guère de temps à regretter le reste – et aucun temps à envier les voisins ou jalouser quiconque. Ainsi nous avions le temps de vivre – le temps de vivre, c'était notre travail. De tant parler, et de tant rire, en faisant notre travail. De tant chanter. Ainsi vivions-nous.

Moi aussi, qui pourtant ne travaillais guère. Je riais, je chantais, j'écoutais. J'écoutais. Et je me souviens d'une fois, dans ces temps où je passais de si bons moments sous la table, à côté du seau où levaient les crêpes – on avait apporté du bois pour le feu, des branches de bouleau pas très sèches, de celles que la Marraine appelait des vesses bleues parce que, quand on les brûlait, elles éclataient tout à coup par places, à petites flammes bleues, schuit! comme une vesse. Ces branches me gênaient pour m'asseoir, et en même temps j'entendais chez nous qui parlaient, entre eux, à voix très haute, pourtant sans colère, de quelqu'un que je ne connaissais pas. Ils parlaient, et moi, les mots, je les entendais bien, je les comprenais, c'était des mots que je connaissais. Du diable si je pus comprendre, ni ce qu'ils disaient, ni ce qu'ils voulaient dire, pas davantage que s'ils eussent parlé une langue que je n'aurais pas connue. J'écoutais. Et cela me préoccupait, d'être ainsi chez moi en pays étranger – la première fois sans doute qu'un monde nouveau, un autre monde, inconnu, inconnaissable, s'ouvrait ainsi à côté de moi, la première fois que j'en eus conscience. Que je pris conscience d'être petite, d'être un enfant dans un monde d'adultes, comme si j'étais d'une autre espèce. Un étonnement!

Ce que je fis alors? Je ne sais pas. Peut-être me suis-je rencognée sous la table et couchée sur ces branches de bouleau, dont l'odeur me reste dans le nez, et la fraîcheur sur les mains. Peut-être pas. J'aurais pu pleurer ou rire, chanter, crier, ne rien dire – je ne sais pas. Je ne me souviens pas. Ni si quelqu'un, peut-être, me prit dans ses bras. Ou si l'on ne remarqua rien. Je ne me souviens pas. Est-ce que je ne me revois pas, hurlant, de terreur peut-être, portée sur des bras?... Peut-être. Je ne me souviens pas. Si ce n'est d'être entrée ce jour-là dans la tour de Babel – et peut-être n'en suis-je jamais ressortie.

Les souvenirs passent comme l'éclair. L'image, si tu la regardes en face, soudain elle s'efface, tu ne vois plus rien.

Avant d'aller plus loin, il me vient à l'idée de dire que l'Adrien, peu de temps après mes parents, épousa une jeune fille que l'on avait présentée à mon père peu de temps avant ma mère. L'Adrien et sa femme eurent une fille, presque de mon âge. J'ai souvent pensé, en la voyant, que j'aurais pu être elle, et qu'elle serait moi. Ce n'est pas une idée raisonnable, bien sûr. Ni elle ni moi n'aurions existé. Mais cela n'empêche pas d'imaginer...

Il ne faut jamais ouvrir un parapluie dans la maison, cela porte malheur. Il y a une première fois pour l'entendre dire et une première fois pour s'en souvenir. Ma grand-mère, il faut croire, ne s'en souvenait pas. Elle l'avait fermé en entrant – il pleuvait comme qui la verse – et du même geste elle le rouvrait, pour le secouer, sans le retourner pointe en bas, comme elle aurait dû. Et du même coup, tombait la réprimande. Mais c'est qu'elle ménageait son parapluie, ma mémé! Elle ne voulait pas le laisser sécher fermé, il se serait coupé dans les plis... D'un vieux parapluie, elle sauvait toujours quelque chose – la poignée, l'étoffe en chiffons, le manche, et même les baleines, dont elle faisait des aiguilles à tricoter qui allaient fort bien, en les apointant d'un bout. C'est seulement quand elle allait se promener que, ce parapluie si précieux, elle le laissait n'importe où, et on ne le revoyait guère...

Ce jour-là, elle l'avait ouvert une fois de plus, avec un grand bruit de baleines et le claquement de l'étoffe, et l'on avait crié contre elle une fois de plus. Il pleuvait dehors, et les oies dans leur petit parc de Derrière la Maison, au-delà du chemin, soufflaient aux parapluies, aux chiens, à tout ce qui passait. On me disait que le jars était méchant, et moi je ne me fiais pas à ce bec jaune comme une carotte, à cette langue qui en sortait, raide comme une palette de fer, à ces yeux ronds qui regardaient en arrière. Sans en avoir vraiment peur je passais au large, et surtout quand il pleuvait, à cause du parapluie. J'aurais bien voulu, pourtant, aller jouer dans le clos des oies en bas du talus bien à l'abri du mur près de la grange, là où parfois quelque poule pondait

– le saut que fait le cœur, en trouvant cet œuf qu'on n'attendait pas, que rien ne présageait! Parfois, j'y allais. Elles ne me disaient rien, les oies. Elles étaient plus effrayées que moi. Elles se pressaient dans un coin, en tendant le cou, avec leur bec de pioche, jaune que c'en était risible. A cette époque, les Petits n'étaient pas ici encore.

Il fut un temps, plus tard, que nous n'avions pas d'oies. Ou quand nous en élevions, nous ne les enfermions pas dans le petit coudert. Dans le petit coudert, on planta des cerisiers – quatre, je crois. Un qui ne profita pas; un qui devint vieux avant de donner quelques petites cerises aussi rares que savoureuses, plus de noyau que de chair; un autre dont les cerises précoces, belles, bonnes, rouges, mûrissaient dès la fin mai. Le dernier se dressait à longues branches, fines, droites, où l'on pouvait monter comme sur une échelle. Et des cerises! Si fermes, si rouges, fraîches comme un ruban, et qui craquaient sous la dent. Quels bons moments j'ai passés là. Quand il commença à porter du fruit, j'étais un peu grande, pour entrer dans l'enclos, je sautais par-dessus la palissade. Un jour, je perdis mon porte-monnaie, sans doute à cet endroit, un petit porte-monnaie de cuir tressé dans lequel il y avait quelques sous. Je le regrettai bien. J'en regrettai jusqu'aux quelques sous.

Que portais-je faire ce porte-monnaie dans ma poche?... Était-ce pour entendre chanter le coucou? Ou bien, dans ce moment, l'argent me faisait-il problème? Non que j'en eusse tant. Non qu'il me manquât. Non que j'en fisse rien. Mais, dès mon jeune âge, on s'était efforcé de m'apprendre la valeur de l'argent. On voulait m'apprendre. Toutes les occasions étaient bonnes pour m'en donner – des pièces de cinq sous, vingt-cinq centimes, de dix sous, qui étaient dorées comme de l'or, et luisantes, jusqu'à quelque billet de cent, ou de cinquante francs, que mon grand-père – mon grand-père surtout qui ne m'achetait ni vêtements ni jouets –, je le vois encore, tirait de son portefeuille. Je le vois encore ouvrir son portefeuille, en sortir les billets:

– Choisis.

Je choisissais – le plus grand, parce que l'image et la couleur me plaisaient davantage. Les autres riaient, ils étaient contents que j'eusse déjà su choisir le plus grand. Tu parles! J'avais peut-être trois ans. Plus âgée, poliment, je demandais l'autre. Qu'est-ce que cela pouvait me faire? Pièces ou billets, j'avais un petit tiroir secret dans le « bureau » de mon père, un secrétaire à l'ancienne mode, dont la porte médiane se rabattait pour faire table à écrire. C'est là que je mettais mes sous, c'était ma tirelire. Pour l'ouvrir, il fallait appuyer sur un ressort. Je savais où était la clef. A certains moments, j'ouvrais, et je sortais mes sous. Je les mettais en piles, par rang de taille. Les billets à part, cinq, dix, vingt, cinquante, cent. Mais je n'avais pas beaucoup de billets, c'était d'abord fait comme un échantillonnage. Les quarante sous, vingt et dix sous – et surtout cinq sous, deux sous, un sou percé –, au contraire, cela faisait un joli tas! Quand je sus, je les comptais, tant de ceux-ci, tant des autres, et cela faisait tant. Et le total, tant, comme les problèmes en classe. Je m'en souvenais bien le temps de le dire chez nous. Et quand j'avais oublié – j'oubliais vite –, eh bien! quelque jour de mauvais temps, je recommençais. Cela me tenait toujours à l'abri un moment.

De cet argent, je ne faisais rien. Je n'en fis jamais rien. Je n'en avais pas besoin, je ne manquais de rien, et il n'y avait rien à acheter – rien dont j'eusse besoin, rien qui me fît envie. Plus tard, la guerre vint, la dévaluation me le mangea sans que j'y eusse goûté... Je ne le regrettai même pas. Pourtant, de toute cette fortune inutilement entassée, quand on m'avait donné la moindre pièce, quel bonheur! Petite ou grosse, je ne dis pas : quel plaisir! Je dis bien : quel bonheur! C'était comme un gâteau, comme un tablier neuf, une balle, une poupée, une couronne de joie, comme si j'eusse trouvé ces sous par terre – une pierre précieuse, un champignon.

Les poupées, je l'ai dit, elle m'en achetait, ma mère, quand la mienne n'avait plus de tête, ou plus de bras. Je ne les ménageais guère. Une fois, même, j'en découpai une avec les ciseaux. On ne sut pas pourquoi. On dit chez nous, et on le crut, que c'était pour voir ce qu'il y avait dedans. Ce n'était pas cela. Les grandes personnes croient toujours savoir le pourquoi et le comment. Elles ne savent rien. Ce qu'il y avait dedans, du son de bois, je le savais. Je le sentais bien sous mes doigts, et j'en avais vu, de la sciure! Ce que je voulais savoir, c'était la forme, comment l'étoffe pouvait contenir le son, et que cela fît un corps, des jambes, et que l'on pût mettre des vêtements dessus. Ce n'était pas le son, que je voulais, c'était la peau. Mais quand je l'eus coupée, la peau ne gardait plus la forme, c'était un chiffon plat qui ne ressemblait à rien, et dont on ne pouvait rien faire. On aurait dit une paire de petits pantalons. Qu'en pouvais-je faire, de ces petits pantalons roses, maintenant que je n'avais même plus de poupée à qui les mettre? Tout cela était bien déroutant. Le son s'était répandu... Que la forme était dans la peau. Et la peau n'avait pas de forme. Et le son, ce n'était rien. Où est l'être? Où est la forme? Qu'en est-il, du corps et du vêtement? Je restais là, bouche bée, dans une détresse immobile, muette, inconsolable. Or, ces choses-là, j'ai assez de mal à les dire aujourd'hui, comment les aurais-je exprimées alors! Et qui m'aurait répondu? Qui m'aurait écoutée?

Je portai longtemps ce problème informulé. Je le porte encore, plus encore certes que celui de l'argent. Et c'est un peu le même. L'argent dans un tiroir secret – le son dans les peaux de ventre. Un chiffon de peau qui vous sert de vie... Du vent dans la tête. Je ne savais pas alors, sans doute, que dans la tête j'eusse tant de vent – pourtant je l'y sentais tourner, d'un puissant souffle. Et cela me saoulait, j'en étais ivre comme de tourner, à petits pas, ou sur le talon.

Tourner sur le talon, ce n'est pas aussi facile qu'on le croirait. Un qui le faisait bien c'était notre meunier. Il portait des socques de cuir à semelles de bois, quand il faisait sa tournée, et, soit pour porter le sac en le prenant du bord de la camionnette sur son épaule, soit pour le poser, et quelquefois tout en parlant, soudain, vrou! il tournait sur le talon. J'appris moi aussi, vrou! Je tournais, une fois et même deux, sans poser l'autre pied. Hé! ils le font sur la glace, ces gens dont on parle tant, les patineurs... Vrou! le talon de ma socque, et le sol de la maison!... D'autres fois, je marchais à cloche-pied. Tous les enfants le font. Et, quand il se trouvait une bonne pente, comme dans la Buge, les roudelous... Ce n'est pas difficile : il suffit de se coucher, les bras le long du corps, ou croisés, en haut d'un talus, et de se laisser rouler. Cela aussi fait tourner la tête, jusqu'à la nausée. On me disait parfois :

– Ça te rendra malade.

On n'avait pas besoin de me le dire. Je le sentais bien. D'ailleurs, il me suffisait de me coucher sur le dos et de regarder en l'air. Les nuages passaient. Au bout d'un moment je ne savais plus si c'était moi qui marchais, ou si je tombais, dans une eau profonde. Le mouvement des branches d'un arbre, le jeu du soleil dans le vent entre les feuilles, non il ne m'en fallait pas davantage pour voyager sur la mer – le jeu du vent et du soleil sur la fontaine, sur la moindre étendue d'eau où puisse se lever une risée de vagues. Je fermais les yeux et je m'en allais à la dérive, couchée sur le dos, assez longtemps pour y croire, dans la noirceur tiède d'un lieu aussi tendre que le sommeil. Cela ne durait guère, assez pour ne pas l'oublier.

D'autres fois, je marchais à reculons, et je reculais en regardant en l'air. C'était interdit parce que :

Celui qui marche par cul
jette des pierres au bon Dieu.

Je ne savais pas bien ce que cela voulait dire. Je réfléchis qu'en marchant sans voir, je risquais de tomber sur les pierres, en heurtant une pierre. Mais je ne jetais rien, moi. Pas la moindre pierre. Et je n'aurais pas voulu en jeter au bon Dieu, certes pas! Ou alors, en face, pour voir... pour rire. Le bon Dieu? Quel bon Dieu? Un bon Dieu qui prendrait une pierre par le nez!... Ce ne devait pas être le bon Dieu du ciel, tout de même? J'avais entendu dire, quelquefois :

– Le bon Dieu du ciel!

Et aussi :

– Que le bon Dieu y jette un regard, et la bonne Sainte Vierge!

J'avais même entendu parler d'un homme, il est vrai, qu'on appelait « le Bondieu ». Je ne le connaissais pas. Mais j'avais vu sa femme. Depuis qu'elle était mariée au Bondieu, dont c'était le surnom de famille, on l'appelait la Sainte Vierge. On disait aussi qu'elle avait la cuisse légère, et même que sa fille était celle d'un nôtre cousin. On en dit tant! Au reste, elle-même n'était-elle pas quelque peu notre cousine? Mais elle était bien plus proche parente de la Génie, ce qui fait que, sans s'arrêter chez nous, la Sainte Vierge descendait souvent le chemin de Germont. Or ma mère ne s'aperçut-elle pas, une bonne fois, qu'elle descendait juste le jour qu'elle aurait dû recevoir son journal *Le Petit Écho de la Mode*? Son journal, ma mère ne le recevait que le lendemain... Il ne lui fallut plus beaucoup de temps pour imaginer que le facteur, au lieu de le lui donner, le déposait chez la Génie, où la Sainte Vierge avait tout un jour pour le consulter le jeudi, alors qu'elle-même ne le recevait que le vendredi, et parfois le samedi. Une fois, il n'arriva même pas. Ma mère se fâcha et cria par les cours à qui voulut l'entendre que ça ne se passerait pas comme

253

ça. Un moment après, on voit monter le père Étienne, le mari de la Génie, les moustaches tout agitées de colère :

— Je te ferai voir... voir si... mon ami, ainsi donc, je te dis...

Son expression favorite, à lui, n'était pas des plus brèves, surtout quand il était contrarié. Le lendemain, le facteur apporta *Le Petit Écho de la Mode* tout trempé, tout chiffonné, tout plein de poussière. Il avait tant plu, la veille! Ma mère ne reprit pas d'abonnement, elle aussi de colère. Que si la Sainte Vierge le lui avait demandé, elle le lui aurait prêté, le journal! Mais elle, du moins, en aurait eu l'étrenne. Au fait, lors de cet incident, la jeune femme ne devait pas être mariée... ou l'était-elle? C'est quand même curieux de devenir vierge par droit de noces, mais il en est ainsi des surnoms.

Ma tante l'Angéline, qui aimait tant rire, racontait qu'une fois, le Bondieu était allé chez elle, faire une commission. Et naturellement elle voulut l'inviter, comme cela se fait en Limousin. Elle regarda dans son placard mais n'y trouva pas grand-chose – une bouteille de vin, un peu de fromage, du pain... Elle posa le tout sur la table :

— Excusez-moi, dit-elle, c'est bien peu. Mais ne dit-on pas qu'avec du pain et du vin, on peut mettre le bon Dieu à table?

L'homme la regarda. Merde! C'était le Bondieu.

Elle en racontait une autre, ma tante. Un jour, un homme qu'elle ne connaissait pas alla chez elle, faire une commission :

— Je suis Untel, de Tel Endroit, dit l'homme. Je viens pour telle et telle chose.

De Tel Endroit, réfléchissait ma tante. De Tel Endroit... ce nom lui disait quelque chose. Elle en avait entendu parler... Mais oui! C'était là, dans ce village, que, quelque temps auparavant, un homme s'était empoisonné en mettant de la Taupicine dans un boudin... Comment s'appelait-il? La Taupicine et le boudin, elle se souvenait. Le nom de cet homme? Non... S'il était mort? Elle ne savait pas, elle ne se souvenait pas. Mais :

— Dites-moi, dit-elle à son visiteur. Est-ce que ce n'est pas du côté de chez vous, il y a quelque temps, qu'un homme a mangé un boudin...?

Elle n'avait pas refermé la bouche qu'elle se souvint : l'homme, c'était lui. Ma tante en riait en contant la chose. Sur le coup, elle n'avait pas tellement ri.

Cette sœur plus jeune de ma grand-mère s'était mariée peu de temps avant la Grande Guerre, et son mari l'avait emmenée en ville – dans le Nord, à Lille si je ne me trompe pas. Ils eurent une petite fille, la Yvonne, qui devint une si jolie jeune fille, une si belle femme. Quand son père fut tué à la guerre, elle n'était pas grande ; elle avait cinq ou six ans de moins que ma mère. Sa mère était revenue au Boisme. Elle venait à Germont de temps à autre, elle aidait aux femmes, et cela promenait la Yvonne. C'est que la Yvonne, il n'était pas si facile de la contenter, la pauvre enfant.

– Mère... mère... allons à Germont.

A force, sa mère la prenait par la main et l'amenait. Parfois, à peine entrée dans la maison, et son cul pas encore sur la chaise, elle voulait repartir. Il suffisait d'un rien pour la vexer – une parole, si vous la regardiez, si vous ne la regardiez pas... Tout à coup, de grosses larmes lui jaillissaient des yeux, et elle pleurait, les yeux grands ouverts.

– Mère... mère... allons-nous-en...

Et il fallait repartir. D'autres fois, les femmes allaient au travail et la laissaient avec mon arrière-grand-mère. Un moment après, elle les avait rejointes :

– Je m'ennuie. La mère Marie ne me garde pas. Elle travaille tout le temps. Elle ne me garde pas.

Elle s'ennuyait partout. Elle aimait rire, elle aussi, pourtant, mais elle ne savait pas trouver le rire en elle-même, elle ne savait pas rire toute seule. Aussitôt que personne ne s'occupait à la divertir, elle s'ennuyait. Une fois, au Boisme, elle monta sur un grand pommier devant la porte. Et, de là-haut, tout en haut :

– Mère !... mère !... monte me chercher.

Elle avait une dizaine d'années. Sa mère la raisonnait :

– Allons ! Ne fais pas ça. Descends !

Elle ne descendait pas.

– Viens me chercher ! Si tu ne viens pas, je me jette en bas.

Et l'Angéline monta sur le pommier et la descendit dans ses bras.

Assez longtemps après la guerre, ma tante se remaria. Mais ce mariage ne tint pas longtemps. L'homme était veuf, lui aussi, et il avait un fils. La perspective de ces mariages – quelquefois le prétexte peut-être – était un projet futur pour les enfants, garçon et fille, dont on prévoyait l'union. Cela ne marcha que rarement. En l'occurrence, le jeune homme était fort intelligent, très aimable, mais il boitait des deux jambes. Vous pensez que la Yvonne, si belle, si élégante, et dont l'esprit n'atteignait pas les cimes, vous pensez si elle voulut d'un tel mari! Cela mit la discorde où elle était déjà. Ma tante s'en alla en ville et se plaça chez des bourgeois qui l'emmenaient à Cannes, à Saint-Jean-de-Luz, et partout en vacances avec eux. Elle partit, mais revint. Et puis, il fallut repartir encore. Ils finirent par divorcer... Tout ce qu'elle avait regretté vraiment, en partant, c'était son chien, le Médor, qui la suivit jusqu'à l'autobus, qui voulait s'en aller avec elle et qui la regardait s'en aller. Pauvre Médor. D'en parler, longtemps après, elle pleurait encore.

Déjà avant d'épouser son premier mari, l'Angéline avait été bien près de se marier. Elle fréquentait le grand Marcellin. J'ai connu cet homme, qui devint presque centenaire. Il avait failli épouser la sœur de ma grand-mère, il épousa la sœur de mon oncle – lui qui était si grand, une toute petite femme, la petite Anna –, ceux-là aussi eurent une fille, particulièrement belle. Au mariage de mes parents, elle et la Yvonne rivalisaient de beauté du haut de leur prime jeunesse.

Quelque vingt ans plus tôt, quand le grand Marcellin faisait la cour à l'Angéline, eux aussi étaient jeunes et beaux. Ils se rencontraient au bal, aux foires, à la balade, comme tous les amoureux. Et ils s'écrivaient, plus ou moins, ne fût-ce que pour se donner leurs rendez-vous. Ce jour-là, ma tante avait fait sa lettre, et elle l'avait mise dans sa poche, avec l'argent du timbre, deux sous, se disant qu'en gardant les moutons de ce côté, elle trouverait bien un moment pour la porter à la poste à Saint-Gilles. Aussi peu important qu'il fût, il y avait alors un bureau de poste à Saint-Gilles. Mais le temps passait, et les brebis ne se tenaient jamais tranquilles. Que faire?... Voilà qu'elle entend des pas, on marchait sur le chemin qui monte à Saint-Gilles. C'était Tête-Fine du Poumeau, le garçon meunier, qui rapportait les sacs avec ses mules. Elle s'avança jusqu'au bord du chemin.

– Bonjour! Voudriez-vous me faire une commission?
– Oh! oui, certes!

Elle lui confia la lettre et les deux sous pour le timbre. Quand elle revit son amoureux, à la foire de Sussac me semble-t-il, il n'était pas content, il n'était pas aimable :

– Dis donc! Tu l'as fait exprès?
– Mais quoi?

256

– Eh! Il m'a fallu donner quatre sous pour l'avoir, ta lettre.

Ma tante essayait bien de lui dire qu'elle n'y était pour rien... d'expliquer que Tête-Fine avait dû garder les deux sous pour sa commission... Rien n'y fit, il n'écoutait pas, il continuait à récriminer :

– Il m'a fallu payer quatre sous. Et, sais-tu? elles ne me percent pas les poches, les pièces de quatre sous!

– Oh! dit alors ma tante. Tu n'as pas quatre sous pour ta femme? Si tu n'as pas quatre sous pour ta femme, tu n'as pas besoin de femme.

Et c'est ainsi que le mariage fut consommé...

Je m'en souviens dès le plus jeune âge, quand l'Angéline venait chez nous, c'était la grande joie. Parfois, elle restait quelques jours. Les veillées n'en finissaient plus, de rire, de parler, dans la tiédeur du feu. Mon père sortait ses chansons... Un jour, nous cuisions le pain.

Faire le pain, environ tous les douze jours, c'était un travail, mais aussi une fête. Déjà, la veille, la Marraine sortait le levain de la maie, où elle l'avait réservé dans un coin, quelques poignées de pâte bien pétrie et recouvertes de farine la fois précédente. Ce levain avait fermenté, gonflé, monté, bourgeonné à travers la farine craquelée. Il était recouvert de croûtes sèches, grises, vertes, rougeâtres – il fallait dégager, par-dessous, les quelques poignées de pâte claire, fine et tout humide, la semence du levain nouveau. Ce levain, elle le mélangeait de farine, avec un peu d'eau tiède, et elle le laissait fermenter là toute la nuit dans une bassine. Le lendemain, le petit levain débordait. Aussitôt la maie nettoyée, bien raclée avec ce fer plat qu'on appelait justement un racle-maie, la Marraine demandait à quelqu'un des hommes de verser la farine dedans. Et là, d'un côté, elle commençait le mélange du petit levain avec de l'eau tiède et une partie de la farine. La température de l'eau était très importante, et elle la vérifiait sans cesse. Surtout que ce ne soit pas trop chaud! Au bout d'un moment, elle refermait le couvercle, elle laissait lever.

C'était seulement l'après-midi, après le repas, que les bras de nouveau bien lavés et les manches retroussées, retenues aux épaules par des épingles, qu'elle se mettait à pétrir, et vam, et vam! d'un côté à l'autre de la maie, tout ensemble le levain, la farine, l'eau tiède et le sel, à pleins bras comme si elle nageait.

Quand la pâte lui paraissait assez belle, assez souple, assez lisse, qu'elle glissait tout doucement sur elle-même, alors la Marraine appelait, qu'on approchât les paillassous. Elle cependant avait tranché une boule de pâte et la travaillait encore, farine dessus, farine dessous, elle la pliait et l'aplatissait, la faisait rouler, d'un mot la maserait.

— Tourte mal maserée!

Cela se dit comme bourrique, idiot, imbécile, c'est une sorte d'insulte contre quelqu'un qui n'a pas les idées claires, ou l'esprit bien tourné. Les tourtes de la Marraine ne méritaient pas de tels reproches. Elle en liait fort bien la pâte, à grands tours de bras et à petits plis de la main. Quand elle était là bien ferme, bien ronde, elle prenait sa tourte à pleins bras et la jetait dans le paillassou enfariné. Le paillassou sur la table. Quand elles étaient toutes là, appuyées l'une à l'autre, comme de la bouillie au fond d'écuelles géantes, on les couvrait l'été d'un drap blanc, et l'on ajoutait l'hiver ces édredons de duvet d'oie sous lesquels la chaleur est si douce et le sommeil si bon. Et l'hiver, il fallait aussi un grand feu dans la cheminée.

Pendant ce temps mon père — et parfois mon grand-père — chauffait le four. Pendant la guerre, c'était ma grand-mère, et quelquefois encore elle y prêtait la main. Il n'était pas si facile, souvent, que le four fût prêt juste au moment où le pain était levé. De temps en temps, la Marraine soulevait le drap d'un côté, pour voir. Si tout allait bien, elle ne disait rien, elle souriait. Mais d'autres fois, elle se fâchait :

— Ce pain ne lève pas! Il n'a pas bougé plus que Méraud. Il restera au fond des paillassous comme une merde.

On n'a jamais su qui était ce personnage mythique, Méraud, qui était censé ne pas bouger davantage que s'il eût été planté en terre. Il en était de lui comme de Chatounet, ce vieux si vieux que la mousse lui avait poussé dans les oreilles : d'eux on ne savait rien de plus.

D'autres fois encore la Marraine s'effarait :

— Le pain va déborder! Et ce four qui n'est pas encore prêt! Que fait-il? Mais que fait-il!

Mon père incriminé, c'est moi qui allais lui dire s'il fallait pousser le feu, ou laisser chômer le four. Quand la pâte avait monté, jusqu'à remplir tout juste le paillassou, je courais lui dire ce qu'il en était, et lui, avec le râble, répandait une dernière fois les braises sur toute la sole, et peu à peu faisait tomber les dernières, sitôt usées, dans le cendrier. Le ciel du four était rouge, rayonnant comme le ciel quand le soleil se couche, et parfois blanc comme le fer chaud. Lorsqu'il était blanc, on le laissait reposer un peu, pendant que l'on apportait les tourtes. Deux par deux, l'une sur la tête et l'autre sous le bras, il fallait savoir s'y prendre, être assez fort. Moi, une me suffisait bien, d'autant qu'il ne fallait pas les serrer, ni risquer de vider la pâte.

Au dernier moment, on me faisait aller chercher quelques épis battus – trois, ou sept? Mon père les glissait dans une petite fente au bout de la fourne, et, assez rapidement mais sans se presser, d'un seul mouvement, un geste que je trouvais royal, il leur faisait traverser l'espace entier du four. Quand il les ressortait, si les épis étaient bien dorés, juste dorés, il était temps d'enfourner. Un peu trop roussis, mieux valait attendre. Devant la gueule du four on posait une chaise, et le plat de la fourne dessus, trois pincées de farine, on approchait la tourte, on retournait le paillassou. Mon père prenait le manche de la fourne, la levait dans le four et allait la poser, d'un coup sec, juste à la bonne place, assez loin des autres pour qu'elles ne pussent s'aboucher, assez près, pour les mettre toutes. Aussitôt placée la dernière, il vérifiait une fois de plus le ciel du four, avant de fermer la gueule plus ou moins vite, plus ou moins hermétiquement, avec une plaque de tôle retenue par un piquet. Un moment après, il regardait de nouveau, en écartant un peu la tôle, et s'en allait, parfois à quelque travail urgent, plus souvent pour s'asseoir à la maison auprès du feu en buvant un verre de vin chaud. C'est que, chauffer le four, ce n'est pas rien! On disait chez nous que, si mon père avait eu mal aux dents et les avait perdues encore assez jeune, c'était à chauffer le four sans précautions.

Souvent, nous profitions du four pour faire cuire des pâtés. Garnis de fruits, de viande ou de pommes de terre crues, d'habitude ma mère les faisait cuire dans la cuisinière. Mais dans le four à pain, c'est un autre goût! Il en était ainsi ce jour-là. L'Angéline était venue, le pain était enfourné, et les pâtés aussi. Et mon père se reposait dans la maison. Il avait même accordé la mandoline. On riait, on chantait. Et mon père avait entonné un air parisien, *Le Beau Môme* :

Je suis l'Beau Môme!
Mon chic empaume...

Ma tante voulait l'apprendre. Ma mère disait :
– Les pâtés doivent être cuits.
La Marraine se fâchait :
– Et le pain? Vous l'avez remué, le pain? Vous voulez le voir en charbons?
Et ma tante :
– Allez, Paul! Une autre fois!

Je suis l'Beau Môme!...

Et c'était reparti :

Pour ma toilette,
J'n'ai qu'un'chaussette...

Il se décida quand même à aller voir, mon père. Le pain n'avait pas de mal. Mais les pâtés! Mais cette pâte d'ordinaire onctueuse, tendre, dont ma mère était si fière et qu'elle réussissait si bien... Les pâtés étaient secs, tellement secs qu'ils craquaient sous la dent comme du gravier. Jamais on n'avait tant ri. Ce fut une nouvelle spécialité : « les pâtés du Beau Môme ». Et des pâtés du Beau Môme, on en reparla chez nous chaque fois qu'une pâtisserie était trop cuite.

Quand la Marraine pétrissait le pain, j'avais mon nez dans la maie, moi, juste à hauteur par l'un des bouts. De l'autre, il y avait la lampe Pigeon qui sentait si mauvais, un peu penchée en arrière vers le couvercle que sa flamme, petit à petit, creusait d'une longue langue noire. La Marraine ne me disait rien, je ne la gênais pas. Mais j'aurais bien aimé – j'aurais bien mieux aimé – rester dans le fournil avec mon père. Seulement, on me disait qu'il faisait trop chaud près du four. Et surtout, on savait bien que mon père ne faisait pas assez attention. En effet. Il me parlait, il me disait :
– Écarte-toi.
Mais il ne pouvait pas garder les yeux sur moi. Et quand il attisait le feu avec le fourgon pour arranger les branches, ou qu'il passait le râble, alors que je voulais voir dans le four en même temps que lui, il aurait très bien pu me blesser. Une fois, je me souviens, c'était bien moins dangereux, je le regardais arranger les étables à cochons, et je l'aidais même quelque peu à débarrasser de vieilles planches. Eh bien! ne m'en jeta-t-il pas une sur la

tête? Plantée dans cette planche, il y avait par malheur une vieille pointe, toute rouillée, et la pointe se ficha dans mon crâne. Ils eurent une belle peur, chez nous! La blessure était superficielle, il suffit de la désinfecter. Mais... non. Depuis, cet homme, qui aurait pu tuer la fille – l'héritière, le fil de la vie – comme ça bêtement sans s'en apercevoir, on ne pouvait pas lui faire confiance. D'autant qu'il est bien vrai que :

Le râble n'a pas d'yeux.

On racontait que, de cette façon, une fois qui n'était pas si lointaine, alors qu'il venait juste de louer une petite ferme isolée, un homme avait tué sa femme qui apportait la première tourte. Il nettoyait le four, il avait fini, il se retourna et vit sa femme à terre sur le seuil du fournil. Elle était morte. De chagrin, de douleur, de malheur, il se pendit. C'est ainsi qu'on les retrouva tous deux, longtemps après.

Il n'était pas aussi dangereux de regarder dans la maie. Mais il fallait tout de même prendre garde au couvercle. Même si le risque n'était pas grand qu'il me tombât sur la tête, je pensais parfois au conte que m'avait raconté la mère Thrésa, de cette femme qui avait tué son petit garçon en laissant retomber le couvercle sur lui alors qu'il regardait dans la maie. Et puis elle le fait cuire, et puis le fait manger au père, et puis la petite sœur enterre les os, et puis il en sort un oiseau qui vole une roue de moulin, qui l'emporte au plus haut du toit et qui chante, et la mère va voir et l'oiseau lâche sur elle la roue de moulin qui l'écrase. Il s'envole, l'oiseau, et jamais on ne l'a revu... La Marraine ne m'avait jamais dit le conte, ni chez nous personne que la mère Thrésa. La Marraine pourtant devait le savoir, du moins l'avoir entendu, dans une autre version, plutôt gasconne, par la bouche de nos cousins gascons peut-être.

Nos cousins n'étaient pas gascons, en fait, mais leurs parents étaient allés vivre un temps en Gascogne, quand ils revinrent, eux-mêmes et surtout les enfants, parlaient gascon. La fille, qui avait été louée non loin d'ici, avait de très beaux cheveux. Les dimanches, elle rentrait chez elle en disant :
– *Me vau nar far pintoar a la mama.*
Le garçon était chez nous. Il parlait limousin, mais avec un accent. Oh! *Penchenar* ou *pintoar...* ce n'est quand même pas une

langue étrangère, quand on veut aller se faire coiffer le dimanche par sa mère. Ce qui, pour le conte, faisait la différence, c'était principalement le refrain de l'oiseau. Il y avait celui de la mère Thrésa, tout en français :

Mon mère m'a tué,
Mon père m'a mangé
Sous l'épine blanche,
Ma sœur m'a planté,
Ohé !

Il y avait, en limousin, celui que je traduis ici :

Pin, pin ! Laurin !
Ma mère marâtre m'a tué.
Mon père goulu m'a mangé.
Ma sœurette jolie qui m'a tant pleuré !
Pin ! Je suis encore tout vif.

Et celui que la Marraine ne savait sans doute pas jusqu'au bout, lorsque l'oiseau chante Tiouroutioutiou! qu'il est encore vivant. Mais elle connaissait bien le début :

Maire-Mairastra, pica-pasta...

Soit :

Mère marâtre, pique-pâte
Tant elle en pique, tant elle en gâte...

Elle ne pouvait guère aller au-delà :

Autant de piques, autant de miques...

Chez nous, des miques, on n'en faisait pas. On ne savait même pas ce que c'était. Si on en avait fait, on aurait appelé ça, je pense, de la pâte en queue d'âne, une chose dont on parlait, mais qu'on ne faisait jamais. De toute façon, pour la Mère marâtre pique-pâte, la Marraine le disait souvent, à propos de toute mauvaise mère, belle-mère négligeant les enfants de son mari, et même de toute méchante femme.

De même que pour ce conte, elle avait dû, sans jamais l'apprendre, entendre la chanson du Bouvier. Elle en chantait des bribes. Tout ce qu'il m'en reste, c'est la phrase :

Lo Sarasin non tonara...

le Sarrazin ne reviendra pas, que je comprenais :

Lo Sarasin nos tornara...

le Sarrazin nous reviendra. Et je demandais :
– Pourquoi veux-tu le faire revenir, le Sarrazin ?
Elle ne savait pas plus que moi, semblait-il. Mais moi, de plus, je pensais au blé noir, sarrasin disait mon père, qui chez nous ne demandait qu'à venir, et à revenir...!
Quand le pain sortait du four, eh là ! cela parfumait tout le pays jusqu'à l'Étang, jusqu'à la cime du Puy. Toute la campagne chantait l'odeur de la croûte brune et de la mie tendre. Le dernier morceau de pâte, avant de racler la maie pour pétrir le levain à venir, la Marraine en faisait un tourteau. On l'enfournait le dernier, tout près de l'entrée. Ainsi, il était cuit, et pas de trop, quand on défournait. Mangé tel quel, tout chaud, avec un bol de lait – ou, si nous en avions, un peu de crème – rien de meilleur. Quelquefois, je le mangeais toute seule, mon tourteau. S'il était plus gros, je le partageais, nous le partagions. D'autres fois, je n'en voulais pas, ou je n'en mangeais qu'une bouchée.
Il faut dire que, le pain, je n'en faisais pas plus de cas que de raison. Et le lait, je ne l'aimais guère. Lui, surtout, ne m'aimait pas. Quand la Marraine faisait téter les veaux et qu'elle trayait, il m'arrivait d'aller avec elle. Zou ! Zou ! Le lait sonnait dans le seau, avec un chuintement. Et il montait, on aurait dit en ébullition, et cela débordait. C'était blanc, toutes ces bulles, plus ou moins grosses, comme il s'en fait avec le savon, c'était beau comme un nuage. Et c'était bon ! Dedans, on entendait une petite musique, comme un murmure. La Marraine disait que c'était la crème du lait. Mais je l'avais bien vue, moi, la crème qui monte toute plate sur la bassine. Ce n'était pas ainsi ! La Marraine ne savait pas d'autre nom. J'en trouvai un. Je l'appelais la mouroufle. Et de mouroufle il en fut, jusqu'à ce jour.
Quelquefois, j'apportais un verre à l'étable pour avoir de ce lait tout frais, encore tout chaud, et tremper mon nez dans la mouroufle. Le premier soir, que c'était bon ! Le lendemain, c'était tout ordinaire. Dès le troisième jour, j'en avais la nausée. Cela me gonflait, j'en étais malade. je pense que je n'avais jamais beaucoup aimé le lait. Une fois, je m'en souviens, j'étais toute petite. On avait mis la table ronde, je ne sais pourquoi, tout près de la cheminée. J'étais assise là, on m'avait donné du lait chaud, dans un bol. Sur

la table, il y avait une toile cirée blanche, avec des dessins verts, des grappes de raisins verts, me semble-t-il... Et moi, je buvais ce lait. Je ne le trouvais pas bon. On me le sucra. Il n'était pas meilleur. On le sucra davantage. Trois... quatre... cinq morceaux de sucre dans ce bol de lait. La nausée me prit, la tête me tournait, je posai le bol... Plus jamais je n'ai pu boire de lait sucré, ni même quasiment, de lait.

Il en est de même pour le miel. Je mangeais une gorgée de miel – Dieu! que c'était bon! De miel, de cire, de fleurs, j'en avais jusqu'au fond du corps, les mains, les pieds, l'âme tout entière. Si j'en reprenais, la tête me faisait mal, le ventre – et cette envie de vomir. Pourtant, quand on passait derrière l'apier, là-bas chez la Génie non loin de la Croix, juste avant de prendre la Via!... Un pin était là qui abritait les ruches, et, dessous, cette terre nue, avec les aiguilles sèches dessus, rayonnait de soleil comme si ç'avait été elle que l'on sentait. Un parfum! Un parfum de chaleur qui vous appelle, la cire, le miel, la résine, et cette odeur des abeilles au travail, l'odeur de la vie-même...

Cet endroit, on l'appelait « à la Croix ». La croix y était, disait-on, entre les saules et les ronces, et moi, qui passais souvent par là, je n'avais jamais pu la voir.

– La voilà. Ici.

Je regardais, je disais oui, je ne voyais rien. Où était cette croix? Où pouvait-elle bien être? Quelque part dans les ronces... Elle y était certainement, et même, à ce moment-là, depuis assez peu de temps. Je ne sais plus si c'était le mari, ou le frère de la Clarisse, qui l'avait faite. Il y en avait une depuis toujours, mais la vieille tombait en lambeaux. Cet homme, un homme jeune, pas un enfant, dit :

– Je vais en faire une, moi.

Il la fit et la planta. Il ne tarda guère à mourir. Celui qui fait, ainsi, une croix pour le village, c'est toujours lui qu'on déposera le premier au pied. Soit le frère, soit le mari, de la Clarisse, aucun ne vécut longtemps, c'est pourquoi j'ai oublié lequel – suis-je sotte! Le mari fut tué à la guerre – seul son frère mourut au village, afin de respecter la tradition.

Quand il mourait quelqu'un dans le village et qu'on l'emmenait par le chemin des morts qui était aussi celui de la messe, on déposait le cercueil un moment au pied de la croix, et l'on respectait de même chaque station rencontrée aux carrefours et aux entrées des autres villages traversés. Et quand on ne suivit plus le chemin traditionnel, on allait toujours déposer là, et même y casser, le verre ou la coupe qui avait contenu l'eau bénite au chevet du mort. Ma mère le fit toujours pour nos pauvres vieux. C'est seulement depuis, et à force de chercher, que je l'ai vue, cette croix de bois, maintenant qu'elle est presque pourrie de mousse et de vermine, à demi couchée et les bras tombants – oui, il n'y a pas longtemps que j'ai fini par la voir, par être sûre qu'elle était là. Non seulement pendant mon enfance, mais pendant plus de cinquante ans, j'en ai entendu parler, je suis passée devant – croyant qu'elle était déjà pourrie, qu'elle n'était plus là, qu'elle n'existait pas, que c'était une idée de croix...

Il m'est arrivé ainsi, souvent dans la vie, de ne pas voir, et tout près de moi, les choses les plus évidentes. Je ne dois pas être la seule.

Deux ou trois fois, déjà, j'ai commencé à parler de mes poupées. Et chaque fois quelque digression m'a entraînée ailleurs. Ce que j'ai dit de celles qui s'appelaient Jacqueline, l'une après l'autre, pourrait se dire aussi de celle que m'avait offerte ma grand-mère de Cros, la mère Miette, une jolie poupée de terre à tête de porcelaine, aux cheveux blonds, aux yeux bleus, avec un petit nez retroussé et des lèvres rouges comme une rose. Elle avait une jolie robe bleue à parements brodés, des bas blancs dans ses souliers noirs qui ressemblaient aux miens, et même un petit pantalon blanc, au ras des cuisses. C'était une vraie dame. Tellement une dame, d'ailleurs, que dans un premier temps je n'eus pas le droit de jouer avec. Lorsque je l'eus bien regardée, elle reprit sa place dans la boîte sur la planche de la cheminée. Je la voyais là-haut debout qui avait un peu l'air de me narguer, mais je ne pouvais pas l'attraper. Il est vrai que je n'en avais pas très envie. Peut-être me suffisait-il de la voir. Mais, naturellement, si on ne me la donnait pas tout de suite, c'est qu'il ne fallait pas l'abîmer, cette poupée, la mémé Miette n'aurait pas été contente.

Et, en effet, j'aurais dû la garder et même l'encadrer, comme le seul cadeau que la sainte femme m'ait fait de toute mon enfance. Mais, au bout de quelque temps, ma mère commença à me la confier au lit quand j'étais malade, et par la suite elle servit comme toutes les autres à se faire faire la classe et à se faire marier. Moi je l'aimais bien, elle ressemblait à ma cousine Renée, avec ces yeux bleus qui se fermaient pour dormir quand on la couchait, et ses fins cheveux blonds, son visage joli et potelé...

Je l'aimais bien, mais je crois en avoir préféré une autre, une

267

toute petite, en terre, que m'avait apportée la mère Thrésa, quelque fois qu'elle était venue passer une huitaine de jours chez nous. Oh! elle n'était pas bien belle, cette poupée, toute raide, avec un chiffon de robe à fleurs. Une fois, elle eut un bras cassé. Mon père lui en modela un, et même la main, avec de la poix. Si bien que cette petite bonne femme blanc et rose avait un bras noir. En limousin, la poix se dit *gema*, alors ma poupée devint la *Mair-Gema*, en français Mère-Gemme. Non elle n'était pas belle.

Elle n'était pas belle, mais moi je l'aimais, et j'avais tant pleuré sur son pauvre bras cassé! C'est qu'aussi j'aimais tant la mère Thrésa. C'était une femme douce, avenante. Elle aimait rire, elle dansait bien. Une fois, elles se rencontrèrent toutes deux chez nous, elle et la mère Miette. Toutes deux petites, rondes, grosses dans cet uniforme noirâtre des vieilles femmes à chignons plats, avec leurs longues jupes froncées, je les appelais « Boulou » toutes les deux. Elles en firent une partie de valse! Il me semble qu'on avait mis le phono; mais mon père dut bien y aller aussi d'un petit coup de mandoline... Elles revenaient s'asseoir, le souffle court de rire et de mouvement... quelle soirée!

Quand nous allions à la foire de Chamberet, que ma mère m'y amenait, un peu avant le coup de midi elle achetait un joli rôti de veau, quelques gâteaux à la crème, peut-être des pâtes et du café, et nous prenions le chemin des Escures. Un petit jardin clôturé d'une palissade, une courette, la porte peinte en vert, et la mère Thrésa sur sa porte qui nous regardait venir en riant, les larmes aux yeux. Elle attisait son maigre feu, faisait cuire le rôti, et nous déjeunions comme des reines. Pendant que tout se préparait, je faisais le tour de la maison, un petit grenier, avec sa réserve de bois – une armoire, une table, le lit au fond sous son dessus de lit blanc, avec sa table de nuit. Et la cheminée. Que tout cela fût si pauvre ne me gênait pas, pas le moins du monde. C'était un royaume pour moi, un royaume de tendresse, où la chaleur venait du cœur, du cœur de cette femme qui n'avait pas grandes joies. Son mari mort depuis longtemps, ses trois fils tués à la guerre, une bru qui ne la regardait pas et des petits-enfants qui ne la connaissaient même pas, comme une étrangère.

Allons, j'en reviens aux poupées. Une autre, que je n'ai jamais oubliée, c'était ma Nonette. En réalité, c'était peut-être une

Nénette, de Nénette et Rintintin qui furent à la mode un certain temps. Ah! celle-là, c'était une dame! De petites mains, de petits pieds, et les jambes fines, et la tête menue, j'aurais pu la croire, si j'avais su, espagnole ou gitane, à cause de cette robe rouge à volants – une robe en papier! Je n'ai jamais su ce qu'elle est devenue, un jour, je l'eus perdue. Depuis, je l'ai cherchée, j'ai eu beau la chercher, même en rêve quand je dors, tout au long de ma vie. Je n'en ai seulement jamais vu aucune, nulle part, qui lui ressemblât. Oh! je ne jouais pas beaucoup avec elle, je ne la portais pas plus qu'aucune autre, bien au contraire. Aucune, pourtant, qui m'ait manqué ainsi. Une perte dont mon cœur ne s'est pas consolé. J'ai pensé, depuis, que j'avais pu l'enterrer – en jouant à l'enterrement –, que je l'avais oubliée – ou que je n'avais pas pu aller la rechercher tout de suite et que je n'avais pas retrouvé l'endroit... Peut-être. Peut-être pas. Je ne sais pas. Si ce n'est ce froid dans l'âme, ce trou dans le cœur, cette recherche que j'ai poursuivie – qui m'a poursuivie – si longtemps, et plus encore de nuit que de jour.

Que je l'aie enterrée, cela me semble, au reste, assez invraisemblable. Seule, ou en compagnie des Petits, nous ne jouions guère à l'enterrement, sinon à la saison des poupées de maïs; c'est elles que nous enterrions, sèches mortes dans leur robe verte, sous des monuments de briques largement décorés de ces magnifiques herbes qui naissent après qu'on a retourné les chaumes. Elles étaient si belles, les demoiselles du maïs! Le visage qu'elles n'avaient pas, tout enveloppées de feuilles vertes comme une Japonaise dans ses kimonos, il était facile de le deviner, de le voir, rien qu'à la couleur de leurs cheveux. Ces longs cheveux lisses, à peine ondés, clairs et vaguement dorés, ces cheveux roux, foncés, presque bruns, frisés et même crépus... Il y en avait de très éveillées, riantes, dégourdies, et parfois hardies comme des bohémiennes. Et d'autres longues, douces, silencieuses, et dont la finesse incitait à la mélancolie... Les unes et les autres, j'en cueillais une brassée, toutes me plaisaient, d'une façon ou d'une autre. Mais leur fraîcheur ne durait guère. La robe de feuillage pâlissait et se défeuillait, la poitrine fléchissait et les cheveux se desséchaient. Et l'on pouvait la pleurer morte, on l'enterrait.

Mais une autre poupée que j'ai eue, celle-là non plus je n'en ai jamais vu de semblable. Elle était mi-partie jaune et rouge, verticalement, avec une corne jaune sur la tête, qui était peut-être son bonnet. Celle-là, sa peau c'était son habit. On ne pouvait pas dire qu'elle était nue, on ne pouvait pas dire qu'elle fût vêtue. Mais elle avait un visage, comme un masque. A la vérité, on ne pouvait pas connaître si le masque était son vrai visage, et le costume un déguisement, ou le contraire. Je ne me posais pas tant de questions, peut-être? Je ne sais pas. Parfois, je la regardais... Je ne la regardais pas tellement. Elle était souple sous les doigts, et je pouvais la jeter en l'air comme une balle, aussi haut que j'en avais la force. Elle retombait sans se blesser. Le problème, c'est quand elle retombait sur le toit et qu'elle restait dans la gouttière... Mon père prenait l'échelle et montait me la chercher. Il était de bonne composition, mon père. Il m'avait dit que, cette poupée, c'était un polichinelle. Polichinelle était un joli nom, mais pour moi cela ne signifiait rien. Il trouvait aussi que cette poupée jaune et rouge était ridicule – un vrai Gugusse. Gugusse fut son nom, mais je lui trouvais bien vite un surnom, et en quelque sorte un augmentatif-péjoratif : je l'appelai Gugant. Gugant fut définitivement son nom de misère. Pauvre Gugant! Je lui en fis voir pour son jaune et rouge, de toutes les couleurs. Je ne sais pas comment il finit. Peut-être à pourrir dans une gouttière. Je ne sais pas. En fait, si ce n'est pour celle que je découpai aux ciseaux, je ne sais pas comment finirent mes poupées. Aucune. Je ne les voyais plus. J'en avais une autre. Cela ne me dérangeait pas. Sauf en ce qui concerne la Nonette. Allez savoir pourquoi.

J'ai pourtant gardé la dernière. J'en faisais grand cas. C'est un joli baigneur de Celluloïd. Ma mère me l'acheta alors que j'avais déjà onze ans, ou peu s'en fallait. Je n'ai pas souvenir que ce fût un cadeau du Père Noël. Ce n'est pas que je crusse vraiment au Père Noël à cet âge, malheureusement, mais je faisais semblant. Et je ne faisais pas semblant pour les autres, je faisais semblant pour moi-même. Un jeu comme un autre, tiens! Il me suffisait d'entrer dans la croyance – je mettais ma chaussure dans la cheminée, et le Père Noël me la remplissait de pralines, de crottes de chocolat, d'oranges, de mandarines...

Les gens, aujourd'hui, ne savent plus ce que c'est que les mandarines. On achète des clémentines, qui n'ont ni goût ni saveur, mais qui se mangent comme du beurre, pas de pépins, et presque pas de peau; les mandarines, qui ressemblent aux clémentines, avec la peau plus claire, plus jaune, sont pleines de pépins, mais ce parfum! Cette saveur! Le Père Noël m'en apportait, et aussi des oranges. Et les oranges de Noël, les oranges de saison, c'est pareil, elles avaient un parfum à quoi rien ne se compare.

Et il m'avait apporté aussi, une fois, ce train qui tournait, il n'y avait qu'à remonter le ressort de la machine, comme un chien qui veut s'attraper la queue. Je m'en amusai longtemps, surtout de la locomotive, qui marchait aussi bien par terre que sur ses rails, pourvu que rien ne la fît verser. Et quand elle tombait sur le côté, les roues continuaient à tourner en l'air, comme les pattes d'un cerf-volant couché sur le dos...

Cependant, le baigneur, je ne me souviens pas de l'avoir trouvé dans mon sabot. Lui aussi était blond, et il avait les yeux bleus, comme la Jacqueline de porcelaine, mais il ne dormait pas, et il était tout nu. Ce qui me plaisait bien, c'était son sourire, son air aimable et ses bras ouverts d'enfantelet petit. Comme rien ne disait le contraire, je décidai que c'était une fille et je l'appelai Lucette, sans raison, si ce n'est peut-être que je ne connaissais aucune Lucette, ni dans la vie, ni dans aucun livre. Nous dûmes bien la marier une ou deux fois, la Lucette, mais je ne l'habillais guère, si ce n'est d'un maillot de bain – avec ses jambes repliées comme celles d'un nouveau-né, ce n'aurait pas été facile.

Hélas! le temps passait. De plus d'une manière, je ne voulais pas, moi, quitter l'enfance et ses plaisirs. Mais l'âge venait. Quand Lucette perdait ses bras ou ses jambes, c'était moi qui remettais les fils élastiques en place, et même qui les changeais, au besoin. Si bien que je vis plus d'une fois ce que la Lucette avait dans le ventre : il n'y avait rien.

Ainsi, donc pour la Lucette je choisis un nom que personne ne portait dans mon entourage, mais qui était un vrai nom, un nom qui existait, que j'avais dû entendre prononcer. Au début, je ne connaissais pas davantage de Jacqueline, ni de Pierrot. Ces noms avaient dû me paraître extraordinaires – mais ils m'étaient aussi les plus familiers du monde. Pensez! Ceux du livre de lecture – du premier livre de lecture. Je n'étais pas restée longtemps moi-même « dans » le livre de Line et Pierrot, mais il devint aussitôt après celui de René et de Matou. Ils ne s'attardèrent peut-être pas autant que moi sur cette « longue raie d'or » qui, dès la première page, traversait la chambre des enfants et qui resta longtemps pour moi comme la « langue » du soleil, et d'autres foutaises de la même eau, mais pour eux aussi, certainement, Jacqueline et Pierrot devinrent d'emblée aussi familiers, aussi proches que des noms communs – en quelque sorte des termes génériques.

Évidemment, je n'aurais pas su le dire ainsi, et eux non plus, mais je le savais, nous le savions : une poupée, une poupée femelle, ça ne pouvait être qu'une Jacqueline, et celle que l'on identifiait comme garçon qu'un Pierrot. Il en était ainsi pour ma grand-mère lorsqu'elle avait vu le facteur de Sussac pour la première fois :

– J'ai vu le Moussour de Sussac.

Le facteur de Saint-Gilles s'appelait Moussour, tous les facteurs étaient des moussours. Pour moi, le temps de la Jacqueline fut le temps de l'école, le temps d'être comme tout le monde, du moins de m'y efforcer. Il n'en avait pas toujours été ainsi.

Du temps que le maçon travaillait chez nous, alors que j'avais trois ou quatre ans, j'entendais dire le nom de bien des gens, que mes parents connaissaient mais que je n'avais jamais vus. Et souvent des surnoms, des chafres. Les uns ni les autres, en aucune manière, ne signifiaient rien pour moi. Pas de visage et pas de sens.

Tenez! Il y en avait un, on l'appelait « la Concaine ». La Concaine, c'est quoi, une concaine? C'était son expression familière, il chantonnait souvent entre ses dents, et quelquefois à très haute voix :

– La Concaine... la Concaine...

On dut bien m'expliquer, je pense que c'était un peu comme le refrain : ton-ton, tontaine tonton. Mais je ne compris pas mieux. D'ailleurs – tonton – j'en avais, moi, des tontons. Je n'avais pas de concaine. Oui, elle m'intriguait, cette concaine. Et de plus, c'était un parent du père Henri... Je dus en demander, des explications, tant qu'à la fin je croyais le voir, la Concaine, dans sa jardinière à cheval, le fouet à la main, chantant :

– La Concaine... la Concaine...

Un jour qu'ils en parlaient, je ne sais ce qu'ils en dirent à un moment, mais il me vint à l'idée que la Concaine – ce devait bien être une femelle, quelque part? – que la Concaine donnait du lait.

– Mais, dis-je, la Concaine, il a du lait?

Si ça les fit rire, les autres!

– Oui, me répondit-on. Peut-être un peu. Pas beaucoup.

– Mais, répondis-je, peut-être ma pleine petite tasse gagnée?

A quelque balade, j'avais gagné, ou l'on avait gagné pour moi –

ou me l'avait-on achetée – une petite tasse à café, avec sa soucoupe, blanche filetée d'or, sans oublier toute une rangée de petits dessins d'or autour. Si j'en faisais cas, moi, de ma tasse gagnée! Et j'en ai entendu parler, depuis, du lait de la Concaine à pleine tasse gagnée! Et ce n'est pas d'aujourd'hui que je lèverai la petite fumée de mystère qui volette au-dessus...

D'autres surnoms, bien sûr, ne posaient pas autant problème, même sans visage. Beaucoup n'étaient que d'anciens noms de famille, reliquat d'un type, ou d'une personnalité, attaché à tel ou tel descendant, avec ou sans raison. Il y avait aussi les noms de métier, le Tisserand, le Menuisier, le Tailleur... Il y avait les caractéristiques physiques d'un ancêtre parfois lointain, le Sourd, le Bossu, le Breton (le bègue)... Il y avait les homonymes à distinguer, comme à Chamberet, les Maury qui devinrent les Croupières, les Bicyclettes, les Lièvres, parce que l'un était chasseur, l'autre bourrelier et l'autre marchand de cycles. Il y avait ceux qui, comme la Concaine, avaient une expression favorite; on eut ainsi Jean-merde, Jacques-merde, Pierre-merde, et tant d'autres. Tant d'autres! Chacun avait le sien, parfois à son insu. Et le plus souvent, ce n'était pas un surnom flatteur. Interpeller en face l'intéressé par son chafre, c'était en soi une insulte, bien que certains fussent anodins ou tellement usités qu'ils en faisaient oublier même le nom de famille, ce nom de famille qui n'était lui-même, à l'origine qu'un surnom mérité ou non. Et quelquefois, comment savoir? Comment savoir que tel ou tel ne s'appelait pas Labesse, Barre, Carco, Lamisse, Comte, Béranger, Boulaud, Blaise, Béchut, Monarque ou même Lasteyrie!... Comment s'imaginer que ces deux jeunes enfants et cet homme mûr, par-dessus la haie de leur pré échangeaient innocemment de graves insultes :
– Bonjour, mon Carco, tu gardes tes vaches?
– Et toi, mon petit Minaudou, tu gardes les tiennes?
– Oui...
– Oui...
Une génération plus tôt, ça ne se serait pas passé comme ça!...
Parfois, l'origine du surnom n'était pas ancienne, et pourtant beaucoup l'ignoraient, et elle leur paraissait tout aussi injurieuse alors que c'était seulement le nom de leur arrière-grand-père. Tiens! En évoquant les galants de ma grand-mère, je n'ai pas parlé de Tata. Tata, je l'ai connu. Il n'y a pas si longtemps qu'il est

mort, il avait approché d'assez près les cent ans. Il disait à ma grand-mère :

– Vois-tu, si j'en épousais une autre, peut-être que je l'aimerais. Je l'aimerais, un temps. Mais toi, je t'aimerais toujours, toujours, toujours, toujours...

Et les toujours n'en finissaient pas. Il le disait à ma grand-mère. Mais il ne savait rien de la complicité des filles, lorsqu'elles ne sont pas amoureuses : il disait la même chose à toutes les autres, celles qu'il courtisait. Bah ! c'était de bonne guerre. Lui savait très bien ce qu'il en était de son surnom. N'était-ce pas son père – ou déjà lui-même – qui, pour se faire quelque argent, à la saison, vendait des cerises ? Il en achetait de grandes panières, qu'il apportait aux foires. Et, pour attirer les chalands criait de toute sa voix :

– *Tastatz-las, tastatz-las* ! Goûtez-les, goûtez-les !

A Saint-Gilles ou à Surdoux, les gens disaient :

– Untel vend des cerises. Achetons-en.

Ils l'appelaient par son nom. Mais dès qu'il était un peu plus loin, Sussac, La Croisille ou Chamberet, on ne savait pas son nom, et l'on entendait son appel :

– *Tastatz-las ! Tastatz-las* !

Tata... On l'appela Tata. Aussi, quand il en vendait lui-même plus tard :

– *Gostatz-las... gostatz-las...* disait-il tout doucement aux clients.

Rien à faire. Le pli était pris. Tata s'était accroché à toute la famille pour plusieurs générations. Mais dites-moi, qu'y a-t-il de ridicule, de blâmable ni de honteux, à vendre des cerises ?

Il n'en était pas toujours de même. On parlait d'Attrape-Fouine, Chie-Laine, Pèle-Avoine, Talon-t'a-léché, Chou-Rave. Et tant d'autres ! Ces noms disaient quelque chose. Attrape-Fouine, surpris à voler des œufs dans la grange, s'était excusé en disant qu'il en poursuivait une. Chie-Laine avait dû rendre celle qu'il avait volée. Pèle-Avoine ne pelait pas l'avoine, il l'avait volée. Chou-Rave chouravait. Talon volait au clair de lune des légumes dans le champ de son voisin avec la brouette. Le voisin qui s'en était aperçu le regardait passer de l'un à l'autre chou, tâtant avec ses mains pour choisir les plus beaux. De temps en temps, il poussait tout doucement la brouette. La roue grinçait un peu : Ta-lon... Ta-lon... Tout à coup, pan ! Le voisin tire un coup de fusil en l'air. Et la brouette de courir : Talon-t'a-léché... Talon-t'a-léché... Talon-t'a-léché... Plus silencieux, Les Rames se contentait de cueillir les haricots à rames par-dessus les haies des jardins.

Mais Lala volait de tout. Et comme il n'était pas très malin, il se faisait toujours prendre, et on ne le ménageait pas, à grands coups de trique : Oh! là! là! Oh! là! là! Il était toujours à crier de quelque rossée qu'il n'avait pas volée. Oh! là! là! Et le nom lui resta. A la vérité il était encore plus mythomane que voleur. Il pouvait tout aussi bien annoncer à la famille que quelqu'un était mort, ou commander un repas de funérailles, ou inventer n'importe quelle nouvelle plus ou moins crédible – se dire « grand bourgeois » ou Dieu sait quoi. On ne se laissait guère prendre à ces imaginations, mais les vols gênaient davantage les victimes. Une fois, n'avait-il pas volé cinq quintaux de sel? Même s'il ne s'agissait que de petits quintaux de cinquante kilos, qu'aurait-il pu en faire? Il les enterra. Quand il y revint voir, tout le sel avait fondu...

Pour les chafres, il y avait aussi la Bricole, qui aimait assez perdre son temps. *Minha-popa* – Migne-Poupe, qui parlait comme un bébé. Et Saute-la-Bleue, allez savoir pourquoi. On n'en finirait pas. Et il est vrai que la plupart de ces surnoms avaient une raison d'être, une explication, une histoire. Mais le plus beau, à mon avis, était Manicafras, que personne ne connaissait par ici, si ce n'est mon grand-père et le père Henri. Entre eux, ils parlaient même d'un manicafras, comme d'un genre d'homme farfelu, vantard, et sans scrupules. Ma mère et moi, nous admirions particulièrement ce nom qui sonnait comme celui d'un aventurier du grand siècle, ou d'un personnage de la comédie italienne. Au reste, peut-être venait-il de là. Espèce de Manicafras!

Tous ces noms, ces surnoms, et ceux que je ne rappelle pas ici, tant d'autres, on les disait, on les redisait sans cesse autour de moi – c'étaient je l'ai dit des noms sans visage. Et soit pendant le jour ou bien le soir à la veillée je les entendais; on parlait de ces personnes ou de ces personnages comme de ceux des contes. Pour moi, les uns ou les autres n'existaient pas davantage. Ils existaient de la même façon. Je ne les voyais pas, mais on en parlait. Tourne-Bouton, le Menuisier, Mirandou, et même le père Boulaud, la Cœur-de-bouc à cheval et Cambarotte – Petite-Jambe – qui va dans le bois :

276

Cambarotte va dans le bois
Il assemble son petit faix de bois
Ne peut pas le porter. Il le fait rouler.

Il y avait aussi le Petit Homme de Bugeat, cuisse courte, cul percé. Et Som-Som qui ne veut pas venir :

Mon petit ne peut pas dormir.
Som, petit Som ne veut pas venir.
Som-Som, viens donc vite!
Som-Som, ah! viens donc.

Il y avait Jean et la Jeanne :

Jean et la Jeanne
bâtissaient leur cabane
au milieu de la gane.
Jean péta, la Jeanne rua,
la cabane s'effondra.

Ne pas oublier la Chèvre-Morte!

— Chèvre-Morte, le loup t'emporte.
— Où m'emporte? — Derrière la porte.
— Pour quoi faire? — Pour te manger.
— Pourquoi me laisse?
— Parce que tu n'as pas de graisse!

Et les deux qui balancent l'enfant entre eux, le tenant par les pieds et les aisselles font le grand geste de le projeter au loin sur le côté. On en sait d'autres, avec les chèvres :

Deux chèvres plus une
Gardais à la lune :
une blanche, une brune
et une tachetée.
Dit la tachetée :
— Je sais une belle parcelle d'avoine.
Dit la brune :
— Il faut y aller, une.
Dit la blanche :
— Je ne le ferai pas, moi, par ma hanche!
Si le loup y venait, il me mangerait mes os
les petits et les gros.

Mais qui ne connaît le petit Lièvre, qui se récite en suivant les lignes de la main et les doigts de l'enfant :

Un petit Lièvre sur le pré.
Par ici est entré, par ici est passé,
par ici a pissé, par ici a crotté...
Celui-ci l'a vu, celui-ci l'a tué,
celui-ci l'a écorché, celui-ci a bu le sang.
Mais le petit Mermillou
qui en voulait tant
s'est jeté dans l'étang,
Patatan !

Le petit Mermillou, c'est le petit doigt, l'auriculaire. Chacun des doigts a son nom. Il le mérite, c'est une personne. Ma grand-mère me les nommait l'un après l'autre. Pour l'instant, ces noms sont égarés dans les bas-fonds de la mémoire, mais je ne déses-père pas de les y retrouver, parmi tant d'autres alluvions... Il y avait encore Marceau, qui eut le malheur de perdre sa jument :

Elle est crevée, la jument de Marceau.
La pauvre bête ! Ne fera plus les sauts !

Cela se chantait, comme pour celle du Curé :

Elle est crevée, la jument du curé.
La pauvre bête ! Ne mangera plus de foin.

Cette jument crevée, je ne la plaignais guère, moi. Parce que j'avais tant entendu parler du curé Comte, un si brave homme, qui donnait tant de conseils, et même des médicaments aux pauvres qui allaient le consulter sur toutes sortes de sujets. Or, un jour, en revenant de Treignac, ne voilà-t-il pas que son cheval se mit à reculer, comme de peur, comme font parfois les chevaux ombrageux. Il finit par s'arrêter, mais il ne voulait plus avancer. Le curé descendit, le détela... et le cheval partit au grand galop. Que faire ? Le curé, un homme grand et fort, que la colère empor-tait, ne réfléchit pas longtemps. Il saisit les brancards de la voi-ture et le voilà parti dans la descente à la suite du cheval. Il avait dû se dire que le cheval s'arrêterait tout seul un peu plus bas, pas très loin. Mais la chaleur, la colère, l'effort pour retenir cette voi-ture sinon pour la tirer – et aussi quand l'heure est venue –, le curé tomba sur la route entre les brancards. Je ne me rappelle pas s'il mourut sur place, mais il mourut. A cet endroit, on avait planté une croix de fer ouvragé qui en gardait le souvenir.

D'une certaine façon, je distinguais bien les personnes réelles des personnages fictifs : je n'étais pas plus bête qu'une autre, quand même. Mais d'une autre façon, je les laissais se débrouiller, ou plutôt s'embrouiller ensemble dans ma tête, avec beaucoup de complaisance. Si bien que je peux le dire, Marceau et le curé Comte, Jean et la Jeanne, la Concaine et Jean de la Lune, je savais ce qu'il en était ! Aussi bien que de Jean-qui-pleure et Jean-qui-rit, le Croquemitaine et le Rémouleur.

Je suis le Rémouleur !
Je vais de ville en ville
parcourant le pays
jusqu'au fond des hameaux...

La Dame m'avait fait chanter cette chanson du Rémouleur, que mon père m'avait apprise, dès les premiers jours que j'allai à l'école. La Marraine en savait bien une autre, celle-là même que le rémouleur chantait en passant dans les villages :

Apportez, apportez, femmes, vos petits ciseaux !
Tant que la roue tourne, tant que la roue tourne
Apportez, femmes, vos petits ciseaux !
Tant que la roue tourne, nous les aiguiserons tous.

Bien sûr, la Dame n'aurait pas voulu l'entendre, et moi pas osé la chanter. Eh non ! C'est qu'elle était en patois. Que le patois, à l'école, c'était interdit. Et ma résolution de le parler en toute circonstance, n'allait pas jusqu'à braver ouvertement l'interdit, cet interdit-là.

Oh ! il y en avait tant d'autres ! Et Patois, justement, qui colportait un peu d'épicerie dans sa voiture à âne, en sonnant du clairon pour signaler son passage dans les villages.

— Tou-tou-tou ! Tous péteux ! Nous sommes tous les deux péteux, moi et mon âne ! Nous sommes péteux tous deux..., chantait la Marraine quand elle en parlait.

Il y avait l'Argérie, ce pays mythique dont parlait mon père, et Victor Hugo le plus grand des poètes. Et la Cane avec le Matou qui traversaient une eau, l'une portant l'autre :

— Ça ira, ça ira... disait la Cane.

– Ça ira mal... grondait le Chat.

Il y avait le chien Turc avec la Miquette, mon arrière-grand-mère et le père Chatenet, la Bettina avec ses dindons, glou-glou-glouou! Et jusqu'au Bourrelier dont j'avais fait une chanson :

Chacun sait son métier, bourrelier!
Chacun sait son métier...

On avait beaucoup parlé du bourrelier, parce qu'il avait fallu faire arranger, ou refaire, des harnais pour la Roanne, et cela avait posé des problèmes dont je ne me souviens pas... De problème, il y en eut un autre quelques années plus tard. Le bourrelier – celui que l'on appelait comme il se doit les Croupières – avait apporté un collier de cheval à l'auberge, chez Laval, en disant :

– Vous le donnerez au facteur.

Il dit bien pour qui était ce collier, qui avait des sonnailles, dre-lin, drelin! Quand le facteur passa, le père Laval qui avait pris la commission n'était pas là, et sa femme ne savait pas pour qui était ce collier.

– Oh! dit le facteur, je sais bien pour qui il est, moi. Sur ma tournée, personne n'a de cheval sinon le père Geneste du Germont. Le collier est pour lui.

– Mais non, disait la femme. Leur cheval n'a pas de sonnailles.

Elle le savait bien! Toutes les foires, ou presque, mes parents dételaient chez Laval, attachaient le cheval à l'écurie et déjeunaient à l'auberge. Mais le facteur n'en démordait pas.

– Il ne peut être que pour eux! Ils ont un cheval.

– Il n'est pas pour eux. Laissez-le, vous le prendrez un autre jour. Ils n'ont pas de sonnailles.

Sonnailles ou pas, notre homme à toute force saisit le collier, l'enfourche sur ses épaules, et le voilà parti faire sa tournée, dre-lin-drelin, avec les grelots. Il arrive à Germont. On l'entendait venir depuis un bon moment.

– Drelin-drelin... Drelin, drelin...

Un cheval? On n'entendait pas les pas. Drelin... Drelin... Comment marchait-il, ce cheval? Drelin... Soudain, c'est le facteur – qui arrive, en sueur, qui n'en peut plus...

– Posez-le, allez! Il vous a bien assez pesé...

On finit par savoir à qui était ce collier, quelqu'un du Cheyron, je crois. Je ne sais pas s'ils vinrent le chercher, ou si nous le leur avons rapporté...

Tout en écrivant, n'ai-je pas fini d'arranger la chose? Il n'y avait peut-être pas le collier, seulement les grelots. Mais chez nous, par la suite, racontaient cela comme je viens de le dire. Et ce que l'on raconte vaut bien ce qui est. N'est-ce pas plus beau d'imaginer le facteur avec son collier de cheval sur les épaules?... C'est ainsi que je le voyais, moi. Homme-cheval, cheval-homme, drelin-drelin – et pourquoi pas Centaure – ce Centaure que quelquefois mon père m'avait montré, en figure de Sagittaire, sur des images? Le facteur, qui vient chaque jour, qui repart tout de suite, n'est-il pas lui aussi un personnage mythique? Bien qu'il ait un visage et un nom. D'où vient-il? Où va-t-il? – Celui-là, pour moi, était plus étrange que tout autre. Tout soudain, tournant la haie de houx au plus court, on ne l'avait pas entendu venir, il était là. Une fois que je m'étais mise à l'écart pour faire mes besoins dans un sentier où il n'aurait jamais dû passer, le voilà tout à coup si près de moi qu'il faillit m'enjamber. J'eus honte!

– N'aie pas peur... n'aie pas peur...

Je n'avais pas peur de lui, mais quelle vergogne! Que venait-il faire de passer par là, pour me voir chier! Moi qui me croyais chez moi, si bien à l'abri des regards... A force d'y penser, je suis de moins en moins sûre qu'il ne l'ait pas apporté, le collier – même si je ne suis sûre que pour les sonnailles... Ou bien était-ce une autre pièce de harnais... Ah! ce facteur!

Une fois, il avait dû nous trouver à table, nous l'avions invité à partager notre repas. Il voulut de l'eau chaude. Ma mère se leva pour lui en faire chauffer. Non, non, non, non, il dit que non, à toute force il en prit dans le bassin de la cuisinière, de l'eau qui traînait là depuis des mois, bouillant, fermentant, rebouillant, de l'eau dont nous ne nous servions jamais.

– Toute eau bouillie est purifiée, dit-il...

Cette eau empestait la rouille. Je ne sais pas si c'est le jour où il nous parla tant de la force hydrophile...

Je me souviens d'un autre jour. J'étais plus grande sans doute. Je n'avais pourtant pas mes douze ans, puisque, de mon temps d'école à Surdoux nous eûmes un autre facteur, qui faisait sa tournée à bicyclette, et même à moto, un homme très aimable dont je faisais grand cas. Bref, ce soir-là, c'était l'hiver, le facteur passa très tard. Le soleil se couchait, rouge sang sur le puy de Maluzieux, le puy qui mange le soleil. Ce devait être pour Noël, dans ces jours-là. Il était tard, pourtant il s'assit. Il but un verre de vin, je crois. Il n'en avait pas besoin, il avait déjà bien assez bu. Il parlait. Ma grand-mère était assise au coin de l'âtre, la tête enveloppée d'un mouchoir en bandeau sur le front avec une migraine à ne pas tenir les yeux ouverts. Lui, assis en face derrière la table, l'exhortait en suçotant son verre :

– Mère Geneste, écoute-moi! Prends tes plaisirs. Prends tes plaisirs où tu les trouves. Tu les trouves ici, prends-les ici. Tu les trouves là-bas, prends-les là-bas. Moi je sais prendre mes plaisirs. L'autre jour, j'ai tué un merle. J'ai plumé mon merle, je l'ai fait cuire, et je l'ai mangé. Et j'ai été content! Aussi je te le dis : prends tes plaisirs.

Et il la menaçait de loin avec son doigt :

– Prends tes plaisirs tant qu'il en est temps, mère Geneste! Tu fermeras l'œil, mère Geneste. Je te le dis, tu fermeras l'œil.

Et lui-même en fermait un, en secouant son doigt. Ma grand-mère ne répondait pas. Elle les fermait tous les deux, que, de l'entendre autant que de sa migraine, il lui semblait que sa tête allait éclater.

Moi cependant, debout sur les premières marches dans l'escalier du grenier, j'écoutais, je regardais. Et je riais sans retenue. Et je me plaisais à imaginer ces plaisirs en vrac – de grands sacs de jute, pleins de plaisirs, qu'on pouvait prendre à volonté. Mais tout de même que c'était beau, tout ce discours d'ivrogne! Bien plus beau et mieux composé que tout ce dont j'ai pu me souvenir.

Vraiment, un discours que j'aurais dû prendre pour modèle, moi qui me perds en digressions interminables qui n'expliquent rien. Il est vrai que mon propos n'est autre ici que de m'en tenir aux anecdotes, et les anecdotes se suffisent à elles-mêmes. Et de toute façon, ce que je voulais dire, c'est que tous ces gens, pour moi, et le facteur guère plus que les autres, ils existaient. Ils existaient quelque part, ailleurs. En quelque lieu qu'on ne savait pas, qu'on ne voyait pas, qu'on ne pouvait pas connaître. Et ils vivaient, comme autour de moi pouvaient vivre Porte-le-Bois, Vide-les-Seaux, Tête-Ronde et quelques autres dont j'ai oublié le nom...

Un certain temps, je vécus avec eux à longueur de journée. Je les appelais pour le repas, je leur faisais cuire la soupe, je leur apportais les quatre-heures dans le champ. Une seule chose me gênait, c'était leurs noms. Que, ces noms que je leur avais donnés en voyant chez nous à leur travail, ils signifiaient quelque chose. Vide-les-Seaux, parce que la mémé vidait les seaux de pâtée dans le bac des porcs. Porte-le-Bois, parce que mon grand-père en apportait, du bois, à grandes brassées pour la maison... Et Tête-Ronde, évidemment, parce que personne ne l'avait faite autrement, de ceux que je connaissais.

Oui, ces noms signifiaient quelque chose, quelque chose qui pouvait se voir et se savoir, comme il en est pour les surnoms. Mais justement! Les noms, les noms véritables des gens, cela ne voulait rien dire. Marcelle, cela ne voulait rien dire. Louise, Léonard, Eugène, Étienne, Génie, Henri, Clarisse, et même Jean ou Manicafras, cela ne voulait rien dire. C'était un nom, un nom pour chacun, quelque chose de personnel et de sacré. La Jeanne, c'était cette Jeanne-là, avec son nez, ses yeux, tout son corps et le reste. La Lison, c'était ma mère, et la Léonie ma grand-mère. Chacun se définissait par son nom, le nom qui était la personne, qui ne pouvait pas être autre chose ni quelqu'un d'autre. Alors que n'importe qui porterait le bois ou viderait les seaux. Mais voyez! Même un poirier n'est pas un pommier, ni un châtaignier un chêne. Pour mes gens, les miens, ceux que j'étais seule à voir et à connaître, il me fallait trouver un nom – un nom qui fût chacun le sien, un nom qui ne voulût rien dire pour personne d'autre. Et je cherchais. Je cherchais et je trouvai. Et ce n'était pas facile, un nom qui ne voulût rien dire. Je m'y revois, là-bas derrière la maison entre les herbes aussi hautes que moi. Je trouvai. En premier, à force de mâcher et de remâcher des syllabes, ce fut Chanlagourière, et puis l'endroit qu'il habitait, les Chancrus. Voilà. Chanlagourière des Chancrus. Cela m'ennuyait encore un peu, tous ces « chan », qu'on pouvait entendre comme des champs... Mais je ne trouvai rien de mieux ce jour-là, et, d'ailleurs, cela allait si bien pour appeler:

– Hé!... Chanlagourière!...

De plus, pour aller aux Chancrus que je ne connaissais pas encore, il y avait tout un chemin que je devrais suivre, qu'il me fallait d'abord trouver... Pour les autres noms, on verrait.

Je me frayai donc un chemin entre les herbes, dont quelques-unes, avec leur longue tige raide, m'étaient des arbres. Je ne me souviens pas d'avoir trouvé quelque endroit où situer les Chancrus, après en avoir envisagé plusieurs. A la vérité, c'était tout aussi bien. Un lieu précis n'était pas nécessaire, et je pouvais toujours chercher d'autres chemins. Les chemins, de toute manière – les chemins mènent toujours ailleurs. J'oubliai le problème des noms. Il s'en revint comme il était venu. Mais je gardai longtemps les personnages, à ce que je crois. Chanlagourière des Chancrus sans conteste parut le préféré. L'aurais-je oublié, mes parents s'en souvinrent, et, trente ans plus tard, le maçon m'en parlait encore, cet homme que je n'avais pas revu entre-temps. Oui! Il me demanda des nouvelles de mes gens, comme s'il les eût connus lui-même. Chanlagourière et Tête-Ronde, et Vide-les-Seaux...

Je parlais des chemins... Il y a tout autour de Germont des chemins qui s'en vont dans toutes les directions. La route entre dedans sans aller au-delà. Ce n'est pas un piège, c'est une illusion. Seules les autos doivent s'arrêter là ou rebrousser chemin. Au temps dont je parle, les autos n'y venaient pas, ou guère, mais un attelage de bœufs, une voiture à cheval et même une bicyclette, rien qui fût entravé. Certes, pour aller vers Meilhards, il valait mieux sortir par le chemin de l'ouest, ou traverser sud-ouest si l'on était à pied. Pour Saint-Gilles, Châteauneuf, Eymoutiers, prendre vers le nord. Pour Surdoux, il y avait tout l'éventail des pistes entre le chemin de l'ouest et celui du nord. Mais pour Chamberet, Treignac et au-delà, on avait le choix! Au nord par le Pissechien, à l'est par la Forêt, à l'est par Journiac, ou par l'allée de la Farge, au sud par l'allée, à l'ouest par les Grandes Garennes! On n'avait que l'embarras du choix, vous dis-je. Or, ce n'était pas un embarras. On choisissait selon que l'on était pressé ou non, selon les circonstances, selon la toilette que l'on portait, selon l'état des chemins, selon la saison, selon le temps, et en quelque sorte, on consacrait quelques secondes à consulter l'ordinateur de sa tête muni de tous ces paramètres et de quelques autres, avant de se décider entre les nécessités et les envies du moment. De tous ces chemins, de tous ces sentiers, que j'ai tant parcourus, tant aimés, qui me furent c'est vrai les chemins de l'enfance, pourtant je n'en parlerai pas ici. Je n'en parlerai guère. Je l'ai déjà fait. Je ne veux pas cinquante fois redire la même chose. Pas plus que je ne redirai les contes, ni les croyances, ni ce qu'elles signifient, et ni ce que ce fut pour moi que la poésie. Aujourd'hui je raconte. Et ne me dites pas que je mélange, le vrai avec le faux, ni les temps ensemble. Je ne raconte qu'une légende, d'aussi près que possible, la légende de mon enfance, la légende de ma maison.

S'il me resta longtemps, le problème des noms – des années, des minutes, des heures –, je ne sais pas. Et surtout ne me dites pas que les noms que je donne en exemple comme ne signifiant rien, en réalité disent tous quelque chose, et que de plus il y a par le monde quantité de gens qui les portent, par séries ou par mode : je le sais bien. Je le sais aujourd'hui mais alors je n'avais pas quatre ans, je ne parlais que deux langues, celle de mon père et celle de ma mère, je ne savais latin ni grec, et je n'avais peut-être pas vu encore cinquante personnes, qui toutes portaient des noms différents, sans parler de leurs chafres, diminutifs, et noms de baptême inconnus. Au reste, j'ai vu aujourd'hui un peu plus de monde, j'ai même une vague notion du grouillement des foules, **des noms et** des civilisations passées, actuelles et à venir. Mais je ne parle **toujours** que deux langues, et dans l'une comme dans l'autre, le nom figure la personne, dans une identité, tout aussi précieuse et tout aussi sacrée. Aussi n'ai-je caché personne, dans ce récit, sous un quelconque pseudonyme. Chacun est ici sans masque et sans aucune clef : toutes les portes sont ouvertes ; et s'il en est de closes, ce sont celles de ma mémoire, il n'est rien qui les rouvrirait.

Un autre problème, vers la même époque, me fut celui de la mémoire, tout justement. Et il y eut aussi celui de la mort. Pour la mémoire, je m'en souviens bien. J'étais dans mon lit – celui-là même où je couche en ce moment – et je commençai à me demander ce que j'avais fait le matin, ce matin-là. Et je m'en souvins très bien. Mais, hier au soir ? La veille, je m'en souvins. Et avant-hier... Et plus tôt ? Oh ! je me souvenais de tout cela ? Et il suffisait d'y penser, pour tout revoir ? J'étais émerveillée. Pour tout revoir ? Non, pas tout. Mais tant de choses ! Et j'allais assez loin, de cette façon, toujours plus loin... Mais venait toujours un moment que, aller plus loin, je ne pouvais pas. Un mur. Noir. Rien. Avant, il n'y avait rien. Il n'y avait rien ? Que pouvait-il bien y avoir, avant ? Rien, ce n'était pas possible. Un temps que rien ne fût ? Mais peut-être, pourquoi pas ? Je ne dis pas non. Mais un tel mur ! Noir, profond... Une épaisseur noire... Pas noire... Sans couleur. Non plus de couleur que de forme : rien. Ah ! si j'avais pu aller plus loin !

Voir plus haut!... Et je me travaillai ainsi la tête, longtemps, en espérant toujours qu'une autre fois je me souviendrais...

Une autre idée me vint, que c'était peut-être ça, la mort. J'entendais parler des morts – de la mort. C'était quoi, la mort? Si j'avais vu un mort – mais je n'en avais pas vu –, cela ne me dirait pas ce que c'était que la mort. Certainement, ce n'était rien de bon! On disait toujours « les pauvres morts ». Et quand quelqu'un était mort, qu'on en parlait, tout le monde baissait la tête, et la voix changeait. Quelquefois même, ma grand-mère pleurait, ma mère, et même la Marraine. C'était un grand malheur. Je ne savais qu'en dire, moi. Je regardais bouche bée.

Je ne sais pas. Un certain temps s'était peut-être écoulé, depuis que je me creusais la mémoire pour retrouver le temps d'avant. Je ne sais pas, parce que ces idées-là me venaient imprévisiblement, à tout âge – des idées sans doute qu'on n'aurait pas crues de mon âge. Elles venaient et s'en allaient, et quand elles étaient passées je n'avais guère grandi à cause d'elles. Bien au contraire, ensuite, je me sentais toute petite, comme si je tétais encore. Une fois de plus j'étais couchée dans mon lit – le lit de mes parents ou le mien. J'étais couchée et je me disais que c'était ça la mort, être étendu sur le dos, ne penser à rien, ne rien trouver dans sa mémoire, ne se souvenir de rien. Est-ce que j'eus peur? Il se peut. Mais non! non! je ne pouvais pas mourir. Non! ils me retiendraient par la main, les autres, ils me retiendraient par les bras, il ne me laisseraient pas m'en aller. Si quelqu'un est en danger de mourir, il suffit de ne pas vouloir – de lui tenir la main, le bras, et de le maintenir, ainsi, de toute sa volonté. Et voilà que j'en étais sûre, personne ne peut mourir, personne, sans que quelqu'un ne l'ait accepté. Si tu ne veux pas qu'il s'en aille, l'autre, et si personne ne l'accepte, il ne mourra pas. Non je ne mourrai pas, moi, sans que personne le veuille.

Je pensai cela. Et, sans y croire, je l'ai toujours pensé. Ils étaient là, les autres. Et je les regardais. Mon père. Ma mère. La Marraine. Les autres. Les gens. Tous ces gens! Ils existaient. De travail, de parole, de force – de présence –, certainement ils existaient. Ils étaient dans ma pensée, certes. Mais ils n'étaient pas seulement une idée, un rêve, une ombre. Ils n'étaient pas dans ma tête seulement. On pouvait les toucher, les voir, mais ils existaient tout aussi bien quand on ne les voyait pas, quand ils étaient ailleurs, quand ils dormaient, quand je pensais à autre chose, quand je dormais. Ils existaient. Et moi? Comment savoir, moi, si je n'étais pas une idée de leur tête, un vouloir de leurs mains, une imagination? Comment savoir si j'existais, moi? Comment savoir? Et s'ils venaient à m'oublier! Que s'ils m'oubliaient, je disparaîtrais peut-être comme une fumée, et rien ne resterait de moi, pas même le souvenir d'une fumée. Ce serait comme si je n'avais pas existé. Mais est-ce que j'existais? Comment savoir? Comment être sûre?...

Beaucoup plus tard, alors que j'avais une dizaine d'années, je m'aperçus, un jour, que je jouais à quelque chose qui aurait pu s'appeler la roulette russe, si j'avais eu une arme. Il y avait déjà quelque temps que, sans le formuler à haute voix, dans ma tête, je faisais des paris. La mise, d'un côté c'était peu de chose, et de l'autre ma vie. Que, si telle chose arrivait, ou n'arrivait pas – ou encore si je faisais telle chose, ou ne la faisais pas – je me tuais. Au début, l'enjeu était peut-être d'importance, mais je gagnai. Et puis je gagnais, je gagnais toujours. J'en pris comme l'habitude, si bien qu'un jour je m'aperçus que je faisais cela à tout moment, pour des vétilles comme pour des choses vraiment considérables. Et si je ne perdis pas quelque pari absurde, sans doute fus-je très près de le perdre. Comme j'avais parié de faire je ne sais plus quoi de très difficile, il me fallut le faire. Ce n'était plus pour rire! Ça n'avait jamais été pour rire. Mais celui qui gagne, il gagne, et de ce plaisir se saoule plus que de vin. Je ne sais plus quel jeu me fit oublier celui-là...

Je me souviens que j'en avais trouvé un autre, plus dangereux probablement. Car, mon pari, comme je le faisais sans témoin, il m'aurait été relativement facile de ne pas le tenir. Certes, perdre la face devant moi-même, cela m'aurait vexée. Mais, des vexations, j'en ai subi bien d'autres, devant moi-même et devant les hommes! A la face du monde! A ce moment-là, j'avais neuf ou dix ans, j'avais imaginé, en revenant de l'école, de me coucher sur la route pour faire peur aux autos. Dès que j'en entendais une, un peu loin – on les entendait venir de loin, à cette époque! – je me couchais en travers de la route et j'attendais... Vous pouvez croire que je n'attendais pas l'arrivée de l'auto, d'un saut j'étais dans le fossé. Les autres, mes camarades, regardaient. Je ne sais pas s'ils avaient peur, ils ne disaient rien. L'auto passait, et je riais. Quelque autre fois, je recommençais. Pas tout de suite, pas toujours, pas tous les jours. Comme ça, sans raison... L'auto passait, mais une fois l'autobus s'arrêta. Le chauffeur me gronda vertement. Je ne recommençai pas. Que c'est une chose de faire un pied de nez à la vie ou à la mort, c'en est une autre de se faire injurier devant tout le monde comme un imbécile.

Vous pensez que je voulais mourir, moi ? J'étais bien trop leste ! Elle ne risquait pas de m'attraper l'auto ! Et la mort, elle était loin ! J'avais de quoi faire pour y arriver, toute une vie longue – même si elle ne devait pas être si longue, à considérer les lignes de ma main. A cette époque, tous les almanachs donnaient quelque procédé pour lire les lignes de la main, et, nous, en famille, cela nous amusait beaucoup. Mon grand-père avait de grandes mains, un peu plates, avec des lignes simples, fortes, l'essentiel sans plus, en toute droiture. Celles de la Marraine, je ne me souviens pas très précisément – des mains de femme. Celles de ma grand-mère, petites, sèches, osseuses – les mains du Boisme – étaient plus compliquées, et difficiles à lire, parce que les lignes secondaires étaient aussi marquées que les autres, se nouant entre elles comme un filet de grosse trame. Ma mère avait de bonnes mains de paysanne, un peu larges, douces à l'intérieur. Celles de mon père étaient assez semblables, avec les doigts carrés au bout, par la phalangette longue – des mains toutefois bien partagées entre les chemins de peines et ceux du bonheur, du cœur et de l'intelligence, d'une vie forte sur laquelle le destin pesait de tout son poids. Et nous lisions, nous, dans cet obscur grimoire, tout ce que nous voulions y trouver de bon, qui y était ou n'y était pas. Et l'on riait, quelquefois, à en pisser sous soi, assis là sous la lampe dans la cheminée, tandis que l'hiver, dehors, usait ses griffes sur la glace et la neige. Il était loin, l'hiver ! Et la mort, bien plus encore.

J E l'ai déjà dit, quand vint la guerre – celle de 14 – en pleines moissons au mois d'août, mon grand-père partit, à quarante-deux ans parce qu'il n'avait qu'une fille, et il ne tarda guère à monter en première ligne, comme tant d'autres, où l'on avait besoin de tout le monde. Ma mère avait douze ans. Mais les femmes, chez nous, surtout depuis l'incendie de la grange, elles avaient l'habitude de la misère – je veux dire seulement du travail, mais quand les femmes doivent prendre la pioche et la charrue, on peut bien parler de misère.

Une chose que ma grand-mère n'avait jamais faite encore, c'était de faucher. Elle essaya, tant bien que mal, ça s'en allait. Elle apprit à aiguiser la faux, avec la pierre qui trempe dans le coffin de corne, fradin, fradan, en suivant bien le fil : ça coupait. Quand il fallut la battre, elle alla trouver un voisin. Elle n'a jamais su s'il s'était moqué d'elle, ou s'il ne savait vraiment pas la battre, la faux. Elle planta la forge dans une souche, et comme elle avait vu faire frappa la lame à petits coups avec le marteau d'acier. Après, ça coupait, tiens! Elle aurait tenu tête à plus d'un homme pour mener son rang.

Il lui avait fallu de même reprendre la faucille, pour moissonner. En partant, mon grand-père leur avait interdit de se servir de la machine. Hé! pauvres femmes, elles auraient pu se blesser! C'est si maladroit, une femme! Je ne sais pas s'il faut l'être pour mettre en javelles tout un champ de blé à la faucille. En vérité, il faut être obéissant, fort et bête, pendant que les bœufs se reposent, et la sainte moissonneuse, qui n'y est pour rien! La nôtre, c'était une Osborn, on l'avait achetée en 1907, et elle marcha plus de trente ans – elle aurait bien fait la guerre! Mais, alors, c'était comme ça. Et il faut bien le dire aussi, ma mère était trop petite, la Marraine trop timorée, mon arrière-grand-mère trop vieille. Et la mémé se méfiait de la mécanique comme du diable. Mon grand-père avait peut-être interdit d'utiliser la moissonneuse – mais l'eût-il autorisé et conseillé que pas une d'elles n'aurait pu ni voulu s'y risquer. Le travail des mains, le faix sur les épaules et l'outil à bout de bras, elles connaissaient, elles savaient, elles avaient l'habitude. Elles le firent. Et quand ça forçait, elles poussaient plus fort.

Pour labourer, elle ne l'avait jamais fait non plus, ma grand-mère. Bien sûr, depuis qu'elle était toute petite au Boisme, il lui avait fallu tirer devant – entendez : marcher devant l'attelage pour le guider dans le sillon et la tournière. Avant jour, parce que ensuite le soleil montait et qu'il faudrait mener paître le bétail, son père l'appelait :

– Léonie... Léonie...

Elle n'y allait pas de bon gré, non. Parfois, elle en pleurait. C'est qu'il est bon, le sommeil du matin, quand on s'est couché tard la veille. Elle le singeait :

– Gnagnie... Gnagnie...

– Allons, ma petite, lève-toi, disait sa mère.

Et elle se levait ; et elle tirait devant. Et quand le soleil était un peu haut, elle courait garder les moutons sur les collines. Chez nous pendant la guerre, il fallait aussi se lever avant jour, labourer à la lune et lever les sillons, ce qui n'est pas des plus faciles, pour semer les pommes de terre, les carottes et les navets. Il fallait amener le fumier. Un matin de belle lune, le tombereau chargé versa à la Pépinière, là où la pente est si forte. Il versa, mais le soleil n'était pas levé que les femmes l'avaient remis sur ses roues, avaient rechargé le fumier et même l'avaient distribué en petits tas, comme si de rien n'était. Ainsi personne ne vit rien, personne n'en sut rien, personne ne put se moquer d'elles. La Marraine aidait autant qu'elle pouvait. Moins adroite peut-être, elle était plus forte. Et par chance, les belles-sœurs s'entendaient bien. Il est vrai que mon grand-père, qui aimait tant sa sœur, quand il apportait un chapeau à l'une, il apportait le même à l'autre, avec seulement une différence dans le ruban, ou dans la fleur – une pièce d'étoffe, il y avait de quoi se faire une robe chacune... Ces petits présents leur faisaient plaisir, sans jalousie.

A part cela, je ne l'ai jamais vu embrasser ni l'une ni l'autre, ni leur faire le moindre compliment, la plus petite caresse. Il n'embrassait pas davantage sa fille, et moi guère plus, alors qu'il me tenait sur ses genoux et me portait sur ses épaules – parfois même à cheval sur son dos, comme le bon roi Henri dans nos livres d'histoire. Ma grand-mère contait que, quand ma mère était toute nouvelle-née, elle la lui avait posée sur les genoux, et qu'il l'avait tenue là sans la toucher, comme un morceau de bois, sans savoir qu'en faire. Il l'aimait pourtant, sa fille, vous pouvez croire! La Lisou... Il aurait voulu qu'elle fût toujours la plus belle et la mieux vêtue. Il lui acheta un joli collier en or – la fille du pharmacien, son compère, eut le même, à peine un peu plus grand. Et elles eurent aussi la même broche, ou presque – je ne sais pas si c'était un hasard. Il est vrai que ma mère faisait grand cas de ces petites choses.

Quand je fus un peu grande, elle me donna le collier et le reste. Je ne l'ai jamais porté – presque jamais. C'était à elle, et moi je n'en voulais pas. Je ne sais pourquoi, on ne m'avait rien acheté, à moi, rien qui valût deux sous – rien que des babioles sans beauté ni valeur que je ne demandais pas, que je ne portais pas, dont je n'avais rien à foutre. Les rares fois où j'en parlai, on me dit que je n'avais guère à me plaindre, que j'aurais bien tout, qu'ils n'allaient rien emporter dans l'autre monde. Tout? Le travail et le chagrin, certes oui, j'ai tout eu. Même au-delà. Pourtant, je n'ai jamais manqué de rien. Mais ai-je jamais possédé quelque chose? Quelque chose qui fût à moi? Jour et nuit je gratte sur ce papier. Est-ce pour moi? Le temps me presse. Je ne sais pas si elle est loin, la mort. Et fût-elle loin, ce qui tant lui ressemble... Mais, bien sûr, je n'ai pas à me plaindre. Ne l'ai-je pas voulu ainsi? Je n'ai jamais rien fait pour qu'il en soit autrement.

Que si on la récompensait, ma mère, elle ne l'avait pas volé. Dès le plus jeune âge, elle fut comme une femme, une petite femme dans la maison qui aidait bien les autres. A peine assez haute pour voir sur la table, elle montait sur le banc pour mettre le couvert. Est-ce en faisant cela qu'elle tomba sur le coin du banc, qui lui fendit la tempe au ras de l'œil? Elle en garda toute sa vie une cicatrice profonde, comme une ride. Quand quelqu'un allait à la fontaine, elle y allait aussi avec le bidon. Si elle n'en portait pas beaucoup, elle en portait sa charge. Bien jeune encore, elle y allait toute seule, comme elle allait à Chamberet pour faire les commissions. Elle emmenait sa chienne. Au retour, c'était la chienne qui portait le parapluie et parfois le sac du pain, attachés sur son dos. Elle était raisonnable comme on ne saurait le dire. Pendant la guerre, elle aidait à tout faire. Elle gardait le bétail dans les communaux, et à partir des deux vaches achetées vers 1911, elle avait constitué un joli troupeau à la fin de la guerre. Quand mon grand-père rentra, il trouva tout en ordre, les dernières dettes réglées et l'étable bien garnie. Le père Étienne fit compliment à ma mère, non sans se plaindre que les siens n'en eussent pas fait autant. Hé! chacun ne fait que ce qu'il peut. Et les guerres, de toute façon n'amènent que chagrin et souffrance à tout le monde.

Ma grand-mère, pour tenir le bien, en avait eu sa part, même si la Marraine, ma mère et mon arrière-grand-mère aidaient tant, elles aussi, de toutes leurs forces. C'est qu'il y avait le travail, de nuit comme de jour. Et les inquiétudes, et les tracasseries. Les lettres qui n'arrivaient pas, qu'il fallait aller chercher en courant chez le facteur, ce fainéant qui ne les apportait pas. Et parfois il n'y avait pas de lettre. Il fallait faire les foires. Amener le bétail à la réquisition. Et ne pas oublier de payer la taille, ni le revenu tant qu'il y en eut.

Les lettres, ce n'était guère qu'une carte, souvent, avec quelques mots pour dire que tout allait bien. Cela faisait plaisir – mais, elle était de tel jour, la carte, et depuis... L'attente recommençait. Heureusement, mon grand-père était allé à l'école, quelques hivers, comme on y envoyait les garçons à cette époque, afin qu'ils pussent donner de leurs nouvelles pendant leur service militaire. Il savait lire et quelque peu écrire, assez pour mettre une adresse et dire ce qu'il voulait. Ma grand-mère en savait un peu plus, guère plus. Mais cela suffisait. Ils n'avaient besoin de personne pour se comprendre. Il n'en était pas ainsi de tout le monde. Quand mon grand-père racontait qu'il avait fait les lettres de plus d'un parmi ses compagnons, cela me faisait rire mais, dans les tranchées, ils en avaient pleuré plus d'une fois.

Ma grand-mère elle-même, pour remplir ses papiers à la mairie, elle n'en savait pas assez. Les familles des hommes sous les drapeaux avaient des droits. Or, à elle, on n'accordait jamais rien.

– Pas nécessiteux, disait un conseiller qui était notre voisin, resté chez lui alors qu'il était à peine plus âgé que mon grand-père, et jaloux plus que de raison que ma grand-mère parvînt à tenir son bien mieux qu'il ne faisait du sien.

Pas nécessiteux! Avec le travail d'une pauvre vieille qui n'en pouvait plus et d'une fillette... Pas nécessiteux! Mais ce n'était pas une aumône que demandait ma grand-mère, c'était un droit, une allocation, disait-on déjà, que même les dames du château touchaient et si elles en reversaient le montant à la Croix-Rouge, c'était leur affaire. Ma grand-mère allait à la mairie, on lui faisait remplir des papiers.

– Vous repasserez.

Elle revenait :

– Nous n'avons pas de réponse.

Les mois passaient, et les années. Elle remplissait des papiers. Pas de réponse. Il ne risquait guère, sans doute, qu'il y eût une réponse – la demande n'était pas sortie de la mairie... Finalement, ma grand-mère eut une idée, ou quelqu'un la lui suggéra : d'écrire à la préfecture sans passer par la mairie. Elle alla trouver l'institutrice de Saint-Gilles, une pauvre femme qui avait son brevet, ce qui lui permit de remplacer son mari instituteur lorsque celui-ci fut appelé. Cette femme lui fit un modèle, ma grand-mère le recopia et l'envoya au préfet. Peu de temps après, à Chamberet, il y eut une réponse. La secrétaire en était tout interloquée. Elle était là qui faisait l'aimable en badant le bec :

– Eh bien! Nous allons vous faire payer. Unetelle est passée l'autre jour, elle vous avait vues dans votre champ. Elle a dit : ces pauvres femmes trouvent trop de mal...

– Oui, coupa ma grand-mère. Je vais être payée. Je ne vous en dis pas merci. Je sais à qui je le dois.

Il y avait bientôt quatre ans, qu'elle trouvait du mal. La guerre était finie – elle allait finir.

Dans le champ où les avait vues la femme, de quatre ans elles y avaient travaillé seules, à la vue de tout le monde, c'était au Pissechien. Mais ce n'était pas là qu'elles avaient souffert le plus. Parfois, même, et quand ma tante l'Angéline venait donner un coup de main, elles y avaient eu quelques bonnes parties de rire en sarclant. Tellement qu'une voisine, en passant, les avait critiquées sèchement :

– Mon Dieu! ces femmes, qui travaillent tant! Mais ce n'est pas étonnant, elles n'ont pas de chagrin, elles. On les entend rire. Je ne peux pas travailler, moi. C'est le chagrin.

Et elle pleurnichait. Mais si elle ne travaillait pas, ce n'était pas le chagrin, c'était la paresse. C'était aussi qu'elle n'en avait pas besoin. Son père, pas très âgé, faisait le travail. Et son mari, où qu'il fût, gagnait plus d'argent qu'il ne risquait sa peau. Il est facile de parler! Si elles avaient toujours pleuré, nos femmes, il est bien vrai qu'elles n'auraient pas pu faire ce qu'elles faisaient. Mais si parfois le rire éclatait, à faire résonner les combes, souvent les larmes roulaient sur les mains terreuses, trop lourdes de terre pour essuyer les yeux.

D'une manière ou de l'autre, les pauvres avaient bien de quoi pleurer. Il était venu un fermier chez Boulaud, on aurait dit qu'il avait pris l'héritage du vieux. Il leur faisait toutes les misères qu'il pouvait. Il les insultait en passant. Quand l'envie lui en prenait, il traversait le champ de pommes de terre. Derrière la Grange, avec ses vaches liées et la charrue. N'eut-il pas l'idée, un jour, de tracer trois sillons autour des communaux? C'était une manière de faire connaître qu'il se les appropriait, les communaux, et que personne n'y pût passer. Par chance, il était loin d'en être ainsi. Non seulement il n'était pas capable de les travailler, il n'en avait ni le courage ni la force, mais encore qui que ce fût du village pouvait les faire pâturer, lui comme les autres, sans que personne pût prétendre les posséder. A force, nos femmes en parlèrent au maire, et le maire envoya le garde.

Le garde, c'était Boubane – Corne-de-Bœuf, un chafre probablement. Il monta, il ne trouva pas l'homme, qui était chez le père Antoine, aux Pradenaut, à préparer des liens. Il y alla. Il n'était pas content, Boubane.

– Vous me faites venir ici parce que vous faites du tort aux voisins! Vous cherchez querelle même à la femme d'un soldat! Je m'en serais passé de venir aujourd'hui. Ce matin même j'ai reçu l'avis que mon fils est tué. Et je n'ai pas de nouvelles de mon gendre... Si vous ne vous tenez pas tranquille, je vous fais envoyer sur-le-champ, moi, là où les autres se font tuer!...

Il lui en dit... Le père Antoine racontait:

– Oh! tout de même, c'est trop. C'est trop fort. On ne devrait pas dire ça à un homme. Il l'a fait pleurer. Il l'a fait mettre à genoux...

Tiens! Nos femmes aussi avaient pleuré. Et Boubane, le pauvre homme, il aurait mieux aimé se mettre à genoux en pensant à son fils que de venir mettre la paix dans le village, où elle aurait dû être. Mais le malheur des uns ne pèse pas aux autres, bien souvent.

Il y eut des moments terribles. En 1916, l'année de la grêle, l'hiver fut aussi celui de la neige. Elle était là à queue d'âne serrée par le froid, qui ne s'en allait pas. Au bout de quelques semaines, il n'y eut plus de bois. Il y en avait de coupé – ma grand-mère le coupait aussi, et parfois elle en faisait abattre –, mais il fallut aller le chercher, dans la forêt des Fayes, au Pissechien. Il faisait si froid que les mains s'attachaient aux branches et s'écorchaient en les détachant, que le sang ruisselait. Les pauvres bœufs, des chandelles de glace leur pendaient aux naseaux, et ils bramaient lamentablement, à force de trembler glacés par le vent du nord. La farine également s'épuisa. Il fallut aller au moulin. Le plus proche était le moulin du Roc. En passant le Chaumont, le fond du tombereau touchait la neige. Elles crurent que les bœufs n'en sortiraient pas. En descendant vers la Combade, ce fut une autre chanson! Il leur fallut retenir la charrette de toutes leurs forces, la glace glissait tellement que les bœufs, des quatre pieds, en étaient emportés. Quand elles arrivèrent, le meunier cria à sa femme :

– Mariette! Fais de la soupe pour ces femmes, qui n'en peuvent plus.

Le meunier n'était pas des plus prodigues, mais il voyait la misère. Jamais soupe ne fut autant la bienvenue.

Ainsi passa la guerre. Et les cloches de Chamberet qui avaient sonné le plus triste tocsin, sonnèrent la victoire à grande volée. Mais ils furent nombreux, dans les maisons, ceux pour qui le tocsin sonnait encore – le tocsin ou le glas.

Ma mère avait seize ans. Mon grand-père revint, pas trop blessé dans son corps, si ce n'est une petite hernie de la ligne blanche. Un obus avait éclaté non loin de lui, le souffle l'avait projeté en l'air comme une feuille, et il était retombé sur le ventre, patatras, comme un crapaud. C'était du côté de Verdun. A ce moment il n'était pas en première ligne, si l'on peut dire – il y conduisait le ravitaillement tous les jours, deux fois par jour, avec des mulets. Sur le chemin, il n'arrêtait pas de pleuvoir à feu et à sang, et, d'abri, il n'y en avait pas, les arbres en miettes et la terre en labour. Les mulets avaient peur :

– Avance! Avance!

Les autres, les malheureux, ils attendaient la soupe. Quand il fut rentré, au début, mon grand-père racontait. Certains refusaient d'y croire. Une fois, il racontait que, au Chemin des Dames, on marchait sur les morts. La mère Francette se mit en colère :

– Vous marchiez sur les morts! Je vous aurais fait voir, moi, si j'avais été là avec mon bâton!

– Bourrique, grommelait son fils.

La mère Francette n'était pas idiote. Mais ces choses-là, il est difficile de les comprendre quand on ne les a pas vécues. Son fils, c'était à lui surtout que mon grand-père avait rendu si grand service en lui faisant ses lettres. C'était le frère de ma tante, la Maria, qui avait épousé le frère de ma grand-mère. Ce qui fait qu'ils étaient presque parents, et ils s'entendaient bien. Cet homme en voulait à sa mère, qui envoyait les filles à l'école et le gardait lui pour faire le travail.

– Eh oui, disait la mère Francette, mais moi je veux que les petites sachent porter leur livre à la messe.

De telle manière que la Maria savait bien lire, et elle suivait les feuilletons du *Petit Écho de la Mode* – même si elle prononçait « le petit écho » comme « le petit est chaud », ce qui faisait bien rire les nôtres.

Tiens! Elle avait bien son caractère, ma tante. Elle leur avait joué plus d'un tour, tant à son mari qu'à mes grands-parents, et même à la v'Anna sa belle-mère, dont ma grand-mère disait pourtant que les mouches qui la mordaient faisaient grand péché. Quelque temps après le mariage de mon oncle, le pauvre agneau de Dieu, avec la Maria, la Francette et la v'Anna se rencontrèrent à quelque foire.

– Eh bien! dit la Francette après les salutations, vous l'avez accoutumée, la Maria?

– Oh! dit la v'Anna, elle est aimable. Mais lui avez-vous appris à travailler?

La mère Francette en fut piquée à vif.

– Ah! c'est ainsi. Eh bien vous allez voir!

Et le dimanche d'après, elle fut au Boisme. Elle ne fit rien connaître, elle ne dit rien. Mais, après le repas, elle prit son bâton, s'étant levée :

– Tiens, dit-elle, je veux aller me promener. Je veux aller au pré du Content, moi. J'en entends toujours parler de ce pré du Content, et je ne l'ai jamais vu. **Maria, viens avec moi.**

La Maria n'était pas trop décidée. **Elle aurait mieux aimé ne pas y aller** – mais comment dire non? Je ne sais pas ce qu'elle lui dit, à la Maria, et personne n'en sut rien, ni même si le fameux bâton n'avait pas joué quelque peu, là-bas dans les combes perdues vers le Content... En s'en allant, la Francette dit seulement à la v'Anna :

– Vous saurez me dire.

Et de ce jour-là, au lieu de rester assise sur l'archebanc à balancer ses pieds, la Maria ne demanda même pas s'il fallait aller chercher de l'eau ou faire pâturer les moutons. Elle y alla. On disait bien que ses brebis passaient un peu trop dans le blé des voisins. La v'Anna en avait grand dépit, mais, du moment que les voisins n'en faisaient pas reproche... Il ne faut pas réveiller le chien qui dort. D'ailleurs, si la v'Anna lui suggérait qu'il était bien temps d'aller garder, que les pauvres brebis auraient trop chaud plus tard dans la matinée, la Maria avait de quoi répondre :

– Eh bien! que demandent-elles, les brebis? Est-ce qu'elles ne sont pas grasses et en bonne santé?

Or, c'était vrai, son troupeau était le plus beau du monde.

La bonne histoire, c'est quand la Maria mit au monde le Raymond, son aîné. On les avait invités, elle et son mari, pour la balade du Lonzac, chez des cousins à la Faurie-Bacoue. Malgré son gros ventre, elle voulut aller à la balade. Sa belle-mère eut beau dire, elle voulut y aller. A la vérité, elle ne dit pas grand-chose, la v'Anna, elle savait bien que c'eût été comme souffler en l'air. Quant à son mari... Ainsi donc la Maria et Jean prirent le chemin – le brave homme l'aurait suivie chez le diable. Ils partirent, mais ils n'allèrent pas à la Faurie-Bacoue, ils n'allèrent pas au Lonzac. Ils n'avaient guère passé Chamberet quand l'essaim commença à chanter. En passant à Chassagnes, il fallut s'arrêter chez la mère.

– Tiens, dit la Francette, il y a bien ici tout ce qu'il faut, aussi bien qu'au Boisme. Tu accoucheras ici.

– Accoucher ici! Et que diraient les gens? Que je ne suis pas restée chez moi pour mettre mon enfant au monde!

Et ils reprirent le chemin du Boisme, la mère Francette à la suite. Jusqu'à la forêt des Fayes, pas trop de problèmes. Quand les douleurs la prenaient, elle s'asseyait un moment. Mais, quand ils furent au milieu des bois, ce fut tout autre chose. Elle s'arrêtait à tout moment en se tordant de douleur. La mère Francette qui se voyait là toute seule, loin de tout village, loin de toute maison, loin de tout, ne la laissait plus s'asseoir. Ils sortirent de la forêt, ils passèrent la Veyssée, ils entrèrent dans le Bois de la Veyssée, ils en sortirent, ils arrivèrent à la Gratade, dans la châtaigneraie en pente qui descend vers le ruisseau. Le Boisme était là, en face, la maison si proche qu'on aurait cru la toucher du doigt. C'est alors qu'elle se coucha, la Maria, sur la pelouse, elle ne pouvait pas faire un pas de plus. Et elle accoucha.

– Anna! Anna! Apportez du fil!...

La v'Anna entendit, elle apporta du fil pour lier le cordon, et la Maria retrouva son lit, qui n'avait pas eu le temps de refroidir.

Il n'était pas si rare, à cette époque, qu'une femme accouchât en plein champ ou par les chemins. Une de Bellegarde, une fois, sa voisine la vit passer :

– Où vas-tu?

– Je vais à Chamberet faire des courses.

L'autre reconnut, à la voir, que c'était le mal qui la faisait marcher.

– Attends-moi. J'y vais aussi, nous ferons chemin ensemble.

En revenant de Chamberet, elle posa l'enfant dans les bois, juste au-dessous du Pescher, à moins d'un kilomètre de chez elle. La femme cria en direction des maisons :

– Apportez du fil!

Un homme entendit. C'était un peu loin, il comprit bien « du fil! » mais pas le reste des explications. Il apporta du fil, et une aiguille... Raymond et les autres, ça ne les empêcha pas de grandir.

J'entendais raconter tout cela. J'en entendais bien d'autres. Et si je parle de tant de personnes que je n'ai pas connues, d'événements que je n'ai pas vus, qui ne me sont pas arrivés à moi-même ni devant mes yeux, c'est que tout cela je l'ai entendu dire, et redire, depuis le plus jeune âge : cela fait partie de mes souvenirs, même si cela remonte à cent ans et plus avant ma naissance. Et ce que j'ai vu, toute petite, j'en ai un souvenir vrai, une image qui n'a pas varié : les bras levés de ma mère quand je tombai dans la cave, le crépuscule quand je frappai sur la première pierre, la bûche que le jaloux jetait à sa femme, des choses de ce genre, mais l'histoire, ce qui peut se dire, faire l'objet d'un récit, ce n'est pas toujours une vision que j'ai moi-même gardée en mémoire. Surtout pour les temps les plus anciens. Cependant, de bonne heure, il me reste à la fois mon souvenir personnel, et le souvenir de ce qu'en disaient les autres. Il en est ainsi du porte-savon.

Ce porte-savon était accroché sous la fontaine – il y est toujours, bien que je ne sache pas si c'est la même fontaine et le même porte-savon... Ne remarquai-je pas, un jour, qu'à force d'y poser le savon plein de terre quand on se lavait les mains, le porte-savon était noir de crasse? J'entrepris de le laver. Je devais le frotter avec mes mains, ou avec une brosse. Soudain, ma mère aperçoit toute cette mousse de savon que j'en tirais! Et d'imaginer que je faisais fondre son savon dans l'eau pour m'amuser. Je ne sais pourquoi, cela la mit dans une colère! Elle n'était pourtant pas si économe d'un peu de savon... Mais peut-être fut-elle brutalement frappée par le sentiment que je ne respectais pas les choses utiles... Toujours est-il qu'elle partit d'un trait au secours de son morceau de savon, ayant cru que je gaspillais l'élément précieux – et elle l'a cru toute sa vie. Son morceau de savon! L'avais-je seulement touché, moi? Je n'ai pas souvent tenté de faire le ménage : il faut dire que ça ne me réussissait pas, même quand je ne cassais rien...

Quel âge pouvais-je avoir, à ce moment-là? Cinq ans, peut-être. Un peu plus... Pas moins, guère moins. Pour ce qui advint entre mes deux et mes cinq ans, j'ai quelque référence : le jaloux était notre voisin, ou bien c'était le père Léonétou et les Petits. Entre quatre et sept ans, les dates ne sont marquées par rien. Puis il y eut l'école, la place que j'occupais... Mais, non, il n'est pas facile de savoir. Après tout, qu'importe? Que j'eusse neuf ans, ou onze, qu'est-ce que cela change!

Justement, je pouvais bien avoir dix ans, ou neuf, ou onze, l'année où ma mère fut si malade. Elle passait toute la nuit, souvent, assise sur son lit à tousser. Le médecin venait – ma pauvre vieille – mais les médicaments ne lui faisaient rien. Il finit par penser que c'était nerveux. Il lui faisait prendre quelques gouttes d'eau de laurier-cerise sur un morceau de sucre, et je ne sais pas si c'est dans ce liquide odorant qu'elle avalait aussi quelques traces d'héroïne, ou de cocaïne, une drogue en tout cas dont il espérait miracle. Le miracle tardait. Comment dire toutes les piqûres qui la piquèrent, tous les cachets qu'elle ingurgita, toutes les mixtures magistrales... Elle ne pouvait plus rien manger. Parfois, ayant toussé trois heures d'affilée, elle pleurait. Moi, j'allais à l'école, et je peux dire que, de toute la journée, je n'y pensais pas – ou si peu ! C'est seulement le soir, quand je rentrais, que de loin je prenais la course, m'arrêtant un moment derrière la maison dans le champ pour reprendre haleine. Le poil que je n'avais pas se dressait tout droit le long de mon échine, tous les malheurs du monde me vidaient la tête. Je finissais par rentrer, l'air de rien. Au bout d'un mois, peu à peu, ma mère guérit – elle retrouva l'appétit, elle ne toussa plus, ou très peu. Mais moi, pendant longtemps, en approchant de la maison le soir, tout le sang me rentrait au cœur, et tous les malheurs du monde me serraient la tête.

Une autre fois qu'elle était malade, ma mère, et qu'elle gardait le lit, j'avais ramassé des châtaignes et je les fis cuire à l'eau. Elles étaient chétives, ces châtaignes ! Je choisissais les plus belles pour elle :

– Mange celle-ci, tiens, tu verras, elle est bien « pirondelle ».

Pirondelle, ce n'est pas un mot qui existe, ni en français ni en limousin. Je l'avais inventé, mais il n'en était pas comme des patronymes ; tout au contraire, cela voulait dire quelque chose : ronde, ferme, bien pleine – pirondelle, quoi !

Les châtaignes, il y avait longtemps qu'on ne les mangeait plus chez nous chaque matin blanchies dans l'oule. Il est vrai que les châtaigniers avaient eu une maladie, qu'ils ne produisaient guère, mais surtout les châtaignes ne faisaient plus figure de nourriture nécessaire comme au temps où le pauvre Guillaume pouvait dire :

– Il n'y a pas de châtaigne si petite qu'elle ne vaille son grain de blé.

D'autre part, elles ne se vendaient pas. Si ce n'est par fantaisie, pour faire quelques boursées, une poêlée de grillées, et quelques blanchies, tout de même, c'est si savoureux, on n'en ramassait que très peu. Mais les premières ! Les premières châtaignes !

Les premières, je les ai trouvées longtemps, année après année, au même endroit derrière la maison à côté du pin, sur l'herbe sèche. Il y a le soleil, entre les branches, quelque feuille rousse à terre. Et juste devant mes pieds, les voici – une, deux, peut-être trois – qui luisent comme de l'or, aussi brunes soient-elles. Une merveille. Celles qui tombaient là, vous pouvez croire que je ne les laissais pas par terre. Mais elles étaient trop haut, les autres, pour les faire tomber à coups de trique. On pouvait les voir, là-haut, qui montraient les dents, attrape-les! Comme disait tristement la veuve :

– Qui ce sera, maintenant, qui me le branlera, mon pauvre entrebâillé!

Elle parlait de son châtaignier, bien sûr, la femme. De quoi voudriez-vous qu'elle parlât, quand vous avez huit ans peut-être, et qu'elles sont là-haut, les bogues demi-ouvertes qui se rient de vous! Par chance, au fond de la Buge, les châtaigniers de la Combe-des-Bœufs s'étendaient par-dessus la haie jusque chez nous. L'un surtout, assez précoce, qui présentait toute une aile presque à la portée de mes mains et à celle de mon bâton évidemment. Je cueillais toutes les bogues que je pouvais, celles qui montraient par l'entrebâillement un fruit déjà sombre, luisant comme de soie, de fourrure – comme le nez d'un hérisson... J'en faisais tomber d'autres avec le bâton. J'ouvrais les plus verts avec mes pieds, et les autres avec mes doigts. J'en sortais les châtaignes encore parfois toutes blanches, mais en général qui avaient pris couleur, si ce n'est au cul resté blanc. Je savais bien qu'elles ne seraient pas encore très savoureuses, ainsi pas trop mûres, de chair noyée et de goût délavé. Mais c'était des châtaignes, c'était les premières : nous en avions mangé! J'en aurais eu vergogne, moi, de les ramasser dans la châtaigneraie, et même dans le chemin – c'est qu'elle n'était pas nôtre, la châtaigneraie. Elle était au père Étienne.

Une fois, toute petite, mes parents m'avaient emmenée avec eux dans le Pré, où ils travaillaient. Ils me laissèrent à l'entrée, en me disant que je pouvais m'amuser à ramasser des châtaignes dans ce chemin. Il faisait bon, soleil, pas très chaud. Et moi j'en ramassais, je les mettais dans une petite boîte, une à une. Le père Étienne vint à passer, ainsi donc, mon ami!

– Eh bien! tu en as ramassé, des châtaignes!...

Il ne se fâchait certes pas, le brave homme. Tu parles du tort que je pouvais lui faire. Mais chez nous crurent de leur devoir de me reprocher :

– Et que va-t-il dire, le père Étienne, que tu lui as ramassé ses châtaignes?

Est-ce que je savais, moi, si les châtaignes étaient au père

Étienne ? Que voulaient-ils, chez nous ? Qu'est-ce qu'ils me voulaient ? Ils m'avaient bien dit eux-mêmes d'en ramasser ! Et certes j'avais envie de les garder, moi, mes châtaignes, mais j'avais envie tout autant de les jeter le plus loin possible. Je ne sais pas, pour finir, si je les jetai, ou non. Je dus bien pleurer tout mon saoul – tout mon saoul ? Jamais assez... Et le père Étienne qui me disait :

– Ramasse-les... Ramasse autant que tu voudras...

Mais, de ce jour, et encore bien plus tard, alors que personne n'en ramassait plus aucune, et que j'y allais, moi, remplir mon tablier, ça n'a jamais été sans une appréhension qui m'emportait d'un souffle à fleur de l'âme, comme si je les avais volées. Et parfois, encore, j'en rêve de la châtaigneraie qui fut arrachée voici plus de vingt ans, et j'y ramasse les châtaignes. On l'a arrachée, et je l'ai bien regrettée, même si elle n'était déjà plus comme au temps du père Étienne, si bien nettoyée, parce qu'on y coupait la litière et qu'on y rassemblait les feuilles, et qu'il y venait, dès le printemps parmi les fougères une herbe si tendre, si fine, si verte, qu'on aurait cru y vivre le paradis.

Eh non, il n'en reste rien, du temps de mon enfance. Pas davantage la campagne que les gens. Ni l'arbre, ni la haie, ni le talus, et même les chemins creusés de mille ans d'ornières et de pas, rien n'en reste. Et souvent je me demande ce que je fais ici, à m'en souvenir, et ce que j'attends, ici où je n'ai rien à voir. Il en était ainsi pour les autres ? Aussi sont-ils partis. Hélas ! le monde se serre autour de moi. Il rapetisse jour après jour, il me rentre au corps, il m'enveloppe dans ce chiffon où je suerai mon dernier sang – aurai-je seulement le temps de baver mes derniers souvenirs, une trace sur la feuille, comme la graisse du limaçon ?

Q<small>UAND</small> j'étais malade, moi, je n'avais pas peur. Le lit, j'y étais à mon aise et je me laissais aller. Je n'avais aucune envie d'aller courir, et, pour m'amuser, il y avait ce livre d'images que me proposait le plafond de la chambre, un théâtre qui changeait comme je voulais. Et le théâtre que me faisaient aussi mes parents, quand ils venaient me voir, quand ils ne venaient pas. Que tout peut être jeu, le verre d'eau qui clapote, la chanson de la mémé, et tout cet air que la Marraine secouait à l'entour de ses cotillons. Et le chien qui voulait me voir, en dressant la tête par-dessus les draps, en trépignant de joie, des quatre pattes. Le chat qui sautait sur les couvertures, qui ronronnait, qui m'embrassait, qui s'endormait sous l'édredon. Et quand on me racontait tout ce qu'on avait fait, dans le champ ou dans le jardin, et ce qu'on allait faire. L'air frais du dehors qui entrait, avec la main qui pousse la porte, comme s'il traversait le mur. Et les pas, dehors. La marche du grand-père, comme un pas d'horloge qui ne se presse pas. Les gros sabots de mon père, dont le dernier veut toujours passer devant – quand il descendait l'escalier, on aurait dit une avalanche, un éboulement de rochers. La mémé, qu'à peine l'entendre, si légère. Ma mère qui était toujours chez elle, rien qui pût la gêner. Et la Marraine, traquin-traquan, dont on entendait plus la parole que les pas – parce que toute chose lui était prétexte à parler, la chienne et le coq, le temps ou la pierre, sans compter ce qu'elle avait dans la tête, de souvenirs, de soucis, de peines, de colère, ce qui peut se comprendre et ce qu'on ne sait pas... Pour Saint-Jean, voici la Toussaint et pour Pâques la Pentecôte... Elle vivait avec trois mois d'avance; quand les cerises mûrissaient, elle parlait des semailles, à Noël le printemps s'annonçait, et le coucou n'était pas loin.

Mais la Marraine ne venait guère, et surtout ne restait pas. Quand elle m'apportait à boire, l'eau était trop froide, ou trop chaude, ou bien elle sentait la fumée... Elle n'aimait pas, je pense, me voir malade – ou bien quand j'étais malade elle ne m'aimait pas. Toujours est-il que je ne la voyais guère, mais, pour tout dire, elle ne me manquait pas.

Parfois, la nuit, quand chez nous passaient dans la cour, avec le bruit de leurs sabots venait la lueur de la lanterne, qui traversait l'ombre et faisait sur les poutres, balin-balan par la fente des contrevents dans le mouvement du marcheur comme une lueur d'eau, un reflet de soleil sur une face d'étang avec le va-et-vient de l'onde. Cela me donnait le vertige. Je regardais, pourtant, comme on regarde la mer, je pense, ou bien le ciel dans ses nuages.

Les premiers jours, j'avais assez de cuire ma fièvre, et l'on ne me laissait pas sortir les bras du lit, mais dès que j'allais un peu mieux, ma mère m'apportait ma poupée, ou bien le chat, et nous couvions ensemble – le temps ne nous durait pas, au chat ni à la poupée, ni à moi. Non, je ne m'ennuyais pas, ou si peu. Je restais là huit jours, quelquefois plus. Jusqu'à ce que la fièvre finît par tomber, et que ma mère dît :

– Tu auras bientôt assez macéré dans ce lit. Je vais te faire du feu, tu te lèveras.

Le plaisir de rêver le feu! La chaleur douce, et la flamme, et le bruit de la braise qui fond. Cela tardait... Un pied, l'autre pied, les vêtements qu'on vous a fait chauffer, la tête encore pesante et qui vous emporte les jambes. On se lève. Elle est froide, la maison, et la fumée te mange les yeux – parce que le vent a tourné, que le bois est mouillé, que tu avais oublié l'odeur de la cheminée... Allons, rencogne-toi dans l'âtre, au plus profond, là où le vent ne te suivra pas, et vois! Déjà la fumée se dissipe, et la chaleur monte en toi. Ma mère m'apportait les poupées, avec ce qu'il faut pour écrire, ou pour dessiner.

– Laisse la taque tranquille. Tu aurais trop chaud, tu rattraperais du mal.

C'est alors que les poupées trouvaient leur meilleur emploi; ici, sur l'archebanc, je leur faisais la classe. J'étais l'institutrice, comme je l'avais dit à la Dame en classe. Et la classe, peut-être que je commençais à y penser de nouveau.

Quand je fus un peu grande, je lisais mes livres – je les relisais, faudrait-il dire que, quand on m'en apportait un, il faisait bien deux jours, la première fois. Ensuite, je le connaissais par cœur, mais, au bout de quelque temps, oublié ou non, il me redonnait autant de plaisir que s'il avait été nouveau.

Une fois, le bonheur d'être malade fut encore plus grand : mon père était malade en même temps que moi. Dans la chambre bleue, nous avions chacun notre lit, et, tous les deux, nous parlions. Par moment, l'un ou l'autre s'endormait, et l'autre l'écoutait dormir, et s'endormait à son tour. Parfois, mon père se secouait, essayait de se donner du courage :
– Il faut que je me lève.
– Pourquoi veux-tu te lever?
– Il faut que j'aille faire les topinambours...
– Tu feras les topinambours dans ton lit.
Cette année-là, les topinambours sans doute furent semés tard. Mais c'était le plus jeune de mes soucis. Les jours passaient. Mon père me récitait des vers. Nous lisions Richepin, l'un ou l'autre, nous apprenions par cœur la *Chanson des gueux* :

Tant crie-t'on Noël qu'il vient,
C'est vrai qu'il vient et qu'on le crie...

Avec le refrain de la ballade :

Ceux qui n'ont pas de cheminée.

Je récitais comme à l'école, et mon père se moquait de moi. Il me parodiait :

Ceux qui n'ont pas – de che-mi-née.

Il récitait aussi des poèmes de Baudelaire :

Ange plein de santé, connaissez-vous les fièvres...

Des frissons vous en parcouraient les épaules, tellement c'était noir, et beau, pourtant, et cela chantait d'une joie profonde, tranquille, parfaite, qui n'avait rien de commun avec le sens des mots. Certes, les mots étaient là avec leur signification qui m'échappait sans doute, à un certain niveau, mais ils m'apparaissaient un peu comme les épines de l'aubépine ou les petites pierres sur la bonne terre. Et la bonne terre, et les fleurs de l'aubépine, il leur était nécessaire les épines et les petites pierres, et au poème tout ce qu'il portait de signification, et les frissons à fleur de peau – mais les frissons de l'âme, par-dessous, vibraient de cette joie profonde, l'essentiel, le parfum, la saveur. Et, bien sûr, je ne savais pas le dire – je le dirais si mal encore – je ne savais pas qu'on pourrait le dire. Je me laissais aller.

Et nous riions, tous les deux, mon père, moi, d'un même plaisir, d'une même joie, qui certainement, n'était pas la même. Nous étions heureux, tous les deux. De temps à autre, il s'agitait un peu ; il pensait au travail qui attendait. Il parlait des topinambours.

– Tu feras les topinambours dans ton lit.

Il en parlait, mais il ne se pressait pas de se lever. Quand il était malade, ce qui était assez rare, il se laissait aller complètement, semblait-il. Ce qui étonnait ma mère, et qui l'agaçait vraiment, c'est quand il demandait :

– Est-ce que vous connaissez si je guéris ?

Comme s'il n'avait pas connu, lui! pensait-elle. Eh non, il ne connaissait pas. Entre tant de fatigue de tant de travail qu'il portait depuis si longtemps, et la fatigue de la maladie, il trouvait un repos qui le laissait là, sans forces. Et il prenait cela en toute patience. D'une certaine façon, il hibernait. Il a toujours su faire cela, et c'est ainsi, je pense qu'il a pu atteindre un âge avancé.

La poésie – ah! la poésie... Il ne s'en parlait guère, en ce temps-là, non plus à l'école qu'à la maison. Même si, depuis le jour où j'avais confondu les vers de la prosodie avec les vers de terre, on m'avait fait étudier plus d'un poème. Le premier que je dus apprendre par cœur, ce fut, je crois bien, *Le Corbeau et le Renard*. La difficulté d'apprendre, de ne pas se tromper, de réciter devant tout le monde – au diable! – c'était une pénitence bien plus qu'un plaisir. La récitation, c'était une leçon comme une autre, pas plus. Et quand on l'entendait écorcher de cette manière, comme nous le faisions nous, le poème n'avait plus grand charme. Un jour, pourtant, à l'école, la Cécile en apprenait un qui – je n'aurais su comment dire – était différent. Je lui pris le livre des mains. Je le lus. Je n'avais pas à l'apprendre, moi, j'étais encore dans la petite classe, mais je m'en souviens fort bien :

Le vase où meurt cette verveine
d'un coup d'éventail fut fêlé...

Je ne sais pas pourquoi la Cécile l'apprenait, peut-être en vue de quelque réunion de famille. On ne me l'a jamais fait apprendre, à moi. Pendant les quatre ans que je restai dans la grande classe, je me souviens de *La Mort du loup* qui m'a suivie tout au long de mes études, *La Mort de l'arbre*, *Le Laboureur et ses enfants*, *Ceux qui, pieusement, sont morts pour la patrie*, et je crois, *La Mort et le bûcheron*. Rien que des morts... Si ce n'est pour le certificat, le monsieur ne nous apprenait aucune chanson, et guère plus de récitations. Les chansons, nous les connaissions depuis la petite classe. *Vive la rose!*, *Papillon de blanche neige* et le fameux *Rigaudon*. Peut-être que le monsieur ne savait pas chanter? Je ne l'ai jamais entendu. Et pour la poésie, lui qui pêchait les alevins de poète dans les eaux troubles de la petite classe, je n'ai jamais su s'il n'en faisait aucun cas – ou bien si, au contraire, il en faisait trop de cas pour supporter de nous entendre la massacrer comme nous faisions.

Je me souviens qu'une fois, pourtant, il voulut tester nos compétences de bons diseurs. C'était avec *Le Laboureur et ses enfants*. Personne ne le disait comme il voulait, et surtout pas moi qui, pour faire le laboureur, avais pris ma plus grosse voix. Eh bien, non, ce n'était pas ça. Je n'avais pas pensé, moi, que cet homme allait mourir. Est-ce que je savais, moi, s'il allait mourir? Ce n'est pas parce qu'on prévoit la mort qu'on est à l'agonie! Mais est-ce que je savais si la voix changeait quand on allait mourir? Je n'avais vu mourir personne. Un laboureur, au contraire, je savais ce que c'était. Des laboureurs, pas très riches peut-être mais qui avaient tous quelque peu de bien, j'en voyais tous les jours, et je les entendais parler! Parfois même d'héritage. Ils disaient bien ce qu'ils avaient à dire, et ils ne parlaient pas comme des demeurés. D'une certaine façon, je comprenais bien que ce n'était pas moi qui avais raison. Mais il y avait là quelque chose, pourtant, quel-que chose qui me gênait – quelque chose comme un mensonge, une ruse –, quelque chose que je ne saurais dire...

De toute manière, quand nous y étions passés, nous, de poésie n'en restait guère, et ce n'est pas cet unique cours de diction qui allait rien y changer.

Quand je pense que c'est dans les mêmes temps que, chez nous, je me berçais avec :

Le cadavre adoré de Sapho qui partit
pour savoir si la mer est indulgente et bonne...

et que j'aurais pu vous dire les trente-six si par lesquels on peut juger de la beauté d'une femme... Hé! je ne sais même plus s'il y en a trente-six, ou seulement trente – et depuis les critères ont dû changer –, mais je me souviens qu'ils vont par trois – trois de blancs, trois de noirs, trois de rouges, trois de petits, trois de larges... Que je m'en souvienne, aujourd'hui, cela n'a pas d'importance. Mais, à l'époque, on aurait pu se demander si la Marcelle qui trimait en classe sur ses devoirs médiocres, c'était la même, à la dérobée qui se cachait pour lire dans le grenier. C'était la même. C'était moi. Ai-je changé? Pas du tout. Mon père, je lui ressemble beaucoup. Mais, alors, je ne savais pas. J'apprenais. D'être ce que l'on est – d'être ce que l'on n'est pas –, le jeu se perpétue, des profondeurs à la surface, entre ce qui se voit et ce qu'on ne sait pas. Je n'apprenais pas. Je n'ai jamais su.

Je n'ai jamais su non plus pour la poésie. Je me souviens il est vrai de ce jour – je devais avoir neuf ans, j'étais dans la maison près du feu, je venais d'être malade. Je regardais par la fenêtre. Au-delà de la cour, dans le jardin de ma mère, il y avait un pommier, ses branches nues, et, par-delà, le ciel. L'idée, et peut-être le désir, me vint d'écrire de la poésie – tout au moins de faire des vers. Le premier vint facilement. Je l'écrivis. Cela finissait par « arbre ». Le second ne donna pas grand mal; je savais ce que je voulais dire. Le suivant demanda sa rime. Une rime pour « arbre ». Je cherchai. Longtemps. Un peu de temps. Je trouvai « herbe ». Avec « herbe », ça voulait dire quelque chose, peut-être même ce que je voulais, moi. Mais cela n'allait pas. Il me fallait ma rime. Oui, je réfléchis assez longtemps. Jamais je ne pensai à cette unique rime, ce « marbre » qui, pourtant, m'intéressait tellement, autant celui de la pendule que celui de la table de nuit, avec toutes ces figures d'arbres, de fleurs, de paysages, de jardins... Non je n'y pensai pas! Et pour ce que je voulais dire, je n'en avais aucun besoin, de ce « marbre », y aurais-je pensé, que ce « marbre » n'avait rien à voir là-dedans. Et c'est ainsi que, ce jour-là, j'envoyai la poésie en l'air. Et tout au moins, les vers. Mais, à ce moment-là, je croyais que c'était la même chose, forcément la même chose.

Et certes, qu'aurais-je su de la poésie? Je ne savais rien de la poésie. Que la poésie n'existe pas. On ne peut pas la toucher. On ne peut pas la voir. Tandis que les vers, au moins, les vers, c'est une trace sur le papier. C'est écrit. Cela se voit. Cela se lit, et la poésie, c'est ce qu'il en sort quand on le lit... Je ne réfléchissais pas aussi loin, peut-être. J'avais des vers à lire, quelques-uns. Et ce qu'il m'en venait, plaisir, bonheur, tempête... cela n'avait pas de nom.

Je n'ai pas su, non plus, pour un autre livre – un livre de poèmes que j'avais eu la mauvaise idée d'emporter dans mon lit –, je n'ai jamais su ce qu'il était devenu. On peut même dire que de ce livre, je ne m'en souviens pas, de rien. Pas même du titre. J'ai des raisons – de bonnes raisons – pour penser que c'était *Les Chansons de Billitis*, et aussi que le livre appartenait à mon parrain qui l'avait prêté à mon père. Je n'en ai aucune certitude. J'ai lu, depuis, *Les Chansons de Billitis*. Je n'en ai rien reconnu. Je n'y ai rien trouvé, de ce qui m'avait tant plu – il est vrai que cela ne prouve rien, je n'avais pas le même âge. Et j'en attendais tant! Bien plus que personne jamais n'ait pu mettre dans un livre, fût-il de poèmes. La fleur, le parfum, la crème – cette liqueur à boire au-delà de l'ivresse... Je dis qu'il m'avait plu, ce livre. Non pas. Il m'emporta du lieu que j'habitais, tout en me laissant sur place. Il m'emporta de moi-même. Ça devait être ça, la poésie.

Les livres – peut-être un peu moins ceux que l'on m'offrait, mais tous les livres, et jusqu'au dictionnaire qu'on m'avait acheté sans doute en 1935 ou 1936, le *Nouveau Petit Larousse illustré* et surtout les livres de poésie, je les ouvrais et j'avalais la page d'un trait. Pourtant, et surtout ceux de poésie, et ceux du grenier qui n'étaient pas tous dans le français de l'école, mais dans un français plus ancien que je ne comprenais pas du premier coup – je ne pouvais pas les lire, ni même les ouvrir, à peine les approcher, sans une crainte qui me soufflait aux oreilles comme un vent glacé. Un peu comme quand je ramassais les châtaignes dans la châtaigneraie du père Étienne – comme d'ouvrir *La Clef des songes* dont ma grand-mère avait un exemplaire à vous glacer les reins. C'était comme si j'avais fait quelque chose que je ne devais pas faire, comme de voir quelque chose qui ne doit pas être vu, savoir ce qu'il ne faut pas savoir, surprendre les mystères les plus secrets de la vie.

Oui, j'approchai des livres avec crainte et tremblement – que dis-je! Comme si j'avais sauté d'un bond dans le fleuve, mais de biais, par le bord, de peur que le courant ne m'emportât, ne me brûlât comme de feu. Hé! déjà il m'emportait, le courant, elle m'avalait, l'eau! Hé! déjà il m'emportait, le jeu de la vie, de la mort, de biais ou de face – d'un côté ma vie, la forte mise, et toi de l'autre côté, poésie, pour le pari définitif. Mais qui gagne, au jeu des jeux?

Je ne sais pas. Je ne me souviens pas davantage, quand je marchais, seule par les collines, les bois, et les chemins creux, de ces mots qui venaient chanter dans ma tête, comme un vent qui parle, qui passe, qu'on oublie... Parfois, au retour, j'essayais de les écrire. Ils étaient irrécupérables. D'ailleurs, au temps dont je parle, si ce n'est pour aller à l'école, et parfois dans les champs, je ne faisais pas encore beaucoup, et rarement seule, de ces promenades qui plus tard, me furent si précieuses. Et si déjà les mots, quelquefois, chantaient, je ne m'en souviens pas.

C'EST vrai, je n'ai pas parlé de mon père autant que des autres. Ce n'est pas aussi facile, et de plus d'une façon. Sa famille, on ne la connaissait que peu. Quinze kilomètres par la route, ça ne pouvait pas se faire très souvent, à cause du travail – ni à pied, ni en allant prendre l'autobus. Et, par la traverse, il fallait voir les chemins! Oh! ce n'est pas qu'il y eût mauvaise intelligence, loin de là... Les foires de Chamberet, pour mon père, c'était sacré. Bien qu'il eût pris l'habitude de les noter sur un petit carnet, il lui arrivait d'oublier quelque commission, mais il avait vu son frère.

– J'ai rencontré Germain...

– Vous avez rencontré Germain, et vous avez oublié ce que vous étiez allé faire.

On lui reprochait d'avoir oublié, pas d'avoir vu son frère – tout de même, c'était quelque ironie, une espèce de rancœur. Lui, il ne disait rien, il fronçait le nez, cela lui faisait dépit. Mais je pense aussi qu'il avait fini par annoncer la chose comme un défi :

– J'ai vu Germain.

Cela se comprend.

En fait, mon père, c'était un tout autre monde. Et je crois, plus éloigné du nôtre que celui de son frère. Mais son frère était le signe – le repère. Le signe d'une autre civilisation. Ils s'aimaient, vraiment, ces deux. Ils ne se ressemblaient pas, pas du tout. Mon oncle était presque blond, de teint rose. Il n'était même pas aussi grand que mon père, mais il redressait la tête, et ses pieds ne touchaient pas le sol. On aurait dit qu'il regardait le monde de haut, et c'était vrai. Il avait une petite voix enrouée, mais il la forçait au besoin, il commandait tout, qu'il eût raison ou pas, et sa colère secouait tout le château et ceux qui l'habitaient, comme un de ces petits vents qui se glissent partout par temps de verglas, à vous glacer le sang. C'était mon parrain. Quand je prenais ma colère, moi, on disait que je tenais de lui, par droit de parrainage – mais chez nous, pour la colère on n'était pas en reste – tiens! De la merde à grande verse, et mange, et garce, et vieux coquin!... mon oncle ne se le serait pas permis – il criait moins, mais mordait plus.

Mon père, au contraire, était noir de poils comme un bohémien, de cheveux et de barbe. Il avait la peau blanche comme du lait, sous ses vêtements où le soleil ne la trouvait pas. Mais, où le soleil passait, il était noir comme un Méditerranéen, sa nuque, ses mains rongées de travail en tout temps comme des écorces d'arbre. Et mon père n'était pas vaniteux. Il regardait tout le monde en face avec des yeux marron, foncés, dont l'eau était toute parcourue de paillettes noires. Le visage ovale était celui des Delpastre, mais avec les oreilles semblables et bien ourlées, la bouche franche. Il ramenait sur son front une mèche de cheveux qui frisaient par le bout. Ils ne frisaient guère! Parce que ma mère les tondait court, au-dessus des oreilles comme sur la nuque. A quatre-vingt-treize ans, quand il mourut, ils étaient encore noirs. Il n'avait aucune vanité, non. Il parlait doucement, en cherchant ses mots, d'une voix basse, et, disait-il, pâle. Une voix pâle! Un soir qu'il avait entendu la dame blanche, en entrant dans la maison :

– J'ai, dit-il, entendu un chat-huant qui est comme moi. Un chat-huant qui a la voix pâle...

A cette époque, il n'y avait que peu d'effraies dans la région.

Je crois que mon père, avant tout, était musicien. Ils pouvaient bien crier, les autres, ils pouvaient bien dire ce qu'ils voulaient! La colère ne l'emportait pas, il en fallait, pour le faire entendre, et qu'il répliquât! Il faisait le sourd. Et c'est vrai qu'il n'entendait pas aussi bien que ma mère, qu'il n'avait pas l'odorat aussi fin, et qu'il ne voyait pas aussi clair. Mais il entendait, je crois, mieux que personne, tout ce qu'il voulait entendre. Et, que chercher de plus? Cela chantait toujours dans sa tête :

– Après quatre-vingts ans, disait-il, un peu moins.

Ça chantait toujours dans sa tête, mais aussi dans sa bouche. Je me souviens que mon grand-père lui faisait à ce sujet des remontrances, un jour qu'il s'apprêtait au son de quelque contredanse, pour aller à un enterrement...

Quand j'étais petite, et qu'il était encore jeune, c'est souvent qu'il prenait la mandoline et qu'il jouait. Je me demande, d'ailleurs, si c'était tellement souvent – je me souviens réellement d'une fois, ou deux, pas davantage. Pourtant, cela sonne dans ma tête, avec le trémolo du médiator, comme un vol d'abeilles, une musique céleste, et ma petite enfance en est tout embaumée, comme si j'avais dormi jour après jour dans ce parfum, cette chaleur, cette tendresse, ce bonheur...

Il essaya bien, mon père, de m'apprendre la musique. J'eus vite fait de comprendre où étaient les notes, comment elles s'appelaient et les autres signes, et je grattais avec le médiator les cordes sans difficulté. Mais quelque chose n'allait pas : mes doigts ne faisaient pas ce que je voulais – ils ne trouvaient pas la note là où je savais pourtant qu'elle était, il me fallait réfléchir, et pendant que je réfléchissais, un temps passait qui n'était pas prévu, et que personne n'aurait pu rattraper. Avec assez de patience, j'aurais peut-être pu y arriver ? Je serais bien parvenue, je pense, comme beaucoup d'autres, à la bonne technique de la médiocrité. Je n'avais pas la patience. Je n'avais pas la patience, parce que je n'avais pas la passion. Faute de perfection dans la technique, il avait, mon père, la passion qui donne tout pouvoir comme toute patience. Et il jouait.

Quand il venait se coucher le soir, et que j'étais déjà au lit, malade ou non, parfois il me chantait des chansons de toute sorte. Il y avait aussi bien :

J'ai fait trois fois le tour du monde...

que l'histoire de Jeannette :

Jean-Pierre adorait Jeannette :
en faut-il plus pour être heureux ?...

ou encore :

Willia, ô Willia, prends pitié de mon tourment !...

ou bien :

Hillda, vierge au pâle sourire...

ou même :

Le cœur brûlé d'ardente fièvre
j'ai voulu la regarder dormir...

et naturellement :

Ah! je ris de me voir si belle en ce miroir!...

Il savait ainsi la moitié de plusieurs opéras et de bon nombre d'opérettes. Il n'avait jamais vu, pourtant, de ses yeux, ni un opéra ni la moindre opérette. Mais si je voulais, moi, me risquer à chanter quelque air que j'avais cru saisir en l'écoutant :

— Eh là! tu chantes faux. Là, il y a un bécarre. Il ne faut pas oublier le bécarre.

Un bécarre! Et moi qui n'avais même pas vu qu'il y avait un dièse jusque-là...! Non, la musique, ce n'était pas mon affaire. Pas davantage la danse, d'ailleurs. Sans être grand danseur, il savait suivre le rythme et indiquer le pas. Il mettait un disque :

— Allons, ce n'est pas difficile, la polka. Écoute la musique : Tra-tra-tra... tra-tra-tra...

Je suivais un moment — et tout à coup je manquais, ou bien je commençais à rire. Cela faisait :

— Tra-tra-tra... Tra-tra-tra... Tera-tera-tera...

Il me lâchait, levait les bras au ciel... Jamais je n'apprendrais à danser! Je n'ai jamais appris, jamais su. Je cherchais dans ma tête : comment fallait-il faire? Je regardais les pieds des autres... Cela ne me disait rien, sinon que certains, et même beaucoup, n'en savaient pas plus que moi, le rythme, ils le suivaient de loin... ils ne dansaient pas, ils faisaient semblant. J'ai pensé, depuis, que dans la vie il en était comme pour la danse — pour quelques-uns qui vivent, combien font semblant... Si je ne pouvais pas apprendre à danser, eh bien! tant pis. On n'en ferait pas une maladie, ni mon père ni moi. Et ma mère, qui ne dansait pas, aurait dû en être plutôt contente. De cette façon, je ne lui cassais pas la tête pour aller au bal, jamais. Et je prenais tout de même grand plaisir à entendre mon père chanter :

On s'est rencontré, simplement...

ou même :

Cœur de tzigane est un volcan brûlant...

314

tout autant que :

> *Bois mystérieux et forêts profondes,*
> *sous les blonds rayons de la lune blonde,*
> *à quoi rêvez-vous ?...*

Et il y avait aussi :

> *Le jour où quittant la terre pour l'océan...*

Ah! la paloma!...

Il y eut une année, celle du certificat peut-être, ou celle d'avant, où le fils de la Clarisse venait quelquefois chez nous. Il apportait l'accordéon, mon père sortait la mandoline, et tous deux apprenaient les chansons à la mode. Ce garçon, qui avait une vingtaine d'années, chantait fort bien :

> *Voilà les gars de la marine...*

ou :

> *Le matelot est un enfant des quatre coins du monde...*

sans oublier :

> *Parlez-moi d'amour...*

Et, naturellement :

> *Tout va très bien, madame la marquise...*

Que, l'Espagne en furie et l'Allemagne en folie, bien sûr, tout allait très bien.

C'est aussi tout de même à ce moment que nous apprîmes *Lo Chabretaire*, *La Mietta*, *La Briança*, et quelques autres chansons limousines, de tradition ou sans tradition. Je ne sais pas si l'un compensait l'autre, ni pour moi ni pour mon entourage. C'était toujours un supplément, et l'on pouvait choisir, entre l'authentique et le médiocre de l'une ou l'autre civilisation. Je ne choisissais pas. Il ne me serait pas venu à l'idée de choisir – qu'il fallût choisir. Entre les livres de la comtesse de Ségur, née Rostopchine, le conte du Bourgeois et du Paysan, qui firent pari sur une merde, les *Fables* de la Fontaine dont j'avais un bel album illustré de dessins en couleurs, la *Semaine de Suzette* et ses romans, les contes de Voltaire que j'avais trouvés dans le grenier en excellente compagnie des Dames galantes, entre les *Fleurs du mal* et la *Chanson des gueux* – non je ne choisissais pas, moi. Je n'ai jamais choisi. Il n'y avait pas à choisir.

A la vérité, je n'ai pas très bien connu mon parrain, lorsque j'étais enfant, ni même mes cousines. On racontait que, quand il se maria, ce fut toute une affaire – que ma tante était servante à Cros, qu'il l'engrossa, qu'elle s'en alla à Paris, qu'ils s'écrivirent – que, pour finir, mon grand-mère dut accepter cette mésalliance... Mon autre tante, la sœur de mon père, parlait d'un mariage d'amour. Mon père pensait, et ma mère disait, que mon parrain, passée sa fantaisie, aurait volontiers jeté les yeux ailleurs – mais il y avait les lettres, le scandale, et ma grand-mère qui préférait la petite vexation d'un bâtard reconnu à la grande vergogne d'un enfant rejeté. Et elle lui dit, au Germain :

– Tou sais bien ça que tou as fait.

L'autre savait. Et il ne se fit guère tirer l'oreille, peut-être ne demandait-il pas mieux, et Dieu sait s'il eut raison d'épouser une femme bonne et patiente qui le soutint jusqu'à la fin, lui donna de beaux enfants et lui fit honneur tout au long de sa vie. Mais le jour de la noce, tandis que les autres prenaient du bon temps, la Renée, la pauvrette, ne faisait que pleurer. On l'avait laissée à la garde des grands-mères qui n'arrivaient pas à la consoler. C'est la tante qui eut une idée :

– Cette petite a faim.

Elles lui firent de la bouillie, et la petite s'endormit. Cette tante, c'était la belle-sœur de ma grand-mère, la femme de son frère. Elle était grosse, si grosse, qu'on l'appelait la Pataclan – c'est son mari qui avait trouvé ce joli terme d'amitié. Une fois – et sans doute la seule fois – ils étaient venus chez nous, elle et son Léger. Je ne me souviens pas de les avoir vus, mais d'avoir fait sur elle une sorte de comptine qui s'achevait ainsi :

... Et la mère Pataclan
dans le lit de mitan !

Et, à ce moment, je me roulais par terre, sans doute pour mimer la chose. Je pense qu'ils avaient dû coucher, probablement dans le lit de milieu, et peut-être me semblait-il que ce lit de milieu n'était pas de trop pour elle toute seule.

Mais le plus beau, ce fut le jour où fut signé le contrat de mariage de mes parents. L'oncle et la tante étaient invités, natu-rellement. C'était un jour de foire, à Chamberet, et la tante voulait y apporter des œufs. Mais voilà qu'elle n'était pas prête, et Léger avait attelé le cheval. Il partit sans l'attendre. Probablement comptait-il qu'elle ne le suivrait pas. Mais elle, elle était invitée, elle voulait y aller. Elle partit à pied. A peine était-elle à l'Église-aux-Bois, qu'elle rencontra monsieur Marcialy, avec, lui aussi, sa voiture à cheval :

– Où allez-vous?

– Je vais à Chamberet. C'est ainsi... On signe le contrat de mon neveu. Et Léger m'a laissée...

– Montez.

Elle monta. Le cheval de Marcialy allait plus vite que celui de Léger. Ils le dépassèrent qui emmenait une autre femme – on disait que c'était sa maîtresse. Marcialy fouetta son cheval. Si bien que la tante arriva à Chamberet avant son mari. Elle rencontra la mère Miette :

– Et Léger?

– Léger! Il est en chemin qui vient. Il amène sa pute. Il m'a laissée moi. Heureusement, monsieur Marcialy m'a amenée.

– Ah! c'est ainsi! fit ma grand-mère.

Elle prit au plus court pour attendre Léger au fond du bourg, là où elle savait qu'il avait coutume de dételer.

– Espèce de salaud! Tu ne pouvais pas amener ta femme?

Et pan! Et pan! A coups de parapluie sur le dos de Léger qui avait bien de la peine à se protéger.

– Tu es folle! Tu es folle!

– Je te ferai voir si je suis folle!

Et les coups pleuvaient.

Le contrat se passa bien. Mais, au repas, qui à cette époque servait de repas de fiançailles, tout à coup, sans faire semblant de rien, en se tournant, Léger donna un grand coup de coude à la mère Miette et lui cassa une dent. J'ai toujours connu ma grand-mère avec une dent cassée, juste devant.

Je me souviens d'être allée à Cros dans la voiture à cheval, avec ma mère et mon grand-père. Il m'en reste l'image de la Renée, toute nue dans son maillot de bain bleu de roy – petit ou grand, je n'avais encore jamais vu quelqu'un qui fût vêtu de cette façon. Quand nous passâmes auprès, mon grand-père me disait de regarder l'étang, tandis que ma mère me serrait solidement contre elle pour que je n'aie pas peur. Peur? Je ne sais pas si j'eus peur de l'étang – je ne le vis pas. Ou bien était-ce l'étang, ce bouillonnement d'eaux blanches qui me reste dans la mémoire?

317

Cette image, quand j'y pense, m'en ramène une autre – une fois que mon grand-père avait mené boire la jument attelée, avec moi dans la voiture, à la pêcherie des Combes. Si nous passâmes près de l'étang en revenant de Cros, par le chemin vieux du moulin, il y eut en effet sur nous les mêmes branches de hêtre à hauteur du visage, des arbres qui se ressemblaient. Mais l'étang...

Non ce n'est pas le même jour, j'étais beaucoup plus petite, qu'on m'avait couchée dans une chambre au premier étage, tandis que les grandes personnes veillaient dans la cuisine. Je devais déjà dormir quand on m'avait portée là. Je me réveillai – c'était la nuit – où étais-je? Je me levai. J'aperçus une lumière, en bas. Où étais-je? Je ne pouvais être que dans le grenier! Je m'avançai – un escalier. Ça ne pouvait être que l'escalier du grenier. Pourquoi m'avait-on montée dans le grenier? Je ne voulais pas y rester, moi, dans le grenier. Et de descendre l'escalier, toute nue en chemise. Je m'y revois, dans cet escalier, et les autres, en bas, qui soudain m'aperçurent, et de courir me rattraper, de peur que je ne tombe. Je n'allais pas tomber, moi, même si les marches étaient bien trop hautes, non je ne tomberais pas. J'étais là campée dans ma petite chemise, toute blanche dans toute cette ombre. Je ne tomberais pas, mais voilà que j'avais peur : pourquoi avaient-ils tant peur, tous, que je tombe? Et pourquoi m'avaient-ils enfermée dans le grenier? Chez nous, à Germont, il n'y avait pas d'étage, l'escalier, c'était celui du grenier.

Une autre fois, bien plus tard, ma mère et moi nous allâmes à Cros, par l'autobus, un soir de foire à Chamberet. On ne nous attendait pas. Ce fut une grande joie, même si, à l'arrivée je confondis la Odette avec la Marie, les jumelles. Je crois d'ailleurs que nous fîmes ainsi deux expéditions, toutes deux. Car je me souviens d'un séjour particulièrement réussi, au temps des mûres. Nous en avions cueilli une pleine bassine, et la Renée en fit cuire de la marmelade. C'était déjà un petit cordon bleu, la Renée. N'avait-elle pas préparé aussi elle-même les œufs au lait? A cette époque, moi qui étais plus âgée, je n'en aurais pas fait autant.

De quelques jours, nous nous amusâmes bien, les quatre cousines, tantôt à pêcher les têtards dans la grande rigole, tantôt à nous déguiser merveilleusement avec les robes de ma tante, ses plumes d'autruche et ses chapeaux. Non, je ne pense pas que ce fût pendant le même séjour – on faisait les foins, dans un grand pré où passait un ruisseau. Je n'avais pas dû faire grand travail, je m'intéressais surtout à ce ruisseau, où je cherchais à voir des poissons. Mais, comme on était tous assis pour les quatre-heures, la Renée eut une idée assez malencontreuse : elle me versa une bouteille d'eau dans le dos, par l'échancrure de la robe. Je courus à la maison pour me sécher et me changer. Je riais. Mais le lendemain je dus garder le lit, malade, à tousser et à cracher. J'y restai quatre jours. Ce n'est pas que je m'ennuyai! Je lus je ne sais combien de romans dans les gros livres de prix de l'oncle Amédée, le frère de mon père qui avait été tué à la guerre. Mais aller à Cros pour passer son temps au lit!

Quand ils revinrent de Paris, mon grand-père malade et les enfants petits, il fallut travailler dur. L'aîné, le malheureux, donnait plus de peine qu'il n'aidait. L'Amédée n'aima pas la terre. Il ne se faisait pas à ce genre de vie. Il s'en alla, dès qu'il le put, et de toute façon il ne serait jamais revenu. Ainsi mon parrain se trouva être l'aîné – l'héritier. Et lui, par amour ou par raison, il se prit de passion pour ce pays, pour cette terre, la maison, le bien. Il en prit la charge et la conduite, il savait bien mener ses affaires, cela semblait lui plaire, il réussissait parfaitement. Mon père se prit de passion, lui, pour la terre – récoltes, semailles, labours... les affaires, il n'y comprenait rien. Oh! sa tête comprenait bien, il n'était pas bête. Mais il ne savait pas faire. Peu ou prou, il s'en foutait. Quand il se maria à Germont, sa mère le disait bien :
– Ça vous fera un fainéant de plus à la maison.
Parce que la mère Miette, pauvre femme, savait si bien faire dépit à tout le monde à la fois... Il n'aurait pas fallu, pourtant lui rendre la pareille :
– Moi, je suis vexée.
Quand elle était « vexée », elle pouvait bouder un bon moment, mais tout aussi bien vous passer une bonne calotte. Mon père en avait reçu largement son compte, étant enfant, et même la part qui ne lui était pas destinée, parce que les autres savaient bien se tenir à l'écart, alors que lui, qui n'avait rien fait, restait à portée de la revanche maternelle comme un pauvre niais... Parfois, il ne l'avait pas volé, même s'il n'était pas le seul coupable.
Il en était ainsi, le jour qu'un voisin les trouva, lui et son frère, tous deux qui se baignaient nus dans le canal du moulin, un jour de fin d'hiver encore tout enneigé par endroits. Et, une autre fois, ils faisaient des bateaux... avec leurs sabots! Le courant passe un

peu plus fort, et voilà le sabot de mon père qui s'en va vers la mer... Mon père avait-il eu le premier l'idée de ce jeu ? Il était le plus petit.

Cros, plus encore que Germont, c'était loin de tout. C'est plus loin de partout. Les enfants allaient aussi bien à l'école à l'Église-aux-Bois qu'à la Chassagne ou En Val. En Val, il y avait encore le château, ruiné, avec sa chapelle. Ils allèrent là, je crois parce que l'instituteur, Delpastre, était un cousin, et sa femme préparait un repas chaud pour les enfants. Ailleurs, ils devaient se contenter de pain sec. Ce fut pénible pour eux, au retour de Paris, quand, au lieu du pain blanc, frais chaque jour, il leur fallut manger le pain de meules, si noir, où parfois l'on trouvait de petites pierres, si dures, où se casser les dents. Il fallait souvent rhabiller les meules, et l'eût-il fait le meunier, la pierre parfois s'effritait dans la farine. Oui ! la nourriture n'était pas la même, tant s'en fallait. Au lieu de rapporter la paie, le père payait le bien. Certes, dans les boutiques de Chamberet, on se souvenait longtemps après que, quand la mère Miette descendait avec le cheval, elle remportait une pleine voiture de denrées, des choses que les gens de la campagne, d'ordinaire, n'achetaient pas. Peut-être. Mais les enfants voyaient bien la différence. Ce pain noir, jamais l'Amédée ne put s'y faire.

Ils n'étaient pas fainéants pour autant. Amédée, qui avait passé son certificat à Paris, dut se mettre au travail tout de suite. Il le faisait, même si cela ne lui plaisait pas. Et le père en demandait tant ! Quand ils épandaient le fumier, à la fourche, s'ils ne le faisaient pas assez bien il se fâchait :

– Il faut l'émietter avec vos mains.

Et il leur montrait. Avec les mains !... C'est bien une idée de Parisien, tout de même...

Quand ils se retrouvèrent orphelins, et qu'il leur fallut travailler le jardin, les petits ensemencèrent du mieux qu'ils purent. Ils semèrent des poireaux. Ils ne savaient même pas d'où venait cette graine – que quelqu'un avait dû leur donner. Ils la regardaient. Elle ne leur faisait pas très bonne impression, mais...

– On les sème. Et tu verras, ce sera une bonne espèce, une espèce nouvelle, les poireaux gros de Cros.

Il en germa quelques-uns. Ils devinrent gros comme des fils...

Ils n'étaient pas grands non plus quand il leur fallut aller faucher, tenir la faux et la manœuvrer, coucher tout un pré, et puis l'autre... Ils connaissaient bien, aussi jeunes qu'ils fussent, pour avoir vu ailleurs, que cette vie était rude et qu'on pouvait vivre autrement. Ce fut peu de temps après, qu'Amédée s'en alla, après avoir dit ce qu'il en pensait. C'est peut-être ce qui leur en donna l'idée, mais tant d'autres l'ont à cet âge, même les Petits, René et Matou s'y essayèrent – je le sais, j'avais trouvé le cahier. L'idée, c'était d'écrire un roman. Ils en avaient fait quelques pages. Mon père ne se rappelait que la première phrase : « C'était dans un grand pré... »

Il se rappelait aussi le titre : « Les Allonge-Cul. » Les allonge-cul, c'était eux, les pauvres, courbés sur cette faux plus haute qu'eux, attachés au rang comme à la galère.

Non, ils n'étaient pas fainéants, non plus mon père que chez nous les femmes et mon grand-père. Il fallait voir le travail qu'ils avaient fait ici, les trois citernes, le clapier, et les réparations de la maison. Il fallait voir le jardin de mon père. Les champs de navets, de carottes, de blé noir et même de blé – le tas de foin. Non, ils n'étaient pas fainéants. Mon père, depuis le plus jeune âge, n'avait pas appris à l'être. Son frère, parfois, savait bien commander, et se tenir un peu à l'écart. Il se trouvait facilement quelque travail à la maison. C'était mon père qui allait labourer dans les champs éloignés, pour ne rentrer que le soir, heureux qu'on lui ait apporté son repas. Manger la soupe à l'ombre d'une haie en plein été, c'est un plaisir – malgré le froid à l'abri d'un talus l'hiver, c'est autre chose. Il en était encore plus noir, mon père; et ses mains tout éclatées de crevasses, il n'en prenait d'autre soin que de les panser avec de la poix. Son frère ne l'aurait pas supporté, lui qui soignait si bien les siennes – les oignant de glycérine et d'huile chaque soir –, si bien qu'elles étaient aussi blanches et fines que celles d'un bourgeois.

Non, à Cros, chez lui, il n'était pas le préféré, mon père. La fille d'abord, l'héritier ensuite, et mon père s'il en restait. Et bien sûr, il ne mourait pas de faim, et bien sûr, il n'allait pas tout nu. Mais quand ses vêtements devenaient guenilles, il en avait le reproche – qu'il n'en prenait pas de soin, qu'il aurait mangé le fer, et tout ce qui s'ensuit... Sa mère l'appelait « le dévorant ». Certes! il se lavait, il se peignait les cheveux, mais il ne se rasait pas tous les jours, et pour le reste, il s'en foutait. Une fois marié, nos femmes s'efforcèrent de le tenir proprement habillé. Elles n'en finissaient pas de laver – et chez nous ce n'est pas si facile... Or, un jour, alors qu'il venait de changer de chemise, elles l'aperçurent couché sur le dos dans un sillon de carottes.

– Qu'avez-vous? Vous êtes malade?

– C'était pour redresser mon dos...

Hé! en sarclant, au bout d'un moment, le dos fait mal, et c'est peut-être le bon remède. Mais, sur la terre trempée du sillon, la pauvre chemise... Il en était ainsi pour tout, il faisait son travail à pleins bras, à plein cœur, à plein corps, à pleines mains, d'une brassée ou d'une étreinte d'amour telle que lui-même se faisait terre, plante, plaisir, la vie-même, au son de cette musique qui le tenait dans un même élan, à plein sang comme à pleine tête. C'est ainsi que je l'ai connu de tout temps. On le disait désordonné et même maladroit, parce que l'outil restait souvent là où il l'avait planté la dernière fois qu'il s'en était servi, ou parce que ses genoux plus d'une fois passaient par le trou de ses pantalons. Il s'en apercevait tout à coup et les montrait aux femmes, mains ouvertes, d'un air de reproche :

– Vous ne pouvez pas me « petasser » des pantalons?

A l'en croire, il y avait trois mois qu'il portait les mêmes. Si cela se trouvait, ceux qu'il aurait dû porter depuis huit jours étaient encore posés sur sa chaise auprès du lit, il ne les avait même pas vus – il n'y avait pensé qu'en sentant le vent froid sur sa peau... Mais, pour maladroit, il ne l'était guère. Il pouvait démonter un moteur, une pendule, même le phonographe, une quelconque mécanique en panne – il la nettoyait, il la réparait, il la remontait, et ça marchait comme si de rien n'était, sans avoir perdu la plus fine goupille, le moindre écrou, le fil le plus ténu. Maintenant, pour ce qu'il en était ensuite de ses mains, de son mouchoir, de son nez et de sa casquette... il ne faut pas demander s'ils en portaient les traces. Il ne s'en souciait pas, il y avait toujours ailleurs quelque travail qui l'attendait. Et quand il s'était assis sur la bouse, on ne sentait plus l'odeur du cambouis, et quand il avait trempé ses mains dans le ciment, on n'y voyait plus le fumier ni la pâtée à porcs. Je ne l'ai vu prendre des précautions, après un travail, que lorsqu'il avait dû toucher des produits toxiques, comme la taupicine et l'arséniate de chaux (ou de soude?) dont il fallut asperger les pommes de terre vers les années trente-deux ou trente-trois.

Oh! chez nous, il fallut bien attendre 1934, je crois, pour connaître le doryphore, cet excellent produit qui nous vint d'Amérique. Alors que j'étais dans la petite classe, on nous donnait une espèce de réclame, une belle image en couleurs, pour nous faire saliver devant la promesse de cette jolie bestiole jaune qui allait ronger nos pommes de terre dans un temps que l'on savait proche. Cela vint. Cela vint très vite. Les premiers, on les attrapait à la main dans des petites boîtes, et ensuite on les écrasait, ou en les faisait brûler avec du pétrole. Cela n'eut aucun effet, il y en avait toujours plus. Hé! ne disait-on pas qu'ils étaient répandus exprès? Quelques-uns disaient avoir vu des automobilistes en jeter par les champs de pleines boîtes... A ce moment-là, je n'y croyais pas, et mes parents non plus : tout ce qui a des ailes, tout ce qui vole, n'a aucun besoin qu'on l'aide à se répandre, et quand on a vu la prolifération de ces insectes! Je ne crois toujours pas que les Américains les aient semés par avion non plus. Mais, aujourd'hui, en y réfléchissant, je me dis que tout cela n'était pas impossible. Il se peut que ceux qui en avaient ramassé de pleines boîtes aient cru s'en débarrasser en les jetant au loin – et que ceux qui voyaient leur récolte anéantie aient cru le faire en apportant pareille misère à leurs voisins.

Hé! n'en était-il pas ainsi pour les chenilles? Les chenilles qu'il est si facile d'envoyer aux voisins. Un matin de foire, vous prenez un bâton, avec lequel vous donnez de petits coups sur vos choux, vos arbres fruitiers, vos raves... en disant :

– A la foire! A la foire!

Vous emporterez ce bâton à la foire et, mine de rien, vous le « perdrez » sur le champ de foire. Il se trouvera bien quelqu'un, qui, croyant faire une trouvaille de bon augure, saura le ramasser... Il emportera chez lui le bâton et les chenilles, et vous, vous en serez débarrassé. Pas de raison qu'il n'en ait été de même pour les doryphores... L'ennui, c'est que personne n'en fut débarrassé, que personne n'en fut exempté. Il fallut empoisonner, et ce n'était pas facile.

Chez nous comme ailleurs on installait deux barriques dans le tombereau, on les remplissait d'eau, avec une lessiveuse, ou un cuvier, ou une chaudière par-dessus, et : oh! viens! on amenait tout cela dans le champ. On asseyait solidement le cuvier, la lessiveuse ou la chaudière au sol, et on y faisait pisser l'eau, avec un

323

tuyau qu'il fallait amorcer en aspirant l'air, sur la poudre du poison, tout en mélangeant soigneusement. Cela faisait une eau bleu blanchâtre, puante et sale, qu'il fallait vider peu à peu dans le pulvérisateur. Et, cet outil sur l'échine, sillon par sillon, le jet d'une main, la poignée de la pompe dans l'autre, arroser tout le champ. Les épaules moulues. Sans compter que, malgré quelque mauvais mouchoir en guise de masque, il n'est pas sûr que vous n'avaliez pas quelque bouffée brumeuse de cette mixture qui faisait si bien crever papillons et coccinelles, mouches, limaces et sauterelles, tous les oiseaux qui ont coutume d'en vivre, alouettes, merles et perdrix – même parfois les doryphores. Aussi mon père se lavait-il soigneusement une fois rentré, il changeait de vêtements sans qu'on eût besoin de le lui dire – il avait déjà pris les plus vieux qu'il avait pu trouver, les siens ou ceux du grand-père, avant de partir pour cette aventure. Il se souvenait sans doute des bons gaz qu'il avait dû respirer pendant la guerre. Il se méfiait.

A part cela, il ne prenait jamais autant soin de lui que lorsqu'il devait sortir, aller à la noce ou à la balade, ou simplement à la foire. Il faisait alors une toilette stricte, enfilait le « beau costume », et les bottines, et la cravate, et même les boutons de manchettes – oh! pas quand il amenait le veau ou les cochons à la foire, non. Ces jours-là, il se contentait de la casquette et des « godillots » – en cela, il avait peut-être raison, peut-être pas : il n'est pas certain qu'il n'eût pas fallu un peu plus d'apparat pour tenir tête aux marchands. Mais tout ceci n'est que pour dire que, si à son travail il ne faisait pas grand cas de sa tenue, il ne sortait tout de même pas vêtu en clochard.

Mon père parlait volontiers de son enfance. Comment l'instituteur d'En Val avait attrapé un grand duc dans le château, dans une salle qui communiquait avec l'école, et leur avait montré cet oiseau que l'on n'entendait pas souvent, que l'on ne voyait jamais.
– To-ni... To-ni...
Dans cette région, et ma grand-mère de Cros comme les autres, on l'appelait le To-ni. Et comment ils avaient aussi des mots inconnus dans une quelconque langue, et qu'ils étaient seuls à connaître. Savez-vous ce que c'est qu'un guiboune? Non?... Un guiboune, c'est un crapaud. Et comment, une fois, Germain pariait de faire en trois secondes le tour à la Chassagne. A pied, il aurait fallu deux bonnes heures à un bon marcheur. Comme les

autres le regardaient avec des yeux ronds, il se passa les mains devant le visage :

– Bzzit... Bzzit!...

Il avait fait le tour à la Chassagne. Il leur raconta tout ce qu'il avait vu : dans sa tête, d'un coup, il avait fait le tour à la Chassagne. Et comment ce garçon, grand et fort et bête leur expliquait un jour, parce que ses parents élevaient des lapins :

– Il y a trois espèces de lapins : la petite, la moyenne, et la grande.

Or, ce qui a l'air d'un gag et qui faisait rire mon père est une classification encore actuelle! Tiens! Et cet autre, qui avait attrapé un petit corbeau... Il n'y a rien d'aussi facile, entre nous soit dit, que d'apprivoiser un petit corbeau, surtout celui qui ne peut pas suivre quand la nichée s'envole. J'en ai attrapé moi-même plus d'une fois. Au début, il donne des coups de bec, il attrape les doigts, il mord. Il faut lui faire lâcher prise, tout doucement, en lui caressant les plumes, surtout la tête. Vous lui parlez à voix basse, vous le prenez dans vos mains... Vous pouvez le poser sur votre épaule – et s'il tombe, vous le rattrapez, vous recommencez, et s'il fait mine de s'en aller... vous recommencez autant de fois qu'il le faut. Il ne faut guère qu'une demi-heure, et parfois quelques minutes suffisent, pour qu'il reste là sur votre épaule, sans chercher à s'enfuir. Le garçon, je ne sais pas comment il s'y était pris, mais il avait attrapé un corbeau, il l'avait apprivoisé, et il l'aimait tellement qu'il en parlait toujours aux autres. Et il n'écoutait même pas ce qu'ils disaient, les autres. Si bien qu'un jour, une demi-douzaine de ces jeunes gens en herbe, comme peuvent faire entre elles des fillettes du même âge, parlaient entre eux de ce qu'ils feraient plus tard, et ils pensaient qu'ils se marieraient, qu'ils auraient des enfants. Et l'un souhaitait en avoir deux, et l'autre trois et les uns préféraient des filles, et les autres des garçons... Comme il ne disait rien :

– Et toi, qu'aimerais-tu mieux?

– Moi, répondit-il fermement, moi, j'y ferai un corbeau.

Ces garçons étaient déjà grands, ils avaient depuis longtemps passé le certificat, et l'instituteur leur donnait des cours d'adultes. Une fois justement qu'ils l'attendaient, réunis autour du poêle, l'un des plus grands, et peut-être pas des plus malins, était là qui parlait, qui parlait, et les autres écoutaient... Ça n'en finissait pas. Ils n'avaient pas entendu venir l'instituteur, qui écoutait lui aussi et finit par dire :

– Voyez-vous ça! Il parle comme maître en Sorbonne.

Comme chacun regagnait sa place, on put entendre le garçon, à voix ni haute ni basse :

– *Lai t'anirai be, a ta Charbona*! – attends que j'y aille, à ta « Charbonne »!...

Mon père, certes, il s'en souvenait, de son certificat! Il n'avait été que le second du canton, et il aurait dû être le premier. Il s'en manquait de rien, de presque rien... Mais, je ne sais pourquoi, ils arrivèrent en retard. On avait déjà dicté le texte des problèmes. Par chance, ils étaient écrits au tableau, et il eut largement le temps de les faire. Mais! mais il y avait une question, la dernière, qu'il ne vit pas, qu'il ne pouvait pas voir de la place qu'il occupait, derrière un pilier. Il ne la vit pas, il n'y répondit pas.

– Et pourtant, je savais!

Cette question correctement résolue lui aurait donné bien assez de points, et si peu que ce fût, pour être premier. Il le regrettait bien... Mais les honneurs, et la réussite, ainsi le fuyaient, pour rien – presque rien, un tout petit point, celui pour lequel Martin perdit son âne. Au reste il le regrettait, et il en riait, avec un haussement d'épaules...

Oui. C'était loin, Cros, mais quand même pas au bout du monde. La mère Miette était venue à Germont, une fois, toute jeune et pas encore mariée, à quelque noce. Pensez si elle s'en souvenait! C'était la première fois qu'elle buvait du café! Ce ne fut pas la dernière. Chez nous, on se souvenait aussi d'avoir vu mon grand-père, une espèce de bourgeois – vous pouvez croire! il parlait français et, signe évident de richesse, il portait un pardessus. En ces temps-là, dans les dernières années du XIXᵉ siècle, les paysans ne portaient pas de pardessus. Lui-même avait failli acheter Germont, la métairie – celle que mes parents, ma famille, avait cultivée pendant presque cent ans. Presque. Quand le bail approcha du terme, le propriétaire sut s'arranger pour que le métayer se crût obligé de le rompre lui-même – ce qui se comprend... Jusque-là, les familles avaient eu les meilleures relations, les uns nourrissant les autres de leur travail comme de leur lait. Mais quand une femme en vient à dire à son patron, qui a été son nourrisson, qu'elle aurait mieux fait d'élever un cochon, c'est que les choses ne vont plus – quand le bailleur arase en creux l'hémine du métayer, et la sienne en bosse... Il fallait bien trouver un prétexte, et le patron y avait grand intérêt, bien au-delà de quelques mesures de blé : si les cent ans eussent été atteints, ses droits de propriétaire se fussent trouvés fort amoindris... Ensuite, la métairie passa de main en main, avant que d'être vendue, moitié-moitié à Mistigris et aux parents d'Étienne. C'est vers cette époque que mon grand-père pensa l'acheter.

La mère Miette venait d'hériter, avec sa sœur et son frère Léger, de la propriété de Cros. Léger aurait dû garder Cros, mais il trouva une autre propriété, plus facile à travailler, et préféra l'acheter plutôt que d'avoir à payer les cohéritiers. Mon grand-père, qui ne connaissait rien à la terre et peu de chose aux affaires, fit tout ce qu'on voulut... Mais entre-temps, il avait pensé acheter Germont, et c'est ainsi qu'on l'avait vu, bourgeois en par-dessus parlant français, visiter la métairie...

Quand Mistigris et les autres partagèrent la métairie, il y eut, comme souvent en pareil cas, le litige de la sétérée – la dernière, celle qu'on n'arrive pas à comprendre qu'il faut aussi la parta-ger... Ils n'y arrivèrent pas. Et ainsi Mistigris en eut toujours un peu plus que l'autre – la moitié d'une sétérée, qui donna son nom à la parcelle...

S'il parlait français quand il vint à Germont, mon grand-père, il n'en avait pas toujours été ainsi. Quand il était petit, là-haut sur la montagne, à Lavergne près de Pérols, un endroit aujourd'hui tout couvert de pins, le soir on veillait dans la bergerie. Cela se faisait beaucoup sur le Plateau – dans la région de Chamberet, c'était bien plus rare, ou très occasionnel. A ce moment-là, les enfants n'allaient guère à l'école, personne ne parlait français. Mais les enfants un peu grands allaient au catéchisme, et de plus grands le leur faisaient réciter. Et ainsi mon grand-père l'entendait tous les soirs, à longueur de veillée, à longueur d'hiver. Quand l'âge vint pour lui d'y aller :

– Oui, monsieur le curé, mais est-ce que je devrai faire les demandes et les réponses?

– Les réponses, mon enfant, seulement les réponses. Les demandes, c'est moi qui les fais.

A force de l'entendre, il savait tout par cœur. Ce que cela signi-fiait... lui ni les autres...

Mon père lui aussi avait un souvenir de Germont – de Ger-mont, enfin, si l'on veut. Il devait avoir une dizaine d'années. Les petits – c'était un jour de Rameaux, les petits avaient apporté le buis, et les gaules de noisetier, à la messe de Chamberet pour les faire bénir. Au retour, c'était mon père qui portait le rameau – évidemment, c'était lui qui le portait –, voilà qu'ils entendent de la musique, on dansait dans une auberge, là-bas vers le fond du bourg. Les enfants s'approchèrent pour écouter, pour voir. Tout à coup se lève du fond de la salle un grand gaillard – pas un garçonnet, un homme, qui avait plus de vingt ans – il traverse tout le bal, arrive droit sur eux, s'empare du rameau de mon père et se met à danser tout seul en le balançant parmi les couples, et pour finir l'accroche au plafond. L'enfant pleurait, comme vous pouvez le croire, il essayait de reprendre son rameau, mais l'autre ne le lui rendait pas. Ce grand imbécile, savez-vous qui c'était ? Notre voisin le Bayart, qui quelques années plus tard épousa la Clarisse. Mon père l'avait toujours connu depuis.

Tout cela n'empêcha pas mon père d'épouser ma mère. Quand il venait lui faire la cour, à bicyclette, le dimanche, parfois il restait quelques jours. Il était là quand un de la Veyssée se noya. Il faut dire qu'il ne valait pas cher, cet homme. Il s'était marié avec la m'Anna, la pauvre qui ne parlait qu'à peine. On disait que, si elle était ainsi, son père en était cause, qu'il lui avait fait grand peur, alors qu'elle était toute petite, avec un rat crevé. Allez savoir ! Ces gens, il y avait plus de cent ans qu'ils se mariaient entre eux, cousins, oncle et nièce... cela ne pouvait pas durer indéfiniment. Enfin, pour une quelconque raison, la m'Anna manquait de quelque chose. On la maria tout de même avec cet homme, un ivrogne pas des plus intelligents quand il était à jeun, peu aimable quand il avait bu. Il lui fit je ne sais combien d'enfants et lui menait triste vie. Même avant la noce, il lui promettait une robe de fu-fu et des souliers de tu-n'attraperas-pas. Cela la faisait rire. Elle ne rit pas autant le jour où il voulut l'amener de toute force au feu de Saint-Jean. Elle, sur le point d'accoucher, ne voulait pas y aller. D'ailleurs, il le racontait lui-même :

– Je l'ai prise par la main, je lui ai fait faire trois tours de truie...

Le malheur fut que, projetée ainsi à bout de bras, la m'Anna tomba, pauvre femme, et se cassa une jambe. Par chance, sa mère vivait dans le même village et portait secours. Elle l'aidait autant qu'elle pouvait – mais elle avait tant à faire chez elle déjà ! Et la m'Anna pleurait.

— Tiens, cette sale bête! Il m'a fait casser ma jambe. Et comment ferai-je pour le mettre au monde, ce pauvre petit...

Elle le mit bien au monde. L'homme ne s'en inquiétait pas beaucoup. Il avait d'autres idées en tête. Un jour qu'il était chez nous, soudain mon arrière-grand-mère s'aperçut qu'il tourmentait le petit domestique assis à table à côté de lui. Il le pinçait, l'agaçait, lui mettait les mains sur les cuisses... Le garçon n'osait rien dire, mais il devenait rouge et semblait bien près de pleurer.

— Vous irez faire ça ailleurs, dit la bonne femme. Pas chez moi. Vous savez bien que je n'ai qu'un mot à dire pour que vous y retourniez dans le nid du chien...

Mes enfants! Ce fut son tour de rougir et d'avoir les larmes aux yeux. Quelque temps plus tard, il revint s'excuser :

— J'avais bu... Je ne voulais pas faire de mal...

Qu'il eût bu ou non, il était sous surveillance, pour avoir voulu forcer quelqu'un – garçon ou fillette, je ne sais plus. Il ne s'arrêta pas pour autant de boire, ni de faire souffrir sa femme, ses enfants et même les voisins.

Une autre obsession lui vint : un jour il s'empoisonna. On dit qu'il avait bu de la taupicine, un plein flacon, et c'est un poison violent. Il s'était couché sous la charrette – les convulsions le projetaient si fort qu'il soulevait la charrette. Mais avec tout ce qu'il avait bu d'autre, il finit par vomir, le poison et le reste, et il s'en tira.

Quelque temps après, voilà qu'il avait disparu. On le chercha – n'aurait-on perdu qu'un chien, on le cherche, et un chrétien, aussi chétif soit-il, vaut bien un chien. On le chercha, on ne le trouva pas. Jusqu'à ce qu'un de ses fils rentrât en disant :

— Dormez tranquilles. Il ne fera plus aucun mal. Il est là-haut dans la pêcherie.

C'est que, de plus, tout le monde avait peur qu'il ne revînt de nuit, pour faire un mauvais coup, peut-être pour mettre le feu aux bâtiments, et l'on n'osait pas dormir.

Il était donc là haut, si près du chemin. Mon père avait pris un raccourci par la forêt, il n'était pas passé aussi près. Mais il pensait :

— Dire qu'il était là!... Oh, de toute façon, il ne m'aurait fait aucun mal.

Certes pas... Le maire vint, les gendarmes. Les gens d'ici, pour aider, pour voir... Ils essayaient de le ramener sur le bord avec un gaffe – mais il tournait toujours de côté, et bien que la pêcherie ne fût pas très grande, ils ne pouvaient jamais l'attraper. Guillaume, qui était là parmi les autres, lui parlait comme s'il avait été vivant :

– Allons! Laisse-toi faire...

Et tout à coup :

– Il est contrariant! Il a été contrariant toute sa vie. Et encore maintenant, ça ne lui a pas passé!...

Ce qui étonna un peu le monde, c'est qu'il s'était attaché une grosse pierre au cou et qu'il avait les mains liées derrière le dos. Bah! on en voit bien d'autres...

On parlait aussi d'un autre noyé, en des temps plus anciens, alors que ma mère était enfant. Il était de Surdoux, un vieux garçon qui vivait seul. On disait qu'il avait eu querelle avec d'autres, au sujet d'une femme belle et surtout très accueillante, mais on ne savait rien de sûr. Or, c'était pareil : on le cherchait, on ne le trouvait pas. Jusqu'à ce que quelqu'un annonçât :

– Ne le cherchez plus. Il est là-bas, assis sur l'étang de l'Age, qui se promène.

Cela s'explique. Mais l'idée de ce mort assis sur l'étang, et qui se promène, m'a toujours paru une image étonnante et, comme on dit, surréaliste.

Ma mère racontait encore, cela m'y fait penser, que, dans le temps qu'elle allait à l'école à Surdoux, il y avait un homme, à la saison de la chasse, qui prenait pension chez Pradeau où elle-même déjeunait. On l'appelait « Souche », et il était de Rosiers – quel Rosiers, je ne sais pas, ni que « Souche » fût son vrai nom ou pas. Peu importe. Cet homme était resté garçon, ce qui ne l'empêchait pas de courtiser les dames. Mais, une fois qu'il était allé rendre hommage à l'une d'elles – celle qu'il ne fallait pas –, on l'attrapa, et on vous le castra comme un vulgaire pourceau. Il n'en mourut pas, non. Guéri, il devint gros et gras comme un chapon, énorme... Quand les hommes voulaient rire, ou se soigner la pépie à bon compte, ils disaient discrètement aux gamins :

– Vous voyez cet homme, là-bas... Allez l'appeler Castré.

Ils leur donnaient quelques sous, et les garnements ne se faisaient pas répéter la commission. Les voilà autour du pauvre garçon :

– *Sanat! Sanat...* (Castré)...

Et s'il essayait de les disperser, peine perdue, ils le poursuivaient juste hors de portée. C'est alors que les autres intervenaient, l'air scandalisé et la voix réprobatrice :

– Saleté! Galopins! Petits crapauds! Voulez-vous laisser cet homme tranquille!

Les petits se sauvaient et lui, alors :

– Ah! vous du moins, vous êtes un brave homme. Venez que je vous paie un coup...

Et « Souche » de Rosiers payait à boire...

Hé! tant qu'à faire d'arracher à grands coups de pioche au dur rocher de la mémoire mes petits souvenirs comme des pièces d'or, j'en peux bien tirer ceux des autres, ce qui viendra... Mon père, ma mère et les autres me contaient les leurs – mais moi? A qui les conterais-je, aujourd'hui que personne ne suit! Sans parler de radoter, de ressasser ni de retomber en enfance, vous le savez bien que vivre n'est rien si l'on ne peut pas l'exprimer et retourner sur son action le miroir de la réflexion, que c'est là, par le récit, que commence la première prise de conscience – la prise de conscience de l'être, la prise de conscience de soi.

Une chose qu'il regrettait, mon père, de son enfance parisienne, c'était de ne pas avoir vu le cirque Pinder. Il y avait eu le défilé, la parade. Le souvenir des éléphants – les mêmes peut-être que je vis, moi, quelque quarante ans plus tard – lui est toujours resté. Ses parents allèrent à la représentation, ils y menèrent les plus grands – et les petits, promis juré, ce serait pour l'année prochaine. L'année prochaine ils étaient tous à Cros, et le cirque Pinder n'y passait pas. Il avait bien vu d'autres cirques dans sa vie – mais celui-là! Si ce n'est peu de temps avant sa mort à la télévision – et il en fut heureux –, non, il ne l'avait jamais vu. Quelquefois, il en parlait.

Il parlait aussi de sa poupée. S'il était corne-cul, qu'il n'eût pas de filleul, il avait bien une marraine. C'était une femme Delpastre, qui habitait aussi Chatillons, et ils se fréquentaient peu ou prou. Elle lui avait offert une poupée. Une poupée pour un petit garçon, cela peut paraître curieux, mais le garçon était petit, tout petit – pourquoi pas? Il en faisait grand cas, il la trouvait belle – mais il n'en profita guère. Si la mère Miette la lui confiait un moment, elle ne tardait pas à constater que le jeu était dangereux

331

pour la poupée. Elle la rattrapait, et crac! derrière la clef dans l'armoire. Ce qui fait qu'il eut une poupée, une jolie poupée, mais ce fut comme s'il n'en avait pas. Que devint-elle? Hé! cela dut faire un jouet pour la sœur... rien de perdu. Quand elle fut en âge de l'avoir, lui ne se souciait plus de poupées. Mais, de toute façon, on l'avait tant désirée, cette sœur. Et lui si peu.

J'ai parlé de Léger, le frère de ma grand-mère. J'aurais pu en parler bien davantage. Je crois que mon parrain a toujours regretté, finalement, de ne pas avoir poursuivi des études et d'être resté à Cros faire le paysan. Il le disait. Mon père, lui, ne se plaignait pas. Mais à la façon dont il contait la chose...

La mère Miette, en voyant comme ils apprenaient bien, et peut-être encouragée par son cousin leur instituteur autant que par l'expérience malheureuse de l'Amédée, la mère Miette les avait mis au collège à Eymoutiers, dans le cours spécial de ceux qui, ayant obtenu le certificat et suivi les cours d'adultes, se trouvaient plus avancés que les jeunes, mais aussi plus âgés. Par malheur il y eut des vacances – celle de Carnaval je crois –, par plus grand malheur la mère Miette alla à la foire de Lacelle, et pour comble elle y rencontra Léger, son frère. Elle lui raconta, pour ses garçons. L'autre s'insurgea :

– Comment? Au collège! Tu fais là une belle sottise. Je vais te les prendre, moi. Je leur apprendrai à travailler la terre. Là, tu feras bien.

Et, dès la rentrée, les garçons restèrent à Cros. Il fut entendu que chacun irait passer un an chez Léger pour apprendre le métier de paysan. Sans doute parce qu'il était le plus obéissant – le plus jeune – mon père y alla le premier. Il était patient. Il y resta l'année entière, à se crever au travail du matin au soir, aux tâches les plus dures. Il apprenait, ah! oui. Il apprenait la misère. Il en parlait. De tout le temps qu'il y resta, pas une seule fois il ne goûta au plus petit morceau de viande. Et il se souvenait combien l'oseille y était aigre – deux œufs pour l'adoucir, deux œufs pour toute la famille, six personnes!

– Pourtant, disait-il, ils tuaient un cochon... Ils devaient le manger le dimanche.

Le dimanche, lui, il rentrait à Cros. Il y mangeait. L'année suivante, ce fut le tour de Germain. Et même, il y alla. Mais il n'y resta pas... De toute façon, le pli était pris, et le temps du collège passé, Léger pouvait être tranquille.

Pour aller à l'école, c'est vrai, c'était loin de partout. Mais cela pouvait se faire. Pour le catéchisme, surtout dans le temps de la communion, ce n'était plus possible, il aurait fallu descendre à Chamberet chaque jour, plus de dix kilomètres le matin et autant le soir, **non**, cela ne se pouvait pas. La mère Miette mit ses garçons en pension à Chamberet – aux Escures, je crois – quelque deux mois. Si bien que Germain et mon père, pendant ce temps, allèrent à l'école à Chamberet. Avant ce départ, leur maître avait dit :

– A Chamberet, vous apprendrez sans doute de nouvelles chansons et aussi celles que vos camarades savent déjà. Vous les copierez, et nous les apprendrons.

C'est ainsi que, quelques jours avant cette communion qui devait marquer la fin de leur vie chambertoise, Germain prit sa plus belle plume, tandis qu'un de leurs copains dictait les paroles :

Le gardelle.
Le gardelle voltige, et s'arrête parfois
Mais jamais une tige n'a ployé sous son poids...

Quand il le lui montra, En Val, c'est l'instituteur qui rit bien.
– Le gardelle! Et qu'est-ce qu'un gardelle?
Germain ne savait pas.
– Il m'a bien dit : le gardelle.
– Et tu ne lui as pas demandé ce que c'est?
– Si. Mais il ne savait pas.
Mon père non plus ne savait pas. L'instituteur, lui, eut d'abord trouvé. C'était une hirondelle. Mais – il fallait y penser.

A Germont, village perché sur le nez de la colline, où l'eau ruisselle sous terre mais pas dessus – et l'eau pourtant monte des profondeurs jusqu'au sommet de la colline, là où mes parents faisaient venir tant de navets, de carottes, de choux, et des haricots verts aussi tendres que ceux du jardin, là où le saule lui-même se plaît – à Germont, le « gardelle » ne nichait pas. Tous les ans, il en venait quelque couple qui tournoyait, qui visitait les étables, parce que les poutres leur plaisaient, et l'ouverture sur la combe au-delà des pins. Quand elles passaient, en effrayant les poules qui criaient comme pour la buse, je les regardais. Gorge rouge, chant de joie – il m'aurait tant plu, à moi, d'en avoir un nid.

De nids, il faut dire que je n'en voyais pas tant. Ce n'est pas qu'il n'y eut point d'oiseaux, à cette époque. Bien au contraire. Mais leurs nids, les oiseaux les cachent bien, pas sans cause, et moi je ne savais pas les trouver. Je ne les cherchais même pas. La Marraine disait qu'il n'y en avait pas autant que lorsqu'elle était jeune. Assez souvent, au printemps, elle s'en allait par les puys, elle ramassait les petits, les plumait et les faisait rôtir. Oui, elle, en ce temps-là, elle trouvait bien les nids.

– Il y en avait un sous chaque bruyère.

Que si certains disaient d'elle : « Oh! celle-là, elle ne vit que de petits oiseaux » – autant dire « d'ailes de mouche », ils ne se trompaient pas vraiment...

Je n'ai pas souvent mangé de jeunes oiseaux sauvages, moi. Je me souviens pourtant qu'une fois mon père avait rapporté toute une nichée de geais sur le point de s'envoler, gras comme des pâtés. C'était bon. Pas meilleur sans doute que les petits oiseaux de toutes races que mon grand-père avait abattus d'un seul coup de fusil entre la maison et la grange, un jour que j'étais retenue à la maison par la grippe et le mauvais temps, et que, tout énervée de fièvre, j'aurais aussi bien demandé la lune qu'un repas de moineaux, de pinsons, de mésanges, de verdiers... Le brave homme finit par me passer cette fantaisie. N'en avait-il pas passé une autre à nos femmes qui, ayant entendu parler des vertus miraculeuses du bouillon de chouette contre la toux n'eurent de cesse qu'il n'en rapportât une? Je bus le bouillon, qui ne me parut ni mauvais ni bon. Mais je continuai à tousser à toute occasion. Il m'eût fallu combien de chouettes!

Tout cela était meilleur, de toute façon, que la nichée de hérissons qu'avait rapportée une fois mon grand-père. On les avait écorchés, et ma mère les prépara en sauce, comme elle faisait pour les porcs-marins. Le goût fade et légèrement musqué du hérisson ne convenait pas à nos palais, alors que le porc-marin au vin blanc faisait nos délices. Et pourtant, nous le mangions un peu du bout des dents et nous finîmes par y renoncer : c'est trop joli, trop aimable, un cobaye pour le manger comme une nourriture ordinaire. Vous le posez sur votre paume, l'animal reste là, assis, à vous regarder sans peur de ses petits yeux malins, un peu étonnés, mais sans crainte. Non! on ne peut pas tuer ces petites bêtes, les tanner, les manger comme de simples lapins...

Les geais, comme les petits merles et les jeunes pigeons, n'importe qui en mangeait. Il n'en était pas ainsi des pies et des corbeaux. On disait que ces oiseaux tombaient du haut mal et que c'était contagieux. On parlait de quelqu'un, une famille que mes grands-parents avaient connue, et peut-être même ma mère, qui avait toujours mangé jeunes pies et jeunes corbeaux, et qui souffrait d'épilepsie. Tiens! On dit la même chose, en certains endroits, à propos du geai...

Chez nous, on n'était pas tellement hardi pour se hasarder à des nourritures inhabituelles. Mais le père Pradeau disait qu'il avait réussi à manger toute sorte de viandes sauvages, et que la seule dont il ne put venir à bout, c'était le renard. Il le fit bouillir, rôtir, saler, faisander, mariner, macérer, et que sais-je encore! Il essaya de le boucaner et de le sécher au soleil... Il n'y eut traitement ni condiment qui pût atténuer l'odeur insupportable.

Je ne me souviens pas d'avoir jamais mangé de l'écureuil. Ma mère aimait bien ça. Enfant, elle accompagnait son père à la chasse, et c'était elle qui, en tournant autour de l'arbre, amenait le gibier à portée du fusil. Lorsque j'étais petite, moi, il n'y avait pas d'écureuils dans la région; le seul que j'avais vu était en cage, chez Pradeau justement. Il avait tout son attirail de jeu et n'était pas destiné à la casserole. Ce n'est que bien plus tard que j'en aperçus un dans les branches d'un châtaignier – un, et quelques années après des dizaines, des roux et des charbonniers qui parfois s'insultaient en joutes interminables. Mais l'enfance déjà était bien loin derrière.

L'animal le plus étonnant que j'ai vu chez nous, sans avoir jamais pu l'identifier, était un oiseau, noir de plumes, de pattes, de bec, que mon père avait attrapé au bord d'un champ. Il avait une crête plate, jaune, et il marchait debout, si je puis dire, sur de fortes pattes courtes, aux ongles aussi acérés que son bec. On l'avait mis dans une cage, il s'acharnait après le grillage, me semble-t-il, avec des cris perçants. Mon père disait que c'était un oiseau de mer. De mer, peut-être, d'eau probablement. Je ne sais plus si nous l'avons mangé...

Toutes ces choses que l'on voit, ne serait-ce qu'une fois, ouvrent des horizons insoupçonnables... Un jour, tout à coup n'entendîmes-nous pas, et depuis la maison, des cris insoutenables – des cris de bête, aigus, puissants, qui semblaient traverser la campagne : je courus dans cette direction, il me fallut aller jusqu'à notre champ du Pissechien : mon grand-père, à coups de sabot, était en train de tuer un putois. Je sais, depuis, que l'expression « crier comme un putois » n'est pas surfaite. Par contre, je ne dirai rien de l'odeur du putois, que j'eus du mal à percevoir – autant que celle de certains champignons du genre volvaire gluante, que l'on appelle chez nous « couvain de serpent » et que l'on dit si malodorants... La Marraine les repérait à dix mètres.

– Oui, disait-elle, ça sent plus mauvais qu'une merde.

Les merdes, moi, je les sentais. Il est vrai qu'elle ne supportait pas non plus l'odeur du poisson, cru ni cuit. Nous n'avions que rarement du poisson frais, mais, souvent, nous ouvrions quelque boîte. Ma mère préparait le saumon conservé au naturel avec une sauce au vin blanc, très légère, que j'aimais bien. La Marraine, à peine voyait-elle la boîte qu'elle s'enfuyait, et elle ne rentrait dans la cuisine, en reniflant avec dégoût, que lorsqu'elle était sûre que nous avions avalé la dernière bribe de la nourriture abhorrée.

— Ils n'ont qu'à le mettre en boîte, quelque jour ils vous feront manger des crapauds.

Dans l'ordre des choses répugnantes, il semblait que le crapaud-nourriture vint au premier rang. Mais pour ma mère, qui avait le nez si fin et l'odorat si délicat, le comble de l'horreur était le parfum du « bougné », ce fromage cuit et longuement fermenté à la chaleur du feu dans un pot de grès, qui flattait si délicieusement les papilles de la Marraine. Des goûts et des odeurs... Que, ma mère, on ne pouvait assortir un interdit d'une menace plus affreuse que :

— On te fera manger du fromage « bougné »...

Pour éviter la punition, elle montait au grenier se cacher dans la benne — le grand coffre à grain, en paille et ronce, aussi haut que moi, qui y est encore.

Mais je parlais des nids. Les nids, je ne savais bien les trouver que vides, sur les branches nues de l'hiver, ou quand le vent les emportait. Un nid d'antan. Comme on disait d'un espoir impossible :

— Faites-en un nid d'antan... N'y pensez plus.

De cette manière, j'en avais trouvé de pinson, avec quelques tours de crin et deux ou trois plumes au fond — ou de loriot, avec les fines branches qui le tenaient là-haut suspendu à se balancer. Et tout de même, j'en avais bien repéré de mésanges, dans quelque trou de mur ou de pommier, que c'était un plaisir d'observer le va-et-vient des parents. J'en avais vu aussi de merle, sur une racine, un talus, ou sur une souche de châtaignier, au départ des branches jeunes — le nid du merle sur le pied de l'arbre,

celles qui le trouveront
oui cette année-même
se marieront.

C'est du moins ce que chantait la Marraine. Mais le merle, prenez garde! Si vous avez vu son nid, n'en approchez pas, ne faites semblant de rien. Sinon, il se choquera, il abandonnera le nid et n'y reviendra pas.

J'en avais vu aussi de roitelet (de troglodyte). C'est mon grand-père qui m'avait conté comment le roitelet devint roi des oiseaux.

On était convenu que le roi serait celui qui monterait le plus haut et s'y tiendrait le plus longtemps. Or le milan, qui se croyait le maître, déjà ouvrait le bec pour crier victoire, lorsqu'il entendit au-dessus de lui le petit oiseau, qui s'était fait porter jusque-là et qui venait juste de prendre son vol :

– Roi bénit! roi bénit! je suis le roi, le roi bénit!

J'avais bien vu son nid, une boule de mousse sous un toit, dans un trou, sous une branche, avec juste un petit trou de côté, où l'on pouvait passer le doigt. Et même je l'avais vu de près, l'oiseau, d'un brun roussâtre, avec sa petite queue en l'air, son œil aigu – je l'avais vu qui battait comme un cœur dans les mains de ma mère, une fois qu'elle en avait attrapé un entré dans la chambre. Nous l'avions regardé, caressé, et fitt! relâché, le pauvre. C'est que le roitelet porte bonheur quand il croise votre chemin ou qu'il entre dans la maison.

Autant que le rouge-gorge porte malheur, surtout quand il sautille autour de vous, qu'il traverse votre chemin, ou qu'il chante à vous lasser son vilain chant auprès de vous. Une fois que j'étais malade, le rouge-gorge n'en finissait pas d'agacer mon grand-père, de le précéder, de le suivre, de tourner autour de lui, de le fixer dans les yeux, de le provoquer. Mon grand-père, d'un grand coup d'aiguillon, lui coupa la tête, comme avec un couteau, net. Chez nous étaient contents. Ils disaient que j'allais guérir. Je guéris.

Qui ressemble un peu à celui du pinson, j'avais vu le nid du chardonneret, le si joli petit oiseau, marqué de rouge et d'or comme une feuille d'automne. J'en avais même trouvé un, je crois, dans un arbuste du jardin. Et j'avais vu aussi celui de la fauvette, à plat dans l'herbe sèche, sous une touffe de fougère mâle, dans le petit pré de chez Bellot, derrière la maison. L'un après l'autre nous y sautions tous, ceux du Cheyron et de Bellegarde, ceux des Flénours et de la Veyssée, soit en allant à l'école, soit au retour. Une année après l'autre, la fauvette ne se choquait pas.

– Je sais un nid de fauvette.

– Où?

– Entre les jambes de ta grand-mère.

Cela non plus ne nous choquait pas. Une année après l'autre, chacun s'y laissait prendre.

Et pourtant, nous l'entendions raconter, le conte des levrauts dans le nid de pie. C'était deux qui firent un pari. Il y en avait un qui avait trouvé un nid de lièvres, il emportait les levrauts. Apercevant un nid de pie, une idée lui vint, qu'il exécuta sur-le-champ : il monta les levrauts dans le nid. A peine redescendu, il rencontre l'autre – qu'à la vérité il avait vu venir de loin. Après les salutations :

– Oh! dit-il, il y a là-haut un joli nid de lièvres!

– Un nid de lièvres? C'est un nid de pie.

– Un nid de lièvres.

– Un nid de pie.

Ils en étaient venus à parler français [1] :

– Moi je te dis que c'est un nid de lèbre.

– Moi je te dis que c'est un nid d'apie.

Ça n'en finissait pas.

– Tu ne veux pas me croire? Je te parie tant.

– Je te parie tant.

Ils se tapèrent dans les mains : pari tenu.

– Tu ne veux pas me croire? Eh bien, monte voir!

L'autre monta. Les levrauts étaient dans le nid. Cela nous faisait rire. Et il en était de même pour celui qui avait trouvé un nid de perdrix :

– Cinq petits dedans, prêts à s'envoler...

Nous riions. Nous savions tous que, aussi bien les perdrix que les cailles, sitôt nés les petits s'en vont et suivent la mère, par douze ou quinze, parfois plus. Nous en avions tous vu quelque couvée, soit traverser le chemin, avec les parents derrière, soit partir à pied rasant le sol, aux derniers tours de la machine quand on moissonnait le blé, et plus souvent le blé noir. Nous riions, mais pour le nid de fauvette, la curiosité l'emportait sur la connaissance que nous avions déjà de la plaisanterie.

Bien sûr, c'était les garçons, souvent, qui disaient cela aux filles, parce qu'elles en étaient gênées, qu'elles rougissaient, qu'elles n'osaient pas toujours répondre, ou ne savaient pas, ne serait-ce que :

– Tu n'apprendras pas à la tienne comment on fait les petits.

Mais les filles ne se laissaient guère intimider par les garçons, leurs camarades. Et les garçons ne les attaquaient guère – si ce n'est quelques-uns, grands et sots, qui se seraient risqués à quelque parole déshonnête en se trouvant seuls avec l'une ou l'autre. Mais cela ne pouvait pas aller loin, l'importun se serait fait mou-

---

1. Rappelons que le texte est traduit du limousin (*N.d.E.*).

cher, peut-être même tenir à l'écart, au-delà de ses espérances. Oh! je ne dis pas que tel ou tel ne se soit jamais baissé quelque peu pour voir par-dessous les robes un peu plus haut que la cuisse. Mais il n'y avait pas beaucoup à voir, si ce n'est un peu d'étoffe blanche – et c'était si facile à voir, aussi bien dans les jeux que dans l'escalier, si habituel, qu'il n'en restait ni grand secret, ni grand plaisir, ni grande curiosité. C'est ainsi que personne n'y pensait tellement. Je ne sais pas s'il en était de même pour les garçons, mais pour les filles, les garçons ne faisaient pas mystère – on n'en parlait pas. Et si telle, ou tel, par-derrière menait autrement sa vie – comme on a pu le penser par la suite – qu'est-ce que cela pouvait me faire! Je n'avais pas douze ans et des seins pas plus gros que des mûres. Il est vrai qu'ils m'emmerdaient, rien qu'à l'idée d'en avoir, parce que je ne pourrais plus me croiser les bras sur la poitrine, comme j'en avais l'habitude. Non, cette idée ne me plaisait pas, vous pouvez le croire. Mais que faire?... En fait, cela ne me préoccupait pas beaucoup encore.

Je m'intéressais bien davantage à notre chienne. Nous avions eu le Carabas dont j'ai déjà parlé. Nous avions eu sa mère la Mignon, une chienne roussâtre, aimable, douce, paresseuse comme on ne saurait dire, mais caressante. Nous avions eu la Diane, dont je me souviens à peine. Elle avait perdu la vue, la pauvre, à force de dormir derrière la chaudière quand on faisait cuire les légumes pour les porcs. Je ne sais pas comment finirent ces chiens. Je n'ai pas dû les voir morts. Il en est comme pour les poupées – la fin des chiens, je l'ai oubliée, et pourtant je les ai regrettés. Je ne sais pas non plus ce qu'il en fut pour la Rita, et j'étais alors bien plus âgée – non, je ne m'en souviens pas. Mais de la façon dont nous l'eûmes, si!

La mère Nanette du Pêcher, une femme que j'ai vue peut-être une fois, mais dont mes parents parlaient et qu'ils aimaient bien, la mère Nanette avait une chienne, et sa chienne mit bas.

– Oh! dit la Pépée, une de ses petites-filles qui passait quelque temps chez elle, oh! regarde, grand-mère, un petit chien tout rouge!

Et elle voulut le garder à toute force. Mais la Pépée dut repartir, et le chien resta. La mère Nanette avait assez de nourrir sa chienne, deux chiens c'était trop. Mais ce petit chien rouge était si joli! Or, à ce moment, nous, nous n'avions pas de chien – aurions-nous eu les deux, même les trois précédents ensemble, c'eût été – c'était depuis longtemps – comme si n'en avions pas. Si bien que le facteur nous parla du chien, de la Pépée, de la Nanette, de sa chienne, qui était si vaillante... Bref. Sans tarder plus longtemps, ma mère prit un sac plein d'épicerie – oh! rien d'extraordinaire, du sucre, du café, des choses comme ça... – et descendit chez la mère Nanette, qui n'aurait pas accepté d'argent, mais fut bien contente de la visite, des denrées et du placement de cette petite bête. Et ma mère remonta avec le chien dans le sac.

C'était une chienne, rouge comme on avait dit, toute rouge. Elle devint grande, et belle, et bonne. Elle n'avait pas du tout de queue, seulement un bouquet de poils, pommelé, qui se perdait dans la fourrure pommelée, tout ce poil fin, roux, rouge, doré, ondoyant depuis les oreilles, douces comme du velours, et le museau rose, tout de soie, avec ces petits yeux d'or, triangulaires, toujours amicaux, jamais soumis, qui avaient l'air de tout savoir, de tout comprendre... Nous l'appelâmes Rita. Elle nous resta longtemps. Elle n'était pas malfaisante, mais, une fois, elle nous fit bien rire.

La Marraine avait une belle lapine blanche, avec une tache grise sur le dos. Un jour, elle oublia de mettre le verrou, la lapine n'eut qu'à pousser, la porte tourna, et la lapine tomba dans le couloir du clapier. La chienne aperçut cette lapine en liberté. Que faire? Elle l'aurait bien mangée, elle – mais pour la tuer? Tiens! On verrait bien, elle allait commencer par la plumer... Et du bout des dents, elle prit un peu de poil sur le dos de la bête et tira.

– Cui! fit la lapine.

La chienne lâcha prise, mais, peu après, elle y revint.

– Cui! répéta la lapine. Cui!

La chienne la laissa. La lapine ne disait rien. La chienne recommença.

– Cui! Cui! criait la lapine.

Et la chienne la lâchait. Cela dura sans doute un bon moment. Mais enfin quelqu'un entendit, et la Marraine arriva, bras en l'air. Elle s'arrêta, clouée sur le seuil.

– Cui! faisait la lapine.

Et la chienne la laissait. Puis elle s'approchait de nouveau, délicatement, du bout des dents – Cui! Elle en avait ainsi déplumé large comme la main sur le dos de la lapine, qui mit un peu de temps à se rhabiller. C'est que, elle l'aurait bien mangée, mais elle ne voulait pas lui faire de mal... Comme dans le conte des animaux, quand l'agneau criait :

– Renard! renard! le loup me tire les poils!

Cette Pépée, qui fit garder la Rita à sa grand-mère, je la connaissais un peu, moi. Quand je commençais d'aller à l'école, elle y allait encore, avec sa cousine la Mimi, et la Marilou de Bellegarde, et la Madeleine... Elles étaient grandes, presque des demoiselles. Elles étaient toutes très gentilles avec moi, et moi je les aimais bien. Ah! les souvenirs! Il n'y a qu'à tirer sur le bout, tout l'écheveau se dévide – même embrouillé ou brisé, il en vient toujours...

Mais, non, les chiens de mon enfance, je ne me rappelle pas comment ils ont fini. Je préfère ne pas le savoir. Que, pour les autres, plus tard, je sais, et je préférerais ne pas savoir. Il n'y a rien d'aussi triste que la mort d'un chien, cela vous crève le cœur. Certes, on ne peut rien contre la mort. Vous dites : ce n'est qu'un chien, ce n'est qu'un chat. Mais une mort tellement solitaire, tellement malheureuse, qui vous fasse à ce point sentir que vous ne pouvez rien, non plus, pour la vie! Une vie seule, une vie manquée, une vie qui n'est pas vraiment la vie – une vie en marge – un semblant de vie. Ce n'est pas pour rien, non, qu'on parle d'une vie de chien, et cela signifie quelque chose, de crever comme un chien. Il n'y a rien qui vous donne un tel sentiment de solitude – de la solitude du chien comme de la vôtre. Et la tentation terrible du néant.

Quand j'étais petite, peut-être n'aurais-je pas pensé à cela. Même si j'avais bien du chagrin quand on noyait les chiots, dès qu'ils étaient nés, j'allais les voir. La Marraine criait :

– Tu te feras mordre!

La chienne ne me mordait pas. Je les prenais l'un après l'autre, je les reposais contre le pis. La chienne haletait, on aurait dit qu'elle riait. Elle était contente.

– Tu attraperas des puces!

Parfois les petits en avaient à peine secs. Chez nous, on appelle les puces « *de las negras* ».

– Pourquoi appelles-tu ça des « noires »? C'est des « rouges ». Elles sont toutes rouges.

Cela m'étonnait, oui, qu'on pût appeler « noires », ces bestioles rougeâtres qui couraient dans le poil des chiots sur cette peau tiède, plus douce que la soie et le velours. Hé! je ne serais pas la seule à avoir voulu garder tous les petits chiens, tous les petits chats... La vie apporte de tout autres enseignements.

Oui, j'en apprenais bien d'autres. Peu ou prou, je grandissais. Ma grand-mère m'apprit à tenir les aiguilles à tricoter, à faire passer le fil par-dessus l'index en le retenant avec le petit doigt. Je ne sais comment je m'y prenais, moi, mais j'augmentais d'une maille à chaque rang. C'était un drôle de tricot. Je l'abandonnai. A l'école, la Dame eut bien des peines à me persuader de tenir une aiguille. Tout de même, je finis par me mettre au point de croix, peut-être même que je vins à bout de mon abécédaire – encore n'en suis-je pas sûre. Plus tard, elle m'apprit les points de couture, et de broderie, comme mes compagnes, peut-être à tricoter un bas, et même à faire quelques points fantaisie, voire du crochet! J'appris. Mais cela ne me plaisait guère, et le travail n'avançait pas. C'est plus tard que me vint l'idée, ou plutôt la nécessité de tricoter chaussettes et pullovers. Et bien plus tard encore que je compris qu'on pouvait faire de si belles choses avec une aiguille et du fil.

Mais qui m'aurait laissé saisir la queue de la poêle? La moindre casserole? Et si j'avais fait tomber de la graisse fondue sur mes mains? Ou de l'eau bouillante! Personne n'osait envisager pareil malheur... Et moi, je ne cherchais pas à faire l'essai.

Enfant, tout ce qui m'intéressait, c'était le travail de mon père. Par exemple, quand il maçonnait, qu'il posait une pierre, jamais n'importe comment, et pas seulement en suivant la ligne droite et le fil à plomb, mais chacune selon son propre équilibre, sa forme, sa face, son poids. Un sens de la pierre que j'ai retrouvé dans mes doigts, quelque trente ans plus tard, de même que j'avais dû retrouver déjà cette connaissance de la mécanique, qui m'avait tellement servi, pour avoir regardé de près le ventre d'un moteur, quand mon père y cherchait, trouvait, réparait, Dieu sait quelle panne.

Et quand il bêchait le jardin, soulevant la glèbe en profondeur, la retournant pour mettre l'herbe dessous, mais en biais – et parfois il coupait l'herbe ras, le mouron surtout, qui lui rappelait le poème :

Du mouron pour les p'tits oiseaux...

Il coupait l'herbe, il l'écartait du taillant de la bêche, mais il ne la jetait pas; il l'ajoutait au fumier, dans le sillon. Il disait que c'était de l'engrais vert, la vie de la terre. Et quand il labourait! Sans jamais retourner la glèbe à plat, en lui laissant de l'air. Il disait :

– Il faut que la terre respire.

C'était autant de leçons à prendre, que je n'ai pas oubliées. Bien sûr! En labourant, il faut étouffer l'herbe, mais pas la terre. Mieux vaut une glèbe mal retournée, qui peut reverdir, que votre terre morte d'un labour trop systématique. Lui, il regardait la récolte, et pas seulement la rectitude des sillons. Bien qu'il ne se contentât pas non plus de dire :

– *Sillon tordu, bonne récolte.*

Ses sillons s'en allaient larges, généreux, parce qu'il prenait en largeur de cette terre noire ce qu'elle ne lui donnait pas en profondeur. Et il fallait voir!

– Psitt! Psitt!...

Et les bœufs tournaient, l'un poussant l'autre, ils reprenaient le sillon, et jusqu'au bout – jusqu'en j'aub, disait-il.

Les bœufs l'écoutaient chanter.

Ce que j'avais bien regardé aussi, c'est quand on fendait les palins. En prenant le sens du bois, en en suivant les fibres. Et la perfile, en les suivant de plus près encore, petit à petit, avec ces fendoirs dont j'ai oublié le nom – en la tenant sous la clef de la chèvre. J'ai oublié les noms, mais le geste, à hauteur des bras, je le vois encore. La perfile, quelquefois, passait les sept mètres. Et il ne fallait pas la casser. On ne la cassait pas. Je regardais. Cela sentait bon. La sève coulait, et parfois, sur le bois frotté, virait au bleu, au violet, comme de l'encre.

Lorsque mon grand-père passait la varlope, c'était bien autre chose! La planche qui luisait peu à peu, le ruban qui volait, un ruban d'or, une boucle comme de cheveux qu'on pouvait dérouler sur le doigt, enrouler de nouveau – une mèche de cheveux. Une autre couleur, un autre parfum, d'autres parfums. Celui, un peu aigre, un peu pâle, un peu mielleux, de la résine. Celui du chêne, profond, comme la sueur d'un homme au travail, qui prendrait corps dans l'œuvre. Celui du châtaignier, aussi, souple, tendre, sec, un peu poussiéreux, dirait-on, comme s'il portait le temps – un temps de racines si proches de l'homme. Il y a la varlope, et la plane. Et la gouge sous le marteau... La scie et la mèche, et la tarière qui sort du cœur de la planche d'autres rubans – des copeaux durs et cendreux qui s'effritent sous l'ongle. Quand la mèche tournait, comme une eau qui fuit, je la suivais des yeux, et je m'étonnais, parce qu'elle fuyait sans cesse, et toujours restait là, comme un ruisseau, et moi, la tête m'en tournait...

En ces temps-là, surtout à la fin de l'hiver, quand le temps n'est pas trop rude et que les autres travaux ne pressent pas, le hangar et sa cour étaient comme en fête – pour moi – dans cette odeur de bois, de sciure, de sève, avec les tas d'écorce verte brunissante, et les tas blancs de palins pelés, et le tapis doré de rubans par terre. Je me souviens! Je me souviens même d'un hiver – quand ils eurent fait tous ces palins, de quoi fermer serré la Petite Pièce que nos poules ne puissent plus y aller faire le moindre dégât – je ne sais plus qui chez nous tomba malade, et nous ne pûmes pas aller chercher le bois de feu. Et alors la neige vint, un froid à vous geler sur place, et la réserve de bois s'épuisa. Et tout ce bois travaillé brassée par brassée dut passer entre les landiers pour faire chauffer l'eau des tisanes et cuire la soupe. Oui, à certains moments la vie est dure, et le meilleur du travail perdu. Jamais on ne put clôturer la Petite Pièce – comme elle l'avait été du temps que le père Boulaud y tuait nos poules – les pauvres bêtes arrivaient parfois à y entrer, mais lorsqu'il survenait avec son aiguillade elles n'avaient pas le temps d'en sortir... Jamais nous ne pûmes la clôturer d'aucune façon. Et maintenant qu'elle est à moi qui n'en ai rien à foutre, je ne la clôturerai pas non plus.

Une autre chose qui m'intriguait et qui me retenait un bon moment, à l'automne, c'était les soirs – le soir – où mon grand-père préparait son fusil et ses cartouches. Le fusil, il lui manquait bien quelques gouttes d'huile de vaseline et un soigneux coup de chiffon, mais c'était vite fait. Il n'en était pas ainsi pour les cartouches – il fallait mesurer la poudre et calibrer le plomb, avec la petite mesure qu'on aurait crue d'argent, pour la cendrée ou la chevrotine. Et ne pas oublier la bourre. Je regardais. Et quand il la sertissait dans la forme, clac! elle était maintenant fermée, raide, douce, tout innocente. Comment penser, le sachant même, qu'elle ne s'ouvrirait plus que pour la mort?... Il est difficile, non pas de comprendre, mais d'accepter la chasse. Il est difficile, et fût-ce pour les autres, et fût-ce pour une bête, d'admettre la mort. Mais, disait-on chez nous :

– A moins que de manger le bétail vivant...

A moins que de ne pas manger, en vérité. Non. La vie, la mort, je n'y pensais pas à longueur de journée. Je n'étais pas non plus sans me poser des questions, je l'ai dit – et non point tant sur le passage que sur l'avant, ou sur l'après –, sans me heurter la tête à ce mur d'ombre, là où se perdent toutes couleurs comme toute raison, comme toute image et toute imagination. Et je m'interrogeais aussi, en mainte occasion, sur les droits de la vie et les droits de la mort. Je crus trouver réponse, un jour – que si l'herbe mange la terre, l'oiseau mange la graine et l'homme l'oiseau... Ascension magnifique de l'être dans les échelles de la vie! Si l'homme est supérieur à l'animal supérieur à la plante, supérieure à la terre inerte! J'y crus un certain temps, gonflée de cette vanité naïve qui me consolait de la grande peur et me guérissait de la mort-même, si je puis dire. Mais je ne tardai pas à me souvenir que la terre mange qui l'a mangée – que tout est mort, que tout est faim, que tout est nourriture, et que le cycle de la vie mortelle ne porte pas en soi le moindre apaisement, quelque hiérarchie qu'on lui rêve. Je me formulai plus ou moins à moi-même cette philosophie. Que je me gardai bien d'exprimer, si j'en crois ma mémoire, avant nombre d'années. A vrai dire, selon les heures, je crois que j'en changeais souvent.

Ainsi passait le temps. Lundi, de grains. Mardi, de lard. Mercredi, de cendres. Jeudi, d'œufs. Vendredi, de prêtres. Samedi, de sable. Dimanche de peigne... Le jeudi pour les œufs, et le dimanche pour le peigne, je restais à la maison – à ne rien faire, à traînasser, à jouer avec les Petits, à rien. Les autres jours, de grains, de lard, de cendres, de prêtres ou de sable, j'allais en classe.

QUAND je n'étais pas malade, j'allais en classe.

Comme je l'ai dit, à la récréation on nous faisait balayer la classe. Mes parents me le défendaient, mais comme ils ne disaient rien à la Dame, tout ce que je pouvais faire était de m'esquiver, et les autres enfants n'étaient pas contents. Cela se comprend. Une fois, que j'avais longtemps manqué l'école et que je ne voulais pas le faire, et peut-être pour quelque autre raison que j'ai oubliée, la Dame me punit : je devrais balayer seule la petite classe, pendant une semaine me semble-t-il. Et je le faisais, en pensant que, quand je serais de nouveau malade au lit à tousser et à cracher ma fièvre et mon sang, tout le monde serait bien content. Les autres venaient me regarder faire, de loin, et se moquer de moi. Je n'allais pas vite. De plus, j'ai toujours souffert dans le mouvement particulier de mouvoir le balai. C'était ainsi dès cette époque, et cela n'a pas changé. Même pour râteler, d'un mouvement comparable, j'avais quelques difficultés, bien moindres, mais réelles. Dieu sait pourtant si j'en ai abattu, du travail, et de plus dur! Si j'en ai soulevé et porté, des poids! Des fourchées de fumier, si j'en ai levé! Des gerbes, du foin... Mais pour balayer, c'était ainsi. Le médecin m'a dit depuis que cela venait de la colonne vertébrale – mais alors mes parents eux-mêmes ne s'en souciaient pas et, à la vérité, ils ne me croyaient pas. Personne ne me croyait.

Enfin, tant bien que mal, je la balayais, la classe. Ce jour-là, j'avais presque fini, je vois arriver toute une bande de ces petits connards, autour d'un grand, le Baptiste, bête comme ses pieds et fort comme un âne, qui avait bien quatre ou cinq ans de plus que moi. Il me regardait faire et, tout à coup, d'une voix qui avait déjà mué :

– Comment tu tiens ton balai ? Je vais te faire voir, moi, comment on le tient.

Il me l'arrache, il en donne deux ou trois coups, et soudain, crac ! le manche lui casse dans les mains. Il le regardait hébété. Mais voilà les autres qui se mettent à piailler, d'une seule voix :

– Elle a cassé le balai ! Elle a cassé le balai !

Et moi de braire. Je ne sais plus lequel – je crois que c'est Baptiste lui-même – alla chercher la Dame, et la Dame vint.

– Eh bien, si elle l'a cassé, elle le paiera.

Et elle me faisait rester, le soir, jusqu'à ce que je l'eusse payé. Moi, j'allais dans la petite classe, je pleurais un bon coup. Mais vous pensez, cela en aurait fait, pour moi, des sous ! Je ne pensai même pas que j'aurais pu en prendre, peut-être dans le petit tiroir secret, sans que mes parents le sachent. Je ne crois pas l'avoir jamais payé, en fait. Pourquoi l'aurais-je payé ? Le manche avait un nœud qu'elle pouvait bien voir la Dame ! Et ce n'était pas moi qui l'avais cassé. Je n'en parlais pas à la maison. Je ne dis pas davantage qui l'avait cassé, ni à la Dame ni à personne. Ce n'est pas qu'il me faisait peur, le Baptiste. Il était plus bête que méchant. Mais moi, j'avais honte. Honte ! honte pour moi, qui n'avais rien fait, qui ne savais pas me défendre. Mais plus encore honte pour lui, ce grand dadais. Honte pour les braillards qui avaient tout vu et qui m'accusaient. Honte pour tous ceux-là, qui riaient de moi parce que j'étais punie – eux qui l'étaient si souvent, et moi jamais, ou presque... Pour la Dame elle-même, honte...

Oui, ils étaient contents, tous, je le voyais bien. Contents de me voir pleurer, contents comme s'ils en avaient reçu leur part de paradis, quelque rassurante revanche. Et moi, oui, j'en avais grande vergogne, pour eux et pour moi. Bien plus que de chagrin. Car, ainsi je voyais bien qu'ils ne m'aimaient pas, aucun d'eux. Cela ne me gênait guère : je le savais déjà. Je le savais bien. Et moi, est-ce que je les aimais ? Pas davantage. J'aimais beaucoup plus mon chien le Carabas, et même ma chatte.

Je ne me rappelle pas comme cela finit. On dut bien voir, chez nous, que quelque chose n'allait pas. Je ne sais pas. On ne me demanda rien. On ne me dit rien. La Dame n'en parla plus. Mais moi je ne tardai pas à avoir mon certificat dûment signé du médecin – ma pauvre vieille – qui aurait dû l'établir plus tôt. Peut-être, une fois de plus, avais-je été malade...

Était-ce dans ces temps-là? Je ne crois pas, il me semble que j'étais beaucoup plus grande. Un soir, nous allâmes veiller chez la Dame. Plus exactement, au lieu de rentrer après la classe, j'attendis mes parents. Je crois que mon père était venu, avec ma mère, mais je me souviens surtout de ma grand-mère. A un moment, elle racontait « ses classes », comme elle disait. Et aussi « sa guerre » – comme elle ne disait pas. Et comment elle avait dû faucher, moissonner, et le reste. Tout cela en riant. Le Monsieur ne s'en consolait pas. Je devais bien savoir déjà ces choses, mais peut-être était-ce la première fois que je les entendais dire ainsi, non pas comme allant de soi, mais comme l'objet d'un récit. C'est sans doute pourquoi je me souviens de cette veillée, non pas seulement pour l'étrangeté d'être moi-même en simple compagnie amicale avec la Dame et le Monsieur, mais encore, mais surtout, de ma grand-mère en pleine lumière dans le conte fantastique de sa pauvre vie – de sa merveilleuse vie.

Aller à l'école était mon plus grand travail. Le seul. Un travail qui n'en était même pas un, et surtout dans la grande classe. Dans la petite classe, la Dame ne se contentait pas de nous « punir » pour nous faire rester jusqu'à la tombée de la nuit et au-delà, encore nous surchargeait-elle chaque soir de devoirs à écrire et de leçons à apprendre à la maison. Et donc, à la maison, on me faisait asseoir derrière la table, sur le banc. J'avais pour m'éclairer devant moi une lampe Pigeon qui empestait comme tous les diables, et encore! A tout moment quelqu'un ne l'emportait-il pas pour aller ailleurs! Le vent de l'escalier me soufflait dans le dos un mortel courant d'air... Heureusement, cela ne dura pas. Dès que je fus dans la grande classe, le Monsieur ne nous donnait du travail écrit que pour le jeudi et le dimanche, et enfin nous eûmes l'électricité. Sans négliger que mon père m'avait fait une table à écrire avec quelque vieille boîte à savon. Cette table était quelque peu branlante, elle n'avait pas l'air bien solide. Mais c'était la mienne, et même si elle ne valait rien, je m'y plaisais. Tout de même, j'ai bien eu une chose qui fût vraiment à moi!
Pour les devoirs écrits, mes parents surveillaient que je les fisse, et je n'y manquais pas. Il m'arrivait, rarement, de solliciter l'aide

de mon père pour quelque problème récalcitrant. Une fois même, à court d'inspiration, je crus devoir lui demander pour des phrases. Résultat déplorable. Je ne recommençai pas. Enfin, les devoirs, ça allait. Le Monsieur ne vérifiait guère d'ailleurs que le résultat des problèmes, et nos capacités à compter une multiplication à cinq chiffres, une extraction de racine carrée, une division de fractions, et quelques obstacles de même type, calculs de surface et de volume. Les devoirs, bon. Mais les leçons? Chez nous ne me voyaient pas souvent les apprendre, les leçons. Ils demandèrent au Monsieur. Il paraît que je les savais. Parfois, il est vrai, je les apprenais en écoutant réciter les autres. Mais, surtout le soir, le Monsieur avait la manie de la question écrite. Il distribuait des demi-feuilles, voire des quarts de feuilles où nous devions chacun soit répondre à des questions précises, soit réciter le mot à mot du résumé ou de quelque paragraphe entier. Aussi me fallait-il, comme les autres, consacrer mainte récréation à l'histoire et à la géographie, que j'apprenais très vite et que j'oubliais aussitôt, ou bien à ces « choses » si faciles qui semblaient m'entrer dans la mémoire pour toujours, dans une sorte d'éternelle évidence.

Bah! les leçons ne m'inquiétaient pas trop. Par contre, je m'attachais beaucoup aux dictées. J'aurais voulu ne pas faire de fautes – mais quelquefois j'en faisais. J'avais beau bien écouter le Monsieur, avoir l'habitude de sa voix, de sa prononciation, je ne pouvais pas toujours comprendre, au son, comment s'écrivaient les mots. Et quand je n'en avais pas fait ni dans la structure des mots, ni dans les accords compliqués, ni dans les temps – ne voilà-t-il pas quelque part que j'avais oublié un accent, une virgule, une lettre, voire tout un mot...

Mais l'heure la plus terrible, la meilleure, la plus pénible, c'était celle de la rédaction. C'est que j'en faisais des bonnes, de temps en temps, que le Monsieur lisait tout haut pour l'exemple, et que j'écoutais, moi, la tête dans les bras, en crevant de rire. Et d'autres fois, je n'avais rien à dire – rien dit. Rien. Tenez, comment aurais-je pu faire celle-ci : « Racontez une partie de pêche. » Je n'avais jamais vu une truite, si ce n'est, peut-être, et bien rarement, dans mon assiette. Je n'avais jamais vu un ruisseau – jamais avant notre excursion ce jour de neige dont j'ai parlé. Je ne savais pas ce que c'était qu'une canne, un bouchon, un hameçon. Je ne savais pas à quoi cela pouvait servir. Je n'avais jamais ni pêché ni vu pêcher. Vous me direz que je n'ai pas vu la mer, et que j'en parle. C'est vrai, je ne l'ai pas vue, mais j'en ai entendu parler, j'en ai vu des images. Et de toute façon, je parle de l'eau, j'ai vu de l'eau. « Quarante fois comme l'étang de Cros », cela peut s'imaginer. Mais soyez bien certain que je ne vous parlerai pas de la manœuvre d'un bateau et pas davantage de la pêche. Que pouvais-je en dire à dix ans! Eh bien, je disais. Cela ne valait rien, mais il fallait le faire. Je le faisais. Et aussi parler de ma robe neuve – que ma robe neuve avait bien deux ans, que je ne m'en rappelais pas même la couleur, et que ma robe neuve, je m'en foutais. J'aurais pu écrire cela, c'est vrai. Je le pensais probablement, mais je n'aurais pas osé écrire ce que je pensais. Je n'aurais pas su. Ce n'est pas si facile, de dire non, de dire ce que l'on pense. Imaginez la tête du Monsieur lisant : « Je n'ai pas de robe neuve. Je ne sais plus comment est la vieille. D'ailleurs, je m'en fous. Cette rédaction m'emmerde. » Au lieu de cela, il fallait parler des petits poissons qui frétillaient sur l'herbe, de mes manches « ballon » qui n'avaient pas seulement la force, ni le droit, de m'élever en l'air à la hauteur du grand cerisier au fond du jardin par-delà la cour, auquel s'accrochait l'antenne longue de la T.S.F....

Celui-là même sur lequel perchent les trente moineaux, vous savez? « Je tire un coup de fusil, j'en tue deux. Combien en reste-t-il sur le cerisier? » C'était pire que l'aventure de Vincent, vous savez? Vingt, cent, mille ânes dans un pré, et cent vingt dans l'autre. Combien ça fait de pattes et d'oreilles? Ça le prenait comme ça, le Monsieur, de nous poser des questions bizarres. Et nous, on ne savait pas répondre. On n'osait pas. On n'était pas malins.

Au début de l'après-midi, souvent, à l'heure de la question écrite ou de la rédaction, ou des questions sur la dictée, une torpeur tombait sur la classe, et le Monsieur, parfois, s'endormait. On l'aurait bien laissé dormir, nous. Mais tout à coup on entendait pouffer la Yvette, tiou-cou! Et le voilà qui se réveille et toute la classe qui redresse les positions. Dans ces moments pourtant de silence privilégié, c'est là qu'on entendait le marteau sur l'enclume du forgeron. Tin-tin-tin – petit tin!

A Surdoux, il y avait alors deux forgerons – je veux dire deux forges. En bas, à côté de la poste derrière l'église, le facteur avait la sienne. Et il avait des clients. Mais les gens venaient surtout chez Pradeau, où les deux fils de la Marie, Denis et Jean, étaient forgerons. Bons forgerons, même. En sortant de classe à midi, notre plaisir, et le mien, c'était de courir voir ce que faisait le forgeron. On ferrait un bœuf, ou une vache, pauvre bête pendue là au travail qui lâchait quelque bouse en tournant les yeux blancs de sa dérisoire colère. Adroitement, il fallait parer le pied, en coupant la corne, ni trop ni trop peu. Le fer venait, chaud, tout fumant, et les clous à coups de marteau dont on retournait la pointe, comme de gros points de fil sur le bord.

D'autres fois, c'était un soc, à aiguiser, ou à recharger. Le soufflet ronflait à plein cœur du charbon que l'on croyait voir engouler cet air, content à s'en lécher ses babines de braises, avec une petite flamme bleue qui courait par-dessus comme un vent. On aurait cru le voir jusqu'au fond du ventre, rouge à digérer le fer... Il était difficile de détourner les yeux. Et quand le gros marteau tombait sur l'enclume, si léger qu'il semblait voler, il en montait une fumée d'étincelles, comme si la forge eût été un ciel d'étoiles entre les bras du forgeron puissant et noir comme un arbre debout.

Et même, une fois, nous les vîmes tous deux, Denis et Jean, qui forgeaient une grille. C'est tout un art, ployer le fer selon un dessin prévu, le tordre, l'aiguiser, lier ensemble avec un fil de fer les parties qui doivent se joindre, et chauffer juste ce qu'il faut, que cela se soude ensemble... Oh! ce n'était pas une grille très grande ni très compliquée. Mais de la voir naître, ainsi, sous nos yeux – une vraie merveille. Et, certes, ce n'est pas l'ouvrage de maladroits...

Une odeur montait de ces lieux – une odeur de corne brûlée, de sueur, de fer chaud, et de cette fumée blanche qui sortait de la cuve où l'on trempait le soc, afin que le fer se fige en acier. A la trempe se voit le bon forgeron – ni trop ni trop peu. Pour cela, les nôtres ne craignaient personne, et le travail entrait à pleine porte, en ce temps-là. La sueur ruisselait à plein front. Le Denis s'essuyait d'un revers de la main, qui lui laissait quelquefois une trace de cendre ou de charbon entre les sourcils. Aussi je l'appelais Nez-Noir. Il me le rendait. Mon Nez-Noir. Je faisais grand cas de lui.

De temps en temps, on entendait siffler. Soit un air à la mode, soit un air de fantaisie, qui montait, qui descendait, qui tournait, qui n'en finissait pas. Ce n'était pas le rossignol, ni le merle. C'était le tonnelier, en face. Je n'ai jamais entendu personne siffler de cette façon, de cette force, de cette joie, et d'une musicalité pareille – comme un oiseau, mieux qu'un oiseau. De quelque manière, cela le mettait à part, ce sifflement. Je ne peux pas dire qu'il faisait peur, mais je ne serais pas allée le voir travailler, bien qu'il fît des tonneaux, et aussi des palins pelés, comme mon père et mon grand-père. Non – pour jeune et avenant qu'il fût, ce n'était pas un homme ordinaire, on l'aurait vu prendre son vol que cela n'aurait pas surpris –, il valait mieux ne pas y penser. Mais, quand il se mettait à siffler, chacun écoutait.

Mon grand-père ne sifflait pas. Mais il savait faire les tonneaux. Nous en avions une pleine cave, et parfois il en coupait un, cela faisait ainsi deux cuves, auxquelles ne manquait à chacune qu'un cercle de fer feuillard pour les maintenir, et il savait évidemment le mettre. Ces cuves servaient à laver, ou à recevoir la pâtée des porcs sous le moulin à légumes. Il avait enseigné cet art de tonnelier au Raymond du Boisme son neveu. Quand le Raymond se maria au Lonzac, ce savoir-faire lui fut très utile, car le bien de sa femme, très facile à travailler, n'était pas assez grand pour les faire vivre. Le Raymond faisait aussi les charrettes. Il était adroit à travailler le bois. Et lui aussi aimait à rire. Il racontait qu'au Lonzac, un garçon, pas des plus malins, allait le voir les jours de foire.

– Oh! dit-il, les belles barriques! C'est toi qui les as faites?

– Oui, dit le Raymond.

Et l'autre de répandre la nouvelle :

– Untel a pris un gendre, et un bon gendre! Il fait les barriques.

Une autre fois, Raymond avait fait une charrette.

– Oh! la belle charrette! C'est toi qui l'as faite?

– Eh oui!

– Il fait les barriques, il fait les charrettes, colportait le garçon.

Quand il revint, la foire suivante, il y avait là un âne que quelqu'un avait dételé pour faire arranger la charrette pendant la foire.

– C'est moi qui l'ai fait, répondit le Raymond aux questions du jeune homme.

Et l'autre :

– Il fait les barriques, il fait les charrettes... Il a fait un âne... Il a fait un âne?

Tout de même, il n'y croyait pas trop. Il n'était pas sûr. C'était le même à qui était arrivé une tout autre mésaventure. Il était jeune encore, mais ce n'était plus un enfant, quand sa sœur se maria. Et l'année d'après, elle eut un enfant. On lui dit :

– C'est Unetelle – la sage-femme – qui l'a apporté.

Il n'en avait rien à foutre, lui, de ce gamin piaillard qui occupait toute la maison de ses cris et de ses exigences. Mais ce fut bien pis quand sa mère accoucha elle aussi, et qu'on lui dit :

– C'est la sage-femme qui l'a apporté.

Il se mit en colère, c'en était trop !

– La sage-femme a apporté un petit à ma sœur ; elle en a apporté un à ma mère. Si elle en apporte un à la grand-mère, je lui casse un bâton sur l'échine !

Alors que j'avais cinq ou six ans, mon grand-père avait eu l'intention de faire quelque barrique, comme quand il était jeune. Il avait fait les douelles, qui restèrent longtemps en tas sous le toit du clapier tout au fond. Je ne sais plus pourquoi, il ne put les employer tout de suite et elles séchèrent plus que de raison. Je ne sais pas. Il disait qu'il ne voyait plus assez clair. Surtout, il avait changé. Lui qui avait eu une des premières moissonneuses de la région, une des premières batteuses, avec la locomobile puis avec le moteur, un des premiers – et des rares – autocuiseurs, qui avait fait acheter depuis si longtemps une machine à coudre à sa sœur – voilà qu'il ne voulait pas entendre parler de tracteur, d'auto, ni de rien de ce qui pouvait faciliter la vie en amenant les gens ni en faisant le travail. Au début, cela ne se remarqua pas ; on était assez nombreux pour tout faire sans rechercher d'autres commodités – et on avait tellement bâti, acheté, perdu d'argent, que s'il en restait assez pour vivre, il n'y en avait peut-être pas de trop...

Mais ne voilà-t-il pas qu'il commença à dire, et de plus en plus, que les machines, le progrès, et tout ce qui s'ensuit, cela ne mènerait rien de bon, mais le malheur du monde et la ruine du pays. Quelques années plus tard, la guerre ne le fit pas changer d'avis. Il disait tout cela et, certes, il ne se trompait pas. La seule chose qu'il oubliait, c'est qu'on est bien obligé de vivre en son temps avec la vie de son temps. Mais comme je le comprends, cet homme qui avait entrevu l'avenir autrement, et encore au moment où il me montrait l'aéroplane qui passait au-dessus de nous comme un gros moucheron noir, en me disant qu'il y avait des gens là-haut dedans. Il n'y avait pas si longtemps! Quelques années à peine. Oui, il avait imaginé un monde plus facile, et peut-être plus heureux, où la machine serait au service de l'homme. Et non pas l'inverse.

Surdoux, dans ces années où j'allais en classe, c'était un bourg véritable. Les maisons y sont encore, et personne dedans. Alors, chacune était habitée, les poules autour, le chien, et les cochons à côté dans l'enclos. Deux épiceries, sans compter les camionnettes des ambulants. Deux auberges où l'on pouvait manger et même coucher, quatre qui donnaient à boire. Deux bascules, et il les fallait bien; les jours de foire le bétail se pressait le long des routes, les veaux, les porcs, parfois des vaches. Je ne parle pas des œufs, des volailles, de la pitance, qui ne se pèsent pas de cette façon... Je ne parle pas non plus des forains qui proposaient leurs marchandises, étoffes et confection. Oui, les foires de Surdoux étaient importantes. Et les jours ordinaires, chaque saison amenait son commerce particulier de blé, de blé noir, de pommes, de pommes de terre, de bétail vendu à l'étable... Tout ce qui se vend, et tout ce qui s'achète − les engrais, les semences, la chaux...
La chaux nous intéressait plus que tout, quand nous voyions le camion arrêté, en sortant le soir, devant chez Fontaine, et les hommes debout sur cette pierre, ou cette poudre grisâtre qu'ils jetaient à pleine pelle dans les tombereaux. Il en tombait toujours quelque fragment à côté par terre, et nous y courions, nous autres, en nous bousculant pour la ramasser. Dans notre main, en crachant un peu dessus, la chaux vive s'éteignait avec un sifflement, elle s'ouvrait toute blanche à petites crevasses, et il en sortait une petite flamme bleue avec un cœur rouge, brûlante comme du feu. En nous regardant faire, les hommes riaient et nous criaient des insanités, auxquelles nous n'avions qu'à ouvrir la bouche pour répondre, en les voyant là-haut tout poudreux de chaux, en guenilles comme des bohémiens. C'est curieux, les autres gens ne nous interpellaient pas ainsi...
A la saison, le père Pradeau achetait parfois les champignons. Il les pesait au crochet. A cette époque, les gens n'étaient pas fous de champignons comme aujourd'hui, ni pour les cueillir, ni pour les manger. Chacun en trouvait pour soi, pas tellement plus. Cela ne faisait pas grand commerce, non, mais cela marquait la saison. Je ne sais même pas s'il les revendait, le père Pradeau. Il en conser-

vait au vinaigre dans des pots de grès. Et il en faisait sécher des chapelets tout autour de la cuisinière, pendus au mur. Je ne sais pas si c'était bon. Je n'aimais pas beaucoup les champignons. Chez nous ne les cherchaient guère. On n'avait pas le temps. Et si par hasard on en vendait quelque panier, les quelques sous qu'on y gagnait ne payaient pas le temps perdu. Mais on en mangeait – dans le civet, en sauce, voire dans le ragoût. Et moi je les mettais de côté, pour le chien. Sur ma langue, il me semblait tenir une limace gluante. C'est seulement rôtis, bien secs, que je pouvais les manger avec mes doigts, comme des bonbons, et alors le goût ne me déplaisait pas. Ce qui me plaisait, à moi, ce qui m'aurait plu, c'eût été de les chercher. On ne me laissait pas y aller seule, dans ces bois où était le loup – et il y était, peut-être.

Trouver un champignon! Cette chair vivante, la tête brune avec le blanc dessous comme de la crème – comme de la mousse. Ne serait-ce qu'une girolle, dorée comme de l'or. En recevoir dans l'âme, dans le cœur, dans le corps, si profondément qu'on ne sait pas si c'est le corps, le cœur, ou l'âme – un coup comme un coup de couteau. L'évidence. Trouver! Trouver de l'or. Je le comprends, l'orpailleur à genoux sur le ruisseau à cribler le sable pour une trace de poussière. Je le comprends, l'alchimiste sur ses casseroles, le savant sur ses comptes, le sage dans sa quête. L'artiste quel qu'il soit poursuivant la sienne, qui jamais ne s'achève – trouver. Trouver ce qui est donné, qu'on ne pourrait acheter. Cloué sur cette croix qui vous tient par les quatre membres – rien qui s'échange contre le trouver. Et si tu ne le sais pas, si tu ne sais pas le dire, tu l'as bien compris. Tu l'as ressenti à plein cœur, à plein corps, pleine âme. Trouver. L'évidence. Comme un champignon. Même un champignon.

Je me souviens, une fois, d'y être allée avec la Marraine. Au bois de la Combille, sous les châtaigniers vieux entre les feuilles nous en trouvions de bien beaux, un peu hauts sur pied, et la tête assez claire, large, mate. Parfois, plus tard, j'en trouvais au retour de l'école, dans le sentier, dans un tas de feuilles... J'aurais trouvé une pièce d'or, j'en aurais fait autant de cas, pas plus. Ah! les champignons! Souvent j'en rêve – que je les cherche – que j'en trouve – que je n'en trouve pas.

En parlant de rêves, j'ai toujours beaucoup rêvé. Je veux dire en dormant – malade ou bien portante, de jour ou de nuit, mais en dormant. Souvent, je ne me rappelle pas mes rêves, naturellement, ou bien je les oublie après un peu de temps. Mais quelques-uns sont restés de très longtemps dans ma mémoire. Entre autres le petit chien blanc. Je ne l'ai pas vu, moi, en aucune nuit me promenant par la campagne, et je n'aurais eu aucune raison de le rencontrer. Mais dans ce rêve, il m'apparut. Avais-je sept ans? Probablement beaucoup moins. Voici. J'étais dans la maison, et le sol en était fortement éclairé, le sol de ciment tel qu'on l'avait fait depuis peu, une lumière de clair de lune violent ou de puissante électricité. Et le chien y marchait, tout blanc, de poil court et lisse, un chien de taille moyenne, tout ordinaire. Mais ce chien me faisait peur, une peur d'épouvante comme je n'en ai jamais ressenti. Oui, c'était un chien tout ordinaire, sauf le nez, la truffe, qui était noire, aplatie comme un écrou papillon, vous savez? De ceux que l'on visse en tournant avec les doigts. Peut-être, dans ces jours-là, quelqu'un avait-il parlé du petit chien blanc. Et pour le reste...

Une autre fois, j'étais malade, et je ne sais pourquoi, peut-être parce qu'il y faisait plus chaud, ou parce qu'il était plus facile de me soigner là, j'étais couchée dans la maison, dans le lit sous l'escalier. J'aimais bien dormir dans ce lit, je voyais le monde, je voyais le feu. C'était un tout autre univers que celui de la chambre bleue. Il me convenait tout autant – pas davantage, autrement. Tiens! Une fois que j'y couchais, ne fallut-il pas élever un petit cochon? Près du feu dans une caisse, le petit cochon soufflait fort, poussait ses petits cris, ses grognotements – et moi dans le lit... La truie avait mis bas plus de petits qu'elle n'avait de tétines. Il aurait dû crever, mais il voulait vivre. On lui présenta le biberon, il le prit avidement. Après cela, on ne pouvait que le garder. C'était un amusement que de le voir courir, et parfois danser, entre le feu et mon lit. Il suffisait de dire : guiri-guiri... il comprenait la parole. Il grandit. On le mena à l'étable, dans un compartiment où il était seul – mais dès qu'il en trouvait l'occasion, il savait courir vers la maison, enfiler la porte, voire soulever le couvercle de la marmite pour regarder dedans.

Il faut dire que je suis née, en quelque sorte, sous le signe du cochon. Pendant que ma mère accouchait avec les inquiétudes, sinon les difficultés, que j'ai dites, la truie mettait bas sans que personne s'en préoccupât beaucoup. Mais tout se passa bien pour l'animal comme pour la femme. Il y eut également une couvée de poussins que l'on vit éclore sans problème. Ma tante, la sœur de mon père, en profita pour déclarer, à haute et intelligible voix, que mon père et ma mère auraient autant de progéniture que la truie – la poule lui eût sans doute paru une comparaison trop bénigne. Cependant, malgré tous ces heureux présages, dont tel peintre fort connu dans le genre eût très certainement garni quelque touchant tableau, la descendance humaine de mes parents s'arrêta là, sans autre espoir ni recours.

Pour en revenir à cette nuit-là, entre soif et fièvre, tout à coup m'éveillant je m'entendis dire, moi-même et tout haut : « Le génie tombe du cul de la femme. » Cela me fit un choc! Autant d'avoir parlé, certes, que de ce que j'avais dit. Cela me semblait la fin d'un rêve. Quel rêve? Je ne me rappelais pas. Je ne me suis jamais souvenue d'un quelconque rêve qui aurait mené à telle conclusion. Je devais avoir dix ans – onze peut-être, mais je ne crois pas. Je ne pense pas à ce moment avoir déjà vu mon sang – je ne savais même pas ce qu'il en était.

Ce n'est que bien plus tard, alors que j'avais, ou que j'allais avoir mes douze ans, que je trouvai dans la vieille commode – on l'avait mise dans le couloir avec l'ancien vaisselier au-dessus, où l'on mettait quelques bouteilles et, lorsque j'en eus, mes livres –, entre les chiffons et les robes qu'on ne portait plus, assez de revues et de livres pour apprendre ce qu'il en était vraiment des hommes autant que des femmes. Je veux dire : autrement qu'en littérature quelle qu'elle fût. Il y avait déjà un bon moment que, si peu que ce fût, je tachais mon linge. Mais personne ne parlait de cela. Et moi, bien sûr que non. C'est seulement lorsque j'entrai en pension que ma mère m'acheta les serviettes adéquates, en me disant ce qu'il fallait en faire. Je n'en avais guère besoin encore – si c'était normal ou non, personne ne s'en souciait, et moi encore bien moins.

Je me souviens d'un autre rêve, au moins d'une image. Sur des poteaux électriques, une sorte de transformateur. Quelqu'un portait comme une caisse, une caisse de métal, la perchait là-haut – et une voix disait, une voix saccadée, une voix idiote :

– C'est le tonei...

Peut-être même to-tonei...? Ce que cela signifiait dans mon rêve, c'était le tonnerre. Le tonnerre dans une caisse de fer qui ressemblait quelque peu à un bidon de pétrole – mais plus grand, un double bidon – comme ceux que mon père achetait, d'essence pour le moteur ou de pétrole pour les lanternes. Cela y ressemblait, mais ce n'en était pas. C'était le tonnerre. Ou autre chose... Je ne savais pas. Qui pouvait savoir? A ce moment, je pouvais avoir huit ans – moins peut-être. Le souvenir de ce rêve s'associait aussi à une certaine terreur...

J'épargnerai ici à chacun la traduction, au reste assez lisible, de tels rêves. L'étonnant n'est sans doute pas que je les aie faits, mais qu'après plus de cinquante ans – beaucoup plus de cinquante ans! – je m'en souvienne. Il y avait ainsi dans mes rêves, comme dans ma vie, un mélange ou un entrelacement d'enfance, voire d'enfantillage, et de je ne sais quoi, qui n'était même pas le signe de l'adulte, venu ou à venir... Parfois, j'en avais conscience. Pas souvent.

Cependant, j'allais à l'école, et même il ne fallait pas se plaindre : j'apprenais tout ce que je voulais. Ce que je ne voulais pas... Il n'y avait certes pas de quoi me dire merci. Personne qui ne l'ait pas compris. Moi-même je le comprenais. Ce que je ne comprenais pas, c'est que tout cela, que je faisais autant pour me faire plaisir que pour faire plaisir aux autres, je veux dire à la Dame, au Monsieur, à chez nous, non je ne comprenais pas que ce n'était rien pour personne, ni pour eux ni pour moi, si je ne l'utilisais pas dans la vie. La vie. Et qu'est-ce que c'était que la vie? Quelquefois, au hasard, j'y pensais.

La vie, c'était quand ce serait moi qui irais chercher l'eau à grands seaux sur l'épaule comme la Marraine. Quand je monterais la soupe et que j'allumerais le feu dessous, à grands coups de soufflet qui feraient lever la flamme avec des nuées d'étincelles par la cheminée. Qu'entre-temps j'ouvrirais la porte du coudert aux cochons. Que je casserais le bois à grand « ahan » de la hache et des bras... Comment pouvait-elle faire tout ça la Marraine? Il devait y avoir quelque part un ordre dans sa tête – une chose après l'autre, à quoi je ne comprenais rien...

La vie? Ce serait peut-être de me marier? Que je ne resterais pas ici? On le disait – je l'avais entendu dire mainte fois... J'avais entendu la Dame quand elle demandait :

– Et que voulez-vous faire plus tard?

Plus tard... D'aucunes levèrent le doigt :

– Institutrice.

Hé! pourquoi pas? C'était bien une idée. Je levai le doigt moi aussi. Si ça pouvait lui faire plaisir, à la Dame! Mais je disais aussi bien chez nous que je voulais être soigne-cochons. Ce n'est pas que j'aimais tant les cochons – mais cette odeur de pâtée, de carottes cuites, de son, la vapeur d'eau quand on baissait l'auto-cuiseur en tournant une petite roue, les seaux remplis qui cliquetaient... J'aimais bien être avec les femmes; et quand elles passaient leurs mains dans la pâtée pour s'assurer qu'il n'y restait pas des morceaux durs et trop gros, moi aussi j'y plongeais mes bras, plus haut que le coude. C'était cela, la vie.

C'était cela? J'avais pensé à la mort. Plus d'une fois. Mais la vie? Il n'est pas si évident que cela, d'y penser. La vie se vit, d'un pas sur l'autre. Et je me vois, pourtant, dans la cour, suivant la petite rigole qui menait l'eau de pluie entre la maison et l'enclos – qui retenait l'eau de la cour, et l'empêchait de ruisseler juste en face dans le portail de la grange. Il avait plu, je crois. Je ne sais où j'allais. Je sautillais, le nez en l'air.

Je pensais – je venais de penser à la mort. La mort, c'était de ne pas respirer. Ne plus avoir de souffle. Et moi j'étais là, vivante, moi, je respirais! Non et non! La mort, ce n'était pas possible. J'étais là, moi... C'était cela, vivre. Vivre, sentir, marcher, entendre. Je respirais à pleine bouche, à plein nez. La vie! Je m'arrêtai. Je ne respirai plus – la mort. C'était ça, la vie, rien d'autre. Vous pouvez dire ce que vous voulez... moi, mon corps, l'haleine, la vie! Rien d'autre. C'est assez que d'être. Je m'arrêtai. Je regardai autour de moi. Je devais être rouge, prête à pleurer. Le souffle... le souffle me manquait. Il n'y avait personne.

Quand de telles idées me venaient ainsi – qui passaient très vite et que je n'attendais pas – et aussitôt que je les avais tenues dans ma tête un moment, je regardais autour de moi, épouvantée à la pensée que quelqu'un aurait pu m'entendre. Non que j'eusse parlé, ni à haute voix, que non, ni à voix basse. Mais peut-être que les idées, quand elles vous atteignent d'une telle force, à vous faire éclater la tête, peut-être que les autres les entendent? Et moi je ne voulais pas qu'on les entendît. J'avais honte.

A y réfléchir aujourd'hui, il est vrai que cette crainte m'a suivie tout au long de ma vie, et c'est pourquoi je me sentais si mal entre les autres. Si mal! A certains moments, ce n'était pas supportable. C'est alors que je cherchais la solitude. Mais la vie – cette vie essentielle que je reconnaissais, moi, ce jour-là peut-être pour la première fois – c'est bribe par bribe qu'il faut la vivre. Et, aussi longtemps qu'elle continue, la suivre, de quelque façon que ce soit.

Et naturellement, je n'aurais pas su le dire, ce jour-là – ce n'est pas si facile encore aujourd'hui – mais je le ressentais profondément. Et depuis qu'ai-je fait que le vivre?

Pour ce qui est de moi, le vivre – en ce qui concerne les autres, le comprendre. Car il ne sert à rien de s'efforcer pour être ce que l'on n'est pas. Et certes tout peut soutenir, mais rien n'est important. La plus humble maison vaut un château. Un peu de pain tout l'or du monde. Mais il ne convient pas de mépriser le château, le riche ni le pauvre, le maître d'école ou l'idiot du village. Et celui qui se dessèche à rechercher la meilleure place en piétinant les autres pour « arriver », peut-être faudrait-il le plaindre – peut-être pas, si c'est son plaisir. Tout cela, de toute manière, à la mesure de la vie, ce n'est pas important.

Non, ce que je ne sais pas dire encore, je n'aurais pas su le dire alors. L'aurais-je su – l'aurais-je pu – je ne voulais pas. Parce que les idées, dans le secret du cœur, cela ne regarde personne.

Ah! cette petite rigole, que mon grand-père entretenait avec tant de soin, je le vois encore penché sur la pelle, pour la curer dès que tombait quelque goutte d'eau! Il ne fallait pas qu'elle fût profonde, mais tout juste évasée, à cause des charrettes qui devaient passer sans à-coups... N'est-ce pas en la suivant, un jour, que je me disais – que je me dis – qu'on pouvait sculpter les glands! Pour le sculpter, le bois était trop dur, et je n'avais pas d'outils – le grand-père mettait les gouges hors de portée. De la terre à modeler, je n'en avais pas, je ne savais même pas que cela existait. Mais un gland frais? Qui sécherait ensuite? De glands, il n'en manquait pas... J'essayai. Misère... je ne savais pas sculpter. Dessiner, si peu. Après quelques coups d'ongles maladroits, il vaut mieux oublier le résultat. Je ne persévérai pas. Et pourtant, je ne me trompais pas : on peut travailler le gland, et les ongles suffisent pour l'ébauche – mais il faut ensuite une pointe aiguë et plus fine pour terminer.

C'est encore auprès de cette rigole, un jour que nous jouions, les Petits et moi... Vint à passer une poule, toute gonflée de colère et l'œil tourné vers l'arrière :

– Ca-ca-ca-ca-ca-ca-ca-ca-ca...

qui n'en finissait pas de se plaindre et d'injurier l'univers de quelque peine profonde et dérisoire, ca-ca-ca-ca-ca-ca... qui n'en finissait pas... Nous étions là bouche bée, et je revois le René, planté debout un peu penché en avant de biais, qui lui-même saisi, semblait porter la tristesse du monde. Tout à coup, il dit :

– Elle pleure ses petits cousins qui sont morts.

Et nous de rire. Qu'aurions-nous pu faire d'autre?

Du temps de l'école, j'ai gardé tant d'autres souvenirs! Je ne peux pas les dire tous.

Tiens! Je revois la Yvette, le jour qu'elle s'était mise à tourner, à tourner, tenant deux sacs par la poignée, à bout de bras, qui lui donnaient l'équilibre et l'élan, elle tournait, elle tournait... Je revois le beau dessin de l'André, un bouquet de capucines de toutes les couleurs. Il l'avait copié, il est vrai, sur un coussin que la Juliette avait peint pour la Dame sur une pièce de velours blanc. Mais que c'était bien copié, éclatant... La Juliette, nous la connaissions, nous autres. C'était une grande jeune fille aux cheveux sombres, qu'on aurait prise pour une fille du Midi – elle a fini par y vivre, si je ne me trompe pas, et de sa peinture. L'André, lui, devint seulement paysan – pourtant, qu'il dessinait bien, comparé à nous. Une fois, au tableau, il fit mon portrait. Il disait mon portrait, mais, si ce n'est par une mèche de cheveux dans la bouche, je ne sais pas si c'était très ressemblant. En avons-nous ri, de ce portrait! Cela ne me garda pas, à mes moments d'inattention, ou de profonde concentration, de mordre une mèche de mes cheveux. C'était avant qu'ils fussent assez longs pour m'en tresser une natte derrière la tête.

Une autre fois, l'André avait entrepris de dessiner « l'appareil digestif », et il mettait les noms : la bouche, l'œsophage, l'estomac, l'intestin... Mais quand il parvint à l'autre bout, il écrivit : l'embouchure. C'était à la récréation, un jour de pluie sans doute, sinon nous aurions été dehors. Tout à coup, le Monsieur entre... Ah! cette embouchure! Il en fut parlé longtemps.

Et le « goumillou », comment l'oublier? Nous avions une petite gomme, la Marcelle de l'Age et moi – je crois que c'était la sienne, je ne sais plus. Nous l'avions tellement léchée, elle avait tellement frotté, qu'à la fin elle était tout juste grosse comme un bonbon, on avait peine à la tenir dans les doigts. Nous avions bien eu d'autres gommes, mais nous les perdions, nous les abîmions – il fallait toujours en revenir au goumillou, qui dut finir sa carrière avec la nôtre...

Mais n'est-ce pas aussi la Marcelle, un jour que j'étais revenue après quelque bronchite et que j'étais tout à la joie de jouer, c'est bien la Marcelle qui me dit, en gonflant sa voix de reproche :
– Si tu es revenue là pour rire!
– Pourrir?...
Non, certes! Je voulais bien rire, moi, pas pourrir!

Parlerai-je des poux? Certains enfants, rien à faire pour les nettoyer. Ils venaient en classe lavés, raclés, une goutte d'eau les aurait suivis. Frottés que leur peau en luisait, les cheveux huilés à s'en tenir tout droits, ils avaient encore des poux. Et ils nous en donnaient. Une fois l'un, une fois l'autre, nous dûmes tous y passer, ou bien rares ceux qui y échappèrent. Ma mère remarqua que je me grattais la tête, mais ça ne me gênait pas beaucoup, c'était bien d'autres fois que j'avais des démangeaisons. Tout de même, elle voulut voir – une pleine tête de poux! qui couraient de tous côtés! Elle en écrasa! Toute une soirée. Le lendemain, il y en avait tout autant. Elle acheta vite de la Marie-Rose, la mort parfumée des poux. Elle m'en passa. Elle écrasa. Il y en avait toujours. Eh mais! Survint la fin de la semaine, je changeai de linge. Que vais-je voir, dans mon petit maillot de laine? Une nuée de minuscules bestioles blanches, étincelantes comme de petits éclats de verre, qui fuyaient... Je n'eus jamais plus de poux. Hé! ne disait-on pas chez nous que, lorsqu'un enfant avait des poux, il ne fallait pas s'en inquiéter – que c'était un signe de richesse et de bonheur pour l'avenir. La Yvonne, notre cousine, en avait nourri un plein paillasson, malgré les soins de l'Angéline. Tout à coup, elle s'apercevait que la fillette en avait de nouveau.
– Tu parles d'un bonheur! disait ma mère.
Ma mère avait connu, en Combedarrière, une pauvre petite malheureuse qui en était couverte, bien que ses parents eussent tout essayé pour l'en débarrasser. Richesse et bonheur ne la suivaient guère. En Combedarrière, c'était une maison simple, qui devint de plus en plus misérable, où vécurent des gens de plus en plus pauvres et malheureux. Mais le plus malheureux, ce fut sans doute celui qui avait attrapé le mal français au camp de la Braconne, alors qu'il y faisait, je crois, ses vingt-huit jours.
– Oh! disait-il, il y avait de belles femmes, à la Braconne!

Mais, en réfléchissant :

– Au diable la Braconne !

La petite sœur Clémence – pas celle que j'ai connue, moi, une toute jeunette quand ma mère était enfant – allait le soigner. Sur son chemin, elle s'arrêtait chez nous pour reprendre haleine et aussi pour manger un peu, elle n'osait rien prendre chez ces pauvres gens. Ma mère était petite fille, c'était avant la Grande Guerre. Elle se souvenait d'y être montée une fois depuis le Pré avec ma grand-mère Quelle misère ! Il ne reconnaissait plus les gens – il pissait n'importe où dans la maison, devant tout le monde... A un moment, ma grand-mère laissa tomber son mouchoir sur le sol. Et elle le ramassa. Mais elle l'emporta à bout de bras et en arrivant elle le fit brûler. Dieu sait pourtant si elle le regrettait, son mouchoir ! Pour en finir, je crois que cet homme se pendit.

Tiens – où m'auront menée les poux... Mais ai-je besoin de le dire, à côté de telles misères ; ils ne pesaient pas lourd, mes poux, ni mes autres souvenirs de classe. Il en est un, pourtant, que je raconterai. On ne ne peut pas le passer sous silence, non.

En même temps que moi, il venait en classe un pauvre malheureux qui n'aurait jamais dû être là. Je crois qu'il s'appelait René, mais on ne l'appelait jamais que par son nom de famille, et je ne le dirai pas. Je ne sais pas quel âge il pouvait avoir, il était grand, et il n'aurait pas été vilain de visage, sans cet air ahuri qui ne le quittait pas, la bouche bée et les yeux ronds ouverts. Il n'apprenait rien. Mais rien. Il était évident qu'il pourrait rester toute sa vie dans la petite division de la petite classe, sur le banc de derrière contre la porte, sans savoir signer son nom. Il avait une petite sœur qui vint en classe elle aussi beaucoup plus tard. Je ne sais pas si elle apprenait bien, elle, elle ne paraissait pas sotte du tout. Ce qui me reste en souvenir d'elle, ce sont ces cheveux blonds – mais blonds comme je n'en ai jamais vu, presque blancs. Peut-être étaient-ils blancs. Et fins, et épais, une chevelure ! Quand on se moquait de son frère, elle avait honte. Elle ne disait rien, elle pleurait. Elle était très timide elle-même.

Ce jour-là, la petite sœur n'était pas là – elle ne venait pas encore à l'école. Les filles, et les plus petits – j'étais doublement dans la catégorie – nous jouions au bas du perron, sans d'abord nous douter de rien. Nous finîmes quand même par remarquer que les garçons, les grands, avaient trouvé un jeu des plus intelligents. L'un d'eux montait tout doucement le perron des instituteurs, frappait à la porte comme qui demande à entrer et se sauvait à grande course jusqu'au coin du mur ou dans l'entrée du bûcher. Le Monsieur vint voir deux ou trois fois. Il ne vit personne. Il rit. Il ne dit rien. Au bout d'un moment, les garçons trouvèrent mieux. Ils y envoyaient le René. Il y alla une ou deux fois sans se faire prendre. Mais ensuite, il ne voulait pas y revenir, et les autres, par menace ou promesse, le forcèrent à y aller. Il y alla. Et le Monsieur le prit sur le fait. Le Monsieur ne dit rien, ou pas grand-chose. Il s'en alla. Ce fut la Dame qui se chargea de la punition. Elle nous fit monter dans son couloir, nous qui n'avions rien fait et qui restions là le bec béant à regarder l'événement – cependant que les garnements coupables s'étaient sagement esquivés. Elle nous fit mettre en cercle autour du René, lui descendit ses chaussettes et remonta son pantalon, et clic! et clac! à coups de martinet sur les jambes du pauvre garçon qui faisait des bonds et poussait des cris tels qu'on ne pouvait se tenir de rire. De rire ni de pleurer – car si j'en ai ri je crois bien, moi, en avoir pleuré toute ma vie. Je ne sais pas, je crois que j'avais peur comme je n'ai jamais eu peur. Et plus je riais, et plus le garçon hurlait, et plus la Dame tapait. A la fin, les yeux lui sortaient de la tête, je crus qu'elle allait taper sur nous tous du même élan. Que si j'avais pu le lui prendre des mains, le martinet, si j'avais osé, c'est sur elle que j'aurais tapé, moi, avec un plaisir! C'est elle qui aurait hurlé, la Dame! Mais tout ce que je pouvais faire, c'était de rire, et de pleurer. Moi qui l'aimais tant, la Dame qui savait être si aimable parfois – j'en ai gardé une rancœur que je n'ai jamais oubliée non plus.

Oh! il ne faut pas croire, parfois elle tirait les cheveux, ou bien une oreille, même les miens. Elle gardait les tout-petits, le soir, qui partaient pour trois ou quatre kilomètres dans la nuit par des chemins noirs et isolés. Elle avait même fait cueillir quelque poignée d'orties pour en frotter mainte cuisse. Moi, je ne lui en voulais pas. Il fallait bien faire apprendre ceux qui pouvaient, les obliger à écouter, fût-ce par force. Moi-même, quand je me couchais sur le banc ou que je n'avais pas étudié ma leçon. Mais il y a des choses qu'il ne faut pas faire. Le jour où le petit Georges n'arrivait pas à résoudre ses problèmes, elle lui avait passé quelques soufflets qu'il avait dû sentir, le pauvre, c'était normal. Mais quand elle alla chercher un petit verre pour recueillir ses larmes – le garçonnet pleurait à grosses larmes les yeux ouverts – ce n'était pas supportable. Non.

Cela aussi, je le comprenais, si je ne savais pas l'exprimer : on ne peut pas faire honte aux gens d'être ce qu'ils sont. On n'a pas le droit. Et moi, pour elle, j'avais honte. Du fond du cœur, je plaignais le petit Georges comme j'avais plaint le René. Une vingtaine d'années plus tard, le Robert, mon petit voisin, qui commençait à fréquenter la même école, me disait parfois :

– Elle est folle, la Dame. Elle est vraiment folle.

Le temps avait passé. La guerre. Les enfants commençaient à avoir quelque droit à la parole. Moi je ne lui disais pas que non.

Pourtant, il m'était arrivé, quand j'allais en classe, de dire que je préférais la Dame. Je ne sais pas pourquoi. Je le disais, comme ça. Peut-être parce que c'était une femme ? Qu'elle m'apprenait à faire des travaux de femme ? Je ne crois pas. Peut-être parce que, comme j'étais restée peu de temps dans sa classe, ce n'était pas elle qui pouvait me punir ? Je ne crois pas. Je crois plutôt que, si je n'avais pas dit que je la préférais, elle m'en aurait voulu – elle m'en aurait fait reproche – et peut-être plus. Tandis que le Monsieur, préféré ou pas, il n'en ferait rien connaître. Et il devait bien sentir tout seul que si les enfants l'écoutaient bien, ce n'était pas par crainte, mais par respect, et que, de toute façon, ils l'aimaient bien.

Moi, oui, je l'aimais bien. Et je crois qu'il m'aimait bien. Quand j'étais malade, les dernières années, surtout, un peu avant le certificat, il m'envoyait du travail que je pouvais faire dans mon lit, des rédactions, des problèmes, même des livres à lire. Une fois, en classe, alors que j'en étais à m'essouffler sur mon cahier comme les autres, il me posa un petit mot d'écrit, devant moi sur la table. Et je lus : « Vous avez une barbe comme un sapeur de la garde impériale. » J'avais mangé des confitures. Je m'essuyai, ostensiblement. Mais je n'avais pas fini d'en rire.

CETTE classe – la grande – on y aurait entendu voler une mouche. Elle était grande et claire, et je crois qu'on y faisait du bon travail. Le maître était souvent assis à son bureau, avec à sa portée une longue baguette de noisetier que le François lui avait apportée un jour de printemps, sans penser, ou le sachant, qu'il l'étrennerait sur ses propres oreilles. Et tout d'un coup, clac! la baguette tombait juste devant le nez de celui qui n'écoutait pas – qui faisait rire son voisin, qui murmurait, qui agaçait l'autre à coups de coude – qui faisait une faute tellement énorme qu'on la voyait du haut de la chaire. La gomme, le crayon, la règle, et même l'encre parfois, tout sautait en l'air. D'autres fois, le Monsieur se levait, marchait de long en large, faisait le tour des tables. Il lui arrivait bien de tirer quelque oreille, bien sûr, ou de crier comme un sourd. Mais il punissait rarement. Quand il le faisait, ce n'était pas sans raison, et c'était le coupable, ou les coupables qui payaient la note. Pas les autres. Les grands, les forts, les méchants, ça les faisait réfléchir. Parce que le Monsieur était plus grand, plus fort, plus maître de lui qu'ils ne l'étaient, ni ne pouvaient jamais espérer l'être.

Il y en avait, évidemment, qui le mettaient en colère. Au fond de la classe, au bout de chaque division, siégeaient les cancres. Ils étaient plus grands que les autres, plus vieux – l'étude ne leur convenait pas. Il aurait voulu tout de même, le Monsieur, qu'ils apprissent autant que possible. Lire, écrire sans trop de fautes et compter jusqu'à la règle de trois. Le certificat!... Pour le certificat, on verrait bien! Comme disait le père de l'Henri :

– Il aura toujours le certificat des ânes.

– Ah! ah! ah! riait l'instituteur – le certificat des ânes!...

Et il faisait passer l'Henri au tableau pour la dictée. D'autres fois, le Marcel. Pas de danger que les autres copiassent dessus. Ça t'aurait fait tromper, oui! Je ne regardais même pas, si ce n'est pour la correction. Et alors, de rire. Allez savoir ce qu'ils avaient compris! Je me souviens de ce morceau de fer qui se tordait comme un « rectile blessait... » Il en était de même pour les problèmes. Quand le Monsieur se mettait en colère, il devenait rouge, très rouge, on aurait dit qu'il allait éclater. Et il criait! On l'aurait entendu du Courboulet. Une fois qu'il s'était épuisé à expliquer quelque chose à l'Henri, il prit le garçon par les pieds, et il le tenait ainsi à bout de bras, à peine posé sur la tête, et le garçon ne s'était pas vu y aller. Telle chose arriva une fois, pas deux. Et pour en venir là, il fallait qu'il fût préoccupé. Il voyait bien que l'Henri n'était pas plus bête qu'un autre. Mais je pensais, moi, que l'Henri allait déjeuner chaque jour au Courboulet, que, quand il arrivait, le repas ne l'attendait pas forcément sur la table, qu'il lui fallait faire tout ce chemin, aller, manger, revenir, en une heure et demie. Oh! je n'y pensais pas tout le temps, et cela ne m'empêchait pas de rire quand l'Henri écrivait quelque sottise. Mais quand on l'entendait passer au grand galop de ses gros sabots là-bas vers chez Taxain, sachant qu'il devrait encore tourner pour reprendre la côte devant chez Fontaine, alors que nous étions déjà assis à nos places, les cahiers ouverts pour la dictée – c'était une sensation bien désagréable. Et les fautes, cela ne m'étonnait pas tant qu'il en fît.

Les chemins de l'école, les miens – les chemins de l'école et les autres, les chemins de l'enfance – j'en ai parlé bien longuement, non pas ici mais dans un long poème. Ce chemin pour aller qui ne sera jamais celui du retour... Quelque chose aujourd'hui que les enfants ne peuvent pas comprendre. Car c'était le plaisir, la peine, la vie, la mort, le temps entre le temps, le temps de vivre.

Eh oui! J'en ai, des souvenirs de cette grande classe. Parfois, l'après-midi, quand nous avions récité la leçon d'histoire ou de géographie, en l'écrivant chacun sur une petite feuille, il restait un peu de temps avant l'heure de sortir. Alors le Monsieur nous parlait de choses et d'autres. C'est ainsi qu'il nous avait lu le commencement du livre *Jean-Christophe*, que je dus étudier l'année suivante. Ainsi qu'il nous parla de la crise d'inflation en Allemagne – il fallait des millions pour prendre l'autobus. Et de la Ruhr, qui fut pour lui un crève-cœur. Et de l'Anschluss. De la guerre d'Espagne. Et des progrès de la science. Je ne me rappelle pas tout, certes.

Mais, une fois, ne se mit-il pas à nous parler de ce qui s'appelait peut-être déjà l'électronique. Ou bien il ne prononça pas le mot, ou bien je ne m'en souviens pas, mais c'était bien de cela qu'il parlait. Pour tenter de nous faire comprendre, il nous expliquait, comme en exemple de commande à distance : un enfant serait dans la cour en train de jouer, le maître appuierait sur un bouton, et l'enfant resterait sur place, un bras en l'air, ou bien...

La conférence aussi restait sur place, une parole en l'air. Mais nous en avions entendu d'autres, de télévision, de satellites artificiels, que sais-je! Nous étions là, bouche bée, la curiosité au ventre, et aussi une sorte de terreur sacrée, quand tout à coup le premier banc, le banc des grands garçons qui étaient là quatre ou cinq, fut secoué d'un rire d'abord silencieux qui finit par fuser en souffle inextinguible. Le Monsieur s'arrêta net. Tout étonné, demanda ce qu'il en était. Jean leva le doigt.

– Pardon, monsieur, c'est Armand qui a dit : « An sera bien crevé quante ça arrivera. »

Et il imitait la voix et le parler du garçon.

– Ah! ah! reprit le Monsieur en éclatant lui aussi, avec toute la classe. Ah! ah! mais si toi tu veux crever, il y en a peut-être qui veulent vivre!

Et nous partîmes là-dessus, ce soir-là.

Parfois, assez souvent, le Monsieur apportait son poste de radio dans la classe. Il y avait une émission enfantine à Limoges, il nous la faisait écouter. Il y avait une sorte de jeu. Quelqu'un lisait un texte – je me souviens particulièrement d'une chasse au mammouth, cet éléphant géant qui vivait chez nous voici quelques milliers d'années. Nous devions bien écouter, prendre des notes et faire une rédaction sur ce que nous avions entendu. C'était souvent mon texte que le Monsieur renvoyait à la radio. Mais ce ne devait être rien de merveilleux, que nous ne gagnions jamais rien à ce jeu – ce qui ne m'étonnait pas beaucoup, car nous avions beau tendre l'oreille, dans ce poste nous entendions plus de grésillements que de paroles. Pourtant, le Monsieur haussait les épaules, parce que c'était toujours la même école qui gagnait, et il pensait que le maître en faisait plus que les élèves. Il y avait peut-être quelque supercherie, comme partout, mais plutôt, pensais-je, de la part des élèves que de l'instituteur. Les parents, et plus vraisemblablement les frères aînés... Savez-vous? Un jour Georges gagna. Et Georges n'était pas un aigle – mais son frère était déjà au collège depuis deux ou trois ans, et il avait aidé... un peu. Il avait aidé, une autre fois, pour un dessin qui avait d'abord fait l'admiration du maître... Cela se conçoit. Pas un autre de nous n'aurait pu s'offrir un nègre.

Encore, là, connaissions-nous le sujet à traiter. J'ai déjà parlé des rédactions. Une qui revenait périodiquement, c'était l'enterrement. Avions-nous vu un enterrement? Fort peu. Les enterrements se faisaient les jours de semaine, alors que nous étions en classe. Et les parents n'y emmenaient pas forcément les enfants. Oh! certes, bien plus qu'aujourd'hui, mais pas souvent. Eh bien! il fallait savoir. Il fallait tout dire, la cérémonie, l'assistance, le malheur... Autrement dit, il fallait tout savoir sans avoir rien vu. Et c'est ainsi que nous enterrâmes le petit Louis – le compagnon que nous n'avions jamais eu, ou quelqu'un qui n'était pas mort. C'était si triste qu'on n'en pouvait même pas pleurer. Il n'y avait rien à pleurer! Tout cela était gris, sans visibilité au-delà...

Et savez-vous? Je ne me souviens pas d'avoir eu pour sujet un mariage, jamais. Je ne sais pas ce que j'aurais dit, mais du moins j'en avais vu! J'étais allée à la noce. La première fois, j'avais juste mes huit ans. Ma mère m'avait fait une robe bleue, froncée, avec une petite cape de même étoffe sur les épaules. Je me rappelle le jupon assorti, et même le sac à main. Le matin nous allâmes nous faire friser à Chamberet. Je ne me souviens pas de la cérémonie, ni à la mairie, ni à l'église, ni de la musique. Le mariage ne s'était peut-être pas fait à Chamberet, mais dans le pays de la fiancée – je ne sais plus. Au contraire, je me souviens très bien du repas, qui se fit à la Joubert chez le marié, dans le grenier. C'était vraiment un beau grenier, toute la noce y tenait à l'aise. Au fond était tendu un drap blanc, où l'on avait écrit en grosses lettres, avec des feuilles de châtaignier, ou de laurier, quelque chose comme « Honneur aux mariés – Bienvenue aux invités ». Et les mariés étaient assis devant. Les gens parlaient, riaient. On nous donna des bouchées à la reine, je trouvai ça très bon. Mes parents disaient pourtant que ce n'était pas une très bonne noce, et je devais penser de même, puisque le lendemain, alors que je m'amusais à rouler sur le petit talus sous le châtaignier, quand le père Étienne me demanda si j'avais bien fait noce, je répondis :

– Pff! c'est comme ça une noce? Aujourd'hui ma maman a tué un lapin, là je me suis régalée...

Cela fit bien rire le père Étienne, mon ami – ainsi-donc-je vous dis! Et moi je fus grondée. Pourquoi avais-je dit cela? Je l'avais dit, probablement pour l'avoir entendu dire. J'avais bien dû manger à ma faim tout de même, il n'y avait pas eu que les bouchées à la reine... Mais Dieu sait, d'une noce, ce que j'avais pu attendre et imaginer... Et il devait bien aussi y avoir de quoi étancher sa soif : on chanta beaucoup. Je me souviens d'un jeune qui chantait :

Marche, marche, marche, joli bataillon,
Bataillon qui marche au son du clairon...

Et une autre chanson quelque peu gaillarde dont tous les garnements présents avaient retenu le morceau le plus subtil – il s'agissait d'un voleur de prunes :

Je lui dis : pardon madame!
Ce ne sont pas là vos prunes.
Ce sont les deux étoiles
qui accompagnent la lune...

Moi-même j'y allai de mon petit air, quelque chose que j'avais appris à l'école, peut-être *le petit pâtissier*. Tous ces gens ne m'intimidaient pas. En fait, depuis *Jean de la Lune*, le public, j'en avais l'habitude...

Je me souviens particulièrement bien, aussi, de l'escalier ensoleillé, de la photo dans la cour inondée d'une belle lumière d'après-midi, et comment le photographe avait installé ses gradins devant la batteuse restée là, je pense depuis quelques jours, et comment il nous fit asseoir, nous les enfants sur des bancs de chaque côté des mariés qui étaient eux aussi assis sur des chaises, devant, et comment le marié dit à son grand-père de « ne pas venir là nous faire chier »... Et comment cela me parut incongru au milieu de la fête... Le pauvre vieux finit tout de même par s'asseoir, un peu à l'écart... Et moi je ris à satiété, longtemps encore, de ce marié qui ne voulait pas chier...

J'aurais bien voulu, moi, rester le soir – comme la Dédé qui suivit sa grand-mère à la danse jusqu'à Surdoux (et nous sûmes par la suite combien sa mère s'était inquiétée d'elle). Mais mes parents me ramenèrent à Germont, me mirent au lit à soleil couché et repartirent vers les délices de l'orgie. Tout cela pouvait se faire facilement : la Joubert, c'est à mi-chemin entre Germont et Surdoux, nous y passions sur le chemin de l'école, un endroit remarquable pour nous, tant à cause de la fontaine qui coulait devant la porte à plein tuyau que pour la lampe, souvent déjà allumée qui du haut de son poteau électrique éclairait la route en plein virage; ou que pour la bryone dioïque qui s'enchevêtrait à une vigne sauvage, sur le talus du champ en contrebas, plante étonnante qui ne venait guère ailleurs – et pourtant nous ne savions rien de la mandragore; ou encore pour les poires Lènes et les pommes rouges que nous avions coutume de chaparder, l'une ou l'autre fois, les uns ou les autres, qui nous attiraient par leur couleur rare, et plus encore par le parfum et la saveur inégalables du fruit défendu...

Mais, cette nuit-là, je dormis dans mon lit, et peut-être fus-je vaguement réveillée par le retour de mes parents. Ils m'avaient rapporté quelque chose, une patte de canard dont je ne fis aucun cas. A cette époque, je trouvais au canard un goût fort qui ne me plaisait pas. C'était la coutume, quand on allait à noce, de rapporter une friandise pour les enfants ou les vieux, à titre de participation. Et c'est en ce sens que subsistait la plaisanterie :

– Tu vas à noce? Tu me rapporteras quelque chose.

– Oui, une pleine poche de sauce.

Mes parents dirent par la suite qu'ils ne s'étaient guère amusés, et que le second repas ne valait même pas l'autre. Et moi, je ne dirais pas que cela me consolait – mais tout de même, ça me faisait bien plaisir.

Quelque temps après, les mariés nous apportèrent la photo, en compagnie des parents du marié. Nous les reçûmes dans la salle à manger, aussi bien que possible. C'est la mariée, ce jour-là, qui me fit bien rire. Comme on lui présentait de nouveau le plat, elle l'écarta de la main en disant :

– *Ne'n vole pus, n'ai pro !* (Je n'en veux plus, j'en ai assez).

Ah! ce *n'ai pro !* – prrrou! en faisant vibrer les lèvres comme si elle avait pété!... Une mariée qui pète, prrou! Eût-elle dit :

– *Mercés, non...* (non, merci)...

Mais prrrou! Je ne m'en consolais pas. Le marié qui ne veut pas chier et la mariée qui pète. Oui, cela me paraissait, je l'ai dit d'un mot, incongru. Ce n'est pas que nous, les enfants, ni les grandes personnes qui nous entouraient, fussions accoutumés à un langage châtié, je l'ai dit. Nous aussi, nous en avions prou, bien souvent, nous aussi nous nous faisions chier, chrétiennement les uns les autres. Et parfois, c'était bien pis. Mais nous n'étions pas des gens remarquables, à l'honneur dans ce temps privilégié des noces où tout me paraissait devoir être beau comme la robe virginale, pur, noble, recherché, voire peut-être pompeux, délicat... Oui, derrière ce grand rire insolent que je partageais avec mes parents, il y avait toute la notion profonde que j'avais, que nous avions plus ou moins spontanément, du mariage comme moment exceptionnel, dont le cérémonial participait d'un respect qui se serait exprimé jusque dans les finesses du langage.

J'avais dix ans quand je revins à la noce. Le petit-fils du père Pradeau, le forgeron, le Denis mon Nez-Noir, se mariait avec la Marthe, une fort belle fille. Comme je déjeunais chez Pradeau, j'avais vu faire la chambre des mariés, un vrai petit nid tout blanc, là-haut dans le salon où l'on dansait pour la balade. Je me demandais où l'on ferait bal, dorénavant... Ce n'est pas que je dansais, mais j'aimais voir les jambes des danseurs, et leurs pieds marteler le sol, ou glisser harmonieusement sur le plancher qui devenait de plus en plus lisse, de plus en plus brillant sous cette houle légère, clapotante comme l'eau qui coule. Oui, où danserait-on?... La question me poursuivit quelque temps – la vie mène tout, et parfois bien vite. Mais ce moment était tout à la joie.

Comme de juste, quand le grand jour arriva je venais d'être malade. Mais je voulus y aller. De toute façon j'allais mieux, il ne faisait pas froid, la Saint-Jean était proche, et le soleil brillait. Ma mère m'enveloppa dans une couche d'ouate sous ma petite chemise, la poitrine et le dos. Je pris le manteau sur la belle robe de crêpe bleu pâle que la cousine Yvonne m'avait apportée de Paris. J'avais aussi le sac à main et le chapeau de paille « Directoire », avec une couronne de petites fleurs roses et bleues sous l'aile. Et, si l'on n'avait pas pu me faire friser, mes cheveux étaient noués en nattes avec de beaux nœuds de ruban. Ma mère aussi avait fait toilette, et jusqu'à mon père. Fichtre! On aurait dit des bourgeois. Je me souviens qu'à mi-chemin, après avoir passé le Mas-Brun, je m'étais sentie un peu fatiguée. Mais le soleil tombait sur nous, à travers les branches printanières, nous amorcions la descente – je ne dis rien.

Je trouvai la mariée bien belle, avec sa longue robe de satin blanc, et son grand voile sur ses cheveux bruns... On voulait me faire petite demoiselle d'honneur. Ma mère ne voulut pas, parce que, disait-elle, j'aurais dû enlever le manteau – et si j'avais pris froid! Ainsi, je n'eus pas pour cavalier ce si beau garçon, un peu mon aîné, qui était petit garçon d'honneur : c'est tout ce que j'eus à regretter de cette journée. A la mairie, je ne me souviens guère. Mais le cortège, l'église, le soleil, les beaux vêtements, la photo, le repas et la danse, je m'en souviens, oui! Et même de ce que j'aurais aimé oublier. En remontant de l'église, juste passé la route de Meilhards, des brindilles s'étaient prises dans le voile de la mariée, un peu de terre, des feuilles, que sais-je! Le marié avait entrepris de les enlever. Elle protesta vivement, et sans rire :

– C'est du bonheur... Tu veux m'enlever mon bonheur?

Une parole futile, je pense, mais qui me frappa en plein cœur. A la fin du repas, qui fut excellent, joyeux et de bon aloi, il se fit les plaisanteries d'usage, la jarretière de la mariée, qu'on nous épingla rose et bleu par petits bouquets de ruban au corsage, et les petits cadeaux plaisants aux époux. Le marié se vit offrir une petite bouteille, en lui disant de l'ouvrir. Et lui ne voulait pas, se défendant non sans rire et protestant des deux mains. Mais les garçons insistaient, et il finit par tirer le bouchon, et tout le monde de s'exclamer parce qu'il en sortit trois bébés à la file, tenus ensemble par un fil. Or il y en avait d'autres dans la bouteille, un ou deux je crois – mais le fil était cassé. S'il était cassé d'avance, ou si le jeune homme l'avait cassé maladroitement, je ne saurais le dire. Il regardait ça, penaud, déconcerté... J'étais là, je regardais. Je ne saurais dire l'impression que me fit ce fil cassé. J'en eus froid dans le dos – plus que cela : comme... ah! de tomber dans l'eau glacée. Je pense que je ne fus pas la seule à ressentir un choc – les jeunes gens s'écartèrent et cessèrent leurs plaisanteries. J'ai pensé souvent à ce qui, sur le coup, m'était apparu comme un terrible présage C'est que nos jeunes époux eurent trois enfants, puis le père fut abattu dans des circonstances qu'il vaut mieux oublier ici.

Mais ce jour-là, non, ce n'était pas le jour de penser au malheur. Personne n'y pensait. Il était fameux, le déjeuner, et le vin aussi – bien que le saint-émilion que je goûtais pour la première fois m'ait laissé un dégoût de vin fade, décevant. Au reste j'ai toujours trouvé depuis que ce vin manque de franchise, comme une terre vaseuse... D'autres l'apprécièrent pour moi. On chanta beaucoup. Je revois une dame d'un certain âge, à la table voisine, qui riait tout son saoul, marquant la mesure avec ses avant-bras, bruns de taches que je crus de rousseur – mais ma mère disait qu'elle avait oublié de les laver. Soleil ou terre, ces mains, ces bras, donnaient l'élan d'une joie inconditionnelle qui me remplissait d'allégresse. A chaque repas, je dis un monologue. Je n'aurais pas pu chanter, du reste, tout enrouée que j'étais encore. Les gens m'écoutaient que c'était un plaisir :

> *Messieurs, vous ignorez, je gage,*
> *vous qui faites les beaux parleurs,*
> *que vos cheveux ont un langage,*
> *absolument comme les fleurs...*

On aurait entendu tomber une épingle. Le joli petit garçon d'honneur, pour mieux entendre, s'était assis sur la table. J'étais la fierté de ma mère et la secrète joie de mon père qui, lui aussi, chanta.

Après le repas, on dansa dans la grande classe, presque en face de chez Pradeau, le musicien sur l'estrade du bureau.

> *Tout va très bien, madame la marquise.*
> *Tout va très bien, tout va très bien...*

C'était Martin qui jouait de l'accordéon. Il ne jouait pas si mal. Mais quand il eut joué peu ou prou du saint-émilion, il alla se coucher et les autres dansèrent comme ils purent. J'allais regarder danser. Puis je sortais et je revenais voir les hommes qui jouaient à la manille coinchée, et à d'autres jeux de cartes. Je pense que ma mère papotait avec ses cousines, je ne me souviens pas d'elle à cette fin de journée. Je ne sais pas non plus si les autres enfants étaient déjà rentrés chez eux, s'ils jouaient ensemble ou s'ils s'exerçaient à danser parmi les couples. A un moment le Monsieur vint dans la classe, et il voulut me faire résoudre un problème de géométrie certes facile, mais dont je fus incapable de découvrir l'astuce pourtant évidente. Je me sentais lasse, heureuse, vaguement inquiète – convalescente. La nuit tombée, on servit le dîner. La salle d'auberge, décorée de guirlandes, avait dans la lumière électrique quelque chose de profond et de solennel que je ne connaissais pas. A un moment, la mariée monta dans la chambre à la porte de laquelle nous l'avions embrassée le matin et revint ayant troqué les voiles de tulle contre un magnifique châle blanc qui me parut plus beau encore. On l'aurait crue vêtue de blancheur et d'argent comme un paysage de nuit. Je devais tomber de sommeil, on m'emporta dans un lit au premier et je dormais profondément quand un groupe de jeunes filles montèrent dans la chambre. Elles parlaient ensemble, elles riaient. L'une s'assit sur mon lit, je m'écartai, faisant semblant de dormir encore. Elle en fut toute secouée :

– Oh! mon Dieu! je m'asseyais sur un enfant!

Il était jour. Nous portâmes le vin chaud aux époux. Les derniers invités s'en allaient. Mais nous, nous prîmes l'autobus. Le marié et la mariée, appuyés l'un à l'autre, nous faisaient de grands signes d'amitié. La mariée avait une robe de tous les jours et des pantoufles à semelle de corde à ses pieds nus.

Pendant trois jours j'entendis l'accordéon dans mes oreilles. Cela jouait *Tout va très bien*, mais aussi d'autres airs que je connaissais, et beaucoup que je ne connaissais pas, que je n'avais jamais entendus, qui n'existaient pas. Les fraises étaient mûres. Le lendemain, il plut. Il plut un mois sans discontinuer. Les foins pourrirent sur place, ceux qui étaient fauchés. Les autres crûrent en abondance.

Je revins à l'école. A midi je mangeais toujours chez Pradeau. La Marthe était plaisante, elle racontait ses exploits de jeunesse, qui nous amusaient. Elle me coiffait, me caressait, et moi je la suivais partout. Mais, peu de temps après, vint quelque jour où elle m'apparut contrariée, maussade, et quand je voulus chahuter comme j'en avais pris l'habitude, elle me repoussa. J'en eus grand dépit – je ne savais pas pourquoi. Je ne comprenais pas, mais je me le tins pour dit. Quand revint le mois de mars, nous sûmes pourquoi. Le petit Jeannot était né, qui aurait dû être mon filleul, qui me fut plus tard comme un frère. Cependant, nous ne le vîmes pas tout de suite. Denis, mon Nez-Noir, était allé pour son malheur s'établir forgeron à Vergnas. La Marthe l'avait suivi.

Du temps que j'étais enfant, il se fit d'autres mariages, et même deux à Germont – trois. Je n'en vis pas la couleur. Pas plus de celui de Léon que de celui de la Minou. Pour ce dernier peut-être étais-je à l'école... Je ne sais pas. Je ne me souviens même pas que mes parents en aient parlé – pas du tout. Sans doute n'en étaient-ils pas. Mais pour celui de la Léontine, ils y étaient. Ne m'a-t-on pas dit qu'une jeune fille vint me chercher et m'emporta dans ses bras pour me montrer la mariée et me la faire embrasser ? Je ne m'en souviens pas, et ce n'est pas étonnant : le Jaloux était encore à Germont, lui et sa femme étaient à la noce qui se passait à Domps. Pauvre Marissou ! Quelque autre femme ne lui eut-elle pas prêté un peu de poudre, une trace de rouge à lèvres ? N'eut-elle pas dansé, peut-être avec un autre homme, si peu que ce fût ? Il lui mena une autre danse, lui, en remontant la côte des Buges, qu'à chaque coup de pied au cul elle tombait devant sur la neige. Elle n'avait pas fait grand mal, la Marissou ! Mais voilà, il était jaloux. Et moi, j'étais vraiment très petite – c'était bien avant les querelles que j'ai racontées, sinon ils n'auraient pas été invités. Et certes, je me souviens d'avoir entendu raconter cela, moi. Je n'étais pas de noce. Je ne l'avais pas vu. Je ne me souviens même pas d'avoir vu la mariée.

J'AI entendu dire un peu partout, je l'ai lu souvent, que quand on tuait le cochon c'était une fête. j'ai bien dû le dire moi aussi. Et il est bien certain qu'on ne plaignait pas la pauvre bête, notre monsieur tout vêtu de soie. Que, l'eût-on regretté, c'eût été néfaste, on n'en aurait pas profité – il aurait pourri, les vers l'auraient dévoré, et même on aurait eu toutes les peines du monde à le tuer. Ce que l'on plaint souffre pour mourir – comment aurais-je pensé autrement? Il ne faut regretter ni ce qu'on vend, ni ce qu'on donne, ni ce qui meurt. De toute façon, tuer le cochon, n'était pas un malheur. Mais quel travail, pas pour moi qui regardais, mais je le voyais bien.

Il fallait le faire – renverser le porc sur la paille, le maintenir et le saigner, d'un coup assuré mais lent, qui devait ouvrir la carotide sans toucher le cœur, afin que la bête fût saignée à blanc et mourût vidée. Il fallait recueillir le sang et le battre à l'air, afin qu'il ne caillât point. Brûler le porc à coups de torches qui rasaient le poil de près et soulevaient la première peau en cloques fines. Le laver à grande eau en le raclant avec des pierres, et pour finir avec le couteau tenu par les deux bouts. Le porter sur la civière et le pendre par les tendons à la courbe qu'une corde, mue par un treuil au grenier, soulevait jusqu'aux poutres.

Le cochon restait là, debout, la tête en bas. Et l'on coupait la tête, et l'on ouvrait le ventre – d'une fente légère vers le haut, d'une entaille profonde vers les côtes. Les intestins coulaient dans la vaste panière, vaguement roses, vaguement gris, en vague sourde, et les femmes aussitôt emportaient cette masse odorante et fumante qu'il fallait vider et laver tout de suite. Et puis on arrachait ensemble le cœur, les poumons et le foie, qu'on suspendait à quelque clou. La vessie, qu'il fallait gonfler, et la graisse des reins, si douce qu'on ne la fondait pas mais qui était salée, battue de sel dans son enveloppe même, nouée sur elle-même et pendue au plafond.

On approchait la table et l'on couchait dessus en quatre morceaux la carcasse dont chaque quartier était pendu aux poutres, quelque temps, pour s'égoutter et refroidir. Et puis il fallait tailler les morceaux, découper les os à la scie, désarticuler, dépecer, lever le lard en plaques. Les saloirs de grès avaient été montés de la cave, lavés et remis en place. Maintenant on salait, morceau par morceau, en frottant de gros sel et de quelque poussière de salpêtre, qui garderait la couleur. Un saloir pour la chair, un autre pour le lard. Et un petit pour les andouilles, à part. Il y avait encore la graisse à couper, à fondre, à égoutter, à verser dans des pots de grès. Ne pas oublier de hacher les grillons, et les pâtés de foie, en terrine au four; et le pâté de tête, qu'on fait cuire longtemps avec ses aromates, et qu'il suffit de mouler, tranche par tranche comme vient la chair, et surtout ne jamais passer à la moulinette comme on le voit souvent... Et le confit.

Quand on parle aujourd'hui de confit, les gens se figurent que c'est cette viande en boîte qu'on peut acheter partout sous ce nom. Il n'en est rien. Pour faire le confit, il faut couper la chair en parts assez régulières et la faire cuire sur les braises dans la cocotte, à feu très doux, pendant quelque trois heures. Il n'y a pas besoin d'autre assaisonnement que quelques grains de sel. Au bout de ce temps, les morceaux sont rangés dans un pot de grès, et couverts de graisse bouillante. Au sec, à l'abri de la chaleur, cela se conserve des mois durant, il ne reste qu'à piquer dans le pot – et c'est bon! D'une saveur que vous n'imagineriez pas. Il m'arrivait, moi, de soulever le couvercle plus qu'à mon tour...

Je n'oublie certes pas le boudin, qui est le fin du fin des cochonnailles; bien plus délicat que celui des gros intestins pour les andouilles, le nettoyage des intestins grêles pour les boudins prenait à la Marraine des heures entières, une fois trempés, pour les racler avec une paille jusqu'à ce qu'ils ne fussent plus qu'une membrane fine et transparente comme de la soie qu'elle gonflait d'un souffle, légère comme l'air. Mais il fallait aussi peler et blanchir les châtaignes – parfois les chercher sous les arbres. Enfin, dans la grande terrine rouge, qu'on appelait « *gréal* », condition-

382

ner l'ultime mélange du sang, des grillons essorés, de la chair et des couennes bouillies, des aromates quatre-épices, du poivre, du sel et des fruits, mélange de malheur qui consacre d'un nom la plus subtile horreur du cru avec le cuit – le *bisest* – mixture immonde.

Mais c'est alors que, par un tour plus mystérieux encore, cette multiple mort informe et répugnante est glissée dans le substrat de boyau vierge comme une dentelle, que divisée en parts elle reprend forme, que bouillie une ultime fois suspendue par la corde à la crémaillère au fond du matriciel chaudron, voici qu'elle ressort délicieuse et j'allais dire vivante. Saluez! Voici le boudin, nourriture princière, nourriture des nourritures... Quoi? Je n'aurais pas dit les choses de cette manière?... Nos femmes non plus? Certes! pas plus que nous les enfants, quand nous tournions nos rondes dans le sens des astres, ou que nous suivions la voie initiatique du chaman sur nos marelles entre ciel et terre, ou que nous criions «*lutz!*» sans savoir que cela veut dire lumière... Mais nous, ces jeux, nous les jouions. Et les femmes, elles faisaient le boudin cette chose essentielle, et l'outil s'appelait «*griala*», graal, et le mélange primordial «*bisest*», malheur. Et elles savaient qu'une femme qui a ses règles ne doit pas saler le porc, sinon il ne se conservera pas. Et si quelque homme s'approchait, ou entrait dans la maison pendant que l'on faisait le boudin, malheur à lui!

– Vous apportez la mesure?... Apportez la mesure!...

Et l'homme s'enfuyait comme s'il avait eu le diable aux trousses. Le boudin, c'est l'affaire des femmes. Elles portent exclusivement une science inconsciente qui a traversé les siècles. Qui les dépasse chacune indéfiniment. Qu'elles portent.

Qu'elles portaient encore, au temps dont je parle, comme le ciel porte l'éternité. Et moi je n'en savais pas plus qu'elles. Je ne faisais pas grand-chose, je regardais. Je m'initiais à découper la graisse, à porter la poêle pour le sang, à lier les boudins... Savoir magnifique. Et voilà, au bout du savoir, il y a la science, qui ne le remplace pas.

Ah! la fête! C'était certes une fête, que de préparer le cochon. Une fête grave. Le poids et la responsabilité d'un travail qui conditionnait encore le bien-être et la nourriture de toute une famille, voilà qui ne prête pas à la rigolade. Cela ne veut pas dire que nous ne riions pas, nous! Nous riions de tout ce qui fait rire, de tout ce qui se rit... La compagnie de toute la famille autour du feu, l'excellence de la nourriture, une chaleur heureuse... tout portait à la joie. Et ce boudin tant de fois cuit qu'on fait encore griller sur la braise – même si je préférais, moi, la chair fraîche sur le gril, à quoi s'attachent les braises, si bien qu'on mange, en même temps, quelque charbon qui craque sous la dent et la graisse qui fond sur la langue.

Chaque année ou presque, c'est deux fois, au moins, que nous faisions la fête du cochon. Une fois l'hiver avec le gros « lard » bien gras – il fallait tellement de graisse. Une autre fois l'été pour le petit salé et les confits. Celui de l'hiver, c'était quelquefois une truie de réforme, ou bien le plus gras d'un lot qu'il n'aurait servi qu'à déprécier. Pour ce gros-là, qui atteignait souvent les deux cents ou deux cent cinquante kilos, tous les voisins étaient conviés, les hommes pour tenir, nettoyer et porter la bête. Le père Henri arrivait le premier, à pointe d'aube, avec ses couteaux aigus, longs et plus courts, et la scie déjà, pour ne pas l'oublier. Puis les autres. Un café pour se donner du cœur. Déjà bouillait la soupe qu'on mangerait, avec ses légumes, dès que l'animal serait pendu sinon avant. On n'oublierait pas l'omelette ni surtout la grillade. La grillade, le père Henri la coupait au cou, derrière la tête, et cette viande chaude était mise à fondre à la poêle, avec quelques tranches de foie, un rognon, un oignon, de l'ail – un peu de farine, de l'eau, un filet de vinaigre et du vin pour la sauce... On mangeait rarement cette viande rôtie, plus rarement grillée, et, pourtant, c'était la traditionnelle grillade.

Le soir, un repas rassemblait les hommes du village, les enfants et quelquefois les femmes. Il y avait la soupe, les hors-d'œuvre, le rôti avec ses légumes, les salades, les fromages et les desserts. On y parlait, on y riait, on y chantait comme à la balade. On y racontait les nouvelles du jour et les histoires des temps anciens. C'était le temps de vivre.

En été, souvent mon père tuait lui-même un cochon plus petit, le soir à la tombée de la nuit, et on le préparait dès l'aurore, rapidement à cause de la chaleur et des mouches, sans se préoccuper du sang, sauf si un temps aigrelet semblait le permettre. De toute façon, on coupait quelques bons morceaux dans les côtes, que l'on apportait à chacun des voisins sous une serviette blanche, avec une cordée de boudins. Un peu grande, j'accompagnais ma grand-mère ou ma mère dans la distribution, et parfois on m'en chargeait moi-même. Et quand les voisins tuaient leur lard, ils nous rendaient la pareille. On évaluait à l'œil la beauté et le poids du morceau, mais on ne le pesait pas. De toute façon, il n'était pas question d'un troc, mais d'un geste amical et de bon voisinage, auquel on se serait fait scrupule de manquer. Cela dura aussi longtemps que ce village fut un village, et bien au-delà de l'enfance, mais j'en ai vu la fin.

De toute façon, il y avait longtemps que les enfants ne répondaient plus au curé qui demandait :

– Quelle est la meilleure fête de l'année?

– Quand on tue le cochon.

Ou comme Guillaume :

– La meilleure fête de l'année, c'est Carnaval.

Chez nous, on parlait du Carnaval. La Marraine évoquait les *mascarats*, ces jeunes gens masqués, vêtus de haillons féminins, le visage noir de suie ou blanc de farine, qui allaient par la campagne pour effrayer les femmes et les enfants. On ne savait pas très bien si elle redoutait d'en voir ou si elle regrettait qu'il n'en passât plus. Elle guettait l'aboiement des chiens qui, en ces jours-là, auraient pu annoncer la visite des indésirables. Mais je ne me souviens pas d'avoir jamais vu le moindre masque. Je ne me rappelle pas non plus qu'on m'en ait acheté un, ni que je me sois déguisée ce jour-là. Par contre, la Marraine ne manquait pas de me dire, quand je me levais :

– Tu n'as pas vu Carnaval?

C'était à son dire un homme grand et gros, qui s'avançait jusqu'à la barrière de la cour, avec un bol pendu au cou qu'il fallait lui remplir de soupe. Je ne l'avais pas vu. Il était passé dès l'aube. Déjà, la marmite chantait sur le feu, odorante de poireaux et de viande de bœuf par tout un chuchotis de vapeur qui sifflotait autour du couvercle. On ne jetterait peut-être pas l'os par-dessus la grange, qui était bien trop haute, mais on ne manquerait pas d'apporter du bouillon à l'étable et d'en répandre sur le fumier.

Nous, de la soupe et du bœuf bouilli, on en mangeait toute la journée. Mais il y avait aussi les rôtis, les cochonnailles, les volailles, et surtout les pâtisseries – quelque énorme pâté de viande, d'autres de pommes, de raisins secs, de pruneaux... On n'avait guère fini de préparer tout cela avant le soir et, la nuit tombée, c'était un repas monstre, sans que l'on vît la fin de tant de victuailles. Peu importe, les restes reviendraient sur la table, pour les pâtés dès le jeudi, pour les viandes le dimanche.

Depuis le samedi précédent, la Marraine parlait des jours gras qui sont le dimanche, le lundi et le mardi. Elle observait le temps, qui aurait dû être doux, humide, boueux, pour que la terre elle-même fût grasse, généreuse, féconde, et les récoltes abondantes. Et la nourriture, pendant ces trois jours, elle veillait à ce qu'on ne la négligeât point quelles que fussent les circonstances. Mais le mardi était vraiment gras. Les bêtes en avaient leur part symbolique, du bouillon jeté dans l'étable, et les poules qui devaient manger la coquille des œufs, et les arbres, pommiers et poiriers qu'on ceinturait de paille arrosée elle aussi de bouillon... La Marraine n'y manquait pas, et moi, dès que je fus assez grande pour le faire, on m'en chargea. Un jour, je ne sais plus qui était venu à la maison, l'homme fit remarquer à la femme, du geste, les liens de paille autour des poiriers contre le mur.

– Ça y fait autant que d'appeler le chien Guillaume, répliqua-t-elle vulgairement d'une voix méprisante.

Et moi j'éclatai de rire. A cause de son manque de délicatesse. Parce que je n'avais pas lié l'arbre pour que « ça y fasse quelque chose ». Parce qu'il est tout aussi ridicule et incongru d'appeler le chien Guillaume que de donner à n'importe quel animal un nom de chrétien – un nom de personne, un nom de saint – du moins sachant, comme pour Guillaume, que c'est un nom de personne et un nom de saint. Après tout, elle fit bien, la femme, dans sa bêtise, car c'est ainsi que je pris conscience, tout enfant, de ces choses que déjà, sans les formuler, je ressentais si profondément.

Ah! Carnaval, vêtu de paille, vêtu de lard! A Carnaval, nous les enfants nous avions quelques jours bienvenus de vacances, et dans nos familles, chacun suivait ses propres traditions, ou n'y participait pas, c'était selon. Quelques-uns s'invitaient peut-être réciproquement – mais pour « faire Carnaval ensemble », il fallait que l'on fût très intimes. Chez nous, on n'invitait pas, on n'allait chez personne. Pas ce jour-là. Les hommes s'occupaient aux étables, à tirer les fumiers, c'était le jour de « mélanger le jeune avec le vieux », même symboliquement, et n'eût-on pu le faire que d'une fourchée, n'eût-on pu mettre en terre qu'une fourchée de fumier nouveau, de fumier ancien. Les femmes, porcs et volailles soignés, avaient assez à faire à la cuisine. On ne risquait pas de « faire Carnaval d'eau ». Oui, ce jour-là, les expressions habituelles prenaient leur sens concret le plus immédiat. La Marraine parlait de semer les premières pommes de terre...

Pourtant, on était loin, déjà, du temps où les enfants fuyaient devant les *mascarats*, du temps où le père Chatenet faisait parler la poudre. Le père Chatenet, ayant déjà bien arrosé de vin la soupe grasse, s'en allait dans le Coudert et tirait des coups de fusil en l'air, pan! du côté de chez Boulaud.

– Que la mouche blanche te pique à la hanche! Pan! Que la mouche lâche te mène à l'attache! Pan! Et pan!

Le père Boulaud en devenait enragé. C'était un rituel pour envoyer les mouches et les insectes chez le voisin. Le père Chatenet n'y croyait sans doute guère, mais il savait que cela jetait le père Boulaud, qu'il y crût ou non, dans les affres de la colère impuissante, et cela le réjouissait. En le racontant une fois encore, la Marraine elle-même jubilait, les yeux clos sur des images de ce passé qu'elle savourait comme personne. Mais je ne sais plus si c'est elle, ou ma grand-mère qui évoquait cet homme qui prétendait conjurer les maladies en faisant sauter l'os de Carnaval par-dessus le toit de la bergerie :

– Tourne, vole! La terre est molle. Celles qui guériront, de l'herbe mangeront. Celles qui crèveront, sous la queue du chien passeront. Tourne, vole!

La grand-mère, qui avait entendu la formule par hasard et ne la tenait pas de sa propre tradition familiale, en riait. C'est ainsi : on se moque de la tradition de l'autre, dont nous apparaît, détachée de tout son environnement affectif, la dérisoire absurdité. Mais la grand-mère, sans y croire beaucoup plus, riait bien moins en rapportant sa propre formule :

– Loup, louve, louveteau, mange à ta faim! Et laisse nos brebis.

Moi, je recevais ça à pleines oreilles, à plein cœur. Je n'en avais rien à faire, rien à foutre : on n'avait pas de moutons. Mais, au-delà du rire dont nous ne nous privions pas, je pressentais quelque chose d'important, d'essentiel, et j'avais chaud dans la poitrine, d'un sang bouillonnant qui était le mien, pas seulement le mien – plus que le mien. Comment jamais pourrais-je l'oublier? Je ne l'oubliais pas. Pas davantage que, le soir du mardi gras, quand on me faisait danser dans le paillassou, où l'on avait répandu quelques poignées de blé noir. Danser dans le paillassou ne nécessitait aucun don spécial, il suffisait de sauter plus ou moins en mesure, en chantonnant, ou pendant que les autres chantaient :

> *Mélange-le, Jeanne, mélange-le,*
> *mélange-le, ton chènevis.*
> *Je le mélange, je le remélange,*
> *les petits oiseaux me le curent tout...*
> *Mélange-le, Jeanne, mélange-le...*

Je n'avais pas de chènevis sous les pieds. J'en avais vu, une fois. Quelqu'un – peut-être la mère Thrésa – en avait apporté à nos femmes, en leur conseillant d'en mettre, avec de l'eau bénite, derrière la porte de l'étable. De cette façon, les sorciers ne pourraient même pas y entrer, sans parler de faire leurs maléfices. Certes, nos femmes ne négligeaient pas de jeter l'eau bénite sur la première gerbe, sur la première fourchée de foin. Et le chènevis... pourquoi pas? L'aiguillade en sorbier avait des vertus semblables, et le noisetier, et le buis bénit... Mais là, elles étaient perplexes, non pas tant, me parut-il, devant l'efficacité que devant le mélange. Il y avait tout de même, à mêler l'eau bénite très chrétienne et le chènevis tout païen, quelque chose qui ressemblait à un sacrilège, qui en tout cas ouvrait la porte à méditation. Comme elles restaient là, indécises, à regarder dans ce bol les grains noirs qui, de fait, évoquaient des grains de blé noir, je me pointai sur le bout des pieds et j'y regardai aussi. C'est bien la seule fois que j'ai vu du chènevis.

Je comprenais mal, quand je dansais dans le paillassou, que l'on chantât le chènevis, même si les grains se ressemblaient. On me disait que c'était pareil, que de toute façon c'était pour faire pondre les poules, et comme j'insistais, on me parlait du chanvre, si utile naguère, et même indispensable, et comment on le semait, très épais pour qu'il soit fin, et comment on triait la femène (les plants mâles) en premier, de la mâcle (les plants femelles) qui grainait et donnait des fibres plus rudes et rugueuses. Et comment il fallait le rouir, le sécher, le carder, le barguer, et comment les femmes filaient le tapou, avec une prune sèche dans la bouche pour avoir assez de salive et mouiller la fibre d'abord, afin de l'assouplir un peu. Très tôt, je m'étonnai de ces noms – pourquoi la femène, et pourquoi la mâcle? On me dit que c'était comme ça. Puis, qu'il y avait des pieds mâles et des pieds femelles. C'est bien plus tard que je réalisai que les noms étaient inversés. Mais, alors, quand la Marraine désignait sous le nom de « la Mâcle » une voisine qu'elle n'aimait pas, faisait-elle allusion à son allure hommasse, ou à son caractère rude et décevant de mauvais chanvre femelle? Cette complexité de logique illogique, en fait, ne gênait personne, et moi pas tellement. Toutefois, cela me donnait à réfléchir. Et c'est ainsi que je compris, moi aussi sans l'exprimer, que, en toute chose, et dans l'esprit de ceux qui m'entouraient, complexité n'est pas confusion, mélange n'est pas chaos, affinité n'est pas trouble, ni substitution identification. Même lorsque subtile est la différence.

> *Et adieu pauvre Carnaval!*
> *Tu t'en vas et moi je reste.*
> *Carême est ton remplaçant*
> *Ce n'est qu'un crève-la-faim...*

Sans jeûner vraiment, le jour des Cendres, nous, on faisait maigre. Et il en était ainsi toute la semaine sainte, au moins depuis le mercredi saint. Mais quand la grand-mère racontait qu'au Boisme, les aïeules et sa mère ne déjeunaient d'un bol de soupe que midi sonné pendant tout le temps de Carême, j'avais à la fois grand plaisir et quelque honte à penser que nous n'en fissions pas autant. Certes, je trouvais l'épreuve rude, mais j'étais déconcertée à l'idée que, moi, je ne m'en sentais pas capable. Je n'osais même pas essayer. L'eussé-je fait, je n'y aurais trouvé aucun sens, je crois – mais peut-être, en réalité, peut-être que je me gardais bien d'en chercher un.

J E n'ai pas beaucoup parlé ici des fêtes, des fêtes chrétiennes qui se suivent d'une année sur l'autre. Je n'en parlerai pas, ou peu. J'en ai déjà tant parlé, et ce n'est pas mon propos. D'ailleurs, je n'y participais, si j'ose dire, qu'accessoirement, même lorsque j'y assistais.

Les herbes de la Saint-Jean, ce n'était pas moi qui les cueillais, pas encore. Mais il est vrai que je me souviens des bouquets, à la porte, aux fenêtres, même aux portes des étables. Souvent la Marraine s'en chargeait, mais aussi mon père, qui se levait dès l'aube. Le noyer, le sureau, la rose, et toutes les bonnes herbes... Le feu, ce n'était pas moi qui le montais, même si je traînais aussi mon petit fagot de bois sec. On me disait de sauter par-dessus, je sautais. Je regardais monter la flamme, haute, droite, blanche, rouge, travaillée de vent en ondes claquantes frangées d'or rouge et de noir... En fait, de toute mon enfance, je me souviens du feu de Saint-Jean, comme d'un seul, et non d'aucun en particulier. Et il en est de même pour le plus beau de la fête, quand ma mère, après avoir fait tourner dans sa main le tison de pommier flamboyant, le jetait dans l'arbre et qu'il en retombait une pluie d'étincelles aussi nombreuses, aussi brillantes que sont les étoiles au ciel. Elle faisait les raves. Nous n'en semions pas, nous, de raves, mais nous faisions des champs de navets, de carottes... et c'était pareil.

C'est vrai, je n'ai pas grand souvenir des fêtes de mon enfance. Je me souviens assez bien, pourtant, d'un jour de Rameaux. J'avais peut-être huit ans. Il faisait beau, un peu frais. Nous allions à la messe, dans la voiture à cheval, et nous emmenions la mère Louise et les Petits. Ils étaient jolis comme des cœurs, dans leur petit costume de velours noir à parements blancs. Ils avaient des rameaux de buis, avec quelque sucrerie dedans. Mais le mien était magnifique. En ai-je eu quelque autre semblable? En ai-je eu quelque autre? Je ne sais pas. Chez nous faisaient le nôtre selon la tradition, avec les verges de noisetier et le feuillage autour, et si l'on y pendait quelque pomme ou quelque cornue, j'en avais bien ma part. Mais un rameau pour moi toute seule, non je ne me rappelle pas si j'en ai eu un autre. Nous ne devions pas en avoir, cette année-là, il n'était pas de buis. Mon grand-père, c'était lui qui s'occupait du rameau, tant pour le construire artistement que pour cueillir les branches de noisetier dès le dimanche de la Passion avec les aiguillades qui rendent le bétail docile. Il se mit en chemin jusqu'aux Renardières, où il avait déjà remarqué un bel if mâle. Il en cueillit quelques branches, et la plus belle devint mon rameau. On y avait pendu des œufs de sucre, rose pâle, bleu clair... et même des boules rouges et bleues comme un arbre de Noël... jusqu'à un chapelet de sucre blanc – que sais-je encore.

Oui, je devais avoir huit ans. Au moins sept. Il me semble que la route était faite, du moins ouverte, et quand on la fit j'allais en classe, et même les Petits. Mais les travaux de la route durèrent longtemps, on les fit tous à coup de pioche, et avec un cheval et sa carriole pour amener la pierre. Oui, cela mit du temps. Tout un hiver et davantage. Et nous, nous allions à l'école. L'été, nous avions un jeu, qui consistait à mettre le nez l'un à l'entrée, l'autre à la sortie des buses, c'était le téléphone.

– Allô! Allô!...
– Qu'y a-t-il de nouveau?
– La poule a tombé dans l'eau.
– Que s'est-il passé?
– L'œuf s'est cassé.

Cela non plus ne me dit pas l'année, parce que, au téléphone, nous dûmes y jouer longtemps, de même qu'à faire des chabrettes de châtaignier dès que s'annonçait le printemps. Il est probable que je trouverais facilement, à la mairie, en quelle année elle se fit, cette route. Ce n'est pas mon propos non plus. Je parle ici seulement de mes souvenirs, de ce qu'il reste dans ma mémoire, du peu qu'il reste, comme cela vient.

Et il vient, justement, que notre route se fit du temps que Masmonteil était maire de Chamberet – Beneitou, comme on disait. Et il le fut jusqu'à ce que le Front populaire prît sa place, à cause de quelques-uns qui auraient bien voulu qu'il restât – mais de justesse, avec une toute petite majorité de quelques voix. Ils comptèrent, ils recomptèrent – et Beneitou ne passa pas, de quelques voix. Ce n'est pas que ces gens-là tinssent tellement au Front populaire. Et même, le Front populaire, ils n'avaient rien à en attendre, le Front populaire, ils s'en foutaient. Et mieux encore, Masmonteil leur eût été bien utile – mais justement! ils ne voulaient pas, qu'à cause de cela, à cause de ce qu'il pourrait faire pour la commune, cet individu se prît pour le roi du pays. Non, on n'allait pas comme ça flatter sa vanité, celle que l'on tournait déjà en dérision en imitant sa voix et son accent :

– C'est moi qu'a fait ça...

Enfin, le coup porta; si certains s'en mordirent les doigts, ils ont tardé à le reconnaître. Merde! En fut-il lui-même vexé? Probablement, mais lui, de Chamberet, il n'en avait rien à faire, ni rien à attendre. On l'avait mis de côté – il y resta.

Quand Masmonteil était jeune, ma grand-mère le connaissait bien. Il était un peu plus âgé qu'elle. Il venait de Bonnat, d'une famille très pauvre comme il y en avait tant. On disait qu'ils avaient juste chacun son écuelle pour la soupe. Une fois, l'un d'eux cassa la sienne, et après il devait attendre que les autres eussent fini pour manger à son tour. Cela n'empêcha pas l'Antoine de grandir et, jeune homme, il fréquentait les veillées et les bals de la région, à Saint-Gilles comme ailleurs. Il était bel homme, on le disait un peu imbu de sa personne – et certes! quand ma grand-mère manquait à quelque veillée des environs, il se trouvait toujours un garçonnet pour aller la chercher au Boisme.

– On fait bal chez nous. Ils ont dit que vous veniez.

Ma grand-mère protestait. Elle était trempée d'avoir gardé les moutons, elle avait froid, elle ne pensait qu'à aller dormir. Et la soupe! Le petit insistait :

– Il faut venir! Beneitou l'a dit. Il m'a donné deux sous.

Et pour que le gamin n'ait pas l'air d'avoir volé ses deux sous, pour danser, pour chanter, ma grand-mère allait à la veillée.

Un beau jour, Beneitou partit pour Paris. Quelques années plus tard, il revint. Il alla voir les anciens copains, et même il passa au Boisme. On l'invita comme de juste, et ma grand-mère le revoyait, assis face au père Juliou, qui racontait ce qu'il faisait, en appuyant l'un après l'autre ses doigts et ses mains sur la table, comme pour bien expliquer et se faire comprendre. Ce qu'il disait, au reste, cela se comprenait. Ce n'était pas difficile à comprendre. C'était difficile à croire. Cela ne pouvait pas se croire. Pas du tout. Que Beneitou, qui était allé à Paris avec ses sabots, ou peu s'en fallait, sans savoir lire ni écrire, pût maintenant parler ainsi de ses affaires, de ses ouvriers, de... non! Ça ne se pouvait pas. Il se vantait Beneitou! Il s'était bien toujours vanté. Loue-toi toi-même, corbeau, personne ne te loue...

Beneitou, à ce moment-là peut-être, s'avançait-il quelque peu. Mais on ne tarda pas à savoir qu'il avait réellement bien réussi. Il avait appris à parler français, à lire, et même, peu ou prou, à écrire. Pour écrire, d'ailleurs, en avait-il tant besoin? Les secrétaires ne lui faisaient pas défaut. Et pour la lecture, celle des cours de bourse et des grands événements internationaux ne lui suffisait-elle pas? Quant au français, on ne reproche pas à un Italien de parler italien, à un Anglais sa langue, pourquoi dans la cacophonie internationale, aurait-il eu honte de son limousin? Il suffit de se faire entendre. C'est ainsi qu'il finit par se trouver maire d'arrondissement à Paris. Alors on lui prêta cette parole mémorable, sinon authentique. A un meeting où il devait parler, son secrétaire auprès de lui, ne voilà-t-il pas qu'il commence :

– Moi je suis toujours été un radicaux, et je serai toujours un radicaux.

– Cal... cal... soufflait le secrétaire.

Mais Beneitou se retourne, et le toisant de haut :

– Cale, toi, si tu veux. Mais moi je ne veux pas caler, et je calerai pas.

Il ne calait pas. L'eût-il dit, ou non, on ne prête qu'aux riches. Et, riche, Beneitou l'était. Il avait fait fortune. Sur les conditions et les origines de cette fortune coururent bien des bruits. Mais n'est-ce pas notre cousine, Hélène – cette femme droite, grande, sévère, que j'ai à peine connue dans son grand âge –, n'est-ce pas elle-même qui eut cette réplique inattaquable :

– Qu'importe! Il est riche.

Comme maire à Paris, je ne sais pas ce que put réaliser Beneitou. A Chamberet, il s'occupa de l'eau, fit capter et distribuer des sources, et les femmes pour la lessive eurent des lavoirs couverts dans le bourg, plus besoin d'aller tremper leur cul à la pêcherie.

L'électricité était déjà dans le bourg, Bret ayant établi une petite usine au Pont Rouge. Mais c'est Beneitou qui la fit distribuer dans les campagnes, chez tous ceux qui l'acceptèrent. Il y en eut pour refuser. A Germont, le père Henri ne la prit pas. Il faut dire qu'à ce moment il y avait au château un régisseur plein d'un projet qu'il avait de monter une usine à l'ancien moulin, au-dessous de l'étang de la Farge. Au château, ils ne la prirent pas non plus, ils croyaient en leur régisseur. Mais ce n'était qu'un rêveur qui battait la campagne. Le père Henri le comprit bien quelques années plus tard, et il se fit amener le courant. Mais, comme cela n'entrait plus dans le projet communal, il lui fallut payer un poteau, et il en conçut quelque aigreur. Au château, ils durent attendre jusqu'à la guerre. De tout cela, il s'en parlait.

Quand on amena l'électricité, la route était faite. Mon grand-père avait proposé qu'on l'amenât des Flénours, qu'ainsi elle aurait suivi le bord de la route, sans gêner rien ni personne. Je n'en sais pas la raison, on l'amena de Bellegarde à travers champs, il fallut couper je ne sais combien d'arbres, planter des poteaux n'importe où dans les parcelles labourées, les prés et même les marécages... Cela ne dérangeait pas les vaches pour paître, mais pour retourner la terre, moissonner ou passer la charrette... Hé! de quoi me plaindrais-je? De cette façon, la ligne ne passait nulle part chez nous.

Je me souviens, quand on fit l'installation chez nous. Comme nous étions en bout de ligne, nous dûmes prendre un paratonnerre et le payer. C'était là-haut sur la console deux petits pots de porcelaine blanche, qui n'ont pas dû servir à grand-chose. Les voisins, pourtant, en étaient fort jaloux. Ils croyaient qu'on nous en avait fait cadeau. Allez savoir! Peut-être aurait-on dû nous en faire cadeau? Quand il tonnait, on entendait là-dedans des claquements, comme des explosions sèches; Il est vrai que, tant que ce dispositif resta en place, à part quelques ampoules grillées, le tonnerre ne fit pas de dégâts dans la maison.

Il faut dire que la foudre tombe souvent par ici. Dans mon enfance, il ne se passait pas une année sans qu'elle fendît quelqu'un des pins qui entouraient les bâtiments. A l'entrée de la cour, celui qui se dressait au coin du jardin avait fini par être fendu en quatre, bien que d'autres fois il ne perdît qu'un lambeau d'écorce sur la racine – malgré cela, d'ailleurs, il restait vivant. Il n'était pas le seul à recevoir de violentes décharges, dont les traces pleuraient longtemps de longues larmes de résine.

Mais je me souviens surtout d'une fois – nous revenions de l'école, et je crois même que c'était le soir des vacances. Je ne sais pas comment, ni pourquoi, la Margot et moi nous retrouvâmes seules à passer par les puys. De temps en temps, nous nous arrêtions. Le soleil était beau, mais la chaleur lourde. L'herbe au bord du chemin nous invitait, et aussi les journaux que la Margot avait dans son sac, pleins de bandes dessinées qui n'avaient pas été faites à l'intention des petits enfants. De cette façon, nous ne voyions pas venir l'orage, mais il est vrai aussi qu'il ne s'annonçait pas, qu'il survint rapidement, qu'il eut mangé le soleil en un moment, et que nous eûmes beau courir, nous étions juste sur le sommet, au-dessus de Combedarrière quand l'eau se mit à tomber, raide et dure comme un paquet de cordes. J'avais un parapluie, mais nous nous accroupîmes derrière le talus, toutes deux sous celui de la Margot, un grand parapluie d'homme. Nous étions là, comme au théâtre, tout le pays devant nous à nos pieds, depuis Germont jusqu'à Masseret en passant par les Monédières, un paysage magnifique que nous devinions plus que nous ne le voyions derrière cette muraille d'eau. Et par là-dessus le tonnerre roulait sourdement.

Tout à coup, de tous ces éclairs qui tranchaient l'air alentour, en voilà un, droit comme une lance de feu, qui tomba, me sembla-t-il, juste sur le tas de foin que nous avions fait à l'entré de la Buge. Mes enfants! Nous n'avions pas encore entendu le bruit, qui fut comme de fer broyé dans nos oreilles, que nous étions debout d'un même élan, à la course en descendant sur le Pissechien. Nous ne sentions ni la pluie ni le vent. En Pissechien, il y avait une auto, arrêtée à cause du mauvais temps. Un flot torrentiel brisait aux roues. Il ne pleuvait plus. Quand j'arrivai à la maison, l'air alentour sentait le soufre, le fer, une odeur comparable à celle de la forge, mais combien plus forte – une odeur inconnue, terrible, qui, peu à peu, s'atténua et finit par se perdre. On ne sut pas où était tombée la foudre. Moi j'avais vu, ou cru voir, qu'elle avait touché la meule de foin, dehors. On n'y vit aucune trace, et sur les pins non plus. J'ai pensé depuis que j'avais parfaitement vu. La meule était couverte de tôles, reliées entre elles par le haut et retenues au sol par le bas à de grosses pierres, avec des fils de fer dont quelques-uns touchaient le sol – or ce dispositif formait

sur la meule une véritable cage de Faraday, le meilleur des para-
tonnerres.

Oui, ce devait être le jour des vacances, mes dernières vacances
de l'école de Surdoux. Je n'en suis pas sûre. Il y a toujours ainsi
un jour qui est le dernier jour. Un jour qui passe comme les
autres. Souvent, on ne sait pas que c'est le dernier. Parfois, on le
voudrait éternel, on imagine qu'on s'en souviendra toujours.
Vient l'autre jour, qui est vraiment le dernier jour, le jour où l'on
oublie – et jamais plus on ne se souviendra.

Mais je parlais de Beneitou – Beneitou qui ne tenait pas davantage le tonnerre que la bêtise des gens. Que, s'il y en eut pour
refuser l'électricité, il y en eut pour refuser la route. Même à Germont, chez Étienne ne voulurent céder ni leur jardin ni leur cour,
et la route s'arrêta là, net, au bord du puits sinon au pied du châtaignier. Mon-ami-ainsi-donc-je-te-ferai-voir-voir-si... Beneitou eut
beau dire et beau faire, ni Henri ni Étienne ne cédèrent, et la
route ne pouvait pas passer dans les airs. Heureusement, les
cours étaient assez larges, et ainsi purent-ils continuer à y monter
les tas de fumier, sous leurs fenêtres, sans que personne pût se
plaindre de la merde.

Il avait bien dit, Beneitou :
– Tant que nous en sommes à la faire, cette route, cédez assez
large de terrain, parce qu'on n'y touchera plus avant longtemps.

Et ce fut une chance : là où nous ne donnions pas nous-mêmes
le passage, elle passait dans les sectionnaux. S'il n'en avait pas été
ainsi, jamais aucune route ne serait parvenue jusqu'à Germont.
Pour l'avoir, mon grand-père donna même quelque argent à la
commune, à titre de participation – au contraire du père Henri
qui, lui, exigea un dédommagement au nom du fils de la Clarisse,
qui était mineur. Il n'avait que vingt ans – et savez-vous ? s'il avait
vingt ans, c'est que j'en avais sept et demi. Vous voyez que je l'ai
retrouvé, mon âge... La Petite Pièce derrière notre maison, c'est là
qu'il dut tout de même en donner quelques mètres, de son terrain, ce pauvre petit mineur orphelin de la guerre de 14. Et cela
fut bien surveillé! C'est que les ouvriers, pas très malins, pas très
vaillants, auraient mieux aimé tailler large dans la Petite Pièce
que de couper le talus de l'autre côté dans notre champ à plein
rocher. La Clarisse assura bien la protection du cerisier – celui
dont je volais les cerises sans vergogne – et des deux chênes qui

397

l'ont mangé depuis, qui maintenant sont à moi, et dont je n'ai rien à foutre! De toute façon, la route est faite, assez large et bien bâtie de pierre sous la chaussée. Elle durera bien autant que moi.

Beneitou avait fait faire d'autres routes et d'autres travaux. Dans le bourg même, il fit ouvrir une voie assez large entre le champ de foire et la mairie, qu'on appela longtemps boulevard Masmonteil. J'ai entendu dire qu'il avait même fourni le terrain. Il en aurait fait d'autre : il avait le couteau et la tourte – vous pouvez entendre : la volonté et les moyens. Mais la politique, la guerre, la jalousie, la bêtise... Oui, je me souviens qu'on en riait, de Beneitou. On le singeait dans ses paroles :

– C'est moi qu'a fait ça.

Ou bien :

– C'est pas moi qu'a fait ça.

S'il le disait ou non, je ne sais pas. Il aurait pu le dire. Mais son parler était de toute façon plus facile à imiter que ses actes. Or, savez-vous? de tout le temps qu'il vécut, chaque année Beneitou faisait un don à sa commune, et voici que sa veuve elle-même le faisait – le fait – encore. Il faut l'aimer, son pays!

Où en étais-je? Aurais-je perdu le fil? Non. Comment aurais-je pu ne pas parler de Beneitou! Mais je n'oublie pas pour autant que je parlais des Rameaux. Je ne me rappelle pas si j'étais allée plus d'une fois à la messe des Rameaux, ni si j'avais eu d'autres rameaux. Mais le jour où j'en avais un si beau, que nous emmenions la Louise et les Petits, je me souviens d'avoir remarqué l'expression de cette femme, qui serrait les lèvres et tournait la tête de côté, en baissant le nez sous son inévitable chapeau de crêpe Georgette noir, encore plus rond que son visage. Elle ne disait rien. Et moi je me demandais... Eh! bien sûr! mon rameau était trop beau, justement, et, dans son cœur, elle critiquait. C'est qu'elle aurait toujours voulu que les siens, ses petits, fussent les plus beaux et qu'ils eussent ce qu'il y avait de mieux. Elle faisait bien tout ce qu'elle pouvait pour cela, la pauvre femme! Il arrivait même qu'elle allât un peu loin. Comme ce jour où ma grand-mère l'avait entendue répondre à quelqu'un qui lui demandait des nouvelles :

– Certes, les pauvres, ils sont orphelins, et le père ne fait rien pour eux. Mais ils ne manquent de rien. Il y en a bien d'autres là-haut par chez nous, eh bien! Ils les vendraient, et les achèteraient, que les autres n'en connaîtraient rien!

« Par chez nous », il n'y avait que moi. La femme jeta à ma grand-mère un coup d'œil étonné... Ma grand-mère ne dit rien, mais certes elle en eut dépit, sur le coup. Jamais elle ne l'oublia, elle ne savait s'il fallait en rire, ou se fâcher. Ensemble, nous en riions.

C'est que la Louise, mine de rien, avait une langue à faire pendre toute la commune. Tiens! Qui l'écoutait ne valait pas mieux, et moi, de ces gens-là, je n'en avais rien à foutre, même si l'on dit qu'une mauvaise parole va plus loin qu'une bonne – ou, si l'on préfère, que braiment d'âne va jusqu'à Paris. Le père Léoné-tou lui en voulait, pour cette langue. Ne disait-il pas :

– Chez Étienne, c'est la fabrique. Chez nous, c'est la répétition.

Et il s'en prenait à sa femme et à sa fille :

– Quelque jour, vous vous ferez mettre en taule. Vous feriez la poudre à faire crever le diable.

Bah! la Louise avait d'autres qualités. Les Petits, les pauvres, ont bien travaillé et bien vécu. Tant mieux. En ces temps-là, pour le commerce des gens, ils étaient bien comme moi, faciles à moucher. Mais il est vrai que le René était menteur – pas même menteur, ce qu'il disait était tellement faux, tellement énorme, qu'il n'y avait pas de gogo assez stupide pour l'avaler. Il en a été ainsi toute sa vie. A ce moment-là, pour le jeu, on ne pouvait pas rêver meilleur partenaire. Il n'était pas méchant et, de toute façon, pas difficile à contenir. Et pour le reste, il pouvait bien acheter et vendre, pour ce qu'il y gagnait!...

De cette messe de Rameaux, non je ne me souviens pas, ni d'aucune autre messe des Rameaux de mon enfance. Ce que je sais, c'est que des autres branches d'if qu'avait apportées mon grand-père, nous fîmes des boutures, là-bas dans le jardin au bout de la rangée des cassis. Je les regardais souvent, et je me demande si je ne fis pas de quelqu'une comme des charmilles, pour voir si elle s'enracinait. Tout de même, il y en eut une qui prit. Quand elle fut un peu grande, on la planta dans le coin du jardin des fleurs, là où elle est encore.

Il est bien possible que l'on ne m'ait pas amenée à Rameaux même une autre fois. J'étais si souvent malade! Et si je ne l'étais pas, mais que le temps fût mauvais, je le serais devenue. Or souvent, pour Rameaux, il pleut, ou il neige. Ce dont je me souviens, au contraire, c'est que, vers Pâques, ma mère m'achetait une cocotte en sucre, une belle petite poule blanche pleine de petits œufs qu'on aurait dite de porcelaine.

Et je me rappelle bien les Martelous. Je ne sais pas si nous y allâmes souvent. Mais, une fois, il y avait au moins ma mère, ma grand-mère et, je crois, le grand-père. Nous étions à pied. Il faisait chaud. Le temps était orageux. En remontant la Via de la Font, à l'entrée du village, on ne tenait plus debout. Je ne sais pas s'il plut. Chez nous, on faisait très attention au temps, parce que :

Quand il pleut sur la Cène,
la moitié du foin est fané.

La Cène, le jeudi saint, chez nous c'était les Martelous. Le curé, ce jour-là comme le jour des Rameaux, bénissait particulièrement les enfants. C'est peut-être pour cela que chacun y conduisait les siens.

Je me rappelle, mais je ne sais pas si c'était cette année-là, le reposoir que les dames du bourg avaient fait, dans la chapelle de Saint-Joseph, avec de la verdure, des fleurs, surtout des roses de papier que la lumière, en transparence, faisait vivre comme de véritables roses roses. Je me souviens qu'à un moment toutes les lumières s'éteignirent, sauf celles du reposoir, et nous restâmes dans l'ombre, presque la nuit, à écouter des chants latins qui t'auraient arraché les larmes du ventre. Oh! non. Je ne pleurai pas. J'étais bien trop surprise, pour pleurer. Que, de plus, quand tomba la ténèbre – la ténèbre de Ténèbres, je l'ai su depuis – il s'était fait dans l'église un bruit à te transir. Un bruit de pieds, de pas, un trépignement, un grincement tout autre encore et qu'on ne saurait pas dire... Une autre année peut-être celle de la Confirmation, la sœur Clémence me fit asseoir avec les enfants, ceux du catéchisme, et nous donna à tous des morceaux d'ardoise brisée, qu'il nous fallut frotter les uns contre les autres à ce moment.

Un bruit de glapissement que je ne pouvais pas supporter, moi, à peine mieux que celui de la truelle, quand mon père lissait le mortier, et que le fer rencontrait quelque pierre, à peine plus facilement que celui de deux tôles qui glissent l'une sur l'autre, à peine plus patiemment que le frisson du caoutchouc quand on le frôle. On m'avait acheté, je devais avoir dix ans, un capuchon de caoutchouc pour aller en classe, un joli capuchon bleu de ciel qui m'aurait certes mieux garantie de la pluie et du vent qu'aucun parapluie. Je le pris deux ou trois jours, pas plus. J'en serais devenue malade, et d'une manière tout autre et bien plus grave que de la toux et du mal de gorge. Non. Je ne supportais pas.

Pour autant que je me souvienne, mon père allait à la messe de Pâques et à celle de Toussaint, avec la bicyclette. Peut-être à Pentecôte ou le 15 août. Ma mère, parfois le dimanche, et les grandes fêtes quand elle pouvait. Mais il y avait tant d'enterrements déjà, avec chaque fois les huit jours, les quinze jours, la quarantaine, les six mois et le bout de l'an... qu'on ne devait pas, chez nous, oublier le chemin de l'église. Quand fut intrônisée la petite sainte Thérèse, celle qui voulait passer son ciel à faire pleuvoir sur la terre une pluie de roses, je ne pense pas qu'aucun de nous fût à la cérémonie. Mais la statue demeura exposée quelque temps à l'entrée du chœur. Ma mère m'y mena, un jour de foire à Chamberet. Elle était là. Je la trouvai si belle, la sainte, et grande! On l'avait installée sur un socle, dans une guirlande de roses si fraîches qu'elle semblait donner à chacun son sourire. Ce n'était sans doute pas la première fois que je voyais une statue. Il y avait celles de l'église, à Surdoux comme à Chamberet, et celle de Lachaud, un rocher noir de bronze... mais on les voyait toutes là-haut, par-dessous, figées dans une crasse de poussière. Celle-ci me laissait dans la tête, dans le cœur, dans l'âme, le vide d'une informulable interrogation.

Ma mère faisait grand cas de cette sainte. Elle en avait acheté quelque image encadrée, et même le bénitier qui était accroché à son chevet dans la chambre bleue représentait sainte Thérèse, les bras chargés de roses. Avec quelque crucifix de la mission et deux ou trois médailles de Lourdes qui dormaient dans un tiroir, c'était bien les seules images de piété que nous eussions chez nous. Mais il y avait aussi la chanson, que nous chantions, et qui parlait de Thérèse :

> *Au même instant dans son grand paradis,*
> *Dieu prit Thérèse et souriant lui dit :*
> *Grâce à ton âme, toutes les femmes*
> *auront la beauté des fleurs...*

Cela n'avait rien de théologique, bien sûr. Mais cela mettait le nom de la sainte en mémoire, sinon en honneur. Oui, moi-même je chantais cela. Tiens! Pourquoi pas?

Et, de tout ce temps-là, j'allais à l'école. Presque un an après le mariage du Denis avec la Marthe, je passai le certificat d'études, au commencement de juin. J'étais malade une fois de plus. Il fallut m'envelopper d'ouate. Je n'avais pas assez dormi. Ma tête était lourde comme un tronc d'arbre. La dictée me surprit. Non qu'elle fût difficile, mais celui qui la lisait, je me demande d'où il sortait! Son français, moi je ne le connaissais pas. Comment écrire :

– Dix hommes, dix pésans, échelonnaient de biés...

C'était sûrement quelque langue étrangère? Au lieu d'écouter le son des mots, il me fallut en faire abstraction d'entrée. La rédaction ne marcha guère mieux, me sembla-t-il. Il fallait attendre l'autobus...

Ce matin-là, nous ne l'avions pas attendu, nous, l'autobus de Châteauneuf. C'était une auto qui nous avait amenés – une camionnette, je crois –, tous en bande ou presque. Comme je toussais, on me mit devant – mais, de plus, j'avais le mal de la route... Misère des petites misères. A midi, nous allâmes déjeuner dans une auberge devant l'église, je retrouvai la Marcelle, celle de l'Age, qui était à côté de moi en classe, et qui était ma copine. Tout allait mieux. Il y avait des jardins, et des escaliers partout, nous nous amusions là à monter, à descendre, à nous rattraper à la course. Ma mère nous mena voir l'église, que nous trouvâmes très belle et bien fleurie. Des femmes, justement, y faisaient des bouquets, et l'une me donna une fleur, un grand dahlia, que je dus perdre, après l'avoir admiré – dont je ne pouvais rien faire de toute façon –, je crois que j'avais bien oublié le certificat – mais l'après-midi, il fallut passer l'oral. Je ne sais plus très bien ce que nous fîmes. Pour la gymnastique, le Monsieur nous avait montré, deux ou trois fois, ce qu'on nous demanderait. Ceux des autres écoles ne semblaient pas en savoir beaucoup plus. Mais, au moment des récitations, ce qui m'étonna, c'est quand une fillette se mit à réciter *L'Albatros*. Il me semble l'entendre, avec sa voix basse, un peu rauque :

Souvent, pour s'amuser, les hommes d'équipage...

Je connaissais ce poème, évidemment, pour l'avoir lu avec mon père. Mais je ne le savais pas par cœur, et, surtout, nous ne l'avions pas appris en classe, vous pensez! Il me fallut chanter :

Adieu l'hiver morose.
Vive la rose!...

Après ce que je venais d'entendre, j'en avais vergogne. Il me semblait que j'avais cinq ans.

402

Enfin, tout cela finit. Nous sortîmes tous de cette salle des fêtes, qui m'avait paru haute comme un monument. Sur la terrasse, sur la route, sur l'escalier, nous étions là tous avec nos parents, qui attendions. La mère d'André s'était assise à plat-le-cul sur le trottoir contre le mur. On lui voyait le haut des cuisses. Elle n'en pouvait plus de fatigue, d'attente, de soleil... Tout à coup, on annonça les résultats. Tous ceux de Surdoux étaient reçus, cinq avec mention, la Marcelle et moi ex-aequo, qui pourtant ce jour-là n'étions pas côte à côte. Je n'aurais pas été malade, j'aurais pu avoir une meilleure mention – certes! Il n'est pas sûr que je l'aurais eue, et ainsi, du moins, j'avais une excuse. De toute façon, nous étions tous contents, sinon satisfaits. Nous allâmes acheter des rubans aux trois couleurs, et ma mère en acheta de très larges pour la voiture de l'instituteur, qui devaient claquer dans le vent sur la route. A Surdoux, nous nous arrêtâmes chez Pradeau. La Marcelle et moi coupâmes dans le jardin, contre la clôture de palins, de gros bouquets de ces œillets blancs si parfumés qu'on appelle, je crois, des mignardises. Rien que d'en parler j'ai plein le nez de cette odeur, plein la tête. Et je cours après la Marcelle pour l'attraper.

Passé le certificat, je revins en classe tous les jours, ou presque, jusqu'aux vacances. Les autres ne le faisaient pas, ceux qui avaient eu le certificat. Je ne les revis pas à l'école, et pour certains je ne les revis pas avant longtemps. Il y en a même, je pense, que je ne revis jamais. Le matin, le Monsieur me faisait faire des rédactions, des problèmes. Et le soir j'allais dans la petite classe, ou sur l'escalier de la Dame, du côté de la route. J'ourlais des mouchoirs, des serviettes. J'apprenais à broder les majuscules au point de croix sans canevas. J'attachais les initiales sur mon trousseau – la Dame, qui avait les mêmes initiales que moi, m'en avait donné des siennes.

Mes parents avaient bien pensé, l'année précédente, à me mettre au lycée à Limoges. Le Monsieur le conseillait. Leur garçon, Claude, y était déjà depuis un an. Mes parents hésitaient. Il firent pourtant venir des livres de latin. Mais, pour prendre d'avance quelques leçons, comme faisaient les autres, il m'aurait fallu aller à Chamberet, m'y amener peut-être. Et me mettre en pension, alors que j'étais si souvent malade... Et sans que j'eusse le certificat. Si je ne pouvais pas continuer, ainsi, je n'aurais rien?

Pas même ce misérable certificat? Cela ne se pouvait pas. Et le lycée, où cela m'aurait-il menée? Une fille... Ils ne savaient pas.

Je ne me souviens pas s'ils me demandèrent mon avis. Me l'auraient-ils demandé, moi, qu'aurais-je dit? Qu'est-ce que je savais? J'aurais peut-être dit encore que je voulais être institutrice. Peut-être que je le dis. C'était le seul métier que je connusse, pour une femme. Mais la vie... Mais la vie, lorsque j'y pensais en ramassant la première châtaigne, sous le châtaignier derrière la maison, la vie ce n'était pas cela. Pas cela! Ni ce que j'en voyais chez la Dame, ni ce que j'en pouvais imaginer. Ce n'était pas ça, non certainement. Qu'est-ce que c'était?... Un grand vide de vent m'appelait, sans parole, le bec béant...

Souvent, le soir, j'attendais l'autobus de Limoges, qui me ramenait au Pissechien vers les sept heures, une habitude que j'avais prise depuis quelque temps avant le certificat. Le soleil était haut encore. Qu'il faisait bon dans la classe vide ou sur l'escalier, ainsi, quand la chaleur tombait... D'autres fois, je rentrais avec les Petits, René, Matou, et les autres. Un soir que nous passions par Bellegarde, il se trouva un homme pour me le reprocher :

– Tu veux aller en classe jusqu'à ce que tu te marieras?

Cela me fit grand dépit. Je répondis que oui – et probablement autre chose. Je n'avais pas douze ans, mais à la maison aussi bien qu'à Surdoux, j'étais à bonne école – d'une autre façon. J'aimerais bien me rappeler ce que je répondis.

Ah! les petits souvenirs... sur le point de fermer le livre, je sais que d'autres reviendront, comme les vierges de l'époux reparties acheter de l'huile. Ils reviendront – qu'ils viennent. Minces éclats de quelque effritement furtif dans la mémoire.

Eh oui, les petits souvenirs...

Tiens! Il en sort le cousin Camille, dont je n'ai pas parlé, que je ne voyais pas très souvent. Camille du Larcy, le beau-frère de l'Anna. Il venait quelquefois, un jour de beau temps, nous rendre visite. C'était un homme maigre, au visage pâle, avec un long nez fin qui n'était pas sans charme. De petite santé lorsqu'il était jeune, il se plaisait à dire que l'arsenic lui avait sauvé la vie. Cela faisait l'étonnement de ma grand-mère.

– Oh! mon Dieu, cet homme qui prend du poison tous les jours! Quel poison? Je crois que c'est du vert-de-gris...

Les chansons populaires, à l'instar de celle du triste sire de Framboisy, faisaient souvent référence au vert-de-gris comme poison du crime. Tout d'un coup, ma grand-mère remarquait son erreur :

– Je me trompe! C'est seulement de l'arsenic.

Et elle riait. Malgré la pernicieuse affaire Lafarge, le vert-de-gris chez nous passait pour beaucoup plus dangereux et efficace que l'arsenic, et même que la taupicine. On l'appelait plutôt « l'airain ». On évitait de porter à la bouche, et même de toucher, tout objet couvert « d'airain » ou de ce qui pouvait y ressembler. En fait, c'était un poison mythique. Il dégageait une telle aura de terreur que je n'ai pas entendu dire que personne, dans notre région, ait jamais tenté de se suicider à « l'airain ».

Camille était de commerce agréable, et très poli dans ses paroles. Jamais un mot plus haut que l'autre. Ce qu'il appréciait le plus chez les enfants qui, de mon temps, fréquentaient l'école de Surdoux, c'est qu'ils étaient bien élevés.

– J'en rencontre un, n'importe lequel, il me lève sa casquette : « bonjour ! » Bonjour, mon enfant. D'où es-tu, où vas-tu à l'école ? « A Surdoux, monsieur. » Tu n'as pas besoin de me le dire, je le vois bien...

Il est vrai que la Dame, et le Monsieur, mais quand nous entrions dans sa classe le pli était pris, ils ne plaisantaient pas sur la politesse. Il fallait dire bonjour, bonjour monsieur, bonjour madame, et monsieur Untel lorsque nous connaissions bien la personne par son nom... Et pardon, et s'il vous plaît, et merci... Il ne fallait pas y manquer. Et ce n'est pas toujours si facile.

Quand Camille venait, tout le monde était content chez nous, on lui faisait fête. Et moi peut-être plus que personne – mais je me demande si ce n'était pas à cause de l'auto. C'est que Camille avait une auto. On l'entendait venir de loin. Des autos, à ce moment-là, il n'en venait pas tant dans le village. Il parlait beaucoup, avec chez nous bien sûr, mais il ne faisait pas semblant de m'ignorer, et moi je l'aimais bien.

Une fois, j'avais huit ans, nous allâmes au Larcy, ma mère et moi. Mon grand-père nous avait amenées à proximité avec la voiture, nous finîmes d'arriver à pied. Ce fut une journée merveilleuse. Le jardin était plein de tomates mûres, bien rouges. C'était beau ! J'y sautais par la fenêtre, qui était basse, juste à ma hauteur. A un moment, j'allai dans la châtaigneraie proche, chercher les champignons. J'en trouvai deux ou trois. Ce qui me plaisait le plus dans cette maison, c'est qu'elle était bâtie contre la châtaigneraie – dans la châtaigneraie eût-on dit... Ils avaient une petite bonne, toute jeune, jolie, aimable. Je dus bien l'agacer, à force, que je passai une bonne partie du jour à jouer avec elle, à la rattraper, à l'embrasser. Après le déjeuner les cousins s'en allèrent à la fête, je ne sais plus où. De toute façon, je n'avais guère remarqué que le plus jeune, un adolescent, qui me parlait patiemment, avec un sourire gentil – je me souviens même de ses yeux bleus, confiants, un peu tristes...

Dans l'après-midi, la Marie, qui était la nièce de ma grand-mère Miette et la sœur de l'Anna, parla longuement avec ma mère et nous montra des souvenirs de famille, quelques photos, de menus objets. Un peu plus tard elle nous raccompagna sur le chemin du retour. Je courais partout dans le bois et sur les talus. Je trouvai quantité de champignons, dont un comme je n'en ai jamais vu, avec un chapeau tout rouge, d'un vermillon vif, et qui semblait être pourtant un excellent cèpe.

La soirée était belle. Quand nous passâmes à Surdoux, le soleil n'était pas couché encore. Je ne sais pourquoi, nous passâmes à la poste et nous parlâmes un bon moment avec ces gens. C'est ainsi que je vis pour la première fois leur petite Raymonde, qui ne venait pas encore à l'école.

De toute mon enfance, je ne revins pas au Larcy. Plus tard, assez rarement. Mais de toute manière, nous nous connaissions, nous nous rencontrions aux foires, nous parlions ensemble. Chez le frère de ma grand-mère, Léger, je ne suis jamais allée – c'était plus loin. Si ce n'est du temps plutôt rude qu'il y avait passé, mon père n'en parlait pas, ou très peu. Et à cette époque je ne connaissais pas ces cousins-là, à peine de nom.

Ah! ma tête! ma mémoire...

Il en sort la Huguette, à l'écart près du mur, si jolie dans sa robe courte, avec le ruban de ses cheveux comme une couronne, princesse du silence et qui ne parlait pas, ou si peu... La Yvonne, ce jour en larmes que ses seins la faisaient souffrir, fleur de printemps... Et Matou, ce soir-là, dans le tournant de la Joubert – Matou qui tout à coup s'élança pour danser; en chantant, le capuchon virevoltait autour de lui :

Pète, vieille, lève la queue!
Montre-toi, montre-toi...

Oui, cela le prit d'un coup, personne ne s'y attendait. C'était, je m'en souviens, dans ce tournant si raide, où l'on jetait le marc de pommes en bas du talus. C'est que, à la Joubert, tous les ans on faisait le cidre, et mes parents parfois. Les pommes étaient vidées depuis le haut près de la route et descendaient par une rampe de bois jusqu'au moulin qui les écrasait. A côté se trouvait le pressoir, où l'on serrait le pommé entre des toiles, à grands tours de bras. On entendait le cidre pisser dans la cuve, un jus épais, mielleux, roussâtre, qui moussait à peine.

Chacun prenait le sien et l'emmenait à pleins tonneaux, et le marc, je l'ai dit, allait dans ce talus où il fermentait, où il pourrissait, où il infusait à grandes flaques champignonnées, et nous, en passant, nous regardions ce travail de vie – de mort – qui se faisait, qui se défaisait, qui éclatait comme du levain, qui ressemblait, parfois, à un grand placenta de vache. Mais, le premier cidre, le cidre doux, chacun quand il faisait le sien en apportait aux voisins quelques bouteilles, un bidon, parce qu'il fallait bien le goûter, et même en boire. Parfois, il était bon, très doux, sucré et parfumé ; et d'autres fois râpeux, amer : on l'aurait cru moulu de vers et d'écorce d'arbre.

Le cidre, cela aussi c'était un travail. Ramasser les pommes, les amener moudre, laver les barriques et les soufrer, les charger et les décharger... Laisser bouillir le cidre, le soutirer, lui laisser prendre juste assez d'air, fermer le fût au bon moment. C'est qu'il ne faut pas qu'il prenne ce goût de bois insupportable, et que l'alcool non plus ne se tourne en vinaigre... On en boira l'hiver, tant qu'il est jeune, mais surtout l'été, à la fenaison, pendant les moissons. Chez nous, on l'aimait bien, on disait que c'était une boisson agréable et fraîche, qui coupait la soif quand il faisait chaud. Ma grand-mère, parfois, en mettait jusque dans sa soupe, comme on fait du vin. On la plaisantait, parce qu'elle n'arrivait pas au record d'une autre, dont j'ai oublié le nom, qui mettait du cidre même dans la soupe au lait. J'aurais volontiers essayé, moi, écœurée que j'étais de bouillie, de tapioca, et d'autres laitages... En fait, le goût ne m'en déplaisait pas, mais il me coupait les jambes, à ne pas me relever de table. Un demi-verre y suffisait. Le vin, alors, ne me faisait pas cet effet – mais il est vrai que je supportais mal les pommes, depuis toujours.

Certes, en passant à la Joubert, quand on faisait le cidre, nous nous arrêtions souvent pour regarder les pommes descendre dans la trémie comme un petit ruisseau de toutes les couleurs. Mais nous n'allions que rarement au pressoir Je ne sais pas pourquoi. Peut-être qu'on nous chassait, ou que nos parents le défendaient. Je ne me souviens pas d'y être allée plus d'une ou deux fois, ni d'avoir goûté le jus de pommes.

Nous ne nous arrêtions guère plus autour de l'alambic, quand il s'installait à Surdoux en bas, non loin de chez Fontaine. Il est vrai que, lorsqu'il s'installait en face de chez Pradeau, nous avions tout le temps de le regarder, ne fût-ce qu'à la récréation de midi. C'était curieux à voir, ces grandes cuves de cuivre à reflets de feu, avec d'un côté cette petite source d'eau de vie qui ruisselait claire comme de l'argent. Quand on bouillait de la prune ou de la cerise, l'odeur ! Ah ! toute la contrée était parfumée du noyau des fruits. Et plus encore quand on vidait la cuve, que les noyaux dans le fossé fumaient de senteurs plus âpres, plus fines, plus rares... Parfois, un homme s'approchait, tendait un petit verre à la fontaine et d'un coup avalait cette eau, toute chaude, une bonne rasade. Nous, de loin, nous pensions qu'il allait doublement se brûler le gosier. Fi donc! il t'avalait ça. Il faisait ah! en rouvrant ses lèvres. Il secouait la tête. Il était content. Et c'était vrai, pourtant, qu'on en prenait plus avec le nez qu'avec la pelle.

Ah! je me souviens... Je me souviens. C'est encore dans un autre de ces virages – il y en avait combien? – qu'était restée longtemps une flaque de sang. Un homme avait été blessé là – n'était-il pas tombé de bicyclette? Je ne sais plus. Toujours est-il que mon grand-père vint à passer, avec la voiture, et lui porta secours. C'est pour nous remercier, l'été suivant, que son petit-fils Raymond vint nous aider à faire les foins. C'était déjà presque un jeune homme, blond et taché de son comme je n'en avais pas encore vu. Au travail près de la fontaine, un râteau à la main, le soleil se jouait de son corps dans l'ombre et la lumière – blondeur de l'ombre et sourire follet du soleil. Était-ce une passée de vent qui flotte à travers l'image? Un reflet de l'eau?

Au virage d'avant, c'est là que tombait le chemin des puys, le raccourci du puy de Bellegarde – nous arrivions depuis le haut –, les Jalives des cinq chemins où fleurissait le tussilage que je n'ai jamais vu ailleurs – nous arrivions par bonds, incontrôlables aurait-on cru, nous nous sentions chèvres sauvages, chamois ou cerfs dans ce chemin tordu qui nous portait jusqu'à la route sage. Un jour, c'est là que j'eus un grand problème : comment dit-on « des bœufs » en limousin? Oui, voilà que j'avais oublié! *Bueu*?... *Bo*?... sans le savoir je revenais à la forme première, mais mon esprit noué ne se dénouait pas, et je marchai ainsi longtemps, mâchant vaguement des syllabes approximatives, en proie à une douleur non pas vive, mais torturante, comme si ç'avait été une question de vie, ou de mort. Je finis par trouver, comme on sort de l'abîme. J'étais seule, ce matin-là, comme cet autre jour où la question était de savoir comment on peut bien écrire « *quò* » (cela, en limousin). Or, j'avais beau regarder les pieds, ouvragés d'un métal noir, de la machine à coudre, je ne trouvais pas. Pour cause : je ne savais pas encore lire, même le français.

Et la Marcelle! Celle qui avait été censée, justement, m'apprendre à lire... Nous revenions de l'école. Une auto nous dépassa. C'était encore à la Joubert, presque devant la borne. Nous avions vu cette auto à Surdoux, et j'avais reconnu le conducteur. Dit la Marcelle :

– *Quo es queus* (c'est ceux) que nous avons vus à Surdoux.
Je dis moi :
– *Quo es Pasquet* (c'est Pâquet).
Et elle :
– Je te dis que *quo es queus* (c'est ceux-là).
Je compris aussitôt qu'elle confondait « Pâquet » et « *pas
queus* » (pas ceux-là)! Je voulus rire. Et ça continua :
– *Quo es Pâquet.*
– *Mas te dise que quo es queus* (mais je te dis que c'est ceux-là).
– C'est bien ceux-là, mais c'est Pâquet...
Et ça continuait : – *queus – Pasquet – queus*... La Marcelle
s'entêtait. Elle était sûre. Moi aussi. C'était l'histoire du merle et
de la merlette. Je riais. Mais je vis qu'elle allait pleurer. Je finis
par dire :
– Bien sûr, c'est ceux-là. Mais c'est Pâquet, le boucher.
Je crois que cette révélation la choqua plus encore :
– Le boucher ne s'appelle pas ainsi.
– Mais si.
– Mais non...
Voilà bien un autre merle!... Et c'est vrai qu'elle avait raison, la
Marcelle! Mais je n'avais pas tort. Pâquet, c'était un surnom – un
pseudonyme, en quelque sorte.
Et ce soir que le Bébert n'avait pas bu sa fiole de lait! Les
enfants, surtout l'été, emportaient une fiole, de cidre ou de vin...
Au fur et à mesure qu'ils buvaient, ils remplissaient le flacon avec
de l'eau du robinet, au bac où lavait la Dame, là où elle nous faisait aussi laver nos mains douteuses d'avoir touché tant de cailloux, d'herbes, de mousses, sur le chemin... Quelques-uns y faisaient tremper du bois de réglisse. Et j'en suçais aussi, de ce bois
sucré, amer et doux qui faisait saliver et même apaisait la soif. Or,
ce jour-là, je ne sais pas si c'était son habitude, Bébert avait
apporté du lait, mais il ne l'avait pas bu. Et voilà qu'il s'était
planté la fiole entre les jambes, et il perdait son lait sur la route,
comme s'il avait pissé! Cela nous déconcertait, je ne sais pourquoi, jusqu'à l'épouvante. Les garçons criaient, et les filles passèrent au large.
Cela se passait devant la grosse borne qui marquait la limite
départementale, entre la Haute-Vienne, Surdoux, et Chamberet,
la Corrèze.
Il faut dire que nous nous arrêtions là souvent. Elle nous intri-

410

guait, cette grosse pierre levée, avec sa tête jaune et son corps blanc – ou l'inverse –, et les lettres noires dessus, de chaque côté de la ligne médiane verticale. Oh! nous savions peu ou prou ce que cela signifiait. La route même suivait la ligne, plus ou moins bien entretenue, plus ou moins anciennement goudronnée, tantôt d'un côté, tantôt de l'autre. Passer la limite, en sautant par-dessus ou en marchant dessus, certains jours c'était un jeu. Quelques-uns, parfois, montaient sur la pierre à cheval entre ces deux pays que l'on ne distinguait pas, plus haut dans les châtaigniers, et non plus dans le pré en bas. Et peut-être la limite suit-elle la haie de clôture... Il est vrai qu'à cet endroit, pourtant, le paysage changeait, si nous avions pu voir, par-dessus les bordures, les Monédières si bleues dans le fond de l'air, là-bas, comme terre promise. Mais nous, nous ne voyions pas si loin. Les fleurs de printemps, les pommes d'hiver, les prunes bleues. Et la nuit, souvent, qui tombait.

Un de ces soirs, justement, quand le crépuscule vient tôt, et que la lune tarde, une vraie panique s'empara de nous. Je n'ai jamais su pourquoi. Peut-être avions-nous entendu parler d'enfants maltraités, de filles violées, d'enlèvements... je ne sais pas... Il était nuit, nuit juste close. Une auto passa, qui nous aveugla de ses phares. Nous ne voyions plus rien du tout. Il en venait une autre, et même deux. Une qui ralentit, s'arrêta presque. Et nous voilà tous de courir dans les pentes, dans le chemin de notre pré, dans le talus, à travers la haie, on ne sait où – je ne sais comment nous sortîmes de là. L'idée, toujours, était de passer « par en bas », par le village de Bellegarde, là où il y avait des maisons. Je ne sais plus où je passai, moi. Même le jour, je ne connaissais pas ce chemin-là. Je dus probablement rattraper la route, dès que ce moment de folie fut passé. Une chance! Je ne sais si quelqu'un pensa à la pêcherie qui était là juste en bas de la pente raide du pré, pleine de cresson et d'herbe qui la dissimulaient entièrement, mais personne ne tomba dedans. Il me semble avoir entendu parler de paniques comparables, mais c'est bien la seule à laquelle j'aie participé. C'était comme un cauchemar.

De telles choses, naturellement, ne pouvaient arriver que le soir, et la nuit tombée. Elles ne s'engendraient pas d'elles-mêmes, mais par la crainte de quelques-uns qui, n'habitant pas très loin, avaient coutume d'arriver chez eux avant qu'il fît tout à fait noir. Passé Bellegarde, ou même la Joubert, les émotions nocturnes étaient rares, de courte durée, et s'achevaient en éclats de rire. En précautions, aussi, lorsqu'il fallait passer la haie, le marécage, ou longer la pêcherie pleine d'étoiles, de joncs et de langues de chat. Une fois, pourtant, en sautant la haie, je fus mordue cruellement par un barbelé qui me trancha la cuisse. Mais ce n'était pas une illusion... Les matins, la peur seule d'être en retard nous faisait presser le pas. Je n'avais guère l'habitude, moi, d'arriver trop tôt.

C'est ce qui m'advint au moins une fois, pourtant. Mon grand-père apportait, ou allait chercher, quelque outil chez le forgeron. Nous avions pris le chemin le plus long, par les puys – celui de Bellegarde, le Puy Pérol, et la Tranchée. Le soleil levant nous poussa par-derrière jusque-là... Dans la classe vide, qui sentait la poussière et la cire, il entrait à pleines vitres, à pleine porte. Non, ce n'était pas la classe – je ne m'y reconnaissais pas, dans ce silence, dans cette lumière. J'en avais le ventre serré, d'une vague nausée... Une autre fois que j'étais arrivée tôt, ne tardèrent pas deux ou trois garçons. L'André avait acheté quelque sucrerie chez Piton, l'épicier en face – avec ses dix sous du catéchisme, pro-bablement... D'un côté de cette friandise, il y avait une petite bague de laiton. L'André regardait ça – il n'en avait rien à faire, lui de cette bague... D'ailleurs, il en portait déjà une. Moi qui étais là à bader le bec, il me la tendit et je la mis même à mon doigt. Je ne peux pas dire qu'aucun garçon ne m'ait rien donné! Tu parles! même une bague...

On n'en finirait pas. Mais, à y voir de plus près : douze ans de vie – et si peu de traces...

Il est vrai que je n'ai pas tout dit. J'ai dit combien elles avaient travaillé dur dans les champs, chez nous, les femmes. Et pour-tant, elles avaient fait des choses bien délicates. Je ne parle pas des tricots habituels, chemises et pull-overs, gilets et chaussettes, bérets, gants et mitaines, écharpes et que sais-je?... à toutes sortes de mailles serrées ou chaudes, de points simples et ajourés... Mais de ces couvre-lits de coton blanc, interminables œuvres d'art, qui sortaient de leurs mains aussi parfaits que de celles des femmes oisives du bourg et des villes... Celui de la Marraine aux petites aiguilles, celui de ma grand-mère au crochet. Je ne les ai pas vu faire, il est vrai, mais ils sont toujours là. Et aussi la grande colle-rette – une petite cape qui retombait sur les épaules – de ma grand-mère. Alors que ma grand-mère était jeune mariée, c'était la mode. Elle en vit sur les bancs à la foire, mais trouva trop cher d'en acheter. Elle regarda bien comment c'était fait, et ce fut le fil qu'elle acheta – du fil d'Alsace. Le crochet, elle devait en avoir. Des feuilles de laurier et des roses...

Elle n'était pas la seule, jeune fille, à faire ses dentelles. Elles s'apprenaient l'une l'autre, et l'une ou l'autre inventait quelque nouveau dessin. Ainsi ce jour que la Maria leur apprenait, à trois ou quatre jeunes filles assises sur la maie, à faire une bordure nouvelle.

– Bien sûr que je vous montrerai. Ce n'est pas difficile...

Deux ou trois garçons, debout devant elles s'étaient arrêtés de parler et regardaient aussi. Le crochet volait. Tout à coup la Maria ressentit une petite envie. La voilà tout doucement qui lève la cuisse :

– Prou... ou...

Tout délicatement, comme une petite musique dans le silence. Beneitou, qui était là, regarda ma grand-mère, mais ne dit rien. Le rire!... Le rire qui les étouffait – et qu'ils étouffèrent.

Mon Dieu! s'il avait seulement prononcé une parole!... Moi pour elle j'avais trop honte... Mais elle, ça ne la gêna pas, pas du tout.

C'est que Beneitou, d'ordinaire, disait bien ce qu'il pensait. Et même il n'était pas toujours facile de savoir s'il plaisantait ou non. Par exemple, lorsqu'il faisait compliment à une jeune fille :

– Oh! mademoiselle, vous êtes aussi fraîche qu'une fleur de parterre.

Une fleur de parterre, oui, si la fille était belle, blonde, rose. Mais une brune, belle ou moins belle, qui aurait eu la peau foncée, comment l'entendait-il?... Une fleur de parterre, chez nous, c'est une merde. On peut comprendre ici que, jeune, pauvre et passant pour vantard et menteur, Beneitou était déjà une sorte de référence...

Et voilà que je trouve un autre sourire. Ma tante l'Angéline était toute jeune encore, et la Marie, la fille du père Pradeau et de la Mélanie, toute petite. L'Angéline jouait avec la Marie. Elle voulait lui apprendre une chanson – ou plutôt des paroles sur lesquelles on danse, d'un pas très vif :

– Écoute, ma petite Marie, écoute bien :

Marie tue ton chien, Marie tue ton chien...
tu mangeras de la sauce!

Marie tue ton chien, Marie tue ton chien...
tu mangeras du rôti...

La Marie écoutait.
– Allons, ma Marie, chante, toi. Chante!
Et la Marie :

Tue ton chien, mon Angéline, tue ton chien...

J'ai peu connu la Mélanie, moi, sinon dans les premiers temps que j'allais à l'école. Elle ne tarda pas à mourir, subitement ou presque. Ce fut pour ma grand-mère un vrai chagrin. Elle était sa marraine, je crois. Elle en avait un grand et de petits souvenirs. Le plus ancien remontait au premier mariage de la Mélanie. A quelque occasion que j'ai oubliée, la petite Léonie était allée chez sa marraine, à Bonnat, et un jour s'y retrouva seule avec quelque oncle qui la gardait, et qui certes la fit bien manger. Mais voilà qu'elle eut soif. Le garçon voulut la faire boire et chercha le plus beau verre à cet effet, un magnifique verre bleu. Horreur! Au Boisme, on avait le même verre, un grand beau verre bleu dans lequel trempait... la caillette de veau pour la présure, la « franche »! C'était le verre de la « franche »! Comment aurait-elle pu boire dedans? De toute la journée, elle creva de soif, mais elle ne but pas. Et le garçon n'eut pas l'idée de lui présenter un autre verre, et elle de dire... Elle pouvait avoir quatre ans et un sens aigu du syncrétisme...

La Mélanie devint veuve très vite et se remaria avec le père Pradeau. Quand ils habitaient au Boisme où il faisait le meunier, ma grand-mère allait coucher parfois chez sa « femme », la Mélanie. Un matin, elle se réveille. Sa « femme » n'était pas là. La petite Léonie se lève, et la voilà partie vers les prés, en chemise, ses vêtements sur le bras. A peine allait-elle passer le ruisseau, apparaît au bout du chemin un homme à cheval, un homme terrible, Tête-Rouge le « pelhaire », le chiffonnier, la tête flamboyante sur son cheval noir. Et le voilà qui interpelle l'enfant demi-nue, criant qu'il va la castrer – et l'enfant éperdue, épouvantée, qui court, qui court, qui tombe enfin dans les bras de la Mélanie. Sauvée!

Elle se rappelait aussi, ma grand-mère, le premier mariage auquel, jeune fille, elle avait assisté. Elle n'avait que treize ans. Elle ne se souvenait pas tant de sa robe, peut-être, mais de son chapeau! En ce temps-là, on n'achetait pas un chapeau, on le faisait faire. Sa mère avait dit à la modiste de lui faire un joli chapeau. Joli, celui-là l'était ! Énorme, couvert de fleurs, de nœuds, de rubans. On hésitait, à le voir, entre la pâtisserie et le jardin. A la description, peut-être eût-il fait les délices campagnards d'une héroïne de Proust... Mais c'était une vraie campagnarde, âgée de treize ans tout juste, qui devait le porter – qui le porta, avec une conscience du ridicule qui ne fit toute la journée qu'accroître sa naturelle timidité, en compagnie surtout de ce cavalier inconnu qui, pourtant, prenait grand soin d'elle, la servant copieusement à table :

– Mangez, mangez, vieille bête. Il n'y a rien d'aussi bon...

Et elle, raide sous son chapeau énorme, qui n'osait rien avaler... Eh ! c'est qu'elle savait s'habiller, cette femme, et son corps bien équilibré qui s'accommodait de toute la noire simplicité de l'époque où je l'ai connue eût supporté bien des fantaisies qu'elle ignorait. Je me souviens de l'humble soin qu'elle portait à son linge, la dentelle de ses chemises, le merveilleux volant de ce jupon mauve que cachait la robe droite et stricte – à mon grand regret... Oui, j'en parlerais, de ma grand-mère...

ON entend force gens dire, aujourd'hui, que le temps est fou, qu'il n'y a plus d'hiver, plus d'été – et quoi encore! Ils le savent, pourtant, que les jours se suivent et ne se ressemblent pas. Je l'ai toujours vu ainsi. Et, du mauvais temps en toute saison. Quand nous étions en classe, soudain voici l'orage. Et bien souvent, sitôt l'orage, un coup de tonnerre, un claquement! La foudre était tombée une fois de plus devant chez Pradeau, sur le poteau électrique dans le jardin de chez Lagrue, là où il y avait un si beau massif de petites pensées, qu'on nous avait dit, à tort ou à raison, être des violettes de Parme.

Ce jour-là, le coup de tonnerre fut plus violent que jamais. Il faisait une chaleur lourde, cet après-midi, à s'endormir sur la table. Le Monsieur, qui avait dû voir venir la chose, nous fit fermer nos livres et nos sacs, mais ne nous dit pas de nous en aller. Et nous restions là, sans rien faire, à attendre. Nous n'attendîmes pas longtemps. Tout à coup le tonnerre se mit à tonner, le vent à souffler, la grêle à sonner. Je ne sais ce que firent les autres, moi je rouvris mon sac et j'entrepris de manger le gros morceau de pain de mon goûter auquel je n'avais pas touché. Il en était déjà ainsi pour moi: quand l'orage montait, je dormais; dès qu'il éclatait, je mourais de faim. Cela n'a pas changé. Nous étions là, assis à nos places. Nous nous regardions. Personne ne soufflait mot. Je mangeais. Au bout d'un quart d'heure, peut-être vingt minutes, tout s'arrêta, d'un coup. Nous partîmes. Misère! Personne ne parlait. Aucune porte ne s'ouvrait. Sur la route, à pleins bords ruisselait une eau noire – de terre, on aurait dit de cendre et de charbon, une eau qui puait le froid, le fer. Dans les fossés, la grêle

417

s'amassait en tas, comparable à du verre pilé. Les gens ne sortaient toujours pas. On n'entendait rien. Et nous ne faisions pas de bruit non plus.

Certes, elle fit bien du mal, la grêle, en cette fin de mai. Pas autant, cependant, que l'on pourrait penser. C'est que, juste la semaine précédente, il avait neigé, et cette neige avait été une véritable catastrophe. C'était un 18 mai. Ma grand-mère et ma mère étaient allées à la foire à La Croisille. Je ne sais pas comment elles y étaient allées, mais depuis Surdoux au moins, m'ayant attendue, elles rentraient à pied. Il y avait une bonne couche, peut-être dix centimètres, d'une neige à la fois lourde et craquante de froid. En passant par Bellegarde, nous entrâmes aux Renardières, chez des gens qui avaient acheté cette propriété depuis peu. Ils venaient d'un endroit qui s'appelait aussi les Renardières, et ils portaient les mêmes noms et les mêmes prénoms, que les propriétaires précédents. La différence, c'est que les autres étaient un peu nos cousins, ceux-ci, non.

Je ne sais pas si mes parents les connaissaient déjà. Ils nous accueillirent très aimablement – une poignée de feu, à mi-chemin, ne nous fit certes pas de mal non plus. Il y avait une petite fille au berceau, la Thérèse, qui me plut tout de suite – celle qui, plus tard, épousa le Matou. A partir de ce jour, j'allai la voir presque tous les soirs d'été quand je passais par là au retour de l'école. J'entrais dans la maison, à peine si je disais bonjour, je regardais la petite fille, et m'appuyant à la table pour un demi-tour rapide, je filais... Quand son frère naquit, le Roger, je passai le voir un jour en revenant du catéchisme. Le petit pouvait avoir trois semaines. Ce n'était pas le premier bébé que je voyais. Non. Ni le plus jeune.

Ce jour-là, l'Aîmé des Pratdenaut, et sa sœur la Yvou, nous avaient dit :

– J'ai un petit frère.

Et nous ce petit frère, le Gilbert, c'est sûr que nous voulions le voir. Ce jour-même, le soir, il était nuit – ou le lendemain soir – les Petits et moi nous suivîmes l'Aîmé, et nous voici dans la maison, qui après le bonsoir ne savions plus que dire. Mais les enfants nous firent monter l'escalier, et là-haut dans une chambre il y avait le lit tout blanc de l'accouchée, et le berceau à son chevet, et le petit dedans, avec ses bonnes joues rondes et lisses, qui dormait les yeux clos et la bouche à téter le sommeil comme le paradis sur terre. Nous en prîmes nos pleins yeux à la clarté de la lampe, nous qui ne savions que dire l'un après l'autre à la queue leu leu, éblouis d'un mystère qui, pour une fois, nous avait coupé la parole. Naturellement, cela ne dura pas. Nous n'étions pas sortis de la châtaigneraie que le moulin s'était remis en marche.

Mais, pour en revenir à ce 18 mai, oui elle en avait fait du travail, la neige! Surtout dans les seigles, si beaux cette année-là, qui avaient déjà monté l'épi. Ils étaient tous par terre, pliés, cassés, gelés... Devant tout ce malheur, les paysans, qui savaient bien que personne ne leur donnerait le grain qui allait manquer avant même la fin de l'année, tandis qu'il leur faudrait payer l'impôt comme si de rien n'était, les paysans eurent une idée. Je ne sais pas lequel l'avait trouvée le premier, mais il y en eut pour dire, pour répéter et peut-être déclarer à leur assurance, ceux qui étaient assurés, que tout ce mal, tout ce dégât, venait de la grêle – non pas de la neige contre laquelle ils n'avaient aucun recours. Oui, de la grêle – une grêle de saison, comme il s'en voit malheureusement. Oh! non. Ce n'était pas la neige – non, ça ne se pouvait pas – cette neige n'existait pas. Il n'y avait pas eu de neige... Tu parles! Un 18 mai!

Sans parler du dommage, on en avait dépit, oui! On en avait honte. Comment reconnaître, sans se faire moquer de soi, une neige du 18 mai! Ils en étaient là, les gens, à renier ce qu'ils avaient vu, à nier ce qu'ils savaient – et l'ayant rabâché huit jours, ils commençaient à croire que cette grêle administrativement admise, avait bel et bien cassé les seigles et gelé les prés. Ils en étaient là quand la grêle tomba – cette grêle qui ce jour-là roulait sous les pas, et par endroits, portait le poids d'un homme. Ils en voulaient de la grêle, les gens? Ils en eurent. Je ne me rappelle pas si mes parents finirent par déclarer ce sinistre, ni s'ils obtinrent quelque dérisoire compensation. Je crois qu'ils continuèrent quelque temps à payer ce risque grêle qui ne coûtait pas cher mais ne couvrait rien du tout. Ensuite, ils laissèrent souffler la tempête, qui revenait finalement moins cher.

Oh! c'est bien d'autres fois qu'il fit mauvais temps, on en a vu – aussi tard en saison, peut-être pas. Mais il y eut cette année où, tel jour de mars, on pouvait mesurer trente-cinq centimètres de neige dans notre cour, ce qu'on n'avait jamais vu – ce qu'on n'a pas revu. Je devais avoir dix ans. Et la Marraine ne parlait-elle pas de cette année terrible, où la neige resta sur le sol sept semaines entières, noire à force – et comment le père Chatenet avait su faire un traîneau pour amener le foin depuis Combedarrière. Elle en parlait, je ne sais pas si elle l'avait vu – peut-être n'était-elle pas née encore. Peut-être n'était-elle pas née non plus, cette fois que lui racontait sa mère, d'un orage qui dura huit jours, huit jours pendant lesquels le grondement du tonnerre ne cessait que pour reprendre.

Mais il ne fallait pas autant de neige pour que l'on fût obligé d'y tracer les chemins à la pelle, très proprement. Sinon les sabots s'emplissaient, la neige y fondait, puis gelait de nouveau sur les bas, si bien que l'on avait les pieds trempés de glace.

Je m'en souviens, oui, de ces soirs où les ardoises craquent, à soleil couchant sous le ciel clair, rouge sang comme d'un feu glacial, et jetant sur la neige une ultime lueur, aveuglante et rose comme un éclair. Je me souviens des chandelles de glace qui pendent à chaque gouttière, moulées dirait-on pour l'éternité. Qu'un rien les touche, elles tombent – crac! – dans un craquement de verre cassé et de sel broyé. Sous la porte de l'étable des porcs, l'écoulement gelé de l'urine prenait des couleurs de pierre rare – noire, fumée, verte, une sculpture étonnante. J'en parlerais, oui! comme de cette fleur d'arc-en-ciel – vert, rose, noir, étincellement – que nous regardions bouche bée nous autres, rose ronde qu'une goutte d'essence ou d'huile, au passage d'une auto, nous avait semée sur la route humide. Non! nul autre bleu n'est aussi bleu, ni violet si violent, ni mauve aussi mauve. Une merveille pour nos yeux.

Or, voilà qu'en parlant de cochons, je me retrouve en plein été, que je pense à la truie que l'on menait au bain. Il faisait chaud, si chaud que les poules haletaient bec béant. Le pauvre chien, même le Carabas, à force de chercher une ombre fraîche sans en trouver, se résignait à gratter la terre d'une patte molle, et croyant déjà du bout du nez sentir quelque promesse d'eau, laissait choir là sa graisse en haletant, le pauvre... Affalés sur les lits, les contrevents clos, chez nous faisaient la sieste. Et moi, nue sous ma robe, dans le silo des légumes vide je passais mon temps, sans rêver d'aucune plage, sans seulement penser qu'il y eût la mer, à regarder couler du bord, par une toute petite trouée, un fil de sable fin qui sur mes doigts n'était que poussière. Je passais là des heures. Me suffisaient le poids de ce soleil et la douceur de cette terre.

Disait ma grand-mère, ou bien la Marraine :

– Vous l'avez vue, cette pauvre truie?

La truie, dans l'étable, battait des flancs.

– Allons, lève-toi, pauvre bête!

Ma grand-mère avait une baguette de noisetier, et toutes deux prenaient le chemin ombreux vers le Pré. Le premier jour, la truie ne savait pas. Elle protestait qu'on la dérangeait pour rien, se retournait en reculant et montrait les dents sous les oreilles poilues qui lui battaient le nez... Le lendemain, elle ne se faisait pas prier. Dans le Pré, elle avait su trouver quelque bonne rigole bien fraîche et bien sableuse où se coucher dans tous les sens à longs battements du corps tout entier. Quand elle rentrait, de truie on ne voyait plus que les yeux, dans la boue dont le poil dégouttait encore. Ne me serait même pas venue l'idée, à moi, que j'en aurais pu faire autant! Eh mais!...

Ce qui m'étonnait alors – et je l'ai souvent remarqué depuis, mais je m'en souviens dès l'enfance – c'est que ce temps de fortes chaleurs n'était pas très clair, ni de soleil pur. Non : tout autour du ciel semblait stagner une fumée de couleur terne, presque blanche, presque grise, qui n'avait presque pas de couleur. C'est par un temps pareil, petite, que j'avais mal au ventre, parfois, comme les jeunes enfants et les veaux. Mais, une année, ce fut mémorable.

J'étais grande, alors, j'avais plus de dix ans. La mère Louise, qui aimait tant à se promener, n'entendit-elle pas dire que ses cousins de Meilhards, qui étaient aussi les nôtres, venaient d'être malades? Et la Louise de courir aux nouvelles, et elle nous en donna, et même nous en rapporta. Cela me prit soudain en pleine nuit, un mal au ventre! Je me lève : rien que du sang. Et ce n'aurait été rien encore. Quelques moments après, mon père, ma mère, et les autres – tous sur la litière. Et ma mère de crier que nous étions empoisonnés – sais-je ce que nous avions mangé, ou bu, c'était sa faute, nous allions tous mourir. Et la voilà qui pleure, en se tordant de douleur. Elle nous aurait fait vraiment peur, si mon père et moi n'avions pris le parti d'en rire, entre deux contractions d'entrailles... Personne ne mourut, que si nous étions bien emmerdés, nous n'étions pas empoisonnés. C'était ce mal que la Louise était allée chercher à Meilhards. Tout le village y passa, ou peu s'en fallut. Mais je fus la plus malade, comme de juste.

Le médecin vint, et ses potions me soulagèrent, mais elles ne m'étanchaient pas la soif. Une soif! Il me semblait qu'elle me brûlait la gorge, le ventre, qu'elle me desséchait les os jusqu'à la moelle. Quand je pus me relever, je ne tenais pas debout.

Ces maux de ventre, qui n'allaient en général pas jusqu'à vous saigner le corps, nous n'en souffrions tout de même que bien rarement, au contraire de nos voisins qui appelaient ça « la traîne ». On parlait pourtant d'un fermier, peu après la Grande Guerre, dont la famille avait été touchée tout entière, très gravement. Ils perdirent même deux ou trois jeunes enfants, et les autres se sauvèrent de justesse. A ce moment, le Dr Roux était médecin à Chamberet. Comme il l'avait fait pour la grippe espagnole, ou quand la Léontine avait eu le croup, il vint dire chez nous de prendre des précautions, et surtout de ne pas boire l'eau du puits, et de ne pas boire d'eau qui n'ait pas été bouillie en cas d'épidémie. Aussi faisait-on bouillir l'eau, ou bien allait-on la chercher aux fontaines de notre Pré, où il n'en manquait pas. Quant au puits, nous n'y avions aucun droit, et personne ne nous aurait autorisés à en prendre un verre, ce que nous ne sollicitions évidemment pas. L'eau, moins on en parlait, mieux c'était pour la paix du village.

Que, si les sources de notre Pré étaient loin pour y aller à pied et rapporter les seaux pleins à bout de bras, il aurait été bien facile de les capter. Un bélier eût suffi. Mais voilà, il aurait fallu traverser deux parcelles de Boulaud, et ni Boulaud ni les siens quels qu'ils fussent n'auraient laissé insulter leur terre par le passage de notre eau, même en leur en fournissant bien plus qu'ils n'en auraient pu boire. De temps à autre, mon grand-père tentait des négociations à ce sujet, n'aboutissant qu'à des éclats de voix et des bouderies interminables. Eux, ils n'avaient pas besoin d'eau, ils avaient le puits. Et, comme le père Léonétou protestait, ils lui firent construire une citerne. Il est vrai que le puits tarissait souvent, les étés, et quelquefois la fontaine du village, la font du pré de la Font. Et alors ils allaient tous, avec le cercle ou le balancier, chercher l'eau à pleins seaux dans notre Pré, où ils n'avaient aucun droit. Mais, n'est-ce pas? de l'eau, ça ne se refuse pas... Aussitôt la sécheresse passée, et que nous reparlions de faire amener cette eau pour tout le village, plus personne n'entendait rien — et il n'y avait aucune chance de trouver un passage ailleurs que dans le terrain sacré de Boulaud. Ironie du sort : aujourd'hui que ce terrain est à moi, l'eau me vient d'une tout autre source, tandis que la mienne abreuve la ville de Chamberet, et qu'aucun autre habitant de Germont n'est là pour en profiter.

Oui, cette question de l'eau à Germont, grâce aux citernes nous avions pu la prendre en patience et non pas au tragique. Elle s'était posée dès avant ma naissance, quand les collines défrichées ne retenant plus l'eau, les sources hautes peu à peu baissèrent, et les puits. Toute mon enfance en fut bercée plutôt que perturbée. Elle nous causa des difficultés, quand il fallait aller au Pré avec un tombereau plein de barriques pour abreuver vaches et porcs. Elle provoqua de profondes indignations et de vives colères — mais aussi quels éclats de rire! Et les plus savoureux je ne les dirai pas ici, parce que la situation se prolongea bien au-delà de mon enfance, et qu'ils ne remontent pas si loin, tant s'en faut.

Quand la Clarisse avait rapporté l'eau de sa soupe depuis l'une ou l'autre de nos sources, croyez qu'elle l'avait gagnée. Je voudrais vous y voir. Mais alors, quelle excuse, au contraire, pour ne pas nous dire merci! Peut-être aurions-nous dû les lui apporter, ses seaux?... Nous ne demandions pas mieux, il est vrai, comme j'ai dit... Non : ce n'est pas pour nous plaindre. En toutes autres choses, Mistigris et Boulaud retournés au pays dont on ne revient pas, nos voisins n'étaient pas de mauvais voisins. Mais pour ce qui est de l'eau!... Allons, eux aussi sont partis. Qu'ils dorment bien. Et nous, pendant cinquante ans et plus, à défaut de l'eau de la terre, nous eûmes l'eau du ciel. Pourtant, qu'il est donc difficile de vivre et laisser vivre...

Personne, alors – personne qui ne voulût vivre. Personne qui pensât que la fin venait, qu'elle fût si proche. La fin de cette vie rude et tendre. Non, cela ne se voyait pas dans ces haies si bien taillées, cette palme vivante aux prés des rigoles vives, ces sillons qui allaient sur le flanc des collines, suivant les courbes de la terre. Moi non plus je ne le voyais pas, et j'aurais refusé de le voir... Mais je n'y pensais pas. Y aurais-je pensé que j'en aurais eu honte – honte d'une pensée de mort comme si j'en eusse été responsable. Mais je n'y pensais pas. J'allais à l'école. Ce qu'on disait, je l'entendais. Et même il m'en restait dans la mémoire.

Et n'est-ce point alors que j'eus quelque heure de gloire? Tous les ans, on nous vaccinait; en haut du bras, avec une petite plume de fer on nous traçait trois petites croix saucées d'un pus jaunâtre... C'était une fête, parce qu'on y apportait les tout-petits dans les bras de leurs mères, et nous personne ne nous empêchait de parler ni de rire, jusque dans la salle de la mairie, à côté de la petite classe. Et, une autre fois, le médecin venait, le père Couty de La Croisille, qui nous passait la visite comme à de petits soldats. Tout en parlant, la Dame et le Monsieur lui disaient quels étaient leurs meilleurs élèves, et il les interrogeait. Une certaine année, alors que j'étais encore chez la Dame, il m'avait promis une belle image – que je ne me souviens pas d'avoir jamais eue. Je ne sais pas si quelqu'un d'autre en profita. Mais je l'avais gagnée, moi. Et quelque part dans le paradis, je l'ai.

Une autre fois, plus grande, il me fit écrire je ne sais combien de mots difficiles sur le tableau. Et je savais. Mais ne voilà-t-il pas, quand il me fit l'ordonnance – il n'était pas du tout obligé d'en faire une, mais s'il voulait la faire! – il me demanda aussi de l'écrire au tableau :

– Sirop iodo-tannique.

Sirop, je savais. Iodo-tannique! Allez donc savoir ce que diable ça pouvait bien signifier... Je n'y arrivais pas... Tant pis. Il m'expliqua. Et aussi que c'était pour me fortifier, pour m'empêcher de contracter toutes les grippes qui passaient : j'en pris, cela ne changea pas grand-chose. Mais, comme il n'est pas obligatoire, même l'année du certificat, d'en savoir autant que le médecin, ce jour-là il me promit un beau livre, que je n'aurais qu'à aller chercher quelque jour que je passerais à La Croisille. Il fallut bien y aller! Chercher le certificat de vaccination contre la variole, nécessaire pour entrer en pension. J'accompagnai ma mère, et j'eus le livre. C'était *Les Vacances* de la bonne comtesse de Ségur que j'ai toujours aimée. Je le lus, je le relus – combien de fois! Finalement je le prêtai et ne le revis pas. Je l'ai bien regretté – même si, comme l'image, quelque part dans le paradis, il est mien...

Moment de gloire? Amère gloire. Ainsi que je l'ai vu déjà et si souvent depuis, cela suscite plus de jalousies, et somme toute de mépris, que de prestige. Hé! jeune ou vieux, il faut bien l'apprendre. Je l'appris jeune. Je ne sais pas si, comme pour la variole cette petite croix d'honneur poissée de pus peut servir de vaccin.

Autrefois, la « picote », ce n'était pas rien. La Marraine en parlait, non sans raison. Je l'ai déjà dit, la pauvrette n'était pas née quand son père mourut, d'une fluxion de poitrine. Il était allé à Treignac, chercher, je crois, de la poudre pour faire sauter un rocher. Au retour, sans prendre garde qu'il bouillait de chaleur, il se changea et alla dans le champ lever le blé noir. Et c'est alors qu'il sentit le froid d'un traître petit vent glacial qui soufflait de plus en plus fort. Quand il se coucha le soir, impossible de se réchauffer. Et il ne se releva plus. Vint le médecin, d'Arsonval, le père du physicien, qui, en voiture ou à cheval, allait disait-on de la Borie jusqu'à Affieux...

— Je vois bien ce qu'il a, dit-il. Mais je n'y peux rien. Oh! on saura, un jour, soigner cela. Il se fait tant de progrès... Mais actuellement...

On peut encore mourir d'une congestion pulmonaire. Le malade mourut. Mon arrière-grand-mère resta seule pour soigner les enfants, secourir les vieux, tenir le bien et se défendre de Boulaud. Son beau-père l'aidait beaucoup.

Cette année-là, la petite vérole courait la campagne. Une maladie terrible. Ceux qui n'en mouraient pas dans d'affreuses souffrances en restaient marqués comme de la grêle, avec des trous profonds qui parfois leur avaient percé le nez ou les paupières, et qui parfois, n'importe où, allaient jusqu'à l'os. On apprit chez nous que les cousins de Chantecor étaient tous malades, tous au lit. Dit le vieux :

— Il faut que j'aille au moins leur porter de l'eau et du bois.

Il y alla. Il soigna le bétail, fit boire tout le monde, cassa du bois autant qu'il put. Au retour, vers les Garennes, il dut poser culotte. C'est alors qu'il sentit le froid, des frissons qui lui montaient des jambes et bientôt lui saisirent le corps tout entier. Il se coucha en arrivant et lui non plus ne se releva pas. Mon arrière-grand-mère le soignait. Elle ne se coucha pas de huit jours, elle avait bien des peines à le maintenir dans le lit. Lorsqu'il se calmait un peu et que la fatigue l'emportait, elle se laissait aller sur le bord du lit. Quand il fut mort, elle l'habilla. En lui passant ses chaussettes, toute la peau de la jambe remonta avec la chaussette. Elle ne prit pas le mal, seulement deux ou trois petits boutons qui laissèrent une marque blanche, comme une balle de blé. Il en fut à peu près de même pour mon grand-père, deux ou trois cicatrices livides sur le visage, rien.

Je ne sais pas à quel moment la Marraine fut vaccinée. Cela se pratiquait ainsi, à ce moment : on allait chercher le vaccin sur un enfant vacciné lui-même et dont la plaie était purulente, et il se fit de cette façon une chaîne dans les campagnes sans aucun contrôle médical, les gens se vaccinaient eux-mêmes et vaccinaient les enfants sans autre précaution. Auraient-ils pensé au risque d'autres contagions que cela ne les eût pas arrêtés, tant était grande la crainte de cette maladie. La Marraine connaissait son donneur, et elle l'a dit bien des fois. Mais moi, j'ai oublié. Le vaccin lui avait laissé sur le bras des marques profondes et larges, où la pointe du doigt s'enfonçait.

C'est vrai. Ces souvenirs, je les trouve dans ma mémoire comme s'ils étaient miens. Et certes, ils sont miens ! Je les ai portés. Je les porte. Ils m'ont pesé comme les miens. Personne qui les porte comme je les porte – mais qui les porterait ? Ils m'ont pesé plus que les miens. Il en est ainsi de la vie comme de la mort – les uns pour vivre, les autres pour dire. Pour redire, d'âge en âge.

Chez nous, on disait. La Marraine plus que tout autre. Ainsi de ce jour, alors qu'elle était toute petite au berceau, tandis que sa mère assise près de la fenêtre de la chambre peignait le Léonetou son petit garçon, et que Cadet du Cheyron, passant sa tête par le soupirail poussa dans la cave un tel hurlement ! Un cri à réveiller les morts. La pauvre femme en fut saisie. Cadet n'était pas méchant ; au contraire, pour lui faire plaisir, il lui apportait un fagot de branches de bouleau pour faire un balai. Mais il n'était pas intelligent. Ce cri, qui pour lui n'était qu'un jeu innocent, fut un tel choc pour la malheureuse qu'elle perdit son lait. Dès lors, comment nourrir la petite Louise ?... On ne pouvait pas aller en acheter à l'épicier, du lait ! Celui d'ânesse est rare, celui de chèvre, ce n'était pas la saison, celui de vache n'est pas fameux... Par chance, une mendiante passa. Et elle lui conta la chose.

– Ne craignez rien, dit la pauvresse. Je vais à Sainte-Anne. Voici...

Mon arrière-grand-mère lui confia l'argent, et quelques jours plus tard, elle sentit des picotements à ses seins : le lait était revenu. Bien plus tard, quand la mendiante repassa, elle lui remit un mot écrit du curé de Saint-Anne, attestant qu'il avait bien célébré une messe pour elle tel jour – le jour précisément où le lait lui était revenu.

En ce temps-là, on pouvait être pauvre, honnête, et croyant...

On parlait aussi de la « Cause », qui, en parlant prononçait le « c » dur, au lieu de chuinter comme chez nous – de même que le père de Cosette devait prononcer « *Causeta* » comme j'ai souvent entendu dire « Chauseta » en parlant à une toute petite fille. Mais celle-là, c'était « la Cause ». La Cause qui disait à mon arrière-grand-mère – la Noble :

– *Avetz ben un bel nom*! Que vous avez un beau nom! Mais j'en sais un plus beau.

– Et quel est-il, ma Cause, ce nom si beau?

– Anne Delbois.

Du moins, c'est ce que crut comprendre mon arrière-grand-mère. Mais elle ne sut jamais si c'était le nom, non plus qu'elle ne connut jamais l'histoire de cette femme qui, parfois, rêvait à voix presque haute :

– Quand j'étais à ma fenêtre, derrière mes rideaux...

– Que dites-vous, ma Cause?

– Rien... rien... Je ne sais pas ce que je dis...

On pouvait tout imaginer. Les peurs et la misère, la folie, le malheur... Sans oublier ces jeunes filles, parfois de bonne famille, qu'on avait chassées enceintes, ou l'enfant sur leurs bras, qui ne pouvaient ni ne savaient rien faire, que personne ne recueillait, et qui, le pli une fois pris, ne pouvaient plus que chercher leur pain.

Telle la Vendredi, dont parlait tant ma grand-mère, qui passait au Boisme le vendredi. Elle aimait beaucoup ma grand-mère qui, parfois, lui recousait ses haillons. Une fois qu'on lui avait donné du miel, et qu'elle ne put le finir :

– Tiens, dit-elle en repoussant ses restes, vous les donnerez à la bergère.

Et elle riait de la bonne plaisanterie. Mais elle n'aurait pas gardé les moutons, même un jour, même une fois, pour permettre à ma grand-mère d'aller à la fête ou au bal.

Non, elles n'étaient pas bien vues, les filles qui faisaient passer Pâques avant les Rameaux... Comme celle qu'on avait envoyée accoucher toute seule dehors. Cette fois-là, les gendarmes s'en mêlèrent. Ils la trouvèrent dans la grange, qui avait tiré sous elle un peu de paille. Ils l'interpellèrent, elle ne répondit pas.

– Elle ne veut pas parler, dit la mère, elle boude.

– Elle ne parlera plus, dit le gendarme, elle est morte.

A la vérité, tous ces passants, quand ils n'étaient pas bohémiens, marchands de boutons, raccommodeurs de parapluies, rémouleurs, ferrailleurs, montreurs d'ours, du moins ils payaient de quelque prière, ou faisaient semblant. Celui dont mes parents n'avaient jamais parlé, que l'on avait pourtant retrouvé pendu non loin d'ici, vers la Croix de la Veyssée il n'y avait guère plus de cent ans, il portait un chapelet dans sa poche, comme tant d'autres alors. Et témoignaient aussi ces petits garçons qui disaient venir de Meuzac. Comme un homme de la Veyssée leur demandait pourquoi ils mendiaient :

— Nous sommes dix frères tout petits à la maison.

— Dix frères! Et pourquoi tant?

— Il faut bien prendre ce que le bon Dieu envoie...

— Le bon Dieu? répondit l'homme. Ce n'est pas le bon Dieu. Tu entends? C'est ton père. Tu lui diras qu'il n'en fasse pas tant.

Et peut-être même : qu'il se fasse castrer.

C'est que les cherche-pain n'étaient pas forcément les bienvenus. On disait que certains n'étaient pas vraiment des pauvres.

— Nous avons eu un incendie...

Une bonne excuse, et parfois malheureusement vraie. Mais on avait remarqué un grand gaillard, qui venait de la région de Chateauneuf, qui serait passé ainsi tous les ans, ne rentrant chez lui qu'une fois son sac plein de blé, qu'il n'avait aucun mal à emporter sur l'épaule. Et cette femme, accompagnée d'un petit enfant, à qui mon arrière-grand-mère trempa une écuelle de soupe au lait. Voilà la femme qui avale la soupe, sans rien laisser manger au petit. Et l'enfant pleurait.

— Vous ne lui en laisserez donc pas, à ce pauvre petit?

— Ah! dame. Par là il paît, par là il naît.

Et mon arrière-grand-mère de tremper une autre soupe pour le petit. Autant de pris. Mon arrière-grand-mère disait que ce n'était sans doute pas son enfant, mais un enfant volé, dont elle se servait pour exciter la pitié en le laissant crier de faim. Allez savoir!

Les mendiants, il y en eut jusqu'à la Grande Guerre, mais de moins en moins. Ensuite, très peu. Pourtant, quand mon père et mon parrain revinrent de guerre, et très exactement d'Allemagne où ils étaient prisonniers, ils allèrent rendre visite aux parents plus ou moins proches, et notamment sur le Plateau. C'est ainsi qu'en prenant le chemin de La Vergne, là-haut vers Pérols, ils trouvèrent un homme mort dans le fossé. De froid... de misère... Ils ne surent rien de lui.

Tant d'autres... Et l'on parlait aussi des voleurs de grand chemin. Ces Picard les bien nommés qui se couchaient si tard qu'on avait fait un proverbe : *Il est tard : chez Picard sont couchés.*

Et ceux qui étaient allés arrêter un homme au retour de la foire dans la forêt du Ram – mais l'homme les mit en fuite par ses cris, appelant à la rescousse des compagnons imaginaires :

– Venez, venez vite, les retardataires! Je suis attaqué! Jacopin! L'Arlequin! Germain le Mable, Pigallou et son domestique!...

Tant de monde que les voleurs le laissèrent... Il y avait aussi Burgou, la bande à Burgou, dont le renom était arrivé jusqu'ici. Il y avait Champagne, presque un voisin comme les Picard, qui, lui, volait le bétail. Il avait même volé l'unique vache des gens de Chameyrat, la Rouille qui réussit à s'échapper et rapporta à ses maîtres une si belle corde, dont ils avaient tant besoin pour lier leurs charretées de foin.

Et l'on n'oubliait pas le père Trentant du Courboulet, qui, lui, s'étant perdu au retour de Limoges, trouva refuge chez des voleurs. Mais si l'attitude avenante de la femme ne lui avait pas donné l'éveil, à celle du mari il comprit aussitôt.

– Ah! dit-il, il faut que j'aille « tomber de l'eau ».

Et du même élan il se leva et passa dehors, comme qui va pisser, en laissant son couteau ouvert sur la table. Sitôt dehors, le voilà en haut du premier arbre qui se présenta. Il n'y fut pas que l'homme sortit, avec son chien. Et le chien de japper sous l'arbre, mais l'homme ne comprit pas. Il insultait le chien :

– Sale bête! Il ne pense qu'à chasser les écureuils!

Dans l'arbre, Trentant ne bougeait pas, et la nuit le cachait dans les branches.

– Détestable chien! Il doit être loin, maintenant!

Et il insultait la femme :

– Tu n'as pas vu qu'il lui manque trois doigts? C'est un blessé qui venait de toucher sa pension.

– Mais, répliquait la femme en pleurnichant, il avait laissé son couteau!

– Idiote!...

Eh oui! il l'avait laissé, son couteau! Un bon couteau d'Uzerche qu'il regrettait fort. Mais, tout de même, il aimait mieux sa peau – il aimait mieux sa bourse...

On n'en finirait pas... Et nous, je nous revois, les Petits et moi, à grande course suivant nos cerceaux depuis le Cerisier jusque chez la Génie, jusqu'au châtaignier là-bas, près du Puits. Nos cerceaux, c'étaient des cercles de barrique, il n'en manquait pas, et parfois aussi le cercle d'une roue de brouette qui avait perdu tous ses rayons. La roue allait mieux, les cercles étant parfois gauchis et plus souvent élargis d'un côté, ils avaient tendance à tourner de travers. Nous les redressions de la main, du bout des doigts – mais de toute façon, dans cette route empierrée, pleine de virages, de trous, de bosses, de déclivités, le profil obtus des cercles n'était pas toujours un désavantage...

Et je nous vois encore, avec cette charrue que le René avait montée sais-je comment, tour à tour l'un et l'autre cheval ou jument tandis que le troisième tenait l'étève... Et ça labourait! Pas très profond, certes, mais ça labourait, là-haut dans l'angle du champ sur le chemin du Puy. Nous en fîmes un « jardin » qui devint vrai jardin pour longtemps. Elle n'allait pas si mal, cette charrue! Mais qu'elle était moche... René n'était pas très adroit à travailler le bois, alors que le Matou, pourtant plus jeune, vous aurait déjà tressé un panier de vimes comme un homme.

De Sainte-Anne, la Bonne-Dame-de-Sainte-Anne, qui est toujours là-haut dans sa chapelle – je l'ai dit combien de fois, si elle y est c'est qu'elle l'a bien voulu; ce n'était pas là-haut qu'on avait voulu lui bâtir sa maison, c'était au Puy Laschiers à côté du Mont-Ceix; mais voilà que ce que l'on construisait le jour se démolissait en passant la nuit, si bien que le maître maçon comprit:

– Ce n'est pas ici qu'elle veut sa maison, la bonne sainte Anne!

Et il lança son marteau. On le retrouva trois ans plus tard sur le Puy de Sainte-Anne, et on y construisit l'église, avec la statue de la sainte en pierre, qui recouvre de son manteau entrouvert la Vierge portant son Enfant dans les bras... De Sainte-Anne où elle tarda si longtemps à revenir, et moi à aller, ma mère gardait aussi un petit souvenir. Elle était toute petite, quelque cinq ans, quand ses parents l'y menèrent, à la messe et à la balade. Eux se promenaient, rencontraient du monde, parlaient... Elle aussi se promenait. N'aperçoit-elle pas, un peu en retrait derrière l'église, un pré avec des moutons. Elle voulut voir de plus près, s'approcha, essaya d'ouvrir la barrière. Patatras! La barrière qui tombe – qui tombait – et elle de maintenir cette barrière, d'essayer de la relever – rien à faire... La voilà bien en peine. Ah! elle y avait été bien malheureuse, à Sainte-Anne! Oui! jamais elle ne l'avait oublié.

Ce sont de petits souvenirs. Je n'en ai pas d'autres, moi. Je nous revois... Je me revois dans le chemin du Pré, quand nous en remontions l'été à la saison des foins. La charrette peinait. Oh! viens! Et nous derrière. Nous aurions pu monter par la Buge, c'était plus court, mais nous cherchions l'ombre du chemin creux. Dans la poussière âcre des pas et des roues, il n'y avait guère de fraîcheur. Au talus, les ombelles de la terre-noix se desséchaient, roussâtres. Vous tirez sur la tige dressée, tout doucement, et la racine suit, un petit sac couleur de terre qu'on pèle avec l'ongle, la noix qui est blanche dedans, un peu fibreuse, d'un goût de noisette et de sable. J'aimais cela, moi, et plus de le cueillir, au hasard de la découverte, que de le manger. Mais je le mâchonnais, ce n'était pas désagréable. En haut du talus, entre les racines de chêne qui se tordaient nues couleur de serpent dans la poussière, il venait une espèce de fougère, feuille à feuille, que je trouvais si belle, moi. Ma grand-mère disait que lorsqu'elle était enfant, avec ses compagnons, ils en suçaient la racine, comme du bois de réglisse, que c'était le même goût. Pour elle, le polypode du chêne, c'était du bois de réglisse. Je ne sais pas. Je n'y ai jamais goûté.

A un endroit, vers le haut de ce chemin, là où il est si profond que d'un côté deux talus s'y superposent, l'un au-dessus de l'autre avec, entre, la grande rigole dont j'ai déjà parlé, fin juin il tombait une odeur – une odeur! Rien qui pue de cette façon sinon peut-être le carbure d'hydrogène – l'acétylène –, dont on se servait autrefois pour certaines lampes –, ou le pétrole. Rien de vif ni de mort. Une odeur qui paraissait artificielle. Pourtant qui ne l'était pas! En haut du talus étaient plantés des frênes, dont la feuille en tisane est si puissante contre les rhumatismes. A cette saison, il fallait déjà l'avoir cueillie, sa tisane! Un grouillement de cantharides était là, sorti de rien, venu de nulle part, qui broutait, broutait sans relâche, et jusqu'au dernier fragment de limbe vert, laissant à peine une dentelle de nervures. Et l'arbre restait là tout nu, qu'on aurait cru mort. Il ne l'était pas. Le mois d'août allait le recouvrir d'une belle robe neuve, juste un peu plus claire que celle du printemps.

Mais au moment des foins lorsque nous passions là! Cette odeur chaude, étouffante, à donner la migraine, à faire vomir... Un petit bruit venait de l'arbre, un craquement léger de pattes et de dents, et il en tombait une poussière grumelée, noire... les crottes. Il en tombait aussi, souvent, les bestioles, vertes, luisantes, elles aussi comme de métal. Disait ma mère :

– Comment une aussi jolie chose peut-elle sentir aussi mauvais !

C'est vrai qu'elles étaient belles. Une à une, mais plus souvent deux par deux, ou par trois, hardi petit ! En grande hâte, à faire l'amour et à manger... Il ne leur fallait pas plus d'une semaine pour déshabiller un arbre, et on ne les revoyait plus jusqu'à l'année d'après. Ne vivaient-elles pas plus longtemps ? Ou bien ces ravageuses ne faisaient-elles que passer, comme les criquets dont on nous parlait à l'école, ou comme ces nuées de pinsons d'Auvergne qui dévoraient tous les bourgeons de prunier ?... Je n'ai jamais su. En tout cas, elles ne touchaient guère les autres arbres, même ceux dont les feuillages se mêlaient à ceux du frêne. Aussi appelait-on cet arbre le cantharidier, comme si la cantharide avait été son fruit. Mais l'insecte lui-même était dit également « mouche de Milan », et il est vrai que le vésicatoire de ce nom portait un dessin représentant la cantharide.

Les mouches – la mouche ordinaire, de celles dont la Marraine disait, après sa mère, qu'elles passent l'hiver dans les trous des murailles – n'entraient guère dans la chambre bleue. Ma mère pendait aux poutres de ces cartouches de papier collant où elles s'engluaient, bzi ! bzi ! faisant trembler toute la feuille. Mais dans la maison, il en aurait fallu combien de cartouches ! La chaleur d'été, et le feu des repas toute la journée, le sucre, le cidre, les fruits... Il en venait un essaim, sans parler des abeilles, des guêpes, et même des frelons. On installait alors l'attrape-mouches de verre, dont on remplissait le rebord d'eau savonneuse. Quelques morceaux de sucre entre les pieds, et les mouches qui allaient le sucer et s'élevaient tout à coup pensant prendre l'air, trompées par les parois de verre, se noyaient.

Ah ! les mouches ! Dans l'étable, il n'y en avait pas, ou peu, même si des nuées de petits moustiques se levaient sur votre passage. Ces petits moustiques du fumier ne dérangeaient pas les animaux. Mais, sitôt dehors, et surtout au travail, les pauvres bœufs ! L'odeur, la sueur, tout les attirait. Pour en garantir le bétail, on leur faisait parfois des fronteaux de fougères. Ou bien on leur passait de l'éloigne-mouches, un produit qui empestait. Ce n'était pas très efficace, surtout par les fortes chaleurs et le temps d'orage. Il y en avait autour du mufle, dans les naseaux, autour des yeux et parfois dedans, au point que les yeux pleuraient, et plus ils pleuraient plus il en venait pour boire les larmes. Il y en avait une autre espèce, des petites et noires qui s'installaient autour des cornes, comme un gant de velours. Sur la poitrine, sur les flancs se posaient les taons – des gris pas très gros, et d'autres plus minces, à grandes ailes tachetées qui ressemblaient à des papillons. Ces petits-là étaient les plus mauvais, je le savais d'expérience, parce qu'on me chargeait de les chasser avec une branche feuillue, et parfois en quittant le bœuf ils se piquaient sur mes jambes, et le sang coulait de la morsure. Ce sang – le mien comme celui des bœufs – ne faisait qu'exciter de nouveaux insectes, dont certains provoquaient d'horribles démangeaisons, et parfois une inflammation purulente, comme un petit furoncle.

Il y avait aussi une espèce de taons bien plus gros, roussâtres, qui faisaient autant de bruit que des frelons. C'était les plus faciles à attraper. Vlan! d'un bon coup de la paume ouverte, je les écrasais, crac! comme à plaisir. La Marraine me racontait qu'on les « faisait porter », et elle m'avait montré. On attrape le taon, on lui traverse le corps avec un brin d'herbe – une tige sèche de foin –, on le relâche, et il s'enfuit avec un bruit d'avion. Je n'aimais pas ça, moi. Non plus que d'atteler des hannetons pour leur faire tirer la charrette. Ce qui m'amusait, des hannetons, c'était de les regarder s'envoler, le temps de reculer, d'avancer, de sortir et de rentrer la tête, de déplier et de replier les antennes, de soulever un élytre et de la reposer, de déplisser la soie dessous... Et parfois lorsqu'il s'en trouvait deux l'un sur l'autre, c'était un jeu que de tirer doucement pour les séparer. Il y en avait toujours un qui emportait l'ardillon. Je ne sais plus ce que je connaissais sur la question...

Cela ne m'étonnait pas, il me semble, que les animaux fussent mâle et femelle, cela me paraissait normal, et même je savais que le coq fécondait les œufs. Ce qui m'étonnait, au contraire, ce fut d'abord de constater que certains saules, au lieu de ces chatons jaunes qui tombent en poussière, portaient d'autres fleurs, rien de joli, des fleurs rudes, grisâtres, qui mûrissaient dans leur coton des graines pour le vent... Est-ce que je pensais, à ce moment-là, qu'il en est souvent pour les arbres comme pour les animaux, comme pour les humains? Que les saules, le chanvre, sont mâle ou femelle? Comme la bryone dioïque dont nous nous étonnions dans le talus de la Joubert? Non, je ne me souviens pas d'avoir médité sur l'universelle sexualité des êtres vivants, « dioïques » ou non. Je ne m'en souviens pas, mais allez donc savoir! Toujours est-il que ces fleurs de saule, qui ressemblaient à une chenille, me sont restées dans la mémoire comme une profonde surprise, et comme une question.

Certes! je n'étais qu'un enfant comme les autres. Des questions et des réponses, j'en posais et j'en recevais. J'en entendais et je ne les écoutais pas. J'en ai gardé en mémoire et j'en ai oublié. Et parfois il n'y avait pas de réponse, et souvent je ne me souviens pas. J'étais comme les autres. Et je voulais toucher à tout, tout essayer, et je ne faisais pas très attention à moi-même. Des barbes de confiture, de chocolat et de sauce, j'ai bien dû en porter ma part, pas plus que de raison, parce que ma mère veillait à me laver le visage, mais de toute façon je ne les voyais pas, parce que je ne me regardais guère dans le miroir si ce n'est parfois dans celui de la mémé, parce que ce miroir était prodigieux.

A vrai dire, elle avait deux miroirs, la mémé, celui de sa table à toilette, où il n'y avait rien de curieux à voir que sa propre image, et l'autre, pendu à son chevet. Ah! celui-là! De près, on ne le remarquait pas tellement, mais plus on s'éloignait, plus c'était beau. Tout à coup, votre nez était long comme une carotte, votre bouche se tordait de côté, votre joue s'aplatissait, vous perdiez un œil, ou bien cet œil devenait aussi gros qu'une pomme de terre, tout retourné. Vous voilà avec une oreille large comme la main... Pas besoin de faire la grimace, mais si vous tiriez la langue, la voilà coupée net par le travers... Nous en avions ri, de ce miroir! que mon père et mon grand-père, pourtant, pendaient à la fenêtre pour se raser.

Nous en avions ri!... Même si la peur en serait venue, presque, de ce miroir qui vous avalait ainsi, n'importe où, la moitié du visage. Peur?... Pas tellement peur. Pas davantage que de ces grimaces que j'aimais faire moi-même devant la glace de l'armoire dans la chambre bleue. J'en réussissais de fameuses, à l'occasion. Mais, si ce n'est quand j'étais malade, le jour je n'entrais guère dans la chambre bleue. Pas souvent. Le soir pour dormir. Je crois que je ne l'aimais pas beaucoup. Mais il est vrai que, sinon pour dormir, nous ne vivions pas dans les chambres. Ce n'était pas nécessaire, et je crois même que cela tenait, inconsciemment, d'un interdit. Un interdit qui ne devait pas être sans rapport avec cette expression qui m'était restée longtemps obscure :

– Il l'a mise en chambre.

En français : il l'a mise en meublé, ou dans ses meubles. Cela se disait d'une femme légère, ou du moins en situation irrégulière. Et mêmement d'un homme, tiens! Que si notre temps actuel avoue, et même loue, l'homosexualité, il ne l'a pas inventée. Que, si je ne comprenais pas très bien, je l'entendais bien, moi, la Marraine, lorsqu'elle évoquait le trou merdeux. Et cette « chambre d'amour » dont j'avais entendu parler, dans une maison que je connaissais, à les en croire, chez nous, elle n'aurait été construite qu'à cet effet et n'aurait servi à rien d'autre. Hé! ils n'étaient pas allés voir, eux! Mais ça ne les empêchait pas de dire, et ils n'étaient sûrement pas les seuls.

Il ne faudrait pas penser pour autant que chez nous la conversation quotidienne roulait habituellement sur ces sujets scabreux. Que non! Et même il ne s'en parlait guère. Mais si cela venait, ils parlaient. Ils disaient les choses assez clairement, telles quelles, et j'en attrapais ce que je pouvais. A entendre mes petits camarades, à l'école, il semblerait qu'à Germont il s'en disait plutôt moins qu'ailleurs, non seulement chez moi, mais encore chez les Petits. L'indéfectible politesse du père Henri n'y était peut-être pas pour rien.

Où en étais-je?... Eh non! Je ne prenais pas soin de moi! Si mon nez était bien lavé, et souvent mouché, mes mains qui venaient de l'être avaient déjà pétri la fange, écorcé le bois, porté la pierre ou pesé la poussière. Mes genoux saignaient, de gravier, d'épines, d'avoir traîné au sol. Mes bas déchirés, mon tablier plein d'accrocs, mes sabots débridés, mes soques fendues. Mes cuisses entaillées de barbelés, de ronces, d'aubépine... Et je ne parle pas de mes doigts! Tant de cicatrices blanches dont je ne sais plus l'histoire. Du petit doigt que la faucille avait tant de fois mordu. De cet autre dont je ne sais quel outil avait par moitié tranché la pointe, qui se regreffa, avec l'ongle. De ce coup de poing que, d'impatience ou de colère, je frappai sur la table et qui tomba sur le couteau, ouvert couché de dos malgré l'interdit, et dont la marque bâille toujours à mon poignet...

Et les échardes! Ce jour-là mes parents arrachaient des topinambours dans la pièce de Derrière la Grange, tout en haut.

J'aidais. tu parles d'une aide! Je devais m'occuper à rassembler les pailles puisque c'est une écharde de ces pailles qui m'entra dans le doigt. Ou peut-être en jouant avais-je voulu en arracher la moelle blanche, plus légère que de la soie. Bref, l'écharde était grosse et longue, profondément enfoncée. Ah! je criais! Mais ne voilà-t-il pas mon père qui tire son couteau pour me l'enlever. Ah! je hurlai! C'est ma mère enfin qui l'ôta, avec une grosse aiguille à repriser...

On n'en finirait pas! Je n'étais guère plus grande, ce jour-là :
– Papa! Papa! Regarde! Un éclair qui se fait au bout de mon doigt.

Je tendais le bras à toucher le ciel, là-bas au ras de terre, sur le Puy de la Font où luisaient de lointains éclairs... Du jardin où nous étions, on ne voyait pas au-delà, c'était l'horizon. A la tombée de la nuit, mon père arrangeait la clôture. Il me demandait de lui apporter un palin fendu :
– Le plus mince que tu trouveras.

Je regardai dans le tas, j'en trouvai un, certes pas gros. Je le lui apportai. Ce n'était pas ça :
– Je t'ai dit un fendu, bien mince.
– Oh! mais celui-ci est mince! Mince, mince, mais alors mince comme un fendu!...

Nous étions à côté du poirier des blanches fondants. On les disait blanches par opposition avec les fondants noires, les beurres dont nous avions un poirier devant le hangar, délicieuses quand elles avaient pris en mûrissant une teinte plus claire, presque dorée, à l'automne. Lorsqu'on eut fait installer l'électricité, ce poirier ne donna plus que des fruits racornis et tout crevassés de tavelures : nos femmes ont toujours été persuadées que la proximité de la ligne n'y était pas pour rien. Allez savoir! Les blanches, un tout autre fruit, embaumaient l'été. Mais leur chair farineuse et fade ne semblait faire le bonheur que des guêpes et des frelons. Que si la Marraine, en paroles, en faisait si grand cas, je ne lui en ai pas souvent vu manger, ni de ce poirier, ni de celui qui était au fond du jardin dans le talus.

Un peu plus bas, tournée vers le soleil à l'abri du vent, il y avait la ruche. Cet essaim nous était venu tout seul; dans le Pré un jour de fenaison il se posa près de nous dans la carrière où quelques années plut tôt mon grand-père faisait sauter le rocher pour extraire ces pierres bleues à face lisse, que j'aimais. Depuis, les ronces y avaient poussé, l'essaim s'accrocha dessus, presque au ras du sol. C'était un bel essaim, et de bonne taille. C'est peut-être pourquoi nous eûmes l'idée de le recueillir. J'avais dû en voir, j'en ai vu depuis, chez nous dans le Coudert, suspendus à la branche de quelque pommier. Peut-être venaient-ils de l'apier de chez Léonetou, juste en bas du talus. Nous n'en avions jamais repris aucun. Mais, celui-là, mes parents le voulurent. Mon père fit une ruche en forme de maison, avec des planchettes, et l'on mena l'essaim à l'intérieur, en invitant la reine comme il se doit :

– Appelle, belle... Appelle, belle...

Pour précaire qu'il me parût, la reine voulut bien de ce nouveau palais, et elle s'y installa avec les siens. On apporta donc la ruche et on la posa sur un socle à cet endroit. Je ne me souviens pas que nous ayons cueilli souvent du miel, mais les abeilles s'activaient, et moi, j'allais les voir. Je m'approchais de la ruche, j'écoutais le murmure de ce travail... Un matin, pas encore coiffée, mes cheveux déjà longs pendant devant le visage, j'étais penchée là en admiration, quand une pauvre abeille se prit à ce piège – bi! bii! biiii! Déjà tout un essaim était sur moi, à la poursuite, et moi de courir et de crier, sans pouvoir m'en défaire... Ma mère ôta je ne sais combien de dards de mes mains, de mes bras, mais surtout de ma tête qui resta enflée tout le jour ; on aurait dit que le vent me soufflait dans les oreilles. Mes parents m'avaient amenée avec eux dans le champ, tout au fond de la Combe des Combes où ils travaillaient. J'étais assise entre le bois et la tournière, qui gémissais vaguement, qui somnolais... De cette aventure me sont restées deux petites grosseurs, comme des nœuds dans la nuque contre les os du crâne, et parfois quand je suis malade, ils enflent.

Et puis, je me revois dans le grenier. Que pouvais-je bien faire dans ce grenier ? Rien, sans doute. Que, pour me faire faire quelque chose, quelque chose qui valût deux sous, quelque chose d'utile, ce n'était pas si facile ! Du travail, je n'en voulais pas. Ni de celui des femmes – non plus faire mon lit, essuyer la vaisselle que mettre le couvert –, ni de celui des hommes que pourtant je regardais avec tant d'intérêt. Eh oui ! je regardais. Et c'est à cela que je jouais. J'étais toujours à m'exercer à ces travaux grossiers et pénibles, j'en soufflais, j'en suais... Toujours ? Pas toujours. Je me revois dans cette bordure de pré, assise. Quel pré ? Le Pré ? Celui de Surdoux? Le bord d'un pré, un petit talus d'herbe courte. Et cette fleur – pas une fleur, un fruit – rose, non, rouge, non, rousse, dans sa robe verte. Je la cueillis. Je ne la mangeai pas, ce n'était pas une fraise – c'est gros comme un grain de blé noir. Je l'écrasai entre mes doigts. Une odeur! Une odeur qui se vida en moi – le nez, les oreilles, les doigts, la main, le corps tout entier. Une odeur que je n'ai jamais oubliée. Je cessai de penser, de respirer, de voir... peut-être de vivre. Cela dura – cela dure encore! Comment la dire? Quand on scie les troncs d'arbre – le chêne, le buis, le mélèze, les nœuds rouges du bois de pin – mais ce n'est pas cela. La résine, j'en ai senti souvent, et la sève quand elle pleure et parfois ruisselle sur l'écorce rêche... L'odeur m'en plaisait, sans plus. Mais de cette graine! Mais cette fleur!

D'autres parfums, il y en avait – de ceux, même, qu'on n'attendrait pas. Tiens! quand on amenait les fumiers dans les champs pour les semailles d'automne : du tombereau venait une odeur légère et forte, toute semblable à celle des noix fraîches, tombant de leur coque ouverte – à celle des feuilles froissées, et du châton chenille verte sous les doigts. Nous avions quelques noyers autour du Coudert, et mon grand-père en planta d'autres qui ne répondirent guère à ses attentes. Mais le plus beau était dans le Coudert, et j'ai passé de bons moments dessous, en saison, à ramasser les noix couleur de cire claire, si tendres qu'on pouvait les ouvrir entre les mains ou les dents, à les peler jusqu'à la chair blanche, à les savourer... De bons moments, oui, mais des moments brefs. Ne tardait pas le jour que – imagination ou réalité – quelque fragment se plantait dans ma gorge et y restait, et tant plus je tentais de le cracher ou de l'avaler, tant plus cela me piquait, et s'ensuivait le mal de gorge, l'angine – je pleurais, je toussais, la fièvre montait. J'étais malade une fois de plus. Cela ne cessa pas avec l'enfance.

Et je me vois – je me vois moi-même – sur le pas de la porte à m'étonner d'un ciel, rose de nuages roses, plus légers qu'une ombre – signe de beau temps, disait la Marraine, de vent sec, de soleil.

– Temps de sécheresse, disait le grand-père.

Et lorsque les blés se mettaient à courir, là-bas sur le puy de la Font, à grandes ondes de lumière et d'ombre profonde :

– Les blés s'en vont, disait la Marraine.

438

Les blés, c'étaient les seigles, les seigles en épis, violets de pollen, creusés comme un pelage clair et tendre – un grand bonheur, promesse de moisson proche. C'est dans ce mouvement que l'on peut reconnaître, de loin, la force de la paille, et le poids du blé. C'est alors que la Marraine contait en riant l'aventure de ce grand sot qui, voyant fuir les blés, ainsi, sous le vent, se dit :

– Je les arrêterai bien, moi.

Il prit sa faux et les faucha comme de l'herbe. Je voyais bien, moi, qu'ils tournaient sur place, comme une eau enfermée dans ses berges, fontaine ou mare, qu'ils tournaient à donner le vertige, rien qu'à les regarder – qu'ils ne s'en allaient pas... C'est la Marraine, oui, qui me les avait fait voir, les blés.

C'est elle aussi, quand les houx sont couverts de leurs jeunes feuilles, luisantes et tendres, c'est elle qui savait faire les nu-nu. Elle prenait la feuille et la cassait légèrement par le travers, en respectant la membrane supérieure. Elle en dégageait soigneusement la chair, large comme l'ongle, puis elle soufflait dessus, entre ses lèvres. Cela donnait un son doux, tendre, triste :

– Nu-nu... nu-nu...

Si elle avait su en jouer, cela aurait donné une vraie musique, un air comme avec la flûte. Mais elle ne savait jouer d'aucun instrument. Et moi, non seulement je ne réussissais pas à préparer convenablement la feuille, mais je ne pouvais en tirer aucun son. C'était bien pis que la Marraine! J'abandonnais, une année après l'autre. La musique, la danse... On ne peut pas tout faire, ni tout savoir. De toute façon, ne rien faire était ce qui me convenait le mieux.

Ne rien faire. Marcher dans le Coudert entre les verveines, dont les petites fleurs tombaient de la grappe rêche, couleur de rose – couleur de mauve – comme autant d'étoiles, comme de la poussière. Entre les touffes des renouées, qui se ressemblent tant – mais non! Ce n'est pas la même, celle-ci vert pâle, l'autre marquée de violet, de rouge, de brun... Entre les cépées de bardane – cueillir la grosse fleur ronde, une bogue verte qui s'attache à la peau, avec un léger chatouillement, une bogue verte toute rose par le haut, là où la fleur tendre s'épanouit comme une petite flamme, comme une langue, une bouche de chair protégée d'épines. Regarder. Flâner. Voir. Ne rien faire. Il m'en vient des odeurs puissantes. Un parfum de terre âpre, de pierre, de fange, avec quelque chose de plus qui est le propre de chaque espèce. Et je savais que la truie viendrait mâchouiller les renouées et fouger dedans, mais qu'elle ne toucherait pas aux grandes feuilles de bardane, dont nos femmes arracheraient la racine, qu'elles feraient bouillir pour une tisane souveraine contre les douleurs.

Hélas! c'est ainsi que je m'attache aux petits souvenirs. Je l'ai dit. Je le sais. Vous le savez. Dans le Coudert, il y avait un grand buis sur le chemin, juste en face de la cour de chez Barre. Au temps où nous avions le maçon, Eugène dont j'ai tant parlé, cet homme allait souvent par là, le soir, pour entendre, comme il disait, le cinéma : le Jaloux quand il disputait sa femme, ou quand ils faisaient l'amour. Et il racontait. Comment, un soir qu'elle n'était sans doute pas d'accord, il protestait :

– Tu ne veux pas te tenir tranquille? Allons, ne bouge pas!

Cependant que la vieille, dans l'autre lit, battait la mesure sur la table avec son bâton, encourageant sa fille du geste et de la voix. Pan-pan-pan! Pan-pan-pan! J'entendais tout cela, moi. J'en entendais bien d'autres! De celui, par exemple, qui courait après la chèvre dans l'étable. Bê! faisait la chèvre. Or l'homme pétait, prou! Et l'un de ses sabots était débridé, clap! Et il poursuivait la pauvre bête :

– Bê!

Et il pétait :

– Prou!

Et son sabot claquait :

– Clap!

Et ceux qui entendaient, qui écoutaient – sans voir – en avaient leurs pleines oreilles :

– Prou! Clap! Bê!... Prou... Clap... Bê!... Prou!... Clap!...

Maintenant, pour ce qui était de la chèvre, si je comprenais ou pas, ou mal?... L'une ou l'autre fois j'avais dû entendre dire les choses plus nettement, l'une ou l'autre fois plus évasivement. Ce qui retenait mon attention, c'était la comptine qu'on en avait faite : Prou... Clap... Bê... Cela valait n'importe quel conte. Le reste était affaire de grandes personnes, sans intérêt.

Il est vrai que, chez nous, tout était conte – tout pouvait devenir conte, proverbe, comptine. La Marraine plus que les autres se plaisait à tout jeu de mots, à tout jeu de langue. Je l'entendais, parfois, qui s'en amusait toute seule. Et quand je demandais :

– Que dis-tu?

– Je ne dis rien.

Ou bien :

– Une comptine.

Je comprenais : ce n'est rien, des paroles dépourvues de sens, un dire sans importance. Parfois, je voulais lui faire répéter – souvent, elle éludait :

– Est-ce que je sais !

Et d'ordinaire ce devait être vrai, elle ne se souvenait pas. D'autres fois, elle répétait, et je riais, c'était drôle. Mais, peu après, j'oubliais, et elle aussi. De toute façon, j'ai bien oublié, maintenant. Rares les choses qui me soient restées, comme les poires des « mange-qui-en-a » – de quelle espèce? mange-qui-en-a. Il est vrai que cela ne se dit pas que chez nous. Mais moi je m'en émerveillais chaque fois, comme si cela eût été nouveau. Et j'y allais moi aussi de mes petites inventions. Une qui nous resta en mémoire, c'est le grêle-sel. Ma mère avait acheté une grande boîte de bois que l'on pendait par le haut à une pointe contre la cheminée. Le couvercle se levait et retombait en tournant sur les bords. C'était une boîte à sel. Dedans au moindre choc, on entendait le sel, gri-gri-gri... qui tombait comme une petite grêle...

Ah! les comptines de la Marraine...

Marceau
fait les sauts
au bout d'un fil.
Le fil cassa
Marceau se tua...

Au bout d'un fil, j'avais tenu, moi, un gros ballon bleu pâle, bien gonflé, bien rond, avec dessus quelque publicité dont je ne me souviens pas. Chez nous l'avaient rapporté d'une foire à La Croisille. Et moi je le promenais par les cours. Et même j'en prenais grand soin. Je ne sais pas, à suivre ses balancements dans les airs, ce que j'imaginais. Je ne sais pas s'il me fit penser à ce ballon dont un enfant avait saisi la corde. Ce que je sais, c'est qu'un enfant, quoi qu'il fasse – courir, crier, marcher, grimper –, pour lui ce n'est pas ce qui compte, ni la voix ni les gestes quels qu'ils soient. Ce qui compte, c'est l'histoire qu'il se joue là-dessus dans sa tête, avec sa parole et ses mouvements. Et cela, cette histoire, les adultes l'ont oubliée, ils ne la comprennent plus. Aucun qui saurait la dire. Moi non plus que les autres. Je regarde l'enfant –

je me regarde moi-même – je le vois courir, crier, s'agiter, c'est tout ce que j'en sais, sinon que ce n'est pas l'essentiel, ni même l'important.

Le ballon bleu frôla une branche. Paf! Il n'y avait plus rien au bout du fil – et dans ma tête comme un trou.

Oui je l'ai dit, et cela va de soi, chez nous prenaient grand soin de moi. Mais ils ne pouvaient pas être toujours derrière. Ce jour-là j'avais quelque trois ans, peut-être pas – j'étais couchée dans la chambre contre la cuisine, nous n'avions pas encore la chambre bleue. Il me semble la voir telle quelle était, cette chambre – le lit à la place qu'il occupe aujourd'hui, une penderie au pied, derrière un rideau de satin rouge à petits dessins de toutes les couleurs, qui luisait doucement comme de la soie, et l'armoire en face près de la porte.

Il était jour. Je ne dormais pas. Je m'ennuyais. J'avais peut-être été malade. Toujours est-il qu'il me vint une idée. Plus ou moins comme fortifiant, mon père prenait des pilules de fer, qu'il avalait comme de rien faire. Elles s'appelaient « Pink », ces pilules, et elles étaient roses. Est-ce que je voulus, moi-même, me donner des forces? Ou bien m'exercer à avaler? Je me levai, j'ouvris l'armoire, et, me haussant, montée sans doute sur une chaise, je me saisis de la petite boîte en bois, l'ouvris, pris une pilule, et la remis en place. Et de m'efforcer à avaler ce bonbon que, de toute manière, il ne fallait pas sucer. Je dus bien le retourner trois ou quatre fois dans ma bouche, mais soudain gloup! ça y était. Que n'avais-je pas fait! Et si c'était du poison? Et si je m'étais étranglée? Je ne me sentais pas étranglée, mais allez savoir! Et de pleurer, et de crier!

Ils accoururent tous, ma mère, mon père, la Marraine... Et cela recommença : et si je m'étais étranglée! Et si c'était du poison!... Et de me regarder dans la gorge. Et de secouer la boîte dans tous les sens... Je n'étais pas étranglée. Ce n'était pas du poison, mais personne ne s'en consolait, moi non plus. Et ce ne fut pas sans conséquences – qu'ensuite j'ai porté si grande attention à ne pas avaler les noyaux de prunes, de cerises, les arêtes de poisson, les noisettes, les bonbons... Si grande attention qu'aujourd'hui encore j'ai bien du mal à avaler un comprimé, voire une gélule de médicaments – j'en ai un sursaut de crainte comme si je me noyais.

Oui. J'étais couchée dans le lit où je suis maintenant, dans le même lit, celui de ma grand-mère. Elle était très fière de sa chambre, ma grand-mère. C'était le père Arnaud de Saint-Gilles, son voisin, qui l'avait faite. C'est vrai, une belle chambre. En cerisier rouge à reflets dorés, avec le lit « au cou d'oie », comme disait notre cousine de la Gane, une fois qu'elle nous avait rendu visite. Quand elle arriva, chez nous n'étaient pas dans la maison. Elle entra. Et quand ils arrivèrent, elle dit, avant même les salutations :

– Eh bien! je suis entrée, j'ai vu vos lits. Ils sont comme les nôtres, tous « au cou d'oie »! Tous « au cou d'oie »!

Celui de ma grand-mère a des dessins sur le devant, des moulures autour d'un cercle.

On y mettait un miroir, disait ma grand-mère. Je n'en ai pas voulu, du miroir. Je n'avais pas besoin que l'on vît mon cul quand je levais la jambe pour monter me coucher.

Une fois, alors que mes parents couchaient dans la chambre bleue et que mes grands-parents avaient retrouvé la leur, n'eurent-ils pas l'idée de se faire pour l'été une paillasse, au lieu de la couette en plume qui leur tenait trop chaud. On dit que la paille est si fraîche pour dormir dessus. Ma grand-mère cousit une paillasse avec des sacs de scories qu'elle avait soigneusement lavés. Mon père, cela le fit bien rire, quand, depuis la cuisine, il put lire en grosses lettres sur le devant du lit qui était fait mais non recouvert de son dessus-de-lit : garanties pures. Cette fantaisie de paillasse ne dura pas, mais, de toute façon, ma grand-mère n'oubliait pas son dessus-de-lit, et de plus le lit était entouré de grands rideaux roses à fleurs plus foncées, qui retombaient depuis le plafond avec leur large volant frissonnant autour.

Je ne devais pas être beaucoup plus âgée, peut-être moins, cette année que ma mère avait cueilli quelques douzaines de pommes rainettes, jaunes, dorées comme des fleurs, et qu'elle les avait mises à reposer au fond de l'armoire. Ainsi fraîches cueillies, c'était dur et aigre. Elle me dit que, quand elles seraient faites, elles deviendraient tendres, savoureuses, et qu'on pourrait les manger à la petite cuillère. Le temps passait. Parfois, je pensais aux pommes. Et certes, le temps me durait. Il n'en était guère passé, mais comme il m'avait duré! Un jour, je prends une petite cuillère, j'ouvre l'armoire – ça sentait bon la pomme mûre! Crac! dans la première venue – la plus grosse, la plus belle. Je goûte ·

amer comme de la suie. Une autre, crac! aigre à vous tirer des larmes... J'en avais entamé cinq ou six quand ma mère survint. Ce fut un beau scandale!...

Elle se souvenait, ma mère, d'une fois qu'elle était allée au Boisme et que sa grand-mère la v'Anna avait voulu lui donner des poires. La bonne femme les avait mises à reposer dans la commode. Mais les filles étaient passées par là – la Irène et la Yvonne, probablement... Pas une qui ne fût entamée.

J'en ai entendu parler, croyez-moi, des pommes rainettes. Et d'autant que je ne les aimais pas, et que même elles me rendaient malade. Et pour comble, que de peines n'avais-je pas eues pour y enfoncer si peu que ce fût la petite cuillère! Mais, si j'y ai pensé moi-même si souvent, à ces pommes – que c'était comme si j'eusse volé les fameuses pommes d'or, avec tout ce qui s'ensuivit pour la malheureuse Médée – ce fut toujours pour m'étonner que la durée du temps fût si relative. Le temps ne se mesure pas de la même façon pour un enfant et pour une grande personne, cela est sûr. Entre le temps de l'affinage et le temps de cuisson, il y a tout un savoir qui ne s'acquiert qu'à force de temps. Mais le temps de l'apprentissage s'oublie, et d'autres durées – si courtes, si longues – de crainte, d'espoir, de douleur, de bonheur, te font prendre patience, entre le fruit cueilli et la poire affinée! C'est ainsi que la vie te mène, par petits bonds et longues glissades, jusqu'à la mort. Ma mère – ah! ma mère, elle était si sage! Elle n'a jamais dû planter ses dents dans le fruit vert. Ou bien ne s'en souvenait-elle pas.

Et je me revois encore dans le grenier. Quelque rai de soleil passait entre deux ardoises, à travers l'ombre. Ah! l'épaisseur de l'air, fumée, poussière... Un plus gros flocon, quelquefois, de plume ou de laine, ou de moisissure, passait en flamboyant, comme une étoile dans le ciel, un astre, un soleil... Et moi j'imaginais l'immensité du monde, la vie passagère – la mort...

Mais quoi? N'aurais-je pas, pour en finir, quelque souvenir plus plaisant? Hé! en voici un. Toujours contre les vers, c'était vraiment un gros souci pour ma mère que j'en eusse, elle m'avait acheté de la pâte de guimauve, une lanière rose, roulée en cercle comme le serpent qui se mord la queue. Me dit-elle:

– C'est un serpent.

Ou bien lui dis-je:

– C'est un serpent...?

444

C'était un serpent. Jamais je ne voulus manger cela. Oh! j'y goûtai. Ce n'était ni bon ni mauvais. Elle se figurait, ma mère, que c'était à cause du serpent. Je m'en moquais bien du serpent! Ce qui me faisait horreur, c'était que cela fût rose, d'un rose à vomir, une sorte de boyau ni cru ni cuit, mol et sans saveur. Souvenirs de rien.

Oui. M'en serais-je tenue à mes seuls souvenirs, j'en aurais eu bien vite fait le tour. Pourtant...

POURTANT, les aurais-je oubliés, les bruits de mon enfance? Ces bruits de tous les jours que l'on n'entendra plus jamais – que l'on n'entendait presque plus, à force de les entendre, comme le bruit de la pendule et celui des voix familières... le bruit de la respiration, le bruit de votre cœur – mais que l'on entendait, le temps de dire ah!, de retenir son souffle, de savoir...

– Tiens! Le père Henri amène le fumier au champ... Tiens! La Génie apâture ses porcs... Tiens! Le père Antoine bat sa faux...

Eh non! je n'oublie pas.

Il y a ces roues qui tournent dans toute mon enfance – sur toute mon enfance –, qui tournent sur moi, dirait-on, douces dans la mémoire. Celles de la charrette chargée, trac-a-trac, l'équilibre sur l'essieu, la gloire de mon grand-père, juste derrière comme devant, de gerbes ou de foin sur la grande et la petite échelle, dans l'odeur du soleil et de la graine. Et quelque tombereau, au loin, qui grince : « Usurier! usurier! » parce que les roues manquent de graisse.

D'une pierre sur l'autre, petits cris de la roue dans son cercle de fer, craquement de la pierraille. Et le ronron aigu des roues de la voiture sur la route, avec le pas à trois temps du cheval qui trotte sur ce bourdon...

Et l'on parlait chez nous de mon cousin le Raymond du Boisme qui, lorsqu'il était enfant n'avait pas plus grand plaisir que de monter dans la charrette, s'y asseoir et laisser pendre ses jambes contre les rayons de la roue.

– Tac-tac-tac... Tac-tac-tac... la grande roue qui tourne...

C'était joli, le bruit des sabots contre le rayon... Il y eut une pierre dans l'ornière, crac! Le sabot passe entre deux rayons, et l'enfant de crier, la jambe cassée.

On parlait aussi de cet homme qui amenait ses deux garçons dans le tombereau. Les enfants s'appuyaient sur le devant, qui se trouva mal fixé. Le devant se détacha, et voilà l'un des garçons par terre sous la roue, écrasé comme un crapaud. On en parlait! Et d'autant que le père, la nuit quand il devait passer par là, soudain, il voyait devant lui par terre un drap blanc. Tiens! se disait-il, qu'est-ce que c'est? Il se baissait pour le ramasser... Rien. Par terre, il n'y avait rien. Un drap blanc...

Le bruit de la roue. Et le tric-trac des sabots, ferrés de clous comme les pieds de l'âne, du cheval, de la vache et du bœuf, et le tour de la roue. Parce que la corne s'use, et le bois, à frotter contre la pierre et la terre. Même le fer s'use. Mais la chair, dites? La peau tendre du pied, l'ongle...

– On userait le fer des roues! disait la Marraine.

Eh oui! Tout s'use. C'est pourquoi on ferrait les sabots. On entendait parfois quelqu'un taper sur les clous, au tinc-tac-tac se reconnaissait le rythme, même quand on ne percevait plus, de loin le resson du bois creusé. Peut-être pas tellement bien parés, mais bien curés : tels étaient les bons sabots, tel le paysan à table. Cela se disait en plaisanterie, mais pour leurs sabots, les femmes en préféraient de fins, aussi bien parés, et même décorés, que parfaitement curés – et les hommes, une jolie femme qu'une laide.

Hélas! ces bruits! Au mois de juin la faux que l'on aiguise, fricfrac, fric-frac! La faucille, bzing-bzing, d'une voix si aiguë qu'elle vous donne des frissons dans le dos. Mais de plus loin s'entend le marteau sur la lame, l'acier contre l'acier, tinc-tinc-tinc! Un bruit régulier qui semble ne pas devoir finir. Non, cela ne s'entend plus guère.

Pourtant, le hennissement de quelque cheval – hi! hiii! Lorsque j'étais enfant, cela venait de partout, et n'importe quand. Il y avait même l'âne de Coissac, à Bellegarde. On m'avait dit que c'était l'âne de Coissac, je ne l'avais jamais vu, pauvre bête! Quand il s'y mettait : – hi! Et hi! et han! on aurait dit qu'on remontait le seau du puits, en faisant grincer la chaîne.

– Et hi! et hi! et hi! et han! han! an!... ah! ah! ah! et ha... comme un râle.

– Poutirka! poutirka! disait le grand-père.

Certes! même si je ne l'ai pas vu, je m'en souviens, de l'âne de

Coissac! Par contre, je ne sais pourquoi je parle de puits, ni où j'avais pu entendre en remonter le seau, puisque le nôtre était bouché, et qu'au leur les voisins avaient fait installer une pompe, qui amenait l'eau en tournant une manivelle – rodé-rodé-rodé – à pleins godets de sa chaîne sans fin. Cela faisait un peu le même bruit que lorsqu'on remonte la pendule – à cette différence que le bruit de la pompe s'entendait de loin, celui de la pendule de tout près, à pleines oreilles. A pleines oreilles quand elle sonnait l'heure, à plein cœur quand elle battait le temps comme un cœur – tan... tan... et qu'il fallait écouter pour l'entendre.

C'est vers le soir, surtout, qu'on entendait les cochons. Sur le soir, quand le soleil descend. Les cochons étaient dehors dans les enclos, quelquefois depuis le matin, à ronger quelque brin d'herbe, à fouger peu ou prou, et c'est la faim qui les poussait vers la barrière en grognonnant depuis un peu de temps. Maintenant, l'odeur – la bonne odeur de la chaudière, des légumes écrasés, de la farine –, l'odeur leur venait à plein nez pleine gorge et ils s'amassaient les uns sur les autres, contre la porte du coudert, et tous couraient, à grands souffles et petits gémissements, vers la provende. Cela se devinait de loin, cela s'entendait même.

Ah! les cochons! Il y avait la truie que l'on appelle :

– *Goura*! *Goura*! Ma minette! Gorette!

Et les porcelets :

– *Guiri* – *Guiri*... Minets... Minets! Minous!...

La voix profonde de la truie et celle des porcelets. Et celle des gorets!... Que, quand on les ferrait, cela s'entendait de loin! Chacun son clou dans le nez, un fil d'archal avec sa boucle à travers la chair tendre, et le bout que l'on tordait avec des pincettes... Sitôt posé l'anneau, on leur « faisait du sang » : on fendait le bout de la queue jusqu'à la veine, afin d'éviter le redoutable coup de sang.

– Je ne comprends pas, disait ce bourgeois. On leur mettait un fil de fer dans le nez, et ils saignaient par la queue...

Ce clou, cet anneau était nécessaire pour les empêcher de fouger à la recherche des larves : ils auraient retourné les enclos comme champs de labour.

C'était bien autre chose encore quand on les castrait. La truie dans le coudert, énervée à casser la clôture. Et chaque porcelet étendu sur la paille sous le pied du castreur qui lui fendait la bourse ou le flanc avec son bistouri. Un point de fil, une goutte d'huile, et le chien qui happe le testicule d'un coup de gueule, je m'en souviens depuis la plus petite enfance. Le jappement des chiens contents – bien plus de joie que de colère, un vacarme! D'un village à l'autre dès que le castreur s'annonçait, et n'eût-il pas joué du fifre, quelques notes suraiguës, l'odeur suffisait. Le jappement des chiens et le cri des porcelets, qui ensuite rentraient l'un sur l'autre dans leur paille et mettaient parfois des semaines à bien guérir. Quelques-uns avaient de la peine à s'en remettre, à se laver, à redevenir propres et blancs, à retrouver leurs belles soies lisses et brillantes.

Le cri long du porcelet, un cri pointu à vous fendre les oreilles, à vous percer le cœur, à vous donner des frissons entre les épaules... Oui, cela s'entendait peut-être de plus loin, et cela mettait plus de trouble dans les environs – les collines, les combes et les villages – quand on castrait les nourrissons que quand on tuait le porc gras!... Pourtant cette plainte longue, forte, claire, qui s'achevait tout en douceur, en plaisir eût-on cru. Non! cela ne peut pas s'oublier.

Il y avait encore, lorsque j'étais tout enfant, et même jusqu'après la guerre, il y avait parfois le bruit des fléaux par la campagne. On battait au pin-pan-pan comme on avait dansé au tralala. Je n'ai jamais vu danser au tralala, lorsque, faute de musicien, une femme chantait en battant la mesure avec un bâton. Quand elle était jeune ma grand-mère, je l'ai dit, chantait parfois pour faire danser ses compagnons. Elle ne m'a pas conté qu'elle marquât la mesure avec le bâton – avec ses pieds peut-être.

Par contre elle me disait comment, petite fille, quand les hommes, les soirs d'hiver, s'en allaient battre dans la grange, c'était elle qui tenait la lampe, et qu'il n'était pas facile, dans cette clarté pauvre et le son des fléaux, non ce n'était pas facile de ne pas s'endormir. Mais elle ne tarda guère à prendre elle-même le fléau pour faire le quatrième. Si elle ne tapait pas bien fort, elle soutenait le rythme, plus facile à garder à trois qu'à deux, à quatre qu'à trois, disait-on. Toute jeune, elle tenait fort bien sa place à ce travail, pas aussi aisé qu'il ne paraît. C'est qu'il ne suffit pas de taper – de taper où il faut, de taper assez fort, encore faut-il suivre la mesure, et que les fléaux ne se heurtent pas, ni sur la gerbe ni en l'air.

– Bourrique! lui disait sa compagne la Maria. Moi aussi j'y vais dans la grange. Mais au bout d'un moment je donne un coup de fléau à contretemps... Ou bien je tape avec mes pieds. Ça les fait manquer. Ils ont vite fait de me dire va-t'en !

Que, si deux fléaux se heurtent, ou que quelqu'un perde le rythme, cela casse les bras à toute l'équipe. Il faut alors s'arrêter, et il est plus difficile de reprendre que de commencer :
– Pin !
– Pan !
– Pin-pan !... Pin-pan...
Ou s'ils étaient trois :
– Pin !
– Pan !
– Pin-pan-pan !... Pin-pan-pan...

C'est qu'elle savait y faire, la Maria ?... Ou qu'elle était paresseuse ?... Ou qu'elle ne savait pas suivre la mesure ?... Hé ! elle se défendait au mieux.

Je n'ai jamais battu moi-même. Je ne l'ai pas vu faire souvent. Chez nous, tout juste si l'on battait, quelquefois, au fléau, cinq ou six gerbes afin d'avoir des liens pour la paille au jour de la batteuse. C'est que, s'il avait fallu recourir à l'entraide, les hommes avaient cette habitude des grosses gerbes, et même ils se défiaient à qui porterait la plus grosse. Mais, à cette époque, d'ordinaire nous battions tout seuls avec notre petit matériel, et là comme dans le champ nous ne faisions pas de liens, ni noués ni tressés par l'épi comme je le voyais faire, aussi bien à mon père qu'à mon grand-père, tout étonnée, tout admirative de cette adresse qui leur restait de temps déjà abolis...

Dans le champ, on liait les javelles deux par deux avec une simple longueur de paille, choisie sur place d'un coup d'œil, en prenant seulement garde de ne pas froisser l'épi. Les gens se moquaient de nous, eux qui mettaient cinq ou six javelles sous le même lien. Mais de cette façon quiconque pouvait lever les gerbes en gerbières, et tout aussi bien les charger dans la charrette ou les ranger dans le gerbier. Moi-même j'aidais quand le temps menaçait, et si je n'en faisais que peu, ce peu était fait.

Pin-pan-pan... Pin-pan-pan... Battre aux quatre verges... Déjà chez nous cela ne voulait plus rien dire. Si ce n'est en parlant de quelqu'un qui marche en agitant ses bras ballants... Parfois quelqu'un le disait encore – ma mère, la Marraine, ma grand-mère... Du plus loin que je me souvienne, plus personne ne battait le blé au fléau à Germont. Le blé noir, si. Le blé noir, ah! il me semble en avoir encore le parfum dans le nez, du blé noir! De la paille, du grain, de la fleur blanche. Un champ de blé noir en fleur comme un drap blanc, quelle merveille!

Et le bruit des fléaux sur le sol de la grange... cela sonne de loin, cela sonne profond, on croirait entendre battre le cœur de la terre.

Le bruit de la batteuse – des batteuses –, la nôtre et les autres, par toute la campagne, c'était autre chose encore. On les entendait, de plus loin, de plus près, un ronflement long comme un passage d'abeilles, et la profonde gorgée, quand le batteur finissait d'avaler la gerbe et la vomissait vide, avec un ronflement de bonheur plus tendre que celui de la chatte au soleil.

Il y avait aussi le cliquetis de la machine, quand on moissonnait, régulier comme celui d'une montre, et plus sourd dans l'herbe en fauchant, si ce n'est quand il fallait tourner au bout du rang sur les cliquets – clic... clic... clac...! Et ça repartait.

Il y avait l'avion qui bourdonne au loin, et qu'on regarde passer, par-dessous, le tonnerre de l'aéroplane... Et l'on parlait de ce ballon qui était passé, dont la corde traînait à terre. Un enfant la saisit, pour jouer. Il se laissait porter, c'était amusant! Mais tout à coup le ballon s'éleva, et il l'emportait. Il l'emporta tomber Dieu sait où. La corde du ballon, ne l'attrape pas, mon garçon! Ce ballon! Plus d'une fois j'ai levé la tête, enfant, pour voir s'il passerait – s'il passait. C'était un peu pour moi comme la comète de Halley. Ils l'avaient tous vue, chez nous, là-bas vers les Monédières, grande comme un dirigeable. Même mon père, un matin très tôt. Il disait, mon père, qu'elle passerait de nouveau. Et moi je l'attendais. Je l'ai attendue cinquante ans. Elle passa. Je ne l'ai pas vue. Le soir, au retour de l'école, tandis que les étoiles s'allumaient une à une dans le ciel grand et que les clous de nos sabots battaient le briquet à petites étincelles sur les cailloux de la route, là-haut vers Chantalouette, quelquefois nous en parlions. Peut-être la verrions-nous... Peut-être verrions-nous le siècle prochain... Hé! nous ne serions pas si vieux... Ainsi nous rattrapait le temps, entre les flammèches du ciel et celles de la terre – un temps d'éternité, de paix, d'images, de silence – jusqu'à la grande descente des Pratdenaut qui nous avalait d'un seul coup le corps et la pensée, pour nous rendre enfants au chemin qui nous restait de bois, de prés, de côtes...

Non je n'ai pas vu passer de ballon, moi, jamais. Mais le ballon ne fait pas de bruit. Il s'en faisait au contraire, par la campagne, lorsqu'on voulait faire poser un essaim! Cela s'entendait de Bellegarde et même de plus loin. C'est que les gens tapaient avec ce qui leur tombait sous la main, leurs sabots l'un contre l'autre, la faux, la casserole ou la poêle, tout ce qui sonne et qui résonne. Un vrai charivari.

Eh oui! le seau cliquetant. Le sabot triquetant. La bergère qui rappelle son chien. Qui le commande.

— Tiens, petit-chien, tiens! Tiens-tiens-tiens! Pò-i! Le pain! A la queue! A la queue! Voilà, pique! Amène-les — amène!

Cela ne m'étonnait guère que le chien sût obéir: c'était là son travail. Mais quand la Marraine le faisait jouer à « voici le tien, voici le mien », tout de même j'étais déconcertée. La Marraine mettait trois morceaux de pain entre ses quatre doigts repliés. Elle les montrait au chien qui commençait à avancer la gueule pour les attraper. Un petit coup de l'autre main sur le nez:

— Non.

Le chien s'arrêtait et la regardait.

— Non. Voici le tien. Voici le mien. Voici celui de ton maître. Maintenant, prends le tien.

Le chien prenait sa part. Jamais une autre. Jamais il ne se trompait, quelque morceau qu'on lui eût désigné comme le sien, et dans quelque ordre que ce fût. Je le faisais moi aussi, et même ce gros lourdaud vorace de Carabas ne se trompait jamais.

Il y avait le laboureur devant ses bœufs:

— Allons! ho! viens!

Quand le père Béchut labourait, là-haut à la cime du puy de Bellegarde, on l'entendait d'ici:

— En haut!... en bas!... tourne!... et tout ce qu'on peut dire à du bétail.

Il avait une voix, cet homme! Mon grand-père l'appelait le v'haut-parleur...

Et quand on faisait boire les vaches! Il y avait une façon de siffler:

– Fiou... fiou... fiou... fiou... fiou...

et une manière de chanter :

– A l'eau! A l'eau! A l'eau!...

Je m'y essayais. Je m'y essayais, même si c'était pour m'entendre dire :

– Ote-toi de là!... Tu vois bien que tu fais peur aux bêtes...

Je m'essayais aussi à appeler les canards :

– Ritous... ritous...!

Et les poules, comme la Marraine :

– Petites, mes pauvres! petites! tout petits! tout petits! tout petits!... Petits! petits! petits!... Petites, mes pauvres!

Et, en faisant sonner la voix aussi fort, aussi loin, aussi haut qu'elle pouvait monter :

– Tout petits!...

La Marraine leur jetait le grain, blé ou blé noir, à grande volée comme si elle l'avait semé. Et les poules accouraient, l'aile ouverte, la queue en l'air.

Des cris qui ne s'entendent plus jamais. Qui ne s'entendront jamais plus.

Disait la Marraine – disait mon grand-père :

– Entends le coq. Que dit-il le coq? Écoute bien : – Cocorico – tu ne goûteras pas de mes cuisses! Que dit la poule à ses poussins? – Trop... trop... trop... Et celle-là qui vient de pondre? Coct-codec! j'en ai pondu une quarte!

La Marraine m'appelait dans son poulailler :

– Je veux te montrer quelque chose... Le coq a pondu.

Elle me faisait voir un petit œuf, gros comme un œuf de petit oiseau – l'œuf du coq. Elle me le donnait... Je ne croyais pas que c'était l'œuf du coq, mais tout de même, ce petit œuf...

– C'est le dernier, disait ma mère. La poule ne pondra plus avant longtemps.

Quand la poule chantait le coq – cocorico, comme le coq, en battant des ailes – c'était bien autre chose! Malheur, signe de malheur, grand malheur, maladie plutôt que misère, et mort plutôt que mal. La tristesse et la peur fermaient tous les visages, et moi-même j'avais le cœur serré, de peur, d'épouvante... La mort passait, parfois d'assez près... Mais la joie revenait, la vie, le chant.

– Viens entendre le rossignol. Écoute!

Les filles du Burg
ont le cul dur...
dur... dur... dur... dur...
comme ici, comme ici, comme ici!..

– Et la caille :

Quand on lie! Quand on lie!...

parce que la caille vit dans les blés, où elle niche. Et le pinson qui annonce la pluie :

Tourne ton cul, femelle!

– Et le loriot aujourd'hui, qu'il fait si chaud que les corbeaux badent le bec :

Moi, je garderai les bœufs!
Moi, je garderai les bœufs...

– Et la grive :

Je suis la grive, moi. Je suis la grive, moi!

ou encore :

La tireidi!

sans que l'on sût que « la tireidi » signifiât rien d'autre, sinon l'annonce du mauvais temps. Au contraire du merle, écoute bien :

Sans la petite baie, je ne serais pas ici!
Sans la petite baie, la petite baie, la petite baie...
la petite baie du houx!...

– Écoute bien, Marcelle. C'est le merle. L'hiver est fini. Et la mésange!

Dzinzilli! Dzinzilli!

Une fois qu'il l'avait attrapée, le loup l'emportait dans sa gueule fermée. « Que je pèse! Que je pèse! disait la mésange. Que je pèse! Que je pèse! – Tu ne pèses guère! » faisait le loup, qui desserrait » les dents pour lui répondre. Frrt! la mésange dehors. Chez nous, elle disait tout autrement, pauvrette! Pour faire lever ma mère, quand elle était petite, mon grand-père l'appelait :

– Allons, ma Lisou! ma Lisillou! Il y a longtemps qu'elle est levée, la mésange. Ne l'entends-tu pas qui t'appelle?

Lisillou... Lisillou!

Je l'ai dit, on appelait ma mère Lisou. A moi aussi, on parlait de la mésange. Mais on ne pouvait pas me dire qu'elle m'appelait : « Marcelou ». Et moi je ne me levais pas. Pas pour la mésange.

Eh quoi! en ce temps-là, toute chose parlait. La truie qui compte ses porcelets : « Un... un... un... » en les poussant chacun du nez, l'un après l'autre. Et parfois : « Un... deux... un... deux... » Les animaux, mais, je l'ai dit, également les roues... Les cloches :

Il en naît... il en meurt...

Ou, selon la Marraine :

Pendons
Bordas
avec
ses cordes...

Et la pendule! La grande pendule qui marque le temps de l'enfer : « Toujours... Jamais... Toujours... Jamais... » La pauvre âme damnée regarde la pendule :
– Quand m'en irai-je?
– Jamais.
– Combien de temps vais-je rester?
– Toujours.
Toujours... Jamais... Toujours... Jamais... Il est long, le temps de l'enfer. Même sans en avoir fait l'essai sur terre, on en frissonne.

Le chien... certainement le chien comptait mieux que la truie, lui qui n'oubliait pas un mouton, autant qu'il y en eût, et qui connaissait chaque vache par son nom. Il est vrai qu'il y en avait moins : la Blanche, la Rouge, la Banou, la Barou, la Chabrole, la Blonde, la Pigeon, la Froment, la Ruban, la Rose, c'était des noms chez nous et chez les voisins, des noms de tradition. Les bœufs : Fauve, Barou, Brunou, Rouget... On entendait crier ces noms par les prés, dans les champs.

Nous n'avions plus de moutons. Mais aussi bien la Marraine que ma grand-mère lorsqu'elle était jeune fille au Boisme, elles avaient gardé les brebis. La Marraine disait que les puys de Germont en avaient nourri jusqu'à trois cents. Les deux propriétés, la métairie et les bordiers, chacun avait les siennes, chacun les gardait, dans chaque maison une jeune fille, un garçonnet, une vieille. Ah oui! elle s'en souvenait, la Marraine. Elle s'en souvenait, ma grand-mère! d'avoir gardé sur les puys! Et l'une comme l'autre d'avoir fait la *Aula*! L'une et l'autre d'ailleurs n'avaient pas le même air, à deux kilomètres de distance – et l'un s'est perdu, faute d'avoir eu un magnétophone pendant que ma grand-mère vivait encore. C'est que les vieux finissent, un jour, il faut le savoir. Et chacun avec lui emporte une mémoire, une mémoire qui n'est pas seulement la sienne. Un monde – sa vie, certes, mais celle aussi de ceux qui ont vécu le même temps, chacun sa vie particulière. Je n'ai pas entendu, moi, pour tout de bon, la *Aula*.

Mais je m'en souviens, la Marraine, parfois se plantait dans la porte – et mon grand-père, d'autres fois. L'un ou l'autre, la main sur le front, regardait au loin. C'est de là qu'il disait, mon grand-père, devant le coucher de soleil hivernal :

– Le puy de Maluzieux finit de manger le soleil.

On voyait le soleil, tout rond et rouge comme braise, le ciel grand et ces fumées rouges, sans savoir si elles tombaient du ciel ou si elles montaient de la terre. Mais plus souvent, ils se plantaient là, l'un ou l'autre, au milieu du jour ; ils regardaient au loin, où je ne voyais rien, sinon des haies, le poirier des Agousts, le pommier, la palissade du Coudert, d'autres arbres, quelque sommet de colline toute bleue au loin qui se perdait dans la brume et le ciel.

– Hélas! la campagne a bien changé!

Et moi je n'y croyais pas, du moins je n'imaginais pas, quand ils me disaient que d'ici, du seuil de la porte, le pays se voyait jusqu'à Meilhards.

– Rien que des puys, des bruyères, des champs, quelque châtaigneraie. Et les moutons. Et les bergères qui faisaient la *Aula*. Cela se répondait d'une colline à l'autre, oui, jusqu'à Meilhards... *Aula! Aula las bergieras*! Et cela se chantait :

Ohé! les filles, venez avec nous!
E là liria e là! Là-là là lirià!
E là lirià là-là – ò!

Mais j'en ai déjà beaucoup parlé, de la *Aula*. Et j'ai dit que je ne répéterais que le moins possible, sinon on n'en verrait pas la fin. Pourtant, combien de fois ne me l'ont-elles pas contée, la Marraine, ma grand-mère... Une bergère commençait, une autre répondait, puis d'autres participaient, ou bien entreprenaient plus loin un autre dialogue. Elles s'interpellaient... Elles se faisaient des compliments... Elles s'insultaient... Et, suivant librement une trame fixée sur plusieurs airs différents, mais chacun traditionnels, elles échangeaient des paroles convenues, ou bien en improvisaient. Seul ne changeait pas le refrain.

> *Et là lirià e là! Là-là là lirià!*
> *E là lirià là-là – ò!*

Ce qui m'a toujours étonnée, moi, c'est que je ne parvenais pas à entendre avec certitude si l'on disait « *là lirià* », ou bien : « *là lurià* ». Ni la Marraine ni ma grand-mère ne savaient. Pour elles, c'était simple – c'était comme ça. C'est comme ça qu'elles l'avaient entendu, c'est comme ça qu'elles le chantaient.

– Mais écoute donc! Tu n'entends pas?

Et elles le chantaient, sûres d'elles. J'écoutais, j'écoutais bien – un « i »? un « u »? Je n'en savais pas davantage. Pas davantage à quarante ans qu'à dix. Ce n'était pas un « i ». Ce n'était pas un « u ». C'était un son qui n'existe pas, ni en français ni en limousin. D'où venait-il? De quelle langue? Celle, peut-être, des draps qui volent... du petit chien blanc... des Bêtes du Chaumont... Savoir! Allez voir! Allez savoir!

Ma mère n'avait pas fait la *Aula*. Elle n'avait pas gardé les brebis, si ce n'est une année, petite encore. Elle racontait que c'est un animal capricieux. Tout à coup, l'une se mettait à taper du pied, pan! pan! Un peu après, c'est toutes qui tapaient, et les voilà parties à grande course vers l'étable, la pauvre Lisou en larmes derrière :

– Elles se sont mises à faire « au pautounet », et elles se sont sauvées!

Elle aimait pourtant le bétail, ma mère. Je me souviens de l'avoir vue réchauffer dans ses mains et ranimer un petit chat – un tout petit chaton noir qui n'avait pas encore ouvert les yeux –, la mère avait dû rester enfermée dans quelque grenier, elle revint à demi morte de faim plusieurs jours après. Ce chaton, c'était je crois bien la Mascotte, celle qui eut trois ans l'année que j'allais en classe, quand nous « fîmes le pré d'en bas ». Et la chatte, c'était sa mère la Lolotte qui nous resta quelques années puis disparut nul ne sait comment.

Je l'avais vue aussi plus d'une fois, ma mère, ranimer quelque poulet noyé. Elle lui faisait rendre l'eau en le tenant par les pattes la tête en bas, elle le séchait, le secouait, le frictionnait, lui pressait le thorax, lui faisait des tractions de la langue, lui soufflait de l'air chaud dans la gorge... Et il n'était pas rare de voir le poussin reprendre souffle, rouvrir un œil, et peu après il ne se ressentait de rien.

C'est dans des occasions semblables qu'on parlait de la Radegonde, la rebouteuse, pour dire qu'elle n'avait aucun secret, que si elle remettait les os en place, c'était pure habileté de manipulation, parce qu'elle connaissait les os et les tendons. Que, d'ailleurs, son gendre le disait : un jour, elle avait déboîté la patte d'un oiseau et l'avait reboutée sur-le-champ, rien que pour montrer qu'il n'intervenait là ni diable ni bon Dieu.

L'ai-je compris depuis? Sous les apparences de cette anodine démonstration, soit d'un homme, soit d'un animal, se posait là le grand mystère de la vie et de la mort – de la guérison et de la résurrection –, un mystère dont on ne dit même pas le nom – de même que pour le mystère de l'âme, l'âme humaine et celle des animaux. Mais la réponse n'est pas si facile. Si les poulets ranimés couraient par les cours, si les oiseaux reboutés volaient dans les airs comme si de rien n'était, on savait bien que celui qui guérit par secret de magie, et qui a un secret pour les humains, il ne peut pas soigner les animaux; que s'il le fait, il perdra tout pouvoir pour les hommes. En ce qui concerne la Radegonde elle-même, voici ce qu'il arriva, juste dans les jours que le Denis, mon Nez-Noir, se mariait : le Denis s'était foulé un doigt, me semble-t-il, en tombant de vélo. Il alla trouver la Radegonde qui le lui remit en place. Au retour, il rencontra le maire de Surdoux. Le maire de Surdoux glissa en dansant et se foula un poignet. Il alla trouver la Radegonde qui le rebouta. En revenant, il rencontra le marchand de toile, qui tomba de sa voiture et se cassa une jambe. La chaîne s'arrêta ici, la Radegonde ne réduit pas les fractures. Sinon, oui, c'est une chaîne. Le premier que l'on rencontre et qui vous parle après que l'on s'est fait rebouter, se fait une blessure chaque fois plus importante... Le secret de la Radegonde?... Non, il n'est pas facile de s'y reconnaître.

Moi j'attrapais cela comme autant de vérités ou de contre-vérités qui, dans ma tête, jouaient une drôle de sarabande. J'aurais pu faire comme cette fillette qui allait au catéchisme en même temps que ma mère. Au lieu de dire : « la vertu théologale », elle disait : « la verdure théologale ».

– Regardez-moi cette bourrique! disait le curé. Elle ne pense qu'à sa robe verte.

Non, pourtant, je ne dirai pas que tout cela se mélangeait dans ma tête. Non. Il y avait le savoir, le non-savoir. Ce qui se croyait, ce qui se pensait. Les notions claires et le mystère. Les choses qu'il fallait apprendre et ce que j'entendais dire. Ce qui m'advenait et ce que je voyais. Ce qui se vit, ce qui se lit. Une lucidité sans âge. La naïveté puérile des nouveau-nés. Mes petits souvenirs et ceux des autres. Mes souvenirs de rien et toute cette mémoire. Mais ne me sont-ils pas les miens, ces souvenirs des autres, maintenant que je suis seule à les porter, que je les porte, oui, toute cette mémoire. Hé! c'est ainsi que j'allais, moi. C'est ainsi que je vais, entre une lucidité sans âge et la naïveté puérile des nouveau-nés. Ou l'inverse.

Ma mère je ne sais pas ce qu'elle en pensait, ni les autres. Ils n'avaient pas étudié pour dire ainsi les choses, abstraitement, ni de la vie, ni de la mort, ni de l'âme. Et les paroles du catéchisme ne leur convenaient pas non plus. Mais il est certain qu'ils y pensaient, d'un mystère à l'autre, entre ce qui se croit, ce qui se voit, ce qui se dit et ce que l'on peut toucher. Et certes ma mère, le temps venu, cela ne l'empêchait pas d'assommer les lapins, ni d'arracher l'œil pour recueillir le sang, ni de couper la tête des canards avec la hache sur le billot. Les poulets et les poules, elle ne put jamais se mettre à les étouffer en leur tordant le cou sous l'aile comme faisait la Marraine. Même plus tard, quand la Marraine se trouva trop vieille, ma mère les saignait tant bien que mal, et elle n'y fut jamais très experte – à la vérité, elle aimait mieux trouver ce genre de travail tout fait.

Parlant de cela, comment oublier le jour où elle attrapa un lièvre à la course!... J'étais malade, une fois de plus. Voilà que j'entends ma mère traverser la cour au grand galop. Chez nous la virent passer. Où allait-elle à courir ainsi vers le jardin?... Un

460

moment après, on entend des couinements, et la voilà qui revient, portant un beau lièvre! Vous me croirez si vous voulez : depuis l'autre bout de la cour, elle avait vu passer ce lièvre qui descendait vers le village à vive allure. Elle eut juste le temps de penser :

– Et s'il se prenait dans quelque clôture?

Il y avait tant de clôtures, alors, dans le village! Les clos, les vergers, les apiers, les jardins, même certains prés, étaient fermés de petits palins bien serrés. Que le lièvre y passât la tête, le corps ne suivrait pas – peut-être pas. Il suffit d'un hasard. Et c'est assez d'un coup pour tuer le loup. Il y eut assez de ce coup : le lièvre n'alla pas plus loin que notre jardin, jusqu'à la barrière presque neuve. Ma mère n'eut qu'à le saisir par les reins et à lui donner un bon coup sec, du tranchant de la main derrière les oreilles.

J E me souviens – oh oui! je me souviens. Je sais en moi toute une ébullition de souvenirs... Ce jour-là, le Léonard fit brûler sa maison et tous ses bâtiments. Dès qu'il aperçut l'incendie, mon grand-père dit :

– Les maisons d'en-bas brûlent.

Et la Marraine :

– C'est « Chose » qui a mis le feu!

Je ne sais pas qui apporta la nouvelle, mais chez nous l'avaient tout de suite pensé. C'est qu'ils connaissaient l'homme, qui avait vécu à Germont. Beau garçon, et travailleur, et même pas méchant diable, à jeûn. Mais il buvait, et quand il avait bu, il était comme tant d'autres, il portait mal le vin. Quand il s'était marié aux Maisons d'en bas, quelqu'un avait écrit une lettre anonyme à la future belle-mère. Cette femme n'en fit pas mystère – les qualités du garçon, pour elle, éclipsaient tout le reste.

– Les gens sont jaloux, disait-elle. Écoutez-moi ça!

Et la lettre fit le tour du pays. Elle parlait du boire et de tout. La Marraine en savait tout un passage par cœur :

« Et pour le tabac, il en mangerait autant que de regain la bourrique de son voisin. Donnez-lui votre fille, madame. Donnez-lui votre fille, car c'est un bon pointeur! »

A ce moment (avant la Grande Guerre), la bourrique de son voisin, ce ne pouvait être que la nôtre. Mais qui avait écrit la lettre, personne n'en savait rien, même si la Marraine pensait que c'était le père Boulaud – peut-être par jalousie, il est vrai, voire pour rendre service à ces femmes; pour faire manquer le mariage probablement; pour rire, à coup sûr. Imaginer la lettre,

Boulaud en était parfaitement capable, c'était son genre. L'écrire, je ne sais pas. De toute façon :

– Les gens sont bien méchants, allait répétant la mère.

Et le mariage se fit. Léonard chiquait, travaillait, buvait, faisait des enfants... Un mariage comme bien d'autres. Mais il y eut ce jour, qu'il avait trop chargé, et qu'il mit le feu. Chez nous, qui avaient été échaudés récemment comme je l'ai dit, se remémoraient des choses, et ils parlaient de la lettre. Moi, pour le tabac et le regain, je comprenais fort bien. Pour ce qui est du « bon pointeur », cela me donnait à réfléchir, mais je réfléchissais juste – pourquoi pas ? – même si l'image pointue ne me venait pas dans l'esprit avec réalisme. N'eussé-je pas compris, la Marraine en disait assez – tout juste assez – pour que je pusse comprendre.

Je ne sais pas ce que firent les hommes après avoir constaté l'incendie. Il était trop tard pour porter secours, c'était bien trop loin. Pourtant ils durent y aller. De derrière la maison, un peu plus haut sur la colline, on voyait le brasier, rouge comme la gueule d'un four. On ne voyait plus ni flamme ni fumée. Comme nous redescendions, nous rencontrâmes la femme qui s'enfuyait, un sac d'une main, une sorte de sac noir où elle avait dû jeter quelques hardes, et deux enfants de l'autre, deux enfants petits qu'il me semble voir encore – le plus petit pleurait un peu et la fillette ouvrait de grands yeux, avec quelque chose sur son visage comme un sourire. Ne les avais-je pas déjà vus à l'école où ils furent mes petits copains ? Les eussé-je connus, ce jour-là je ne les reconnus pas. Je ne pouvais pas les connaître, de toute façon ce n'était pas eux ! Ces deux petits traînés comme des orphelins à la main de cette haute femme noire et comme secouée de vent qui s'arrêta à peine, qui même ne s'arrêta pas, n'arrêta pas de s'agiter en contant ses malheurs d'une phrase. Elle ne pleurait pas, mais sa voix pleurait, sa tête, sa robe, ses bras... Je la vois encore et je les vois eux, que je les connusse ou pas, tels qu'ils étaient, passant comme une fumée, près de nous dans le chemin creux, qui remontaient en courant du village.

La femme s'était sauvée, se sauvait, s'en allait. Elle avait fui la guerre et le malheur. Elle avait pensé, la pauvre, se réfugier à Germont dans la famille de son mari, elle y fut bien reçue ! Que s'il buvait le Léonard, c'était sa faute à elle, le vin, la nichée d'enfants et le reste... Elle avait fui le feu, elle dut fuir la colère, l'insulte, le malheur, la guerre... Elle ne pouvait plus que fuir. Elle fuyait...

Nous le sûmes plus tard, elle n'eut pas à aller loin, jusque chez le Mémé qui s'en souvient encore, aussi petit qu'il fût, parce que sa grand-mère pleurait, et d'avoir vu pleurer cette femme vieille, pauvre petit, certes, il s'en souvient! Ils étaient quelque peu parents, la femme resta là quelques jours avec ses enfants. Quant au Léonard, le vin lui passa, et un peu plus tard il alla remercier ces gens-là d'avoir recueilli sa femme et ses deux plus jeunes enfants. Cela ne l'empêcha pas de continuer à boire, mais il ne recommença pas à mettre le feu, même si le surnom de Boute-Feu lui resta chez nous aussi longtemps qu'il vécut, aussi long-temps que vécurent ceux qui le lui avaient donné, n'eût-ce été que la Marraine qui, pour le feu – Langue-Rouge qui ne laisse rien derrière soi –, en connaissait sa part.

Elle en avait une grande crainte, du feu.

– Prenez bien garde, avec votre lanterne. Ne la posez pas n'importe où. Si vous veniez à mettre le feu!

Elle se méfiait surtout des chats, quand ils s'approchaient du foyer. C'est que les chats, l'hiver, recherchent la chaleur de la flamme et, souvent, avant la neige ou la pluie, ils tournent leur cul vers le feu. Pour peu qu'une étincelle leur retombe sur l'échine, dès que la brûlure les pique, ils se sauvent emportant le feu; qu'ils aillent alors se rouler sur des chiffons dans le grenier, ou sur la paille dans la grange, cela suffit pour que l'incendie se propage. Du moins c'est ce que la Marraine croyait, et les autres le pensaient aussi. Mais personne ne prenait autant de précau-tions qu'elle. Avant de se coucher, elle envoyait les chats au gre-nier, en faisant attention qu'aucun n'emportât la moindre braise, et elle refermait bien la porte. Ensuite, elle levait les yeux dans la cheminée, s'assurant qu'aucune étincelle ne brasillât dans la suie, elle balayait soigneusement le bas, éteignait les derniers tisons, rassemblait les braises et les cendres, avant de poser dessus un vieux couvercle de chaudron. C'est alors seulement qu'elle allait se coucher, regardant en arrière comme si le feu l'avait suivie.

L'incendie des maisons d'en bas lui donna l'occasion de repar-ler d'un certain Dès-Demain qu'elle avait connu dans sa jeunesse. Un qui avait, à l'en croire, mis plus d'une fois le feu. Au reste, mauvais homme. Une fois, en passant à la Veyssée, il aurait fait brûler une maison en mettant le feu aux lierres qui grimpaient jusqu'au toit. A cette époque, il habitait au Boisme. Ma grand-mère disait comme la Marraine – et lui-même, d'ailleurs, ne disait-il pas que, passant cette nuit-là par le Bois de la Veyssée, il avait senti le souffle de l'incendie... Quand la maison de son frère fut brûlée, là-bas vers le Pescher à l'endroit justement qu'on appelle les Maisons Brûlées, au fond du territoire de Germont, il dit de même, le lendemain :

– Il faut que j'aille voir mon frère. Je crains qu'il ne lui soit arrivé malheur. Cette nuit en passant par les Grandes Garennes, je l'ai entendu appeler au secours.

Il l'avait entendu crier, mais il n'y était pas allé !... Et il le disait ! « Dès-demain », ce devait être son expression favorite. C'était son chafre.

Nos femmes racontaient aussi que, beaucoup plus récemment, Léonette, une fois, avait fait brûler nos bois de la Montade. Elles n'avaient pas dû lui faire plaisir, Dieu sait comment, et il se vengea ainsi. Mais Léonette, il n'était pas des plus malins, et ce qu'il savait faire le mieux, c'était boire. A ce moment, il était domestique chez nous. Il couchait dans le grenier. Nos femmes savaient qu'il avait caché une boîte d'allumettes, depuis quelque temps, sous un liteau d'ardoises, à côté du petit poudrier de ma mère. Ma mère ne retrouvait pas son poudrier, une petit boîte ronde avec une glace au fond du couvercle, un peu de poudre et la houppette. Or un matin, elle s'aperçut que Léonette sentait la poudre de riz, et qu'il s'était poudré le visage... Quand il fut parti aux champs, elle n'eut qu'à monter au grenier...

Mais, le jour qu'il avait mis le feu, ce fut ma grand-mère qui, s'apercevant du désastre en allant à Chamberet – quelque pluie providentielle avait dû limiter les dégâts – n'eut qu'à suivre ses pas. Pour cause ! Elle connaissait parfaitement les bottines du quidam, auxquelles il manquait des clous. Et d'autant plus assurée fut-elle que c'était lui le coupable, qu'il jurait tous ses grands dieux d'avoir passé par un autre chemin. Oh ! elles ne lui firent aucun reproche, les femmes. Elles ne lui dirent rien, ne firent semblant de rien. Mais, quelque temps plus tard, à l'approche de l'hiver :

– Nous ne pouvons pas vous garder plus longtemps, mon pauvre ! Nous voulions vous faire couper les bois de la Montade. Le bois a brûlé, nous ne pourrions pas vous payer...

Léonette bouda un peu. Il le savait bien, qu'on voulait lui faire couper ce bois – c'est même pour cela qu'il l'avait fait brûler. Il comptait ainsi passer un hiver bien tranquille. Mais celui qui compte, compte deux fois.

Cet homme, je ne me souviens de l'avoir vu qu'une seule fois. Un soir de fête, ou de foire, nous étions pour rentrer dans l'autobus, mes parents et moi. En passant à Surdoux, il voulut monter. Et même il monta – et moi je le voyais, pas très bien, dans un éclairage papillotant, avec sa blouse, qui semblait plus large que haut, qui agitait les bras sur le marche-pied. Le pied montait, mais le cul retombait. Les mains s'accrochaient, mais les pieds ne suivaient pas. Ou bien la tête, ou les reins, la blouse ou les bottines, il y avait toujours quelque chose qui ne montait pas, même s'il finit par y arriver, de côté, à plat le cul sur le plancher. Mais ce n'eût été que piètre spectacle, sans cette voix aiguë, rouillée, pointue, douloureuse, qui se plaignait, qui injuriait, qui priait, qui flattait, l'un ou l'autre et le monde entier.

Léonette! Pauvre ivrogne, authentique sac à vin... que dire? Est-ce que perdant ses ivrognes le pays ne s'est pas lui-même perdu? Parfois ils se battaient – rarement à mort – ou bien ils mettaient le feu... C'était comme la gale et les poux, ils vivaient sur la communauté. Il est bien mort, le pays qui ne peut plus nourrir ses parasites familiers. N'est-il pas temps ici que je parle des autres...

Ils ne mettaient pas tous le feu! Quand j'allais à l'école, et longtemps avant, et longtemps après, à Surdoux, il y avait Tuène. Alors il n'était pas vieux, mais on lui aurait donné cent ans, noir qu'il était de partout, menu, ridé, le nez long et les lèvres minces, avec des yeux qui riaient toujours, et ce mouchoir à tabac qu'il tirait de sa poche à tout moment, son plus grand travail... Il prenait de ces flambées! Et ensuite, parfois, il brûlait pour la politique. Une fois, il était monté dans la brouette, sans doute était-il censé aider les cantonniers, et, de cette position élevée, il proclamait un discours :

– Camarades! Ça va mal, camarades!...

Comme il agitait les bras, la brouette esquissa un tour de roue dans la pente. Et lui sur le cul dedans déséquilibré n'eut pas à chercher lit plus confortable pour dormir son vin. Mais Tuène – le Tuène de la Blanche – n'était pas méchant. Buveur et paresseux, c'était bien assez.

Il n'en était pas de même d'un autre qu'on appelait Pincette – misère de sa femme et de ses enfants! La première était morte quand il épousa la petite Génie de Guillaume, celle que ma mère, depuis l'enfance, avait surnommée Tatou. C'était une brave petite, la Génie, toute petite qu'elle était vraiment et non des plus dégourdies, mais vaillante et soigneuse. Ma mère contait qu'elle n'aimait pas tellement courir et jouer comme font les enfants. Elle lui disait :

– Allons, Génie! Il fait froid. Viens! Nous allons courir et jouer à nous rattraper. Cela nous amusera, et cela nous réchauffera.

La Génie courait un moment, mais ne tardait pas à s'arrêter :

– Il fait trop froid.

Pour elle, il faisait toujours trop froid, ou trop chaud. Elle restait assise là, à garder ses quelques moutons. Le bélier la dérangeait, parce qu'il voulait toujours aller ailleurs. Elle l'appelait Pincette, ce qui plus tard sonnait aux oreilles de nos femmes comme une prémonition :

– Ce fichu Pincette! Qui me fait tant souffrir.

– Et plus tard, disaient-elles, elle a épousé Pincette!

Grandette, elle s'était placée chez des gens qui tenaient un petit commerce. Ils faisaient grand cas d'elle, et elle d'eux. Mais c'est alors qu'elle rencontra Pincette, et l'épousa.

Lorsque j'allais en classe, ils habitaient quelque pauvre maison aux Flénours. Elle, on ne la voyait guère. Pourtant la Marraine l'avait rencontrée à la foire de La Croisille, elles s'étaient retrouvées devant le banc du pâtissier. La Génie voulait acheter des gâteaux, elle les choisit et s'apprêtait à les payer. Elle ouvrit son porte-monnaie : au lieu de billets, elle en sortit des morceaux de journal, bien coupés, bien pliés... Et la Génie se mit à rire – à rire, à rire... Disait la Marraine :

– Cela me fit une colère! Je les lui aurais bien payés, moi, ses gâteaux. Je n'ai pas osé. Cela lui aurait fait tellement honte... Je la connais, moi, la Génie. Si elle avait cru ne pas avoir l'argent pour les payer, elle ne les aurait pas achetés, les gâteaux!

Les choses avaient bien dû se passer comme le pensait la Marraine : Pincette avait pris les sous pour aller boire, et la Génie emporta son porte-monnaie plein des journaux qu'il avait mis à la place...

Pincette n'allait pas souvent au travail :

– Eh! disait-il, il faut bien que je reste à la maison! Ma femme ne sait même pas mettre les poules à couver.

Et Pincette restait à la maison pour faire couver les poules. Je me souviens qu'il avait acheté une auto. Comme la route n'arrivait pas chez lui, où il n'avait d'ailleurs pas d'abri pour elle, il l'avait garée dans une carrière en Pissechien. Il essayait souvent de la mettre en marche, et il y parvenait quelquefois. Ra-ra-ra!... Plan-plan-plan-plan... Ra-ra-ra... On entendait le moteur de cette pauvre ferraille qui devait avoir passé trente ans, avec ses roues de bicyclette et son toit de toiles pourries où luisaient vaguement les ouvertures flottantes de ce qu'on croyait être du mica. Dommage qu'elle n'ait pas survécu jusqu'à nos jours. Elle vaudrait des fortunes...

Pour méchant sujet qu'il fût, je n'ai tout de même jamais entendu dire que Pincette eût mis le feu ni tué quelqu'un. Mais la Marraine se souvenait d'un autre, qu'elle appelait le Boute-Feu. Il était jeune. Tout enfant, alors qu'il n'avait que sept ans à peine, il avait déjà mis le feu. Et il était là, à contempler le spectacle avec d'autres petits, quand survinrent les gendarmes. Et lui de reculer, de reculer mine de rien, les mains dans les poches. Il recula ainsi jusqu'au tas de fumier, et là, toujours comme sans faire semblant, il passa une main par-derrière et fourra les allumettes dans le fumier.

Adolescent, il s'était placé à Germont, je ne sais plus chez qui, et il couchait avec le petit domestique, un enfant. Sans preuves réelles, on pensait qu'il avait déjà provoqué l'incendie de deux ou trois fermes des environs. Il aimait le feu. Il aimait l'eau, également. Il avait appris à nager, tout seul, on disait qu'il traversait l'étang sans difficulté. Oh! l'étang de Germont n'est pas bien grand, mais quand même. Que s'il n'est pas large, il est assez profond, et l'on disait qu'il se faisait par endroits un remous au fond, sans parler des herbes qui, ailleurs, remontaient jusqu'à la surface. Qu'en advint-il? Du remous ou des herbes... Un jour on trouva le garçon noyé nu au milieu de l'eau, et ses vêtements sur le bord. Même sa mère ne pleura pas. Le petit domestique chantait :

Balalin, balalan!
Notre Saint-Jean
s'est noyé dans l'étang...

Quelqu'un lui en fit reproche :
— Comment oses-tu chanter? Saint-Jean, c'était ton camarade, vous partagiez la table et le lit...

– Un camarade? J'en fais un pareil tous les matins!

C'est alors qu'on pensa qu'au lit il faisait des misères au garçonnet, pauvre petit qui n'osait pas se plaindre. Ainsi disait-on chez nous, et je le répète. Mais, dans le lit, je n'y étais pas, moi.

Elle en racontait, la Marraine! Elle en racontait bien d'autres. Tiens, de ce petit garçon qui s'était élevé chez nous, du temps du père Chatenet quand elle-même était petite. Le garçonnet pissait encore au lit passé cinq ans. Le père Chatenet décida de le faire coucher avec lui dans la bergerie.

– De cette façon, disait-il, moi qui dors si peu je le ferai lever assez souvent!

Il réveillait l'enfant, le faisait lever :

– Allons! pisse!

Le garçon se tordait, pleurnichait, mais ne pissait pas. Il n'était pas remonté dans le lit qu'on l'entendait, zi! zi! qui ouvrait les vannes.

– Mille dieux!

Et Chatenet le tirait du lit encore une fois. Je ne sais pas si le traitement fut efficace. Mais l'enfant n'y mettait pas la moindre bonne volonté. Un jour ne le trouva-t-il pas debout sur le lit qui arrosait tout autour de soi.

– Aussi quelle idée de s'occuper des merdes des autres, concluait la Marraine. Il faut être fou...

Je ne sais pas si c'était le garçonnet auquel Jambes-de-Bois avait arraché tous les clous de ses sabots :

– Ils pèseront moins, lui disait-il.

Et l'enfant le laissait faire, tout content.

C'est bien plus tard qu'on avait gardé un autre enfant à la maison, un filleul de mon grand-père, qui avait la coqueluche. Il n'était resté que quelques semaines, il est vrai, mais des semaines pendant lesquelles, chaque soir, mon grand-père attelait la voiture et menait le petit au Mont-Gargan, là-haut à la chapelle, peut-être autant pour la dévotion que pour le changement d'altitude et d'air... Hé! faute d'être fous, chez nous on a bien toujours été bête. Cela ne va pas changer.

Oui. Elle en racontait, la Marraine. Elle en racontait tant et plus. De sa mère. De la Vieille. Du père Chatenet. De la mère Catherine qui venait depuis Chantecor passer quelques jours à la maison, avec sa chatte et son petit cochon. De la mère Marie sa fille qui, elle, venait aider à la fenaison, je m'en souviens moi-même : elle couchait alors avec moi, et ce que nous admirions tous, c'est qu'à plus de soixante ans, elle pouvait se chausser debout sur un pied comme une jeune... De Jambes-de-Bois. Du pauvre Guillaume. Du père Boulaud qui battait la mère Mariou, et une fois il avait frappé si fort que ce n'était pas une façon de parler : sa tête était enflée comme une ruche d'abeilles... Celle de la Marraine n'enflait pas. Elle était pourtant pleine, pleine à ras bord de mémoire. Une mémoire qui ne dormait pas, qu'elle remuait sans cesse, de paroles, de souvenirs, de proverbes... de tout un savoir dont j'ai gardé quelque chose, mais dont j'ai tant perdu... tant et tant.

Eh quoi, pourtant! d'elle et des autres, ce qu'il me reste, le peu qu'il m'en reste, rien qu'à le dire on n'en finirait pas. Or le livre, il faut bien qu'il finisse. C'est pourquoi je vais faire comme à l'école déjà. Quand on me demandait comment j'avais fini mon devoir :

– J'ai mis un point, disais-je.

Je vais mettre un point. Je le mettrai.

La Marraine... Ah! oui, elle en racontait, elle n'en finissait pas. Ainsi de cette fois... Mon grand-père aimait tant chasser! Il avait toujours aimé. Adolescent déjà il portait le fusil, et quand il n'avait pas de fusil du moins allait-il courir par les champs. Cet après-midi-là, il était parti à la promenade. Ne voilà-t-il pas que sa mère aperçoit un homme qui traversait à grands pas la pièce de l'Arbre. Et de l'interpeller :

– Que fais-tu là, grand paresseux? Au lieu de marcher dans le blé, tu ferais mieux de venir m'aider!

L'homme approcha. Merde! Ce n'était pas mon grand-père, c'était le curé.

– Oh! excusez-moi, monsieur le curé. J'ai cru que c'était mon fils...

Elle en rit longtemps.

– J'ai insulté le curé...

Et cette autre fois, alors que, toute petite, sa mère l'avait ame-née avec elle dans la Buge, où elle gardait les moutons. A un moment, la bonne femme dut retourner à la maison pour arranger le feu sous la marmite où la soupe cuisait. C'était tout près, elle ne mit pas longtemps, mais quand elle revint la fillette pleurait :

– La vilaine bête est venue, elle m'a pris un agneau!

– Ce n'est pas vrai!

C'était vrai, le loup était venu, il avait volé un agneau, dans la Buge, presque contre la maison. Non ce n'était pas pour rien que l'on chantait, que l'on dansait la bourrée célèbre :

Chasse le loup, petite, chasse le loup!
Chasse le loup qui t'emporte, qui t'emporte,
Chasse le loup qui emporte l'agnelet...

Du temps que j'étais petite, moi, vraiment petite, c'est un autre agnelet qu'emporta le monstre. Le petit Lindberg dont il fut tant parlé – peut-être parce que son père avait été premier à traverser l'Atlantique en avion, peut-être parce que, s'il n'était pas le premier enfant volé, sans doute était-il un des premiers à faire ainsi l'objet d'une rançon. Il me semble voir encore la photo, sur le journal, de ce qu'il en restait longtemps après. Je n'y discernai rien, sur cette photo, sinon une vague tache blanche sur la grisaille. L'ai-je seulement vue, à la vérité? Je me le demande. Si je l'ai vue, ou non? Est-ce que je me souviens? Ou bien l'aurais-je imaginé?

ON n'en finirait pas. Quelqu'un me tire par le bras, pourtant, quelqu'un me tire avec ses yeux. Des yeux profonds sous l'arcade, un peu gris, un peu verts, qui me regardent droit dans les yeux. Un sourire sérieux qui vient des yeux, une illumination qui va jusqu'aux lèvres, minces dans le visage fin... Ma grand-mère. Ma grand-mère qui savait si bien se refermer sur elle-même, rien qu'en serrant les lèvres, en fermant les yeux, en détournant la tête : rien maintenant qui pût entrer. Ses oreilles même sont closes. Qu'y a-t-il dans une noix ? Vous pourriez bien crier ! Elle, ne criait pas. Jamais. Presque jamais. Mais elle savait chanter ; elle savait rire. Elle s'ouvrait, alors, plus largement, bien plus qu'elle n'aurait jamais pu se fermer, la tête en arrière, bouche bée. Et voilà qu'elle me dit :

– Bonjour, mon Nez-Crotté ! Combien vendez-vous les boutons ?

– Pas cher, mon Nez-Morveux, quatre sous le quart !

Et je m'essuie, et je me mouche. Je sais bien ce qu'il faut faire, d'autant qu'en limousin, ça rime...

C'est bien vrai qu'elle aimait rire, ma grand-mère. Elle l'avait raconté bien souvent :

– Une fois, disait-elle, j'ai couché avec la mariée.

Elle était invitée à noce ; au Boisme, toute la maisonnée devait être invitée, mais elle, elle y était allée, peut-être seule, ou bien les autres ne sont-ils pas restés le soir pour le bal et le second repas, comment savoir ? Toujours est-il qu'elle était invitée à noce et qu'elle y alla. Il est vrai qu'elle n'alla pas loin, c'était juste là, à la Forêt-Haute, derrière la colline. Elle y alla, tôt le matin comme les autres ; les gens s'assemblèrent, de près comme de loin, dans leurs plus belles robes, les beaux habits, la cravate, le chapeau, rien ne manquait. Les parents de la mariée les reçurent, très élégants, et la mariée, dans sa robe bleue, belle comme un cinq-sous – aussi belle qu'il lui fut possible de l'être... Et i fou fou fou! Le musicien lui-même gonflait sa chabrette...

Mais, comme la matinée s'avançait, les invités remarquèrent que quelque chose n'allait pas. Certains commencèrent à murmurer. A force de murmurer, on ne savait plus que dire... jusqu'au moment où... Non! ce n'était pas possible!... Le fiancé tardait... Il tardait tant qu'il ne venait pas... Il tardait tant qu'il ne viendrait pas!... Il ne vint pas. La fiancée crut de son devoir de verser quelques larmes – il est vrai qu'elle devait avoir un peu honte, tout de même – mais son désespoir ne dura pas, son père eut tôt fait de la consoler :

– Il ne vient pas? dit-il. Qu'il ne vienne pas! Nous n'irons pas le chercher! Allons, mes enfants, passons à table! Les poulets sont cuits. Le repas est prêt. Rassurez-vous : quelqu'un paiera.

Au début, les invités n'osaient pas trop, ni parler ni rire. Mais la fiancée avait pris place, et son père n'arrêtait pas de faire le tour des tables et de verser à boire :

– Allons, mes enfants, trinquez! Mangez et buvez! Amusez-vous! Dansez! Riez! Quelqu'un paiera...

Et lui-même, la bouteille à la main, prêchait d'exemple. Si bien qu'elles ne tardèrent pas, bien graissées, les langues de tourner, les chansons d'éclater, les jambes de s'en donner à cœur joie, en voici, en voilà, jusqu'à l'heure la plus tardive, sans négliger, musique en tête, le cortège à travers les rues, suivant la fiancée comme si de rien n'était...

Il était nuit depuis longtemps.

– Toi, Léonie, lui avait dit en fin d'après-midi la fiancée qui était quelque peu sa cousine, tu ne peux pas rentrer toute seule au Boisme en pleine nuit. Tu aurais peur, il pourrait même t'arriver malheur. En attendant le jour tu coucheras à la maison... tu coucheras avec moi.

C'est qu'on ne voulait pas la laisser partir avant la fin des réjouissances, ma grand-mère!... Et c'est ainsi, par une belle nuit de noces, que ma grand-mère occupa la place du marié.

Il est probable qu'ils le savaient, aussi bien la fiancée que ses parents, que le fiancé ne viendrait pas. Ce jeune homme leur avait certainement dit, ou fait savoir la chose, mais très tard, trop tard, à ce que l'on crut comprendre, quelque deux ou trois jours avant la noce, alors que les invitations étaient faites sans qu'on pût les décommander, alors que toute la dépense, ou peu s'en faut, était déjà engagée, le bétail assemblé sinon tué, parce qu'on ne peut pas courir le lièvre ni les poules au dernier moment... On murmura même qu'il avait prévenu dans les bons délais, le jeune homme, mais secrètement, sans témoins, ce qui avait permis à la fiancée et à ses parents de se venger ainsi pour la vergogne et le déplaisir, en lui faisant payer sa part des frais sans qu'il en goûtât... Je ne sais ce qu'il en avait été. Nous, il nous suffisait bien d'en rire – moi surtout. Pensez! ma grand-mère qui avait tenu lieu et place de marié!...

La Marraine... Elle ne se referme pas souvent, la Marraine. Ou bien alors elle se plisse tout entière, comme un sac que l'on serrerait avec un lien, toute froncée comme une pomme, une poire séchée. Mais la poire devient tendre, et le sourire fond, depuis la bouche en tournant comme une onde, tendresse et chaleur, et ça n'en finit pas de battre la chevelure, au bord, comme le bord d'une fontaine.

– Ma poire goutte! Je la perds toute...

Cela lui allait si bien, de conter, de dire. Oui, je ne le dirai jamais assez. Sur sa langue tout devenait proverbe, tout était chanson, tout était conte :

– *Maia!... Mener cochons coudert!...*

Rien qu'à l'entendre, on croyait voir, on voyait le simple d'esprit – pas si simple, d'ailleurs – pas très malin, pas très courageux, plutôt. Je le voyais, moi, assis dans l'âtre, ce vieux pas si vieux, ce paresseux qui se faisait tout un travail d'ouvrir la porte de l'enclos. Je le voyais, l'innocent avec sa poire dont le jus lui gouttait du menton. Ah! cette poire-goutte! Qui devint chez nous plutôt que poire mûre un visage mou, une tête en forme de poire. Ah! (souvenir d'Erik Satie qui n'en savait rien, qu'on ne connaissait pas chez nous, même de nom). Et elle chantait encore, la Marraine, de sa voix sonore, ronflante, et curieusement dépourvue de charme :

– Riga, tiens-toi en haut! Riga, tiens-toi en haut! Car la pente t'entraîne...

C'était quoi, la Riga? Une vache attelée? Une fille mal famée? Il y avait la Carou, la Grande Marie... Mais la Riga? Allez voir! Allez savoir! Il en était des vaches comme des femmes, des femmes comme des vaches. Et pour les hommes?... S'il y a bergère, il y a berger. Elle le chantait aussi :

> *– Combien de moutons gardez-vous,*
> *mon aimable bergère ?*
> *– Je ne gardé pas tout moutons,*
> *y a de las bourbinettes...*

Et enfin – et surtout :

> *Votre barbe vous grise, ça m'étonne !*
> *Votre barbe vous grise, ça m'étonne bian...*

La Marraine... ma grand-mère... Mais c'est de ma mère que je faisais le portrait, de profil. Avec son front droit, son petit nez, sa lèvre longue et le menton franc, c'est qu'elle se redressait ma mère, toute petite qu'elle fût! Nous avons ri, depuis, mes cousines et moi, à l'idée que ma mère aurait dû épouser leur père : quel couple bien assorti! On n'aurait pas eu fini de rire!... Mais ma mère épousa mon père, et mon oncle ma tante, pour le bonheur de tous et de chacun.

Que, je l'ai dit, mon père c'était la paix, le travail. Et lui, pour se fermer, il lui suffisait de froncer le nez. En fait, il restait toujours ouvert à tout ce qui se voit, à tout ce qui s'entend, à qui voulait parler, ou demander conseil, ou demander de l'aide, à tout ce qui s'apprend, se dit, ou se découvre. Mais, par-dessus tout, il y avait toujours cette musique en lui, à pleines oreilles, plein cœur, pleine tête. Et ce sourire. Je le lui ai toujours connu, ce sourire d'enfant sur lequel on pouvait se méprendre, un sourire d'enfant aimable, d'enfant compatissant, d'enfant tout étonné, tout humble mais sans peur, d'enfant qui s'excuse d'être ce qu'il est, mais qui, vous le sentez bien, ne se reniera pas, ne renoncera pas à être ce qu'il est, ni pour vous faire plaisir, ni pour vous contrarier. Peut-être pourrait-on dire un sourire d'ange? Un sourire insupportable dont la candeur peut vous blesser comme une injure. Un sourire de sourd.

Mais c'était de ma mère que je faisais le portrait, en couleurs, sans oublier le signe – le grain de beauté qu'elle avait d'un côté sur la lèvre, et de l'autre sur le menton. Ma grand-mère en portait un semblable, j'en ai hérité. Ce n'est pas forcément joli. Disait la mère Thrésa :

– Ceux qui ont leurs signes plus bas que les dents ont toujours besoin de leurs parents.

Plus haut, plus bas, moi j'en ai partout. Et mes parents, puissé-je les avoir encore! Ma mère avec la grâce, bien plus de charme que de beauté, un sourire royal.

Tiens, je ne me souviens pas s'il portait des signes, mon grand-père... Sous le front vaste, large et haut – génial, disait en riant mon père – les yeux bleus semblaient faits pour voir mais non pas pour rire. Quand il riait, c'était toujours en prise directe sur les mots, le récit, l'image, quand il riait d'un rire silencieux, qui parfois sonnait par petits grains, un peu acides... Hé! je m'en souviens tout à coup : oui, il était marqué aussi, mon grand-père. Il portait sur les reins une tache blanche, comme les lèvres mi-ouvertes d'une blessure ancienne, la cicatrice de la plaie qu'aurait pu faire la pointe d'un couteau. On disait que c'était un signe de naissance. J'en ai moi-même un semblable. Ma mère, non, elle ne l'avait pas.

Images légères qui me sont restées... Mon grand-père, ce jour-là, passé le Pré de la Font sur le chemin de la Montade... En haut du talus, un petit aspic se tordait, presque déjà sous une touffe retombante de bruyère. Mon grand-père qui lève la jambe, tend le pied, fait tomber le serpent dans l'ornière et l'écrase là avec son gros sabot de hêtre...

Les fleurs que ma mère semait dans le jardin de la Chenevière, au temps que j'étais moi toute petite, et qu'elle n'avait pas encore son jardin devant la porte. Il y avait les clarkias, petite rosette sans queue sur la tige – rose, blanche, rouge... Mais ce que j'aimais par-dessus tout, c'était les reines-marguerites – la marguerite reine, plus fraîche, plus claire que carnation de jeune fille. Et le Matou qui dansait, en chantant :

Il y en a des blanches,
Il y en a des bleues,
Et des rouges, et des prou-prou...

« Prou-prou »? Pourpres? Ou bien pour signifier un pet de grand mépris? Je n'ai jamais su. Cela me fit dépit. Cela me fit rire. Je ne sais pas s'il se moquait de moi, ou bien s'il dansait de joie. Mais lui, le savait-il?

Et je le revois, ce petit garçon – lequel? – à cheval sur la branche de cerisier, celle qui s'avançait, longue, juste au-dessus de la palissade, rouge comme un ruban. Que j'aurais voulu y être moi-même, sur la branche! Mais, d'une autre façon, de le voir perché là-haut, une frayeur me transperçait le ventre. C'est que rien n'est plus dangereux, si la branche eût cassé, ou que l'enfant eût glissé, rien n'est plus dangereux qu'une palissade ou qu'une haie taillée à coups de hache. La Jeanne aurait pu en faire l'expérience, même si pour elle les choses tournèrent en plaisanterie. Le père Léonetou l'avait conté bien souvent.

Cela se passa du temps qu'il vivait à Saint-Gilles, un peu avant de venir à Germont. Ce jour-là, la Jeanne cueillait des fleurs de sureau. Rien n'est meilleur pour faire transpirer un malade ou résorber une enflure que les fleurs de sureau. La Jeanne donc était là en haut du talus qui tendait le bras pour cueillir les plus belles fleurs de sureau. Soudain, crac! la branche cassée. Le contrecoup renvoie la Jeanne en arrière, et la voilà pendue tout en haut du talus à une toute petite branche pas plus grosse que le doigt – avec, en bas, juste au-dessous, la haie, une haie de noisetier qu'on venait de couper, en biseau pointu comme autant de pointes de couteau. Le père Léonetou lui aussi était en bas qui nettoyait son pré. Au craquement, il lève la tête et voit la Jeanne accrochée là.

– N'ayez pas peur, ma Jeanne. J'arrive!

Et le père Léonetou de courir et d'attraper la Jeanne, comme il peut, par la robe, par les jambes, poussant, tirant... tant et si bien qu'il la sortit de ce mauvais pas. Mais lui, à l'en croire, avait eu bien plus de peur qu'elle : c'est que, de là où il l'avait aperçue, la branche eût-elle cassé, il la voyait empalée sur les noisetiers. Toutefois, pour en finir, la Jeanne était hors de danger, elle n'avait aucun mal. D'autant plus avait-il eu peur, le père Léonetou qu'il voulut rire. Que, faut-il le dire? c'était sa robe qui avait retenu la Jeanne à la petite branche – sa robe relevée plus haut que les bras, plus haut que les yeux, plus haut que la tête – alors que le bas du corps pendait nu, tout nu, sans bas et sans culotte.

– Eh bien! dit le père Léonetou, eh bien, ma Jeanne! Cette fois nous vous l'avons vu! Nous vous l'avons vu... Mes compliments! Il est bien beau...

– Vous l'avez vu? répondit la Jeanne. Vous l'avez vu? Eh bien, appelez-le parrain...

Et ce fut tout le remerciement que reçut le père Léonetou pour son gracieux sauvetage.

D'autres choses, et tant! Et tant...

Quand j'étais malade, je l'ai dit, j'étais souvent malade, et cela durait, ça n'en finissait pas, je l'ai dit de même, je ne m'ennuyais pas, je ne m'ennuyais guère. Les nuits étaient longues, pourtant. Les jours. Les soirs, à la nuit tombée, alors que chez nous avaient fini le travail – non point fini, parce que le travail ne finit jamais, mais pour la soupe, mais pour le repos, mais pour se sécher, mais pour se chauffer, il fallait bien s'arrêter –, en passant ils venaient me voir. Ils entraient :

– Comment vas-tu?

Seulement, ils ne restaient pas. Et moi, j'allais bien. Tant qu'ils étaient là, que je les voyais, qu'ils me parlaient. Aurais-je eu besoin de quelque chose que je ne le demandais pas. A peine avaient-ils refermé la porte que je savais ce qu'il me manquait – à boire, un mouchoir, la bouillotte qui était froide, rien, peut-être, sinon qu'ils restent là, du moins un peu de temps. N'aurais-je manqué de rien, c'est vrai, les soirs étaient longs. On n'entendait rien. J'écoutais. Rien... Parfois le vent. La pluie contre les volets. Rien... et parfois, pourtant, certains soirs, à force d'écouter ou même sans écouter, je les entendais. J'entendais chez nous. Je les entendais parler. Marcher. Le couteau qu'on pose sur la table. La fourchette qui tombe. La chaise. Le banc. Les sabots contre le sol. La porte qui s'ouvre, quelqu'un qui marche dans les chambres. La Marraine qui ouvre sa commode. Qui parle toute seule. J'entendais le son de sa voix. La voix de ma mère. Celle de ma grand-mère, jusqu'à celle de mon père! Ce qu'ils disaient, ce qu'ils faisaient, je ne savais pas. Je ne sais pas. Ils devaient en faire, un raffut! Parce que, entre la maison et la chambre bleue, il y avait le mur, une épaisse muraille de maison, il y avait les chambres, d'un côté les chambres et de l'autre la salle à manger et le couloir. M'était-il possible d'entendre?

J'entendais véritablement. J'entendais quelque chose. Des voix. Des pas. Le bruit des choses qu'on change de place. Un murmure. Un vagissement. Un peu comme, plus tard, quand je gardais les vaches, assise sous les hêtres et que la pluie tombait, tout près, tout au loin sur les feuilles, si bien que l'on ne savait pas si c'était un bruit, une musique, un langage – toutes ces voix qui se plaignaient, de loin, de près, presque jusqu'à l'évanouissement de l'âme. Oui, c'était un peu la même chose. Si c'était réellement eux que j'entendais, mes parents, ou si le bruit était seulement dans ma tête, la fièvre, le murmure du sang... Je ne sais pas. Comment savoir? Je ne sais pas. Je n'ai jamais su. Ou bien était-ce tout autre chose?...

Certes, j'en trouverais, des petits souvenirs, combien d'autres! De prunes bleuissantes, de fleurs dépucelées, de bourgeons déplissés, et l'aigre sous la dent des raisins verts et de la sève d'arbre. Et de cette impatience, et de cette colère qui ne pourrait pas se dire et que je ne dirais pas. Non que ne voudrais pas la dire, pourtant, mais je ne m'en souviens pas. Je ne me souviens pas de la cause. De l'occasion. De l'anecdote. De la goutte qui faisait déborder le ruisseau, qui monte le vase en ébullition. J'en ai pleuré, pourtant. J'en ai bramé – hurlé – jusqu'à la toux, jusqu'aux baves, à m'étrangler, à en pisser... J'ai pleuré davantage, peut-être, que je n'ai ri. J'ai ri, pourtant! Mais le rire, parfois vaut des larmes – quand quelque chose au milieu du cœur, tout d'un coup, éclate, ou se déchire – se déchire et se rapetasse, vous le sentez, d'une nouvelle peau, solide quoique précaire, qui vous garde, qui vous gardera, croyez-vous. Qui vous garde.
Eh non! je ne m'en souviens pas, de la cause immédiate, tant elle était futile, sans doute. De la cause, de la circonstance, du prétexte, de l'événement... Mais les larmes, je m'en souviens, du cri, de la colère, de l'impatience et du chagrin. C'est qu'il devait bien y avoir, derrière, et plus profondément que la cause et que l'événement, quelque raison secrète que je ne savais pas dire (que j'entrevoyais peut-être), que je ne savais pas dire ou que je ne connaissais pas. Que je ne saurais dire. Que je ne savais pas.
– Dent de venin, disait ma mère, qui ne savait pas me consoler.
Et parfois elle criait plus fort que moi. Et parfois elle me regardait, bouche bée sans rien dire, comme devant quelque chose d'inconnu, qui ne fait pas peur, peut-être, mais qu'on ne sait pas comment l'aborder – comment l'apprivoiser, comment le dompter.
C'est alors que je me sentais vieille – si vieille –, gonflée de mille et cent mille ans; je me sentais porter l'humiliation du

monde. La colère du monde. L'impuissance du monde. Le vagissement d'une enfance, d'une naissance, d'un avortement qui n'en finissait pas. J'étais l'avortement du monde.

Non! elle était bien loin l'occasion. Et la cause. Et pour ma vie, ne croyez pas que j'en aurais voulu quelque autre. Vivre ailleurs ni vivre autrement. Non certainement pas. Rien du dehors qui me blessât vraiment. Je haussais les épaules à l'infime piqûre, au souvenir de la goutte d'eau. Est-ce que cela me touchait seulement? Il était par-dedans le venin. Elle était dedans la brisure, qui m'éclatait en mille morceaux. Comment m'eût-elle consolée, ma mère? Qui m'aurait consolée d'être moi? Je me retrouvais dans ses bras, ou plus tôt, ou plus tard, dans ses bras. Et chaque fois bercée, retrouvant le sommeil et la placidité apparente des plantes. Chaque fois un peu plus loin, peut-être. Chaque fois mesurant mieux la distance. Et la solitude.

Aller ailleurs? Vivre autrement? Foutaise! Pour la douleur et la blessure, et pour l'apaisement, c'est ici que m'étaient tous les baumes, fleur de tilleul, racine de mauve. L'espace pour hurler, tout le temps pour les larmes. Et le rire. Que j'ai pleuré, hurlé, chanté... J'ai ri! Et le rire trompeur qui ne trompe personne, qui vous garde, pourtant, peu ou prou, de tomber aux abîmes de l'âme, ce trou béant, cette cassure, qui vous brise en mille morceaux.

Allons – allons, mon cœur –, allons, triste mémoire! A l'enfance il te faut dire adieu. Ils deviennent lassants, tes souvenirs. Que le chien les emporte, comme il avait emporté ton sac, un matin d'école que tu pleurais tant. Tu les recouvreras, tu sais, comme le sac. Tu n'en as pas fini – non, je n'en finis pas de pleurer mes adieux à l'enfance. Elle me suit. Elle me porte. Je n'en finirai pas. Mais le livre, il faut bien qu'il se ferme. Il le faut.

J'ai rêvé – certes oui! J'ai rêvé de ces grands écrivains qui se souviennent si bien de tout, dans l'ordre. Dans l'ordre, croirait-on, depuis qu'ils sont nés. Comme s'ils avaient tenu jour après jour leur livre de raison, avant même que de savoir écrire, de savoir lire, de savoir parler. Je ne suis pas ainsi. De journal, je n'en ai jamais tenu. De règles, je n'en ai jamais observé. Les dates fuient de mon cerveau comme du sable. Les bornes de la route, aurais-je été mon chien j'aurais pissé dessus. Je ne pleurais pas aux anniversaires, aux temps prescrits, même lorsque j'ai tant pleuré. Oui, que j'ai tant pleuré! Que j'ai ri, que j'ai chanté, dans ma mémoire. Pas ce jour-là – une autre fois, un autre jour. A contretemps. A contre-chant. A contre-jour... C'est que je les ai suivis, pourtant, les chemins creux de la mémoire. Aussi profonds qu'ils fussent, aussi frustes. A fleur de chair. A fleur de peau. A fleur de l'âme. Je les ai suivis.

Mais les chemins de la mémoire, les miens, ne portent pas écrits ni le jour ni l'année, en chiffres noirs sur quelque pierre, sur aucune page. Ils m'ont gardé une lueur, une couleur, un écho, une odeur, s'il faisait soleil, si le vent soufflait, la saison du foin, le goût profond de la tendresse, le savoir et le non-savoir, quelque fumée amère aussi, quelque épine plantée dans les os de la chair, dans le vif de l'âme. Et la voix des anciens. Les petits souvenirs. Et je n'en sais pas plus, dans le ressort furtif de la mémoire... Houle profonde au remonter de cette chaude mer qui m'a portée ici, sans forme ni visage. Écume au détour du chemin, poussière sur l'écume... Il est temps que j'arrête. Il est temps d'en sortir. Il est grand temps.

V INRENT les grandes vacances. Le vie ne dut guère changer à Germont. Cette année-là j'eus mes douze ans, le 2 septembre. Je n'ai pas pour autant gardé le souvenir de ce temps précieux entre tous, si ce n'est dans les derniers jours, parce qu'il fallut se presser pour le trousseau, et que ma mère essaya de me donner quelques conseils pour la pension. Comment aurait-elle pu m'en donner? Elle n'y était pas allée, elle, à la pension. Mon père... les garçons, ce n'est pas pareil. Nous fîmes la malle – il ne tenait rien dedans –, une malle en bois revêtu de toile que nous avions achetée à Chamberet, et qui m'aura suivie sept ans de vie. Orgueil de ma mère pour les piles de linge si bien repassé, que le couvercle allait presser jusqu'à l'écrasement.

La Marraine enfila toutes mes clefs, chacune nouée à part, dans un lacet de corset que je devrais porter au cou, collier ou scapulaire. Et ainsi, à moins que la tête ne me tombât, je ne risquerais pas de les perdre. Vaguement humiliée... vaguement ridicule... Elle y tenait, la Marraine, comme si la plus grande catastrophe qui pût m'arriver, ç'avait été de perdre mes clefs, le plus intolérable malheur. Le grand-père me parlait du Mont-Gargan, ce Mont-Gargan que je voyais sur l'horizon, où je n'étais jamais montée encore, mais qui me resterait fanal, repère, localisation...

Et elle me coupa les cheveux, ma mère. Moi qui les tressais tant bien que mal depuis si longtemps, elle eut comme la soudaine certitude que je n'y parviendrais pas. Je ne voulais pas trop qu'elle me les coupât. Je ne voulais pas du tout. Mais elle s'imagina que les autres, peut-être, s'en moqueraient. Et moi je crus, je voulus croire que je devais avoir les cheveux coupés pour être comme les autres. Que je devais être comme les autres. Mais comment étaient-elles, les autres? Ni moi ni elle, ne le savions, ni personne que nous connussions.

Je ne sais pas si cela m'allait bien, les cheveux coupés. Je me sentais la même tête que celle de mes six ans, lorsque j'entrai pour la première fois dans la petite classe, celle de la photo qui y fut prise l'année d'après. Une tête d'enfançon sérieux – trop sérieux. Six ans? Je ne les avais pas, les six ans : j'étais redevenue toute petite. J'aurais tété. J'allai marcher dans le jardin, entre les fleurs. J'essayais de me faire des souvenirs. Des souvenirs d'ici. Avec une vague angoisse, j'essayais d'imaginer demain. Demain...

Demain serait tout autre. L'inconnu. Et moi j'allais y entrer les cheveux coupés, la nuque rasée, la corde au cou...

Germont, le 11 juin 1992.

GLOSSAIRE

auriá tot jorn quauqua plaça per quauqua res de pglacier — qu' òm vesiá pas — que degun auriá pas de conéisser — que sabriá, ieu. Que ma mair, la paubra femna, vesiá de lonh, de defòra, 'n endrech onte auriá pas d'entrar, mas de fialar sas dents, de malícia, a la pòrta.

— Anna d'en Larein!

Qu'era 'na pita poncha d'aison que me plantava a fen còr, ma pita gota de póison entre n'autras. Es pas dich que la grana, la primièra petita grana, ne'n fuguet pas semnada queu jorn de solelh que las femnas pestelavan a la Peschièra.

Paubra Anna, mair aimada, mair aimanta, getada defòra mas pas sens cridar, qui fasiá res mas çò que compta pas, qué valiá res mas çò que se pia pas, qui demandava tot çò que degun poiriá balhar. — Paubra Anna, mòrta aura saber onte et saber quoras, au vam de las pujas te leve quela pira, queu bocin de ròc mòrt en laborar mos sovenirs que l'ai trobat dins ma memòria, juste, tu, onte me perdèras...

Le limousin – qui fut « la langue des papes et des rois », qui connut sa plus haute gloire au XIIᵉ siècle, qui depuis sept cents ans n'en finit pas de survivre dans les cours de fermes où le Grand Siècle comme le siècle des lumières s'étonnait d'entendre sonner le subjonctif à tous les temps et dans leurs plus précises subtilités – était la langue de ma mère, et le français, dont rien ne reste à dire, celle de mon père. De l'une et de l'autre vécut mon enfance.

C'est pourquoi j'ai d'abord écrit ce texte en limousin, tel qu'on le parle encore ici, tel qu'on l'écrit selon les règles du nord-occitan. En le traduisant, j'ai cru devoir conserver certains mots, certaines expressions d'usage habituel. En voici le sens.

AIGUILLADE : limousin, *'gulhada*, aiguillon. Bâton mince et long muni d'une pointe en fer pour guider l'attelage ou le troupeau.

BARONNER : *baronar*, porter les cornes tombantes, en arc vers l'avant.

BÊLER : *bellar*, bêler, mendier.

BIGOT : *bigos* ou *bigot*, hoyau, griffe à deux, quatre ou cinq dents pour biner la terre.

BLOIS : jaune doré. Nom donné à diverses fleurs d'un jaune éclatant, bouillon-blanc, belle-de-nuit.

BORDERAGE : *bordieratge*, petite ferme, habitation du bordier.

BUFET : soufflet. Confusion avec le français buffet.

CHABROLER : *chabrolar*, avoir les cornes dressées (comme une chèvre).

CHAFRE ou *CHAFRE DE NOM* : surnom, pseudonyme.

CHARRIÈRE : *charriera*, la cour de la ferme. Au pluriel, les charrières, *las charrieras* : les cours, les rues du village, les environs.

CHAVANT : chat huant.

CHEZ NOUS : *chas nos*, les parents, la famille, ceux qui vivent dans la maison.

COUDERT : *coderc*, terrain clos, herbu, planté d'arbres fruitiers, parcours clos pour les porcs, les oies, les volailles. Avec une majuscule : lieu-dit.

COU-VI : cri de la chouette. Se prononce comme le limousin *convit*, invitation.

ÉTÈVE : *esteva*, mancheron de la charrue.

FOURNE : *forna*, outil de boulanger, pelle plate, en bois, pour enfourner le pain.

GANE : *gana*, petit ruisseau qui traverse un chemin. Avec une majuscule : lieu-dit.

MAISON : *maison*, pièce principale qui sert de cuisine, de salle à manger, de salle commune, famille.

MASERER : *maserar*, travailler la pâte dans la maie.

MARENDE : *merende*, repas de la mi-journée, pris entre midi et quatorze heures environ.

MOULETOU : *moleton*, petite omelette, blanc d'œuf cuit sur la poêle à crêpes.

PAIROLE : *pairòla*, large chaudron de fonte, autrefois de cuivre.

PAILLASSOU/PAILLASSON : *palhasson*, corbeille de paille cousue de ronces.

PALINS : *palencs*, palis, piquets de clôture.

PÊCHERIE : *peschiera*, mare, vaste réserve d'eau sur une ou plusieurs sources, où l'on peut laver ou élever du poisson, mais qui sert le plus souvent à l'irrigation.

PERFILE : *perfila*, longue pousse de châtaignier, fendue ou non, pour lier une palissade ou une haie.

PÉTASSER : *petaçar*, rapiécer.

POÊLON : *paelon*, poêle à crêpes.

PORTANEU : ouverture haute, à volets de bois tenus de l'intérieur par un renard, dans le mur d'une grange.

PORTEMENTS : *portaments*, salutations d'accueil (« Comment allez-vous ? », etc.), tout un protocole où rien ni personne ne doit être omis.

PUY : *pueg* ou *puech*, colline.

RILHE : *relha* ou *rilha*, coutre de charrue primitive. Règle. Petite pièce de fer longue et plate.

TAPOU : *tapon*, quenouillée de chanvre à filer.

TENIR LA QUEUE DE LA POÊLE : *tener la coá de la paela*, faire la cuisine. Être maîtresse de maison.

TIRETTE : *tireta*, tiroir.

TRANCHE : *trencha*, houe.

Viradis : jaune d'œuf battu à l'eau dont on asperge le poêlon afin de tourner facilement les crêpes.

Cet ouvrage a été réalisé par la
SOCIÉTÉ NOUVELLE FIRMIN-DIDOT
Mesnil-sur-l'Estrée
pour le compte des Éditions Payot & Rivages
en juin 1993

Imprimé en France
Dépôt légal : mars 1993
N° d'impression : 24342
ISBN : 2-228-88668-8